# 娄底年鉴

LOUDI YEARBOOK

2022

娄底市地方志编纂室 编

方志出版社
Publishing House of Local Records

**图书在版编目（CIP）数据**

娄底年鉴. 2022 / 娄底市地方志编纂室编.—北京：方志出版社，2022.12

ISBN 978-7-5144-5471-0

Ⅰ. ①娄… Ⅱ. ①娄… Ⅲ. ①娄底—2022—年鉴 Ⅳ. ①Z526.43

中国版本图书馆 CIP 数据核字(2022)第 256340 号

责任编辑：张颢
责任校对：刘玉霞
责任印制：梅中英
出 版 者：方志出版社
地　　址：北京市朝阳区潘家园东里 9 号(国家方志馆 4 层)
邮　　编：100021
网　　址：http://www.zgfzcb.cn
发　　行：方志出版社图书营销中心(010-67110500)
印　　刷：娄底市娄星区学院印刷厂
开　　本：889 毫米×1194 毫米　1/16
印　　张：26.5
字　　数：828 千字
版　　次：2022 年 12 月第 1 版
印　　次：2022 年 12 月第 1 次印刷
定　　价：260.00 元

# 《娄底年鉴（2022）》编纂委员会



# 《娄底年鉴（2022）》编辑部

# 《娄底年鉴(2022)》组稿人员

（按姓氏笔画排列）

| | | | | | | | |
|---|---|---|---|---|---|---|---|
| 万　玉 | 马幸华 | 义雪斌 | 文俊宇 | 孔安琪 | 王　玮 | 王　珏 | 王　盛 |
| 王　琛 | 王　耀 | 王旭光 | 王宥岚 | 王静海 | 邓　平 | 邓　冶 | 邓　姣 |
| 尹倩蓉 | 尹雅丽 | 艾瑟琴 | 龙　玲 | 宁晶晶 | 向　明 | 孙雄武 | 刘　琳 |
| 刘　瑞 | 刘　瑜 | 刘小武 | 刘长庚 | 刘师师 | 刘成祥 | 刘思美 | 刘俊霞 |
| 刘春波 | 刘树新 | 刘海翔 | 刘晨昱 | 刘智勇 | 刘新红 | 刘群英 | 刘慧燕 |
| 朱吾健 | 朱筱丹 | 成丽辉 | 许玲颖 | 阳宇诚 | 阳春树 | 邬连兵 | 李　炎 |
| 李　祥 | 李　倩 | 李　森 | 李　臻 | 李正规 | 李业波 | 李向红 | 李优优 |
| 李志和 | 李晓茜 | 李海军 | 李曼雯 | 李赛军 | 邹　霞 | 邹海平 | 邱红兵 |
| 何伟波 | 邵海琪 | 杜东义 | 杨　金 | 杨小熠 | 杨郁文 | 杨晓春 | 杨泓晓 |
| 吴　玥 | 吴　承 | 吴志奇 | 吴林芳 | 吴迪江 | 吴树叶 | 苏　芍 | 苏　旺 |
| 陈　丹 | 陈　媚 | 陈天骏 | 陈亮顼 | 陈新颖 | 张　丽 | 张　琦 | 张长青 |
| 张永红 | 张启东 | 张承程 | 张敏行 | 张慧怡 | 张馨予 | 肖　凯 | 肖　晖 |
| 肖　瑶 | 肖涤非 | 周　梁 | 周雨陇 | 罗　浩 | 罗　强 | 罗云云 | 罗建新 |
| 欧阳婧 | 郑　爽 | 钟佳汝 | 胡　军 | 胡　琳 | 胡　瑾 | 胡　蕾 | 贵上芬 |
| 段尤简 | 柳叶妮 | 贺驰原 | 贺雅琴 | 姚丽智 | 姚雨蕾 | 赵　炜 | 赵晓晖 |
| 徐亚玲 | 郭友梅 | 袁益华 | 唐明月 | 康　森 | 康瑞凡 | 黄　俊 | 黄　彬 |
| 黄　蓉 | 黄立平 | 黄怡昕 | 黄继红 | 梁　良 | 梁　斌 | 梁　颖 | 梁　霜 |
| 曾　杨 | 曾　敏 | 曾　舜 | 曾　翠 | 曾　璐 | 曾令佳 | 曾　莉 | 曹阿乔 |
| 曾琼阳 | 蒋　媛 | 谢　玉 | 谢　芳 | 谢　娜 | 谢正华 | 谢羽茜 | 谢普仁 |
| 彭　芳 | 彭　博 | 彭木兰 | 彭礼辉 | 彭旭军 | 彭果雨 | 鄢　婷 | 谭　海 |
| 谭江波 | 熊胜群 | 翟婧媛 | 颜　颖 | 颜小丽 | 樊雄志 | 戴凡夕 | 戴铁城 |
| 魏立伟 | 蒋烨玲 | 傅明媚 | | | | | |

# 编辑说明

一、《娄底年鉴(2022)》是娄底市地方志编纂室编纂的年度资料性文献。本书坚持以马克思列宁主义、毛泽东思想、邓小平理论、“三个代表”重要思想、科学发展观、习近平新时代中国特色社会主义思想为指导,坚持辩证唯物主义和历史唯物主义的立场、观点和方法。

二、本年鉴围绕中共娄底市委、娄底市人民政府的决策部署,全面、客观、系统地记述娄底市2021年的自然、政治、经济、文化、社会和生态建设等方面的概貌和发展情况。记述时限为2021年1月1日至12月31日。

三、本年鉴采用分类编辑法,设类目、分目、条目3个层次,以字体、字号等版式设计区别不同层次,部分分目下设次分目,条目为记述基本层次。全书共34个类目,依次是特载、大事记、娄底概览、中国共产党娄底市委员会、娄底市人民代表大会、娄底市人民政府、中国人民政治协商会议娄底市委员会、纪检监察、民主党派、群众团体、法治、军事、经济综合管理、园区、农业·农村、工业、城乡建设、生态环境、交通、通信·邮政、金融、商贸、科技、教育、文化、体育、旅游、医疗卫生、人民生活和社会保障、应急管理、县(市、区)概况、人物、附录、索引。

四、本年鉴所载资料均由娄底市各部门专人撰写、领导审核,年鉴编辑部编辑人员加工整理后再反馈给原单位进行核对,最后由娄底市地方志编纂委员会审定。文中的基本数据以统计局公布的为准,统计局未统计的则以部门或行业数据为准,因统计口径不同,部分数据可能不尽一致,请读者在查阅和引用时注意。计量单位采用国务院公布的公制和国际单位制,少数遵从习惯。

五、本年鉴中的图片一般由撰稿单位提供,由拍摄者提供的则标明拍摄者姓名。《娄底市行政规划图》由湖南省地图出版社提供,《娄底市旅游手绘地图》由娄底市文旅广体局提供,有关统计示意图由娄底市统计局提供。

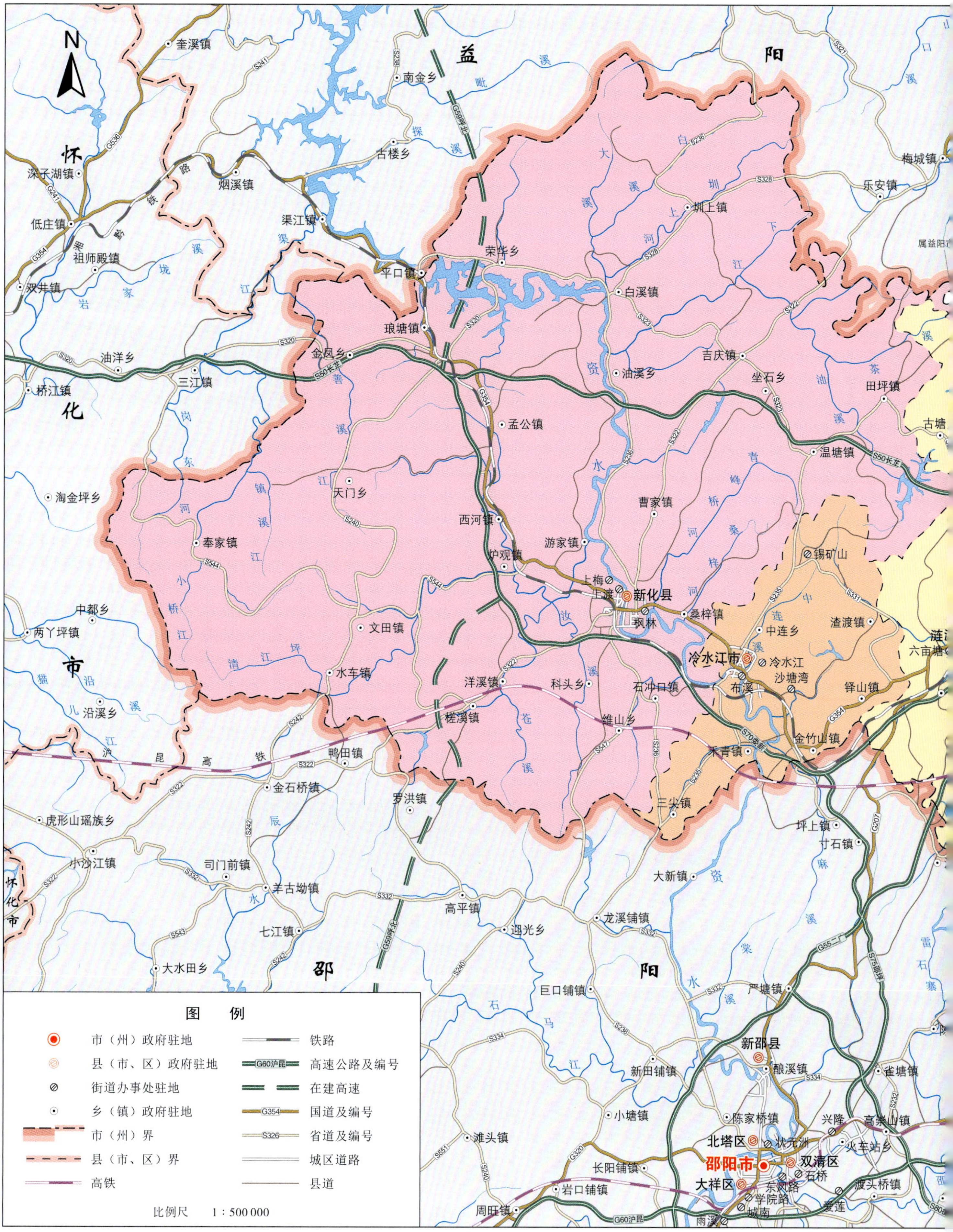


审图号：湘S（2022）147号

# 娄底市行政区划图

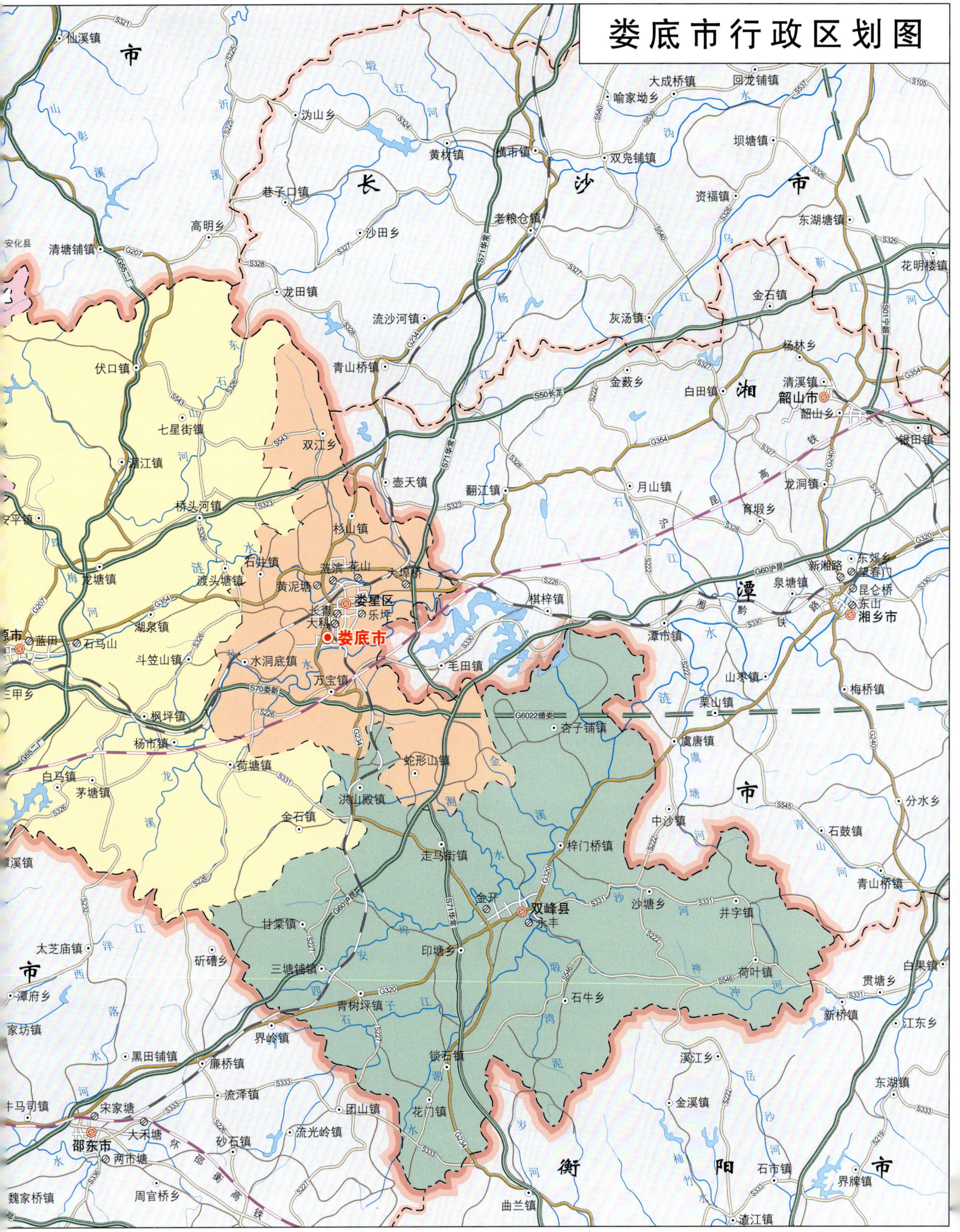


湖南省自然资源厅监制　湖南地图出版社编制

娄底市旅游手绘地图
常
高
速
洪家山森林公园景区
湄江旅游区
博盛生态体验园
中阳白鹭山庄
娄
涟
公
路
娄底站
南芙山庄
娄底南站
s70
娄怀高速
出口
水府庙生态旅游度假村
娄
新
高
速
响莲宇航文化园
蔡和森纪念馆·故居景区
蓝莓谷生态园
双峰北站
飞水涯景区
曾国藩故居
锦绣九峰景区
归古国际乡村旅游度假区
锁石花之缘景区

大熊山国家森林公园
梅山龙宫
油溪河漂流
油溪桥村
长芷高速
雅天门景区
狮子山公园旅游区
渠江源景区
波月洞景区
紫鹊界梯田景区
资江旅游景区
三联峒景区
图例
旅游景点
高铁站
高速出口
铁路
河流
道路

# 2021·娄底数字

区域面积：8109.58 平方千米
常住人口：379.68 万人
城镇人口总数：181.33 万人
全年新增城镇就业人员：3.56 万人

地区生产总值：1825.76 亿元
第一产业增加值：204.1 亿元
第二产业增加值：723.65 亿元
第三产业增加值：898.02 亿元

全市公共财政预算收入：161.34 亿元
地方财政收入：90.77 亿元
全市公共财政预算支出：338.44 亿元

全市农林牧渔业总产值：342.29 亿元
农业产值：165.05 亿元
林业产值：8.5 亿元
牧业产值：139.72 亿元
渔业产值：16.61 亿元
农林牧渔专业及辅助性活动产值：12.4 亿元
全年粮食种植面积：24.59 万公顷

全部工业增加值：579.34 亿元
规模以上工业增加值同比增长：7.8%
规模以上工业企业实现营业收入同比增长：23.3%
建筑业增加值：144.4 亿元

全市完成社会消费品零售总额：778.2 亿元
全市进出口总额：191.77 亿元
全市实际利用外资：3001 万美元

全市公路(不含高速公路)线路里程：14747 千米
电信业务总量：34.33 亿元(按 2020 年价格计算)
邮政业务总量：12.38 亿元(按 2020 年价格计算)

国际国内旅游总收入：339.9 亿元
全年接待国内旅游者：3293 万人次
全年接待入境旅游者：0.45 万人次

普通高校：4 所
招生：1.43 万人
在校学生：4.31 万人
中等职业学校：23 所
招生：2.09 万人
在校学生：5.42 万人
普通高中：40 所
招生：3.21 万人
在校学生：9.15 万人
普通初中：260 所
招生：5.77 万人
在校学生：16.76 万人
普通小学：728 所
招生：5.41 万人
在校学生：36.12 万人
幼儿园在园幼儿：12.93 万人

全市公共图书馆：7 个
博物馆、纪念馆：4 个
公共体育场地：7644 个
卫生机构数：4130 个
卫生技术人员：2.59 万人

金融机构存款余额(本外币合计)：2368.97 亿元
金融机构贷款余额(本外币合计)：1517.97 亿元

城镇居民年人均可支配收入：34702 元
城镇居民人均消费性支出：23066 元
农村居民年人均可支配收入：15628 元
农村居民人均消费支出：14614 元

## 2017—2021 年娄底市地区生产总值及增长速度

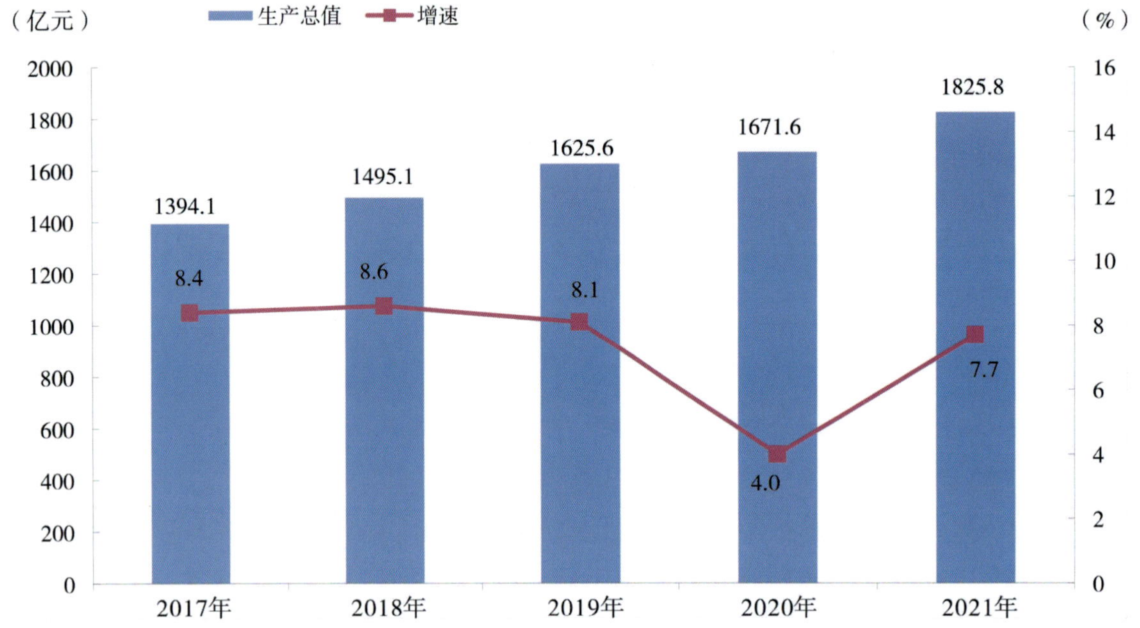


## 2017—2021 年娄底市三次产业结构

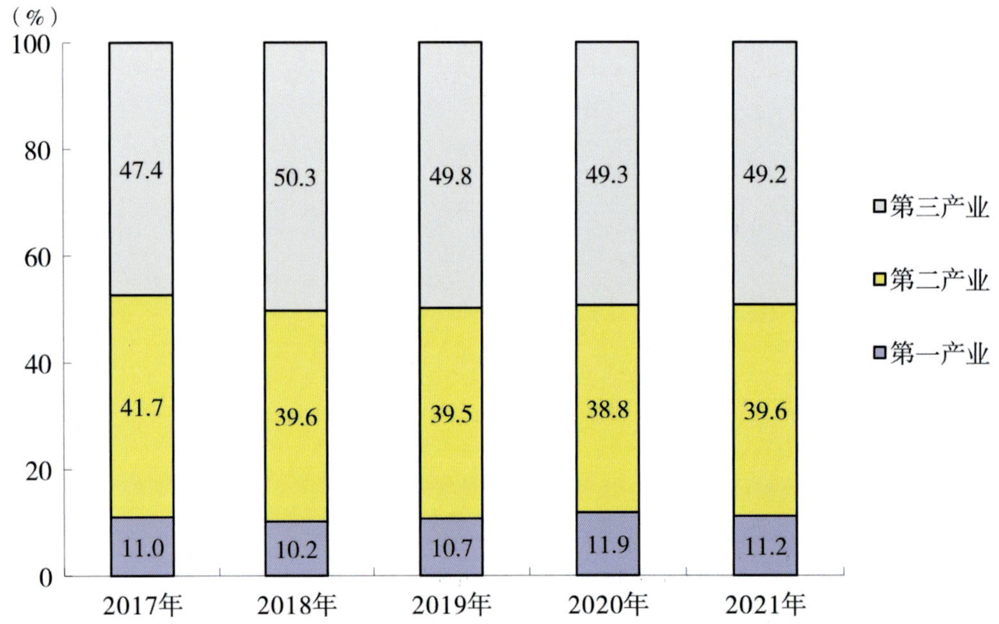


说明：根据我国地区生产总值统一核算和数据发布制度规定，地区生产总值核算包括初步核算和最终核实两个步骤。经最终核实，2020 年，娄底市地区生产总值现价总量为 1671.6 亿元，第二产业占比为 38.8%，第三产业占比为 49.3%

## 2017—2021年娄底市公共财政预算收入和地方财政收入

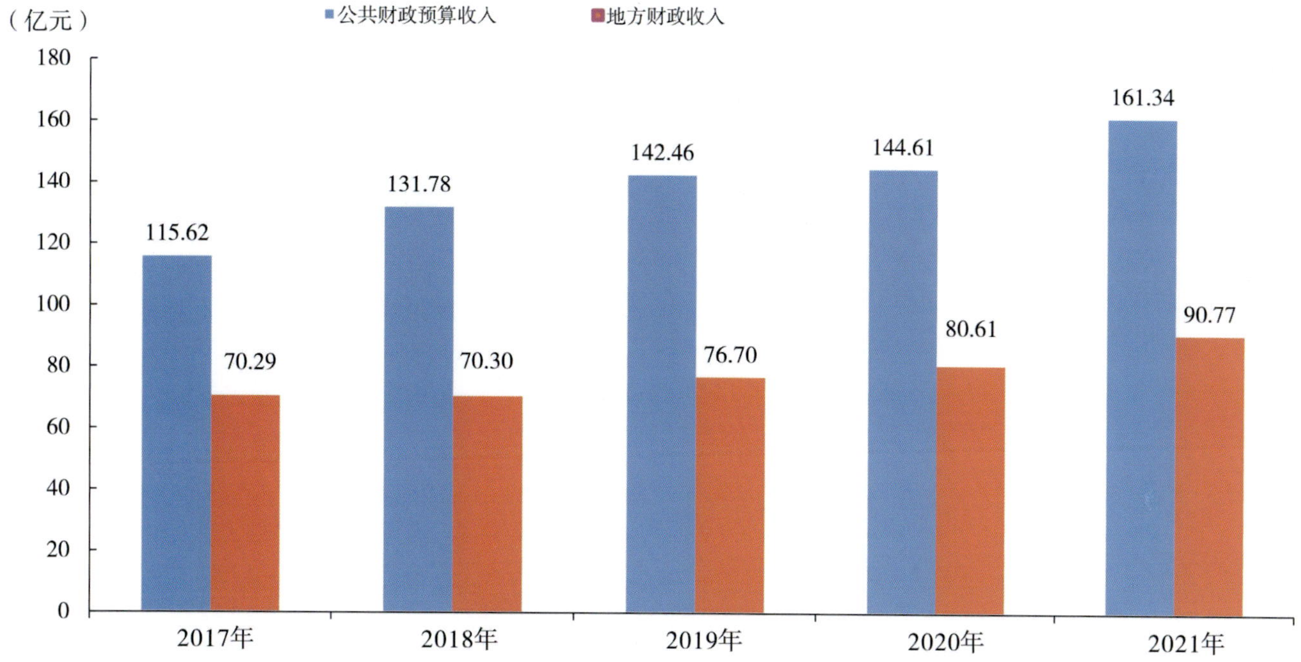


## 2017—2021年娄底市工业增加值增长速度

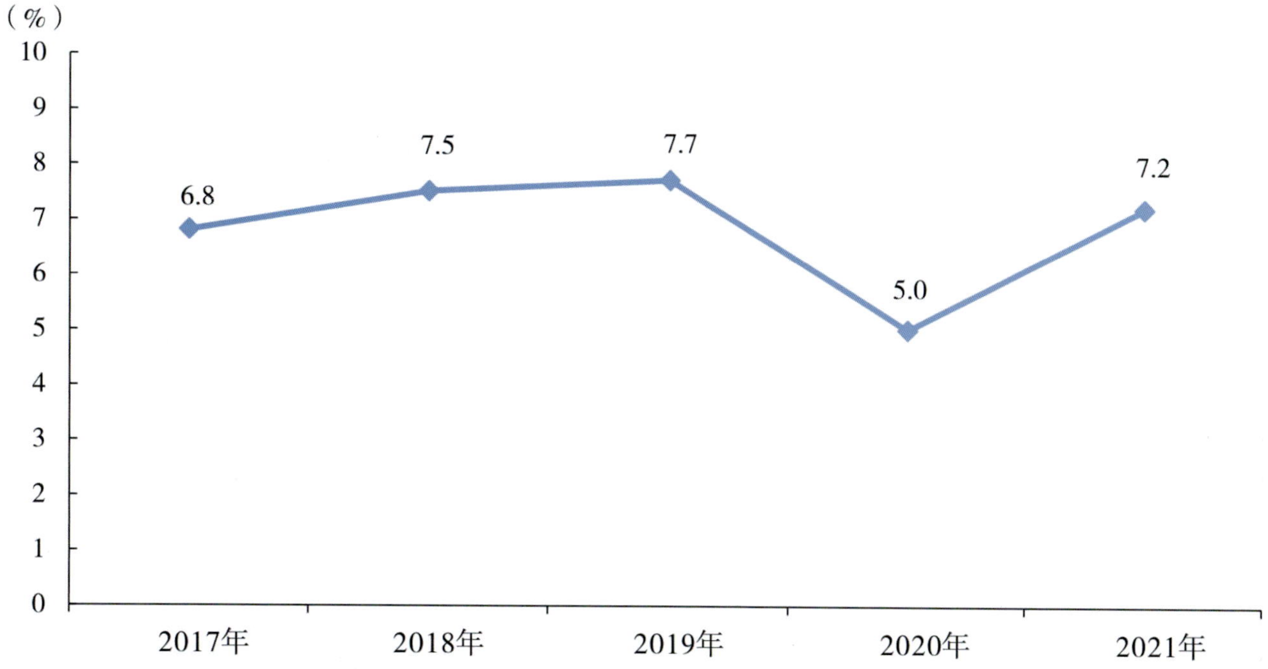

## 2017—2021 年娄底市第三产业增加值及增长速度

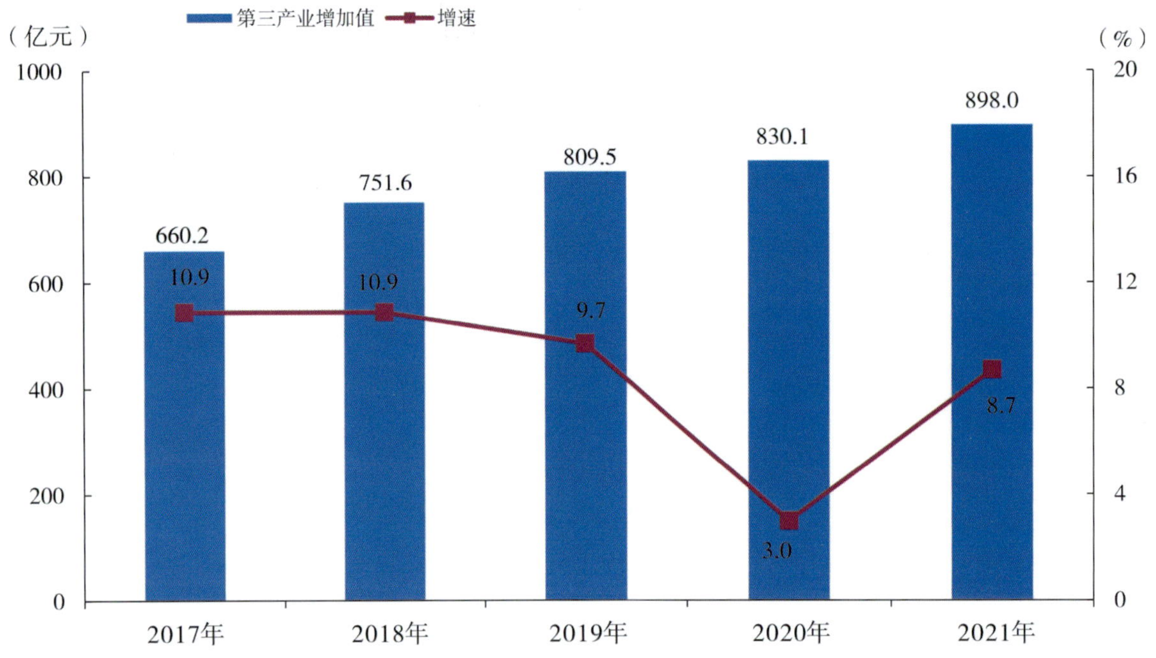


## 2017—2021 年娄底市固定资产投资增长速度

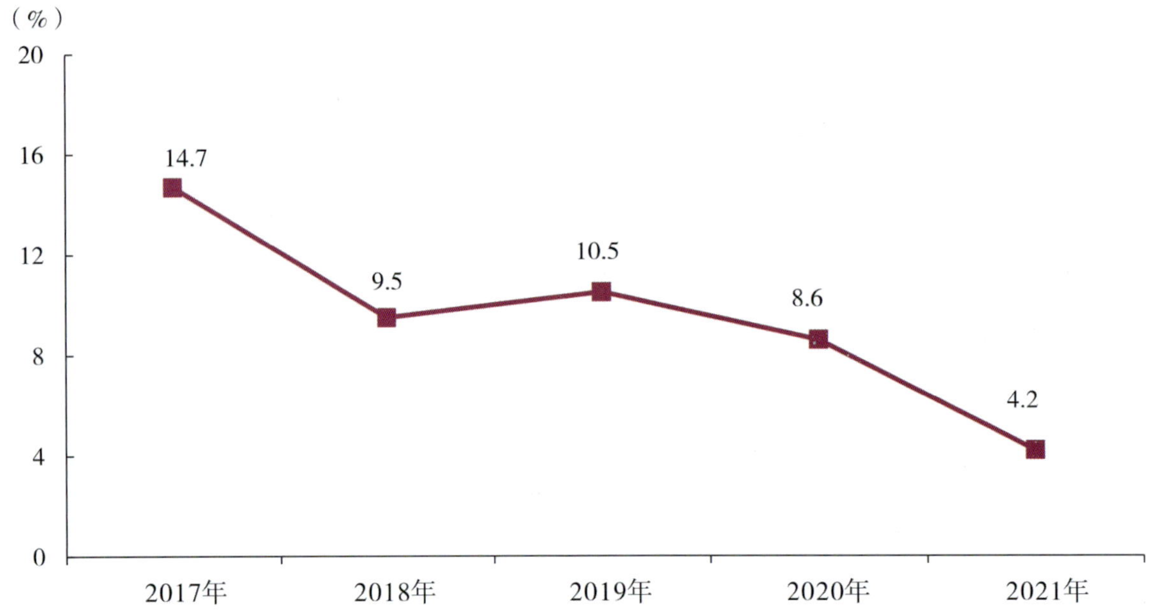

# 中国共产党成立100周年系列庆祝活动

2021年6月24日，娄底市举行庆祝中国共产党成立100周年歌剧《洪湖赤卫队》首场音乐会

（市委宣传部供图）

2021年6月28日晚，娄底市举行庆祝中国共产党成立100周年文艺晚会 （市委宣传部供图）

2021年7月15日，娄底市“巾帼心向党 奋斗新征程”庆祝中国共产党成立100周年群众性诵读比赛决赛现场 （市妇联供图）

2021年9月9日，“欢乐潇湘·文化娄底”庆祝中国共产党成立100周年娄底市美术书法摄影作品展开幕

（市文联供图）

2021年11月9日，“奋斗百年路　启航新征程”娄底市庆祝中国共产党成立100周年摄影作品展在孙水公园举行

（市文联供图）

2021年7月18日，娄底体育公园万人同舞庆祝党的生日

（娄星区供图）

2021年6月21日，冷水江市举行万心向党千人广场舞大型演出暨唱支山歌给党听大型群众歌咏活动

（冷水江市供图）

2021年7月1日，冷水江市举办庆祝中国共产党成立100周年“风华正茂正当时”档案宣传展

（冷水江市供图）

2021年6月，双峰县职业中专排舞庆祝中国共产党成立100周年 （双峰县供图）

2021年6月17日，涟源市举行庆祝中国共产党成立100周年“永远跟党走”合唱表演大赛决赛

（涟源市供图）

2021年6月22日，新化县在新化一中举行“圆梦百年”——庆祝中国共产党成立100周年百人书法邀请展

（新化县供图）

# 党史学习教育

2021年4月15日，娄底党史学习教育市委宣讲团成员作党史学习教育专题宣讲报告 （市直机关工委供图）

2021年5月1日，中共娄底市委党史学习教育办公室举办“党史故事听我讲”活动 （市委宣传部供图）

2021 年 5 月 21 日，中共娄底市委党史学习教育领导小组办公室与中共娄底市委党史研究室联合举办娄底红色故事宣讲大赛

（市委党史研究室供图）

2021 年 3 月 24 日，娄底市直机关工委受省直机关工委委托，举行省直机关党员干部党性教育现场教学点（蔡和森纪念馆）授牌仪式

（市直机关工委供图）

2021年3月26日，娄底市人大常委会机关在湘西十八洞村开展党史学习教育第一次专题学习

（市人大办公室供图）

2021年5月12日，娄底市政协机关赴湖南党史陈列馆开展党史学习教育

（市政协机关供图）

2021年6月18日，娄底市直机关工委举办“品读党史经典、赓续红色基因”读书荐书活动

（市直机关工委供图）

2021年8月，娄底市救助管理站党员干部为娄星区石井镇河北小学农村留守儿童圆梦“微心愿”

（市直机关工委供图）

2021年9月17日，涟源市"铭记历史·吾辈自强"红色故事宣讲会在蓝溪学校举行

（涟源市供图）

2021年6月18日，双峰县"红色足迹千人行"活动在蔡和森、蔡畅故居举办　　（双峰县供图）

# 项目建设

2021年6月21日，娄底市2021年第二批重大项目集中开工仪式现场

（市发改委供图）

2021年7月1日，涟源钢铁集团有限公司举行高强钢二期项目热处理线暨高端家电用2#镀锌线投产仪式现场

（涟源钢铁集团有限公司供图）

2021年9月1日，娄底硅钢与非金属材料智能制造产业园签约仪式现场

（娄星区供图）

2021年11月30日，娄底市城市生活垃圾焚烧发电项目启动。图为点火仪式现场

（市城市管理和综合执法局供图）

2021年12月10日，第十二届“湘博会”农机高峰论坛暨项目合作签约活动现场　（双峰县供图）

2021年12月26日，华菱安赛乐米塔尔汽车板有限公司铁路专用线通车

（市经开区供图）

# 民生实事

2021年，提标改造后的娄底市第一污水处理厂　　（市住建局供图）

2021年4月，娄底市城市照明服务中心为大科街道黄泥社区的早元小区文体广场安装照明配套设施（市委宣传部供图）

2021年，改造后的老旧小区——娄底市棉纺厂小区（市住建局供图）

2021年8月，双峰朝阳煤矿棚户区改造项目新建小区住房　　（市政府办供图）

2021年，新化县水车镇厕所改革新貌　　（市政府办供图）

2021年，双峰县井字镇增峰村农村公路安装安全护栏　（市政府办供图）

2021年12月，娄底市城区金星路（原甘桂路）建成通车　（市住建局供图）

2021年12月，娄底市城区新科街“断头路”拉通　（市住建局供图）

2021年，涟源七宝村光伏发电场　　（市政府办供图）

2021年，娄星区洪家山游客中心的“四好农村路”　　（娄星区供图）

# 医疗卫生

2021年5月29日，中南大学男科研究所娄底中心成立 （市卫健委供图）

2021年7月，湖南中医药大学附属娄底医院入驻娄底市中心医院 （市中心医院供图）

2021年9月11日，娄底市中心医院“智慧药房”正式上线 （市中心医院供图）

2021年11月10日，娄底市在新化县举行新冠肺炎聚集性疫情应急处置演练　（市卫健委供图）

2021年12月21日，娄底市中医药文化进校园活动现场　（市卫健委供图）

2021年底，娄底首家整栋智慧病房投入使用　（市卫健委供图）

# 文化体育

2021年9月23日，新化县选送的《瑶旺天边外》节目《农家乐》参加2021年中国农民丰收节全国农民文化艺术展演。图为表演现场

（新化县供图）

2021年，娄星区选送的原创舞蹈《国礼》参加湖南省“百团百角唱百年”云展演。图为表演现场

（娄星区供图）

2021年6月18日，娄底市举行庆祝中国共产党成立100周年柔力球赛

（市委宣传部供图）

2021年10月16日晚，湖南省第四届中学生运动会在娄底一中体育馆开幕

（市委宣传部供图）

2021年10月，湖南省第四届中学生运动会足球比赛在娄底举行。图为比赛现场

（市委宣传部供图）

2021年11月28日，“2021全民健身挑战日　健康湖南e起来”娄底站活动现场

（市全民健身服务中心供图）

# 总 目


| 目录页码/正文页码 | 类 目 |
| --- | --- |
| 02/01 | 特 载 |
| 02/17 | 大事记 |
| 02/26 | 娄底概览 |
| 02/45 | 中国共产党娄底市委员会 |
| 04/76 | 娄底市人民代表大会 |
| 04/81 | 娄底市人民政府 |
| 05/95 | 中国人民政治协商会议娄底市委员会 |
| 05/98 | 纪检监察 |
| 06/101 | 民主党派 |
| 06/107 | 群众团体 |
| 07/124 | 法 治 |
| 08/135 | 军 事 |
| 08/138 | 经济综合管理 |
| 10/159 | 园 区 |
| 10/164 | 农业·农村 |
| 11/175 | 工 业 |
| 12/189 | 城乡建设 |
| 13/203 | 生态环境 |
| 13/207 | 交 通 |
| 14/214 | 通信·邮政 |
| 14/219 | 金 融 |
| 15/230 | 商 贸 |
| 15/236 | 科 技 |
| 15/241 | 教 育 |
| 16/255 | 文 化 |
| 17/264 | 体 育 |
| 17/269 | 旅 游 |
| 17/273 | 医疗卫生 |
| 18/284 | 人民生活和社会保障 |
| 19/294 | 应急管理 |
| 19/302 | 县(市、区)概况 |
| 20/317 | 人 物 |
| 20/323 | 附 录 |
| 20/368 | 索 引 |

# 目　录

## 特　载

2　市委常委会向市委六届二次全体会议的工作报告
8　政府工作报告(摘要)——在娄底市第六届人民代表大会第一次会议上

## 大事记

18　1月
18　2月
18　3月
19　4月
19　5月
20　6月
21　7月
21　8月
22　9月
23　10月
23　11月
24　12月

## 娄底概览

27　**自然地理**
27　地理位置
27　地形地貌
27　气候
28　自然资源

29　**历史文化**
29　史迹遗存
29　文物
29　传统文化

32　**建置·区划**
32　建置沿革
33　行政区划

33　**人口·民族**
33　人口
34　民族

34　**经济社会发展**
34　概况
35　农业
36　工业和建筑业
37　服务业
37　固定资产投资
38　贸易外经
38　金融
39　教育和科学技术
40　文化、卫生和体育
40　资源、环境和应急管理
40　人民生活和社会保障

## 中国共产党娄底市委员会

46　**综　述**
46　概况
46　党的建设
46　党史学习教育
47　宣传思想文化
47　民主政治和法治建设
47　民生福祉
48　疫情防控

48 **重要会议**
48 中国共产党娄底市第六次代表大会
48 市委全会
49 市委常委会会议(含扩大会议)

53 **重大决策**
53 健全议事协调机构工作机制
53 打造娄底"材料谷"
53 农村人居环境整治提升五年行动
53 治理修复锡矿山区域环境

58 **督查工作**
58 概况
58 决策督查
58 专项查办

58 **外事工作**
58 概况
58 "外事红色教育年"活动
58 举办外事工作培训班
58 对外"云交流"
58 服务企业
59 娄底外宣片全网首发仪式

59 **港澳工作**
59 概况
59 港澳基础数据库
59 港澳捐赠
59 交流合作

59 **台湾工作**
59 概况
59 对台宣传和涉台教育
59 对台文化交流
60 对台经济工作
60 台胞权益保护

60 **组织工作**
60 概况
60 政治建设
60 队伍建设
60 基层系统治理
61 人才引进
61 人才评价服务
61 事业单位人事管理
61 夯实基层人才队伍

61 **宣传工作**
61 概况
61 思想理论建设
62 建党百年宣传
62 意识形态工作
62 宣传报道
62 文明城市创建
63 文化改革发展

63 **统战工作**
63 概况
63 统战品牌创建工作
63 思想政治引领工作
64 服务中心大局工作
64 换届工作
64 民营经济统战工作
64 民族宗教工作
64 港澳台、海外统战工作和侨务工作
65 党外知识分子和新的社会阶层人士统战工作

65 **政策研究**
65 文稿服务
65 党刊编办
65 财经工作
65 党建办工作

66 **全面深化改革**
66 概况
66 经济体制改革
66 农业农村改革
66 生态文明体制改革
66 民主法治领域改革
67 司法体制改革
67 文化体制改革
67 社会体制改革
67 党的建设改革
67 纪律检查体制改革

68 **网信工作**
68 概况
68 党对网信工作的领导
68 网络宣传和舆论引导
68 融媒体阵地建设
68 网络评论工作
68 网络问政
69 网络综合治理
69 网络安全防护
69 统筹推进信息化发展

69 **机构编制**
69 概况
69 机构改革后续工作
69 开发区管理机构清理规范
69 机构编制资源使用效益提升
70 机构编制督查
70 机构编制规范管理
70 机构编制法制化建设
70 事业单位登记管理
70 市委编委会议

70 **机关党建**
70 概况
70 机关党组织和党员队伍情况
71 机关政治建设
71 机关党风廉政建设
71 机关意识形态工作
71 机关统战工作
71 基层党建

72 **老干部工作**
72 概况
72 离退休干部党建工作
72 管理与服务工作
73 正能量活动
73 关心下一代工作

73 **保密工作**
73 概况
73 保密宣传
74 保密教育
74 保密管理
74 保密技术
74 保密检查

74 **党校教育**
74 概况
74 政治建校
75 学员管理
75 教学工作
75 科研工作

## 娄底市人民代表大会

77 **综　述**
77 概况
77 执法检查
77 重大事项决定
77 监督工作
77 代表工作
78 换届工作
78 履职能力建设

78 **重要会议**
78 市五届人大五次会议
78 市人大常委会会议

## 娄底市人民政府

82 **综　述**
82 概况
82 经济发展
82 三大攻坚战
83 优化营商环境
83 乡村振兴“三机制两清单”
83 “三化”并举关爱保护农村未成年人
83 市人民政府驻北京联络处
83 市人民政府驻广州办事处
84 市人民政府驻长沙办事处

84　重要会议
84　市政府常务会议
86　市长办公会议

87　重点民生实事
87　省重点民生实事
87　市重点民生实事

89　机关事务
89　概况
89　办公用房管理
89　资产管理
89　公共机构节能管理
90　公务用车管理与公务出行保障
90　机关大院管理与维护
90　安全保卫
90　周转房管理与机关健康服务

90　政策研究
90　概况
90　综合调研
91　决策部署研究
91　理论学习

91　信　访
91　概况
91　领导接访和领办包案工作
91　群众信访县级"终点站"建设
91　"枫桥经验"娄底化
91　化解信访积案
92　防范化解重大风险
92　信访工作法治化规范化
92　干部队伍建设

92　政务服务
92　概况
92　行政审批制度改革
93　政务数据共享
93　办事服务创新升级
93　政务公开和政府网站及新媒体监管
93　行政效能监管和政务服务"好差评"

93　无线电管理
93　无线电机构改革
94　无线电监管

中国人民政治协商会议娄底市委员会

96　综　述
96　概况
96　协商议政
96　凝聚共识
96　服务大局
96　社情民意信息工作
96　理论研究
97　《娄底非遗》公开出版
97　自身建设

97　重要会议
97　市政协全体会议
97　市政协常委会会议

纪检监察

99　综　述
99　概况
99　政治监督
99　反腐倡廉
99　第六届纪律检查委员会第一次全体会议

99　巡察工作
99　概况
100　巡察"全覆盖"
100　专项巡察制度化
100　整改落实省委巡察指导督导反馈意见
100　巡察"后半篇文章"
100　协调联动机制

## 民主党派

102 中国民主同盟娄底市委员会
102 概况
102 参政议政
102 代表大会
102 政治建设
103 社会服务

103 中国民主建国会娄底市委员会
103 概况
103 思想建设
103 参政议政
104 组织建设
104 社会服务

104 中国农工民主党娄底市委员会
104 概况
104 思想建设
105 参政议政
105 自身建设

106 九三学社娄底市委员会
106 概况
106 思想建设
106 参政议政
106 社会服务
106 组织建设

## 群众团体

108 娄底市总工会
108 概况
108 职工思想引领
108 职工素质提升
108 职工普惠服务
109 工会组织建设
109 弘扬劳模精神

110 共青团娄底市委
110 概况
110 加强青少年思想政治引领
110 推动红色文化进青少年
110 深化志愿服务
111 开展青年人才培养
111 “向阳生长”系列活动
111 夯实基层基础
111 关注重点青少年群体

111 娄底市妇女联合会
111 概况
111 厚植思想基础
112 服务中心大局
112 深化维权关爱
112 建设家庭文明
113 组织建设

113 娄底市科学技术协会
113 概况
113 服务科技人才
113 科普宣传
114 青少年科技教育活动
114 学会服务工作
115 服务创新驱动发展

115 娄底市归国华侨侨眷联合会
115 概况
115 服务经济发展
115 依法维护侨益
115 拓展联络联谊
116 参与社会建设
116 侨界庆祝中国共产党成立100周年系列活动

116 娄底市工商业联合会
116 概况
116 思想教育
116 参政议政
116 联络服务
116 娄商返娄
117 组织建设
117 助力乡村振兴

117 **娄底市文学艺术界联合会**
117 概况
117 小说创作
118 散文创作
118 诗歌创作
118 美术书法摄影
119 戏剧音乐舞蹈民间文艺
119 文艺活动

119 **娄底市人民对外友好协会**
119 概况
119 友好城市
119 友好组织
120 文化交流
120 经济交流
120 对外宣传

120 **中国国际贸易促进委员会娄底支会**
120 概况
120 贸促宣传
120 经贸交流
121 职能拓展
121 招商引资

121 **娄底市残联**
121 概况
121 重点民生实事
121 基础平台建设
121 残疾人就业创业
121 残疾人康复
122 残疾人融合发展

122 **娄底市红十字会**
122 概况
122 “我为群众办实事”实践活动
122 生命健康安全教育

123 **娄底市计划生育协会**
123 概况
123 深化改革
123 宣传教育
123 家庭健康
123 优生优育
123 生育关怀

## 法 治

125 **立法工作**
125 概况
125 《娄底市文明行为促进条例》出台

125 **政法委与综治**
125 概况
125 思想政治建设
125 维护社会稳定
125 服务经济发展
126 扫黑除恶专项斗争
126 司法体制改革
126 社会治理创新
126 政法队伍建设

127 **公安**
127 概况
127 安保维稳
127 打击犯罪
127 便民服务
127 规范执法
127 强化保障
127 钢城分局

128 **交警工作**
128 概况
128 协同共治
128 执法规范化
128 交通安全管理
128 车驾管理服务
128 交通安全宣传

129 **检 察**
129 概况
129 服务保障大局
129 推进社会治理
129 刑事检察工作

129 民事行政检察工作
129 公益诉讼检察工作
130 职务犯罪检察工作
130 未成年人检察工作
130 控告申诉检察工作
130 司法体制改革工作
130 接受外部监督
131 检察队伍建设

131 **法 院**
131 概况
131 刑事审判
131 民商事审判
132 行政审判
132 执行工作
132 司法体制改革
132 教育整顿
132 接受监督

132 **司法行政**
132 概况
132 法治建设
133 公共法律服务
133 普法工作
133 矛盾调处
133 社区矫正
133 法律援助
133 司法公证
133 司法鉴定
134 司法仲裁
134 重点场所管控
134 队伍教育整顿

## 军 事

136 **人民武装**
136 概况
136 思想政治建设
136 练兵备战
136 国防动员
136 保障工作
136 党管武装

136 **武警娄底支队**
136 概况
136 军事训练
136 政治建设
137 后勤保障
137 基层建设
137 首届军事体育运动会

137 **人民防空**
137 概况
137 人防工程建设
137 人防行业整改
137 人防宣传教育
137 人防实战能力

## 经济综合管理

139 **发展和改革**
139 概况
139 “十四五”规划
139 项目建设
139 投资管理
139 国家产业转型示范区建设
139 农业农村经济
140 湘西开发工作
140 易地扶贫搬迁后续扶持
140 社会事业
140 服务业发展
140 基础设施建设
141 长江经济带发展
141 资源节约和环境保护
141 能源发展
141 能源保供
141 重点领域改革
142 社会信用
142 营商环境优化
142 行政审批服务
142 价格调控

142 **重点建设项目事务管理**
142 概况
143 年度重点项目
143 项目集中调度
143 重大项目集中开(竣)工活动
143 视频采集系统安装
143 重点项目督查督办
143 神童湾PPP项目
143 代建项目建设
143 助力乡村振兴

144 **财 政**
144 概况
144 实施财源建设工程
144 助力实体经济发展
144 民生保障
144 债务风险防控
144 财政管理
145 财政改革
145 乡镇财政管理
145 会计管理
145 非税收入管理

145 **土地矿产资源管理**
145 概况
145 用地保障
145 土地储备
145 耕地保护
146 不动产登记
146 采石场整治
146 绿色矿山建设
146 矿山生态修复
146 执法监督
146 自然资源调查监测
146 卫星应用中心建设
146 测绘地理信息管理

147 **国有资产管理**
147 概况
147 娄底市城市发展控股集团有限公司成立
147 全民所有制企业公司制改革
147 湖南安保集团有限公司

148 **审 计**
148 概况
148 政策措施落实情况跟踪审计
148 财政预算资金绩效审计
148 领导干部经济责任审计
148 自然资源资产离任审计
149 民生项目资金审计
149 政府投资审计
149 审计发现问题整改

149 **市场监督管理**
149 概况
149 机构改革
149 商事制度改革
149 企业信用监管
150 价格监管
150 反不正当竞争
150 食品安全监管
150 药品安全监管
151 特种设备安全监管
151 产品质量安全监管
151 广告监管
151 质量强市战略
152 质量技术基础
152 市场秩序维护
152 消费者权益保护
153 信息化建设
153 疫情防控
153 市场监管执法

153 **统 计**
153 概况
153 依法统计
154 统计业务
154 统计服务
154 娄底市统计执法监督局正式组建
154 “进企业、优服务、提质效”统计大调研

154 **公共资源**
154 概况
154 “我为群众办实事”实践活动
155 交易平台建设

155 现场见证监督管理

155 税　务
155 概况
155 税收征管改革
156 纳税服务
156 打虚打骗
156 “区块链+不动产交易纳税登记”平台试点运行
156 非税收入划转征收

156 国家统计调查
156 概况
156 劳动力调查
157 专项调查
157 提升调查数据质量
157 信息分析服务

157 海　关
157 概况
157 检验检疫
158 综合治税
158 服务发展

## 园　区

160 综　述
160 概况
160 园区改革
160 VAMA铁路专用线通车
160 三一液压油缸智能生态工业城项目投产

160 娄底经济技术开发区
160 概况
161 产业发展
161 项目建设
161 营商环境
161 民生实事
161 卢森堡驻华大使俞博生一行访问经开区
161 “两高”项目高质量发展
162 第六届职业技能大赛
162 中国·中阳生态电力科技谷一期主体完工
162 开发投资建设

162 万宝新区
162 概况
163 项目建设
163 主导产业
163 安全发展
163 2021互联网岳麓峰会·万宝区块链论坛
163 第十二届湘博会·娄底第二届电商节

## 农业·农村

165 综　述
165 概况
165 农村改革
165 农技推广
165 乡村产业
165 禁捕退捕

165 种植业
165 粮食生产
165 油料生产
165 蔬菜生产
166 高标准农田建设

166 畜牧水产业
166 概况
166 动物质量安全监测
166 畜禽遗传资源普查
166 动物疫病防控
167 首次水产养殖种质资源普查
167 水产绿色生态健康养殖

167 农机管理
167 概况
167 农机推广服务
168 农机产业发展

168 林　业
168 概况
168 造林绿化

168　生态廊道建设
168　林地管理
168　森林防火
168　林业产业
168　林长制工作
169　生物多样性保护
169　自然保护地管理

169　**水　利**
169　概况
169　水旱灾害防御
169　河湖管理
170　饮水安全
170　水利规划
170　项目建设
170　水资源管理
171　水行政审批改革
171　水行政执法

171　**水库移民事务**
171　概况
171　移民民生改善
172　移民资金项目监管

172　**水　文**
172　概况
172　防汛抗旱
172　农饮监测

172　**乡村振兴**
172　概况
173　防返贫监测与帮扶
173　两不愁三保障
173　产业和就业帮扶
173　易地搬迁后续帮扶
173　乡村建设
173　乡村治理
174　项目资金监管

## 工　业

176　**综　述**
176　概况
176　“双引擎”
176　经济运行
176　技改投资
177　产业发展
177　企业减费降税
177　高新技术产业
177　中小企业培育
177　节能环保
178　老工业城市工业遗产保护利用典型经验在全国推广

180　**材料工业**
180　概况
180　储能材料
180　新型墙体材料
180　钢铁新材工业
181　涟源钢铁集团有限公司

182　**工程机械工业**
182　概况
182　华达汽车空调(湖南)有限公司

182　**化学工业**
182　概况
183　湖南神斧集团一六九化工有限责任公司

183　**冶金工业**
183　概况
183　锡矿山闪星锑业有限责任公司

183　**消费品工业**
183　概况
184　“三品”专项行动

184　**煤炭工业**
184　概况

184 煤矿监管
184 煤矿飞行安全检查
184 双重预防机制信息化
185 湖南省煤业集团金竹山矿业有限公司

185 **电力工业**
185 概况
185 电力供应
186 全省首座集“光储充”于一体的充电服务站投运
186 市内首座预制舱变电站竣工投运
187 娄底生态治理光伏项目
187 大唐华银金竹山火力发电分公司

187 **信息产业**
187 电子信息制造业
187 通信产业
188 智慧娄底
188 移动互联网产业
188 数字经济
188 区块链产业

## 城乡建设

190 **城乡规划**
190 概况
190 国土空间规划编制
190 村庄规划
190 设计审查
190 5G通信基站规划编制完成

190 **城市建设**
190 概况
190 城建项目
191 市政维护管理
191 房屋征收安置
191 勘察设计
191 城建档案管理

192 **城市建设投资**
192 概况
192 国企改革
192 助力乡村振兴
192 创文管卫
192 项目建设
192 经营发展
193 融资化债

193 **供　水**
193 概况
193 项目建设
193 服务民生
193 国企改革
194 创文管卫

194 **公共交通**
194 概况
194 服务社会
194 公交线路调整

194 **供　气**
194 概况
194 燃气餐饮用户隐患排查
194 瓶装液化气非法经营行为专项整治
195 燃气安全宣传教育
195 燃气泄漏事故应急演练
195 “气化湖南”
195 娄底华润燃气有限公司

195 **房地产业**
195 房地产业发展
196 房地产业管理
196 物业管理
196 涟邵实业有限公司

196 **建筑业**
196 建筑业管理
196 建筑业质量安全监管
196 建筑工程消防监管
197 节能减排
197 建筑业考试培训

197 **城市管理**
197 概况

197　市容市貌管理
197　创文管卫
198　国家园林城市建设
198　民生实事

198　**城市管理综合执法**
198　概况
198　专项整治
198　人行道违停首张电子罚单

199　**环境卫生**
199　概况
199　控制扬尘
199　设施管理
199　垃圾综合治理
199　垃圾分类
200　城市生活垃圾焚烧发电项目试运营
200　生活垃圾填埋场环保问题整改

200　**园林绿化**
200　概况
200　增绿提质
200　增花添彩
200　公园建设

201　**美丽乡村建设**
201　概况
201　乡镇污水设施建设
201　农村危房改造
201　美丽乡村示范村创建
201　农村人居环境整治
201　乡风文明
202　乡村旅游
202　农村生活垃圾分类回收处理

## 生态环境

204　**生态环境状况**
204　空气环境质量
204　水环境质量
204　土壤环境质量
204　总量减排

204　**生态建设**
204　生态环境齐抓共管
204　生态环境问题整改
204　生态环境保护宣传
204　生态环境政务服务

205　**污染防治**
205　大气污染防治
205　水污染防治
205　土壤污染防治
205　噪声污染防治
205　固体废弃物污染防治
205　矿山修复工程第四标段项目完成

206　**生态环境监管**
206　监管执法
206　监管能力建设
206　产业转型

## 交　通

208　**综　述**
208　概况
208　春节运输
208　交通运输信息化
208　交通安全
208　城乡公交
209　服务管理

209　**交通建设质量安全监管**
209　概况
209　质量监督
209　安全监督
209　造价管理
210　监理检测

210　**公　路**
210　**道路运输服务**
210　概况

210 道路运输安全
211 文明创建
211 疫情防控
211 行业改革

211 **公路建设养护**
211 概况
211 公路建设
211 公路养护
212 行业治理
212 路产保护
212 国储中心建设
212 普通公路突发事件应急演练

212 **水　运**
212 概况
212 水运安全管理
213 水运环境保护
213 水运行业治理

## 通信·邮政

215 **电　信**
215 概况
215 客户服务

215 **移动通信**
215 概况
215 全业务运营
215 网络建设
215 客户满意度
215 综合管理
216 社会责任

216 **联合通信**
216 概况
216 移动网络
216 装维服务
216 客户服务
216 反诈行动
216 参与“智慧娄底”建设

217 **邮　政**
217 概况
217 安全管控
217 行业发展
218 从业人员权益保障

## 金　融

220 **综　述**
220 概况
220 金融监管
220 资本市场
220 金融稳定

221 **银　行**
221 概况
221 金融支持经济
221 金融风险防控
221 中国人民银行娄底市中心支行
222 中国银行娄底分行
223 中国建设银行娄底市分行
224 中国工商银行娄底分行
224 中国农业银行娄底分行
225 中国农业发展银行娄底市分行
226 湖南省农村信用社联合社娄底办事处
226 中国邮政储蓄银行娄底市分行

226 **保　险**
226 概况
227 服务民生
227 车险综合改革
227 市保险业协会
228 中国人民财产保险股份有限公司娄底市分公司
228 中国人寿保险股份有限公司娄底分公司

228 **地方金融组织**
228 概况
228 市兴娄融资担保有限公司
229 市创业发展集团有限公司

## 商　贸


231　商贸流通
231　概况
231　招商引资
231　外经外贸
231　电子商务
231　粮油管理
231　市场运行
232　品牌建设
232　娄底市人民政府驻中国(湖南)自由贸易试验区商务联络处成立

232　供销合作
232　概况
232　“两个到户”
232　为农服务
233　综合改革

233　专卖专营
233　**烟草专卖**
233　概况
233　营销服务
234　专卖监管
234　企业管理

234　**成品油经营**
234　概况
235　营销管理
235　转型升级
235　站点建设


## 科　技


237　综　述
237　概况
237　核心技术攻关
237　科技创新平台
237　创新创业大赛
237　高新技术产业
237　科技服务
237　科普活动和科技馆建设
238　知识产权保护

239　气　象
239　概况
239　基础业务
239　气象服务
239　气象现代化建设
240　气象依法行政
240　气象宣传工作


## 教　育


242　综　述
242　概况
242　教育发展规划
242　教育经费
242　教师队伍
243　学校德育工作
243　校园安全
243　教学研究
244　教育信息化
244　教学仪器
244　语言文字工作
244　教育考试
245　大中专毕业生就业创业服务
245　学校艺术
245　教育扶贫
245　教育督导
246　教育宣传
246　成人教育
246　民办教育

246　学前教育
246　概况
247　学前教育管理

247　普通中小学教育
247　概况

247 普通中小学教育管理
247 校园建设
247 娄底市第一中学
248 娄底市第五中学

249 **中等职业教育**
249 概况
249 职业教育管理
249 世界技能大赛工业4.0项目国家集训基地成立
249 “湖湘工匠”培育和竞赛基地挂牌
249 娄底技师学院
250 娄底市第一职业中学
250 冷水江工业中等专业学校

250 **高等教育**
250 概况
251 湖南人文科技学院
251 娄底职业技术学院
252 娄底潇湘职业学院
253 娄底市幼儿师范高等专科学校
253 娄底开放大学

254 **特殊教育**
254 概况
254 娄底市特殊教育学校

## 文 化

256 **综　述**
256 概况
256 文化公共设施建设
256 文艺活动
256 文化市场管理
256 非物质文化遗产
257 文物保护
257 文旅产业

257 **史　志**
257 概况
257 服务党史学习教育
257 党史编研
257 党史宣传
258 地方志工作

258 **档　案**
258 概况
258 档案查阅利用
258 档案接收征集
258 档案信息化建设
258 “两类档案”归集

258 **广播电视**
258 概况
259 新闻宣传
259 新闻事业
260 电视发射

260 **图书发行**
260 概况
261 教育部书画等级考试娄底市考试中心授牌
261 娄底市书画指导老师首期公益培训开讲
261 “娄底本土作家作品展示专柜”揭牌
261 组织百人师生现场书画大赛

262 **娄底日报社**
262 概况
262 新闻采编
262 党史学习教育刊播
262 网络建设
262 管理工作

262 **社会科学**
262 概况
262 社科工作会议
262 科研攻关
263 社科普及
263 召开党的十九届六中全会精神座谈会
263 社科阵地监管

## 体 育

265 **综 述**
265 概况
265 体育人才队伍建设
265 娄底市梅山武术入选2021年中华体育文化优秀项目
265 “足球+汉语”线上直播

266 **学校体育**
266 概况
266 体育教学
266 发展校园足球

266 **竞技体育**
266 承办湖南省第四届中学生运动会
266 娄底市第二届“全国青少年校园足球特色学校”足球联赛
267 娄底市中小学生乒乓球、羽毛球比赛

267 **群众体育**
267 娄底市第四届市直机关趣味运动会
267 中国体育彩票2021年娄底首届公益跑山地半程马拉松赛
267 “湘军故里·传奇娄底”高铁直达城市2021年娄底攀岩邀请赛
267 “涟钢杯”2021年贺龙湖南省篮球联赛
268 娄底市健身气功功法展示活动
268 “2021全民健身挑战日 健康湖南e起来”娄底站
268 娄底市第10届市直机关男子篮球赛

## 旅 游

270 **综 述**
270 概况
270 旅游市场管理

270 **旅游资源**
270 概况
271 旅游品牌
271 新化县油溪桥村入选全国乡村旅游重点村

271 **旅游动态**
271 “锦绣潇湘·茶旅新化”活动
271 湄江旅游风景区重新开园
272 娄底文旅“十一”假期升温
272 娄底市参加2021年中国红色旅游博览会

## 医疗卫生

274 **综 述**
274 概况
274 学科建设
274 项目建设
274 民生实事
274 娄底市中心医院
275 娄底市第一人民医院
276 娄底市第二人民医院

277 **新冠肺炎疫情防控**
277 概况
277 医疗救治
277 防疫物资保障

277 **医疗卫生体制改革**
277 概况
277 公立医院改革
277 分级诊疗
277 综合监督管理

277 **医政管理**
277 概况
278 医疗卫生资源
278 医疗质量与安全
278 医疗机构行业监管
278 血液安全

278 **药政管理**
278 概况
278 基本药物制度
278 药品采购管理
278 短缺药品保障

278 **基层医疗卫生**
278 概况
278 基层队伍建设
278 基层诊疗能力提升
279 健康乡村建设

279 **医疗卫生监督执法**
279 概况
279 监督执法
279 专项整治

280 **疾病预防控制**
280 概况
280 疾病防控
280 卫生监测
281 职业病防治与职业卫生技术服务
281 检验检测

281 **妇幼保健**
281 概况
281 妇幼健康服务
281 妇幼医疗服务
282 妇幼公益服务

282 **中医药事业**
282 中医政策
282 中医进基层
282 中医药防治疫情
282 娄底市中医医院

## 人民生活和社会保障

285 **基本社会服务**
285 养老服务
285 婚姻家庭
285 殡葬管理
285 流浪乞讨人员救助管理

285 **基本生活救助**
285 社会救助
286 社会救助制度改革
286 孤残儿童和残疾人救助
286 未成年人保护
286 农村留守妇女关爱

287 **基层社会治理**
287 基层政权建设
287 区划地名管理
287 老区建设
288 社会组织管理
288 社会工作
288 慈善公益

288 **就业创业**
288 概况
288 创业带动就业
289 搭建就业平台
289 稳定群体就业

289 **劳动关系**
289 概况
289 劳动关系治理
289 劳动监察执法
289 规范劳动仲裁调解

289 **社会保险**
289 概况
289 养老保险
289 失业保险
290 工伤保险
290 医疗保险
290 生育保险
290 社保基金监管

290 **医疗保障**
290 概况
290 贫困人口医疗保障

290 医药服务
290 集中采购
290 基金监管
291 经办服务

291 **住房保障**
291 概况
291 老旧小区改造
291 公租房管理
291 一网通办
291 住房公积金管理

292 **退役军人事务**
292 概况
292 服务保障体系建设
292 政策法规宣传
292 移交安置
292 优待抚恤
292 就业创业
293 双拥共建
293 军休工作

## 应急管理

295 **防灾减灾**
295 概况
295 防汛抗旱
295 森林防灭火
295 风险监测预警
295 自然灾害综合风险普查
295 救灾保障
296 地质灾害防治
296 地质灾害应急演练

296 **安全生产**
296 概况
296 安全生产宣教
296 安全生产管理
297 安全监管执法
297 安全生产专项整治三年行动
297 “打非治违”专项行动
297 矿山监管
298 娄底市安全生产检察联络室挂牌成立

298 **应急救援**
298 概况
298 智慧应急
298 应急能力提升
298 突发事件应急救援

299 **消防救援**
299 概况
299 政治工作
299 执勤训练
299 防火监督
300 后勤保障
300 首届消防行业职业技能竞赛

## 县(市、区)概况

303 **娄星区**
303 概况
304 “三个高地”建设
304 乡村振兴
305 健康娄星建设
305 生态建设
305 “一件事一次办”改革
305 文明实践工作

306 **冷水江市**
306 概况
307 人民医院整体搬迁
307 高新科技产业园投入使用
307 生态建设
308 城乡建设

308 **涟源市**
308 概况
309 三一中源路机灯塔工厂竣工投产
309 污染防治攻坚
310 幸福南路建成通车
310 “三个高地”建设

310 城乡建设
310 生态建设

311 **双峰县**
311 概况
313 城乡基础建设
313 乡村振兴
313 民生福祉
313 生态环境
313 社会稳定

313 **新化县**
313 概况
315 污染防治
315 城乡基础建设
316 油溪桥村走出人才振兴新路子
316 土坪村成为全国乡村治理示范村
316 新化红茶被确认为“湖红之源”

## 人 物

318 **“全国五一劳动奖章”获得者**
318 向 杰

318 **助人为乐类“中国好人”**
318 朱鹏涛
318 陈 萍

319 **全国脱贫攻坚先进个人**
319 李雄武
320 陈梦林
320 姜泗元
321 曾尔辉
322 谭朝延

## 附 录

324 **党史学习教育**
324 在全市党史学习教育总结会议上的讲话
329 机关党建“双高”工程
329 千名书记讲党史
329 “三个十佳”评选
329 “手”说党史

330 **重要文件选登**
330 中共娄底市委 娄底市人民政府关于全面推进乡村振兴加快农业农村现代化的实施意见
336 中共娄底市委办公室 娄底市人民政府办公室关于加快钢铁新材和工程机械“双引擎”建设打造先进制造业强市的实施意见

339 **先进集体（个人）**
339 娄底市部分先进单位(集体)一览表
358 娄底市部分先进个人一览表

## 索 引

368 **主题索引**
382 **表格索引**

# 特　载

◎市委常委会向市委六届二次全体会议的工作报告

◎政府工作报告(摘要)——在娄底市第六届人民代表大会第一次会议上

# 市委常委会向市委六届二次全体会议的工作报告

市委书记　邹文辉

（2022年1月24日）

2021年，是党和国家历史上具有里程碑意义的一年。这一年，在中央、省委的坚强领导下，市委常委会团结带领全市广大党员干部群众，坚持以习近平新时代中国特色社会主义思想为指导，全面贯彻党的十九大和十九届历次全会精神，习近平总书记对湖南重要讲话重要指示批示精神，完整、准确、全面贯彻新发展理念，服务和融入新发展格局，全面落实“三高四新”战略定位和使命任务，统筹疫情防控和经济社会发展，统筹发展和安全，扎实做好“六稳”“六保”工作，推动全市高质量发展迈出坚实步伐，呈现出经济稳中向好、民生日益改善、社会和谐稳定、发展提质增效的良好态势。一年来，主要抓了以下十个方面的工作。

## 一、高举旗帜，维护核心，坚定不移沿着习近平总书记指引的方向前进

市委常委会认为，旗帜引领方向，核心凝聚力量，在现代化建设新征程上，唯有坚定不移沿着习近平总书记指引的方向奋勇前进、不懈奋斗，才能锚定新方位、勇担新使命、展现新作为、取得新成效。

深学笃行习近平新时代中国特色社会主义思想。坚持把学习贯彻习近平总书记最新重要讲话和重要指示批示精神作为市委常委会会议“第一议题”，第一时间“学出新时代真理的味道”。健全“第一议题”层层落实报告制度，建立“一周一梳理、一月一督查、一月一汇总”机制，开展“点对点”专项督查；组织开展“新时代基层干部主题培训”和宣传宣讲，确保党的创新理论在娄底大地生根发芽、落地见效，确保广大党员干部群众忠诚捍卫“两个确立”、坚决做到“两个维护”。

扎实开展党史学习教育。市委常委会带头先学一步、深学一层，系统学习党的不懈奋斗史、为民服务史、理论创新史、精神锻造史、自我革命史，及娄底发展史等内容。热烈庆祝中国共产党成立100周年，评选表彰一批“两优一先”基层党组织，为2.1万余名老党员颁发“光荣在党50年”纪念章。注重将党史学习教育与学习习近平总书记在庆祝中国共产党成立100周年大会上的讲话精神、党的十九届六中全会精神等结合起来，让党史映照现实，用理论指引未来。举办市级领导干部学习贯彻习近平总书记在庆祝中国共产党成立100周年大会上的讲话精神专题读书班，市委常委带头宣讲百年党史与党的创新理论，带动各级中心组和基层党组织及时跟进学习，300余支宣讲队深入基层开展微宣讲1.3万余场，引导全社会更加知史爱党、知史爱国。

务实推进学习成果转化落地。对于市委常委会会议“第一议题”明确的重大风险防范化解、产业发展等24项重点任务开展专题督查，持续跟踪推进、狠抓落地落实。以“五个第一时间”学习贯彻省第十二次党代会精神；对标中央、省委经济工作会议精神，列出60项重点任务清单；对省委和省委常委会的重要决策部署及时传达学习，推动贯彻落实；认真落实省委张庆伟书记来娄考察指示精神，出台具体措施，为湖南打造国家重要先进制造业高地作出娄底贡献。

## 二、把准定位，强化支撑，全力办好发展经济这个最大实事

市委常委会认为，坚持和加强党对经济工作的领导，必须以优化政治生态为统领，以完善政策工

具箱为重点，以优化政治环境、营商环境、社会环境、人居环境为抓手，为经济建设提供良好保障与坚实支撑。2021年，全市经济运行总体平稳、稳中向好、稳中趋优，完成地区生产总值1825.76亿元，增长7.7%，规模工业增加值增长7.8%，固定资产投资增长4.2%，社会消费品零售总额增长14.6%，地方一般公共预算收入增长12.6%，发展的质量效益进一步提升。

倾力打造娄底“材料谷”。聚焦国家赋予娄底“材料谷”的产业定位，立足钢铁新材、先进陶瓷等现实基础，将打造中部地区“材料谷”列为市“一号工程”，突出涟钢、VAMA、三一等“链主”企业的带动作用，推动钢铁新材、工程机械两大产业做优做强，带动农机、电子陶瓷等其他8条产业链延链补链，加快形成产业集聚、产业集群、产业生态。全年钢铁新材、工程机械两大产业新开工项目32个，总投资371.42亿元，18个项目已竣工投产。钢铁新材产业有规上企业116家，产值突破千亿元，形成了亚洲最大的高强钢生产基地；正加快打造全国最大的硅钢生产基地，“十四五”末将形成400万吨硅钢产能；推进VAMA二期建设、谋划VAMA三期落地。工程机械产业有规上企业69家，三一路机灯塔工厂竣工投产。

加快建设“五好”园区。出台《娄底市“十四五”园区发展规划》，对各园区的“主特新”产业进行科学定位。赋予娄底经开区172项政务服务管理权限，努力实现“园区事园区办”。积极稳妥推进娄底经开区与万宝新区整合工作。国家高新区创建已进入科技部以升促建调研论证名单。坚持以“亩产论英雄”，预计省级及以上园区可完成技工贸总收入2800亿元，增长11.1%；上缴税金68亿元，增长15.3%。

强力推进项目建设。加强项目谋划，全年纳入省重点建设项目达41个，单体数量超历史纪录，居大湘西片区五个市州首位。加快项目推进，建立“项目清单制、集中调度制、积分排名制、诫勉约谈制”四项机制，实行“周调度、月通报、季讲评”，对建设进度快、推进有效有力的给予通报表扬，对连续2个月进度排名靠后的进行约谈，对连续3个月进度排名靠后的进行问责。18个省“三高四新”项目、41个省重点建设项目、226个市重大项目，分别超年度投资计划56.4、59.8、37.7个百分点，其中省重点建设项目投资进度排名全省各市州第2位；“三高四新”产业项目建设工作获省政府真抓实干奖励。

## 三、聚焦重点，持续发力，推动巩固拓展脱贫攻坚成果同乡村振兴有效衔接

市委常委会认为，脱贫摘帽不是终点，而是新生活、新奋斗的起点。要在巩固拓展脱贫攻坚成果的基础上，做好乡村振兴这篇大文章，在全面推进中突出重点，在久久为功中逐见成效。

坚持将巩固和拓展脱贫攻坚成果放在首位。严格落实“四个不摘”要求，抓牢“三环节两关口”，消除返贫风险1.09万户2.11万人；“五类”学生无一人失学辍学；组建家庭医生签约服务团队1501个，签约“四类慢病”6.02万人；改造农村危房2115户；农村自来水普及率达91.11%；8.45万名脱贫人口、1.76万名监测人口纳入农村低保或农村特困供养；430家就业帮扶车间吸纳1.53万人就业，公益性岗位安排7607人，守住了不发生规模性返贫的底线。

坚持将农村人居环境整治作为首仗。全面实施农村人居环境整治提升五年行动，扎实推进“三清理”“三拆除”“三整治”“三提升”，落实“三保障”，促使农村人居环境不断改善、农民生活品质逐步提升。坚持“三村一面向”，加快推进村庄规划编制工作。持续推进村庄清洁行动，完成农村户厕改(新)建5.54万户，农村垃圾集中处理达标率为98%。娄底农村生活垃圾分类处理“三次多分法”经验，在全国供销合作社系统农村环境服务现场会上，作为唯一地级市作典型经验介绍。

坚持将产业发展作为首要。坚决扛起维护国家粮食安全的政治责任，粮食播种面积368.86万亩、总产量158.43万吨，分别超省定任务3.86万亩、1.93万吨，粮食生产“五个一起抓”工作经验获农业农村部推介。完成高标准农田建设18.62万亩。深入实施“六大强农行动”，增强产业发展带动能力，全市农产品加工企业2496家，农产品加工全产业链产值达736.65亿元，加工企业营业收入562.28亿元，分别增长7.8%、7.1%；新增农民专业合作社200家。

## 四、标本兼治，综合施策，坚决打好污染防治攻坚战

市委常委会认为，生态建设关乎民生福祉，关乎长远发展，必须坚定不移走生态优先、绿色发展之路，让绿色成为最亮丽的底色。

深入打好污染防治攻坚战。坚决抓好中央、省环

保督察和长江经济带生态环境警示片反馈问题整改，年度需整改完成的45个问题已全部整改到位。切实抓好“夏季攻势”，全面完成168项年度任务。锡矿山区域环境综合治理第一个三年行动计划如期完成，砷碱渣无害化处理项目通过省级验收。冷水江锑煤矿区山水林田湖草沙系统治理入选中国生态修复典型范例。锡矿山污染治理获评2021年湖南生态文明建设典型案例。我市作为全省唯一市州成功申报全国地下水污染防治试验区。全市环境空气质量综合指数在全省排名第8位；中心城区空气质量优良率达92.01%；20个省控以上地表水断面水质均达到或优于Ⅲ类；污染地块安全利用率达100%。

推进绿色低碳循环发展。国家循环经济示范城市和大宗固废示范基地建设有序推进，餐厨废弃物资源化利用和无害化处理试点通过国家发改委验收，医疗废弃物无害化处理技改项目竣工投产。新能源加快建设，国家首批、中部四省唯一的生态治理光伏项目已开工建设，涟源市、双峰县纳入国家分布式屋顶光伏开发试点名单，风电装机容量达38.21万千瓦。

统筹抓好生态环境治理和生态系统保护修复。科学编制国土空间规划，强化“三线一单”管控，严禁“两高”项目上马。坚持环保问题“谁产生谁处理、谁污染谁治理、谁损害谁赔偿”，厘清主体责任，强化源头治理。持续推进独立工矿区治理、采煤沉陷区生态修复，完成挥发性有机物治理项目11个、钢铁行业超低改造项目9个、工业炉窑治理项目8个；修复治理土壤7.37万平方米。理顺“一长三员”森林管护责任落实机制，“河长制”工作获全国先进。

## 五、深化改革，扩大开放，最大限度激发内生动力和发展活力

市委常委会认为，面对新使命、新任务、新挑战，必须用好改革开放关键一招，依靠改革应对变局、开拓新局，依靠开放促进融通、实现共赢，更好服务和融入新发展格局。

深化重点领域改革。全市140项改革完成年度目标任务，其中18项获国家部委表彰、推介。坚持把优化营商环境作为“一把手”工程来抓，出台优化营商环境“十个严禁”，推行“拿地即开工”“交房即交证”“准入即准营”等举措，深入激发市场主体活力，新设企业9913家，新增市场主体3.67万户，深化商事制度改革获省政府真抓实干奖励。持续深化“放管服”改革，推出115项便民办税举措，93.7%的政务服务事项实现“最多跑一次”，296件“一件事”实现全省无差别办理。大力推进乡村治理改革创新，屋场会群众工作法被中央电视台推介报道，新化县油溪桥村被农业农村部指定为三个全国乡村振兴“耕耘者”导师村之一。

提升对外开放水平。建设中国（湖南）自贸试验区“高桥·娄底馆”，举办“第二届中非经贸博览会对非出口产品消费节”活动娄底专场。成功举办第12届“湘博会”。大力实施“娄商返娄”行动，设立全省首个企业家日——“娄商日”。组建粤港澳大湾区招商工作站，紧盯“娄商”和“链商”，加强招商引资，全年共引进“三类500强”项目7个，总投资260.8亿元，实现进出口总额191.77亿元，增长27.96%；利用外资3001万美元，增长102.8%；内联引资586.1亿元，增长29.1%。

## 六、正本清源，守正创新，全面巩固壮大宣传思想文化主阵地

市委常委会认为，做好新时代宣传思想工作，必须旗帜鲜明地坚持党管宣传、党管意识形态，让宣传思想文化主阵地更加牢固、干事创业的思想基础更加坚定、高质量发展的舆论氛围更加浓厚。

加强党对意识形态工作的领导。升格市委宣传思想工作暨意识形态工作领导小组，坚决落实意识形态工作常态化分析研判、专项巡察、述职评议、绩效考评工作机制，排查整改39项突出风险和19项网上风险。开展出版物市场专项整治，建立互联网书店证照联合核查备案工作机制，被全国“扫黄打非”办推介。摸排、整治涉时政信息自媒体、公众号163个。全市未发生重大负面舆情事件。

丰富人民群众精神文化生活。出台《娄底市“十四五”时期文化改革发展规划》，成立娄底市文艺评论家协会，推出《蔡和森：信念如炬　映炬初心》等主题报道，创排歌舞剧《蔡和森》、花鼓戏《油溪情歌》、湘剧《千里寻党》三部大戏，并在全省艺术节获奖。巩固拓展全国文明城市创建成果，顺利迎接首次复审。蔡和森事迹入选中央电视台《国家记忆》，“党员进基层圆梦微心愿”活动入选中央党史学教办典型案例汇编。

大力培育和弘扬社会主义核心价值观。加大先进典型选树宣传力度，积极营造崇德向善、见贤思齐的

良好氛围。加强大中小学校思政课建设，教育引导广大青少年坚定不移听党话、感党恩、跟党走。持续加强文物保护利用，蔡和森同志纪念馆·故居被评为国家AAAA级旅游景区，新化、冷水江、涟源纳入全国第二批革命文物保护利用片区重点县，新化、冷水江纳入长征国家文化公园建设规划。全市1人获第八届全国道德模范提名奖，2人入选中国好人榜。

## 七、发扬民主，依法治市，扎实推进社会主义民主政治和法治建设

市委常委会认为，发展社会主义民主政治，最根本的是要把坚持党的领导、人民当家作主和依法治国有机统一起来，完善全面广泛、有机衔接的人民当家作主制度机制。

深入推进民主政治建设。定期听取市人大常委会、市政府、市政协、市中级人民法院、市人民检察院党组工作汇报，支持和保证同级国家机关和其他组织依法依章程履行职能。加强和改进新时代人大工作，坚持发展全过程人民民主，出台《娄底市文明行为促进条例》《娄底市资江保护条例》等地方性法规。支持市政协围绕团结和民主两大主题，聚焦乡村振兴等重大课题开展专题协商，围绕"无籍房"办证等10件市重点民生实事开展民主监督。加强和改进统一战线工作，支持各民主党派、工商联和无党派人士参政议政，县市区人大、政协领导班子配备党外副职19名；统筹做好民族、宗教、港澳台和党外知识分子、新的社会阶层人士等领域工作。研究制定加强和改进党的群团工作的若干措施。加强党管武装工作，巩固提升全国双拥模范城市创建成果。

大力推进法治娄底建设。深入学习贯彻习近平法治思想，制定司法行政工作"十四五"专项规划，建立地方性法规常态化清理制度和地方立法后评估工作制度。紧盯"申诉难""执行难"，着力解决老百姓反映强烈的涉法涉诉问题；出台《中共娄底市委法律顾问工作规则》，提高依法科学决策水平，让人民群众在每一项法律制度、每一个执法决定、每一宗司法案件中都感受到公平正义。

## 八、以人为本，改善民生，不断满足人民日益增长的美好生活需要

市委常委会认为，站稳人民立场，坚持人民至上，必须以"事不在小、关键在办"的态度，千方百计办好群众牵肠挂肚的实事，解决好人民群众最关心、最直接、最现实的利益问题。

落实就业优先政策。扎实开展就业"五促一建"行动和"职业技能提升行动质量年"活动，完成政府补贴性职业培训7.19万人，全市新增城镇就业3.56万人，新增农村劳动力转移就业3.82万人，城镇调查失业率保持较低水平，在全省二类市州中处于领先水平。积极开发县域内就业岗位和公益岗位，主动为残疾人、零就业家庭成员解决就业问题，稳妥做好退捕渔民转产安置。根治拖欠农民工工资工作受到国务院表彰和省政府真抓实干奖励。

办好人民满意教育。全面贯彻党的教育方针，扎实推进"双减"工作，促进义务教育优质均衡发展。全市新增公办园学位11203个，完成省定任务的109.2%，消除义务教育大班额、普通高中大班额497个、394个，分别完成省定任务的100%、108.8%。按时按标准建成7所芙蓉学校。成功举办湖南省第四届中学生运动会，娄底幼儿师范成功升格为高等专科学校。

加强健康娄底建设。深化公立医院综合改革，推动优质医疗资源扩容，全力推进市第一人民医院、市妇幼保健院创建三级甲等医疗机构。扎实推进全科医生驻村全覆盖，全市平均每万人拥有5名全科医生，居全省市州第一。出台促进中医药传承创新发展的18条措施，促进中医药高质量发展。

健全社会保障体系。扎实推进社保扩面提标，企业退休人员月人均基本养老金达到2464元。开展社保基金管理"防风险、堵漏洞"专项整治、养老保险待遇核查"回头看"等专项行动。推进社会救助综合改革，持续提高城乡低保、孤儿生活补贴、残疾人"两项补贴"等保障标准。

解决群众急难愁盼问题。扎实开展"我为群众办实事"实践活动，19件省定民生实事全部完成。加快城市更新，76个老旧小区改造项目全部开工，完成棚户区改造2561套，12个安置基地通过验收并交付使用。完成"无籍房"办证2.58万本。因"邻避效应"影响多年的垃圾焚烧发电项目、农村供水保障等群众反映强烈的问题得到有效解决。

## 九、坚守底线，精准拆弹，统筹办好发展和安全两件大事

市委常委会认为，安全是发展的前提，发展是安

全的保障，必须常怀远虑、居安思危、坚守底线，把安全发展贯穿经济社会发展各领域全过程，确保人民安居乐业、社会安定有序。

抓好常态化疫情防控工作。严格落实“外防输入、内防反弹”的总策略，成功应对国内几次疫情反弹带来的考验，实现疫情“零输入”、本土病例“零报告”、医疗机构“零感染”目标。加强核酸检测、流调溯源、集中隔离点储备、医疗救治等能力建设，在全省率先实现县市核酸检测实验室全覆盖。新冠疫苗接种率、加强针接种率分别居全省第四位、第三位。

积极防范化解重大风险。按照“隐患即事故”的总要求，理顺12个安全生产专业委员会工作职能，成立19个行业领域重大风险排查防范化解工作组，系统性构建风险防范化解体系。加强重点领域查隐患、除风险、防事故，全市生产安全事故起数、死亡人数实现双下降，非生产安全事故得到有效控制，道路交通安全工作获省政府真抓实干奖励。狠抓食品安全风险管控，建立市、县、乡、村、格五级食品安全管理体系。严控政府债务，推动项目建设自平衡，市本级隐性债务化解工作成效突出，获省3亿元限额奖励。组建娄底市城发控股集团，并顺利获评AA+信用评级。

加强和创新社会治理。坚持和发展新时代“枫桥经验”，推广“屋场会”“楼宇会”“村民自治积分制”“访调对接”“六个一”等经验模式，实施专案专班专人化解信访积案，加快打造群众信访县级“终点站”，实现越级上访大幅下降。深入推进市域社会治理现代化试点和县域警务工作，常态化开展扫黑除恶斗争，反电诈市域排名由全国倒数第八名退出到30名之外。

## 十、强基固本，正风肃纪，坚持不懈把全面从严治党向纵深推进

市委常委会认为，办好娄底的事情，关键在党，关键在党要管党、全面从严治党，以永远在路上的清醒和坚定，把全面从严治党贯穿于党的建设各方面。

坚持以党的政治建设为统领。创造性地理顺市委议事协调机构工作机制，明确机构类别，完善运行规则，更好发挥市委总揽全局、协调各方作用。完善政治建设年度综合考核办法，推进市直机关内设机构和下属单位领导干部政治建设考核全覆盖；对全市91个正处级单位领导班子及1079名市管干部进行“政治体检”，不断提高各级领导班子和领导干部的政治判断力、政治领悟力、政治执行力。

全面贯彻新时代党的组织路线。着眼党的组织和党的工作全覆盖，重点抓好易扶点、项目上、网格中的基层组织、基础工作建设。新建、改扩建851个村级平台，2099个村（一门式）服务实现全覆盖。坚持把选人用人作为党内政治生态的风向标，制定市管干部调整配备12条具体原则和优秀年轻干部培养选拔16条具体措施；市县乡三级换届风清气正，组织提名人选均顺利当选。引进各类技术专家319人，其中外国专家及专技人才41名，数量居全省二类地区首位。

以钉钉子精神加强作风建设。认真贯彻中央八项规定及其实施细则精神和省委实施意见，持续整治“四风”。全市查处享乐主义、奢靡之风问题112起，处理226人；查处形式主义、官僚主义问题221起，处理464人。统筹规范督查、检查、考核等事项，持续为基层减负。倡导勤俭节约、反对铺张浪费。

持之以恒推进正风肃纪反腐。部署推进清廉娄底建设，不断加强对“一把手”和领导班子监督，支持纪检监察机关实施“十必严”措施。扎实有序开展政法队伍教育整顿，受理政法干警问题线索693件，查处违法违纪干警1229人。持续推进工程招投标、涉砂涉矿等突出问题专项整治，积极推进“互联网+村级小微权力监督”。对市县乡三级自然资源和规划部门开展穿透式、系统性专项巡察。坚持以案促改、以案促治、以案促建，一体推进不敢腐、不能腐、不想腐。全市立案1588件，采取留置措施50人，给予党纪处分1139人、政务处分461人，移送司法机关36人，挽回经济损失1.19亿元。

一年来，市委常委会高度重视自身建设，严格执行《中国共产党地方委员会工作条例》，带头严守党的政治纪律和政治规矩，自觉落实请示报告制度，贯彻民主集中制。坚持“事不过夜马上办”，推行“六步工作法”，不断提高办事效能。着力构建推动高质量发展的“四个体系”，带头强化成员意识、角色意识，深入“作业面”，当好“施工员”，解决各类实际问题。严格履行“一岗双责”，从严管好亲属和身边工作人员。

以上工作的推进和各项成绩的取得，是党中央、国务院和省委、省政府坚强领导的结果，是全市各级党组织和广大党员干部群众团结奋斗的结果。各位市委委员立足本职岗位，主动担当作为，对市委常委会的工作给予了坚定支持。在此，我代表市委常委会，向同志们表示衷心的感谢。

市委常委会也深入分析了工作中存在的差距和不足，主要是：全市经济总量仍然不大，发展的质量效

益有待提高;防范化解重大风险、生态环境治理任务还很艰巨,民生领域、基础设施建设等方面的短板弱项较多;政府债务化解、安全生产、信访维稳的压力依然较大;形式主义、官僚主义问题还没有得到根治,一体推进不敢腐、不能腐、不想腐还需拿出更多办法,等等。对此,市委常委会将深入研究,努力解决。同时,请同志们对市委常委会的工作多提意见建议,我们将认真听取、积极改进。

同志们,过去一年,通过全市上下的真抓实干、奋力拼搏,我们实现了"十四五"良好开局。但大家一定要深刻认识到,起步顺利并不代表全程满意,开局精彩必须争取结局出彩。建设现代化新娄底是一场长跑,决不能有一点成绩就沾沾自喜。最近,省委对绩效考核工作中14个市州的类别进行了调整,从2022年开始,市州的绩效考核,由原来二类(分别为一类地区、二类地区各7个)调整为ABC三类。娄底与长沙、株洲、湘潭、常德、岳阳、衡阳、郴州8个市州同属A类地区,永州、益阳、邵阳为B类地区,湘西、怀化、张家界为C类地区。也就是说,把娄底从原来二类地区调到了A类,二类地区其他6个市州分成了B类和C类。这样一来,娄底在全省高质量发展中的责任更大了,省委对我们的期望更高了。接到通知以后,市委认为,这是省委对娄底的高度信任,是给予娄底最大的资源,是娄底最好的一张名片,也是娄底新时期新阶段最好的发展机遇。当然,我们也感到很有压力。但我们坚信,有全市上下的共同努力,我们一定不会辜负省委的期望。市委要求,全市上下一是要树立更高的工作标准。所有的工作都要向先进地区、发达地区看齐,向A类地区的其他市州看齐。大家决不能坐井观天,决不能自欺欺人,要积极走出去,到先进地方去学习别人的先进经验。正是因为我们基础不如别人,所以在今后的工作中,我们不能降低标准,只能有更高的标准,要做到对照先进标准是及格、学习先进经验是达标、创造娄底经验是优秀。现在很多工作首先是标准问题,标准上不去,问题就看不到,问题导向也就会是一句空话。所以,现在我们娄底各方面要全面提标、全面对标。二是要采取更有力的工作措施。在工作措施上,一定要突出针对性、实效性、可操作性。对所有的工作措施,都要贯通责任链条,制定任务书、路线图、时间表,确保落地落实。现在,国务院和省政府都有真抓实干激励,这个都是有真金白银的奖励的。我们的各县市区、各个市直部门,都要通过真抓实干来彰显作为。特别是在优化政治环境、人居环境、营商环境、社会环境上,要拿出更多务实管用的举措。"四个环境"好了,土壤好了,任何种子撒下去,都会结出丰硕的果实;环境不好、土壤不好,任何种子撒下去,芽都发不出来。要发展,营商环境是关键。营商环境搞不好,不是在促进发展,而是在破坏发展,在拖发展后腿。上周,我们专门召开了优化营商环境大会,提出要深入开展营商环境攻坚行动,在13个领域攻坚,搭建7个平台。超群市长也立刻作了系统研究和安排。今年,如果我们哪个板块的营商环境在全省排位靠后,本系统的绩效考核要一票否决,其绩效奖金归零。各级各部门一定要把优化营商环境的工作做在平时,争取在年终绩效评估中有好的结果。三是要保持更加奋勇争先的工作状态。坚持把争先创优作为政治要求,以"舍我其谁"的担当、攻坚克难的勇气、"人一之,我十之;人十之,我百之"的工作干劲,瞄准一流目标、争创一流业绩,努力以一域之光为全局添彩,以优异成绩迎接党的二十大胜利召开。

# 政府工作报告（摘要）

## ——在娄底市第六届人民代表大会第一次会议上

市委副书记、市长　曾超群

（2021年12月30日）

### 一、过去五年和2021年工作回顾

过去五年，面对严峻复杂的国内外环境、艰巨繁重的发展改革任务，特别是突如其来的新冠肺炎疫情，全市上下坚持以习近平新时代中国特色社会主义思想为指导，认真贯彻习近平总书记对湖南重要讲话重要指示批示精神，贯彻落实党中央国务院、省委省政府决策部署，在市委的坚强领导下，深入践行新发展理念，大力实施“三高四新”战略，全力推动高质量发展，胜利完成了脱贫攻坚、全面建成小康社会等历史性任务，较好实现了市五届人大一次会议确定的主要预期目标。地区生产总值达到1860亿元（预计数，下同），年均增长7.4%，人均GDP迈上4万元台阶。地方一般公共预算收入年均增长5.7%，增速保持全省前列，总量实现赶超进位。固定资产投资、规模工业增加值、社会消费品零售总额年均分别增长10%、7.6%、8.8%，均高于全国全省增幅。城镇登记失业率控制在4.5%以内。城乡居民人均可支配收入年均分别增长8%、10.3%，增幅居全省前列。

脱贫攻坚全面胜利。现行标准下54.22万贫困人口全部脱贫、3个贫困县全部摘帽、498个贫困村全部出列，完成6.85万人易地扶贫搬迁任务，双峰县获评全国易地扶贫搬迁工作成效明显县。建设扶贫车间430家，改造农村危房4.48万户，建设集中农村供水工程2647处，通村通组公路全面提质，行政村实现4G网络全覆盖，村级综合文化服务中心达标率100%，贫困人口人均纯收入达到1.22万元，历史性地解决了绝对贫困问题。

产业转型步伐提速。全力打造钢铁新材和工程机械先进制造业“双引擎”，集聚规模以上工业企业178家，对规模工业增加值贡献度达到90%，钢铁新材产业集群产值突破千亿。全市规模以上工业企业超过1000家，企业利润年均增长23.9%。10条工业新兴优势产业链产值占规模工业比重提高到86.7%。全市税占比达到68%，五年提升8.6个百分点。先进结构材料产业集群纳入国家首批战略性产业集群，湖南中部国家产业转型升级示范区建设连续两年获评全国优秀，娄底经开区综合实力跃升至全省第7名。高新技术产业增加值、全社会研发经费投入年均分别增长14.4%、21.1%，高新技术企业达到286家，先进钢铁材料技术国家工程研究中心华中分中心落户娄底。粮食生产工作获评全国先进，粮食播种面积保持在365万亩以上，年出栏生猪稳定在300万头以上，水稻生产机械化率达到76.6%，五年提升9.5个百分点，农产品加工销售收入年均增长12%，休闲农业企业达到1803家。旅游人数、旅游总收入年均分别增长15.4%、22%。新经济新业态快速发展，万宝新区移动互联网产业园获评“湖南省大数据产业园”“湖南省互联网产业园”，区块链技术应用走在全国前列。

生态环境持续好转。坚决打好污染防治攻坚战，五年投入129亿元，完成环境治理项目216个。中央、省环保督察和长江经济带警示片披露反馈的127个问题，已整改完成85个，其余均达到序时进度。在全省率先对采（碎）石场全面清理整顿，131家关闭采石场“两断三清”到位。扎实推进长江十年禁渔、资江水域禁捕退捕，深入落实“河长制”，常态化治理河流180公里，完成山塘清淤1.92万口。全面打好锡矿山、涟钢周边等重点区域环境综合治理攻坚战，砷碱渣无害化项目通过省级验收，冷水江锑煤矿区山水林田湖

草系统治理入选中国生态修复典型案例。省控以上地表水断面和县级以上城市集中式饮用水水源地水质达标率100%。

改革开放纵深推进。部署落实1105项改革任务,“放管服”和“一件事一次办”改革成效明显,赋予娄底经开区1659项管理权限,93.7%的政务服务事项实现“最多跑一次”,企业开办“5小时办结”,296件“一件事”实现全省无差别办理,新增市场主体15.3万户。农村集体产权制度、农村承包地确权颁证、驻娄国有企业“三供一业”分离移交等改革全面完成。国有资产管理、行政复议、园区体制、农业综合水价等改革积极推进。“互联网+村级小微权力监督”、油溪桥村“两山转化”等多项改革成果获得国省表彰。市属国有企业总资产五年增长3.5倍。金融机构贷存比达到64%,五年提高8.3个百分点。深入实施“娄商返娄”行动,每年一届“湘博会”成功举办,在中国(长沙)自贸试验区设置娄底馆,娄底海关开关运行。引进“三类500强”企业41家,内联引资、利用外资、进出口总额年均分别增长14.3%、18%、24.9%。全面搭建招才引智平台,引进全日制硕士以上研究生576名。

城乡面貌明显变化。综合交通枢纽加快形成,二广、娄益衡、龙琅高速和娄底大道建成通车,春田机场、桥头河通用机场建设有序推进,完成干线公路改造327千米,农村公路提质改造1005千米,新开通城乡公交线路373.9千米,娄星区获评全国“四好农村路示范县”。市政基础设施日益完善,7个城市防洪圈完成达标闭合,新增日供水能力14万吨,涟-冷-新天然气长输管线建成完工。中心城区全面提质,拉通断头路36条,建成小游园12处。城乡环境持续改善,在全省率先完成农村墙体广告清零、整市推进农村生活垃圾分类处理,建成乡镇污水处理厂36个,整治城市、乡镇建成区黑臭水体26个。创建AAAA级景区3家、特色小镇4个、省级以上美丽乡村示范村39个。国家卫生城市、国家园林城市复审顺利通过,成功创建全国文明城市,4个县市创成省级文明城市。

社会治理有效加强。扫黑除恶专项斗争扎实开展,建成覆盖全市的网格化管理服务体系,反电诈工作退出全国重点市域通报名单,创新推进“雪亮乡村”市场化运作,“一村一辅警”、“智慧矫正”建设不断加强。深化信访“三无”创建,探索“阳光信访”平台,“村(居)民议事会公开评议信访事项”“屋场会”等基层治理模式在全国全省得到推广。民间融资风险处置取得进展。公共卫生突发事件应急响应能力体系不断健全。安全生产形势持续稳定,防灾减灾救灾有序有效,防汛抗旱、森林防灭火实现“零伤亡”目标。食品安全连续两年进入全省A级市州行列。

民生福祉显著改善。持续办好民生实事,民生支出占财政支出比重超过70%。累计新增城镇就业18.4万人、农村劳动力转移就业19.1万人。新建学校41所,其中7所芙蓉学校建成使用,新增学位12.2万个,消除大班额4203个,公办幼儿园在园幼儿比例达到52.9%,建成教师周转房3106套。娄底幼儿师范成功升格为高等专科学校,娄底职业技术学院成功创建国家乡村振兴人才培养优质校。城乡居民养老保险、医疗保险和最低生活保障实现应保尽保,新增养老服务床位1万张。每千人常住人口医疗卫生机构床位数由3.9张增加到7.6张,在全国率先推行健康快车下基层服务,全科医生驻村全覆盖工作提前完成2030年国家规划目标,新化县远程医疗获评国家“互联网+医疗健康”服务典型案例。建设保障性住房10391套,老旧小区改造53924户,棚户区改造60432户,27个中心城区安置基地项目全部启动建设,17个已交付使用,完成“无籍房”办证7.6万本。电商进村实现行政村全覆盖。农村户用厕所改(新)建9.3万户。文化体育事业不断繁荣,“四馆一中心”投入使用,涟源湘剧入选第五批国家级非遗代表性项目名录,竞技体育实现全运会金牌“零”的突破,成功举办省第四届中学生运动会和首届中非少年足球友谊赛,“足球+英语”直播公益课堂获得全国体育事业突出贡献奖。

政府效能不断提升。全面加强政府系统党的建设,扎实开展“两学一做”学习教育、“不忘初心、牢记使命”主题教育、党史学习教育。出台政府系统党风廉政建设十条规定,加强审计监督,推动建章立制,娄底自然资源资产离任审计试点经验在全国推广。“三公”经费支出压减31.8%,政府债务风险控制在全省二类地区。政府机构、撤乡并村改革和县市区、乡镇、村支两委换届全面完成。法治政府建设成效明显,孙水河保护条例、农村住房建设管理条例、文明行为促进条例等8部地方性法规颁布实施,依法行政能力不断提高。主动接受人大法律监督和工作监督、政协民主监督、社会舆论监督,创新开发建议提案网上办理平台,率先在全省实现“一网通办”,五年办结市人大代表议案2件、建议594件、政协提案779件,办结率、满意或基本满意率均为100%。接听“12345”市民来电22.4万件，办结率、满意率分别为97.3%、98.5%。坚决落实中央八项规定及其实施细则精神，持续整治“四风”，通报典型案例77起，党纪政务处分1119人。

国防动员和后备力量建设不断加强，军民融合深度发展，全民国防教育普及深化，退役军人事务管理水平不断提高，成功创建“全国双拥模范城”，“娄底民兵映湘中”在中央电视台专题推播，驻娄解放军、武警、消防、公安和民兵预备役遂行任务能力持续提升，参建参治作用不断显现。统计、党史、公积金、人民防空、档案、保密、邮政、气象、水文、移民、供销、外事、侨务、民族宗教、对台、工商联、贸促、工会、共青团、妇联、关工委、老龄、科协、社科联、文联、红十字会、慈善、残联、计生协等各项工作均取得新的进步。

特别是面对世纪疫情，全市上下齐心协力，众志成城，坚决打好疫情防控的人民战争、总体战、阻击战，实现了疫情防控和经济社会发展“双战双赢”。疫情防控进入常态化后，始终绷紧防控之弦，筑牢防控屏障。尤其是广大医护工作者、志愿者、基层网格员，以及各层级各领域各方面的参与人员，闻令而动，逆风而行，把党旗插在抗疫一线，用生命的坚守换来全市的平安，充分彰显了“坚韧、勤奋、尚德、自强”的娄底精神，让我们为之“点赞”。

2021年，是党和国家历史上具有里程碑意义的一年，是本届政府的收官之年。我们深入学习贯彻习近平总书记对湖南重要讲话重要指示批示精神，全面落实“三高四新”战略定位和使命任务，统筹疫情防控和经济社会发展，统筹发展和安全，扎实做好“六稳”工作，全面落实“六保”任务，经济社会发展呈现总体平稳、稳中向好、稳中趋优态势。地区生产总值增长8%左右，规模工业增加值增长8%左右，固定资产投资增长7%左右，社会消费品零售总额增长15%左右，地方一般公共预算收入增长11%以上，实现了“十四五”良好开局。突出抓谋划、筑根基、增后劲，发展路径更加清晰。推动“十四五”规划落地落细落实，编制完成科技创新等44个专项规划，扎实推进国土空间规划、村庄规划编制。推动巩固拓展脱贫攻坚成果同乡村振兴有效衔接，在全省率先出台乡村振兴工作领导、调度和督查机制。突出抓项目、兴产业、强实体，发展动力不断累积。举办产业项目建设、产业园区高质量发展推进会，先后分三批推动196个重大项目集中开(竣)工，总投资576亿元，省重点项目投资超年度计划45%。强力推进“双引擎”重点项目32个，以VAMA二期为代表的一批重大项目顺利开工，三一路机灯塔工厂、浙湘新材等项目竣工投产，华菱安赛乐米塔尔铁路专用线建成通车。突出抓创新、促改革、优环境，发展活力日益增强。全力推动科技创新，高新技术产业增加值增长16%。持续深化“放管服”改革，推出115项便民办税举措，“拿地即开工”“交房即交证”“准入即准营”等改革积极推进。全面开展优化营商环境攻坚年行动，有序推进融资增信工作，设立全省首个企业家日——“娄商日”。组建娄底市城发控股集团并顺利获评AA+信用评级。出台关于创建“五好”园区推动新发展阶段园区高质量发展的实施意见，园区错位特色发展加快形成，技工贸收入达到2800亿元，增长11.1%。突出抓底线、保民生、提品质，发展成果更加惠民。理顺十二个安全生产专业委员会工作职能，出台煤矿安全监管八项制度，安全生产形势总体平稳，生产安全事故起数和死亡人数实现“双下降”。市本级隐性债务化解成效突出，获省3亿元政府债务限额奖励。根治拖欠农民工工资工作受到国务院表彰。持续推进县域社会治理，社会大局保持稳定。深入开展环境治理，常态化抓好“夏季攻势”，娄底生态治理光伏项目快速推进，“河长制”工作获得全国先进。扎实开展“我为群众办实事”实践活动，19件省重点民生实事全部完成，12件市重点民生实事已完成10件，农村中小学教师周转房建设可于明年6月全面完成，中心城区二水厂改扩建已完成水源地环境综合整治和勘察设计等前期工作，预计明年上半年正式开工。

过去五年，是我市发展史上砥砺奋进的五年。经过五年的接续奋斗，我们同全国人民一道，步入了全面小康社会，实现了第一个百年奋斗目标，娄底进入了明显的上升曲线阶段和新一轮快速发展期，高质量发展态势逐步呈现。这是娄底对习近平新时代中国特色社会主义思想的生动实践，是市委坚强领导，市人大、市政协监督支持，全市广大干部群众顽强拼搏的结果。在此，我代表市人民政府，向全市人民、各民主党派、各人民团体，向在脱贫攻坚、疫情防控、抢险救灾等急难险重任务中付出艰辛努力、作出奉献牺牲的广大干部和人民群众，向驻娄人民解放军指战员和武警官兵、政法干警、消防救援队伍指战员和民兵预备役人员，向中央、省驻娄单位，向所有关心支持娄底发展的各界人士，表示衷心的感谢和崇高的敬意。

我们也要清醒地看到，受新冠肺炎疫情等多种因素影响，地区生产总值增速等少数指标没有实现预期目标，特别是经济社会发展不平衡不充分问题还比较突出，经济总量不大，质量效益不高，创新能力不强；项目储备和要素保障不足；环保、安全和民生等方面历史欠账较多；全面脱贫成果尚需巩固；县域之间发展不平衡，县域经济发展存在短板，等等。对此，我们必须切实强化问题导向、忧患意识、底线思维，以绝不回避、绝不推诿的态度和作风，竭尽全力担负起发展之责。

## 二、未来五年总体要求和2022年重点工作

未来五年，是全面开启建设社会主义现代化国家新征程、向第二个百年奋斗目标进军的第一个五年。省第十二次党代会、市第六次党代会为今后五年发展擘画了蓝图，指明了方向。立足新的发展方位，站在新的历史起点，我们要以全新的发展姿态、更强的使命担当，全力推动各项决策部署落实落地。

今后五年工作的总体要求是：高举中国特色社会主义思想伟大旗帜，坚持以习近平新时代中国特色社会主义思想为指导，坚定不移沿着习近平总书记指引的方向前进，全面贯彻党的十九大和十九届历次全会精神，深入落实习近平总书记对湖南重要讲话重要指示批示精神，立足新发展阶段，完整、准确、全面贯彻新发展理念，构建新发展格局，坚持稳中求进工作总基调，以推动高质量发展为主题，以深化供给侧结构性改革为主线，以改革创新为动力，以满足人民日益增长的美好生活需要为目的，统筹发展和安全，推进治理体系和治理能力现代化，坚决落实省第十二次党代会和市第六次党代会精神，全面落实“三高四新”战略定位和使命任务，努力建设“四个城市”，奋力谱写新时代坚持和发展中国特色社会主义娄底新篇章，全面建设富强民主文明和谐美丽的社会主义现代化新娄底。

今后五年的奋斗目标是：全面落实“三高四新”战略定位和使命任务取得明显成效，基本实现现代化建设迈出坚实步伐。经济发展全面提质，质量效益明显提升，力争到2026年，人均地区生产总值超过7万元；创新能力显著增强，创新生态更加优化，全社会研发经费投入年均增长12%以上；重点领域改革取得突破，高水平对外开放不断拓展；文明程度明显提高，社会主义核心价值观深入人心，公共文化服务体系和文化产业体系更加健全；生态环境持续改善，国土空间开发保护格局得到优化，生产生活方式绿色转型成效显著；民生福祉更有保障，共同富裕取得更为明显的实质性进展；治理效能全面提升，安全保障更加有力。

实现上述目标，必须坚定不移坚持党的全面领导。坚定捍卫“两个确立”，坚决做到“两个维护”，不断提高政治判断力、政治领悟力、政治执行力。必须坚定不移推动高质量发展。全力办好发展经济这个最大实事，聚力打造“三个高地”，加快娄底“材料谷”建设，不断壮大实体经济，推动产业绿色低碳循环发展。必须坚定不移释放改革开放活力。进一步优化资源要素配置，强化科技创新引领，加快融入国省重大区域战略，全力打造市场化、法治化、国际化营商环境，不断提高创新力和竞争力。必须坚定不移推进共同富裕。践行以人民为中心的发展思想，强化就业优先导向，完善基本公共服务，全面实施乡村振兴，着力解决人民群众“急难愁盼”问题，让发展成果更好惠及全市人民。必须坚定不移统筹发展和安全。落实重大风险常态化排查、防范、化解机制，牢牢守住安全生产、疫情防控、社会稳定、环境保护、金融秩序、群众关切、依法诚信底线，推动高质量发展和高水平安全动态平衡。

加快建设现代化新娄底，是全市人民的共同愿望，更是政府义不容辞的责任。民之所盼，政之所向。我们一定要以“抓铁有痕、踏石留印”的工作作风，以“功成不必在我，建功必须有我”的责任担当，一步一个脚印走、一棒接着一棒干，确保美好蓝图逐步变成生动现实。

2022年，是全面实施“十四五”规划、全面落实“三高四新”战略定位和使命任务的关键之年。做好2022年工作，必须坚持稳字当头、稳中求进，加强统筹协调和预期引导，继续做好“六稳”工作，落实“六保”任务，按照中央、省委和市委经济工作会议精神，全力抓好贯彻落实，以优异成绩迎接党的二十大胜利召开。

明年的主要预期目标是：地区生产总值增长7.5%以上，规模工业增加值增长8.2%，固定资产投资增长8.5%，地方一般公共预算收入增长7%。居民消费价格涨幅3%左右。城镇新增就业3.4万人，城镇调查失业率控制在5.5%以内，城乡居民人均可支配收入分别增长8%、9.5%以上，粮食产量158万吨以上。生态环境质量持续改善。突出抓好以下八个方面的工作：

### （一）聚焦推动产业发展，致力在打造先进制造

业高地上有新作为

全力抓好“两大产业”发展。以打造娄底“材料谷”为总揽，充分发挥钢铁新材和工程机械两大产业的引擎作用，抢抓硅钢产业快速发展的窗口机遇，围绕“延链、成网、优环境”，加快产业集聚，做大产业集群，构建产业生态。深入开展“新增规模以上工业企业”行动，制造业增加值增长8.5%以上。重点抓好硅钢产业园建设，大力推进三一娄底产业园、薄板深加工产业园、重卡零部件产业园综合体建设。突出抓好“两大产业”32个在建项目投产达效、VAMA三期等27个在谈项目引进落地，确保华菱涟钢产品结构升级、VAMA二期、宏旺新材等重大项目竣工投产。加强钢铁产业产能整合、产品提质，实现华菱涟钢技术改造升级，支持冷钢研发高端高强度紧固件铆螺钢。以“两大产业”为主导，统筹推进其他8条工业新兴优势产业链协同发展，全力打造世界最先进的汽车板供应基地、全球最大的液压油缸基地、亚洲最大的高强钢基地、全国重要的硅钢、路机生产基地。

充分发挥创新驱动作用。坚定不移依靠创新全面塑造发展新优势。落实科技体制改革三年行动方案，强化企业创新主体作用，梳理科技创新重点清单，围绕重点产业，实施和推动关键核心技术攻关“揭榜挂帅”。加强高新技术企业培育，推动中小企业“专精特新”发展，大力培育“小巨人”企业，全年新增高新技术企业50家以上。加快推进数字产业化和产业数字化，推动先进制造业与“大智移云”新技术融合发展，促进产业智能化升级、绿色化改造、服务化发展、品牌化提升。深化产学研合作，加强知识产权保护与运用，提升科技成果本地转化率，争取设立省市自然科学联合基金，数字经济核心产业增加值增长15%。完善创新发展激励政策，全社会研发经费投入增长12%以上。深化娄底人才行动计划，健全人才培养体制，加大高端人才引进力度，培育一批科技创新领军人才，打造支撑高质量发展的智力引擎。

积极创建“五好”园区。以娄底经开区进全省五强和娄底高新区创建国家高新区为统揽，以提高园区吸引力和落地力为抓手，实施好“十四五”产业园区发展规划和产业链规划，加快园区调区扩区，狠抓“1+3”政策落实，推动资源要素向园区集聚。强化规划引领，找准产业定位，加快国家级园区“两主两特一新”、省级园区“一主一特一新”产业发展。坚持“三生融合”、“三态协同”，支持园区服务综合体建设，提升园区内涵和品质。推进园区管理体制、亩均税收、融资创新、建设运营、土地供给等改革，赋予园区更多政务服务事项管理权限，增强园区发展活力，把园区打造成为经济发展的主阵地、县域经济的主支撑。

（二）着力扩大有效内需，致力在服务和融入新发展格局上有新气象

狠抓项目建设。聚焦“两新一重”、民生、能源、物流等重点领域，优化中央投资、专项债、融资需要三类项目库，谋划和推进一批重大项目。实施扩投资“六大行动”，着力开展产业项目建设行动，大力推动“五张网”重大基础设施建设。重点抓好官新高速、新新高速、醴娄高速扩容、呼南高铁益娄段前期、春田机场、桥头河通用机场等一批交通项目，娄底生态治理光伏项目、邵东—双峰输气管道、城市配电网巩固提升等一批能源项目，大中型病险水库除险加固、城市防洪圈闭合和堤防提质达标、城乡供水保障提升等一批水利项目，娄底西货站场、骨干冷链物流基地等一批物流项目建设，新建5G基站1700座，确保省、市重点项目完成年度投资450亿元以上。

激发消费潜力。实施流通消费“五大工程”，社会消费品零售总额增长10%左右。建强城市和县域消费中心，巩固传统和大宗消费，实施农村市场提升工程，加强农村公共产品供给，加快推进农村电商入户，激活农村消费。培育壮大新零售、“互联网+医疗健康”、文化旅游、体育休闲等新业态。帮助餐饮、住宿等服务行业解决经营中的实际困难，加快发展咨询、业务代理、现代物流等生产性服务业。适应“后疫情”时代文旅产业发展新趋势，谋划好休闲旅游、城郊周边游、研学游等旅游业态，继续组织“乐享湘中　幸福娄底”消费季等促消费活动，激发文旅市场消费潜力。

提升城市品质。以提升中心城区首位度为引领，按照宜居宜业宜游标准，坚持精明增长、精致管理、精美建设、精算平衡，优化资源配置，开展城市体检，统筹推进城市更新行动，完善城市功能，增强综合承载能力。持续加强城市“双修”，推进城市管网雨污分流，加快城市棚户区、城镇老旧小区改造和“绿色社区”建设，抓好控违拆违和城市危房隐患整治。加大城市主干道路网建设，打通断头路，推进背街小巷改造，实现甘桂北路、乐坪东街、环保路、长宁路等建成通车。全面做好垃圾分类工作，推进公厕和垃圾站建设改造，全力抓好生活垃圾焚烧发电项目运营管理、燕子岩生活垃圾填埋场封场建设。加快“公交都市”创建，完善

停车设施、步行和自行车交通系统，加强交通秩序管理。建设新型智慧基础设施，加快“智慧娄底”建设，促进技术平台与应用场景有效衔接，提高城市智能化管理水平。

促进区域协调。着眼打造长株潭都市圈拓展区辐射区的规划定位，立足“一核一廊”市域经济格局、“一体两翼”市域发展格局，拓展优化城镇空间布局，有序推动娄涟融合发展。科学编制国土空间规划，全面启动市县两级城区控制性详细规划编制，严格落实“三条控制线”，以高质量规划引领高质量发展。发展壮大县域经济，做好“特色+坚持”文章，支持引导各县市区因地制宜、突出特色、错位发展，培育壮大特色产业，夯实县域财源，提升县域综合实力，支持娄星区加快产城融合发展、冷水江市打造先进制造业强市、涟源市建设“一区三基地”、双峰县发展新型建材产业和推进农机产业转型升级、新化县做大做强先进陶瓷与现代文印产业。加快城乡融合发展，抓好特色小镇和特色城镇建设，提升城镇的辐射力和带动力。

### （三）全面推进乡村振兴，致力在加快农业农村现代化上有新进展

促进农业高质高效。毫不松懈抓好粮食安全，严守耕地保护红线，强力推进农村乱占耕地建房和其他违法用地问题整治，坚决遏制耕地“非农化”、防止“非粮化”，推动建立“田长制”，抓好高标准农田建设，坚决整治耕地抛荒，强化“菜篮子”责任制，确保粮食稳产增效。落实“六大强农”行动，加大农业品牌培育力度，强化农产品质量安全监管，推动创建一批区域公用品牌、企业品牌和产品品牌，培育壮大湘村黑猪、水云峰黄桃、桥头河蔬菜、永丰辣酱、新化红茶、新化黄精等国家地标和优势特色品牌。深入实施湘中黑牛等种业振兴行动，促进生猪产业提档升级，加大农业技术推广应用，不断扩大种养规模，加快双汇等一批农业产业化龙头企业项目落地见效，壮大农产品加工业。推动农机全产业链发展，加快全国丘陵山区先进农机装备研发和制造基地建设，打造智能智慧农机新高地。大力培育新型农业经营主体，提升农业产业组织化水平，实施休闲农业与乡村旅游精品工程，促进农村一、二、三产业融合发展。

实施乡村建设行动。统筹县域城镇和村庄规划建设，加快推进“多规合一”实用性村庄规划编制。加强村庄风貌引导，保护传统村落、传统民居和历史文化名村名镇，因地制宜建设特色乡村。推进“四好农村路”建设，农村公路提质改造252千米，积极创建城乡客运一体化示范县。扎实推进“百村美丽、千村整治”工程和“美丽乡村”建设，深入实施农村人居环境整治五年行动计划，加快推动“空心房”综合治理，持续推进农村生活垃圾分类、厕所革命，加快乡镇污水处理厂建设，加强农村水、电、气、通信和物流等基础配套，实施山塘清淤1200口。深化农村集体产权制度、小型水库管理体制和供销社综合改革，稳步推进农村集体经营性建设用地入市，促进土地有序流转。加强农村专业人才培训，发挥农村致富带头人作用，培育新型农民群体，发展壮大村级集体经济。加强乡风文明建设，健全村规民约，注重发挥乡贤作用，充分尊重社情民意，推进移风易俗，推动新时代农村精神文明建设取得新成效。

巩固拓展脱贫攻坚成果。严格落实“四个不摘”，保持主要帮扶政策总体稳定，对标国家巩固脱贫成果后评估要求，健全防止返贫动态监测和帮扶机制，加强农村低收入人口常态化帮扶，持续做好农村供水保障及易地扶贫搬迁后续扶持，抓好脱贫人口稳岗就业，加大兜底保障力度，全面健全扶贫资产后续管护长效机制，坚决守住不发生规模性返贫的底线。接续推进巩固拓展脱贫攻坚成果同乡村振兴有效衔接，抓好乡村振兴重点帮扶和示范创建工作，发挥好驻村帮扶作用。积极引导能人回乡、资本下乡，广泛动员社会力量参与乡村振兴。

### （四）持续优化营商环境，致力在深化改革开放上有新突破

扎实推进重点领域改革。持续深化“放管服”改革，积极推动要素市场化配置改革，全面推进“一件事一次办”“跨域通办”“跨省通办”“掌上办”落地落实，加快一体化平台在线政务服务迭代与应用，不断提高政务服务水平。大力支持和培育企业上市，建立辅导名单、问题清单和政策工具箱，加快实现企业上市“破零”，提升企业直接融资能力。加大金融机构发展支持力度，做强政府融资担保机构，更大力度引导金融机构支持实体经济发展，积极组建“金融超市”，缓解中小微企业融资难题。完成国企改革三年行动任务，优化国有经济布局和结构调整，积极推进“三项制度”改革，分类推进混合所有制改革，增强国有资产保值增值能力，支持国有企业做大做优做强。

促进更高层次开放合作。实施外贸多元化战略，有序发展跨境电商等外贸新业态，依托农机、电力安

装、劳务输出等产品和服务的竞争优势，拓展“一带一路”新兴市场，加快形成外贸发展新格局。推动制度型开放，积极复制运用湖南自贸区建设制度创新成果，助力“非禁即入”普遍落实。发挥“娄商”和“链商”优势，吸引更多娄商回乡投资兴业，引进更多关联配套企业全链条式发展。坚持培优培强、招大引强，充分发挥友好城市、驻外联络处、异地商会等平台作用，面向“三类500强”企业，注重本土企业成长性，完善招商优惠政策，加快出台实施细则，构建现代化招商体系。大力承接长三角地区和粤港澳大湾区的产业转移，用好新时代推进湘西地区开发政策，建设先进制造配套区和长株潭现代物流服务区。推进海关监管区建设，进一步完善开放平台功能，提升海关对产业发展的服务能力。加快会展经济发展，谋划建设娄底会展中心，继续办好“湘博会”“文印博览会”“娄商大会”“娄商日”等活动。预期内联引资、利用外资分别增长12%、10%以上，出口总额增长在20%以上。

全面激发市场主体活力。坚持两个“毫不动摇”，发挥好民营经济发展“六个一”机制作用，依法保护各类市场主体合法权益，构建亲清政商关系。搭建政策服务平台，继续落实减税降费政策，抓好降本减负，主动实施一批中小微企业获得感强的政策措施，让惠企政策应享尽享，切实为企业纾困增效。紧扣“三化三全四环境”，持续开展优化营商环境攻坚年行动，全面落实“十个严禁”，实施“不主动服务即一票否决”，强化契约精神，打造诚信政府，让投资兴业“来者悦、来者安、来者赢”，真正将娄底打造成为发展的高地、投资的洼地和创业的热土。

### （五）深入打好污染防治攻坚战，致力在生态文明建设上有新成效

坚决打好蓝天、碧水、净土保卫战。持续开展“夏季攻势”，协同开展大气污染联防联控，抓好钢铁、水泥、焦化行业企业超低排放改造，加强建筑工地和道路扬尘治理，着力消除重污染天气，确保城市空气环境质量达标。落实“河长制”任务，实施好长江十年禁渔，推进资江水域禁捕退捕。抓好河库系统治理和河湖突出问题整治，开展黑臭水体治理，全面推进城镇、农村、工业园区污水处理。开展污染土地普查，加强耕地治污工作，有效管控农用地、建设用地土壤污染风险，推进城市固体废物精细化管理。加快国家森林城市创建，全面推行“林长制”，坚持山水林田湖草沙系统治理，提升生态系统整体功能。

持续推进生态环境保护修复。加强水污染防治和水生态、遗留矿山生态保护修复，推进全国地下水污染防治试验区建设，解决区域性、流域性污染问题，确保集中式饮用水水源地水质安全达标。切实抓好中央和省环保督察反馈问题整改，推进锡矿山区域环境综合治理，实施资江流域生态环境保护行动计划。突出抓好关闭煤矿矿井废水、采（碎）石行业等专项治理，重点实施采煤沉陷区综合治理和冷水江市锡矿山独立工矿区提升改造工程。

加快形成绿色发展方式。落实国家碳达峰碳中和行动要求，编制碳达峰行动方案和分领域分行业实施方案，推进减污降碳协同增效。全方位贯彻“四水四定”原则，推进国家节水行动娄底实施方案，筑牢水安全网。持续淘汰落后产能，把好企业入口关，坚决遏制“两高”项目，全面推行重点行业和领域绿色化改造。谋划好“双控”与产业发展需求相协调的能源消费计划安排，充分利用绿色清洁能源、省级重大项目单独配额等政策措施，大力发展绿色金融，统筹推进光伏、生物质发电、风电及抽水蓄能能力建设，加大清洁能源并网消纳工程建设。增强全民节约意识，倡导简约适度、绿色低碳的生活方式，积极创建绿色机关、绿色家庭、绿色学校、绿色社区。

### （六）全面加强社会治理，致力在建设更高水平平安娄底上有新进步

着力防范金融风险。坚持在推进金融改革中防范化解风险，完善金融风险处置机制，贯彻实施防范和处置非法集资条例，持续推进民间融资风险陈案化解和资产处置攻坚行动，稳妥处置金融机构不良贷款风险，加大地方金融机构监管，有效治理恶意拖欠账款和逃废债务行为，优化金融生态环境，守住不发生区域性金融风险的底线。稳步推进政府债务化解和平台公司市场化转型，坚持举债有度、用债有方、化债有源，确保资金链不断裂、负债率不上升、政府综合债务率处在安全区间。

牢牢守住安全底线。更好统筹疫情防控和经济社会发展，坚持常态化防控，落实“外防输入、内防反弹”措施，全面加强疫情防控应急能力建设，扎实推进疫苗接种，切实做到“四个最”，实现“三个零”。更好统筹发展和安全，贯彻落实新安全生产法，强化“隐患即事故”的原则要求，全面落实安全生产责任，持续推进安全生产专项整治三年行动，抓好煤矿安全监管八项制度落地落实，统筹做好防灾减灾救灾工作，加快湖南

矿山救援娄底基地和新一代多普勒天气雷达建设，完善基层应急体系，全面提升本质安全水平。

加强县域社会治理。全面构建现代化县域警务，常态化开展扫黑除恶斗争，坚决打击电信诈骗，打好新时代禁毒人民战争。持续深化信访“三无”创建，加快群众信访县级“终点站”建设，健全网格化管理体系，推进政府治理、社会调解、居民自治有机结合，形成共建共治共享良好局面。加强和规范村（社区）综合服务平台建设，积极引导社会组织参与城乡社会治理，构建市县乡村四级社会工作服务体系，提升社会工作服务能力和水平。落实基层依法自治事项、依法协助政府工作事项和减负工作事项清单，切实为基层减负、松绑、赋能，提高基层治理能力。

（七）深化文明创建成果，致力在建设文明幸福城市上有新高度

不断提升社会文明程度。以建设更高水平全国文明城市为主线，坚持常设常态长效，推进全面全民全程创建，构建全域创建新格局，以文明创建提升全社会文明素养。深入实施社会文明程度“七大提升”工程，力争实现新时代文明实践中心（所、站）全覆盖。全面实施文明行为促进条例，持续擦亮“娄底红”“微心愿”等志愿服务品牌，营造崇德向善、见贤思齐的浓厚氛围。加强社会主义核心价值观教育，落实意识形态工作责任制，加强网络文明建设，以时代新风塑造和净化网络空间。加大文明宣传力度，讲好娄底故事、传播娄底声音、树立娄底形象。

切实加强公共文化服务。加快推进长征国家文化公园娄底段建设，全面推进蔡和森红色教育基地、锡矿山工矿红色文化旅游、红二军团长征司令部旧址、李聚奎故居、贺国中故居改造升级，着力打造一批红色经典旅游景区。广泛开展全民健身活动，持续加强公共体育设施建设，推动市文体公园升级改造。加强文物保护利用和文化遗产保护传承，加快城乡公共文化服务体系一体建设。强化文艺资源整合，加大文艺精品创作力度，深入开展文化惠民和群众性文化活动，推动文学艺术事业高质量发展。

健全完善文化产业体系。坚持文化产业正确发展方向，加强文娱领域综合治理，规范非公有资本进入文化产业，探索推进文化企业社会效益量化考评，努力实现“两个效益”统一。大力实施文化产业“高质量发展六大行动”，做强文化市场主体，加强地域文创产品研发设计生产，培育“文化+”特色消费市场。全面构建全媒体传播体系，推动媒体深度融合，建强用好市县融媒体中心，加快市广电传媒大厦等传媒领域重大项目建设。推动文旅融合发展，打造精品旅游线路，支持紫鹊界梯田、曾国藩故里、湄江国家地质公园争创国家AAAAA级景区，积极推进国家森林公园、国家湿地公园建设。发展赛事经济，打造娄底“足球运动城市”品牌。

（八）突出抓好民生建设，致力在改善人民生活品质上有新提升

坚持就业优先发展。实施更加积极的就业政策，全面推进“互联网+公共就业服务”，加快创业孵化基地建设，推进创业带动就业，加大重点群体就业扶持，抓好公益性岗位开发和就业困难群体安置。围绕“产教融合”城市目标，推动职业教育改革，实施中等职业教育达标工程，擦亮楚怡品牌，大力推进技能中国行行动，广泛开展职业技能培训，着力提升居民就业能力。

全面发展社会事业。深化教育督导体制机制改革、教育评价改革，加快推进高等教育内涵式发展，稳步推进高中阶段教育，规范民办义务教育，扎实完成年度“双减”任务，加大学前教育、义务教育公办学位供给，推动城乡义务教育优质均衡发展。加强中小学校教师队伍建设，培育优良师德师风，促进学生身心健康。推进新的生育政策落地见效，完善托育、幼教服务体系。全面建设“健康娄底”，提升医疗卫生服务质量，加快补齐基层医疗卫生服务短板，持续推进县域医共体建设，提升乡镇卫生服务能力。加快中医药事业传承创新发展，支持公立医疗机构等级晋升，支持娄底市第一人民医院创建国家三级甲等综合医院、娄底市康复医院创建国家三级精神病专科医院，健全公共卫生服务体系，提高重大突发公共卫生事件应急处置能力，启动市传染病防治医院建设。坚持“房子是用来住的、不是用来炒的”定位，优化住房多元化供给，促进房地产业良性循环和健康发展。加大食品药品监管整治力度，确保人民群众“舌尖上的安全”。

持续办好民生实事。在扎实办好省重点民生实事基础上，继续抓好十件市重点民生实事，新建农村中小学教师周转房466套，新增城区公办学位1.3万个左右，新生儿遗传性耳聋基因筛查2万例以上，老旧小区改造2.4万户以上，中心城区新增业主委员会、物业管理小区各100个，完成中心城区居民用水直供改造3万户以上，中心城区既有多层住宅加装电梯100

台，完成农贸市场食用农产品监督性快速检测26万个批次，建成“明厨亮灶+互联网”指挥中心并正常运行，农村公路安防工程建设完成省下达任务。

完善社保体系建设。深化社保制度、社会救助制度改革，健全覆盖全民、统筹城乡、公平统一、可持续的多层次社会保障体系。全面实施全民参保计划，推进社保转移接续，落实城镇职工基本养老保险、工伤保险待遇水平调整工作，完善失业保险金与物价上涨挂钩联动机制，稳步提高社会保险待遇水平。部署推进基本养老保险全国统筹和失业保险省级统筹。建立城乡居民养老保险丧葬补助金制度，健全重大疾病医疗保险和救助制度，提高城乡低保和残疾人两项补贴标准。推进无障碍设施建设和适老化改造，加快构建居家社区机构相协调、医养康养相结合的养老服务体系。抓好儿童、妇女、残疾人关爱保护。加强基金监管，加快构建“1+N”政策监管体系，守护好人民群众的“养老钱”“保命钱”。

加强国防后备力量建设。坚定支持国防和军队改革，稳步推进后备力量建设调整转型，巩固提升双拥共建成果，积极做好退役军人转业安置和就业工作，健全退役军人工作体系和保障制度，着力加强人民防空和民兵基层建设，促进国防建设和经济建设协调发展。

## 三、加强政府自身建设

强化政治引领。始终把学习贯彻习近平新时代中国特色社会主义思想摆在首位，全面落实第一议题制度，认真执行市政府党组理论学习中心组集体学习制度，不断用党的创新理论最新成果武装头脑、指导实践、推动工作。大力弘扬伟大建党精神，持续深化以党史为重点的“四史”教育，传承红色基因，赓续红色血脉。坚持把党的政治建设贯穿政府工作全过程，不断提升政府执行力和落实力。

坚持人民至上。牢固树立以人民为中心的发展思想，把人民对美好生活的向往作为奋斗目标，切实在勤勉履职中为党分忧、为国尽责、为民奉献。坚持正确的政绩观，把为民造福作为最重要的政绩，始终做到问需于民、问计于民，在决策中充分尊重民意、汇集民智。坚持落实落细落小，用心用情解决好群众牵肠挂肚的操心事、烦心事、揪心事，干一件、成一件，持之以恒，久久为功，不断增强人民群众的获得感、幸福感、安全感。

奋力争先创优。把争先创优作为政治要求，永葆“闯”的精神、“创”的劲头、“干”的作风，以“跳起来摘桃子”的勇气，向先进看齐，朝一流努力。强化“负责思维”，落实“我”的责任，坚决摒弃“得过且过、不求有功但求无过”思想，坚决整治不落实、不研究、不作为、不在状态等突出问题，心无旁骛促发展抓落实。构建助推高质量发展的“四大工作体系”，积极发挥绩效考核“指挥棒”作用，为敢于担当的干部担当，对勇于负责的干部负责。

严格依法行政。深学笃行习近平法治思想，以宪法为根本活动准则，强化法治思维和法治方式，严格依法依规依制度办事，建设法治政府。用法治给行政权力定规则、划界限，规范行政决策程序，推进严格规范公正文明执法，提高依法行政水平。认真执行人大决议决定，主动接受人大及其常委会的法律监督和工作监督，自觉接受政协的民主监督，加强审计监督、舆论监督，强化统计监督，让监督覆盖到权力运行的全过程和各方面。

恪守清正廉洁。始终把纪律和规矩挺在前面，加强制度规范，严格制度落实，推动党政机关工作质量实现新提升。牢固树立过紧日子思想，持之以恒落实中央八项规定及其实施细则精神，驰而不息纠“四风”改作风，坚决整治不正之风和群众身边的腐败问题。弘扬清廉文化，厚植廉政根基，营造清廉氛围，让清正廉洁成为干部的思想自觉，着力打造廉洁政府，建设清廉娄底。

进入新时代，奋斗新征程。让我们更加紧密地团结在以习近平同志为核心的党中央周围，在省委、省政府和市委的坚强领导下，践行初心、担当使命，埋头苦干、勇毅前行，为全面落实“三高四新”战略定位和使命任务、加快建设现代化新娄底而努力奋斗。

# 大事记

## 1月

**6日** 娄底市政协五届二十一次常委会会议召开。

**7日** 民建娄底市委会在湖南大视野集团有限公司成立首个“会员之家”。

**13日** 娄底市第五届人大常委会第三十三次会议召开。

**是日** 娄底市人民政府与中国农业银行湖南省分行签订全面战略合作框架协议。

**15日** 娄底市双峰县荷叶镇被省委宣传部命名为第二批湖南省社会主义核心价值观建设示范点。

**16—19日** 娄底市政协五届五次全会召开。

**19日** 娄底市人民政府与大唐华银电力股份有限公司举行绿色清洁能源基地项目对接会，推进娄底市绿色清洁能源基地项目建设，打造国家级绿色清洁能源基地。

**26日** 娄底市召开2021年充分就业“五促一建”行动启动暨根治欠薪工作会议。

**30日** 娄底首家大型高档生活消费类用品折扣店——野陌上村奥特莱斯开业。

**是月** 人民银行娄底市中心支行强化银警反假币协作，在全国首创“反假奖励直拨个人”模式，把原奖励直拨破案单位的方式，改为由人民银行直拨至办案有功人员的个人账户。

**是月** 娄底职业技术学院正式获批中医学（专科）专业。

**是月** 根据中国呼吸学科发展大会公布最新呼吸与危重症医学（PCCM）学科规范化建设认定结果，娄底市中心医院被评为国家PCCM科规范化建设三级医院达标单位。

## 2月

**1日** 华菱安赛乐米塔尔汽车板有限公司二期项目举行开工仪式，娄底通过视频系统连线长沙、娄底和英国、卢森堡、加拿大五方会场。省委书记、省人大常委会主任许达哲宣布项目开工。省委副书记、省长毛伟明，安赛乐米塔尔集团董事长兼首席执行官米塔尔讲话。

**2日** 省发改委网站发布行政执法公示，批复了关于G59呼北高速新化至新宁段工程、G207新邵县绕城公路工程和G234娄底杉山至九仑公路工程的可行性研究报告，并同意建设该3个项目。项目起于娄底市娄星区杉山镇，与G234相接，经花溪、田湾，止于九仑村，与G354相接并与G354共线后接回G234。全线采用一级公路标准设计，路线全长约4.89千米。项目估算总投资22930万元，建设工期2年。该项目是娄底市对接湘乡、宁乡、益阳的重要通道。

**3日** 省政协主席李微微到娄底走访慰问困难党员、困难群众，调研委员工作室建设情况。

**是日** 副省长陈飞到娄底检查安全生产，现场查看娄底正央时代一期建筑工地。

**是日** 娄底市在蔡和森纪念馆举行“奋斗百年路 启航新征程”大型主题采访活动启动仪式。

**4日** 娄底市2021年文化、科技、卫生“三下乡”集中示范活动在涟源市第六中学举行。

**5日** 娄底市委农村工作会议召开。

**7日** 娄底市甘桂公园建成开放。

**18日** 2020年度县（市、区）和市直行业系统党（工）委书记抓基层党建暨落实意识形态工作责任制述职评议会议召开。

**25日** 娄底市扶贫开发办公室、涟源市民政局、双峰县发展和改革局、中国光大集团驻新化县帮扶工作队获“全国脱贫攻坚先进集体”。

**28日** 副省长隋忠诚赴双峰调研春耕生产工作。

## 3月

**1日** 2021年全省重大项目集中开工暨娄底市第一批重大项目集中开工活动举行。全市集中开工项目48个，总投资171.23亿元，全年投资计划为81.06亿元。

**是日** 娄底市1796个村、302个居委会全面完成换届选举工作任务。该届选举选民2676986人，登记参加选举选民2616513人，参选率97.7%。选出村（居）民委员会主任2098人，副主任和委员10547人。

**3日** 娄底市与加纳加中市在线上召开视频会议并签署友好城市意向书。

**4日** 娄底市政法队伍教育整顿动员部署会议召开。

**9日** 娄底市中医医院加入湖南中医药大学第一附属医院“湘中医·医疗联盟单位”。

**16日** 娄底市县处级主要领导干部学习贯彻党的十九届五中全会精神研讨班在市委党校开班。

**19日** 《湖南省治理货物运输车辆超限超载条例(草案)》立法调研娄底座谈会召开。

**22日** 娄底市党史学习教育第一次推进会议召开,会议以视频方式开至各县(市、区)。

**24日** 娄底市政协五届二十三次常委会会议召开。

**29日** 娄底市公安局在全国扫黑除恶专项斗争总结表彰大会上被授予“全国扫黑除恶专项斗争先进集体”称号。

**31日** 娄底市举行政法英模先进事迹报告会。

## 4月

**1日** 中国共产党娄底市第五届纪律检查委员会第六次全体会议召开。

**是日** “湖南省农业机械、矿山机械、电子陶瓷产品博览会”(简称“湘博会”)被评为湖南省AAA级品牌展会,“中国·新化文印产业博览会”获评湖南省A级品牌展会。

**6日** 娄底市召开市委书记专题会议,听取五届市委第十一轮巡察工作综合情况汇报,研究部署五届市委第十二轮巡察工作。

**7日** 党史学习教育省委第十巡回指导组进驻娄底,启动巡回指导工作。

**7—8日** 中国残联副理事长相自成带领调研组到涟源市城乡走访调研残疾人脱贫攻坚成果巩固工作。

**10日** 省委常委、常务副省长谢建辉一行到娄底督导突出生态环境问题整改。

**13日** 娄底市委召开全市领导干部大会。省委组织部分管日常工作的副部长肖百灵出席会议并宣布省委关于娄底市有关领导干部调整的决定:曾超群任中共娄底市委委员、常委、副书记。

**是日** 全省春耕生产暨耕地抛荒专项治理现场推进会在娄底市召开。

**14日** 娄底市第五届人大常委会第三十六次会议召开。

**16—17日** 辽宁省政协副主席许波一行到娄底开展文旅整合发展、红色文化遗产保护利用工作调研。

**17日** 娄底市举办“2021互联网岳麓峰会·万宝区块链论坛”,中央部委直属机构或科研机构代表,全国各地的专家学者、区块链专业机构代表,知名互联网和区块链专业企业、行业投资机构代表等350余人参加。

**20日** 省委常委、省委组织部部长王成到娄底,就市、县、乡换届工作和乡村振兴、企业党建、党史学习教育等工作进行调研。

**28日** 娄底市人民政府驻中国(湖南)自由贸易试验区商务联络处在湖南中非经贸创新示范产业园揭牌成立。

**是日** 娄底市人民政府举行“高桥·娄底馆”开馆暨娄底市出口产品转内销活动启动仪式。

**是日** 娄底市委宣传部、市总工会联合举办“庆五一·跟党走”十万产业工人劳动竞赛启动仪式暨职工文艺会演。

**28—29日** 湖南省政协副主席易鹏飞一行到娄底开展“做强现代种业体系、为粮食安全做贡献”专题调研。

**30日** 娄底市在湖南省脱贫攻坚总结表彰大会上,46个集体获“湖南省脱贫攻坚先进集体”称号,73位扶贫工作人员获“湖南省脱贫攻坚先进个人”称号。

**是月** 新化县职业中专学校更名为新化县楚怡工业学校。

## 5月

**4日** 22时59分,涟源国家气象观测站极大风速达19.9米/秒。

**8日** 娄底市“创新引领 智汇湘中”招才引智

活动在长沙举行，提供就业岗位725个。

**10日** 省委副书记乌兰到娄底检查指导防汛备汛工作。

**是日** 娄底市乡村振兴局挂牌成立。

**是日** 娄底市大中型水库移民后期扶持“十四五”规划通过省水利厅专家组评审。

**是日** 新化县自西向东出现雷雨大风、阵风7级，新化国家气象观测站7时23分极大风速14.3米/秒，导致新化县天门乡、曹家镇受灾544人，农作物受灾面积42.6公顷，成灾面积36.6公顷，严重损坏房屋8间，一般损坏12间，直接经济损失137.2万元。

**12日** 娄底市人大常委会固体废物污染环境防治“一法一办法”执法检查动员大会召开。

**13—14日** 湖南省政协副主席张大方一行到娄底开展“在RCEP框架下深化湖南与东盟经贸合作”课题调研。

**14日** 九三学社湖南省委员会首个“乡村振兴研究基地”在娄底市新化县油溪桥村建立。

**16日** 凌晨1时12分，冷水江国家气象观测站风速27.9米／秒，1时33分涟源站26.6米／秒，2时03分娄底站20.6米／秒，1时01分新化站19米／秒。全市普降暴雨，部分大暴雨，伴有短时强降水、雷雨大风等强对流性天气，全市区域站出现暴雨(50～99.9毫米)101站、大暴雨(100～249.9毫米)18站，最大降水量135.8毫米，出现在新化维山乡。该次过程造成全市大部分乡镇受灾，共计受灾38797人，紧急转移安置298人，农房等基础设施受损，农田受淹，农作物受灾面积2130.92公顷，直接经济损失7471.78万元。

**19日** 新化县、涟源市、冷水江市等地出现暴雨109站、大暴雨1站，新化县、涟源市部分乡镇受灾。新化县4476人受灾，紧急转移13人，农作物受灾546.8公顷，绝收0.3公顷，直接经济损失912.75万元。涟源市12776人受灾，农作物受灾2305公顷，直接经济损失1626.32万元。

**是日** “2021中国旅游日湖南宣传活动暨新化红茶文化旅游节”在新化县渠江源景区开幕。

**25日** 娄底市召开乡村振兴驻村帮扶工作紧急部署会，贯彻中央、省、市继续向重点乡村选派驻村第一书记和工作队的要求，安排部署全市乡村振兴驻村帮扶工作。

**26日** 中国农工民主党娄底市第二次代表大会召开。大会审议并通过农工党娄底市第一届委员会工作报告和《中国农工民主党娄底市第二次代表大会决议》，选举产生由12名委员组成的农工党娄底市第二届委员会。

**是日** 娄底职业技术学院入选全国乡村振兴人才培养优质校。

**27日** 卢森堡驻华大使俞博生一行到娄底访问。

**28日** 娄底市工商业联合会(总商会)第五次会员代表大会召开。会议审议娄底市工商业联合会(总商会)第四届执行委员会工作报告，选举产生娄底市工商联第五届领导机构和领导班子，审议通过娄底市工商业联合会(总商会)第五次会员代表大会有关决议。会上，全体会员代表发出“助力乡村振兴　建设美丽娄底”倡议书。

**30—31日** 九三学社娄底市第五次代表大会召开。

**31日** 湖南省楚怡职教论坛暨第三届中职学校校长论坛在新化县举行。

**是月** 各县(市、区)依规依程序全部完成乡镇党委换届。

## 6月

**6日** 省委常委、统战部部长黄兰香赴新化县开展党史学习教育联点工作。

**11日** 娄底市“三个规定”集中宣讲暨领导干部公开承诺大会召开。

**16日** 娄底市第七次全国人口普查领导小组办公室发布《娄底市第七次全国人口普查公报》(第1～3号)。

**是日** 娄底市举行“我为群众办实事　百名专家下基层”活动。

**18日** 国家互联网信息办公室公布第五批区块链信息服务名称及备案编号公布，娄底涉及项目7个。

**21日** 娄底市2021年第二批重大项目集中开工仪式在湖南中柱机械制造有限公司配套三一油缸、精密缸筒及结构件项目建设现场举行，全市88个重大项目集中开工，总投资220亿元。

**24日** 娄底市庆祝中国共产党成立100周年音乐会歌剧《洪湖赤卫队》首场演出在星星影剧院举行。

**25日** 副省长陈飞到新化县，以省人大代表身份参加所在的娄底市第五代表小组“学党史作表率、为群众办实事”主题活动，调研交通运输和电子陶瓷企业发展情况。

**28日** 娄底市举行庆祝中国共产党成立100周年文艺晚会。

**29日** 娄底市“两优一先”表彰大会召开，表彰全市各条战线上涌现出的优秀共产党员、优秀党务工作者和先进基层党组织。

**是日** 娄底召开政法队伍教育整顿总结大会，通报全市政法队伍教育整顿开展情况，总结成绩，表彰先进，部署整改落实、常治长效等工作。

## 7月

**1日** “区块链+不动产交易纳税”登记平台在娄底城区试点运行。

**是日** 湖南省“十大产业项目”、娄底“双引擎”重点工程——华菱涟钢高强钢二期项目热处理线、高端家电用2#镀锌线投产。

**6日** 中共娄底市委全面依法治市工作会议召开。

**9日** 娄底市蔡和森同志纪念馆·故居景区创建为国家AAAA级旅游景区，是娄底市第一家AAAA级红色旅游景区。

**11—12日** 省委副书记、省长毛伟明到新化县、冷水江市、涟源市、娄星区调研，以省人大代表身份参加所在的娄底市第一代表小组主题活动。

**12—14日** 国家园林城市普查专家组对娄底市开展国家园林城市复查。

**14—16日** 全国专业农机手培训行动暨湖南省专业农机手示范培训在娄底涟源举行。

**18日** 娄底市承办联点帮扶新化县乡村振兴工作推进暨全省“万企兴万村”行动启动大会。

**是日** 娄底市开展首次数字经济产业和工业新兴优势产业民营企业专场评审，289人获得工程师资格。

**21日** 娄底市人民对外友好协会与尼日利亚埃努古州友好贸易与投资协会（AFFTI）通过函签方式签署友好合作关系备忘录。

**22日** 娄底市人民政府与湖南工商银行签订全面战略合作协议。

**26日** 湖南中医药大学附属娄底医院揭牌仪式在娄底市中心医院举行。

**28日** 娄底市召开新的社会阶层人士联合会成立暨第一次会员大会，会议选举产生市新阶联第一届领导机构。

**29日** 娄底市人民政府授予张宗兰、张胜等12人“2020年度娄底市见义勇为先进个人”称号；追授王勤敢“2020年度娄底市见义勇为先进个人”称号。

**是日** 最高人民法院咨询委员会委员、北京市高级人民法院原院长慕平，最高人民法院咨询委员会委员、浙江省高级人民法院原院长齐奇等5人，到双峰县人民法院开展调研。

**是日** 2021湖南“粤港澳大湾区投资贸易洽谈周”娄底市电子商务专题推介活动在深圳东海朗廷酒店举行。80余家大湾区电子商务企业、20余家本土电子商务企业参加。

**29—30日** 娄底市五届人大常委会第三十九次会议召开。30日，会议决定从2021年起，将每年10月9日设立为“娄商日”；会议通过《娄底市文明行为促进条例》。

**30日** 娄底市新化红二军团长征司令部旧址、李聚奎故居、蔡和森蔡畅故居被省委宣传部命名为第六批湖南省爱国主义教育基地。

**是日** 娄底市政协“全面实施乡村振兴战略”专题协商会议暨五届二十四次常委会会议召开。

**是月** 人民银行娄底市中心支行协调新化县人民政府在全省率先以政府名义发布《关于整治拒收人民币现金有关事项的通告》。

**是月** 娄底市各县（市、区）党委换届完成。

## 8月

**2日** 娄底市4758家诊所、村卫生室和1178家药店全部纳入网格化信息平台管理。

**6日** 娄底市委对实施乡村振兴战略领导小组

进行调整，市委书记任组长，市长任第一副组长，市委专职副书记和市人大、市政府、市政协分管领导任副组长，领导小组办公室设在市乡村振兴局。

**9—10日** 中国民主同盟娄底市第五次代表大会召开。会议选举产生由21名委员组成的民盟娄底市第五届委员会和7名出席民盟湖南省第十五次代表大会的代表。

**16日** 娄底市先进制造业“双引擎”建设工作专班会议召开，专题调度重点项目进展情况，研究解决企业提出的问题。

**23日** 娄底市在中心城区举行大规模核酸检测实战演练。

**24日** 省委书记、省人大常委会主任许达哲到娄底市就产业项目建设和产业链培育等工作进行调研，先后考察涟源钢铁集团有限公司高强钢一期项目热处理线、三一液压油缸灯塔工厂等项目。

**25—26日** 省人大常委会党组书记、副主任、执法检查组组长刘莲玉率省安全生产“一法一条例”执法检查组到娄底开展检查。

**26—27日** 省政协副主席李民一行到娄底开展“习近平总书记‘七一’重要讲话精神学习宣讲活动开展情况”“线下线上政协委员工作室建设运行情况”走访调研。

**是月** 资江干流娄底段出现锑浓度异常，锑浓度略高于饮用水控制标准(5微克／升)。

## 9月

**1日** 中国(中部)娄底硅钢与非金属材料智能制造产业园项目签约仪式举行。该项目总投资50.7亿元，选址娄星区石井镇一带，用地面积约1000亩，主要建设80万吨冷轧硅钢生产线、800万吨非金属矿石研发生产线和80万吨硅钢下游电机、电子设备、家电制造等配套生产线。

**1—2日** 省人大常委会副主任周农率队到娄底专题调研反电诈工作，了解打击治理电信网络犯罪工作情况，征求对省人大打击治理电信网络犯罪工作的意见、建议。

**2—3日** 资江保护协同立法第四次会议在娄底市新化县召开。

**7—9日** 娄底市举办首届养老护理职业技能竞赛。

**8日** 娄底市国家粮油储备有限责任公司授牌仪式举行。

**9日** 娄底市召开煤矿安全生产专项巡察动员部署会议，对全市的煤矿安全生产专项巡察工作进行部署和安排。

**10日** 娄底市人民政府与中国农业发展银行湖南省分行签署“十四五”政策性金融创新服务乡村振兴战略合作协议，签约金额达300亿元。娄底市农业农村局、乡村振兴局与中国农业发展银行娄底市分行签署240亿元战略合作协议，娄底部分重点企业与中国农业发展银行各县支行签订意向协议。

**14—15日** 副省长陈文浩到娄底市调研锡矿山区域环境综合治理、城市黑臭水体治理、孙水河水体保护、林业生态廊道建设、龙山国家森林公园林相改造等工作。

**18日** 娄底市首台企业征信报告自助查询机在人民银行娄底市中心支行征信服务大厅正式上线运行，成为全省首批开展企业征信报告自助查询的地级市之一。

**是日** 娄底召开2021年市总河长会议。

**是日** 娄底市资江干流相关断面锑浓度总体呈下降趋势。资江干流晓云渡口、新化水厂断面锑浓度持续达标。

**22日** 湖南省第四届中学生运动会足球比赛在娄底一中举行，10月27日结束，娄底代表团获男子足球、女子足球双冠军。

**23日** 湖南省十三届人大代表娄底第三、第四小组在涟源市开展“优化法治化营商环境”专题调研。

**25日** 娄底市与尼日利亚埃努古州恩苏卡市通过视频方式签署友好城市意向书。

**27日** 娄底市在第二届中非经贸博览会高桥分展馆举办对非出口产品消费节暨市场采购招商推介会(娄底专场)。

**27—29日** 中国共产党娄底市第六次代表大会召开。

**29日** 中国共产党娄底市第六届纪律检查委员会举行第一次全体会议，选举产生新一届纪委常务委员会。

**是日** 国家医疗保障信息平台在娄底市正式上线。

**30日** 娄底举行全市重点项目投产开工仪式。三一液压油缸智能生态工业城(一期)、浙湘新材高牌号硅钢(一期)两个“双引擎”项目竣工投产,娄星区人民医院传染科建设项目开工。

## 10月

**8日** 全省第三次重大项目集中开竣工活动暨娄底市第三批重大项目集中开竣工仪式举行。45个重大项目集中开工,15个重大项目集中竣工。

**9日** 娄底师范高等专科学校经省人民政府批复同意设置,并报教育部备案。11月11日,教育部发函同意新建娄底幼儿师范高等专科学校。

**是日** 娄底市举行首个“娄商日”活动暨“万企兴万村”助力乡村振兴大会,活动现场签约29个助力乡村振兴示范项目,总投资44.09亿元。

**9—13日** 娄底技师学院承办湖南省第一届职业技能大赛·第四届全国智能制造应用技术技能大赛湖南选拔赛。

**11日** 《娄底市资江保护条例》由娄底市第五届人民代表大会常务委员会第四十一次会议审议通过。12月3日,经湖南省第十三届人民代表大会常务委员会第二十七次会议审查批准。

**14日** 湖南省农机推广人员技能培训(第二期)在娄底市娄星区举办。益阳、常德、怀化等7个市(州)、县(市、区)的62名农机技术推广人员学习水稻机械化收获减损技术操作。

**15—16日** 省人大常委会副主任叶红专到娄底宣讲党的十九届六中全会和省第十二次党代会精神,听取对省人大常委会工作报告(征求意见稿)的意见建议。

**16日** 副省长谢卫江到娄底调研教育和文旅工作。

**是日** 湖南省第四届中学生运动会在娄底一中体育馆开幕。全省14个市(州)和省直的15个代表团2138名运动员参加比赛。

**19日** “暨南大学思想政治教育基地”挂牌仪式在双峰县蔡和森纪念馆举行。

**是日** 娄底市娄星区乐坪街道街心社区、涟源市杨市镇孙水河社区、新化县上渡街道上渡社区获“2021年全国示范性老年友好型社区”。

**20日** 娄底市中小企业“专精特新”发展论坛举办。该次论坛以“聚焦专精特新　成就未来之道”为主题,旨在引导中小企业向专精特新发展,培育一批“小巨人”企业和单项冠军企业。

**是日** 娄底市启动留守妇女关爱服务项目“玉兰守护计划”。

**22日** 娄底市政协五届二十五次常委会会议召开。

**24日** 娄底市人社局作为全省唯一市(州)代表,获评全国根治拖欠农民工工资工作先进集体,受到国务院表彰。

**26日** 娄底市启动高层次人才分类认定工作。

**31日** 娄底市委召开全市领导干部大会。省委组织部副部长、省公务员局局长(兼)张值恒出席会议并宣布省委关于娄底市主要领导干部调整的决定:邹文辉任中共娄底市委委员、常委、书记。

## 11月

**1日** 娄底市开展2021年防空警报试鸣及疏散演习。

**3日** 娄底市国有文化资产监督管理委员会批复,娄底日报社全民所有制企业法人资质注销,保留娄底日报社事业法人资质。

**是日** 在2020年度国家科学技术奖励大会上,涟源钢铁集团有限公司参与的项目“钢材热轧过程氧化行为控制技术开发及应用”获得“2020年度国家科学技术进步奖二等奖”。

**4日** 娄底市全面推动实施社会救助制度改革。

**8日** “奋斗百年路　启航新征程”娄底市庆祝中国共产党成立100周年摄影作品展开幕式在孙水公园举行。集中展出优秀作品460幅,展览由“百年志庆”“风雨历程”“辉煌娄底”三大篇章组成。

**9日** 省委常委、省委统战部部长黄兰香到娄底市娄星区调研乡村振兴工作。

**是日** 副省长何报翔率省直有关部门负责人，到娄底市开展资水巡河。

**9—10日** 省政协党组成员、副主席李民一行到娄底调研芸理委员工作室运行情况并参加协商活动。

**11日** 娄底市联合株洲市、邵阳市等市（州）组成六市联盟医用耗材带量采购。

**是日** 娄底市召开全面推行林长制工作动员会议。

**15日** 娄底市各县（市、区）环境空气质量突出问题专题督办调度视频会议召开，听取环境空气治理情况通报，研究部署下阶段工作。

**16日** 娄底市人民检察院、娄底市应急管理局举行市检察院驻娄底市应急管理局安全生产检察联络室揭牌仪式。

**19日** 娄底市县域社会治理重点工作部署会议召开。会议分析县域治理面临的形势及存在的问题，研究部署重大风险防范化解、“反诈打跨”、禁毒人民战争、信访“三无”创建、县域警务等重点工作。

**20日** 2021年娄底市文明行为促进日活动启动仪式在孙水公园举行，活动以“参与文明实践 践行文明条例”为主题，设1个主会场、4个分会场。《娄底市文明行为促进条例》于娄底市第五届人民代表大会常务委员会第三十九次会议通过，9月29日经湖南省第十三届人民代表大会常务委员会第二十六次会议批准。

**21—23日** 国家乡村振兴局到新化县开展巩固拓展脱贫攻坚成果防返贫监测项目实地调研。

**23日** 大唐华银娄底生态清洁能源基地项目中大唐华银冷水江市采煤塌陷区光伏项目一期等6个首批开发规模合计100万千瓦项目在湖南省投资项目在线审批监管平台获得备案。

**30日** 娄底市六届市委第一轮巡察启动，共安排6个巡察组。其中，3个组分别对6家市直单位党组织开展常规巡察，1个组对全市矿山安全生产开展专项巡察，1个组对6家单位党组织开展巡察整改督查，1个组对全市自然资源和规划部门党组织开展系统巡察。

**是日** 娄底市城市生活垃圾焚烧发电项目正式点火发电。

## 12月

**2日** 娄底市委主要领导会见到娄底考察的力科达国际（香港）有限公司总经理范森林、深圳市品兴泰科技有限公司董事长李建中、深圳市汇恒科技有限公司董事长龙训谊、湖南湘能电力配售电公司常务副总经理侯铭志等一行，就相关合作事宜进行交流探讨。

**是日** 娄底市城管执法支队开出首张电子罚单，标志着全市人行道违停执法工作进入智能终端时代。

**6日** 娄底市召开全市抓党建促乡村振兴工作推进会议。

**6—7日** 省政协副主席易鹏飞一行到娄底宣讲中共十九届六中全会精神、省第十二次党代会精神，并组织座谈。

**9日** 娄底市委、市政府主要领导会见中华全国供销合作总社党组成员、理事会副主任、中国供销集团党委书记、董事长侯顺利一行，就推进新合作集团在娄项目建设进行沟通交流。

**10日** 娄底市举行第十二届湘博会·娄底第二届电商节启动仪式、湖南省直播带货暨短视频大赛颁奖仪式。

**是日** 在水利部公布的第二批深化小型水库管理体制改革样板县名单中，娄底市双峰县在列。

**10—12日** 湖南省第十二届农业机械、矿山机械、电子陶瓷产品博览会（简称“湘博会”）举行。首次实现“一会三展”，在双峰县设农业展主会场，在娄底经开区举办涟钢客户年会，在万宝新区举办娄底第二届电商节，“湘博会”现场成交额2.965亿元。

**13日** 娄底市委、市政府主要领导率队赴华菱涟钢现场办公，就华菱集团和涟钢在娄发展进行商讨。

**是日** 娄底市各民主党派、工商联和无党派人士参政议政调研成果汇报会召开。

**15日** 娄底市召开宣布娄底军分区党委第一书记任职大会。省军区政治委员冯毅宣读任职通知：邹文辉任中共娄底军分区委员会委员、常委、第一书记。

**是日** 娄底市新建的16个乡镇污水处理厂全面通水调试。

**是日** 娄底市选送的电视专题《垄上春行》在中华全国新闻工作者协会第十届理事会第一次会议暨中国新闻奖颁奖会上获中国新闻奖三等奖，实现娄底市获中国新闻奖零的突破，系全省当届唯一获奖市州。

**17日** 娄底市政协五届二十六次常委会会议召开。

**是日** 娄底市城乡环境重点问题整治工作会议召开。

**18日** 娄底市委主要领导会见炼石航空科技股份有限公司董事长张政，就开展新型航空高端制造及维修产业项目投资合作进行交流。

**21日** 龙琅高速公路全线通车。龙琅高速公路是湖南省“七纵七横”高速公路网第四横的重要组成部分，起于湖南省涟源市龙塘镇，止于新化县琅塘镇，连接长韶娄高速公路和新溆高速公路，是二广高速和呼北高速的横向联络线。全长73.712千米，总投资84.84亿元。主线采用四车道高速公路标准建设，设计速度100千米/小时。

**23日** 娄底城区首批新能源纯电动出租车投入营运。

**26日** 华菱安赛乐米塔尔汽车板有限公司(VAMA)铁路专用线通车仪式举行。

**27日** 娄底市委经济工作会议召开，会议全面贯彻落实中央、省委经济工作会议精神，总结2021年经济工作，部署2022年经济工作。

**28日** 娄底广播电视大学挂牌更名为娄底开放大学。

**是日** 娄底市检察院、娄底市公安局侦查监督与协作配合办公室在市公安局启用。

**29日** 政协娄底市第六届委员会第一次会议开幕。

**30日** 娄底市新建的20个乡镇生活垃圾中转站竣工。

**30—31日** 娄底市六届人大一次会议召开。30日举行开幕式。31日举行第二次全体会议，听取市人大常委会工作报告、市中级人民法院工作报告、市人民检察院工作报告。

# 娄底概览

◎自然地理
◎历史文化
◎建置·区划
◎人口·民族
◎经济社会发展

# 自然地理

【地理位置】娄底市位于北纬27° 12′31″~28° 14′27″，东经110° 45′40″~112° 31′07″。北接益阳市，南接邵阳市，西临怀化市，东临湘潭市。全市东西宽160千米，南北长102千米，辖区面积8109.58平方千米。

（杨小熠）

【地形地貌】娄底市境内地势西高东低，呈阶梯状倾斜。在大地貌格局中，新化县、冷水江市、涟源市的西南部属湘西山地区，涟源市的中、东部和娄星区、双峰县属湘中丘陵区。属于云贵高原向江浙丘陵递降的过渡带，南起双峰县猪婆山，至涟源市龙山（海拔1513.6米），再到冷水江市的狮子岭（海拔591米）、癞子岭（海拔994米）、锡矿山（海拔825米），北至涟源市的参机山、红军寨（海拔893米），将区境分割成东、西两大地域。西部山势大多为侵蚀、构造、溶蚀地貌，地势险峻，海拔较高；东部地势逐步降低，地形起伏平缓，丘冈延绵、平地宽敞，海拔较低。唯双峰县东部大多为溶蚀堆积的丘冈平地貌。因下古生代印支期和中生代燕山期地壳运动，花岗岩侵入体局部隆起，形成一线九峰山脉（属衡山山系）。

西部有新化、禾青盆地。其东部盆缘是金竹山、锡矿山至鹰嘴岩一线中低山地貌；西部及北部盆缘是由雪峰山所围成的弧形屏障，海拔高度平均在1000米以上，高于1500米的山峰有九龙池等10座；西南部盆缘由雪峰山余脉天龙山、板子山等组成，平均海拔800~1000米。中部北有伏口、四古至红军寨的中低山石灰岩地貌，南有龙山至猪婆山的中山地貌与之对峙，桥头河、娄底、杨家滩盆地，雷峰低山夹在其中，形成涟源、娄底向东敞开的“E”字形地貌。东部有双峰盆地，盆东以九峰山脉为缘，南有花门丘陵群体，北有洪山殿丘陵带，西有山斗石灰岩低山，龙田、吴湾、杏子平原岗地分布其中。

北有九龙池—大熊山—癞子岭—红军寨横亘的山体，组成以山地为主的山地地貌。南部有天龙山—大乘山—龙山—五脑岭—猪婆山—江大山并列的山体，同样以山地地貌为主，与北部山体对峙。西部由雪峰山脉封闭。中部地势低凹，堆积平原广布，溶蚀残丘成串，剥蚀岗地如波，以平丘冈地貌为主。从新化县的琅塘起，南下横阳、炉观、洋溪、燎原，至冷水江市的潘桥、禾青，穿透金竹山鼻梁东折至涟源市的六亩塘、杨家滩、桥头河，再到娄底市的涟滨、西阳、万宝，再转向双峰县的洪山、龙田、吴湾、杏子，呈“S”形带状盆地分布，是湘中盆地的重要部分。

娄底境内山脉纵横，群峰起伏，矗立大小山峰数百座。西部雪峰山脉从新化西部风车巷蜿蜒入境，斜亘西北，主要支脉有天龙山、桐凤山、奉家山、古台山、凤凰山、大熊山和冷水江境内的祖师岭等；东南部有坐落在双峰县的九峰山，是南岳七十二峰之一，为双峰、衡阳两县的天然分界线；西北部是雪峰山余脉，向涟源伸入，西起白竹山，东至洪家大山，逶迤起伏，峰峦重叠，最高峰寨子山为涟源与宁乡的天然界山；中部龙山山脉横亘，主要山峰有龙山、石坪山、杨材山、仙女寨等，延续40余千米。

（杨小熠）

【气候】娄底地处湘中腹地，属欧亚大陆东部亚热带季风湿润气候区，气候具有显著的季风性与大陆性特点，冬季多为欧亚大陆干冷气团控制，北方寒流频频南下，造成雨雪冰冻，气候比较湿冷；夏季则多为低纬海洋暖湿气团影响，温高湿重；在春夏之交，正处在冷暖气团交替的过渡地带，锋面、切变线和气旋活动频繁，造成阴湿多雨，天气多变；而在盛夏期间，因副热带高压脊控制，酿成高温酷热。

2021年娄底市年平均气温18.5℃，较常年偏高1.3℃，突破近30年的极值。全市年平均最高气温23.2℃，其中年极端最高气温40.2℃（出现在8月1日的新化）；全市年平均最低气温15.1℃，其中年极端最低气温-6℃（出现在1月9日的双峰）。全年高温日数为历史之最，全市年平均高温日数共计57.2天，较常年偏多1倍；双峰累积高温日数达74天，全市除涟源外均打破全市高温日数历史极值，国庆假期打破历史同期最高气温极值纪录。全市平均总日照时数为1427.2小时，较常年偏少；春季日照异常偏少，创历史同期第一低值。“五月低温”期间（5月17—23日）平均气温位居历史同期第一低位，5个县（市、区）均达到中度“五月低温”标准。

2021年娄底市降水时空分布不均，气温阶段性起伏剧烈，极端降水事件多发。全市平均年总降水量1246.7毫米，较常年偏少12.1%。降水季节分布不均，其中，春季平均总降水量537.4毫米，较常年同期略偏多9%；冬季平均总降水量135.4毫米，较常年同期偏少33%；夏季平均总降水量349.4毫米，较常年同期偏少29.7%；秋季平均总降水量为211.7毫米，较常年略偏少5.9%。全市平均总雨日156.4天，较常年偏少2天，总体呈震荡下降态势。

2021年娄底市气象灾害为中等偏轻。晚春强对流天气频发，全市共出现冰雹1站次、大风5站次，致使部分地区出现灾害。阶段性气象干旱明显，出现四段干旱过程（1月7日至2月8日、6月16—30日、7月5日至8月16日、8月22日至10月8日），干旱持续时间长、范围广，对农业生产、森林防火、生活生产等产生不利影响。主汛期雨水集中，局部暴雨洪涝强度强，国家站出现暴雨10县次，出现3段雨水相对集中期。冷空气、寒潮天气过程频繁，出现6次强冷空气、寒潮天气过程。大雾日数增多，相较于常年偏多32.3天，影响交通出行。霾天数持续下降，相较于常年偏少23.2天，空气质量趋向好。

*暴雨洪涝*　2021年5月16日，全市普降暴雨，部分大暴雨，伴有短时强降水、雷雨大风等强对流性天气，全市区域站出现暴雨（50～99.9毫米）101站、大暴雨（100～249.9毫米）18站，最大降水量135.8毫米，出现在新化维山乡。该次过程造成全市大部分乡镇受灾，受灾38797人，紧急转移安置298人，农房等基础设施受损，农田受淹，农作物受灾面积2130.92公顷，直接经济损失7471.78万元。6月27日至7月4日，全市出现一轮较强降雨过程，达区域性暴雨过程标准，19个乡镇达洪涝标准。全市受灾约12680人，紧急转移257人，直接经济损失3807.05万元，其中新化县等地地质灾害多发，水利等基础设施受损、农田受灾，蔬菜被淹，部分地区出现交通临时管制。

*旱情*　2021年出现旱情两次。第一阶段旱情发生在7月上旬至8月中旬，8月6日后受强降雨频繁影响，全市旱情逐步解除。第二阶段旱情自8月下旬开始，受降雨持续偏少影响，干旱再次发展，10月上旬降雨后旱情开始逐步解除。全市旱灾受灾82342人，农作物受灾面积15031.07公顷，农作物绝收面积1736.7公顷，直接经济损失11318.27万元。

（刘昱晨　邓　梅　瞿婧媛）

**【自然资源】***土地资源*　娄底境内土地81.17万公顷，占全省土地总面积3.8%，人均0.2153公顷，比全省人均0.3713公顷少0.156公顷。土地利用构成为：耕地16.84万公顷，占总土地20.75%；园地1.62万公顷，占1.99%；林地44.65万公顷，占55.01%；草地0.51万公顷，占0.63%；湿地0.05万公顷，占0.06%；城乡居民及工矿用地10.12万公顷，占12.47%；交通运输用地1.6万公顷，占1.97%；水域及水利设施用地3.51万公顷，占4.32%，合计利用土地78.9万公顷，占97.2%。未利用地2.27万公顷，占2.8%。（杨小熠）

*矿产资源*　娄底市发现矿种56种，探明资源储量矿种28种，其中，新能源矿产1种，金属矿产11种，非金属矿产16种，是湖南矿种较齐全地区之一。探明储量的矿产地58处，其中大中型矿床36个，以煤炭、建材、有色金属为主。保有储量占中国、全世界第一位的有锑，占湖南省第一位的有煤、白云石、石灰岩和大理石，占湖南省第二位的有石墨等，占湖南省第三位的有石膏和黄铁矿，其他如金、铅、锌、锰、钨等矿种的探明储量也在湖南省占有重要地位。钒、硅石等矿种，虽然尚未探明储量，但潜在远景较大。（杨小熠）

*水资源*　娄底市境内溪水纵横，河库密布，水系完整，主要河流有东部涟水和西部资水。东部涟水为湘江中游一大支流，源于新邵观音山，自西向东，流经涟源市、娄星区、双峰县，经湘乡至湘潭县河口入湘江，境内全长108千米，沿途纳湄江、孙水、侧水等1~4级10平方千米以上的支流120条，控制面积3897平方千米，涓水10平方千米以上的支流4条，控制面积200平方千米，蒸水支流余田桥河9平方千米。西部资水，由南向北，流经冷水江、新化，经安化柘溪，过益阳注入洞庭湖，贯穿境内西半部，区内流程112千米，有1~4级10平方千米以上的支流128条，控制流域面积4011平方千米。

娄底各河流水质较好，氢离子浓度指数在正常范围内，离子总量不高，中等矿化度，适合于工农业生产和人们生活之用。西部山区多于东部丘陵平地，直接形成地表水资源38.87亿立方米。外来水资源丰富，有133.42亿立方米，主要在西部，利用少；东部入境水虽不多，但利用较好。地下水年平均为21.6亿立方米，年径流量平均达21.35亿立方米，主要分布在北、东、南部地区，水能理论蕴藏量32.5万千瓦，其中可开发利用14.26万千瓦。（刘春波）

*动物资源*　娄底市野生脊椎动物有412种，其中哺乳动物有46种，鸟类有168种，爬行动物有54种，两栖动物43种，鱼类101种。国家一、二级重点保护野生动物26种。一级重点保护野生动物云豹、穿山甲、彩鹮、小灵猫、凹甲陆龟；国家二级重点保护野生动物

虎纹蛙、鸢、赤腹鹰、雀鹰、松雀鹰、普通鵟、红隼、燕隼、草鸮、红角鸮、领角鸮、斑头鸺鹠、小天鹅、鸳鸯、鸿雁、灰鹤、褐林鸮、红嘴相思鸟、画眉、水獭、大鲵(娃娃鱼)21种;湖南省重点保护的有益的或者有重要经济、科学研究价值的陆生野生动物(简称“三有”动物)39种,如环颈雉(野鸡)、华南兔(野兔)、青鼬、黄鼬、啄木鸟、杜鹃、喜鹊、八哥、赤链蛇、中国水蛇、沼水蛙、泽陆蛙、黑斑侧褶蛙等,其中鸟类种类最多、分布最广。(刘海翔)

植物资源　娄底市维管束植物总种数1818种,其中蕨类植物373种,裸子植物13种,被子植物1432种。根据森林资源调查,娄底市木本植物约有110科、1120多种。境内有国家一、二级重点保护野生植物20种。一级重点保护野生植物有银杏、香果树、伯乐树、水杉、南方红豆杉;二级重点保护野生植物有连香树、杜仲、榉木、楠木、喜树等;省级地方重点保护植物近50种。娄底市特有物种有壶果冬青。(刘海翔)

## 历史文化

【史迹遗存】娄底市经第三次全国文物普查正式登记录入各类不可移动文物点505处。其中,全国重点文物保护单位4处,省级文物保护单位30处,市级文物保护单位35处,县级文物保护单位38处,其他不可移动文物点398处。

**2021年娄底市全国重点文物保护单位一览表**

表1

| 序号 | 文保单位名称 | 级别 | 年代 | 地点 |
|---|---|---|---|---|
| 1 | 富厚堂(曾国藩故居) | 国家级 | 清 | 双峰县荷叶镇富托村 |
| 2 | 新化北塔 | 国家级 | 清 | 新化县北塔村 |
| 3 | 红二军团长征司令部旧址 | 国家级 | 中华民国 | 新化县奉家镇上团村 |
| 4 | 蔡和森、蔡畅故居 | 国家级 | 清 | 双峰县井字镇 |

【文物】娄底市馆藏文物总数8502件/套,其中一级文物11件、二级文物65件、三级文物423件、一般文物8003件。

【传统文化】娄底市非物质文化遗产代表性项目65个,其中国家级5个、省级14个、市级46个。非物质文化遗产代表性传承人60位,其中国家级2位、省级6位、市级52位。

**2021年娄底市各级非物质文化遗产代表性项目一览表**

表2

| 序号 | 名称 | 级别 | 申报县市区 | 评定时间 |
|---|---|---|---|---|
| 1 | 新化山歌 | 国家级 | 新化县 | 2008年 |
| 2 | 傩戏(梅山傩戏) | 国家级 | 冷水江市 | 2011年 |
| 3 | 抬阁(珠梅抬故事) | 国家级 | 涟源市 | 2014年 |
| 4 | 梅山武术 | 国家级 | 新化县 | 2014年 |
| 5 | 湘剧(涟源湘剧) | 国家级 | 涟源市 | 2021年 |
| 6 | 枫坪傩狮舞 | 省级 | 涟源市 | 2008年 |

续表2

| 序号 | 名称 | 级别 | 申报县市区 | 评定时间 |
|---|---|---|---|---|
| 7 | 永丰辣酱制作工艺 | 省级 | 双峰县 | 2009年 |
| 8 | 溪砚制作工艺 | 省级 | 双峰县 | 2009年 |
| 9 | 花鼓戏(长沙花鼓戏) | 省级 | 娄底市地域文化传承保护中心 | 2009年 |
| 10 | 水府席习俗 | 省级 | 娄星区 | 2016年 |
| 11 | 木偶戏(双峰杖头木偶戏) | 省级 | 双峰县 | 2016年 |
| 12 | 蔡和森一家的革命故事 | 省级 | 双峰县 | 2021年 |
| 13 | 红军长征在新化的故事 | 省级 | 新化县 | 2021年 |
| 14 | 舞春牛 | 省级 | 冷水江市 | 2021年 |
| 15 | 梅山棕编 | 省级 | 涟源市 | 2021年 |
| 16 | 剪纸(湘中剪纸) | 省级 | 双峰县、涟源市 | 2021年 |
| 17 | 拓印技艺(水墨蝉纹拓) | 省级 | 娄星区 | 2021年 |
| 18 | 中医正骨疗法(梅山正骨术) | 省级 | 新化县 | 2021年 |
| 19 | 梅山水火席习俗 | 省级 | 涟源市 | 2021年 |
| 20 | 娄底老街故事系列 | 市级 | 娄星区 | 2007年 |
| 21 | 骨牌灯 | 市级 | 涟源市 | 2007年 |
| 22 | 手狮舞 | 市级 | 双峰县 | 2007年 |
| 23 | 走马街农民书画 | 市级 | 双峰县 | 2007年 |
| 24 | 蚩尤故里文化 | 市级 | 新化县 | 2007年 |
| 25 | 罗钠重“血性”教育故事 | 市级 | 娄底经济开发区 | 2007年 |
| 26 | 涟源杖头木偶戏 | 市级 | 涟源市 | 2010年 |
| 27 | 烙画 | 市级 | 娄星区 | 2011年 |
| 28 | 蒋峰岭庙会 | 市级 | 双峰县 | 2011年 |
| 29 | 长沙花鼓戏双峰特色 | 市级 | 双峰县 | 2011年 |
| 30 | 龙灯故事 | 市级 | 双峰县 | 2011年 |
| 31 | 新化竹子戏(杖头木偶戏) | 市级 | 新化县 | 2011年 |
| 32 | 梅山拳 | 市级 | 市直 | 2014年 |
| 33 | 划喜船 | 市级 | 娄星区 | 2016年 |

续表2

| 序号 | 名称 | 级别 | 申报县市区 | 评定时间 |
|---|---|---|---|---|
| 34 | 青云阁湘笔制作技艺 | 市级 | 娄星区 | 2016年 |
| 35 | 米酒酿制技艺 | 市级 | 冷水江市 | 2016年 |
| 36 | 冷水江杖头木偶戏 | 市级 | 冷水江市 | 2016年 |
| 37 | 扶王传说 | 市级 | 涟源市 | 2016年 |
| 38 | 涟源龙山药王传说 | 市级 | 涟源市 | 2016年 |
| 39 | 富田桥曾氏游浆豆腐制作技艺 | 市级 | 涟源市 | 2016年 |
| 40 | 药王三祭礼仪 | 市级 | 涟源市 | 2016年 |
| 41 | 花鼓戏(桥头河花鼓戏) | 市级 | 涟源市 | 2016年 |
| 42 | 纸扎 | 市级 | 涟源市 | 2016年 |
| 43 | 紫鹊界傩狮 | 市级 | 新化县 | 2016年 |
| 44 | 捉猫公 | 市级 | 新化县 | 2016年 |
| 45 | 陶澍的传说 | 市级 | 涟源市 | 2018年 |
| 46 | 富田桥秆龙灯会 | 市级 | 涟源市 | 2018年 |
| 47 | 涟源龙山过冬至 | 市级 | 涟源市 | 2018年 |
| 48 | 梅山呷新节 | 市级 | 涟源市 | 2018年 |
| 49 | 光厚堂点浆豆腐 | 市级 | 涟源市 | 2018年 |
| 50 | 梅山传统木版画 | 市级 | 新化县 | 2018年 |
| 51 | 松山水酒制作技艺 | 市级 | 新化县 | 2018年 |
| 52 | 梅山九州舞 | 市级 | 新化县 | 2018年 |
| 53 | 毛泽东游学到伏口的故事(湘安古道上的红色故事) | 市级 | 涟源市 | 2020年 |
| 54 | 湘中一支队在凤凰仑围歼尹立言匪部的故事 | 市级 | 涟源市 | 2020年 |
| 55 | 卢天放的革命故事 | 市级 | 涟源市 | 2020年 |
| 56 | 世界锑都锡矿山的红色故事 | 市级 | 冷水江市 | 2020年 |
| 57 | 铜鼓耍锣 | 市级 | 新化县 | 2020年 |
| 58 | 泥塑 | 市级 | 涟源市 | 2020年 |

续表2

| 序号 | 名称 | 级别 | 申报县市区 | 评定时间 |
|---|---|---|---|---|
| 59 | 白溪豆腐制作技艺 | 市级 | 新化县 | 2020年 |
| 60 | 梅山傩面具制作技艺 | 市级 | 冷水江 | 2020年 |
| 61 | 古塘竹编 | 市级 | 涟源市 | 2020年 |
| 62 | 肖氏手工旗袍制作技艺 | 市级 | 冷水江市 | 2020年 |
| 63 | 石氏疱疹疗法 | 市级 | 涟源市 | 2020年 |
| 64 | 颈肩腰腿痛舒氏疗法 | 市级 | 新化县 | 2020年 |
| 65 | 舞干龙船 | 市级 | 新化县 | 2020年 |

（李海军）

## 建置·区划

【建置沿革】娄底境域春秋战国时属楚国。秦置湘南县，辖双峰、涟源部分地域，隶属长沙郡。西汉时属长沙国。汉高祖五年（前202），置连道，辖双峰县测水以西至涟源市蓝田等地。西汉建平四年（前3），析湘南县置湘乡县，连双峰、涟源大部分和娄底等县市，属长沙郡。三国时分属衡阳郡、昭陵郡。三国吴宝鼎元年（266），析昭陵郡置高平县，今新化县西部属之。西晋、东晋、南朝（宋、齐、梁、陈）分属邵陵郡。隋属长沙郡。唐、五代、两宋分属潭州、邵州。北宋熙宁五年（1072），建置新化县。元代，分属天临路、宝庆路。明分属长沙府、宝庆府。清同明属。

新化县成为娄底境内最早的建制县，在两宋隶属邵阳郡，元代属宝庆路，明清属宝庆府。娄底境内的其他县市，双峰一带，秦时属长沙郡的湘南县，汉代以后长期属湘乡县地。涟源一带，秦至东晋时大部分地域分属湘南、连道、湘乡、昭陵等县。北宋以后，其全部地域便长期分属湘乡、邵阳、安化、新化4县。娄星区一带从汉代开始，就一直为湘乡辖地。冷水江一带在宋以前属"梅山蛮"地，宋以后长期属新化县地。

民国元年（1912），属长宝道。民国3年（1914），改为湘江道。民国11年（1922），取消道制直属湖南省。民国29年（1940），分属湖南省第五、第六行政督察区。

1949年，中华人民共和国成立初期，境域隶属益阳专区和邵阳专区。1950年6月，设立锡矿山矿区（县级），直属邵阳专区。1951年8月，筹建涟源县、双峰县。1952年2月，经政务院批准，湘乡、安化、邵阳、新化4县部分行政区域置双峰县、蓝田县（7月更名涟源县）。11月，两县划属邵阳专区。同年8月，撤销锡矿山矿区，划归新化县管辖。1960年2月，设立娄底市和冷水江市，隶属邵阳专区。1962年10月，撤销冷水江市和娄底市，分别并入新化县和涟源县。1969年10月，国务院批准恢复冷水江市。

1977年9月，经国务院批准，将邵阳地区析置涟源、邵阳两个地区。涟源地区辖新化、新邵、邵东、双峰、涟源5县和冷水江市，地区机关驻涟源县娄底镇。同年11月，成立涟源地区。1980年7月，国务院批准恢复娄底市，将涟源县的娄底镇和杉山公社的东风、民福大队及西阳公社的方石、水洋大队，百亩公社的思塘大队划入该市行政区域。1982年12月，涟源地区更名为娄底地区。

1983年2月8日，国务院批复，撤销娄底地区的娄底市，改设为湘潭市娄底区（县级），双峰、涟源县划归湘潭市管辖；撤销冷水江市，改设为邵阳市冷水江区（县级），邵东县、新邵县、新化县归邵阳市管辖。但并未实施，娄底地区名撤实存。同年7月13日，国务院批准，恢复娄底地区及其行政公署，娄底市、冷水江市、双峰县、涟源县、新化县归娄底地区管辖，原所辖邵东、新邵两县划归邵阳市管辖。

1987年6月，国务院批准，撤销涟源县，设立涟源市，所辖行政区域不变。

1999年1月，经国务院批准，娄底撤地设市，原县级娄底市改名为娄星区。所辖娄星区、涟源市、冷水江市、双峰县、新化县行政区划不变。

2017年2月，娄底市调整行政区划，双峰县蛇形山镇、涟源市水洞底镇调整至娄星区。

2021年12月，娄底市水府示范片万宝新区管理委员会撤销，整体划入娄底经开区。

【行政区划】2021年，娄底市辖1个区、2个市、2个县。各县（市、区）共辖14个乡、54个镇、19个街道、2个林场。

2021年娄底市行政区划一览表

表3

| 地区 | 面积（平方千米） | 乡（个） | 镇（个） | 街道办（个） | 林场（个） | 邮政编码 | 行政代码 | 政府驻地 |
|---|---|---|---|---|---|---|---|---|
| 娄底市 | 8109.58 | 14 | 54 | 19 | 2 | 417000 | 431300 | 娄星区 |
| 娄星区 | 628.23 | 1 | 5 | 7 | 0 | 417000 | 431302 | 长青街道 |
| 冷水江市 | 437.89 | 1 | 5 | 4 | 0 | 417500 | 431381 | 沙塘湾街道 |
| 涟源市 | 1830.06 | 2 | 15 | 3 | 0 | 417100 | 431382 | 蓝田街道 |
| 双峰县 | 1593.45 | 3 | 11 | 2 | 0 | 417700 | 431321 | 永丰街道 |
| 新化县 | 3619.95 | 7 | 18 | 3 | 2 | 417600 | 431322 | 上渡街道 |

## 人口·民族

【人口】2021年末，全市户籍总人口448.49万人，常住人口379.68万人，其中，城镇人口181.33万人，乡村人口198.35万人，常住人口城镇化率为47.76%，比上年提高0.81个百分点。全年出生人口3.16万人，出生率为8.28‰；死亡人口2.37万人，死亡率为6.23‰；自然增长率为2.05‰。

2021年末娄底市常住人口数及构成一览表

表4

| 指标 | 年末数（万人） | 比重（%） |
|---|---|---|
| 年末常住人口 | 379.68 | 100 |
| 其中：城镇人口 | 181.33 | 47.76 |
| 乡村人口 | 198.35 | 52.24 |
| 其中：男性人口 | 195.14 | 51.40 |
| 女性人口 | 184.54 | 48.60 |
| 其中：0～15岁人口（含不满16周岁） | 90.71 | 23.89 |
| 16～59岁人口（含不满60周岁） | 217.22 | 57.21 |
| 60岁及以上人口 | 71.75 | 18.90 |
| 65岁及以上 | 56.93 | 14.99 |

【民族】娄底是少数民族散居地区，境内居民以汉族为主。2021年，全市散居有苗族、土家族、侗族、壮族、瑶族、藏族、布依族、彝族、回族、白族、满族、黎族、仡佬族、蒙古族、哈尼族、水族、维吾尔族、傣族、傈僳族、拉祜族、仫佬族、佤族、畲族、土族、朝鲜族、毛南族、景颇族、独龙族、羌族、布朗族、纳西族、东乡族、撒拉族、门巴族、哈萨克族、锡伯族、阿昌族、乌孜别克族、高山族、达斡尔族、德昂族、裕固族、赫哲族、珞巴族、基诺族45个少数民族，常居少数民族人口约2.3万人，超过5000人的有苗族、土家族，超过1000人的有侗族、壮族、瑶族，其他较多的有藏族、布依族、彝族、回族、白族、满族、黎族。（刘思美）

## 经济社会发展

【概况】2021年，娄底市实现地区生产总值1825.76亿元，同比增长7.7%。其中，第一产业增加值204.1亿元，同比增长9.2%；第二产业增加值723.65亿元，同比增长6%；第三产业增加值898.02亿元，同比增长8.7%。全市三次产业结构由上年的11.9∶38.8∶49.3调整为11.2∶39.6∶49.2，第二产业占比提高0.8个百分点，三次产业对全市经济增长贡献率分别为14.2%、30.2%和55.6%，分别拉动全市GDP增长1.1个、2.3个和4.3个百分点。按常住人口计算，全市人均地区生产总值47893元，同比增长8.1%。

全市公共财政预算收入161.34亿元，同比增长11.6%，其中地方财政收入90.77亿元，同比增长12.6%。全市公共财政预算支出338.44亿元，同比增长2.7%，其中，教育、科技、文化、交通、医疗卫生、节能环保、社会保障与就业、城乡社区事务、农林水、住房保障等民生支出245.49亿元，占全市财政支出的比重达72.5%。

**2021年娄底市财政收入和支出一览表**

表5

| 指标名称 | 计量单位 | 绝对数 | 比上年增长(%) |
|---|---|---|---|
| 一般公共预算收入 | 万元 | 1613365 | 11.6 |
| 地方收入 | 万元 | 907743 | 12.6 |
| 税收收入 | 万元 | 623048 | 12.9 |
| 非税收入 | 万元 | 284695 | 12.0 |
| 上划中央税收 | 万元 | 571194 | 10.3 |
| 上划省级税收 | 万元 | 134429 | 10.0 |
| 公共财政预算支出合计 | 万元 | 3384372 | 2.7 |
| 一般公共服务支出 | 万元 | 454815 | 2.2 |
| 教育支出 | 万元 | 666925 | 6.9 |
| 科学技术支出 | 万元 | 41195 | -20.8 |
| 文化体育与传媒支出 | 万元 | 44653 | 13.2 |

续表5

| 指标名称 | 计量单位 | 绝对数 | 比上年增长(%) |
| --- | --- | --- | --- |
| 社会保障和就业支出 | 万元 | 451555 | –1.1 |
| 医疗卫生与计划生育支出 | 万元 | 372699 | 6.4 |
| 节能环保支出 | 万元 | 66900 | 21.6 |
| 城乡社区事务支出 | 万元 | 124772 | –4.2 |
| 农林水事务支书 | 万元 | 465470 | 1.7 |
| 住房保障支出 | 万元 | 89076 | –2.1 |
| 民生支出 | 万元 | 2454875 | 3.6 |

全年居民消费价格比上年上涨0.3%，其中食品烟酒类下降1.6%，衣着类上涨0.7%，居住类上涨0.8%，生活用品及服务类下降0.3%，交通和通信类上涨4.6%，教育文化和娱乐类上涨1.1%，医疗保健类上涨0.3%，其他用品和服务类下降6.6%。

全市实现制造业增加值501.42亿元，同比增长8.0%，制造业增加值占GDP的比重为27.5%，高于上年0.9个百分点。规模以上工业中，装备制造业和高技术制造业增加值分别同比增长39.5%和19.7%；战略性新兴产业总产值占工业总产值比重为32.6%，高于上年3.5个百分点；全市省级以上园区规模工业增加值同比增长12.4%，高于全市规模工业增速4.6个百分点，园区规模工业增加值占比提升到75.2%；投资结构持续优化，民间投资增长8.7%，占全部投资的比重为62.7%，比上年提高2.6个百分点；制造业投资增长12.8%，占全部投资的比重为42.6%，比上年提高3.3个百分点；产业投资同比增长4.9%，占全部投资的比重为65.9%，比上年提高0.5个百分点。

【农业】2021年，娄底市实现农林牧渔业增加值211.38亿元，同比增长9.1%。农林牧渔业总产值342.29亿元，增长10.3%。其中，农业产值165.05亿元，同比增长3%；林业产值8.5亿元，同比增长9.7%；牧业产值139.72亿元，同比增长19.9%；渔业产值16.61亿元，同比增长3.6%；农林牧渔专业及辅助性活动产值12.4亿元，同比增长6.8%。

**2021年娄底市农林牧渔业产值及增速一览表**

表6

| 指标名称 | 计量单位 | 绝对数 | 比上年增长(%) |
| --- | --- | --- | --- |
| 农林牧渔业总产值 | 万元 | 3422862 | 10.3 |
| 农业 | 万元 | 1650542 | 3.0 |
| 林业 | 万元 | 84955 | 9.7 |
| 牧业 | 万元 | 1397229 | 19.9 |
| 渔业 | 万元 | 166093 | 3.6 |
| 农林牧渔业及辅助性活动 | 万元 | 124042 | 6.8 |

全年粮食种植面积24.59万公顷，同比增长0.9%，粮食总产量158.43万吨，增产1.6%；蔬菜种植面积4.31万公顷，增长2.9%，蔬菜及食用菌产量166.92万吨，增产2.4%；油料种植面积4.23万公顷，增长4.7%，油料产量7.45万吨，增产3%；猪牛羊肉产量32.06万吨，增长25.9%，其中猪肉产量28.81万吨，增长29.6%；禽蛋产量4.11万吨，增长24.9%；生猪出栏401.86万头，增长31.5%，年末生猪存栏284.99万头，增长9.8%；水产品产量9.16万吨，增长1.1%。

**2021年娄底市主要农产品产量及增速一览表**

表7

| 指标名称 | 计量单位 | 绝对数 | 比上年增长(%) |
|---|---|---|---|
| 粮食 | 万吨 | 158.43 | 1.60 |
| 棉花 | 吨 | 63.20 | -79.80 |
| 油料 | 万吨 | 7.45 | 3.00 |
| 油菜籽 | 万吨 | 5.51 | 2.50 |
| 茶叶 | 吨 | 7881.00 | 5.40 |
| 蔬菜及食用菌 | 万吨 | 166.92 | 2.40 |
| 猪、牛、羊肉 | 万吨 | 32.06 | 25.92 |
| 猪肉 | 万吨 | 28.81 | 29.60 |
| 水产品 | 万吨 | 9.16 | 1.10 |
| 禽蛋产量 | 万吨 | 4.11 | 24.92 |
| 年末存栏生猪 | 万头 | 284.99 | 9.76 |
| 全年出栏生猪 | 万头 | 401.86 | 31.49 |
| 全年出栏牛 | 万头 | 18.98 | 2.15 |
| 全年出栏羊 | 万头 | 68.13 | 6.55 |

全市2584家农产品加工企业实现销售收入521.87亿元，同比增长8%（口径调整，数据与上年不可比）；全市1964个休闲农业经营主体实现经营收入32.68亿元，增长3.1%。全市农民专业合作社7752个，增长7%；农民专业合作社成员15.49万户，增长10%；家庭农场3559个，增长47.9%；“二品一标”农产品认证个数220个，其中绿色食品216个，有机农产品2个，农产品地理标志2个；年末农业机械总动力373万千瓦，全年化肥施用量（折纯）8.25万吨。

【工业和建筑业】2021年，娄底市实现全部工业增加值579.34亿元，同比增长7.2%。全市在库规模以上工业企业1040个，规模以上工业增加值同比增长7.8%。分经济类型看，国有企业增长14.4%；集体企业下降53.2%，股份制企业增长6.9%，外商及港澳台投资企业增长21.7%。分门类看，采矿业下降24.3%，制造业增长9.3%，电力、热力、燃气及水生产和供应业增长12.2%。分行业看，通用设备制造业增长1.6%，汽车制造业增长22.3%，计算机、通信和其他电子设备制造业增长23.3%，电力、热力的生产和供应业增长11.2%。

2021年娄底市规模工业增加值增速一览表

表8

| 指标名称 | 比上年增长(%) |
|---|---|
| 规模以下工业增加值 | 7.8 |
| 按企业规模分 | |
| 大中型企业 | 19.5 |
| 小微型企业 | -1.3 |
| 按经济类型分 | |
| 国有企业 | 14.4 |
| 集体企业 | -53.2 |
| 股份制企业 | 6.9 |
| 外商及港澳台投资企业 | 21.7 |
| 按行业分 | |
| 煤炭开采及洗选业 | -35.4 |
| 农副食品加工业 | -2.1 |
| 石油、煤炭及其他燃料加工业 | -10.6 |
| 化学原料及制品制造业 | -25.2 |
| 医药制造业 | 20.8 |
| 非金属矿物制品业 | -6.4 |
| 有色金属冶炼及压延加工业 | -29.8 |
| 黑色金属冶炼及压延加工业 | -6.1 |
| 专业设备制造业 | -1.7 |
| 通用设备制造业 | 1.6 |
| 汽车制造业 | 22.3 |
| 计算机、通信和其他电子设备制造业 | 23.3 |
| 电力、热力的生产和供应业 | 11.2 |
| 水的生产和供应业 | 2.8 |

全市重点监测的10种主要工业产品中(规模工业企业),原煤产量290.2万吨,同比下降30.9%;生铁1140.9万吨,增长4.5%;粗钢1335.7万吨,与上年同期持平;钢材1700.1万吨,增长13.7%;氮肥(折纯)5.22万吨,下降0.7%;发电量146.2亿千瓦时,增长9.7%;焦炭377.6万吨,增长1.9%;纯碱18.96万吨,下降0.3%;锑品5.66万吨,下降10.9%;水泥975万吨,下降13.8%。

全市规模以上工业企业实现营业收入同比增长23.3%,利润总额同比增长1%,营业收入利润率为5.2%。全市规模以上工业企业资产负债率为41%,每100元营业收入中营业成本为87.6元。规模工业企业亏损面为5.3%,比上年下降0.6个百分点。

全市建筑业增加值144.4亿元,同比增长1.5%;全市具有建筑资质等级的总承包和专业承包建筑业企业161家,比上年增加11个,完成建筑业总产值511.54亿元,增长12.3%。房屋建筑施工面积1504.06万平方米,增长9.8%;房屋建筑竣工面积855.02万平方米,下降3%。

【服务业】2021年,娄底市实现服务业增加值898.02亿元,同比增长8.7%,占GDP的比重为49.2%;对经济增长的贡献率达55.6%。其中批发和零售业增加值176.62亿元,增长10.3%;交通运输、仓储和邮政业增加值94.9亿元,增长7.5%;住宿和餐饮业增加值34.65亿元,增长12.6%;金融业增加值75.13亿元,增长4.2%;房地产业增加值97.06亿元,增长3.3%;信息传输、软件和信息技术服务业增加值24.93亿元,增长13.8%;租赁和商务服务业增加值34.93亿元,增长10.1%。全市规模以上服务业企业营业收入157.75亿元,增长15.1%。其中以信息技术、商务服务、文体娱乐等为代表的新兴服务业营业收入分别增长6.6%、27.3%、18.7%。

全市公路(不含高速公路)线路里程14747千米。全市民用汽车保有量50.48万辆,增长9.5%,其中私人汽车保有量47.92万辆,增长9.5%。全市完成邮政业务总量(按2020年价格计算,与上年不可比)12.38亿元,邮政函件业务22.26万件,包裹业务0.25万件,规模以上快递企业业务量7900.1万件,快递业务收入5.17亿元。电信业务总量(按2020年价格计算,与上年不可比)34.33亿元,固定电话用户总数20.29万户,其中移动电话用户379.82万户,固定互联网宽带接入用户123.47万户,同比增长9.9%。

【固定资产投资】2021年,娄底市固定资产投资同比增长4.2%。分类型看,国有投资下降19%,非国有投资增长14.3%，其中民间投资增长8.7%。分产业看，第一产业投资增长21%，第二产业投资增长8.6%，第三产业投资下降1.2%，三次产业投资构成为4.2%∶49.5%∶46.3%。从投资方向看，全市工业投资增长8.5%，工业技改投资增长7.2%，基础设施投资下降2.9%，高技术产业投资下降5.7%，生态环境投资增长22.1%，民生工程投资增长15.5%。

2021年娄底市分行业固定资产投资增速一览表

表9

| 行业 | 比上年增长(%) |
| --- | --- |
| 总计 | 4.2 |
| 第一产业投资 | 21.0 |
| 第二产业投资 | 8.6 |
| 采矿业 | –26.7 |
| 制造业 | 12.8 |
| 电力、热力、燃气及水生产和供应业 | –6.7 |
| 建筑业 | 69.4 |
| 第三产业投资 | –1.2 |
| 批发和零售业 | –4.4 |
| 交通运输、仓储和邮政业 | –28.0 |
| 住宿和餐饮业 | 146.1 |
| 信息运输、软件和信息技术服务业 | 8.5 |
| 金融业 | — |
| 房地产业 | 21.3 |
| 租赁和商务服务业 | 12.8 |
| 科学研究和技术服务业 | –13.1 |
| 水利、环境和公共设施管理业 | 1.3 |
| 居民服务、修理和其他服务业 | –87.9 |
| 教育 | –23.9 |
| 卫生和社会工作 | 44.5 |
| 文化、体育和娱乐业 | –6.5 |
| 公共管理、社会保障和社会组织 | –88.9 |

全市房地产开发投资150.24亿元，同比增长12.4%。其中住宅投资121.86亿元，增长17.1%。商品房销售面积342.8万平方米，下降3.0%，其中住宅销售面积316万平方米，增长4.3%；商品房销售额181.07亿元，下降5.5%；商品房待售面积47.25万平方米，下降33.5%。

【贸易外经】2021年，娄底市完成社会消费品零售总额778.2亿元，同比增长14.6%。按经营地分，城镇消费品零售额654.75亿元，增长14.7%，乡村消费品零售额123.44亿元，增长14.5%。按消费类型分，商品零售额711.42亿元，增长13.5%，餐饮消费额66.78亿元，增长28.2%。按限额类别分，限额以上单位零售额251.55亿元，增长17.8%；限额以下零售额526.65亿元，增长13.2%。限额以上单位商品零售额中，粮油、食品、饮料、烟酒类49.27亿元，增长39.7%；服装鞋帽针纺织品类11.74亿元，增长59.5%；化妆品类3.03亿元，增长449%；金银珠宝类1.19亿元，增长22.5%；日用品类10.85亿元，增长61.4%；家用电器和音像器材类14.3亿元，增长0.8%；五金电料类6.92亿元，下降6.5%；石油及制品类60.86亿元，增长21%；汽车类47.39亿元，增长1.8%。

全市实现进出口总额191.77亿元，同比增长28%，其中，出口额38.79亿元，下降5.3%，进口额152.98亿元，增长40.4%。全市实际利用外资3001万美元，同比增长102.8%，实际到位内资586.13亿元，增长29.1%。

【金融】2021年末，娄底市金融机构本外币各项存款余额2368.97亿元，比年初增加165.32亿元，其中住户存款余额1831.39亿元，比年初增加187.42亿元；非金融企业存款余额227.89亿元，比年初减少23.04亿元；年末金融机构本外币各项贷款余额1517.97亿元，比年初增加182.1亿元，其中住户贷款658.05亿元，比年初增加108.61亿元；非金融企业及机关团体贷款859.91亿元，比年初增加73.49亿元。

2021年娄底市金融机构本外币存贷款余额及增速一览表

表10

| 指标 | 年末余额(万元) | 比上年增长(%) |
|---|---|---|
| 年末金融机构本外币各项存款余额 | 23689676 | 7.5 |
| 其中:住户存款 | 18313862 | 11.4 |
| 非金融企业存款 | 2278939 | -9.2 |
| 财政性存款 | 236996 | 0.8 |
| 机关团体存款 | 2853550 | 0.3 |
| 非银行业金融机构存款 | 1639 | -21.6 |
| 境外存款 | 4690 | 12.9 |
| 全年新增本外币各项存款 | 1653211 | -29.9 |
| 年末金融机构本外币各项贷款余额 | 15179721 | 13.6 |
| 其中:住户贷款 | 6580538 | 19.8 |
| 非金融企业贷款及机关团体贷款 | 8599091 | 9.3 |
| 境外贷款 | 92 | -14.0 |
| 个人住房消费贷款 | 3032029 | 19.1 |
| 中小微企业贷款 | 471028 | 13.6 |
| 农、林、牧、渔业贷款 | 48250 | 3.4 |
| 制造业贷款 | 932435 | 6.4 |
| 全年新增本外币各项贷款 | 1821001 | 11.5 |
| 金融机构人民币各项存款余额 | 23665476 | 7.5 |
| 金融机构人民币各项贷款余额 | 15179629 | 13.7 |

全市7家证券公司营业部股票基金交易量2802.15亿元，同比增长10.8%；1家期货公司营业部期货交易量1813.55亿元，下降8.1%。全市原保险保费收入62.81亿元，增长7.1%，其中财产保险收入14.85亿元，下降2.3%；寿险收入30.88亿元，增长10.2%；健康险收入15.41亿元，增长11.6%；意外伤害险收入1.66亿元，增长2%；各项赔款与给付支出21.67亿元，增长5.2%，其中财产保险赔付10.2亿元，增长11.8%；寿险赔付4.69亿元，下降8.4%；健康险赔付6.41亿元，增长8.7%；意外伤害险赔付0.37亿元，下降20.3%。

【教育和科学技术】2021年，娄底市有普通高校4所，比上年新增1所；普通高等教育招生1.43万人，在校生4.31万人，毕业生1.1万人；各类中等职业教育招生2.09万人，在校生5.42万人，毕业生1.36万人；40所普通高中招生3.21万人，在校生9.15万人，毕业生2.65万人；260所初中学校招生5.77万人，在校生16.76万人，毕业生5.47万人；728所普通小学招生5.41万人，在校生36.12万人，毕业生5.67万人；特殊教育招生387人，在校生2996人，毕业生337人；幼儿园在园幼儿12.93万人；各类民办学校542所，在校学生13.11万人。发放中职国家助学金4282.3万元，资助中职学生4.27万人次；发放高校国家奖学金、助学金2319.4万元，资助高校学生1.07万人次；发放普通高中国家助学金4271万元。全市小学适龄儿童入学率100%，高中阶段教育毛入学率94.58%。

全市完成高新技术产业总产值1800亿元，同比增长28.9%；高新技术产业增加值400.6亿元，增长23.6%，高新技术产业增加值占GDP的比重提升到21.9%。全市专利授权2897件，增长12.7%，其中发明专利授权215件，增长56.9%。

【文化、卫生和体育】2021年末，娄底市共有艺术表演团体5个，群众艺术馆、文化馆6个，博物馆、纪念馆4个，公共图书馆7个，国家级非物质文化遗产保护目录5个，省级非物质文化遗产保护目录14个。

年末有医疗卫生机构4130个，其中医院127个，乡镇卫生院72个，社区卫生服务中心18个，村卫生室3098个，诊所、卫生室、医务室783个，妇幼保健机构6个，疾病预防控制中心6个；卫生技术人员2.59万人，其中执业医师及执业助理医师1.07万人，注册护士1.13万人；医院床位数1.91万张，乡镇卫生院床位数0.57万张。

全市各类体育场地7644个，其中体育馆723座，运动场475个，游泳池53个，各种训练房321个。开展全民健身项目121项次，经常参加体育锻炼人数189.6万人，新建农民体育健身工程的行政村263个。

【资源、环境和应急管理】2021年，经初步核算，娄底市能源消费总量比上年增长3.4%，单位GDP能耗同比下降4.0%。

全年完成造林面积0.59万公顷，年末林地面积41.23万公顷。实际监测的地表水断面中，满足Ⅲ类标准及以上的断面比例100%；全年中心城区环境空气质量优良天数达到334天，优良率为91.5%；中心城区污水处理率达98.7%，城市生活垃圾无害化处理率100%。中心城区建成区面积54平方公里，城市人均公园绿地面积9.64平方米。

全年发生各类生产安全事故72起，死亡80人，亿元GDP事故死亡人数为0.0438人。道路交通事故万车死亡人数1.806人。

【人民生活和社会保障】2021年，娄底市居民人均可支配收入24010元，比上年增长9.2%。城镇居民人均可支配收入34702元，比上年增长7.9%，其中，工资性收入20027元，经营净收入3181元，财产净收入2093元，转移净收入9401元。农村居民人均可支配收入15628元，比上年增长10.5%，其中，工资性收入6917元，经营净收入3514元，财产净收入151元，转移净收入5045元。城乡居民收入比由上年的2.27∶1缩小为2.22∶1。

全年全市居民人均消费支出18328元，比上年增长9.4%。城镇居民人均消费支出23066元，比上年增长6.2%；农村居民人均消费支出14614元，比上年增长13.1%。全市城镇居民恩格尔系数为29.9%，农村居民恩格尔系数为31.4%。

全市城镇居民人均现住房建筑面积为46平方米，农村居民人均现住房建筑面积为84.1平方米。

全市新增城镇就业人员3.56万人，帮助失业人员实现再就业1.80万人，城镇登记失业率为2.58%。年末参加企业职工基本养老保险人数70.62万人，参加机关事业单位基本养老保险人数14.91万人，参加城乡居民基本养老保险人数198.89万人；参加基本医疗保险人数386.82万人，其中城乡居民基本医疗保险347.71万人，城镇职工基本医疗保险39.11万人；参加失业保险职工人数35.04万人，全年领取失业保险金职工人次为2.08万人次。参加工伤保险职工人数39.76万人。参加生育保险职工人数22.62万人。全市共有1.79万人享受城镇居民最低生活保障，发放城镇居民最低生活保障经费9241万元；9.78万人享受农村居民最低生活保障，发放农村居民最低生活保障经费2.93亿元。年末提供住宿民政机构床位数11240张，共收养人员5131人。改造养老服务床位250张，新增护理型服务床位230张。

说明：1.该分目的数据来自《娄底市2021年国民经济和社会发展统计公报》。

2.地区生产总值(GDP)、各产业增加值绝对数按照现价计算，增长速度按可比价计算。

3.部分数据因四舍五入的原因，存在与分项合计不等的情况。

## 2021年娄底市各县(市、区)主要经济指标一览表

表11

| 指标 | 单位 | 1—12月累计 | 累计同比(±%) |
|---|---|---|---|
| 1.地区生产总值 | 万元 | 18257640 | 7.7 |
| 娄星区 | 万元 | 6519575 | 8.5 |
| 双峰县 | 万元 | 2770695 | 6.0 |
| 新化县 | 万元 | 3098138 | 8.0 |
| 冷水江市 | 万元 | 2572662 | 7.2 |
| 涟源市 | 万元 | 3296571 | 8.0 |
| 2.第一产业增加值 | 万元 | 2040984 | 9.2 |
| 娄星区 | 万元 | 252193 | 9.1 |
| 双峰县 | 万元 | 546832 | 9.1 |
| 新化县 | 万元 | 586666 | 8.9 |
| 冷水江市 | 万元 | 123827 | 8.9 |
| 涟源市 | 万元 | 531466 | 10.0 |
| 3.第二产业增加值 | 万元 | 7236465 | 6.0 |
| 娄星区 | 万元 | 3124454 | 7.4 |
| 双峰县 | 万元 | 875296 | 2.1 |
| 新化县 | 万元 | 911989 | 4.8 |
| 冷水江市 | 万元 | 1152178 | 5.2 |
| 涟源市 | 万元 | 1172548 | 7.4 |
| 4.工业增加值 | 万元 | 5793387 | 7.2 |
| 娄星区 | 万元 | 2410930 | 9.0 |
| 双峰县 | 万元 | 708164 | 2.9 |
| 新化县 | 万元 | 717140 | 5.6 |
| 冷水江市 | 万元 | 993997 | 5.9 |
| 涟源市 | 万元 | 963157 | 8.6 |
| 5.建筑业增加值 | 万元 | 1444024 | 1.5 |
| 娄星区 | 万元 | 713987 | 2.0 |
| 双峰县 | 万元 | 167205 | -1.1 |

续表11

| 指标 | 单位 | 1—12月累计 | 累计同比(±%) |
| --- | --- | --- | --- |
| 新化县 | 万元 | 195260 | 2.0 |
| 冷水江市 | 万元 | 158182 | 0.5 |
| 涟源市 | 万元 | 209391 | 2.2 |
| 6.第三产业增加值 | 万元 | 8980191 | 8.7 |
| 娄星区 | 万元 | 3142929 | 9.6 |
| 双峰县 | 万元 | 1348566 | 7.0 |
| 新化县 | 万元 | 1599482 | 9.4 |
| 冷水江市 | 万元 | 1296656 | 8.7 |
| 涟源市 | 万元 | 1592558 | 7.7 |
| 7.农林牧渔业总产值 | 万元 | 3422862 | 10.3 |
| 娄星区 | 万元 | 409449 | 10.2 |
| 双峰县 | 万元 | 897046 | 10.2 |
| 新化县 | 万元 | 981539 | 9.9 |
| 冷水江市 | 万元 | 218494 | 9.9 |
| 涟源市 | 万元 | 916334 | 11.2 |
| 8.规模以上工业增加值 | 万元 | — | 7.8 |
| 娄星区 | 万元 | — | 9.3 |
| 开发区 | 万元 | — | 10.8 |
| 双峰县 | 万元 | — | -0.6 |
| 新化县 | 万元 | — | 3.4 |
| 冷水江市 | 万元 | — | 4.7 |
| 涟源市 | 万元 | — | 9.3 |
| 9.规模以上工业产销率 | % | 99.01 | -0.52 |
| 娄星区 | % | 96.19 | -1.20 |
| 开发区 | % | 99.11 | -1.25 |
| 双峰县 | % | 99.58 | -0.13 |
| 新化县 | % | 99.25 | -0.12 |
| 冷水江市 | % | 100.27 | 1.09 |

续表11

| 指标 | 单位 | 1—12月累计 | 累计同比(±%) |
|---|---|---|---|
| 涟源市 | % | 99.47 | -0.17 |
| 10.固定资产投资 | 万元 | — | 4.2 |
| 娄星区 | 万元 | — | 5.9 |
| 万宝新区 | 万元 | — | -5.1 |
| 开发区 | 万元 | — | 11.3 |
| 双峰县 | 万元 | — | -5.1 |
| 新化县 | 万元 | — | 8.2 |
| 冷水江市 | 万元 | — | -1.5 |
| 涟源市 | 万元 | — | 10.1 |
| 11.社会消费品零售总额 | 万元 | 7781968 | 14.6 |
| 娄星区 | 万元 | 1944215 | 15.0 |
| 双峰县 | 万元 | 1202195 | 13.4 |
| 新化县 | 万元 | 1797851 | 15.0 |
| 冷水江市 | 万元 | 829677 | 14.7 |
| 涟源市 | 万元 | 1622557 | 14.6 |
| 12.地方一般公共预算收入 | 万元 | 907743 | 12.6 |
| 市本级 | 万元 | 365490 | 20.1 |
| 娄星区 | 万元 | 92255 | 10.8 |
| 双峰县 | 万元 | 75701 | -4.7 |
| 新化县 | 万元 | 130189 | 9.3 |
| 冷水江市 | 万元 | 90984 | 5.0 |
| 涟源市 | 万元 | 87096 | 10.7 |
| 开发区 | 万元 | 66028 | 20.9 |
| 13.公共财政预算支出 | 万元 | — | — |
| 市本级 | 万元 | — | — |
| 娄星区 | 万元 | — | — |
| 双峰县 | 万元 | — | — |
| 新化县 | 万元 | — | — |

续表11

| 指标 | 单位 | 1—12月累计 | 累计同比(±%) |
| --- | --- | --- | --- |
| 冷水江市 | 万元 | — | — |
| 涟源市 | 万元 | — | — |
| 开发区 | 万元 | — | — |
| 14.城镇居民人均可支配收入 | 元 | 34702 | 7.9 |
| 娄星区 | 元 | 40661 | 9.4 |
| 双峰县 | 元 | 26410 | 7.8 |
| 新化县 | 元 | 26109 | 7.9 |
| 冷水江市 | 元 | 42448 | 7.8 |
| 涟源市 | 元 | 27974 | 8.7 |
| 15.农村居民人均可支配收入 | 元 | 15628 | 10.5 |
| 娄星区 | 元 | 25046 | 11.0 |
| 双峰县 | 元 | 16275 | 10.5 |
| 新化县 | 元 | 11871 | 10.4 |
| 冷水江市 | 元 | 25680 | 11.1 |
| 涟源市 | 元 | 13771 | 12.1 |
|  | 单位 | 比年初增减额 | 累计同比(±%) |
| 16.金融机构本外币各项存款余额 | 万元 | 1653211 | 7.5 |
| 市辖区 | 万元 | 517004 | 6.1 |
| 双峰县 | 万元 | 350427 | 10.3 |
| 新化县 | 万元 | 483368 | 10.4 |
| 冷水江市 | 万元 | 138627 | 5.8 |
| 涟源市 | 万元 | 163785 | 5.2 |
| 17.金融机构本外币各项贷款余额 | 万元 | 1821001 | 13.6 |
| 市辖区 | 万元 | 720635 | 13.1 |
| 双峰县 | 万元 | 254945 | 17.0 |
| 新化县 | 万元 | 419057 | 15.0 |
| 冷水江市 | 万元 | 214316 | 13.3 |
| 涟源市 | 万元 | 212048 | 10.9 |

# 中国共产党娄底市委员会

◎综述
◎重要会议
◎重大决策
◎督查工作
◎外事工作
◎港澳工作
◎台湾工作
◎组织工作
◎宣传工作
◎统战工作
◎政策研究
◎全面深化改革
◎网信工作
◎机构编制
◎机关党建
◎老干部工作
◎保密工作
◎党校教育

# 综　述

【概况】2021年，在中央、省委的坚强领导下，中共娄底市委坚持以习近平新时代中国特色社会主义思想为指导，全面贯彻党的十九大和十九届历次全会精神、习近平总书记对湖南重要讲话重要指示批示精神，完整、准确、全面贯彻新发展理念，服务和融入新发展格局，全面落实"三高四新"战略定位和使命任务，统筹疫情防控和经济社会发展，统筹发展和安全，扎实做好"六稳""六保"工作，推动全市高质量发展迈出坚实步伐，呈现出经济稳中向好、民生日益改善、社会和谐稳定、发展提质增效的良好态势。

【党的建设】2021年，中共娄底市委坚持把学习贯彻习近平总书记重要讲话重要指示批示精神作为市委常委会会议"第一议题"，健全"第一议题"层层落实报告制度，建立"一周一梳理、一月一督查、一月一汇总"机制，以"五个第一时间"学习贯彻省第十二次党代会精神；对标中央、省委经济工作会议精神，列出60项重点任务清单；对于市委常委会会议"第一议题"明确的重大风险防范化解、产业发展等24项重点任务开展专题督查，持续跟踪推进。举办市级领导干部学习贯彻习近平总书记在庆祝中国共产党成立100周年大会上的讲话精神专题读书班，组织开展"新时代基层干部主题培训"；市委常委带头宣讲百年党史与党的创新理论，带动各级中心组和基层党组织及时跟进学习，300余支宣讲队到基层开展微宣讲1.3万余场。理顺市委议事协调机构工作机制，完善政治建设年度综合考核办法，推进市直机关内设机构和下属单位领导干部政治建设考核全覆盖；对全市91个正处级单位领导班子及1079名市管干部进行"政治体检"。全面贯彻新时代党的组织路线，重点抓好易扶点、项目上、网格中的基层组织、基础工作建设。新建、改扩建851个村级平台，2099个村"一门式"服务实现全覆盖。坚持把选人用人作为党内政治生态的风向标，制定市管干部调整配备12条具体原则和优秀年轻干部培养选拔16条具体措施；市、县、乡三级换届顺利进行。引进各类技术专家319人，其中外国专家及专技人才41人，数量居全省二类地区首位。认真贯彻中央八项规定及其实施细则精神和省委实施意见，持续整治"四风"。全市查处享乐主义、奢靡之风问题112起，处理226人；查处形式主义、官僚主义问题221起，处理464人。扎实有序开展政法队伍教育整顿，受理政法干警问题线索693件，查处违法违纪干警1229人。持续推进工程招投标、涉砂涉矿等突出问题专项整治，积极推进"互联网+村级小微权力监督"。对市、县、乡三级自然资源和规划部门开展穿透式、系统性专项巡察。坚持以案促改、以案促治、以案促建，一体推进不敢腐、不能腐、不想腐。全市立案1588件，采取留置措施50人，给予党纪处分1139人、政务处分461人，移送司法机关36人，挽回经济损失1.19亿元。

【党史学习教育】2021年，中共娄底市委积极履行主体责任，在中央、省委党史学习教育动员大会召开后，第一时间召开市委常委会会议传达学习，研究部署娄底市贯彻落实意见，出台娄底市党史学习教育实施方案，确定6个方面学习重点，明确11个方面主要措施。坚持对标对表抓学习，市委理论学习中心组带头围绕"学史明理""学史增信""学史崇德""学史力行"开展学习研讨，举办市级领导干部学习贯彻习近平总书记在庆祝中国共产党成立100周年大会上的讲话精神专题读书班。加强本地红色资源推介利用，整理全市红色资源数据，制作娄底"红色地图"，以本地红色档案编辑简报增刊15期；开辟党史学习教育"第二课堂"，蔡和森同志纪念馆·故居、李聚奎故居等4处红色场馆入选全省党史学习教育现场教学场地推荐名单；开展体验式党史学习教育，全市17个市级以上爱国主义教育基地接待市内外单位（团体）1500余家30万余人次。开展集中宣讲，组建由领导干部和理论专家组成的市、县两级宣讲团，市委常委带头，组织开展专题宣讲，市、县两级机关和乡镇全覆盖；组织微宣讲，组建15支行业宣讲队伍和300余支微宣讲队，到企业、基层、社区开展对象化、分众化、互动化微宣讲，累计开展集中宣讲3560余场、微宣讲13200余场。紧贴民生实事，开展实践活动，分级管理ABC三类清单，推动各级办实事清单式管理、销号式落实，19件省定民生实事全部完成。市委常委班子梳理涵盖13个重大民生项目的A类清单，全部完成年度目标任务，其中9件办结，4件按计划推进，完成"无籍房"办证2.9万本，追缴税费4.8亿元，房地产办证信访突出问题化解率保持全省第一；中心城区12个安置基地建设完成并交付到位；早元街、桃圃街等3条"断头路”建成通车；娄底三中、娄底八中等学校主入口周边的人行天桥建成运行；公共场所无障碍通道建设快速推进。全市梳理B类清单979件重点民生实事，办结922件，其中：县（市、区）168件，办结157件；市直单位811件，办结765件。C类清单为全市党员干部志愿服务项目，办理16.47万件，参与人数近46.82万人次。大力化解“四位”问题，“学位”方面，全年全市新增公办幼儿园学位11203个，公办幼儿园在园幼儿比例达到52.9%，消除义务教育“大班额”497个、普通高中“大班额”394个，3所芙蓉学校建成使用，中小学义务教育大班额实现动态清零；“床位”方面，全市各医院健康民生基建项目稳步推进，双峰县妇幼保健院等一批新建项目投入使用，群众“看病难”问题有效缓解；“车位”方面，中心城区新增5000余个智慧停车位，“停车难”问题得到明显改善；“厕位”方面，中心城区规划建设38个环保公厕，正在稳步推进。

【宣传思想文化】2021年，娄底市加强党对意识形态工作的领导，坚决落实意识形态工作常态化分析研判、专项巡察、述职评议、绩效考评工作机制，排查整改39项突出风险和19项网上风险。开展出版物市场专项整治，建立互联网书店证照联合核查备案工作机制，被全国“扫黄打非”办推介。摸排、整治涉时政信息自媒体、公众号163个，全市未发生重大负面舆情事件。丰富人民群众精神文化生活，出台《娄底市“十四五”时期文化改革发展规划》，成立娄底市文艺评论家协会，推出《蔡和森：信念如炬　映炬初心》等主题报道，创排歌舞剧《蔡和森》、花鼓戏《油溪情歌》、湘剧《千里寻党》三部大戏，并在全省艺术节获奖。巩固拓展全国文明城市创建成果，通过首次复审。蔡和森事迹入选央视《国家记忆》，“党员进基层　圆梦微心愿”活动入选中央党史学教办典型案例汇编。加强大中小学校思政课建设，教育引导广大青少年听党话、感党恩、跟党走。持续加强文物保护利用，蔡和森同志纪念馆·故居被评为国家AAAA级旅游景区，新化、冷水江、涟源纳入全国第二批革命文物保护利用片区重点县，新化、冷水江纳入长征国家文化公园建设规划。全市1人获第八届全国道德模范提名奖，2人入选中国好人榜。

【民主政治和法治建设】2021年，娄底市深入推进民主政治建设，加强和改进新时代人大工作。坚持发展全过程人民民主，出台《娄底市文明行为促进条例》《娄底市资江保护条例》等地方性法规。支持市政协围绕团结和民主两大主题，聚焦乡村振兴等重大课题开展专题协商，围绕“无籍房”办证等10件市重点民生实事开展民主监督。加强和改进统一战线工作，支持各民主党派、工商联和无党派人士参政议政，县（市、区）人大、政协领导班子配备党外副职19名；统筹做好民族、宗教、港澳台和党外知识分子、新的社会阶层人士等领域工作。研究制订加强和改进党的群团工作的若干措施。加强党管武装工作，巩固提升全国双拥模范城市创建成果。大力推进法治娄底建设，深入学习贯彻习近平法治思想，制定司法行政工作“十四五”专项规划，建立地方性法规常态化清理制度和地方立法后评估工作制度。紧盯“申诉难”“执行难”，着力解决老百姓反映强烈的涉法涉诉问题；出台《中共娄底市委法律顾问工作规则》，提高依法科学决策水平。

【民生福祉】2021年，娄底市落实就业优先政策。扎实开展就业“五促一建”行动和“职业技能提升行动质量年”活动，完成政府补贴性职业培训7.19万人；全市新增城镇就业3.56万人，新增农村劳动力转移就业3.82万人；城镇调查失业率保持较低水平，在全省二类市（州）中处于领先水平。开发县域内就业岗位和公益岗位，主动为残疾人、零就业家庭成员解决就业问题，稳妥做好退捕渔民转产安置。根治拖欠农民工工资工作受到国务院表彰和省政府真抓实干奖励。全面贯彻党的教育方针，扎实推进“双减”工作，促进义务教育优质均衡发展。全市新增公办园学位11203个，完成省定任务的109.2%；消除义务教育大班额497个、普通高中大班额394个，分别完成省定任务的100%、108.8%；按时按标准建成7所芙蓉学校。举办湖南省第四届中学生运动会。娄底幼儿师范升级为高等专科学校。加强健康娄底建设，深化公立医院综合改革，推动优质医疗资源扩容，全力推进市第一人民医院、市妇幼保健院创建三级甲等医疗机构；推进全科医生驻村全覆盖，全市平均每1万人拥有5名全科医生，居全省市（州）第一；出台促进中医药传承创新发展的18条措施，促进中医药高质量发展。健全社会保障体系，推进社保扩面提标，企业退休人员月人均基本养老金为2464元；开展社保基金管理“防风险、堵漏洞”专项整治，养老保险待遇核查“回头看”等专项行动。推进社会救助综合改革，持续提高城乡低保、孤儿生活补贴、残疾人“两项补贴”等保障标准。解决群众急难愁盼问题，76个老旧小区改造项目全部开工，完成棚户区改造2561套，12个安置基地通过验收并交付使用。因“邻避效应”影响多年的垃圾焚烧发电项目、农村供水保障等群众反映强烈的问题得到有效解决。

【疫情防控】2021年，娄底市严格落实常态化疫情防控工作，“外防输入、内防反弹”，成功应对国内疫情反弹带来的考验，实现疫情“零输入”、本地病例“零报告”、医疗机构“零感染”目标。加强核酸检测、流调溯源、集中隔离点储备、医疗救治等能力建设，在全省率先实现县（市）核酸检测实验室全覆盖，全市有核酸检测机构38家，日检测能力7.18万管（单检）。9月，娄底市组织开展万人规模的中心城区全员核酸检测实战演练。印发《应对变异株新冠病毒肺炎疫情流行病学调查实施办法》，建立“四位一体”流调工作协同机制，组建流调队伍254支，流调队员2085人。建立隔离场所“六合一”专班工作机制，储备集中隔离医学观察场所164个，房间数10055间。全市有5家定点救治医院、5家后备救治医院，定点救治传染病隔离床位850张（含可转换床位）。全市设新冠疫苗接种点127个，培训合格接种人员2085名。成立疫苗接种医疗救治保障组，组建市级疫苗接种医疗保障专家组和5个市级应急机动专家组，保障疫苗接种安全，新冠疫苗接种率、加强针接种率分别居全省第四位、第三位。

（市委办综合科）

## 重要会议

【中国共产党娄底市第六次代表大会】2021年9月27—29日，中国共产党娄底市第六次代表大会召开。

9月27日上午，中国共产党娄底市第六次代表大会举行开幕式。会议应到代表410人，因事、因病请假9人，实到代表401人。中国共产党娄底市第五届委员会向大会作题为《高举习近平新时代中国特色社会主义思想伟大旗帜深入实施“三高四新”战略为全面建设现代化新娄底而努力奋斗》的报告。会议书面审查了《中国共产党娄底市第五届纪律检查委员会工作报告》和《关于全市党费收缴、管理和使用情况的报告》。

9月28日上午，中国共产党娄底市第六次代表大会举行第二次全体会议。会议应到代表410人，因事、因病请假11人，实到代表399人。会议通过市第六次党代会选举办法，通过监票人、总监票人名单，宣布计票人、总计票人名单。

9月29日上午，中国共产党娄底市第六次代表大会举行第三次全体会议。会议应到代表410人，因事、因病请假9人，实到401人。会议选举产生中国共产党娄底市第六届委员会委员、候补委员，中国共产党娄底市第六届纪律检查委员会委员和娄底市出席中国共产党湖南省第十二次代表大会代表。

9月29日下午，中国共产党娄底市第六次代表大会完成各项议程，会议闭幕。会议应到代表410人，因事、因病请假12人，实到398人。会议通过《中国共产党娄底市第六次代表大会关于中共娄底市第五届委员会报告的决议》《中国共产党娄底市第六次代表大会关于中共娄底市第五届纪律检查委员会工作报告的决议》。

【市委全会】2021年，中共娄底市委召开市委全会5次。

6月29日，召开市委五届十二次全会。审议通过《中国共产党娄底市第五届委员会第十二次全体会议关于召开中国共产党娄底市第六次代表大会的决议（草案）》。

7月23日，召开市委五届十三次全会。听取市委常委会的工作报告；审议通过《中共娄底市委关于深入学习贯彻习近平总书记在庆祝中国共产党成立100周年大会上的重要讲话精神为奋力谱写新时代坚持和发展中国特色社会主义湖南新篇章贡献娄底力量的决定（草案）》《中共娄底市委娄底市人民政府关于新时代推动高质量发展的实施意见（草案）》《中国共产党娄底市第五届委员会第十三次全体会议公报（草案）》。

9月16日，召开市委五届十四次全会。酝酿确定娄底市出席湖南省第十二次党代会代表候选人预备人选名单；酝酿确定中国共产党娄底市第六届委员会委员、候补委员和中国共产党娄底市第六届纪律检查委员会委员候选人预备人选名单；讨论通过《关于全市党费收缴、使用和管理情况的报告》；审议通过有关名单。

9月22日，召开市委五届十五次全会。审议《中国共产党娄底市第五届委员会报告(审议稿)》《中国共产党娄底市第五届纪律检查委员会工作报告(审议稿)》。

9月29日,召开市委六届一次全会。选举中国共产党娄底市第六届委员会常务委员会委员和书记、副书记,刘非、曾超群、尹华凯、毛健刚、蒋天海、麻新法、何锋、谢君毅、谢学龙、胡忠威、谢忠阳当选为常务委员会委员,刘非当选书记,曾超群、尹华凯当选副书记;通过中国共产党娄底市第六届纪律检查委员会第一次全体会议选举结果的报告;通过《中国共产党娄底市第六届委员会第一次全体会议公报》。

(市委总值班室)

**【市委常委会会议(含扩大会议)】**2021年,中共娄底市委召开市委常委会会议(含扩大会议)51次。

1月7日,召开第1次市委常委会会议。传达学习贯彻习近平总书记二〇二一年新年贺词和在全国政协新年茶话会上的重要讲话精神,听取全市基层党建和意识形态工作情况汇报,传达学习中央、省关于机构编制工作有关会议精神。审议《中共娄底市委法律顾问工作规则(试行)》等。会议还研究了其他事项。

1月13日,召开第2次市委常委会会议。传达学习贯彻1月7日中央政治局常务委员会会议精神和习近平总书记对政法工作作出的重要指示、在"中国人民警察节"向全国人民警察的慰问精神,听取市人大常委会、市政府、市政协、市中级人民法院、市人民检察院党组工作和市人大常委会2021年立法计划(草案)情况汇报,研究讨论《市政府工作报告(审议稿)》《关于娄底市2020年国民经济和社会发展计划执行情况与2021年国民经济和社会发展计划(草案)的报告》《娄底市国民经济和社会发展第十四个五年规划和二〇三五年远景目标纲要(草案)》《关于娄底市2020年全市及市级财政预算执行情况与2021年全市及市级财政预算(草案)的报告》。

1月17日,召开第3次市委常委会(扩大)会议。传达学习贯彻习近平总书记在省部级主要领导干部学习贯彻党的十九届五中全会精神专题研讨班开班式上的重要讲话精神,传达省委相关会议精神,研究全市常态化疫情防控工作。

1月22日,召开第4次市委常委会会议。传达学习贯彻习近平总书记考察2022年冬奥会和冬残奥会筹办工作并主持召开汇报会的重要讲话精神,传达全国、全省宣传部部长会议和省委意识形态工作专题会议以及全省党委秘书长会议精神,研究干部政治建设年度考核,听取市委办2020年工作汇报。会议还研究了其他事项。

2月4日,召开第5次市委常委会会议。传达学习贯彻1月28日中央政治局会议精神和习近平总书记在中央政治局第二十七次集体学习、同党外人士共迎新春以及在世界经济论坛"达沃斯议程"对话会上的重要讲话精神,传达学习中央、省委政法工作会议和省委农村工作会议精神,研究政法、农业农村、社会救助工作和省疫情防控第十三督查组反馈意见及整改、拟申报省委批准的2021年度相关重要工作项目,听取关于2020年主要经济指标完成情况和2021年1季度"开门红"工作措施、2020年市本级政府投资计划执行情况及2021年市本级政府投资计划(草案)、2021年重点项目建设实施方案的汇报。审议市委常委班子民主生活会对照检查材料。会议还研究了其他事项。

2月9日,召开第6次市委常委会会议。传达学习贯彻习近平总书记重要讲话精神、关于宗教工作重要批示精神和相关文件精神,研究落实基层党建和意识形态责任问题整改方案,安排部署春节期间重点工作。审议2020年度市(州)委书记抓基层党建和意识形态责任制述职评议点评问题整改清单和2021年市本级政府投资计划(草案)。会议还研究了其他事项。

2月25日,召开第7次市委常委会(扩大)会议。传达学习贯彻习近平总书记关于防范化解重大风险的重要论述,认真落实全省市厅级主要领导干部学习贯彻党的十九届五中全会精神专题研讨班精神,全面系统梳理全市各地方、各领域、各行业存在的风险隐患,研究防范化解的对策措施。

2月28日,召开第8次市委常委会会议。传达学习贯彻习近平总书记在党史学习教育动员大会、全国脱贫攻坚总结表彰大会上的重要讲话精神和关于信访工作的重要指示精神,听取关于各民主党派市级组织、全市工商联换届工作、全市政法队伍教育整顿工作和评选表彰"两优一先"有关工作情况汇报。审议《娄底市建党100周年庆祝工作方案》和2021年度全市督查检查考核事项年度计划。会议还研究了其他事项。

3月15日,召开第9次市委常委会会议。传达学习贯彻习近平总书记重要讲话和中央政治局会议精神，传达学习习近平总书记关于统计工作的重要讲话指示批示精神和全国、全省统计工作会议精神，听取全市统计工作情况汇报，研究党史学习教育、政法队伍教育整顿工作。会议还研究了其他事项。

3月26日，召开第10次市委常委会会议。传达学习贯彻习近平总书记在十九届中央纪委五次全会上的重要讲话精神和中央财经委员会第九次会议精神，传达学习全国、全省组织部部长会议及老干部局长会议精神，研究纪检监察、新冠肺炎疫苗接种等工作。审议2021年市委常委会工作要点、2021年全市组织工作要点，审定全市2020年度重点工作绩效评估结果。会议还研究了其他事项。

4月8日，召开第11次市委常委会会议。传达学习贯彻习近平总书记在福建考察和参加首都义务植树活动时的重要讲话精神、对革命文物工作作出的重要指示精神，传达学习全国扫黑除恶专项斗争总结表彰大会精神和全省市、县、乡领导班子换届工作电视电话会议精神，部署推进扫黑除恶常态化工作和换届工作，研究全市突出生态环境问题整改等工作，听取2020年全市巡察工作和做好全省脱贫攻坚总结表彰评选推报有关工作情况汇报。会议还研究了其他事项。

4月13日，召开第12次市委常委会会议。传达学习贯彻3月30日中央政治局会议精神和习近平总书记重要讲话指示精神，研究反电诈、政法队伍教育整顿等工作。审议《关于加强钢铁新材和工程机械“双引擎”建设打造先进制造强市的实施意见》《娄底市“双引擎”建设综合协调推进工作机制》《军分区党委第一书记年度履职重点工作任务》《娄底市国企改革三年行动实施方案（2020—2022）》。会议还研究了其他事项。

4月22日，召开第13次市委常委会会议暨县（市、区）委书记视频会。传达省委书记、省人大常委会主任许达哲在全省市（州）委书记视频会议上的讲话精神，研究部署当前和下阶段有关重点工作。

4月29日，召开第14次市委常委会会议。传达学习贯彻习近平总书记考察广西重要讲话指示精神，传达学习贯彻《中共中央关于加强对“一把手”和领导班子监督的意见》精神，调度全市采（碎）石行业整治工作进展情况，研究统战、革命文物保护利用、“两优一先”推荐、公安机关建党100周年安保维稳等工作。审议《娄底市中央脱贫攻坚成效考核反馈问题整改方案》。会议还研究了其他事项。

5月14日，召开第15次市委常委会会议。传达学习贯彻4月30日中央政治局会议和习近平总书记在中央政治局第二十九次集体学习时的重要讲话精神，传达省委书记许达哲、省长毛伟明率团赴江西、上海、江苏考察讲话精神，传达全省县、乡两级人大换届选举工作部署会议精神，研究网络意识形态、乡镇换届等工作。会议还研究了其他事项。

5月21日，召开第16次市委常委会会议。听取市委统战部关于民建、农工党、九三学社娄底市委会和市工商联（总商会）换届工作的情况汇报，传达省委有关精神。会议还研究了其他事项。

5月27日，召开第17次市委常委会会议。传达学习贯彻习近平总书记在推进南水北调后续工程高质量发展座谈会、考察河南和在全球健康峰会上的重要讲话精神，部署娄底市常态化疫情防控、防汛、高考、重大风险防范化解工作。

6月4日，召开第18次市委常委会会议。传达学习贯彻习近平总书记在中央深改委第十九次会议、中央政治局第三十次集体学习、两院院士大会和中国科协第十次全国代表大会上的重要讲话精神和中央政治局会议精神，传达全省产业园区高质量发展推进会议精神，学习省纪委关于领导干部违规插手干预工程建设项目典型案例的通报，开展班子廉政警示教育，对工程建设领域专项整治进行再部署。审议《市人大常委会党组关于做好我市县乡两级人民代表大会换届选举工作的实施意见》。

6月15日，召开第19次市委常委会会议。传达学习贯彻习近平总书记对湖北十堰市燃气爆炸事故重要指示精神，专题研究部署安全生产工作。组织集中观看《生命重于泰山——学习习近平总书记关于安全生产重要论述》电视专题片。

6月18日，召开第20次市委常委会会议。传达学习贯彻习近平总书记考察青海重要讲话精神，研究煤矿安全生产隐患治理、新冠肺炎疫情控制应急预案修订等工作，听取市第六次党代会有关筹备工作汇报，决定6月底召开市委五届十二次全体会议。审议《娄底市新冠肺炎疫情控制应急预案（修订版）》。会议还研究了其他事项。

6月25日，召开第21次市委常委会会议。传达学习贯彻习近平总书记在参观“‘不忘初心、牢记使命’中国共产党历史展览”时的重要讲话精神，研究绩效评估工作，审议《2021年度县市区（含娄底经开区）重点工作绩效评估实施方案》《2021年度市直单位重点工作绩效评估实施方案》《2021年度省对市州重点工作绩效评估及高质量发展综合评价指标责任清单》《娄底市高质量发展综合绩效评价办法（试行）》。

7月2日，召开第22次市委常委会会议。传达学习贯彻习近平总书记在庆祝中国共产党成立100周年大会、“七一勋章”颁授仪式和中央政治局第三十一次集体学习时的重要讲话精神。

7月6日，召开第23次市委常委会会议。研究政法队伍教育整顿“回头看”和常态化扫黑除恶工作，审议《中央第十督导组反馈湖南省第一批政法队伍教育整顿问题和省第十三指导组反馈娄底市政法队伍教育整顿问题整改方案》《全市政法队伍教育整顿“回头看”实施方案》《关于常态化开展扫黑除恶斗争的实施意见》。

7月16日，召开第24次市委常委会会议。传达学习贯彻习近平总书记重要讲话精神，传达省委十一届十三次全体会议、中央第六环境保护督察组督察湖南省情况反馈会精神和省委副书记、省长毛伟明到娄参加省人大代表小组活动与调研时的指示精神，研究新冠疫苗接种工作。

7月21日，召开第25次市委常委会会议。传达学习贯彻习近平总书记关于贯彻新发展理念的重要批示精神、对防汛救灾工作的重要指示精神，分析上半年经济形势，研究部署下半年工作。审议市委五届十三次全体会议有关文件，审议设立“娄商日”和《娄底市文明行为促进条例（草案）》，审议《关于促进中医药传承创新发展的若干措施》。会议还研究了其他事项。

7月27日，召开第26次市委常委会会议。传达学习贯彻习近平总书记考察西藏重要讲话精神、关于深入推进农村厕所革命重要指示精神、致第44届世界遗产大会贺信精神，研究禁毒等工作。审议《关于娄底市2021年上半年国民经济和社会发展计划执行情况的报告》《娄底市2020年市级财政决算（草案）和2021年上半年预算执行情况的报告》《关于2020年市级财政预算绩效管理情况的报告》。会议还研究了其他事项。

8月4日，召开第27次市委常委会（扩大）会议暨市委疫情防控工作领导小组会议。传达学习贯彻习近平总书记关于疫情防控工作重要指示精神和李克强总理批示精神，传达贯彻全国疫情防控工作电视电话会议精神和省委疫情防控领导小组工作部署，听取全市疫情防控工作情况汇报，研究部署疫情防控工作。会议还研究了其他事项。

8月6日，召开第28次市委常委会会议。传达学习贯彻习近平总书记在党外人士座谈会、中央政治局第三十二次集体学习的重要讲话精神和7月30日中央政治局会议精神，研究第二轮中央环保督察反馈问题整改、全面推进林长制等工作。审议《娄底市贯彻落实第二轮中央生态环境保护督察反馈意见整改方案》《娄底市生态环境保护工作责任清单》，审定市第六次党代会筹备工作任务清单。

8月13日，召开第29次市委常委会会议。传达学习贯彻习近平总书记重要批示精神，听取市档案工作汇报，研究巩固脱贫攻坚成果全面推进乡村振兴等工作，听取县（市、区）党委领导班子换届工作总结汇报。审议市供销合作社第一次代表大会工作方案。会议还研究了其他事项。

8月20日，召开第30次市委常委会会议暨市委理论学习中心组2021年第11次集中学习。学习习近平总书记重要文章《总结党的历史经验，加强党的政治建设》，传达学习中央财经委员会第十次会议精神，学习新修订的《中华人民共和国安全生产法》，研究政治建设、安全生产等工作。审议市管领导班子和领导干部政治建设年度综合考核结果。会议还研究了其他事项。

8月25日，召开第31次市委常委会会议。传达省委书记、省人大常委会主任许达哲到娄底调研讲话精神，研究娄底市贯彻落实意见，听取上半年纪检监察工作汇报，研究部署下一步工作。研究市第六次党代会代表选举、文件起草等工作。

8月25日，召开第32次市委常委会（扩大）会议。传达学习贯彻党中央、省委关于严肃换届纪律的有关精神，坚决落实省委督导组提出的工作要求。

8月31日，召开第33次市委常委会会议。传达省委组织部有关通知精神。

9月9日，召开第34次市委常委会会议。传达学习贯彻习近平总书记重要讲话指示精神和关于统计工作系列重要指示批示精神、中央政治局会议精神，研究出席省第十二次党代会代表选举工作，审议市第六次党代会有关文件，安排部署有关工作。会议还研究了其他事项。

9月16日，召开第35次市委常委会会议。研究安全生产等工作，决定召开市委五届十四次、十五次全体会议。

9月22日，召开第36次市委常委会会议。重温习近平总书记考察湖南时的重要讲话精神，传达学习贯彻习近平总书记重要讲话指示精神，听取《娄底市资江保护条例（草案）》有关情况汇报，研究市第六次党代会筹备等工作。

9月24日，召开第37次市委常委会会议。听取全市政策性粮食储备安全管理工作情况汇报。会议还研究了其他事项。

9月26日，召开第38次市委常委会（扩大）会议。传达学习贯彻党中央、省委关于严肃换届纪律的有关精神，坚决落实省委督导组提出的工作要求。

9月29日，召开六届市委第1次常委会会议。宣布市委常委分工，审议《中共娄底市委常委会工作规则》，审议《中共娄底市委关于加强市委常委会自身建设的意见》等工作。

10月8日，召开六届市委第2次常委会会议。分析研究当前形势，安排部署市委常委班子下一阶段工作重点。会议还研究了其他事项。

10月21日，召开六届市委第3次常委会会议。传达学习贯彻习近平总书记重要讲话指示精神和10月18日中央政治局会议精神，传达全省领导干部会议精神，听取统计督察有关情况汇报，研究全市党政机关工作质量提升、换届选举、防范化解政府性债务风险等工作。

10月29日，召开六届市委第4次常委会会议。研究讨论娄底市关于省第十二次党代会报告（征求意见稿）等有关工作。

11月1日，召开六届市委第5次常委会会议。传达学习贯彻习近平总书记在中央政治局第三十四次集体学习、深入推动黄河流域生态保护和高质量发展座谈会、致信祝贺人民出版社成立100周年、参观国家“十三五”科技创新成就展时的重要讲话指示精神，传达10月29日省委常委会会议、全省市州长视频会议精神，分析前三季度全市经济运行形势，研究部署下阶段经济工作。

11月15日，召开六届市委第6次常委会(扩大)会议。传达学习党的十九届六中全会精神，落实省委工作安排，研究部署娄底市学习宣传贯彻工作。

11月15日，召开六届市委第7次常委会会议。传达学习贯彻习近平总书记出席二十国集团领导人第十六次峰会、出席亚太经合组织第二十八次领导人非正式会议、出席第四届中国国际进口博览会开幕式、参加亚太经合组织工商领导人峰会、参加西城区中南海选区怀仁堂投票站参加区人大代表选举投票的重要讲话精神和向《联合国气候变化框架公约》第二十六次缔约方大会世界领导人峰会发表书面致辞、向2021北外滩国际航运论坛致贺信以及致信祝贺新华社建社90周年的重要精神，研究落实省委工作部署安排，研究统计、人才、污染防治、反电诈等工作。

11月20日，召开六届市委第8次常委会会议。审议《市管干部调整配备有关原则》。会议还研究了其他事项。

11月29日，召开六届市委第9次常委会（扩大）会议。传达学习省第十二次党代会精神，传达省委书记张庆伟在省委十二届一次全会上讲话精神和省委副书记、省长毛伟明参加娄底代表团讨论时讲话精神，研究部署娄底市宣传贯彻工作。

11月30日，召开六届市委第10次市委常委会会议。传达学习贯彻习近平总书记在中央全面深化改革委员会第二十二次会议、第三次“一带一路”建设座谈会上的重要讲话精神和11月18日中央政治局会议精神，研究少先队、资江流域生态环境保护工作。会议还研究了其他事项。

12月6日，召开六届市委第11次常委会会议。传达学习贯彻习近平总书记重要讲话指示精神，传达省委文件精神，研究防范化解重大风险、教育、疫情防控等工作。

12月13日，召开六届市委第12次常委会会议。传达学习贯彻中央经济工作会议精神、12月6日中央政治局会议精神和习近平总书记在中央政治局第三十五次集体学习、党外人士座谈会、全国宗教工作会议上的重要讲话精神，传达12月6日省委常委会会议和12月12日省委常委会（扩大）会议精神，研究娄底市贯彻落实意见。会议还研究了其他事项。

12月23日，召开六届市委第13次常委会会议。传达学习贯彻习近平总书记重要讲话指示精神，传达省委经济工作会议精神，谋划娄底市2022年经济工作基本思路、主要目标和工作举措，审议市“两会”有关文件。会议还研究了其他事项。

（市委办秘书一科）

## 重大决策

【健全议事协调机构工作机制】2021年，娄底市委在广泛调研的基础上，制定《议事协调机构基本情况表》，对全市296家议事协调机构进行摸底，全面掌握各机构的性质、组成人员、主要职责、工作规则、会议制度以及运行状况。从工作原则、事项分类、运行规则3个方面，提出25条具体规定，出台《关于进一步健全完善市委议事协调机构工作机制的实施办法》，为市委加强对议事协调机构领导和管理提供具体依据和操作规范。组织99个议事协调机构办事机构所在单位分管负责人和相关科室负责人对各议事协调机构起草或完善工作规则、规范工作流程等方面进行培训辅导。建立工作台账，加强动态管理，开展专项检查，督促规范运行。

【打造娄底“材料谷”】2021年，娄底市聚焦国家赋予娄底“材料谷”的产业定位，立足钢铁新材、先进陶瓷等现实基础，将打造中部地区“材料谷”列为市“一号工程”，突出涟钢、VAMA（华菱安赛乐米塔尔汽车板有限公司）、三一等“链主”企业的带动作用，推动钢铁新材、工程机械两大产业做优做强，带动农机、电子陶瓷等其他8条产业链延链补链，加快形成产业集聚、产业集群、产业生态。全年钢铁新材、工程机械两大产业新开工项目32个，总投资371.42亿元，18个项目竣工投产。钢铁新材产业有规上企业116家，产值突破千亿元；加快打造全国最大的硅钢生产基地，在“十四五”末形成400万吨硅钢产能；推进VAMA二期建设、谋划三期建设。工程机械产业有规上企业69家，三一路机灯塔工厂竣工投产。

【农村人居环境整治提升五年行动】2021年，娄底市全面实施农村人居环境整治提升五年行动，推进“三清理”“三拆除”“三整治”“三提升”，落实“三保障”，促使农村人居环境不断改善、农民生活品质逐步提升。坚持“三村一面向”，加快推进村庄规划编制工作。加强村庄风貌引导，保护传统村落、传统民居和历史文化名村名镇，因地制宜建设特色乡村。推进“四好农村路”建设，农村公路提质改造252千米，创建城乡客运一体化示范县。持续推进村庄清洁行动，加快乡镇污水处理厂建设，加强农村水、电、气、通信和物流等基础配套，实施山塘清淤1200口。完成农村户厕改（新）建55400户，农村垃圾集中处理达标率为98%。娄底农村生活垃圾分类处理“三次多分法”经验，在全国供销合作社系统农村环境服务现场会上，作为唯一地级市作典型经验介绍。

【治理修复锡矿山区域环境】2021年，娄底市制定锡矿山区域综合治理三年行动方案，统筹推进生态修复、基础设施建设、风貌改造、产业转型升级、民生改善5大领域的工作。累计植树造林1300余公顷，栽植乔木4万余株、灌木9万余株、藤类2万余株，撒播花草籽3.5万平方米。实施耕地修复工程，疏浚、护岸因废渣淤积的河道4.5千米，防渗加固山塘37口，完成田土综合整治160余公顷。加密监测含重金属废水处理站14座，常态化开展沉淀降锑等有效措施，持续改善青丰河、涟溪河水质。治理地质灾害隐患点4处，维修加固矿区受损房屋1000栋，建成两塘安置小区，集中安置888户，分散安置412户。实施矿产资源整顿，锑矿从5家整合至2家，锑冶炼企业从100余家整合至9家，严格执行行业准入条件和绿色矿山建设标准，加大环保检查和执法力度。联合湖南黄金集团、中南大学等单位攻克砷碱渣资源化、无害化处理难关，完成7400万吨一般固废、60万吨野外混合渣治理，处理达到国际领先水平。生态环境治理得到改善，青丰河、涟溪河锑浓度进一步下降，铅、镉、铬、汞等11项重金属指标均稳定达标。锡矿山区域土壤锑含量均值逐年下降。4月，冷水江锑煤矿区生态修复系统治理改革案例被省自然资源厅评为“全省国土空间修复十大典型范例”；10月，在联合国《生物多样性公约》缔约方大会第十五次会议（COP15）生态文明论坛上，《娄底冷水江锑煤矿区山水林田湖草系统治理》入选自然资源部国土空间生态修复司发布的《中国生态修复典型案例集》（含18个案例），作为湖南省唯一案例向国际社会推介；12月，省政府对2021年重点工作综合大督察中发现的40项典型经验做法予以通报表扬，冷水江市因生态治理利用促进可持续发展获得通报表扬。

（市委办综合科）

## 2021年娄底市委重要文件(娄发)一览表

表12

| 日期 | 文号 | 题　　名 |
| --- | --- | --- |
| 4月26日 | 娄发〔2021〕1号 | 中共娄底市委　娄底市人民政府关于全面推进乡村振兴加快农业农村现代化的实施意见 |
| 1月18日 | 娄发〔2021〕3号 | 中共娄底市委　娄底市人民政府关于加快建设质量强市助推经济高质量发展的实施意见 |
| 7月23日 | 娄发〔2021〕8号 | 中共娄底市委　娄底市人民政府关于新时代推动娄底高质量发展的实施意见 |
| 7月23日 | 娄发〔2021〕9号 | 中共娄底市委关于深入学习贯彻习近平总书记在庆祝中国共产党成立100周年大会上的重要讲话精神为奋力谱写新时代坚持和发展中国特色社会主义湖南新篇章贡献娄底力量的决定 |
| 8月13日 | 娄发〔2021〕10号 | 中共娄底市委　娄底市人民政府关于印发《娄底市促进中医药传承创新发展的若干措施》的通知 |
| 10月18日 | 娄发〔2021〕11号 | 中共娄底市委关于印发《中共娄底市委常委会工作规则》的通知 |
| 11月19日 | 娄发〔2021〕13号 | 中共娄底市委　娄底市人民政府关于对全市反诈打跨“秋季攻势”专项行动优秀单位和个人进行奖励的决定 |
| 12月14日 | 娄发〔2021〕14号 | 中共娄底市委印发《关于进一步健全完善市委议事协调机构工作机制的实施办法》的通知 |
| 12月14日 | 娄发〔2021〕15号 | 中共娄底市委关于加强新一届市委班子建设的意见 |

## 2021年娄底市委重要文件(娄发电)一览表

表13

| 日期 | 文号 | 题　　名 |
| --- | --- | --- |
| 5月15日 | 娄发电〔2021〕1号 | 中共娄底市委关于印发《中共娄底市委2021年度政党协商(会议协商)计划》的通知 |
| 6月25日 | 娄发电〔2021〕2号 | 中共娄底市委　娄底市人民政府关于印发《娄底市贯彻落实省生态环境保护督察“回头看”及废弃矿山污染防治专项督察反馈意见整改方案》的通知 |
| 11月22日 | 娄发电〔2021〕3号 | 中共娄底市委关于调整中共娄底市委新型冠状病毒感染的肺炎疫情防控工作领导小组的通知 |
| 12月30日 | 娄发电〔2021〕4号 | 中共娄底市委　娄底市人民政府关于印发《娄底市贯彻落实第二轮中央生态环境保护督察报告整改方案》的通知 |

## 2021年娄底市委重要文件(娄办)一览表

表14

| 日期 | 文号 | 题　　名 |
| --- | --- | --- |
| 1月8日 | 娄办〔2021〕1号 | 中共娄底市委办公室　娄底市人民政府办公室关于印发《贯彻落实毛伟明同志在娄底调研座谈会上的讲话精神责任分工方案》的通知 |
| 1月4日 | 娄办〔2021〕3号 | 中共娄底市委办公室　娄底市人民政府办公室关于印发《娄底市政企常态化沟通联系制度》的通知 |
| 2月5日 | 娄办〔2021〕5号 | 中共娄底市委办公室　娄底市人民政府办公室关于防范化解政府债务风险的自查报告 |
| 2月26日 | 娄办〔2021〕6号 | 中共娄底市委办公室　娄底市人民政府办公室关于印发《娄底市2021年重点项目建设实施方案》的通知 |
| 3月15日 | 娄办〔2021〕7号 | 中共娄底市委办公室关于成立市委党史学习教育领导小组的通知 |
| 4月25日 | 娄办〔2021〕9号 | 中共娄底市委办公室娄底市人民政府办公室关于建立“双引擎”建设综合协调推进工作机制的通知 |
| 6月9日 | 娄办〔2021〕10号 | 中共娄底市委办公室　娄底市人民政府办公室关于成立娄底市产业园区建设领导小组的通知 |
| 6月17日 | 娄办〔2021〕11号 | 中共娄底市委办公室　娄底市人民政府办公室关于成立娄底市重大项目建设领导小组等四个议事协调机构的通知 |
| 7月9日 | 娄办〔2021〕13号 | 中共娄底市委办公室娄底市人民政府办公室关于成立娄底市学生防溺水工作领导小组的通知 |
| 8月6日 | 娄办〔2021〕14号 | 中共娄底市委办公室　娄底市人民政府办公室关于调整市委实施乡村振兴战略领导小组组成人员的通知 |
| 8月27日 | 娄办〔2021〕15号 | 中共娄底市委办公室娄底市人民政府办公室关于印发《娄底市生态环境保护工作责任清单》的通知 |
| 9月14日 | 娄办〔2021〕17号 | 中共娄底市委办公室　娄底市人民政府办公室关于成立娄底市优化营商环境工作领导小组的通知 |

续表14

| 日期 | 文号 | 题　　名 |
| --- | --- | --- |
| 11月2日 | 娄办〔2021〕18号 | 中共娄底市委办公室　娄底市人民政府办公室关于印发《娄底市煤矿安全生产常态化督查机制》的通知 |
| 11月5日 | 娄办〔2021〕19号 | 中共娄底市委办公室　娄底市人民政府办公室关于印发《贯彻落实市第六次党代会精神重点任务分工方案》的通知 |
| 11月1日 | 娄办〔2021〕20号 | 中共娄底市委办公室　娄底市人民政府办公室关于印发《娄底市全面推行林长制实施方案》的通知 |
| 11月16日 | 娄办〔2021〕21号 | 中共娄底市委办公室　娄底市人民政府办公室关于印发《娄底市学习宣传贯彻党的十九届六中全会精神重点任务责任清单》的通知 |
| 11月19日 | 娄办〔2021〕22号 | 中共娄底市委办公室　娄底市人民政府办公室关于成立娄底市集中化解房地产办证信访突出问题专项行动税费清缴工作推进领导小组的通知 |
| 12月6日 | 娄办〔2021〕23号 | 中共娄底市委办公室　娄底市人民政府办公室印发《关于全面推进新时代教育督导体制机制改革的若干措施》的通知 |
| 12月31日 | 娄办〔2021〕24号 | 中共娄底市委办公室关于印发《中共娄底经济技术开发区工作委员会娄底经济技术开发区管理委员会职能配置、内设机构和人员编制规定》的通知 |
| 12月30日 | 娄办〔2021〕25号 | 中共娄底市委办公室关于印发《中共娄星产业开发区工作委员会娄星产业开发区管理委员会职能配置、内设机构和人员编制规定》的通知 |
| 12月30日 | 娄办〔2021〕26号 | 中共娄底市委办公室关于印发《中共湖南冷水江经济开发区工作委员会湖南冷水江经济开发区管理委员会职能配置、内设机构和人员编制规定》的通知 |
| 12月30日 | 娄办〔2021〕27号 | 中共娄底市委办公室关于印发《中共湖南娄底高新技术产业开发区工作委员会湖南娄底高新技术产业开发区管理委员会职能配置、内设机构和人员编制规定》的通知 |
| 12月30日 | 娄办〔2021〕28号 | 中共娄底市委办公室关于印发《中共双峰高新技术产业开发区工作委员会双峰高新技术产业开发区管理委员会职能配置、内设机构和人员编制规定》的通知 |
| 12月30日 | 娄办〔2021〕29号 | 中共娄底市委办公室关于印发《中共新化高新技术产业开发区工作委员会新化高新技术产业开发区管理委员会职能配置、内设机构和人员编制规定》的通知 |

## 2021年娄底市委重要文件(娄办发)一览表

表15

| 日期 | 文号 | 题　　名 |
|---|---|---|
| 1月30日 | 娄办发〔2021〕1号 | 中共娄底市委办公室关于印发《中共娄底市委法律顾问工作规则(试行)》的通知 |
| 4月25日 | 娄办发〔2021〕4号 | 中共娄底市委办公室　娄底市人民政府办公室关于加快钢铁新材和工程机械“双引擎”建设打造先进制造业强市的实施意见 |
| 5月29日 | 娄办发〔2021〕8号 | 中共娄底市委办公室关于印发《娄底市侨联改革方案》的通知 |
| 5月29日 | 娄办发〔2021〕9号 | 中共娄底市委办公室　娄底市人民政府办公室印发《关于强化知识产权保护的若干措施》的通知 |
| 6月25日 | 娄办发〔2021〕10号 | 中共娄底市委办公室　娄底市人民政府办公室关于深入推进全国文明城市建设工作的实施意见 |
| 9月17日 | 娄办发〔2021〕11号 | 中共娄底市委办公室　娄底市人民政府办公室关于印发《娄底市安全生产和消防工作考核办法》的通知 |
| 11月4日 | 娄办发〔2021〕12号 | 中共娄底市委办公室娄底市人民政府办公室关于印发《娄底市改革完善社会救助制度的工作方案》的通知 |
| 11月5日 | 娄办发〔2021〕13号 | 中共娄底市委办公室　娄底市人民政府办公室关于印发《娄底市优化营商环境“十个严禁”》的通知 |
| 11月23日 | 娄办发〔2021〕14号 | 中共娄底市委办公室　娄底市人民政府办公室关于加强新时代统计工作的意见 |
| 12月17日 | 娄办发〔2021〕15号 | 中共娄底市委办公室　娄底市人民政府办公室印发《关于全面落实“三高四新”战略定位和使命任务大力推动娄底高质量发展的实施方案》的通知 |
| 12月26日 | 娄办发〔2021〕16号 | 中共娄底市委办公室　娄底市人民政府办公室关于贯彻落实中央、省委经济工作会议精神的通知 |

## 督查工作

【概况】2021年，娄底市委督查工作以习近平新时代中国特色社会主义思想、习近平总书记考察湖南重要讲话精神、党的十九大和十九届历次全会精神为指引，牢固树立“四个意识”，坚决做到“两个维护”，严格按照市委主要领导指示精神、市委常委会会议的决策部署，紧密结合党史学习教育的部署安排，全年形成督查专报102期，督查通报3期，确保上级领导批示指示和党委决策部署落到实处。

【决策督查】2021年，娄底市委督查工作紧紧围绕市委常委会会议部署的重要工作开展督查，持续跟进有关议定事项落实情况，督查310个议定事项（其中六届市委常委会76个），形成督查专报11期。围绕市委主要领导调研、会议交办的有关具体任务开展督查督办，交办64个重点任务，形成督查专报8期。对中央环保督察交办信访件、煤矿安全生产、建党100周年特护期、国庆期间“五个确保”、常态化疫情防控、芙蓉学校项目建设、采石场和关闭煤矿废水污染专项整治、娄底幼儿师范学校升专建设、资江流域有关环保问题处置、大气污染防治、环保街项目建设、打击治理电信网络诈骗犯罪、中心城区学校建设、学生防溺水、安全生产、应急成品粮储备、联村建绿、创文管卫、政协工作、违规占用耕地建房整治、党校工作等中心工作情况逐一进行督查调度、跟踪问效。

【专项查办】2021年，娄底市委督查室梳理形成《贯彻落实习近平总书记重要批示的工作机制流程》《贯彻落实习近平总书记重要指示的工作机制流程》《督查工作流程》《市委主要领导批示件督查室办理规则》《群众向市委主要领导来信办理工作制度及流程》《市级层面督查检查考核年度计划审核、呈报及实施流程》等流程和规章制度，为进一步做好督查工作提供制度保证。全年办理省领导批示事项及省委督查室交办事项19件，办理省委督查室交办人民网留言25批次，办理市委书记批示事项303件，均做到零差错、零延误。

（市委督查室）

## 外事工作

【概况】2021年，娄底市委外事工作坚持以习近平新时代中国特色社会主义思想和习近平外交思想为指导，贯彻落实中央、省委决策部署和市委工作要求，统筹涉外疫情防控和对外工作，创新工作思路，通过线上“云交流”积极开展国际友城交往，分别与加纳加中市和尼日利亚恩苏卡市签署友城关系意向书。

【“外事红色教育年”活动】2021年3月30日，娄底市委外事办组织市直各对外部门、各县（市、区）委外事办负责人赴双峰县蔡和森纪念馆启动“外事红色教育年”活动，深化全市外事系统党史学习教育。

【举办外事工作培训班】2021年5月12—13日，娄底市委外事办举办全市对外工作培训班，邀请省委外事办领导以及清华大学、湖南师范大学、广西大学教授专家授课，市、县两级对外部门、全市重点外向型企业、市翻译协会100余人参训，全市对外工作者理论水平和业务素质进一步提升。

【对外“云交流”】2021年，娄底市把友城交往作为服务国家发展大局和外交布局、服务地方对外开放和经济社会发展的重要内容。3月3日，与加纳加中市召开友好交流视频会，就娄底农机企业在加中市建立农机展销中心和开展农业技术合作等进行商谈，两市签署友城意向书。9月25日，与尼日利亚埃努古州举行友好交流视频会。娄星区、双峰县政府主要负责人与埃努古州恩苏卡市、乌丹努市、奥吉河市市长及其他政府工作人员在云端交流畅谈，娄底市与恩苏卡市签署友城意向书，该签约纳入第二届中非经贸博览会中非经贸深度合作先行推介会项目。

【服务企业】2021年，娄底市委外事办主动作为，为外资企业发展贡献外事力量。协助市委、华菱集团与安赛乐米塔尔集团开展多轮洽谈，达成VAMA（华菱安赛乐米塔尔汽车板有限公司）二期项目共识。2月1日，湖南与安赛乐米塔尔合作项目VAMA二期工程开工仪式通过视频连接3国5方会场举行，项目新增一条新型镀锌生产线，计划于2022年年底投产。

【娄底外宣片全网首发仪式】2021年,娄底市委外事办参与娄底外宣片制作,把好外语翻译质量。3月29日,娄底市举行娄底外宣片全网首发仪式,全市100余家重点政务新闻媒体同步发布,百度百家号App全平台开展推荐,向世界推介娄底风土人情、产业发展和人文历史,展示开放娄底新形象。 (刘 琳)

## 港澳工作

【概况】2021年,娄底市港澳工作始终坚持以习近平新时代中国特色社会主义思想为指导,全面准确贯彻"一国两制"、"港人治港"、"澳人治澳"、高度自治的方针,落实中央、省委、市委对香港、澳门的政策规定,进一步拓展港澳资源,强化与港澳的交流合作,加大港澳同胞的维权力度,提升服务港澳资企业发展的水平,举办涉港澳事务工作培训班,完成港澳疫情防控工作,促进全市社会经济的发展。

【港澳基础数据库】2021年,娄底市人民政府港澳办会同市公安局、市商务粮食局、市市场监督管理局、市委统战部,对在娄的港澳同胞、娄底籍港澳同胞、港澳资企业进行摸底,会同市委统战部走访在娄的9家重点港澳资企业,初步建立港澳资企业、在娄港澳同胞的基础数据库。

【港澳捐赠】2021年,娄底市人民政府港澳办协助香港雁心会乐幼基金会为新化县石窖小学、涟源市杨市龙潭小学等5所学校886名师生捐赠学习用品,折合人民币8万元;促成香港慈恩基金会捐赠新化县金凤小学设施改造项目资金20万港元;完成2021年香港相关基金会对娄底市8个捐建项目的督查、验收。

【交流合作】2021年,娄底市人民政府港澳办加强与港澳社团、协会、重点香港企业的交流与合作,全年接待港澳社团5个,8个批次。利用元旦、春节等传统节假日给港澳同胞发慰问电报、寄送贺卡,加强与港澳同胞的联络,推动港澳同胞到娄底市投资创业。通过香港湖南娄底联谊会微信平台,与300余位香港的娄底籍乡亲保持线上交流与联络。协调组织香港知名人士苏永康、冯翠珊夫妇,香港雁心会乐幼基金会长杨祖贻、香港慈恩基金会主席黄美仪等线上视频会见,在线慰问涟源市七星街镇白鹞小学学生,为90名学生赠送学习用品和体育设施,促进香港、娄底两地的青少年文化交流。线上达成香港锦兴国际控股有限公司董事局主席戴锦文到娄底考察的投资意向。协助市委统战部主要领导会见香港创维集团董事会主席林卫平一行,考察娄底市相关特色企业,达成初步合作意向。 (刘 琳)

## 台湾工作

【概况】2021年,娄底市对台工作在市委、市政府的正确领导下,坚持以习近平新时代中国特色社会主义思想和对台工作重要论述为引领,全面贯彻党的十九大和十九届历次全会精神,认真落实中央、省委对台工作会议精神,胸怀"两个大局",心系"国之大者",做到"两个维护",扎实有效地推进全市对台工作各项任务落实,促进娄台融合发展。

【对台宣传和涉台教育】2021年,娄底市各级台办发放惠台措施手册650余册。市委副秘书长、市委台办主任两次赴市委党校对各主体班授课。冷水江市委理论学习中心组组织涉台知识学习1次,冷水江市委党校主体班开展涉台知识教育1次。市委台办指导编纂入岛宣传资料《曾国藩研究》与《曾国藩家族与台湾》等书刊13期(册)。拍摄制作《醉美娄底》专题片,于10月中旬在台湾联合报系电视节目《大话西游》中播出,《台湾联合报》《台湾经济日报》图文刊登报道。

【对台文化交流】2021年清明节,娄底市委台办组织娄底市曾国藩研究会联合台湾中华湖湘文化发展协会线上线下同步祭祀曾国藩;4月24日,湖南省对台交流基地——曾国藩故居(简称"基地")接待中南大学港澳台学生20余人游学;8月30日,北京两岸东方文化中心主任、曾国潢第六代直系后人曾念(台属)向基地捐赠《东方文化》杂志等文化资料1000余册;9—11月,基地与湖南省湘学研究院、湖南人文科技学院面向海峡两岸专家学者联合开展"曾国藩与中华优秀传统文化"主题征文,收集文章52篇。结合中华传统节日开展台胞台属联谊活动,全市各级台办组织春节、端午、中秋等传统节日座谈会8次，慰问、看望定居台胞和重点台属200余人次。

【对台经济工作】2021年，娄底市邀请4个台湾考察团(组)36人次到娄底考察商务、工程机械、农业等项目，组织商务考察活动1次，组织召开在娄台商座谈会3次，走访调研台企15家次，新增台资企业3家，吸引台资4亿元，减免企业租金约198.2万元。鼓励引导兴昂鞋业、荣诚鞋业等代工鞋企制订出台自主品牌打造的远景规划，荣诚鞋业新增投资8000万元新建RB厂，用于成品鞋存放及后期生产线扩建。2021年，双峰兴昂鞋业有限公司上缴税收近4500万元(含退税)，双峰县荣诚鞋业有限公司上缴税收近1500万元。全年帮助企业招工812人。

【台胞权益保护】2021年，娄底市各级台办和信访部门协调联动，积极化解各类涉台矛盾纠纷苗头5起，办结上级交办涉台积案1起，为台胞协助办理更换驾驶证件11个，协助办理到期台胞证件更换2个，为台商台企和重点台属解决子女入学、招工、经营、防疫等方面问题10起。 （刘　琳）

## 组织工作

【概况】2021年，娄底市各级党组织和组织部门坚定贯彻落实新时代党的建设总要求和新时代党的组织路线，认真落实省、市党代会部署，强化统筹联动、致力改革创新、勇于攻坚克难，为全面落实“三高四新”战略定位和使命任务、奋力建设现代化新娄底提供坚强组织保证。截至12月31日，全市有基层党组织10239个，其中党委411个，总支部1291个，支部8537个。党员224008名，其中女党员51490名，少数民族党员827名。 （李　森）

【政治建设】2021年，中共娄底市委组织部强化政治建设统领地位，抓实党史学习教育，推进政治建设考察，推动各级党组织和广大党员干部忠诚拥护“两个确立”，坚决做到“两个维护”。在基层党组织建立“第一议题”制度，开展新时代基层干部主题培训，14.6万余人次参训。挖掘娄底红色资源“富矿”，打造以蔡和森红色教育基地为龙头的党性教育网络，组织开展“我为群众办实事”实践活动，解决民生实事问题6300余个。在建党100周年之际，市委表彰180个全市“两优一先”，开展颁发“光荣在党50年”纪念章、走访慰问等活动。深化拓展政治建设考察，探索领导干部“政治健康码”制度，释放政治建设考察的综合效应。开展政治建设谈心谈话，共计谈心谈话2.83万人次，着力营造风清气正的换届环境。 （李　森）

【队伍建设】2021年，中共娄底市委组织部坚持为党的事业选才用人，制定市管干部调整配备12条具体原则。完成市、县、乡、村集中换届，平均年龄、学历层次、任职经历、班子结构、来源渠道实现“一降一升三优化”，组织提名人选均满票高票当选，换届全过程“零失误、零差错、零事故、零违纪”，得到省委和省委组织部的高度肯定。加强源头建设，全年招录乡镇公务员135名、选调生62名。坚持边调研边使用，以换届为契机，16名“80后”优秀干部进入县(市)班子，63名“五方面人员”、83名县级以上机关优秀年轻干部进入乡镇领导班子，7名“90后”市直机关优秀年轻干部下县(市、区)担任乡镇长和党委副书记。制定优秀年轻干部培养选拔16条具体措施。持续释放职务职级并行制度红利，按照“梯次配备、持续激励、导向鲜明、分级负责、关爱基层”原则，全年晋升四级调研员以上职级266人次，对所有团职军转干部明确职级，实现工资待遇“乡比县高20%”目标。落实“凡提必核”要求，抓好领导干部个人有关事项报告查核，如实报告率提高到90.14%。抓实巡视整改，推动103个选人用人专项问题整改到位。 （李　森）

【基层系统治理】2021年，娄底市坚持大抓基层鲜明导向，落实落细省委“1+5”文件精神，为实施乡村振兴战略注入动力和活力。实施抓党建促乡村振兴7项行动，推行“党群心·服务芯”5个到户工作机制，选派790支工作队、2237名队员开展驻村帮扶。推进易扶点“一抓五促五好”模式，实现267个安置点党的组织、党的工作、第一书记、扶贫产业“四个全覆盖”。村级集体经济“空壳村”实现“清零”，年经营性收入10万元以上的村245个，增长77.5%。坚持抓党建促项目建设，226个市级重点项目全部成立临时党支部，推动形成亚洲最大的高强钢生产基地。深化党建引领基层治理，充实9494个网格党组织，党员网格长、网格员共5.8万人，“网格化管理+疫情防控”得到省疫情防控指挥部推介，“上梅红”“积分制”“屋场会”“楼宇会”等党建引领基层治理新模式全域推广。（李　森）

【人才引进】2021年，娄底市制定“重点优势产业链6条”“基层柔性引才14条”等政策，推动人才链、产业链、创新链深度融合。举办“创新引领·智汇湘中”招才引智活动，提供就业岗位725个。依托在娄高校、科研院所和创新型企业，新增省级以上科技创新平台16个，新增众创空间、星创天地12个、孵化器和“双创”示范基地4个。开展“璀璨娄底·星耀三湘”系列宣传活动，落实市级领导联系专家人才制度，市本级集中走访慰问专家人才97名。启动高层次人才分类认定工作，开通并规范“湘中英才卡”绿色服务，落实首笔1000万元的“三高四新”领域高层次人才贷。深入实施高层次人才引进计划，在长沙举办“创新引领·智汇湘中”招才引智专场活动，全年市直事业单位引进高层次人才206名，推荐7名专家成功申报“全省引进100个关键人才”。（李　森　欧阳婧）

【人才评价服务】2021年，娄底市深入推进专业技术人才职称评审制度改革，基层教师和卫生系列高级职称评审改革在全省率先取得突破。开展首次数字经济产业和工业新兴优势产业中级职称民营企业专场评审，289人获得工程师资格，5人获得助理工程师资格。完善技能人才评价制度，全市完成职业技能人才评价17489人次。选派优秀技能人才参加国赛、省赛，并取得优异成绩，省人社厅专门致函予以表扬。规范评比达标表彰工作，推荐127名先进个人和76个先进集体获国家、湖南省表彰。（欧阳婧）

【事业单位人事管理】2021年，娄底市稳妥推进公立医院薪酬制度改革，在市第一人民医院试点的基础上，将市中心医院、市妇幼保健院纳入改革范畴。稳步提高工作人员待遇，落实乡镇事业单位工作人员收入水平高于县（市、区）同级别工作人员收入水平20%。事业单位岗位设置管理工作进一步规范，完成岗位设置事业单位2000余家，纳入聘用管理6.8万余人。（欧阳婧）

【夯实基层人才队伍】2021年，娄底市事业单位公开招聘坚持集中组考和部门组考相结合，全市公开招聘岗位计划1416名。积极助力乡村振兴，为乡镇基层招募“三支一扶”高校毕业生31名。组织公务员笔试等15项人事考试，参考人次达3.18万，连续18年保持人事考试“零事故”。（欧阳婧）

## 宣传工作

【概况】2021年，娄底市宣传系统深入学习宣传贯彻习近平新时代中国特色社会主义思想，突出庆祝中国共产党成立100周年主题主线，坚定建设更高水平全国文明城市，围绕刊播安全、出版物市场管理、负面舆情处置3条底线，聚焦群众文化需求，着力推进文化事业和文化产业高质量发展及文旅深度融合，各项工作成效明显。充分发挥党史学习教育牵头部门作用，组建涵盖7个县（市、区）、86个正处级单位的文电传输网络、微信群等工作平台，实行上旬公布“清单”、下旬限期“销号”的月清单工作制度；推动完成19件省定实事，房地产办证信访突出问题化解率保持全省第一；将开展“党员进基层　圆梦微心愿”活动作为“我为群众办实事”实践活动的创新载体，全市机关党员为群众圆梦“微心愿”6000余个，该项目被中央和国家机关工委评为第三届党建创新成果展示交流活动“百优案例”。

【思想理论建设】2021年，娄底市以党委（党组）中心组学习为牵引，推行“第一议题”制度。市委理论学习中心组带头围绕“学史明理”“学史增信”“学史崇德”“学史力行”开展学习研讨，举办市级领导干部学习贯彻习近平总书记在庆祝中国共产党成立100周年大会上的讲话精神等专题读书班，引导和督促各级中心组和基层党组织及时跟进学习。以深入学习领会党的十九届六中全会精神为主要内容，对全市县处级以上党委（党组）理论学习中心组学习开展巡听旁听。完成《论中国共产党历史》《习近平新时代中国特色社会主义思想学习问答》等征订发行工作。组建15支行业宣讲队伍和300余支微宣讲队，紧扣习近平总书记在庆祝中国共产党成立100周年大会上的讲话、党史学习教育、党的十九届六中全会、省第十二次党代会等重要内容，采取“屋场会”“恳谈会”“板凳会”等线下方式和录制推出《蔡和森》、《信之力》、“手说党史”等223

个高清宣讲视频线上方式，实行线上线下联动宣讲。全年开展现场集中宣讲3560余场、微宣讲1.32万余场，受众39.3万人次；宣讲视频通过新娄底App、娄底“红星云”、文明娄底微视号、掌上娄底等平台集中播出，点击量1200万余次。与湖南人文科技学院合作举办“蔡和森建党思想”学术研讨会，收集整理26篇专题论文汇编成《蔡和森建党思想论文集》；组织开展庆祝中国共产党成立100周年理论研讨会及论文征集等活动，遴选28篇理论研究成果汇编成册，其中4篇论文入选全省建党100年理论研讨会，入选数量居市州前列。

【建党百年宣传】2021年，娄底市通过全方面立体化宣传，为庆祝中国共产党成立100周年营造氛围。开设“奋斗百年路　启航新征程”“同心奔小康　奋进新时代”“湘中风云”等专题专栏，制作刊播“红色记忆”系列专题片，推出《蔡和森：信念如炬　炬映初心》等一批主题报道，红网《时小刻说党史——党史上的“湖南之最”》中推出蔡和森、李中等娄底老一辈革命家的专题报道，蔡和森事迹入选《国家记忆》。推动党史题材文艺精品创作，创排歌舞剧《蔡和森》、花鼓戏《油溪情歌》、湘剧《千里寻党》3部大戏，其中《油溪情歌》和《千里寻党》获省第七届艺术节田汉新创剧目奖。动画片《蔡和森》入选国家广播电视总局“理想照耀中国—第四届社会主义核心价值观动画短片扶持创作活动”优秀创意名单，歌曲《不忘初心——蔡和森》在央视网等中央媒体播出，《唱支侗歌献给党》获中国当代歌曲创作精品工程“听见中国听见你”2021年度优秀歌曲，舞蹈《国礼》获“百团百角唱百年”全省文艺院团竞演活动优秀节目奖。组织开展“永远跟党走”群众性主题宣传教育活动，利用红色资源，引导广大党员群众在各级各类爱国主义教育基地、党性教育基地等地方开展主题宣教活动，全市爱国主义教育基地面向广大干部群众开展主题活动2900余场次，接待人数30余万人次。全市城乡新增1500余个主题鲜明的红色景观小品，悬挂庆祝中国共产党成立100周年宣传标识，各类电子显示屏、楼宇电梯视频广告滚动播出红色标语，全市2.5万余个“村村响”广播终端、13187个网格微信群都在宣传党的百年历史。

【意识形态工作】2021年，娄底市成立市委宣传思想工作暨意识形态工作领导小组，制定出台意识形态工作责任制实施意见。执行检查考核、报告通报、述职评议等制度，深化意识形态专项巡察和问题整改。分析研判、排查梳理，实行清单管理、销号管理。统筹管理各类意识形态阵地，全市意识形态领域平稳有序。开展扫黄打非斗争，推进市县乡村店五级“打黄扫非”联动机制，创新推行网店核查备案、产业属地管理等文印产业管理体制，被称为“娄底模式”，获《全国“扫黄打非”简报》推介。重点围绕涉政类非法出版物，开展出版物市场专项整治大行动，查办上级交办案件48起，自主查办案件61起，1人获评全国先进个人。

【宣传报道】2021年，娄底市举办“在习近平新时代中国特色社会主义思想指引下——新时代新作为新篇章”专题专栏，开展党的十九届六中全会精神宣传，策划《幸福者说》《超级马力》等全媒体报道。全年在央省主流媒体刊播娄底市正面宣传稿件6700余篇（条），其中娄底市推进“无籍房”办证难经验做法和钢铁新材、工程机械两大产业发展亮点都在《人民日报》进行刊发和推介。新华社刊发通稿约10条，每条浏览量逾百万次。中央电视台《新闻联播》推出4分钟单条报道《湖南油溪桥村：昔日穷山沟今朝小康村》。《光明日报》头版推出《九旬老人的‘圆梦图’》，以长篇通讯+评论的形式报道全国道德模范肖光盛的感人事迹。电视专题报道《垄上春行》获第三十一届中国新闻奖，实现全市中国新闻奖“零”突破，也是湖南省唯一一个获奖的市（州）。在湖南新闻奖评选中，全市7件作品获奖，其中一等奖2件、二等奖1件、三等奖4件。高效精准处置“引资济涟”“资江干流锑浓度异常波动”等一批社会关注度高、关联性大的热点舆情。坚持新闻例会制度，加强新闻指令管理。推进媒体深度融合，各县（市、区）融媒体中心移动新闻客户端传播力影响力提升，“新娄星”“今日涟源”App下载量占县域人口的20%以上。评选出全市第二届“名记者名编辑名主持人”。市广播电视台记者梁艺获评全国“好记者讲好故事”优秀选手。

【文明城市创建】2021年，娄底市将文明城市“全域创建”推进工作机制纳入“宣传工作机制创新年”活动，推动《娄底市文明行为促进条例》颁布实施，印发《关于深入推进全国文明城市建设工作的实施意见》；建成新时代文明实践中心5个、所77个、站1635个，全年开展主题活动2000余场次；3407个志愿服务组织、13.6万名志愿者参与疫情防控。出台《关于进一步加强身边好人等先进典型选树宣传的通知》《娄底市道德模范与身边好人礼遇和帮扶实施办法》，见义勇为典型黄黎明获第八届全国道德模范提名奖，孝老爱亲典型刘丛花获第八届湖南省道德模范，陈萍、朱鹏涛入选中国好人榜。重点破解群众关心的“急难愁盼”问题，其中“无籍房”办证工作完成不动产登记74884户，税费入库11.3亿元；“四位”（学位、床位、车位、厕位）问题进度较好，全年累计消除义务教育“大班额”71个、普通高中“大班额”89个，启动项目建设41个，新增学位2.5万个；投资6亿元扩建改造市中心医院等医疗单位，中心城区新增智慧停车位5000个、环保公厕38个。

【文化改革发展】2021年，娄底市编制《娄底市“十四五”文化改革发展规划》，完成湖南有线娄底网络有限公司事业人员分流安置工作和市电影发行放映中心等4家全民所有制企业公司制改革。全市76个在建文化产业项目序时推进，完成固定资产投资15.67亿元；全市文化产业新增个体工商户1543户，新注册企业1108家，新增纳入联网直报文化企业31家，新增缴税100万元以上骨干税源企业9家；重点文化、体育和娱乐业重点监测单位营收增速23.9%（省第七位），劳动报酬增速16.1%（省第十一位）。文化及相关产业增加值占国内生产总值比重为4.36%，排名全省第六位，在省对市州高质量发展绩效考核A类地区中排名第四位。普查梳理不可移动文物113处、可移动文物1055件（套），新化县、冷水江市、涟源市纳入全国第二批革命文物保护利用片区重点县，新化红二军团司令部旧址、涟源李聚奎故居纳入长征国家文化公园建设规划重点项目，娄底市蔡和森同志纪念馆·故居景区创建为国家AAAA级景区。（杨　金）

## 统战工作

【概况】2021年，娄底市委统战部坚持稳中求进、守正创新，维护和促进政党关系、民族关系、宗教关系、阶层关系、海内外同胞关系和谐。推动成立非公有制经济工作领导小组、建立涉疆服务管理工作联席会议制度，完善新的社会阶层人士统战工作、民族宗教工作等协作机制，逐步形成“领导小组议大事、专项机制抓落实”的工作格局。是年，涉疆服务管理工作获评全省统战工作实践创新成果奖，统战信息工作获全省二等奖。香港专项工作、“娄商返娄”战略实施、网络人士统战工作等在全省作经验推介。

【统战品牌创建工作】2021年，娄底市委统战部创建省级同心美丽乡村2个（娄星区蛇形山镇秋湖村、冷水江市金竹山镇麻溪村）、同心项目2个（新化县紫鹊寒芽茶文化生态园、双峰县青树坪米粉产业项目）、新阶层实践创新基地2个（新化职业经理人协会、双峰创客E家实践创新基地）、民族团结进步创建示范点1个（新化县天门乡土坪村），出台市级同心美丽乡村建设16条标准和5年规划，创建市级同心美丽乡村8个、新阶层实践创新基地2个、民族团结进步创建示范点13个。

【思想政治引领工作】2021年，娄底市委统战部在全市统一战线各领域扎实开展党史学习教育，通过专题培训、联合学习、宣讲报告会等多种形式，组织全市统一战线认真学习领会习近平总书记在庆祝中国共产党成立100周年大会上的讲话精神及党的十九届六中全会、省第十二次党代会、市第六次党代会精神，引导各级统战干部和广大统战成员深刻领会“两个确立”的决定性意义，进一步增强“四个意识”，坚定“四个自信”，做到“两个维护”。与市委组织部联合下发《2021年全市统一战线调训计划》，举办全市学习贯彻《中国共产党统一战线工作条例》培训班、全

2021年12月13日，娄底市举行各民主党派、工商联和无党派人士参政议政调研成果汇报会

（市委统战部供图）

市宗教干部政策法规培训班等5期主体培训班，培训280余人次。全市16名党员市级领导干部与32名党外代表人士联谊交友，35名市级领导挂点联系115位娄商和31个商（协）会，组织开展各民主党派、工商联、无党派人士及新的社会阶层人士代表暑期谈心活动。

【服务中心大局工作】2021年，娄底市委统战部积极引导党外人士建言资政，组织召开2021年各民主党派、市工商联和无党派人士参政议政专题调研成果汇报会，提交调研成果12篇。全面助力乡村振兴，向娄星区万宝镇梽木村派驻乡村振兴工作队，并协调约100万元资金支持梽木村乡村振兴建设。举行首个“娄商日”活动暨“万企兴万村”助力乡村振兴大会，现场签约29个乡村振兴项目，总投资超44亿余元。举行“活力新阶层·湘中新力量”娄底市新阶联助力乡村振兴签约仪式，现场签约9个项目。扎实开展“立珊光明行动”，为全市1000多例困难白内障患者免费施行复明手术。

2021年10月9日，娄底市举行首个“娄商日”活动暨“万企兴万村”助力乡村振兴大会。图为会议现场

（市委统战部供图）

【换届工作】2021年，娄底市委统战部成立换届工作领导小组，指导和协助各民主党派市委会、市县两级工商联完成换届工作。协同市委组织部出台人大代表、政协委员提名推荐工作方案，完成人大、政协换届党外人士安排相关工作。是年，市级人大、政协换届党外人大代表142名，占比35%；党外政协委员206名，占比61.7%，党外人大代表和政协委员均达到结构比例要求。县市区换届，人大、政协领导班子配备党外副职19名，政府领导班子党外副职从上届1名增加到4名，从县市区交流1名党外干部到市直政府部门任职。

【民营经济统战工作】2021年，娄底市委统战部推动建立市级领导挂点联系重点娄商、政企定期面对面沟通、涉企政策信息发布、企业诉求直达办理、营商环境测评和评估5项政企常态化沟通联系制度。充实完善非公经济代表人士动态信息资料库，对全市1500余名非公经济代表人士开展综合评价，推荐235名优秀民营经济代表人士进入市工商联领导班子（其中151名为新进班子人员）。推荐全省非公有制经济人士优秀中国特色社会主义事业建设者人选2名。

【民族宗教工作】2021年，娄底市委统战部深入贯彻落实中央、省委民族工作会议和全国、全省宗教工作会议精神，设立娄底市民族宗教事务中心，制定全市民族团结进步创建三年工作方案，压紧压实民族宗教工作三级网络两级责任制。召开涉疆服务管理工作联席会议全体会议，建立5项内部管理制度和3项具体工作机制。组织开展“感党恩、庆百年、促交融、保稳定”“争当新时代好公民”和“娄底发展　我的责任”等多场政策法规宣讲会，召开“让百年党史飞入寻常百姓家”现场宣讲会。开展民族团结进步宣传月活动，宣讲活动20余场，设置宣传点550余处，印发宣传手册5万余份。不断提升少数民族流动人口服务管理水平，切实解决其急难愁盼问题。分级分层培训县宗教干部、乡村振兴驻村工作队、乡镇统战委员和新任村（社区）“两委”委员3万余人次，在全市2212个村（社区）配备宗教协理员和信息员，并落实工作经费。对全市宗教活动场所、信教群众、教职人员等基础数据进行调查核实，进一步摸清工作底数。严格执行宗教领域安全生产和消防安全隐患排查行动计划。

【港澳台、海外统战工作和侨务工作】2021年，娄底市委统战部加强同港澳台等地的联络联谊，坚持定期慰问走访黄埔同学会会员，建立黄埔同学会会员后代资料台账，完成省台联换届代表人选和理事人选的推荐考察工作。为5名定居台胞申报困难补贴，协调指导新化县、涟源市开展海联卫生室建设，争取建设经费125万元，建设村级卫生室25所。

开展“千侨帮千户”“察侨情　送温暖”等关爱侨胞侨眷活动，开展以“宣传贯彻侨法，凝聚侨心侨力，同圆共享中国梦”为主题的侨法宣传月活动，联合县市区开展“访侨企·办实事·开新局”活动，走访侨企14家，走访侨界代表人士20余人次，召开座谈会14次，协调解决问题7个，发放口罩2.5万个。

【党外知识分子和新的社会阶层人士统战工作】2021年，娄底市委统战部建立全市无党派代表人士人物库，在全市无党派人士、党外知识分子中开展“学党史　跟党走”主题教育活动。制定出台《全市新的社会阶层代表人士培训计划（2021年—2025年）》，成立娄底市新的社会阶层人士联合会，选举产生娄底市新的社会阶层人士联合会第一届领导机构。是年，参加全

2021年7月28日，娄底市新的社会阶层人士联合会成立暨第一次会员大会召开。图为会议现场

（市委统战部供图）

省新阶层人士演讲比赛、全省第二届新的社会阶层人士羽毛球团体赛、全省“信仰的力量——新阶层人士讲地方党史小故事”微视频评选展播3个活动，全部获一等奖。（梁琼娟　刘思美）

## 政策研究

【文稿服务】2021年，娄底市委政研室（改革办、财经办）撰写各类文稿380余篇190余万字。其中市第六次党代会报告、书记在全市县处级领导干部学习贯彻党的十九届五中全会精神专题研讨班上的辅导报告、全市政法队伍教育整顿主题党课和在市第五届纪委第六次全体会议、市委五届十三次全体会议、传达贯彻党的十九届六中全会精神及省第十二次党大会精神等重要会议上的讲话稿，张庆伟、毛伟明等到娄考察调研的综合性汇报材料和《干在实处　走在前列　推动省党代会精神在娄底落地落实》《构建“四个体系”全方位推动高质量发展》等文章，得到市委主要领导的充分肯定。

【党刊编办】2021年，娄底市委政研室（改革办、财经办）承办市委、市政府机关刊物《娄底工作》的编发工作，刊发中央、省委省政府、市委市政府主要领导的文章，围绕市委、市政府中心工作，精心编辑、精心策划，严格执行“三审四校制”，引导全社会的思想意识与市委、市政府的重大决策合拍同步。全年出刊《娄底工作》12期，刊发文章400余篇，图片500余张，约120万字，获评“全国城市十佳党政期刊”。第10期有3篇文章被中央政策研究室《学习与研究》杂志选中并转载。

【财经工作】2021年，娄底市委财经办完成全国“两会”娄底代表团、省第十二次党代会娄底代表团、市第六次党代会及市“两会”、市委全会等重大会议经济方面的参谋服务。开展季度、半年度经济形势分析，研究判断经济运行中的新情况、新问题，提出对策建议。围绕推进县域经济高质量发展、打造娄底“材料谷”、建立金融超市等重要财经工作，会同市发改、金融、财政等部门开展调研，形成调研报告、指导意见或会议提案。牵头制定出台娄底市高质量发展综合绩效评价办法及指标体系等制度、文件，建立推进落实机制，于8月、10月、11月3次对所有指标进行调度分析，实地开展1次督查，传导压力，压实责任。向省委财经办推介双峰农机产业发展工作，并被省《财经专报》刊发。

【党建办工作】2021年，娄底市委政研室（改革办、财经办）增设市委党建办党建科，党建科承担市委党建工作领导小组办公室的日常工作，对领导小组直接负责。在市委和市委党建工作领导小组的领导下，全年2次承办市委党建工作领导小组会议，落实市委党建工作领导小组组长及办公室主任的参谋服务及相关的会务工作。起草《中共娄底市委党建工作领导小组2021年工作要点》，以市委名义下发，制定工作要点任务清单，对全年的党建工作作出部署安排。出台《中共娄底市委党建工作领导小组工作规则》，加强党建任务落实协调和党建相关制度政策协调。（龙　玲）

# 全面深化改革

【概况】2021年，娄底市深化改革，完成年度改革目标任务140项。其中，有24项改革获国家部委表彰或推介，56项获省级层面表彰推介。在省里组织的“湖南基层改革探索100例”评选中，全市有7个改革案例入选，入选率居全省第一。省委《改革简报》刊发推介娄底改革经验4篇，省委《改革调研专报》刊发1篇，产业发展机制、“无籍房”办证、屋场会等改革经验在中央电视台、《人民日报》等主流媒体推介。在《娄底日报》发表社论——《让改革创新成为娄底高质量发展的动力源》。编发《改革简报》13期。指导双峰县、新化县开展年度优秀改革案例评选。开设“娄底改革”微信公众号，建立与市委宣传部常态化互动宣传机制。在《娄底日报》、红网娄底站、市广播电视台、娄底广播电视报开设改革专栏，推出“湖南基层改革探索100例”娄底入选案例系列专题报道。

【经济体制改革】2021年，娄底市推动“区块链+不动产税费服务”改革，开具全省首张区块链电子税收完税证明，改革经验被中央政策研究室《学习与研究》专题刊载。加快推进娄底“材料谷”建设，出台配套措施，围绕钢铁新材和工程机械两大产业，集聚178家规模以上工业企业，全年两大产业新开工项目32个，总投资371.42亿元。建立完善产业链“链长制”和“一链一策”机制，明确10条工业新兴优势产业链发展目标、发展重点、主要布局和对策措施，有力带动全市工业经济高质量发展。围绕“五好园区”创建，创新园区体制机制，赋予娄底经开区行使172项政务服务事项管理权限，全年省级及以上园区技工贸总收入同比增长11.1%。完善政府债务风险常态化监测机制，市本级获评全省隐性债务化解成效突出地区，获得省财政厅3亿元政府债务限额奖励，排名全省第一。完善食品应急处置，在全省率先出台《关于加强食品安全综合协调机制建设的指导意见》，娄底市获评全省食品安全工作先进市。优化营商环境，深化“一件事一次办”和市场准入制度改革，推行行政审批“容缺受理”模式，共办理“容缺受理”167件，新增市场主体3.6万家，设立登记企业2053家，企业开办全程电子化网办率达到90%。

【农业农村改革】2021年，娄底市推动“互联网+村级小微权力监督”改革，涟源市在全国乡村治理体系建设试点示范工作交流会上作典型发言，该案例同时被农业农村部评为第三批全国乡村治理典型案例。扎实推进农村集体产权制度改革，双峰县被农业农村部纳入“第三批全国农村集体产权制度改革试点典型经验交流单位”，典型经验在全国推广。深化小型水库管理体制改革，积极探索专业化社会化管护新模式，双峰县获评“全国第二批深化小型水库管理体制改革样板县”。探索建立“田长制”，建立耕地治理管护使用一条龙机制，严格遏制耕地“非粮化”“非农化”，全省春耕生产暨耕地抛荒专项治理现场推进会首次在娄底召开，娄底市作典型发言。大力推进乡村治理改革创新，中央电视台《新闻联播》专条推介油溪桥村基层治理改革经验，油溪桥村被农业农村部指定为全国乡村振兴“耕耘者”3个导师村之一。持续深化供销合作社综合改革，全力推进全市农村垃圾分类处理回收工作，娄底在全国供销合作社系统农村环境服务现场会议上作典型发言。

【生态文明体制改革】2021年，娄底市开展锑煤矿区山水林田湖草沙系统治理改革，在联合国《生物多样性公约》缔约方大会第十五次会议（COP15）生态文明论坛上，《娄底冷水江锑煤矿区山水林田湖草系统治理》入选自然资源部国土空间生态修复司发布的《中国生态修复典型案例集》，作为湖南省唯一案例向国际社会推介。专注生态先行，走出“两山转化”新路径，油溪桥村“两山转化”改革经验入选生态环境部典型案例。推动环境信息依法披露制度改革，进一步建立健全行政执法事前、事中、事后公开机制，2021年，公示行政处罚信息147件。继续抓好矿业转型绿色发展改革试点，完成7家绿色矿山建设，冷水江市绿色矿山建设被评为全省国土空间修复十大典型范例，全市共4家矿山获国家级绿色矿山称号，10家矿山获省级绿色矿山称号。深化“五水共治”机制，在2021年省总河长会议上作经验发言；建立“五长”共治河湖管理机制，娄底市水利局获评全国全面推行河长制湖长制先进集体。全面推行林长制，出台《娄底市全面推行林长制实施方案》和8项配套制度。

【民主法治领域改革】2021年，娄底市探索青树坪镇民生实事项目人大代表票决制试点，最大限度地实现党委决策、人大监督、政府执行精准对接和有效融合，在省人大调研座谈会、全省乡镇人大工作和建设推进会上作经验介绍，并在全省推广。完善政协委员联系和服务所在界别的群众工作机制，“芸理委员工作室”被全国政协评为全国20强委员工作室（站）。建立市级领导挂点联系异地商会和重点娄商机制，出台《娄底市政企常态化沟通联系制度》，加强党委、政府和涉企部门与非公有制经济组织、民营企业家的联络沟通，持续优化营商环境，从2021年起，将每年10月9日设立为“娄商日”，这是全省首个企业家日，改革经验先后在全省统战部部长会议、全省工商联主席会议上作经验发言。

【司法体制改革】2021年，娄底市健全多元化纠纷解决机制改革，娄底法院全力打造一站式司法服务新高地改革经验被最高人民法院全国推介。深入开展互联网+网格县域警务改革，“互联网+网格”县域风险管控平台去中心化设计、互联网与公安网双网并行系全国首创，全年共聚合“娄底红”网格志愿服务者等群防群治力量11万余人参与平安建设，“娄底红”微信小程序获全省“智慧公安我先行”大赛改革项目二等奖。构建权责统一的司法运行新机制，在省市交叉评查中评查案件201件，有效发挥纠偏纠错作用，让群众感受到更多的公平正义。完善常态化疫情防控条件下网格管理工作机制，改革经验被省委办公厅《要情汇报》第153期全省推介，“娄底市社会治理网格化管理服务平台建设项目”获2021年全国智慧治理创新案例。深入推进市域社会治理现代化试点和县域警务工作，常态化开展扫黑除恶斗争，反电诈市域排名由全国倒数第八名退出到30名之外。完善推广村民议事会、屋场会、村级事务管理积分制，屋场会群众工作法被中央电视台推介报道。

【文化体制改革】2021年，娄底市积极探索“五化”推进文旅融合发展新模式，着力解决“理念融合、产业融合、市场融合、服务融合、政策融合”五大融合难题，文化产业进一步发展壮大。深化足球改革，成功引进茵浪体育、恒冠体育、七大洲照明等体育制造业企业，在2021年全省体育局局长会议上作经验发言。创新互联网书店证照联合核查备案机制，全年核验“淘宝”“拼多多”上具有娄底元素的网上书店1319家，依法关停伪造证照和虚假注册信息的网上书店1004家，改革经验被省“扫黄打非”办专题推介。推进城乡公共文化服务一体化建设改革，全市建成文化馆分馆84个、图书馆分馆90个。

【社会体制改革】2021年，娄底市开展关爱服务农村留守未成年人改革，构建家庭、学校、社会、司法、网络、政府“六位一体”的社会化综合保护体系，双峰县在全省专题工作会议上作典型发言。深入推进社会救助综合改革，全市基本生活救助160余万人次、医疗救助189余万人次、教育救助80余万人次，改革经验在全省推广。深化教师综合管理改革，完成全市首次资深乡村教师职称评审、资深教师和基层中小学岗位乡村教师高级职称评审。规范房地产市场管理，探索建立“无籍房”办证推进机制，2021年，“无籍房”办证信访化解率持续保持全省第一，改革经验获省委改革办、省政府办公厅专题推介。

【党的建设改革】2021年，娄底市创造性地理顺市委议事协调机构工作机制，更好地发挥市委总揽全局、协调各方作用，不断提高领导能力和水平。构建“组织、服务、帮联”3个体系，突出党建引领，推进易扶安置点规范化治理，实现全市267个易地扶贫安置点党的组织全覆盖、党的工作全覆盖、第一书记全覆盖、扶贫产业全覆盖，改革经验被省委《湖南工作》专题推介。创新引才机制，健全人才评价体系，出台《娄底市关于加强重点优势产业链人才支撑的若干举措》《娄底市关于进一步加强基层柔性引才的实施办法》，制定“加强重点优势产业链人才支撑6条”“基层柔性引才14条”，落实首笔1000万元的“三高四新”领域高层次人才贷，引进各类技术专家319人，其中外国专家及专技人才41名，数量居全省二类地区首位。建立健全向重点乡村选派驻村第一书记和工作队的长效机制，组织790支工作队、2237名驻村干部参与驻村帮扶。深化经济发达镇行政管理体制改革，着力推进新农村建设，创建全国文明村2个，全国宜居村1个，全国百佳示范村1个，省级美丽乡村及全省两型社会示范村庄10个，新化县水车镇、双峰县荷叶镇成功申报湖南省全域整体推进美丽乡村建设示范乡镇。

【纪律检查体制改革】2021年，娄底市村级小微权力改革在“湖南省‘互联网+监督’特色子系统现场观摩会”上向全省推介。推动专项巡察改革，开展自然资源和规划系统专项巡察和矿山安全生产专项巡察，创新开展1+N的市、县联动专项巡察方式，实现巡察监督、整改、治理有机贯通，《湖南巡视巡察》两次专题刊发娄底改革经验，省委巡视办指定娄底开展专项巡察试点。健全贯彻落实党中央重大决策部署和习近平总书记重要指示批示督查问责机制，对12家单位党组织巡察整改情况开展严格督查，发现问题111个，移交问题线索3件。建立完善“透过工作查作风、整改作风促工作”常态机制，持续强化监督执纪问责力度，查处违反中央八项规定精神问题271起，处理540人。健全推动落实“两个责任”工作机制，全面加强“一案三查”，2021年，全市领导干部党内问责85人，监察问责7人。（龙　玲）

# 网信工作

【概况】2021年，娄底市网信工作以习近平新时代中国特色社会主义思想特别是习近平总书记关于网络强国的重要思想为指导，学习贯彻中共十九届历次全会精神和省第十二次党代会、市第六次党代会精神，围绕庆祝中国共产党成立100周年和市委、市政府中心工作，在实现内容管理、保障网络安全、统筹信息化发展上下功夫，工作取得较好成效。是年，市委网信办获得市本级荣誉、市级领导认可批示60余次，推报国家级、省级荣誉20余项。（谭江波）

【党对网信工作的领导】2021年，娄底市先后召开市委常委会会议、市委网信委第三次会议，研究解决网信工作存在的突出问题，加强网上舆论引导和互联网管理，完善市、县两级网信机构，加强网信工作保障。组织全市各单位党委（党组）理论学习中心组开展专题学习，学习贯彻《习近平关于网络强国论述摘编》、网络安全法、数据安全法、个人信息保护法、《关键信息基础设施安全保护条例》等法律法规，提升各级党员干部防范化解网络安全和数据安全领域的风险意识，规范党员干部的网络行为。（谭江波）

【网络宣传和舆论引导】2021年，娄底市委网信办把学习宣传贯彻党的十九届六中全会和习近平总书记重要讲话精神、重要活动报道作为网上宣传首要任务，牢牢占据市内网络媒体首页首屏头条。开展庆祝中国共产党成立100周年、党史学习教育宣传，策划推出力量——娄底市“传承红色基因　砥砺奋进‘十四五’”网上重大主题宣传活动。开设“湘中潮　百年颂”“学党史　悟思想　办实事　开新局”“学习园地”等专题专栏35个，收集稿件上万篇，发布新媒体产品100余个，《超级马力》全媒体主题宣传、《这里是娄底》外宣片等网上阅读量2.5亿多人次。（易　伟）

2021年3月29日，娄底市举行外宣片《这里是娄底》全网首发仪式（易　伟　摄）

【融媒体阵地建设】2021年，娄底市委网信办加强网络阵地建设，“娄底发布”新媒体矩阵上线，全市首批100个重点政务新媒体百度百家号、今日头条号入驻。利用娄底电视台的视频制作优势和运营网信部门的抖音、微博等多个网络平台账号，制作发布热度较高的社会类型稿件，增强各个平台热度。抓好融合联动传播，构建现代传播体系，5个县（市、区）融媒体中心取得互联网新闻信息服务许可，娄底新闻网纳入国家网信办互联网新闻信息稿源单位名单。（易　伟）

【网络评论工作】2021年，娄底市打造“梅山时评”“小娄观潮”网评品牌。设置“智链新百年　云聚新高地”“产业满园丰，项目再点兵”“建党一百周年”“娄底市文明行为促进条例正式施行”等24个网评专题，组织核心网评员撰写原创网评126篇。《学史崇德要做好“4件事”》《讲好娄底故事　抒写湘中精彩》《感悟“四史”内涵　汲取奋进力量》等文章在学习强国、新湖南等平台发表。（谢　幸）

【网络问政】2021年，娄底市建立网络问政季度通报、研判会商、线下调处等机制，提升网民留言办理工作质效。全年办理回复红网“问政湖南”等网站栏目网民留言5475条，回复率97.8%。其中红网“问政湖南”、人民网“地方领导留言板”的回复率在全省排名靠前，网民留言办理典型经验在红网等网站平台宣传推广。获评“全省网民留言办理先进单位”。（易南辉）

【网络综合治理】2021年，娄底市重视网络综合治理体系建设，出台系列文件，成立娄底市网络综合治理工作协调小组，将网络综合治理体系建设纳入“两个责任制”和平安建设考核，召开网络综合治理工作推进会，接受省委网信委专项督查。全市49个责任部门和县（市、区）围绕“六大体系”建设目标任务，密切协同、全力推进、重点突破。将网络综合治理能力培训纳入市委党校主体班教学安排，把《关于规范党员干部网络行为的意见》作为党员教育培训的重要内容，强化党员干部管网用网治网的意识和能力。加强出版物市场管理，创新网店核查备案机制，堵住注册漏洞，通过双向核验、核查备案、动态监管等形式，扎好制度“笼子”，函商淘宝、拼多多等电商平台，依法依规关停1004家假证经营的互联网线上书店。打击治理电信网络诈骗，建立“断卡行动”快速反应机制，累计关停风险号码20.5万个。规范网络市场交易行为和市场秩序，强化网络交易市场监管技术保障能力，做到“线上”实时监控。（谭建平）

【网络安全防护】2021年，娄底市编制出台有关文件，建成娄底市网络安全态势感知与监测预警平台，发现网络攻击42011起。成立由4名专业技术人才组成的娄底市网络安全应急小分队，及时处置网络安全事件54起。组织19家单位参加2021“湖湘杯”网络安全应急演练，增强网络安全防范意识和应急处置能力。对118家重点单位、195个重要信息系统、288台服务器进行技术检测，开展全面网络安全风险排查。（肖劲斐）

【统筹推进信息化发展】2021年，娄底市委网信办牵头编制《娄底市“十四五”信息化发展规划》。建立信息化项目和网络安全工程审核管理机制，组建40人的专家库团队，对14个信息化项目进行技术评审。发动属地100多名电商主播、企业和短视频从业人员参加2021年湖南省直播带货暨短视频创作大赛娄底初赛，推进主播带货销售新业态新模式健康发展。“区块链+民政”“区块链+税费服务”2个项目入选国家区块链创新特色领域试点。（肖劲斐）

## 机构编制

【概况】2021年，娄底市机构编制系统坚持以习近平新时代中国特色社会主义思想为指导，以《中国共产党机构编制工作条例》为遵循，贯彻落实党中央决策部署和省、市工作要求，坚持转职能、转方式、转作风，不断深化改革、优化资源配置、发挥监督实效，自觉为落实“三高四新”战略定位和使命任务、推动高质量发展提供机构编制保障。

【机构改革后续工作】2021年，娄底市委编办紧跟机构改革后各部门职责运行情况，协调解决运行中的实际问题，调整优化部门之间的职责关系，做好机构改革“后半篇文章”。梳理市本级事业单位总体布局、功能定位、编制配置、运行状况，巩固事业单位改革成果，参与市直参公单位重新认定上报相关工作。按照省委统一部署，完成娄底市无线电管理体制有关事项、市县两级行政复议体制改革所涉机构编制的优化调整。厘清市、区两级执法权限，市、区综合行政执法框架搭建完成，针对进展较慢的县（市）进行专项指导。

【开发区管理机构清理规范】2021年，娄底市委编办按照中央、省市关于清理规范开发区管理机构的要求，推进全市开发区管理机构清理，构建精简高效的管理体制，推动园区聚焦主责主业。整合万宝新区与娄底经开区，撤销娄底万宝新区管委会并将娄底高新区升格为正处级。对全市所有园区重新进行“三定”。

【机构编制资源使用效益提升】2021年，娄底市委编办盘活用好机构编制资源，为重点民生领域提供机构编制保障。在编制使用上，全年下达市直引进高层次人才编制计划381名，用好人才专户编制，鼓励有空编的事业单位申报高层次人才引进编制使用计划，支持市直满编或超编的事业单位申请使用人才引进专户编制，对各单位申报的高层次人才引进计划100%

予以审核通过下达。军转干部和退役士官安置用编全部按标准要求到位，得到省军区的肯定和表扬。在机构编制配置上，通过调整机构和编制保障各类重点民生工作，为市应急救援支队调剂增加编制18名，为市综治中心调剂增加编制4名等，加大县（市、区）对社会综合治理工作的机构编制支持力度，设立新时代文明实践指导中心等。

【机构编制督查】2021年，娄底市委编办贯彻落实《机构编制监督检查工作办法》，督促已巡视县（市、区）开展问题整改销号工作，确保整改落实到位。开展机构编制条条干预问题整治，对各单位制定印发的文件进行专项排查，对于发现的条条干预问题，及时整改。抓好机构编制违纪违规问题的自查整改落实，对照典型案例和机构编制管理的相关法规纪律，查找机构编制存在的违纪违规问题。

【机构编制规范管理】2021年，娄底市对标省里文件开展市级议事协调机构清理工作，摸清底数，征求各议事协调机构意见，提出清理方案，保留议事协调机构242个，合并或更名13个，撤销31个。对机关事业单位编外聘用人员进行清查及规范管理，摸清各单位编外聘用人员情况，对保留编外聘用人员进行规范管理，对需清理消化编外聘用人员提出消化方案。根据中央编委开展第二次全国机构编制核查工作要求，对各县（市、区）及市直单位的核查工作进行安排部署，通过自查自纠、群众监督、数据比对等，提升市、县两级机构编制综合管理平台中信息数据的真实性、准确性、完整性和规范性，澄清机构编制底数。

【机构编制法制化建设】2021年，娄底市委编办贯彻落实《中国共产党机构编制工作条例》，坚持机构编制4个原则，严守动议、论证、审议决定、组织实施等机构编制工作程序，将法治思维、法治方式贯穿机构编制工作始终，推进机构编制法定化建设。出台《关于进一步规范编制使用审核工作的规定》，就审核范围、原则、使用程序等方面进行明确，制定《市直机关事业单位编制使用核准、出入编登记事项工作规范》，完善编制使用管理机制，规范用编程序，提高工作效率。

【事业单位登记管理】2021年，娄底市委编办按照《事业单位登记管理暂行条例》等政策规定做好登记管理的日常工作，开展事业单位法人公示信息抽查，市本级机关群团赋码累计办理初领、变更、撤销15家；事业单位法人设立登记11家，变更登记98家（变更事项193项），注销登记26家；办理补领证书4家，完成237家市直事业单位法人年度报告公示工作。分3批次举办事业单位网上登记业务培训，提升服务对象工作能力，提高事业单位登记管理服务水平。

【市委编委会议】2021年，娄底市共召开3次市委编委会议。5月14日，第1次市委编委会议召开，传达学习省委书记、省人大常委会主任、省委编委主任许达哲对机构编制工作的指示和全省编办主任会议精神，研究审议市本级行政复议体制改革所涉机构编制调整事项、全市各开发区管理机构具体机构编制设置标准及相关事项、全市新增公办中小学教职工编制分配事项和市直部分单位具体机构编制事项。9月10日，第2次市委编委会议召开，学习贯彻中央相关机构编制法规制度，听取娄底市机构编制违纪违规典型问题自查工作情况汇报，研究具体机构编制事项，审议《娄底市机构编制核查工作实施方案》。12月20日，第3次市委编委会议召开，听取市委编办关于2021年度机构编制工作的情况汇报、市直机关事业单位编外聘用人员专项清查工作的情况汇报和清理规范开发区管理机构工作的情况汇报，审议《中共娄底市委机构编制委员会工作规则》调整修订事项、《娄底市市直机关事业单位编外聘用人员管理暂行办法》，明确开发区管理机构清理规范的有关事项。（肖　凯）

## 机关党建

【概况】2021年，娄底市直机关党建工作以政治建设为统领，推进“双高”工程（高质量服务中心、高质量建设队伍）实施。“党员进基层·情暖微心愿”项目入选中央党史学教办典型案例并被中央和国家机关工委评为党建创新“百优案例”，“五式”破解“灯下黑”等3项工作获省直工委发文推介，“政治三力”调研成果获省特别奖，2个基层党建新成就作品分别获省一等奖、二等奖。

【机关党组织和党员队伍情况】2021年，娄底市直机关有基层党组织720个，其中党委71个、党总支26个、支部623个。基层党委中，机关单位44个、事业单位25个、国有企业2个。是年，新发展党员200人，共有党员14466人。其中在岗职工党员10005人，离退休党员4127人，学生党员10人，其他党员324人；正式党员14258人，预备党员208人；男性党员9741人，女性党员4725人。

【机关政治建设】2021年，娄底市直机关工委严格执行“第一议题”制度，及时传达落实习近平总书记重要讲话指示批示精神。坚持民主集中制研究重大事项121个。向市委请示报告工作13次。围绕贯彻习近平总书记关于机关党建重要论述和考察湖南重要讲话精神，制定《2021年全市机关党建工作要点》，出台“双高”工程指导意见，细化责任清单，狠抓工作落实。围绕开展党史学习教育，落实十九届六中全会和省、市党代会精神，制定落实清单5个，强化跟踪问效。以提升“政治三力”、创建模范机关为主题开展调研，9月17日，承办全省“政治三力”调研成果研讨会，《着力推动机关党建提质增效是提升“政治三力”的有效途径》获全省机关党建理论研究成果特别奖。坚持政治统领、支部落地等“五径并举”，推动市直机关“三表率一模范”机关创建，“政治建设高标准引领推动业务工作高质量”做法获省直工委肯定。突出政治标准评选市直“两优一先”对象149个。

【机关党风廉政建设】2021年，娄底市直机关工委专题研究廉政建设2次，中心组开展专题学习3次，班子成员带头廉洁自律。召开全面从严治党工作会议，核查“一人多证”问题线索，开展“互联网+监督”平台公务用餐监督子系统试点推广工作，落实谈心谈话制度。在重要节点开展廉“节”提醒，对机关作风建设进行明察暗访，通报正反典型22起。构筑“铁案”工程，全年审结案件60起，党纪政务处分63人，对2起瑕疵案件退回补正。督促市直单位集中观看警示教育片100余次，组织廉政教育“五个一”活动。7月5—9日，举办纪检干部业务培训班。开展市直机关纪委“优质案件”和“办案先进个人”评选活动，全年评选优质案件2件、办案先进个人2人。

【机关意识形态工作】2021年，娄底市直机关工委把学习贯彻习近平新时代中国特色社会主义思想作为首要任务，推进党史学习教育，督导市直基层党组织开展习近平总书记在庆祝中国共产党成立100周年大会上的讲话精神宣讲214场，学习宣传贯彻党的十九届六中全会和省、市党代会精神主题党日活动1200余次。组织市直机关“党史故事我来讲”宣讲40余场，宣讲视频点击量30万余人次。开展“千名书记讲党史”“三个十佳”等特色活动，编印《党史学习教育300题》。举办意识形态工作专题培训班和党建通讯员培训班，培训人员180余名。落实网络意识形态工作责任制，投入经费10余万元改版优化《娄底机关党建网》，刊发党建信息2500余条，在中央、省媒体发稿80余篇，清理微信群22个。加强党员八小时内外政治言行管理。创新“我为群众办实事”实践活动方式，发动机关党员以志愿者身份下基层，为困难群众圆梦“微心愿”8000余个，“党员进基层·情暖微心愿”项目全年2次受国家级表彰。

【机关统战工作】2021年，娄底市直机关工委班子专题学习研讨《中国共产党统一战线工作条例》，将统战、群团工作纳入新任基层党组织素能提升培训班课程内容。在机关党建网开设“统一战线”专栏，累计刊稿228篇。班子成员带头团结帮扶村、社区信教群众，指导市委统战部机关党委工作。全年举办全市党员发展对象示范培训班等入党培训4期。督导市直基层党组织抓实机关统战和群团工作，鼓励邀请党外人士和群众按规定列席党的活动，市直非党员青年“青年大学习”学习率90%以上。开展“青春有你疫路同行”等青年志愿服务活动，组建“河小青”等青年服务队开展巡护河17次，劝阻青少年下河塘游泳60余人次，发放宣传资料3000余份。

【基层党建】2021年，娄底市直机关工委采取“拉网式”培训、“靶向式”落地等工作法落实机关基层组织工作条例和省委文件。组织机关党建高质量发展研讨8场，举办各类党务干部素质提升班5场，培训1200余人次。调整任命机关基层党组织书记、副书记35名，吸纳一批“85后”优秀年轻干部加入党务干部队伍。召开市直机关党代表会议，选举市第六次党代会代表61名，推荐党的二十大、省第十二次党代会代表提名人选19名。下拨党费9.8万元，走访慰问党员干部380名。实行党建分片联系指导，按季下发《党建工作提示》，组织全覆盖党建调研核实，发挥21个党建示范点和3个“党建之星”工作室的示范作用，市直基层党组织按期换届率和薄弱点整改率均为100%，组织生活优秀率95%以上。举办“新时代全市机关基层党建新成就”短视频优秀作品征集评选活动，短视频作品《党员进基层　情暖微心愿——湖南省娄底市直机关党员志愿服务创新实践》获“新时代全省机关基层党建新成就”短视频优秀作品征集评选活动一等奖，短视频作品《推进新时代党的建设新的伟大工程的务实之举——娄底实施机关党建“双高”工程的创新实践》获“新时代全省机关基层党建新成就”短视频

2021年6月4日，娄底市举办2019—2020年度市直机关党建创新项目集中评审暨成果交流汇报会（市直机关工委供图）

优秀作品征集评选活动二等奖。征集市直机关优秀党建创新案例86个，推广获奖案例14个。　（王宥岚）

## 老干部工作

【概况】2021年，娄底市老干部工作坚持以“为老同志办实事”为宗旨，研究解决新形势下老干部工作的新情况新问题，在湖南省首创性地开展“美在金秋”老党员之家以奖代投工作，离退休干部服务实现“一对一”精准化，关工基金总额稳居全国地市级首位，组织带领老干部和老干部工作者主动融入党史教育、疫情防控、乡村振兴、文明城市建设等中心工作。推进市老干部活动中心项目建设，9月28日，完成主体工程建设。

【离退休干部党建工作】2021年，娄底市推进离退休干部党建融入城市基层党建大格局。开展离退休党支部“五化”建设和示范创建工作。市委老干部局督促指导全市58个离退休干部党支部按时换届，创建湖南省示范党支部4个、娄底市示范党支部19个。推进“美在金秋”老党员之家建设，采取市、县两级“以奖代投”方式，投入100余万元在城市街道、社区、小区建设老党员之家。是年，娄底市新建“美在金秋”老党员之家32家。开展党建系列活动，举办党史学习教育宣讲报告会，市本级离退休干部党支部书记、委员及党员代表240余人参会；开展“庆祝建党100周年理论研讨征文”活动，共征集文章90余篇，评选表彰娄底市级一等奖6篇、二等奖11篇、三等奖22篇、优秀奖51篇，向湖南省委老干部局推荐文章20篇，其中3人获三等奖，1人应邀参加湖南省委组织部召开的全省党建理论研讨座谈会；征集“初心如磐——我的入党那一天”文章300余篇，评选表彰娄底市级一等奖4篇、二等奖8篇、三等奖18篇、优秀奖41篇，向湖南省委老干部局推荐14篇，其中获湖南省级一等奖1篇、二等奖3篇、三等奖2篇。

【管理与服务工作】2021年，中共娄底市委老干部局建立老干部工作者与离休干部结对精准服务机制。协调娄底市中心医院开辟老干部就医、体检绿色通道，实行“一对一”全程导诊服务。协调娄底市医保局在每月25—30日到老干部集中居住小区定点服务。联合市委组织部、市财政局、市人社局等单位印发《关于在建党100周年之际提高离休干部生活补贴标准的通知》，保障离休干部落实新增待遇。是年，市本级帮扶特困离退休干部及离休干部遗孀89人，发放帮扶资

2021年6月15日，中共娄底市委老干局工作人员到长沙市走访异地离休干部（市委老干部局供图）

金23.3万元。春节期间慰问离休干部、处级以上退休干部、离休干部遗孀1632人59.5万元。发放企业离休干部、无固定收入配偶及遗孀津补贴14人45.2万元。

【正能量活动】2021年，中共娄底市委老干部局组织娄底市老干部(老年)书画家协会“送福迎春”文化进机关、进社区、进学校、进企业活动，送春联900余副，福字500余张。组织参加湖南省离退休干部庆祝中国共产党成立100周年“金秋颂党恩·启航新征程”主题活动比赛，娄底市选送合唱节目5个和讲红色故事节目5个，获一等奖1个、二等奖1个、三等奖1个、优胜奖7个、最具人气奖2个，娄底市委老干部局获优秀组织奖。组织选送10幅书画作品参加湖南省离退休干部庆祝中国共产党成立100周年主题书画创作展。举办娄底市离退休干部“颂党恩·跟党走”庆祝中国共产党成立100周年主题书画作品展，展出书画精品173幅。组织承办娄底市直离退休干部门球友谊赛，10支队伍近100人参赛。组织引导娄底市老年保健协会、娄底市老科协开展老年保健、科普宣传等志愿服务活动，组织引导娄底市老干部民乐团开展“送文艺进社区”等志愿服务活动等。

【关心下一代工作】2021年，娄底市关心下一代工作委员会关工基金总额2.2亿元，总额居全国地级市第一名。开展“十百千万”扶贫助学活动，娄底市帮扶贫困学生20996人次2178万元。与市教育局关工委联合开展“新时代好少年·红心向党”主题教育读书活动，为娄底市70万名大中小学生每人购买一本党史教育课本；组织娄底市中小学生代表开展“红心向党”主题演讲、朗诵比赛；在青少年中开展“回塑百年·薪火‘湘’传”党史教育“六个一”活动(即：阅读一本党史读物、参加一次红色体验实践、撰写一篇作文、参与一次党史故事演讲、上传一段“心中有话向党说”短视频)；授予蔡和森、李聚奎、罗盛教等40处红色基地为“娄底市青少年党史学习教育基地”，组织娄底市20万青少年走进红色教育基地；打造党史教育宣讲团(组)，组成市、县、乡和学区四级宣讲团(组)200余支；娄星区关工委自筹自拍《革命老区的红色记忆》影视专题片。 （宁晶晶）

## 保密工作

【概况】2021年，娄底市保密工作坚持党管保密的根本原则，以定密、网络保密、涉密人员“三大管理”为重点，落实保密宣传教育、保密监督检查，加强科技支撑和服务保障能力建设。中共娄底市委保密委员会办公室(简称娄底市委保密办)获得“十三五”时期全省保密工作成绩突出单位、庆祝中国共产党成立100周年保密宣传教育作品征集湖南省优秀组织奖。

【保密宣传】2021年，娄底市委保密办开展建党100周年“七个一”保密宣传活动。响应全国庆祝建党100周年保密宣传教育作品征集评选活动，征集作品120余幅，7件作品在全省获奖，其中市委保密办推荐的作品《记忠诚的共产主义战士卢天放》获“庆祝中国共产党成立100周年保密宣传教育作品征集评选湖南省纪实类作品特等奖”。开展保密工作成就展，制作展板28块。组织参与全省保密系统“七一”主题分享晚会，宣讲娄底市全国保密工作先进个人梅喜平的先进事迹。“4·15”全民国家安全教育日期间组织开展庆祝建党100周年保密知识竞赛活动，参赛人员37000余人次。发动全市各级广播电视台、政府网站等主流媒体定期播放《保密工作公益广告片》，在全市范围内组织观看保密文献纪录片《胜利之盾》等保密教育专题片。全年发放保密宣传折页20000余张、《中华人民共和国保守国家秘密法》500余本、保密提醒鼠标垫1000余个，发放《保密工作》及保密观、潇湘密语微信

2021年6月28日，娄底市庆祝中国共产党成立100周年保密工作成就展在孙水公园广场举行

（李攀峰　摄）

公众号宣传彩页2000余张。

【保密教育】2021年，娄底市委保密办利用市保密教育实训平台，为全市党政机关事业单位提供保密实训，并作为市委党校主体班、新录用公务员培训班的培训基地，运行后，开展培训43期，培训1600余人次。开展保密警示教育月活动，全市18000余人参与。赴机关单位进行保密知识专题辅导，全年受邀授课13场次，参训人员1200余人。召开全市涉密资质（资格）单位业务专题培训会，对新修订的《涉密信息系统集成资质管理办法》《国家秘密载体印制资质管理办法》及配套文件进行宣传解读。

【保密管理】2021年，娄底市保密系统强化业务指导，推进机关和单位定密责任人、定密授权制度的落实，指导全市各级各单位报备定密事项，将工作秘密管理情况纳入机关、单位保密自查自评工作内容。组织开展全市涉密人员分类确定和审查、登记工作，建立涉密人员数据库，加强机关、单位涉密人员保密管理。利用监管平台，对全市机关单位门户网站上网信息进行监管。加强对涉密信息系统建设使用单位运行维护的安全保密指导，指导全市开展涉密计算机保密技术防护。加强国家统一考试保密监管，指导高考、研究生考试、公务员考试、司法考试落实试卷押送、考点监管、考务巡查各环节的保密措施。引导涉密资质单位为党政机关事业单位提供系统集成、运行维护、安防监控等服务。

【保密技术】2021年，娄底市推动保密监管平台、技术服务中心升级改造，提升保密技术服务保障能力。审查涉密信息系统测评，配合完成全市电子政务内网风险评估测评相关工作。加强保密技术监管工作力度，开展市直机关单位互联网接入情况摸底。对重要办公场所、保密要害部位进行环境检测，落实全市党代会、两会等重大活动和会议的保密技术服务保障，没有发生任何失泄密事件。推进涉密载体销毁规范化管理，全年销毁涉密载体约55吨。

【保密检查】2021年，娄底市委保密办开展保密工作“三大专项检查”。牵头组织市场监管局等有关部门成立联合检查组，集中20天时间对重点涉密单位周边31家文印店开展专项检查，把好国家秘密载体印制“关口”。市、县两级保密部门联合对全市范围内60余家废品回收站定期（每季度）进行全覆盖保密检查，严肃查处涉密载体流失到废品回收站的违规事件，责成相关单位严肃追究处理，并在全市范围内进行通报。开展“双随机”检查。加强对全市涉密资质（资格）单位保密管理工作的检查指导，在发现问题的同时指导整改到位。（李　臻）

## 党校教育

【概况】2021年，中共娄底市委党校（市行政学院、市社会主义学院）举办主体班23期，培训各级各类干部1527人，主体班到训率97.7%；举办计外培训班8个，培训人数751人。组织教师外出宣讲100余场，受众8000余人次。全年科研成果汇总87项。公开发表论文53篇，其中C刊1篇、核心期刊2篇。课题开发11个，其中省级课题7个、市级课题4个。获奖论文18篇，决策咨询报告4篇。为乡村振兴挂点帮扶单位娄星区双江乡万家村协调筹措项目建设资金近400万元，推进11大项目建设，开展乡村治理。

【政治建校】2020年，中共娄底市委党校（市行政学院、市社会主义学院）举办党史学习教育读书班4期、校（院）委班子集中研讨4次，把“我为群众办实事”作为学习教育的关键环节，校（院）委申报的8个项目、

2021年3月4日，娄底市委党校系统举办学习党的十九届五中全会精神师资培训班　（曾海超　摄）

党员个人申报的124个项目均在规定时间内完成。把跟进学习习近平新时代中国特色社会主义思想作为首要任务，组织中心组学习12次、政治学习20次，组织理论学习应知应会知识考试2次。坚持将学习贯彻习近平总书记最新讲话精神作为校（院）委会议第一议题。落实干部职工“学习强国”和干部教育学习网的学习，实行学习情况周通报制度。健全和完善《校（院）委会议议事规则》，坚持民主集中制，开展3次全校性谈心谈话。班子成员全年上党课6次，开展支部正规化建设，探索党建工作与业务工作相融合的新方法新途径。重视意识形态工作，落实校（院）委领导班子党风廉政建设和意识形态工作主体责任和“一岗双责”的要求，依法治校责任得到落实。配合市委第三巡察组对市委党校的巡察工作，自觉接受市纪委市监委驻市委组织部纪检监察组的监督。

【学员管理】2021年，中共娄底市委党校（市行政学院、市社会主义学院）颁发《班主任（班主任助理）工作暂行规定》，根据培训班次需要选取经验丰富、责任心强的人员担任班主任，对照规定开展班级管理。落实《关于落实从严治校要求全面加强学员管理的暂行规定》《关于加强主体班学员校（院）外教学活动管理的暂行规定》《主体班临时党支部与班委会工作职责》，坚持考勤登记，从严控制学员请假，执行上课手机离身制度，严格学员就餐管理，规范学员校（院）外教学活动，经常会同市纪委市监委派驻市委组织部纪检组对主体班学员班级管理情况进行督查。规范主体班班费收取、使用，做到因需收取、合理开支、及时公布。

【教学工作】2021年，中共娄底市委党校（市行政学院、市社会主义学院）把习近平新时代中国特色社会主义思想作为主体班学习的首要任务和中心内容，开设“习近平新时代中国特色社会主义思想与党的理论”教学单元，开发《深入学习习近平新时代中国特色社会主义思想概论》等1+8专题课程体系，开展以读《〈习近平谈治国理政〉第三卷》为主要内容的“静下心来读好书”活动，相关经验做法得到中央党校（国家行政学院）工作通讯刊载推广。坚持新专题开发指南制度，实现从“教师想讲什么就讲什么”到“需要教师讲什么就讲什么”的根本转变，开发新专题36个，专题更新率51.43%。组织教师参加全省党校（行政学院）系统教学比赛，以市州组第二名的成绩获得二等奖。在主体班开展拓展训练、趣味运动会、各类体育比赛、课前学唱经典歌曲、辩论赛、诗词朗诵等班级活动。按照定时间、定线路、定学习主题、定交通工具、定吃住地点、定经费支出、定联络员的“七定”要求，规范现场教学组织程序。开展党性教育，探索党性教育规律，创新党性教育方式，形成“五个一”（唱一路经典歌曲、看一处革命圣地、听一堂当地特色党课、写一篇现场教学心得体会、开展一次班级主题讨论）党性教育现场教学模式。

【科研工作】2021年，中共娄底市委党校（市行政学院、市社会主义学院）按照“强化理论素养、坚持教研互动、服务咨政决策、力求精品力作”要求，推进科研提质工程。健全内部管理机制，推动科研管理工作科学化、规范化、制度化、精细化。完善《关于加强对科研课题及经费管理的补充规定》，实行《科研量化考核计分办法》，将量化计分结果作为年度绩效考核和职称晋升晋级的重要依据。鼓励、引导和组织在校（院）学员参与科研，制定《关于学员参与决策咨询工作的实施办法》。加强对外科研协作，实时掌握全市重点工作动态，收集整理发布科研资讯。当好“科研项目大管家”“科研资讯播报员”，全年发布科研信息17期，完成相关材料的初审、整理。注重科研成果转化，优先支持将教学难点、实践热点转化为重点科研课题的立项、申报，将科研资料、调研成果转化为教学素材，将调研成果、创新举措转化为实际应用。落实《科研管理制度》，对专业技术人员进行科研任务考核，落实查重规定，严查学术不端行为。（王旭光）

# 娄底市人民代表大会

◎综述

◎重要会议

## 综　　述

【概况】2021年，娄底市人民代表大会常务委员会(简称娄底市人大常委会)先后组织召开常委会会议11次、常委会党组会议24次、主任会议18次、机关党组会议18次，听取和审议“一府一委两院”工作报告25项。依法行使重大事项决定权，通过法定程序保障市委决策部署有效落实，做出决议决定6个。坚持党管干部和人大依法任免相统一，全年任免国家机关工作人员71人次。扎实开展党史学习教育，坚持集中学习与个人自学、理论学习与现场教学、学习教育与推动工作相结合，党组会议集中学习、中心组理论学习、机关干部政治学习共38次。常委会党组成员围绕中国共产党历史、新中国史、社会主义建设史、改革开放史、人民代表大会制度发展史等主题轮流为党员干部上专题党课，组织党员干部到杨开慧纪念馆、任弼时纪念馆和湘西十八洞村等地接受现场教育，开展理论研讨、读书分享、经典诵读、优秀党员和优秀党务工作者表彰、“光荣在党五十年”纪念章颁发等活动。

2021年4月30日，娄底市人大常委会机关举办“学党史　读好书”主题读书月读书汇报会

(市人大常委会研究室供图)

【执法检查】2021年，娄底市人大常委会组织开展固体废物污染环境防治“一法一办法”执法检查，对全市固废污染防治7个方面重点内容开展实地检查，就生活垃圾分类、医疗废弃物管理、加大处理设施建设力度等36个问题向市人民政府进行交办；持续跟踪水、大气、土壤污染防治执法检查交办问题整改，依法推动问题解决和生态环境污染治理。就残疾人保障“一法一办法”开展执法检查，重点围绕残疾人无障碍通道规范建设和管理维护、残保金的管理和使用、残疾人事业发展的投入、地方配套建设、残疾人康复中心运行、托养中心运行等情况进行实地检查，对继续加大《中华人民共和国残疾人保障法》贯彻实施力度、做好各项残疾人保障服务工作、发展好残疾人婚前产检、建设市残疾人康复服务中心等方面提出意见建议。推进地方性法规贯彻实施，督促政府加大对《娄底市孙水河保护条例》《娄底市仙女寨区域生态环境保护条例》《娄底市湄江风景名胜区条例》《娄底市农村住房建设管理条例》等地方性法规的普法、执法力度。

【重大事项决定】2021年，娄底市人大常委会贯彻落实《关于完善人大讨论决定重大事项制度的实施意见》，听取和审议市人民政府年度政府投资计划报告，要求市人民政府紧紧围绕“三高四新”战略定位和使命任务、“十四五”规划，抓重点、补短板、稳投资，抓项目主体责任落实，明确时间节点，实行挂图作战。7月30日，市五届人大常委会第三十九次会议依法作出决定：从2021年开始，每年10月9日为“娄商日”。

【监督工作】2021年，娄底市人大常委会听取和审议关于2020年市人民政府人力资源和社会保障、商务粮食、卫生健康、应急管理、统计、城市管理和综合执法、金融等工作整改落实情况的报告，并进行满意度测评。围绕城区农贸市场管理开展专题询问，9名常委会组成人员和人大代表提出9个方面26个问题。听取和审议市人民政府环境状况和环境目标完成情况报告，要求市人民政府切实加强对大气质量、黑臭水体、土壤污染等突出问题的防治。强化规划监督，听取和审议2020年度规划实施情况的报告，建议市人民政府加快推进国土空间规划编制，充分发挥规划的引领服务功能。认真贯彻习近平总书记关于监察体制改革的重要论述，依法听取市监察委员会关于全市“互联网+村级小微权力监督”工作情况的报告，对市监察委员会的工作予以肯定，并提出意见建议，实现监委履职和人大监督的良性互动。关注民生，听取和审议全市信访工作情况、残疾人权益保障等报告。

【代表工作】2021年，娄底市人大常委会扎实督办代表建议，办结市人民政府及相关单位承办的82件代表建议和市中级人民法院承办的4件代表建议，办理满意率和问题解决率逐年上升；督促办结《关于加快娄底幼儿师范学校升专建设的建议》等一批群众关注的建议，主任会议对重点处理的7类9件代表建议的办理工作进行满意度测评，结果均为满意。在全市各乡镇推行民生实事人大代表票决制工作，如期实现乡镇全覆盖。人大代表联系群众工作站建设运转有序，“进网格、听民意、办实事”及“常委会组成人员联系代表、代表联系原选举单位和人民群众”等主题活动深入推进。对易军波等39名“优秀市五届人大代表”、娄星区第四代表小组等8个“优秀市五届人大代表小组”和《关于构建长效机制加强娄底物业管理的议案》等50件“优秀市五届人大代表议案建议”予以表彰。

2021年4月21日，娄底市人大常委会机关工作人员在湖南人文科技学院片区考察老旧小区改造情况　（市人大常委会研究室供图）

【换届工作】2021年，娄底市人大常委会严格按照中央和省委的部署要求，及时向市委常委会汇报上级会议和文件精神，组织调查研究，起草换届选举有关文件，下发换届选举业务资料。严肃政治纪律、政治规矩和选举纪律，强化工作责任，多次到县（市、区）、乡镇、村组进行调研指导，集中组织县（市、区）相关部门负责人等参加业务培训，开展全方位、多角度、立体化的换届选举工作督导，换届选举完成后，工作机构的班子、人员配备及专业素养、年龄结构等得到进一步优化。

【履职能力建设】2021年，娄底市人大常委会坚持以政治建设为统领，全面落实从严治党主体责任和“一岗双责”、党风廉政建设工作责任制、意识形态工作责任制，支持市纪委监委派驻纪检监察组履行职责、开展工作，推动党支部“五化”建设。围绕《中华人民共和国民法典》《中华人民共和国各级人民代表大会常务委员会监督法》《中华人民共和国立法法》及《湖南省乡镇人民代表大会工作条例》等开展专题辅导11次，定期举办文明讲堂。注重制度建设，完善常委会党组议事规则、机关党组议事规则等，有效提升党组工作的制度化、规范化水平。　（吴林芳）

## 重要会议

【市五届人大五次会议】2021年1月17—21日，娄底市五届人大五次会议召开，会议听取和审查娄底市人民政府工作报告；审查和批准《娄底市国民经济和社会发展第十四个五年规划和二〇三五年远景目标纲要（草案）》；审查和批准《娄底市2020年国民经济和社会发展计划执行情况与2021年国民经济和社会发展计划（草案）》的报告，批准娄底市2021年国民经济和社会发展计划；审查和批准《娄底市2020年全市及市级财政预算执行情况与2021年全市及市级财政预算（草案）》的报告，批准娄底市2021年市级财政预算；听取和审查娄底市人民代表大会常务委员会工作报告、娄底市中级人民法院工作报告、娄底市人民检察院工作报告；会议补选谢学龙为市五届人大常委会副主任、蒋红云为市五届人大常委会委员。

【市人大常委会会议】2021年，娄底市第五届人大常委会召开会议11次。

1月13日，市五届人大常委会举行第三十三次会议。会议听取市五届人大常委会代表资格审查委员会关于个别代表的代表资格审查报告，付鸿志暂时停止执行市五届人大代表职务，赵力因调离娄底其代表资格终止。接受谢志雄辞去省十三届人大代表职务，补选毛伟明为省十三届人大代表。

3月12日，市五届人大常委会举行第三十四次会议。会议接受李芳芳辞去市人民检察院检察长职务，任命李太平为市人民检察院副检察长，刘曙光为市人民检察院检察员，卢鸿福为市人大常委会研究室主任，曹巍伟为市人大常委会副秘书长，扶志斌为市人大常委会办公室副主任。免去黄劲的市人民检察院副检察长、检察委员会委员、检察员职务，卢鸿福的市人大常委会副秘书长职务，陈跃辉的市人大常委会办公室副主任职务，梁巨热的市监察委员会委员职务。审议娄底市人大常委会2021年工作要点，听取和审议《市人民政府关于2020年市本级政府投资计划执行情况和2021年市本级政府投资计划（草案）》的报告，关于2020年全市环境状况和环境保护目标完成情况及2021年环境保护目标计划安排的报告，关于2020年规划年度计划实施情况的报告，听取和审议《娄底市文明行为促进条例（草案）》。

4月7日，市五届人大常委会举行第三十五次会议。会议接受张希慧辞去市人民政府副市长职务，任命蒋天海、胡忠威为市人民政府副市长。

4月14日，市五届人大常委会举行第三十六次会议。会议决定任命曾超群为市人民政府副市长，决定其为市人民政府代理市长。

5月27—28日，市五届人大常委会举行第三十七次会议。会议决定任命吴润民为市退役军人事务局局长，决定任命禹云华为市乡村振兴局局长、原市扶贫办主任职务自然免除。听取和审议关于整改落实2020年市人民政府副市长赵应良、何锋分管工作评议交办问题情况的报告，听取和审议关于2020年市人民政府人力资源和社会保障、商务粮食、卫生健康、应急管理、统计、城市管理和综合执法、金融等工作整改落实情况的报告，听取和审议《娄底市资江保护条例（草案）》《娄底市文明行为促进条例（草案）》，听取和审议市人民政府关于全市信访工作情况的报告、关于贯彻实施《中华人民共和国残疾人保障法》《湖南省实施〈中华人民共和国残疾人保障法〉办法》情况的报告。

6月24日，市五届人大常委会举行第三十八次会议。会议决定免去李铁雄的市交通运输局局长职务，决定任命黄江民为市人民政府副市长、市公安局局长。

7月29—30日，市五届人大常委会举行第三十九次会议。会议听取市人民政府2021年上半年工作情况通报，听取和审议市人民政府关于2021年上半年国民经济和社会发展计划执行情况的报告、关于2020年财政预算绩效管理情况的报告、关于2020年度市级财政预算执行情况和其他财政收支情况的审计工作报告，听取和审议《市人民政府关于2020年市级财政决算（草案）》和2021年上半年市级财政预算执行情况的报告，审查和批准2020年市级财政决算；听取和审议市监察委员会关于全市“互联网+村级小微权力监督”工作情况的报告；审议表决通过《娄底市文明行为促进条例（草案·表决稿）》，听取和审议市人大常委会执法检查组关于《中华人民共和国固体废物污染环境防治法》《湖南省实施〈中华人民共和国固体废物污染环境防治法〉办法》的执法检查报告；审议市人民政府关于提请设立“娄商日”的议案，决定每年10月9日为“娄商日”。会议任命曾永萍为市中级人民法院审判员，免去李琼的市中级人民法院审判委员会委员、执行局局长、审判员职务。

8月31日，市五届人大常委会举行第四十次会议。会议审议《关于娄底市第六届人民代表大会代表名额分配和选举问题的决定（草案）》，听取市五届人大常委会代表资格审查委员会关于个别代表的代表资格的报告，龚新连辞去市五届人大代表职务，梅其建、华学健因调离娄底，其市五届人大代表资格终止。

10月11日，市五届人大常委会举行第四十一次会议。会议表决通过《娄底市资江保护条例（草案）》；听取和审议市人民政府关于全市文旅体产业融合发展情况的报告、关于2020年度国有资产管理情况的综合报告；听取和审议《市人民政府关于2021年市级预算调整方案（草案）》的报告，审查和批准2021年市级预算调整方案。会议决定任命周海强为市交通运输局局长，任命胡志泽为市人民代表大会监察和司法委员会副主任委员，免去吕许灵的市人民代表大会监察和司法委员会副主任委员职务，任命彭志业为市中级人民法院审判委员会委员、审判员，任命郭超群为市中级人民法院审判委员会委员、审判员，免去刘立贤的市中级人民法院立案信访局局长、审判委员会委员、审判员职务，免去傅玮的市中级人民法院审判委员会委员、审判员职务，免去廖斌的市人民检察院检察委员会委员、检察员职务，任命王理丽为市人民检察院检察委员会委员、检察员，伍国军为市人民检察院检察委员会委员、检察员。批准王理丽辞去娄星区人民检察院检察长职务，伍国军辞去冷水江市人民检察院检察长职务，胡志泽辞去涟源市人民检察院检察长职务，黄文辉辞去双峰县人民检察院检察长职务，李佳林辞去新化县人民检察院检察长职务。听取市人民政府关于农贸市场管理情况的报告，并开展专题询问。

11月25日，市五届人大常委会举行第四十二次会议。会议听取和审议《娄底市农村人居环境治理条例(草案)》,听取市五届人大常委会代表资格审查委员会关于市六届人大代表资格的审查报告,确认405名市六届人大代表资格有效;审议《娄底市第五届人民代表大会常务委员会关于召开娄底市第六届人民代表大会第一次会议的决定(草案)》。决定任命杨维为市人民政府秘书长,决定免去胡忠威的市人民政府秘书长职务,决定任命张朝华为市中级人民法院执行局局长,任命刘湘林为市中级人民法院立案信访局局长,免去陈建新的市中级人民法院副院长、审判委员会委员、审判员职务,免去张朝华的市中级人民法院执行局副局长职务;批准黄文辉为娄星区人民检察院检察长、李佳林为冷水江市人民检察院检察长、廖斌为涟源市人民检察院检察长、罗志高为双峰县人民检察院检察长、刘誉荣为新化县人民检察院检察长。听取和审议市人民政府、市中级人民法院关于市五届人大第五次会议后代表提出建议办理情况的报告,听取市人民政府关于《娄底市农村住房建设管理条例》贯彻实施情况的报告,听取和审议市中级人民法院关于民事审判工作专项报告。

12月22日,市五届人大常委会举行第四十三次会议。会议听取和审议市人民政府及被审计单位关于2020年度市级财政预算执行和其他财政收支审计查出问题整改情况的报告,听取市人大常委会法工委关于2021年规范性文件备案审查工作情况的报告,审议娄底市人民代表大会常务委员会工作报告,娄底市第六届人民代表大会第一次会议主席团和秘书长名单(草案),审议决定娄底市第六届人民代表大会第一次会议列席人员名单(草案)。会议接受尹华凯、石艳萍、梅国华等辞去省十三届人大代表职务,补选曾超群、戴德清、谢忠阳为省十三届人大代表,接受刘辉辞去市五届人大常委会委员职务,决定任命曾晚生为市发展和改革委员会主任、免去其市信访局局长职务,决定免去杨维的市发展和改革委员会主任职务、罗琳的市卫生健康委员会主任职务,任命曾志彦、刘辉为市监察委员会副主任,免去何一波、李建设的市监察委员会副主任职务,免去谢志明、曾晓燕、李加新的市监察委员会委员职务,任命曹巍伟为市人大常委会选举任免联络工作委员会主任,免去刘道荣的市人大常委会选举任免联络工作委员会主任职务,免去曹巍伟市人大常委会副秘书长、办公室副主任职务。会议接受刘非辞去市五届人大常委会主任职务。听取市人大常委会代表资格审查委员会关于市人代表会个别代表的代表资格审查报告,张辉辞去市五届人大代表职务,刘非因调离娄底其市五届人大代表资格终止,李洪涛辞去市六届人大代表职务,彭桂剑因调离娄底其市六届人大代表资格终止。 （吴林芳）

# 娄底市人民政府

◎综述
◎重要会议
◎重点民生实事
◎机关事务
◎政策研究
◎信访
◎政务服务
◎无线电管理

# 综　述

【概况】2021年，娄底市贯彻落实习近平新时代中国特色社会主义思想和中国共产党十九大、十九届历次全会精神及习近平总书记考察湖南重要讲话精神，执行党中央国务院和省委、省政府及市委的决策部署，深入践行新发展理念，大力实施“三高四新”战略定位和使命任务，推动高质量发展，政府各项工作取得新进步。全年地区生产总值增长7.7%，地方财政收入增长12.6%，税收收入增长10.5%，地方财政收入税占比68.6%，规模以上工业增加值增长7.8%，社会消费品零售总额下降14.6%，建筑业增加值增长1.5%，城乡居民可支配收入分别增长7.9%、10.5%，固定资产投资增长4.2%，大部分主要经济指标两年平均增速高于全国、全省平均水平。地方一般公共预算收入逾90亿元，增速排全省第二。开（竣）工重大项目196个，强力推进钢铁新材和工程机械两大产业重点项目32个，钢铁新材、工程机械两大产业链集聚规模以上工业企业178家，全市规模工业增加值增长贡献度为90%以上，钢铁新材产业集群产值突破千亿元。“五好”园区建设有力推进，园区规模以上工业增加值占比提升至75.2%，园区集聚度稳步提升。在中国（长沙）自贸试验区设置娄底馆，娄底海关开关运行。垃圾焚烧发电项目、殡仪馆提质扩容改造、市老干部活动中心建设等一批“老大难”问题得到妥善化解。国家卫生城市、国家园林城市、全国文明城市复审通过。

（邹　霞）

【经济发展】2021年，娄底市完成地区生产总值1825.76亿元，同比增长7.7%，规模工业增加值同比增长7.8%，固定资产投资同比增长4.2%，社会消费品零售总额同比增长14.6%，地方一般公共预算收入同比增长12.6%。加快项目推进，建立“项目清单制、集中调度制、积分排名制、诫勉约谈制”四项机制，实行“周调度、月通报、季讲评”，对建设进度快、推进有效有力的给予通报表扬，对连续2个月进度排名靠后的进行约谈，对连续3个月进度排名靠后的进行问责。强力推进“双引擎”重点项目32个，以VAMA（华菱安赛乐米塔尔汽车板有限公司）二期为代表的一批重大项目开工，三一路机灯塔工厂、浙湘新材等项目竣工投产，华菱安赛乐米塔尔铁路专用线建成通车。加强项目谋划，全年纳入省重点建设项目41个，单体数量超历史纪录，居大湘西片区5个市（州）首位。18个省“三高四新”项目、41个省重点建设项目、226个市重大项目，分别超年度投资计划56.4个百分点、59.8个百分点、37.7个百分点，其中省重点建设项目投资进度排名全省各市（州）第二位；“三高四新”产业项目建设工作获省政府真抓实干奖励。举办产业项目建设、产业园区高质量发展推进会，分3批推动196个重大项目集中开（竣）工，总投资576亿元，省重点项目投资超年度计划45%。推动科技创新，高新技术产业增加值增长16%。开展优化营商环境攻坚年行动，有序推进融资增信工作，设立全省首个企业家日——“娄商日”。实施“六大强农行动”，增强产业发展带动能力，全市农产品加工企业2496家，农产品加工全产业链产值736.65亿元，较上年增长7.8%；加工企业营业收入562.28亿元，较上年增长7.1%；新增农民专业合作社200家。建设中国（湖南）自贸试验区“高桥·娄底馆”，举办“第二届中非经贸博览会对非出口产品消费节”活动娄底专场；举办第十二届“湘博会”；组建粤港澳大湾区招商工作站，紧盯“娄商”和“链商”，全年引进“三类500强”项目7个，总投资260.8亿元，实现进出口总额191.77亿元，同比增长27.96%；利用外资3001万美元，同比增长102.8%；内联引资586.1亿元，同比增长29.1%。

（刘　琳）

【三大攻坚战】2021年，娄底市防范化解重大风险取得有效进展。按照“隐患即事故”的总要求，理顺12个安全生产专业委员会工作职能，成立19个行业领域重大风险排查防范化解工作组，系统性构建风险防范化解体系。加强重点领域查隐患、除风险、防事故，全市生产安全事故起数、死亡人数实现双下降，非生产安全事故得到有效控制，道路交通安全工作获省政府真抓实干奖励。落实食品安全风险管控，建立市、县、乡、村、格五级食品安全管理体系。严控政府债务，推动项目建设自平衡，市本级隐性债务化解工作获省3亿元限额奖励；组建娄底市城发控股集团，获评AA+信用评级。脱贫攻坚取得全面胜利，严格落实“四个不摘”要求，抓牢“三环节两关口”，消除返贫风险1.09万户2.11万人；“五类”学生无一人失学辍学；组建家庭医生签约服务团队1501个，签约“四类慢病”6.02万人；改造农村危房2115户；农村自来水普及率

91.11%；8.45万名脱贫人口、1.76万名监测人口纳入农村低保或农村特困供养；430家就业帮扶车间吸纳1.53万人就业，公益性岗位安排7607人，守住不发生规模性返贫的底线。生态环境持续好转，坚决抓好中央、省环保督察和长江经济带生态环境警示片反馈问题整改，年度45个问题全部整改到位；开展“夏季攻势”，全面完成168项年度任务。锡矿山区域环境综合治理第一个三年行动计划如期完成，砷碱渣无害化处理项目通过省级验收。冷水江锑煤矿区山水林田湖草沙系统治理入选中国生态修复典型范例，锡矿山污染治理获评2021年湖南生态文明建设典型案例，娄底市作为全省唯一市州成功申报全国地下水污染防治试验区。全市环境空气质量综合指数在全省排名第八位，中心城区空气质量优良率92.01%，20个省控以上地表水断面水质均达到或优于Ⅲ类，污染地块安全利用率100%。（刘　琳）

**【优化营商环境】**2021年，娄底市把优化营商环境作为“一把手”工程，出台优化营商环境“十个严禁”，推行“拿地即开工”“交房即交证”“准入即准营”等举措，激发市场主体活力，新设企业9913家，新增市场主体3.67万户，深化商事制度改革获省政府真抓实干奖励。持续深化“放管服”改革，推出115项便民办税举措，93.7%的政务服务事项实现“最多跑一次”，296件“一件事”实现全省无差别办理。（刘　琳）

**【乡村振兴“三机制两清单”】**2021年，娄底在全省率先建立推动乡村振兴工作的“三机制两清单”，出台系列文件，建立乡村振兴工作领导机制、调度机制、督查机制和任务清单、责任清单，有效推动乡村振兴工作。全市规模性返贫风险整体可控，3.44万名“三类检测对象”风险消除2.11万人，“两不愁一保障”和安全饮水问题动态清零，推动16.99万名脱贫人口务工，脱贫人口人均收入达到1.4万元，同比增长14.75%，农村基础设施和公共服务进一步改善，驻村干部和村干部学历、年龄等结构进一步优化，基层组织治理能力进一步增强。《娄底市“三个聚焦”推动乡村振兴》获省政府《政务要情与交流》刊发，做经验推介。（邹　霞）

**【“三化”并举关爱保护农村未成年人】**2021年，娄底市双峰县聚焦农村留守未成年人保护问题，坚持党政主导，出台相关文件，建立协调联动机制，压实主体责任，整合社会资源，通过关爱服务制度化、规范化、精准化“三化”并举，构建“党政主导、民政牵头、部门联动、社会参与、家庭尽责”的关爱保护体系，确保全县农村留守未成年人“亲情有依、生活有护、困难有帮、成长有助”，实现农村留守未成年人入学率和监护率达100%，提升基层社会治理水平，维护社会稳定。关爱保护农村未成年人工作实践经验得到民政部、省民政厅点名表扬，被民政部《社区天地杂志》推介，并在《今日中国》和“中国小康网”等主流媒体刊发。7月，双峰县在全省专题工作会议上做典型发言，成为省民政厅推荐、娄底唯一参与全国首批未成年人保护示范创建的10个县（市、区）之一。（邹　霞）

**【市人民政府驻北京联络处】**2021年，娄底市人民政府驻北京联络处继续加强与党中央、国务院各部委、驻地政府和娄底籍在京人士的联系、沟通，向市委、市政府提供全面、及时、准确、安全的信息。协助做好经济技术合作项目和央企对接招商引资工作，为娄底市在京开展的重大经济技术合作项目和央企对接招商引资活动牵线搭桥、提供服务。驻京维稳劝返工作整体态势平稳。11月，联络处综合楼权属转移登记手续开始办理。

招商引资　娄底市人民政府驻北京联络处主动对接首都资源，聚焦先进制造业和具有核心竞争力的科技创新“双引擎”，大力实施“三高四新”战略定位和使命任务，服务和融入新发展格局，推动北京娄底企业商会和各县市分会加强与家乡的联系沟通，推进“娄商返娄”与乡村振兴的衔接。促成东莞励基实业公司（天红实业）投资成立湖南瑞莱斯卡科技有限公司入驻娄底高新区，注册资本2000万元，首期投资7500万元，租赁厂房12000平方米，生产线2条，预计年产值3.5亿元。对接中国电力国际有限公司在娄底的投资活动，该公司与娄底市人民政府签署能源综合利用战略合作协议，落地7个项目100亿余元。（刘群英）

**【市人民政府驻广州办事处】**2021年，娄底市人民政府驻广州办事处始终把招商引资工作作为工作的重点。7月27—29日，全程接待“港澳周”娄底代表团，陪同考察广州、肇庆、东莞、深圳等地多家企业。积极推动娄底市与广东省佛山市、广州市黄埔区缔结为友好城市。广泛联系客商，特别是娄商企业，为在粤港澳大湾区的娄商企业排忧解难，牵线搭桥，合作发展。全年共组织10余批粤港澳大湾区娄底籍企业家到娄考察投资。促成广东佛山宏旺控股集团发展硅钢产业项目（总投资50.7亿元）入驻娄底。10月27—28日，推动湖南省人民政府驻深圳办事处主任熊方平率领23家企业30余人到娄底投资考察，召开娄底市文化旅游产业项目招商工作座谈会。推动天虹百货、广东宏旺、健缘集团等一大批优质项目和企业到娄底投资。

（赵　炜）

【市人民政府驻长沙办事处】2021年，娄底市人民政府驻长沙办事处信访接劝返工作落实值班与信访件跟踪管理工作。全体驻长接访劝返工作人员在做好疫情防控的前提下，坚守岗位，落实省委、省政府及周边重点区域值班制度，指导接劝返机制创新，督促化解信访积案，加强督察督办专项信访案件。组织学习习近平总书记关于加强改进人民信访工作的重要思想；开展两天集中培训，围绕《用心用情做好信访工作》《锤炼“一心三皮”，创一流工作业绩》开展业务辅导，各县（市、区）进行分组讨论。

开展经贸信息流通，围绕经济总体谋划布局，发挥在长区域信息优势，宣传推荐娄底，促进资源流动，信息共享。5月，娄底市招才引智活动在湖南长沙人才交流中心举行，驻长办邀请在长沙的娄底籍优秀专家学者30余人到场座谈。市经济促进会长沙分会搭建娄底籍老乡微信交流平台，开展羽毛球、乒乓球、篮球等交流活动。开展在长医疗健康领域专家座谈会。联络长沙市娄底商会、长沙市涟源商会、长沙市新化商会、长沙市双峰经促会、长沙市冷水江经促会参加外地商会组织的活动、论坛等，推动娄底籍在外企业家交流沟通，资源流动，信息共享。全年到商协会企业走访20余次，宣传娄底市招商引资政策、产业规划布局、经济发展形势，鼓励与钢铁新材、工程机械相关产业的企业到娄底创业发展。组织娄底籍在长青年开展以“我爱娄底　青春有你”为主题的联谊活动，号召娄底籍在长青年积极宣传、推介家乡。（胡　军）

## 重要会议

【市政府常务会议】2021年，娄底市人民政府召开24次市政府常务会议。

1月6日，第1次市政府常务会议召开。传达学习贯彻有关文件会议精神；研究娄底市真抓实干督查激励措施有关工作，听取全市交通问题顽瘴痼疾集中整治工作情况汇报，审议《2021年市政府工作报告（送审稿）》《关于娄底市2020年国民经济和社会发展计划执行情况与2021年国民经济和社会发展计划（草案）的报告》《关于娄底市2020年全市及市级财政预算执行情况与2021年全市及市级财政预算（草案）的报告》《娄底市国民经济和社会发展第十四个五年规划和二〇三五远景目标纲要（征求意见稿）》《健康娄底行动实施方案（审议稿）》。

1月12日，第2次市政府常务会议召开。研究安全生产和信访维稳工作，听取国资国企监管工作情况汇报，原则同意市国资委2021年国资国企监管初步工作打算。

2月4日，第3次市政府常务会议召开。安排部署春节期间相关工作，审议《娄底市人民政府关于对2020年度真抓实干成效明显单位予以表扬激励的通报（审议稿）》《娄底市人民政府关于2021年〈政府工作报告〉重点工作部门分工的意见（审议稿）》《娄底市2021年市本级政府投资计划（草案）》《娄底市2021年重点项目建设实施方案（送审稿）》，研究市直机关事业单位2020年度绩效评估奖励和创建文明城市奖励有关事项。

3月2日，第4次市政府常务会议召开。传达学习贯彻有关文件会议精神；审议《关于加快推进竹产业高质量发展的意见》《关于加快钢铁新材和工程机械“双引擎”建设打造先进制造强市的实施意见》《关于建立“双引擎”建设综合协调推进工作机制的通知》，听取审计工作汇报。

3月18日，第5次市政府常务会议召开。传达学习贯彻有关文件会议精神；审议《娄底市5G移动通信基站及基础设施专项规划（2020—2025）》《娄底市国企改革三年行动实施方案（2020—2022年）》《娄底市生态环境保护委员会关于2020年污染防治攻坚战考核结果的通报》《娄底市贯彻落实省生态环境保护督察“回头看”及废弃矿山污染防治专项督察反馈意见整改方案》及娄底市国省干线美丽公路建设PPP项目调整投资规模等事项，听取生态环境、统计工作汇报，安排部署政府系统党史学习宣传教育工作，调度一季度经济运行情况。

4月1日，第6次市政府常务会议召开。传达学习贯彻有关文件会议精神；研究武汉督察局例行督察反馈问题整改情况，审议《娄底市资江保护条例(草案)》。

4月22日，第7次市政府常务会议召开。传达学习贯彻有关文件会议精神；通报《娄底市人民政府领导班子成员工作分工》，审议《娄底市人民政府党组关于开展党史学习教育的实施方案》，研究承办湖南省第四届中学生运动会有关事项、双汇项目有关工作。

5月14日，第8次市政府常务会议召开。传达学习贯彻有关文件会议精神；审议《娄底市人民政府办公室关于落实〈市人大常委会关于进一步贯彻执行好《宗教事务条例》交办函〉的工作方案(审议稿)》。

6月9日，第9次市政府常务会议召开。传达学习贯彻有关文件会议精神；审议《娄底市行政复议体制改革实施方案》《娄底市人民政府关于集中行使行政复议职责的通告》《娄底市2021年度法治政府建设考核方案》《娄底市人民政府办公室关于印发〈娄底市疫苗质量安全事件应急预案〉的通知》，研究落实政协娄底市第五届委员会第五次会议有关事项、全市大庆信访保障及信访积案"百日攻坚"行动有关工作。

6月15日，第10次市政府常务会议召开。传达学习贯彻习近平总书记对十堰市燃气爆炸事故重要指示精神，专题研究部署安全生产工作。

7月8日，第11次市政府常务会议召开。传达学习贯彻全省有关会议精神；审议《娄底市人民政府关于废止、修改和重新公布部分规范性文件的决定》，研究全市中医药传承创新发展、整合重组平台公司提升信用评级、娄底市本级专项债券申报发行等有关工作。

7月16日，第12次市政府常务会议召开。传达学习贯彻有关文件会议精神；调度上半年全市经济运行情况，部署下阶段工作；审议《关于娄底市2021年上半年国民经济和社会发展计划执行情况的报告》《娄底市2020年市级财政决算(草案)和2021年上半年预算执行情况的报告》《娄底市人民政府关于2020年市级财政预算绩效管理情况的报告》《娄底市本级2020年度财政预算执行和其他财政收支的审计结果报告》。

8月2日，第13次市政府常务会议召开。传达学习贯彻有关文件会议精神；专题研究新冠肺炎疫情防控工作。

8月5日，第14次市政府常务会议召开。传达学习贯彻习近平总书记关于疫情防控的系列重要讲话指示精神；审议《娄底市贯彻落实第二轮中央生态环境保护督察报告整改方案》《娄底市生态环境保护工作责任清单》《娄底市人民政府办公室关于赋予娄底经济技术开发区政务服务事项管理权限的通知》，听取关于巩固拓展脱贫攻坚成果、全面推进乡村振兴战略的有关情况汇报。

8月19日，第15次市政府常务会议召开。传达学习贯彻中央、省有关文件会议精神，学习《浙江干部如何跟企业打交道——变"避责思维"为"负责思维"》文章；研究"三高四新"财源建设、娄底市本级第二批专项债券项目申报发行、河长制有关工作，审议《娄底市第二水厂水府庙水库饮用水源地保护与补偿协议(草案)》《娄底市城市内涝治理系统化实施方案》《娄底市安全生产和消防工作考核办法》。

8月26日，第16次市政府常务会议召开。传达学习贯彻中央、省有关讲话精神；听取违建别墅问题清查整治工作再次"回头看"、违法用地集中整治、审计整改建章立制、创建国家森林城市有关情况汇报，研究调整娄底中心城区终端供水价格有关工作，审议《娄底市煤矿安全生产飞行检查暂行办法》。

9月10日，第17次市政府常务会议召开。传达学习贯彻有关文件会议精神；审议完善煤矿安全生产监管有关制度，《贯彻落实〈中共湖南省委湖南省人民政府关于构建更加完善的要素市场化配置体制机制的实施意见〉重点任务及责任分工方案》《关于2021年市级预算调整方案(草案)的报告》《娄底市变型拖拉机市级报废累加补贴实施方案》《娄底市"十四五"科技创新发展规划(送审稿)》等10个专项规划，研究入河排污口排查专项行动方案、全市保障性安居工程建设工作。

9月30日，第18次市政府常务会议召开。传达学习贯彻中国共产党娄底市第六次代表大会(以下简称"市第六次党代会")精神，安排部署政府相关工作。

10月14日，第19次市政府常务会议召开。传达学习贯彻中央、省有关讲话、文件、会议精神；听取国家统计督察有关情况的汇报，审议《关于深入实施"三高四新"战略促进娄底高质量发展的实施方案》，研究全市防范化解政府性债务风险、娄底市本级新增专项债券项目申报发行、调整娄底市城镇土地使用税征收范围、全市未成年人思想道德建设有关工作及娄底中心城区巡游出租汽车经营权陆续到期后重新许可有关事项。

10月21日，第20次市政府常务会议召开。传达学习贯彻习近平总书记重要讲话指示精神；研究水利建设、林长制、“双减”、规范民办义务教育发展和心理健康教育等有关工作及省重点民生实事交通项目农村公路安防设施有关事项，审议《娄底市山塘安全管理办法》《娄底市人民政府办公室关于切实做好水库除险加固和运行管理工作的通知（送审稿）》《娄底市村庄规划编制工作方案》《娄底市农村人居环境治理条例（草案）》。

11月5日，第21次市政府常务会议召开。传达学习贯彻中央、省有关讲话、文件、会议精神；研究娄底市资江流域生态环境保护工作，审议《娄底市人民政府办公室关于印发〈娄底中心城区静态停车专项整治工作方案〉的通知（送审稿）》《娄底市中心城区超标洪水防御预案（试行）》《娄底市中心城区路网完善工程PPP项目实施方案（投资规模调减）》。

11月19日，第22次市政府常务会议召开。传达学习贯彻中央、省有关讲话、文件、会议精神；研究娄底市城市房屋安全隐患排查整治有关工作，审议《中心城区园区调整优化方案（审议稿）》《娄底市人民政府办公室关于创建“五好”园区推动新发展阶段园区高质量发展的实施意见（审议稿）》《娄底市“十四五”产业园区发展规划（2021—2025年）（审议稿）》《娄底市生态环境损害赔偿制度改革实施方案（审议稿）》。

12月2日，第23次市政府常务会议召开。传达学习贯彻有关文件会议精神；研究全市清理规范公务员工资津贴补贴工作；研究教育督导评估、娄底市康复医院申报三级精神病专科医院、娄底市数字档案馆建设有关工作，审议《娄底市无障碍环境建设实施方案（2021—2025年）》《娄底市自然资源统一确权登记工作实施方案》。

12月16日，第24次市政府常务会议召开。传达学习贯彻中央、省有关文件会议精神；调度全市经济运行情况，研究娄底中心城区殡葬管理、169公司棚改项目剩余房屋转商品房补缴土地出让金、春和园项目房屋办证有关工作，审议《2021年市政府工作报告（审议稿）》《关于娄底市2021年国民经济和社会发展计划执行情况与2022年国民经济和社会发展计划（草案）的报告》《关于娄底市2021年全市及市级财政预算执行情况与2022年全市及市级财政预算（草案）的报告》《娄底市人民政府关于娄底市本级2020年度财政预算执行和其他财政收支审计发现问题整改情况的报告》《娄底市耕地保护田长制实施方案》及4个配套制度。

**【市长办公会议】**2021年，娄底市人民政府召开32次市长办公会议。

1月6日，会议专题研究职业教育和职业培训有关工作。

1月13日，会议专题研究湖南华润利民煤矿关闭退出有关工作。

2月1日，会议专题研究娄底市国土空间规划有关工作。

2月26日，会议专题研究“4·17”案涉案财产处置工作。

3月23日，召开3次会议，分别专题研究双汇项目、全市煤矿安全发展、“区块链+政务服务”有关工作。

3月24日，会议专题研究娄底南站综合客运枢纽项目有关工作。

3月25日，召开2次专题会议，分别研究城市空间再利用、应用区块链技术加大信贷投放有关工作。

4月14日，会议专题调度全市配合第二轮中央环保督察有关工作。

4月25日，会议专题调度重点项目建设有关工作。

4月26日，会议专题调度全市配合中央环保督察有关工作。

4月27日，会议专题调度全市配合中央环保督察中的采碎石、采砂行业整治等工作。

5月17日，召开全市防汛工作视频会议。

5月24日，会议专题研究双峰县一起境外输入新冠肺炎无症状感染者病例处置有关工作。

5月25日，召开2次专题会议，分别调度全市采石行业专项整治有关工作、全市教育重点工作。

5月31日，到市发改委调研工作。

6月8日，会议专题调度全市打击治理电信网络新型违法犯罪有关工作。

6月29日，召开全市防汛抗旱工作调度视频会议。

7月3日，召开全市天气会商会议。

7月19日，会议专题研究石泉公寓民间融资风险处置工作。

9月16日，召开娄底生态清洁能源基地建设推进会。

9月26日，会议专题研究应对极端异常天气有关工作。

10月27日，到娄底市科技馆场馆建设现场调研并召开专题会议。

11月2日，会议审议《娄底市“十四五”信息化发展规划》等12个专项规划。

11月3日，会议专题调度第十二届“湘博会”有关筹备工作。

12月10日，会议专题研究娄底市第一人民医院创建国家三级甲等综合医院有关工作。

12月14日，会议专题研究娄底生态治理100万千瓦光伏项目建设有关工作。

12月21日，召开2次专题会议，分别研究全市安置房控违拆违有关工作、《娄底市“十四五”材料谷高质量发展规划》和《娄底硅钢产业发展规划》编制工作。 （邹　霞）

## 重点民生实事

**【省重点民生实事】** 2021年，娄底市扎实开展“我为群众办实事”实践活动，19件省重点民生实事全部完成。

1. 全市2021年增加公办幼儿园学位6079个。

2. 提高城乡居民低保水平，全市所有县（市、区）城乡低保水平均高于省定最低指导标准。

3. 全市完成困难残疾人家庭无障碍改造770户。

4. 全市完成康复救助残疾儿童849人。

5. 全市办理法律援助案件3096件。

6. 全市完成农村适龄妇女和城镇低保适龄妇女“两癌”免费检查88297人。

7. 实施乡村“雪亮工程”，全市建设完成乡村“雪亮工程”监控摄像头7449个。

8. 强化职业培训促进城镇新增就业，全市城镇新增就业35577人，完成政府补贴性职业培训70383人次，农村转移就业劳动者培训34696人次。

9. 全市提质改造农村公路309千米。

10. 建设特困人员供养床位。全市有2个养老服务机构建成完工，建设特困人员供养服务床位250张。

11. 全市累计建成7所芙蓉学校，并投入使用。

12. 提高困难残疾人生活补贴和重度残疾人护理补贴发放标准。所有县（市、区）残疾人“两项补贴”均达到70元／月的省定标准。

13. 提升农村通信网络。全市建成农村4G基站81个，47个行政村通组光纤工程全部建成。

14. 推进中医药服务基层全覆盖。全市达到验收标准的社区卫生服务中心、建制乡镇卫生院84家。

15. 城镇老旧小区改造，全市开工建设城镇老旧小区32个。

16. 行政村配电网改造，全市行政村配电网改造工程完成项目投资4800万元。

17. 孕产妇免费产前筛查。全市完成孕产妇免费产前筛查26613人。

18. 建设农村公路安防设施。全市建设农村公路安防设施900千米。

19. 改新建农村户用厕所。全市改新建农村户用厕所55392个。

**【市重点民生实事】** 2021年，娄底市有12件市重点民生实事，已完成10件，农村中小学教师周转房建设、中心城区二水厂改扩建和水源地环境综合整治工作正在进行。

1. 全市累计增加公办园学位11203个，累计消除义务教育大班额497个，实现中小学义务教育大班额动态清零。

2. 全年完成新生儿遗传性耳聋基因筛查26290例。

3. 全市新建电商村级服务站点240个，建成县级运营中心5个、村级益农信息社1823个，培训村级信息员1823名，完成全市所有行政村的村级站点全覆盖。

4. 全市完成山塘清淤1200口。

5. 全市老旧小区改造76个小区，26554户，全部开工。

6. 全市完成农村中小学教师周转房建设1470套。截至2021年12月末，累计完成1246套。

7. 全市开展政府补贴性职业技能培训6.75万人次。

8. 全市完成年轻恒磨牙窝沟封闭8000颗。

9. 全市完成农村公路提质改造309.471千米，农村公路安防设施900千米。

10.完成2016年以前的“无籍房”办证清零。

11.完成中心城区二水厂改扩建和水源地环境综合整治。截至2021年12月末，暂完成中心城区二水厂改扩建工程可研、初步设计、概算评审批复、施工图设计招标等工作和建立水源地环境综合整治长效保护机制。

12.新增业主委员会102个，新增物业管理小区103个。（邹　霞）

## 2021年娄底市人民政府重要文件一览表

表16

| 发文日期 | 文号 | 标题 |
| --- | --- | --- |
| 7月26日 | 娄政发〔2021〕4号 | 关于废止、修改和重新公布部分规范性文件的决定 |
| 12月8日 | 娄政发〔2021〕5号 | 关于印发《〈娄底市文明行为促进条例〉实施方案》的通知 |
| 12月20日 | 娄政发〔2021〕6号 | 关于印发《娄底市推进职业教育现代化服务“三高四新”战略的实施方案》的通知 |
| 12月11日 | 娄政发〔2021〕7号 | 关于印发《娄底市自然资源统一确权登记工作实施方案》的通知 |
| 6月28日 | 娄政函〔2021〕37号 | 关于印发《娄底市行政复议体制改革实施方案》的通知 |

## 2021年娄底市政府办重要文件一览表

表17

| 发文日期 | 文号 | 标题 |
| --- | --- | --- |
| 8月10日 | 娄政办发〔2021〕4号 | 关于赋予娄底经济技术开发区政务服务事项管理权限的通知 |
| 1月29日 | 娄政办函〔2021〕4号 | 关于贯彻落实国务院、省政府有关行政权力和公共服务事项调整决定的通知 |
| 11月3日 | 娄政办发〔2021〕6号 | 关于印发《娄底市山塘安全管理办法》的通知 |
| 9月10日 | 娄政办发〔2021〕9号 | 关于印发《娄底市“十四五”服务业发展规划》的通知 |
| 9月10日 | 娄政办发〔2021〕10号 | 关于印发《健康娄底“十四五”建设规划》的通知 |
| 9月10日 | 娄政办发〔2021〕11号 | 关于印发《娄底市“十四五”科技创新规划》的通知 |
| 9月10日 | 娄政办发〔2021〕12号 | 关于印发《娄底市“十四五”生态建设与环境保护规划》的通知 |
| 9月10日 | 娄政办发〔2021〕13号 | 关于印发《娄底市“十四五”交通运输发展规划》的通知 |
| 9月10日 | 娄政办发〔2021〕14号 | 关于印发《娄底市“十四五”人力资源和社会保障事业发展规划》的通知 |

续表17

| 发文日期 | 文号 | 标题 |
| --- | --- | --- |
| 9月10日 | 娄政办发〔2021〕15号 | 关于印发《娄底市"十四五"教育事业发展规划》的通知 |
| 9月10日 | 娄政办发〔2021〕16号 | 关于印发《娄底市"十四五"农业农村现代化发展规划》的通知 |
| 9月10日 | 娄政办发〔2021〕17号 | 关于印发《娄底市"十四五"工业发展规划》的通知 |
| 9月10日 | 娄政办发〔2021〕18号 | 关于印发《娄底市"十四五"自然资源发展规划》的通知 |
| 12月2日 | 娄政办发〔2021〕19号 | 关于印发《娄底市生态环境损害赔偿制度改革实施方案》的通知 |
| 12月13日 | 娄政办发〔2021〕20号 | 关于印发《娄底市无障碍环境建设实施方案(2021—2025年)》的通知 |
| 6月29日 | 娄政办函〔2021〕22号 | 关于印发《娄底市采石行业集中整治行动方案》的通知 |

## 机关事务

【概况】2021年，娄底市机关事务管理坚持围绕中心、突出重点、服务大局，有力保障全市党政机关高效运转，持续推进公务用车信息化标识化建设，497台公务用车纳入"全省一张网"统筹管理，优质保障公务出行，安全行驶1498750千米，大力开展节约型机关建设，累计创建达到248家，规范办公用房集中管理，调剂、调整办公用房20余次，深化国有资产体制改革，两证齐全且符合条件的办公楼权属统一登记率实现100%，依托"互联网+监督"公务用餐监督平台集中检查公务用餐情况，高标准、高水平打造平安机关、品质机关，推动机关事务服务质量、保障水平、管理效能稳步提升。

【办公用房管理】2021年，娄底市机关事务管理局对市医保局等单位分散在其他楼栋的办公用房进行调整，根据工作需求和人员增编情况，对市人大、市政协等20家单位的办公用房进行安排和局部调整。采取申报信息收集汇总、现场抽查核对等方式，完善全市办公用房管理台账。采用共建合用会议室的创新模式解决会议室使用紧张难题，在《中国机关后勤》推介。开展常态化督查和安全隐患排查整改，抽查市政协、市水利局等30余家单位办公用房使用情况。印发《关于加强办公场所安全管理及隐患排查整改工作的通知》，明确使用单位安全管理主体责任，督促排查、整改办公场所用水用电用气等各方面情况，重点针对原档案局办公楼等部分闲置办公楼，不定期开展安全巡查。

【资产管理】2021年，娄底市机关事务管理局深化国有资产管理体制改革，修改完善《关于深化娄底市市直行政单位国有资产管理体制改革的意见》，出台《娄底市市直行政事业单位国有资产配置、出租(出借)、处置服务指南》。对市政府明确划转但尚未划转至平台公司的25处国有资产达成划转共识，审核40余起市直各单位特种设备购置申请和部分资产租赁、移交报告，办理5户"无籍房"证件，督促83家单位开展土地清查整治，汇总情况119宗，完成两证齐全且符合条件的18处28栋办公楼(含部分附属用房)权属统一登记。

【公共机构节能管理】2021年，娄底市机关事务管理局紧扣"节能宣传周"主题，组织4000余人同步收看宣传周启动仪式云直播、云党课、公益宣传片。印发《娄底市"十四五"公共机构节约能源资源工作规划》，明确"十四五"节能工作目标任务和绿色低碳"九大行动"，开展2次室内温控和能耗数据对标抽查，实现公共机构名录库、能耗统计数据库市县乡三级全覆盖。推进节能技改，引导激励涟源市委、市政府、市退役军人事务局办公楼完成较大规模节能改造。推进垃圾分类，确保各公共机构分类垃圾桶基本配置到位，各集中办公区、独立办公楼垃圾分拣点合理设置，督促城区90余家单位食堂与方盛环保公司签订餐厨垃圾回收协议，投放餐厨垃圾桶392个，实行餐厨垃圾统一处置。采用“线上指导+线下审核”方式，指导全市141家单位顺利通过节约型机关创建省级评价验收。

2021年6月28日，娄底市机关事务管理局建成启用娄底市首个党政机关充电站——市委市政府机关大院充电站　　（市机关事务管理局供图）

【公务用车管理与公务出行保障】2021年，娄底市机关事务管理局持续巩固公务用车改革成果，实现全市公务用车集中管理、统一调度，印发《娄底市市直单位公务出行租车管理办法》，组织公车拍卖4次，调剂公车12辆，集中审批52辆公车购置处置（更新）申请，核定987人次车补异动，安装更新北斗智能终端476台，497台公务用车全部纳入信息化平台管理，通过手机App实现智能化调度。娄底市公务用车服务中心服务市直机关和国有企事业单位209家，出车9058次，安全行驶1498750千米，同比增长19.8%，新增“扫码缴费”“EMS寄送缴款发票”“电话约车”等便民服务，被湖南省机关事务管理局推荐为全国机关事务工作先进单位。

【机关大院管理与维护】2021年，娄底市机关事务管理局分批次更换优化市委、市政府机关大院老化苗木800平方米，提质改造卫生间，铺设塑胶步道，安装环步道ip广播系统，完成市委、市政府1号楼楼顶防水改造，更换、加固、维修大小型设施设备7730余次。新增停车位6个，违停锁车41台，劝返逆行车辆275台次。发放报纸、杂志、信件等101万余份，寄出信件近5万余封。保障会议服务1523次，75911人次。市委、市政府和市人大、市政协2个机关食堂实现“智慧食堂”刷卡、扫码、刷脸3种支付方式并行。

【安全保卫】2021年，娄底市机关事务管理局提高处突和应急能力，规范上访秩序，组织消防演练6次、反恐防暴演练4次；处理上访事件239起3549人次，其中10人以上90起；登记上访车辆68台次。坚持机关院落特殊节点、时期的安全防护和基础设施大巡查，定期开展消防和燃气用气等多项专项检查，补充完善消防设施设备108个，地下排污泵控制箱9个，全面构筑“1＋23＋60”三级安全生产责任网格化管理模式。

【周转房管理与机关健康服务】2021年，娄底市机关事务管理局提升周转房服务保障水平，细化购买服务，完善配套制度，修改印发《娄底市易地任职厅级干部周转住房管理办法》，注重餐饮服务、环境品质、安全保卫、设施设备及房屋维修保障。娄底市机关健康服务中心完成健康咨询诊疗工作5257人次，为中心医院代销药品38万余元，提供外出医疗保健服务工作15次。

（颜　颖）

## 政策研究

【概况】2021年，娄底市人民政府研究室深入践行习近平总书记提出的“五个坚持”根本要求，以政治建设为统领，围绕市委、市政府中心工作，充分发挥好研究室“参谋部”“智囊团”的作用，高质量、高效率、高标准地完成各项任务。

【综合调研】2021年，娄底市人民政府研究室开展“调研大比武”活动，围绕经济社会发展的热点、难点、焦点问题，选准切入口，年初定题，年底交账，完成《以“双引擎”建设为抓手　推动“三高四新”战略落地落实》《关于推进总部经济高质量发展的思考》《坚持问题导向突出精准施策全力推进中央、省属驻娄企业“三供一业”分离移交工作》《打造先进制造业“双引擎”——娄底市加快推进钢铁新材和工程机械两大产业提质升级的具体实践》《关于信访事项办理情况梳理及思考》等重点调研课题8个，形成一批调研成果。拓宽专业学习的深度和广度，加强对新经济、新业态、新模式的研究，采取内部干部轮流讲课等方式，提升研究室干部的理论素养和业务水平。

【决策部署研究】2021年，娄底市人民政府研究室完成市委、市政府及市领导交办的文稿写作任务，提升以文辅政水平。累计草拟领导讲话、工作汇报、领导署名文章等各类综合材料200余篇60万余字。发挥内部刊物平台作用，编发《内部参阅》、《娄底经济》(娄底政报)、《民生要情》、《政府通报》。加强与省政府研究室的工作汇报衔接，6次到省政府研究室汇报工作。

【理论学习】2021年，娄底市人民政府研究室落实市政府主要领导安排部署，以研究室人员为主体，组建成立理论学习小组。根据学思践悟、学用结合要求，集结形成《学习动态》《高质量发展学思践悟》《党史学习教育资料汇编》《仰观俯察——调研学习成果汇编》等一批理论调研成果。

(段尤简)

## 信　访

【概况】2021年，娄底市信访工作坚持以人民为中心的发展理念，聚焦基层基础、聚焦突出问题、聚焦体制机制，提升解决信访问题、化解突出矛盾的能力。全年全市信访总量18577件，其中来访4447件(次)、来信6108件(次)、网上信访8022件(次)。群众到市上访1409批4216人次，赴省上访1707批2415人次，与2019年同比到市、赴省人次分别下降20.75%、20.56%。办理国家信访局、省信访局交(督)办信访事项549件，到期485件均按期办结。办理中央信访联席交办集中治理重复信访、化解信访积案，第一批1369件全部办结，第二批392件，化解率54.71%。房地产办证信访突出问题专项治理工作获《人民日报》推介；“屋场会”群众工作法、村民议事公开评议信访事项获中央电视台、新华社、《湖南日报》等媒体专门推介，被省委政研室作为《送阅件》呈送省委，被省委办公厅《工作情况交流》推介和省人大、省政协专题调研，在全省信访工作会议和全省“枫桥经验”湖南化工作交流会上做经验交流。

【领导接访和领办包案工作】2021年，娄底市委常委会议、市政府常务会议4次专题研究信访工作，市信访局工作联席会议召开会议6次，谋划、推动工作开展。坚持市、县、乡三级领导干部定期到信访接待场所接待来访群众，全年25位市级领导到信访局值班接访45次，接待来访群众51批170余人次。全国“两会”、庆祝中国共产党成立100周年期间，实行每日市级领导接待日和带案下访制度。落实领导领办和包案化解信访问题机制，出台《“我为群众办实事”实践活动市级领导领办信访问题工作方案》，36名市级领导领办包案信访事项36件。

【群众信访县级“终点站”建设】2021年，娄底市以信访“三无”创建为依托，出台《关于加强社会县域治理　建设群众信访县级“终点站”的指导意见》，强化县(市)委书记第一责任人责任，坚持“以村为主、乡镇兜底、县域止访”，实行县、乡、村分级治理，努力实现“小事不出村、大事不出乡、信访止于县”。连续5年在全市推进信访“三无”创建，作为市政府真抓实干表扬激励的考核内容、加强基层组织建设的重要工作。全年市级“三无”乡镇增加至46个，占比51.1%；县级“三无”村(社区)增加至1310个，占比62.4%。娄底经开区获评省级信访工作“三无”县(市、区)。

【“枫桥经验”娄底化】2021年，娄底市信访工作突出“党建引领、网格融合、以村为主”，推行“屋场会”群众工作法和村(居)民议事会公开评议信访事项工作。以小组、屋场、院子为单位召开“屋场会”，干部和群众代表围绕群众所需所盼定主事、定议题、定议程、定纪要、定结果，及时就地解决实际困难、化解矛盾纠纷。全年2056个村(社区)召开“屋场会”10000余场，化解各类矛盾纠纷5700余起，帮助群众解决问题7200余个；通过群众公开评议重复越级上访、缠访、闹访信访事项70件，化解一大批疑难信访问题和信访积案。

【化解信访积案】2021年，娄底市聚焦信访问题化解，建立“日报告、周通报、月考核、阶段性约谈”工作机制，推进治理重复信访、化解信访积案专项工作。交办的第一批1369件信访积案办结上报，回流率从6.14%下降至0.95%；第二批392件，化解54.71%。在全市推进房地产办证、征地拆迁安置基地建设、民间融资风险资产处置、小区物业管理、城区居民用水直供改造等信访突出问题专项治理，从政策和制度层面推进信访问题系统性解决。全年推动210个房地产项目容缺办证9万余户，主要做法获《人民日报》推介；推动26个安置基地项目全部建成交付，安置到位7000余人；推动化解非法集资陈案13件，民间融资风险事项资产处置26件；推动1500余个小区规范管理，中心城区新增业主委员会103个，新增物管小区106个；自来水直供信访问题专项治理推动7万余户居民用水直供改造，主要做法获《湖南日报》推介。

【防范化解重大风险】2021年，娄底市信访局坚持服务中心大局，严守平安底线，定期分析研判和防范化解重大信访风险隐患，制定《关于落实行业和属地责任解决当前信访突出问题工作方案》，梳理排查房地产、民间融资、乡村振兴、拆迁安置、污染防治等11个方面的信访突出问题，落实行业和属地责任，推进信访突出问题解决。对重大访情建立每日点对点通报、每日交办制度，开展越级信访专项治理。建立信访联勤值守、领导干部接访包案、重点事项交办、常态化督察、信访信息和信访舆情“零报告”等6项机制，实现全市社会大局平安稳定。

【信访工作法治化规范化】2021年，娄底市树立“依法依规维护群众合法权益，依法依规维护社会正常秩序”的法治信访思维，推进信访工作法治化、规范化。调整和完善信访工作考核评价机制。注重信访事项解决，实行“五不考、两必考”，已经书面息访办结、复查复核终结、召开村（居）民议事会公开评议、法院判决的4种情形不予考核；对上级交办60天后未办结的有理诉求和特护期未落实“五包一”责任的，加重考核。建立督查督办工作机制，对重点时期、重点工作、重大事项，由市委、市政府督查室牵头，明确市级领导带队，开展常态化督查。庆祝中国共产党成立100周年期间，派出由6名市级领导带队的6个督导组，到县（市、区）开展为期2个月的现场督查。出台《关于依法处置信访违法犯罪行为进一步规范信访秩序的通告》，公检法加大对涉访违法行为的依法打击力度，全年依法处置涉访违法行为230余人。

【干部队伍建设】2021年，娄底市信访局以党史学习教育为契机，以信访部门建设为抓手，出台《娄底市信访局机关工作目标管理考核办法》，按月考核科室工作完成情况，按季度考核干部职工工作情况。在全市组织开展“寻找最美信访干部”活动，评选22名“最美信访干部”；完善后备干部、新进公务员到信访部门挂职锻炼、跟班学习制度，全年有市委编办等单位6名选调生到信访局跟班学习3个月；娄底市信访局、双峰县信访局获评全省信访工作先进集体，全市信访系统6人获评全省信访工作先进个人称号。

（杜东义）

# 政务服务

【概况】2021年，娄底市行政审批服务工作贯彻党的十九届六中全会精神和省第十二次党代会精神，落实“三高四新”战略定位和使命任务，坚持“以人民为中心”的发展理念，深化“一件事一次办”和“放管服”改革，优化审批服务，行政审批服务效能稳步提升，营商政务环境持续优化。

【行政审批制度改革】2021年，娄底市行政审批服务持续深化“放管服”改革。落实国、省深化“放管服”改革工作任务，按季度调度全年深化“放管服”改革优化营商环境任务59项，落实省级有关“六稳”“六保”工作。压缩审批时限，优化审批程序，办结速度实现在法定时限上提速50%，全市法定提速率提高至93%以上。企业开办全流程办理6个环节压缩至3个环节5小时办结。推进实施园区放权赋权，赋予娄底经开区行使172项政务服务事项管理权限。成立“一件事一次办”工作专班，实施统筹推进，截至12月31日，娄底市可查可办“一件事一次办”278个事项，131个事项均可在湖南省“一件事一次办”平台“跨省通办”专区办理。通过“部门专网线上办、线下异地帮办代办”的方式办理“跨省通办”业务31524笔。推进部门审批服务“三集中三到位”，截至12月31日，市政务大厅进驻市直单位35家，进驻事项554项，授权事项496项，授权率89.53%。

【政务数据共享】2021年，娄底市行政审批服务推进“互联网+政务服务”一体化平台建设与应用，政务服务办件和审批结果数据向一体化平台汇聚，全年全市汇聚审批结果数据322527条。市电子证照库完成模板录入169项，汇聚85项证照、批文、材料数据。完成市卫健委全程网办事项在一体化平台的配置工作，医疗广告审查、义诊活动备案两项事项实现全程网办。

【办事服务创新升级】2021年，娄底市行政审批服务升级线下服务和政务大厅“六稳六保”政策兑现专窗，梳理编制事项办事指南36个。全年，娄底市“六稳”“六保”办件量21121件，惠及人数74662人，惠及企业3675家，减免金额1.17亿元。出台《不动产业务上门服务规范》等制度，为老、弱、病、残等办事困难的群众，设立绿色通道，提供上门服务、帮代办服务，全年办理“帮代办”业务1778件，上门服务34笔(其中有7笔在医院现场完成面签)。开设“智慧车管自助区”和“驾驶人自助体检区”，驾驶员体检、驾驶证遗失补证、期满换证、联系方式变更、违章处理等业务实现一站式办理，全年办理驾驶证业务3016笔。制定出台《关于易地扶贫搬迁安置点政务服务的指导意见》，涵盖包括核发居住证、低保认定等42项政务服务事项，并区分“出组不出村”“出村不出乡”“出乡不出县”3种办理政务服务事项的情形，推进政务服务事项“进一门、入一网、一次办”。建成“区块链+不动产”交易平台，推动不动产登记、网签、婚姻和缴税等信息实时交互，资料减少近80%，平均办税时间从半天提速至5分钟左右，做到不动产交易办证“一窗受理、一链办结”，全年办理不动产线上交易493笔。升级“娄政通”App到2.3版本，在华为、腾讯应用宝2个应用市场上架。10月28日，上线试运行“娄政通”微信小程序，185个事项在线预约、查询。共享市一体化平台“三化”事项库，娄底所有市、县事项全覆盖，截至12月31日，可查事项10000余项、可办事项350余项。

【政务公开和政府网站及新媒体监管】2021年，娄底市行政审批服务局及时全面发布政务信息，指导、督促各县(市、区)和市直各部门做好政府信息公开工作，编制发布政府信息公开年报，解读规范性政策文件。开设“涉企政策”、“十四五”规划、“一手抓防疫、一手抓发展、娄底在行动!”、“六稳”、“六保”等专栏，督促市直各单位及时上传发布政策信息。全年，市政府门户网站群发布各类政务信息108415条，微信公众号发布信息1462条，微博转发信息1719条，收到向娄底市人民政府提交的信息公开申请14件，办结回复13件，结转下年度继续办理1件。开展网络问政工作，坚持办理情况月度统计分析，形成专报报送市领导，在每期专报增加来信热点领域和热点问题分析。全年通过领导信箱办理平台交办来信留言1328件，回复率100%。加强政府网站和政务新媒体监管，印发6期全市政府网站和政务新媒体检查通报，通报各类问题91个。在全省政府网站和政务新媒体季度检查中，4个季度网站合格率均为100%，前3个季度政务新媒体合格率100%。

【行政效能监管和政务服务“好差评”】2021年，娄底市行政审批服务局落实政务服务“好差评”。线上建立“好差评”系统可办事项基础库，线下通过主动引导参与、进行“二次评价”、及时通报反馈评价结果等方式，推动“好差评”实施有效。7月，委托国调队对市直部门开展上半年“好差评”电话回访，33个市直部门在政务服务方面测评综合得分90.85分(满分100分)，较上年同期提高2.25分以上，7个评价指标得分全部在89分以上，较上年同期全部提高1分以上。全年协调、催办办件预警3407条，撤销红牌7744件、黄牌1429件。互联网+政务服务一体化平台“好差评”系统娄底市整体得分90.62分(满分100分)，全省排名第五。

(李业波)

## 无线电管理

【无线电机构改革】2021年9月15日，娄底无线电机构根据《中共湖南省委机构编制委员会办公室关于调整优化全省无线电管理体制有关事项的通知》精神，经2021年第2次娄底市委编委会议研究决定：娄底市工业和信息化局加挂湖南省无线电管理委员会办公室娄底市管理处牌子，核增行政编制5名。不再保留原湖南省无线电管理委员会办公室娄底市无线电管

2021年6月22日，娄底市退役军人事务局开展“百岁老兵有话对党讲”专题访谈活动。图为周富国谈话现场 （市退役军人事务局供图）

理处，编制和领导职数一并核销，在编人员整体划入娄底市工业和信息化局。将娄底市无线电监测站更名为湖南省无线电管理委员会办公室娄底市无线电监测站，为正科级公益一类事业单位，核定全额拨款事业编制8名。不再保留原娄底市无线电监测站，编制和领导职数一并核销，在编人员整体划入湖南省无线电管理委员会办公室娄底市无线电监测站。湖南省无线电管理委员会办公室娄底市管理处、无线电监测站为湖南省工业和信息化厅向娄底市派出的无线电管理机构和监测机构，在湖南省无线电管理机构授权范围内履行职责，实行由湖南省工业和信息化厅和娄底市政府双重管理体制。10月10日，无线电管理处、无线电监测站完成整体机构改革及人员转隶工作。

【无线电监管】2021年，娄底市无线电管理机构与公安、国安、市场监管、移动通信等相关部门协调沟通相互配合，规范辖区内无线电发射设备使用管理，有效保障全市各项庆典活动期间娄底无线电安全。娄底市无线电组织无线电监测站参加教育、卫生、司法、人社、财政等部门组织的各类考试保障20次，出动监测设备88台次，出动人员98人次，保障了娄底市各种考试期间的无线电安全。按照湖南省无委办工作部署，娄底市无线电管理处成立了打击“黑广播”“伪基站”专项行动小组，按月有针对性地开展“黑广播”“伪基站”信号的查找，加强对新化、涟源等县（市）的专项监测巡查，全年共动用监测定位设备96台次，出动监测人员96人次，总监测时长达440小时。娄底市无线电管理处全年开展日常监测6716.7小时，共计查找及查处非法不明信号18次，完成省办下达的干扰查处任务2起，妥善处理辖区内干扰投诉1起。全面完成无线电发射设备检测工作，规范检测流程，保证设备安全，及时出具检测报告，全年共检测在用无线电发射设备16套，出具检测报告38份。 （罗建新）

# 中国人民政治协商会议娄底市委员会

◎综述

◎重要会议

# 综　述

【概况】2021年，中国人民政治协商会议娄底市委员会（简称娄底市政协）贯彻中共十九大和十九届历次全会精神，全面落实省第十二次党代会、市第六次党代会和市委经济工作会议决策部署，紧扣推动娄底经济社会高质量发展，强化角色意识、成员意识，深入"作业面"，当好"施工员"，从建言资政和凝聚共识上双向发力，推动社会主义协商民主广泛多层制度化发展。

【协商议政】2021年，娄底市政协聚焦"全面实施乡村振兴战略"和娄底市10条工业新兴优势产业链等重大课题，全年召开议政性常委会会议专题协商1次、对口协商5次、界别协商5次、重点提案办理协商10次。收到政协提案162件，经审查立案159件，所有立案提案均由市委办公室、市政府办公室转交给相关市直部门办结并回复。围绕市政府工作报告中公开承诺的"无籍房"办证、农村中小学教师周转房建设、公办幼儿园建设、山塘清淤等10件为民办实事事项，组建委派民主监督小组，进驻人社、卫健、水利、教育、住建等8个牵头办理的市直部门进行监督。

【凝聚共识】2021年，娄底市政协鼓励和保障各民主党派、工商联、无党派人士在政协平台协商建言、参政议政。在市政协五届五次全会发言的13名委员中，有9名委员是民主党派、工商联、无党派人士，占大会发言委员的69.2%。制定出台《关于进一步加强界别工作发挥界别作用的意见》《关于加强政协委员工作室建设的实施细则》。推动市、县两级政协建立委员工作室124个，实现委员工作室界别全覆盖、乡镇（街道）全覆盖。其中有3个委员工作室获评湖南省示范性委员工作室，市政协芸理委员工作室获全国政协系统"杰出委员工作室（站）20强"称号。8—10月，市政协主席会议成员分头走访在外创业娄商和娄底籍知名人士，着力招商引资、招才引智。

【服务大局】2021年，娄底市政协动员引导广大政协委员、政协机关干部参与中心工作。按照市委、市政府的部署，市政协党组（主席）会议成员联系重点企业（项目）11个，参与企业帮扶、项目建设、化解民间融资风险、疫情防控、信访维稳等工作，推动解决一批矛盾和问题。组织22名机关党员干部参与全市文明交通志愿者服务。按照省政协深化"万户帮扶行动"和"三进三助"聚力行动有关要求，推动巩固拓展脱贫攻坚成果同乡村振兴有效衔接，配合省政协赴涟源市开展"万户帮扶行动"义务植树活动，组织机关党员干部到对口帮扶贫困村——新化县西河镇三新村义务栽种油茶树。挑选精干力量组建乡村振兴工作队，进驻冷水江市三尖镇光明村，筹集资金300余万元推进村组公路、安全饮水建设等民生实事。

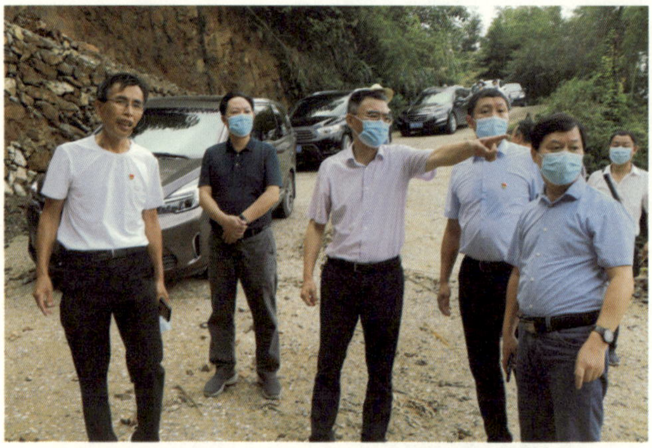

2021年8月19日，娄底市政协到冷水江市三尖镇光明村调研乡村振兴工作　　（市政协供图）

【社情民意信息工作】2021年，娄底市政协紧扣中央、省委、市委重大决策部署和政协重大履职活动，聚焦全市经济社会高质量发展，开展专题信息报送工作，全年信息获全国政协采用3篇、省政协采用6篇，采用量居全省前列；编报《社情民意专报》24期，获市委、市政府领导批示10人次，其中市委主要领导批示4次，获党政领导批示率居全省前列。广大市政协委员通过政协云提交微建议154条，通过"书记信箱""市长信箱"办复141条，办复率居全省前列。

【理论研究】2021年，娄底市政协承担省政协安排部署的"加强界别工作　更好发挥界别作用"实践基地试点工作。《加强界别工作　更好发挥界别作用》理论文章，获评全省政协系统优秀理论文章一等奖。结合娄底工作实际，出台《关于进一步加强界别工作发挥界别作用的意见》，指导开展界别工作。《关于全面实施乡村振兴战略》获2021年度全省政协系统优秀调研报告一等奖。

【《娄底非遗》公开出版】2021年，娄底市政协对2020年所编内部读物《娄底非遗》进行修订，增补大量资料和图片，并由湘潭大学出版社公开出版。该书是一本介绍娄底非遗文化的精品图书，共收录68个非遗项目、115位非遗传承人、340余张照片、40余万字。

【自身建设】2021年，娄底市政协规范机关管理，建强两支队伍，提升履职能力。建设"书香政协"，组织开展"党史伴我行·书香满政协"读书活动，在政协云发布热点读书话题，不定期组织读书分享会。规范机关内部管理，对重点工作实现每月一部署、每月一调度、每月一督查。认真执行《市政协委员履职管理办法》，出台《政协娄底市委员会委员联系服务界别群众实施办法》《娄底市政协"加强界别工作更好发挥界别作用"实践基地试点工作方案》等。按规定增补委员13人，辞免委员13人。配合把握五届市政协委员留任关和六届市政协委员选任关，严格按照人选标准和条件，加强对五届市政协委员的履职考核，经与有关党派、单位多次协商，提出五届市政协委员的留任建议名单，配合市委组织部、统战部完成新任市政协委员提名和考察工作事宜。（刘邦杰　李志和）

## 重要会议

【市政协全体会议】2021年1月16—19日，娄底市政协召开五届五次全会。16日召开预备会议，会后省政协副秘书长罗双全为委员作政协云应用培训辅导。17日上午，举行开幕式，市政协主席代表第五届市政协常委会向大会作工作报告，市委常委、常务副市长代表市委、市政府通报市政协五届四次会议委员大会发言办理情况，9位委员作大会口头发言，4位委员作书面发言。下午，各组委员开展分组讨论。18日下午，市委副书记为委员作中共十九届五中全会精神专题辅导和娄底市"十四五"规划纲要情况介绍。19日上午，委员通过分组协商讨论政府工作报告及其他报告，审议大会政治决议及其他决议。市委书记、市长等市级领导出席委员分组讨论会议，听取委员协商议政、建言献策。下午，举行闭幕式，会议审议通过《中国人民政治协商会议娄底市第五届委员会第五次会议关于常务委员会工作报告的决议》《中国人民政治协商会议娄底市第五届委员会第五次会议关于提案工作情况报告的决议》《中国人民政治协商会议娄底市第五届委员会第五次会议政治决议》。

【市政协常委会会议】2021年，娄底市政协第五届常委会共召开会议6次。

1月6日，市政协五届二十一次常委会会议召开。会议审议通过召开政协娄底市第五届委员会第五次会议有关事项、《政协娄底市第五届委员会常务委员会工作报告（草案）》、《政协娄底市第五届委员会常务委员会关于五届四次会议以来提案工作情况的报告（草案）》；审议各工作机构述职报告并开展测评；协商通过11名同志辞免政协娄底市第五届委员会委员职务，增补11名同志为政协娄底市第五届委员会委员。

1月19日下午，市政协五届二十二次常委会会议召开。会议听取各组协商意见，审议市政协五届五次全会政治决议及其他决议。

3月24日上午，市政协五届二十三次常委会会议召开。会议围绕"全面构建农业农村现代化的新发展格局"开展专题学习，审议通过《政协娄底市第五届委员会第五次会议提案审查情况的报告》。

7月30日，市政协"全面实施乡村振兴战略"专题协商会议暨五届二十四次常委会会议召开。会议围绕"全面实施乡村振兴战略"开展专题协商，审议通过《政协娄底市委员会常务委员会关于"全面实施乡村振兴战略"建议案》等。

10月22日，市政协五届二十五次常委会会议召开。会议对市第六次党代会精神做专题辅导。

12月17日，市政协五届二十六次常委会会议召开。会议协商决定政协娄底市第六届委员会界别设置和委员人选名单，审议通过《关于召开政协娄底市第六届委员会第一次会议的决定》，审议政协娄底市第六届委员会第一次会议议程（草案）、日程（草案），审议《政协娄底市第五届委员会常务委员会工作报告（草案）》《政协娄底市第五届委员会常务委员会提案工作情况的报告（草案）》，审议市政协各工作机构2021年度工作述职报告并进行测评，审议通过《关于授权主席会议审议政协娄底市第五届委员会常务委员会第二十六次会议未尽事宜的决定》。

（刘邦杰　李志和）

# 纪检监察

◎综述
◎巡察工作

## 综　述

【概况】2021年，娄底市纪委监委在省纪委监委和市委坚强领导下，坚持稳中求进工作总基调，推进“三不”一体。聚焦群众的“急难愁盼”问题，在全市开展社保基金“防风险、堵漏洞”专项整治和风险排查“回头看”，立案查处37人，移送司法2人，追缴和挽回损失1854万元；推进惠民惠农财政补贴资金“一卡通”问题专项监督检查，督促查摆、整改问题1955个；开展“清廉医保”专项监督检查、“学位、床位、车位、厕位”和工程建设项目招投标突出问题专项治理；查处乡村振兴领域问题203起，处理405人，追缴资金769万元；保持高压态势查处“四风”问题333起，处理690人，其中给予党纪政务处分308人；对违规公务接待、违规消费烟酒制品、违规报销吃喝费用、违规接受宴请等突出问题，运用“互联网+监督”大数据比对等方式，拓宽问题线索渠道，对149条问题线索进行交办督办、深挖细查，处理87人。

【政治监督】2021年，娄底市纪委监委聚焦全市各级党组织贯彻落实习近平总书记重要讲话、重要指示批示精神和党中央、省委、市委重大决策部署情况，紧盯落实“六稳”“六保”任务、保障和改善民生、服务“三高四新”等突出问题开展监督检查，推动政治监督具体化常态化。落实落细常态化疫情防控监督，下发《关于开展新冠肺炎疫情防控常态化监督检查问责工作的通知》，严肃查处疫情防控工作中作风漂浮、失职渎职等问题，运用第一种形态处理319人，第二种形态处理25人，其中党纪政务处分22人，通报曝光58次。全年开展5轮换届风气巡回督察。严把廉政意见回复关，否决、暂缓“两代表一委员”和换届提名人选328人次，市、县、乡镇、村集中换届圆满完成，换届期间信访量同比下降86.4%。推进“洞庭清波”专项行动，全市纪检监察机关追责问责8家单位298人（其中县处级干部8人）。开展违建别墅、农村乱占耕地建房问题专项监督和人防、供销等领域专项整治。开展粮食购销领域腐败问题专项整治，查办的涟源市原粮食局局长邱某平、副局长李某林涉嫌滥用职权案，被省纪委监委作为典型案例推介。

【反腐倡廉】2021年，娄底市纪检监察机关处置问题线索5145件，立案1623件，采取留置措施50人，给予党纪政务处分1595人（其中县处级干部25人），移送司法机关37人，挽回经济损失2.3亿余元。重点查办省纪委监委指定管辖的原祁阳县委书记周某辉、娄底市住建局原局长黄某生等违纪违法案。配合省纪委监委做好李某国、杨某文、周某良、王某良等案件的相关协查工作。协同推进政法队伍教育整顿，全市立案审查调查政法干警140人，给予党纪政务处分108人，严肃查处冷水江市法院原院长龚某连案、涟源市看守所干警腐败窝案、双峰县公安局民警贺某等人徇私枉法案等典型案件。推进清廉娄底建设，以“互联网+监督”平台为抓手，推进清廉学校、清廉医院、清廉乡村等清廉单元试点。创新基层治理监督体系，优化“互联网＋村级小微权力监督”功能，提升监督效能；“祥和娄底”监督服务微信群接受、处置群众各类诉求和投诉举报36.2万个。省委常委、省纪委书记、省监委主任王双全到娄底调研期间，对娄底市“两微”融合工作给予充分肯定。涟源市“互联网+村级小微权力监督”工作入选第三批全国乡村治理典型案例。推进水利水电系统“8·15”专案的“查剖改”工作，推动水利、农业、住建、生态环境、公共资源交易等部门进一步规范招标投标，加强标后履约监管和稽查，加强招投标信息化建设。推进廉政文化阵地建设，全市有10处廉洁文化基地纳入“湖湘廉洁地图”。组织党员干部观看《忠诚与背叛3》《警钟2》《长安鉴》等警示教育片。

【第六届纪律检查委员会第一次全体会议】2021年9月29日，中共娄底市第六届纪律检查委员会第一次全体会议召开。选举产生中共娄底市纪律检查委员会常务委员会，选举毛健刚为中共娄底市纪律检查委员会书记，詹道斌、曾志彦、刘辉为副书记，肖更新、陈志、吴宇锋、陈瑜、刘志升为常务委员会委员，报中国共产党娄底市第六届委员会第一次全体会议通过。

（姚雨蕾）

## 巡察工作

【概况】2021年，娄底市委巡察办（组）坚持政治巡察定位，把发现问题、形成震慑作为巡察工作生命线，坚持以人民为中心不动摇，发挥巡察工作推动改革、促进发展的重要作用。4—7月，开展五届市委第十二轮巡察，完成五届市委巡察全覆盖。第十二轮巡察对粮食生产、先进制造业“双引擎”项目建设、突出环境问题整改、养老金突出问题、煤矿安全生产、涉粮问题开展专项巡察，对12家单位开展巡察反馈问题整改督查，发现问题743个，移交问题线索13件。11月，启动六届市委首轮巡察，对6家市直单位党组织开展常规巡察，对6家市直单位党组织开展巡察整改督察，对全市矿山安全生产开展专项巡察，对全市自然资源和规划部门党组织开展系统巡察，发现问题649个，移交问题线索8件，推动立行立改问题179个。

【巡察“全覆盖”】2021年，娄底市委巡察办坚持一级抓一级、层层抓落实，推动全面从严治党向基层延伸、政治巡察向基层发力。截至2021年6月，市、县两级共巡察党组织527家，覆盖率均为100%。其中由娄底市委管理的党组织82家，由县(市、区)委管理的党组织445家。市本级在全覆盖任务之外，还对由市直部门党组(党委)管理的22家医院、国有企业、学校党组织开展巡察。

【专项巡察制度化】2021年，娄底市委巡察办聚焦重点领域突出问题，坚持“一个专项聚焦一个主题、组建一支队伍、选定一个领域、实行一杆直插、根治一类问题”，先后开展6个专项巡察，发现问题632个，移交问题线索12件，推动立行立改事项126件。下半年，在省委巡视工作领导小组的统一领导下，娄底市组织开展上下联动涉粮问题专项巡察，探索建立一个业务咨询机制、每周进行一次调度、开展一次现场指导督导、召开一次中期经验交流会，推动全市专项巡察“一盘棋”开展，发现问题245个，移交问题线索6件，推动立行立改问题190个，推动解决一批重点难点问题。省委涉粮问题专项巡视组对娄底市强化上下联动推动边巡边改的做法给予充分肯定。娄底市总结专项巡察的经验做法，制定出台《中共娄底市委专项巡察实施办法》，推动专项巡察规范化、制度化。

【整改落实省委巡察指导督导反馈意见】2021年7月，省委第一巡察指导督导组对娄底市巡察工作开展指导督导。8月下旬，省委巡视办反馈指导督导意见，指出娄底市巡察工作存在“责任落实不够到位”“政治站位还不够高”“贯通融合存在短板”“队伍建设还需加强”等6个方面的问题。娄底市委巡察办将6个方面的问题分解成16个小项，对照反馈意见制定《关于省委巡察指导督导反馈意见的整改工作方案》，明确49项整改措施并整改到位。

【巡察后“半篇文章”】2021年，娄底市巡察工作坚持发现问题与整改落实并重，建立“销号式”清单管理制度，全链条闭环式落实巡察“后半篇文章”。市委巡察机构加强指导督导，将立行立改清单和书记点人点事清单反馈给被巡察党组织。完成五届市委第十一轮巡察20家被巡党组织和配合省委巡视提级交叉巡察6个区(市)直单位的巡察反馈工作。20家市直单位反馈问题774个，6个区(市)直单位反馈问题234个。4月26日，移交五届市委第十一轮巡察问题线索12件，配合省委巡视提级交叉巡察移交问题线索32件。11月2日，移交涉粮问题专项巡察问题线索6件。组织对已巡察的第十轮、第十一轮32家市直单位的整改进展情况在党内和社会“双公开”，接受党内监督和群众监督。对第十一轮18家单位专题民主生活会和班子成员的78份剖析材料中提到的整改措施跟踪督查。协调市纪委监委监督检查室、市委组织部干部监督科对第十一轮常规巡察的5家单位开展整改督查，发现4家单位整改工作落实不到位问题17个。配合第十二轮巡察第四、第五巡察组对已巡的12家单位开展整改督察，发现问题111个，推动立行立改问题111个，移交问题线索3件。

【协调联动机制】2021年3月29—30日，娄底市委巡察办配合省委第一巡视组完成对娄星区、冷水江市、涟源市的巡视反馈工作。督促指导娄星区、冷水江市、涟源市3个区(市)巡察工作专项检查反馈意见整改，对3个县(市、区)向省委巡视办(组)报送的整改进展情况报告和公开稿进行3轮审核，逐县(市、区)逐问题督促和把关。推进巡视巡察与其他单位的协作，实现信息、资源、力量及监督成果共享互用，出台市委巡察办与市纪委监委、市委组织部、市委宣传部、市委政法委、市财政局、市信访局、市审计局7个单位的工作协调机制。

（谢羽茜）

# 民主党派

◎中国民主同盟娄底市委员会
◎中国民主建国会娄底市委员会
◎中国农工民主党娄底市委员会
◎九三学社娄底市委员会

## 中国民主同盟娄底市委员会

【概况】2021年，民盟娄底市委会在民盟省委和中共娄底市委的领导下，创新工作机制，履行参政党职能，为建设新娄底做出应有贡献。是年，全市有盟员604人，发展新盟员25人。其中硕士研究生6人，副高职称3人，平均年龄35.88岁。湖南人文科技学院支部、娄底市中心医院支部升格为委员会。完成民盟娄底眼科医院支部、娄底一中支部、娄底中医医院支部、建设支部、综合一支部换届，娄底职业技术学院支部进行届中调整。是年，娄底民盟下辖县（市、区）地方组织2个，直属委员会2个，直属支部14个。

【参政议政】2021年，民盟娄底市委会在娄底市人大五届五次会议、政协娄底市五届五次会议上提交集体提案2件，盟员代表委员提交建议、提案31件。政协大会上的发言《多措并举，推进我市生猪产业持续健康高质量发展》得到市委主要领导批示。在湖南省十三届人大四次会议和政协湖南省十二届四次会议上，3名省人大代表和2名省政协委员，提交省人大建议3件、省政协提案5件。在2021年娄底市各民主党派工商联无党派人士调研成果汇报会上，《抢抓机遇，做大做强我市节能环保产业链》《关于持续巩固脱贫攻坚成果的调研报告》分别作口头发言和书面发言。全年开展省市课题调研6个，向民盟省委会、市政协、市委统战部报送社情民意信息21篇，其中1篇被全国政协采用，2篇被省政协采用，4篇被市政协采用。举办“喜迎党代会·献策新娄底”论坛，收到论文18篇，6篇论文作为口头发言，市教育局等政府相关部门负责人参加论坛，并当场予以答复。向湖南省第十二次党代会提交建议7篇，数量居全省各市（州）民盟之首。按照市政协的部署，组织民盟界别驻娄底市教育局民主监督小组，对中心城区大班额动态清零、公办幼儿园建设、农村教师周转房建设等开展民主监督。完成民主监督调研报告，向市教育局发出民主监督意见函，市教育局于9月底递交整改意见书，对相关问题进行整改。16名盟员特约监督员对相关单位开展民主监督工作。民盟涟源市委对政协涟源市第十四届委员会履职成果开展民主监督。民盟娄底市委会和盟员省市人大代表、政协委员、相关领域盟员专家等，先后参加省市政协界别协商、政党协商等政治协商。完成推进娄底市节能环保产业链发展调研界别协商，所撰《抢抓机遇　做大做强我市节能环保产业链》《关于加大力度支持乡镇污水处理设施建设建议》《示范推广垃圾裂解气化处理项目　助力娄底环保产业链加快发展》《统一规划　做大做强我市节能环保产业链》等协商报告得到市政府相关部门充分重视和高度评价。

【代表大会】2021年8月9—10日，民盟娄底市第五次代表大会召开，全市113名代表出席会议，大会选举产生民盟娄底市第五届委员会，新一届委员会设委员21名，其中主委1人、副主委4人。会议选举傅小松为民盟娄底市第五届委员会主任委员，王红贵、李红辉、李海日、谢四连为副主任委员，任命吴志奇为秘书长，陈波为监督委员会主任。

2021年8月10日，中国民主同盟娄底市第五次代表大会召开　（民盟娄底市委供图）

【政治建设】2021年，民盟娄底市委会建立学习常态机制，全年民盟市委主委班子开展集中学习8次，并通过市委会议、全市盟务工作会议、市政协民盟界别学习活动小组会议等方式，学习贯彻全国两会精神、中共中央总书记习近平在庆祝中国共产党成立100周年大会的重要讲话、中共十九届六中全会精神等重要讲话、重要会议精神。联合中共娄底市委宣传部、统战部、市直机关工委，举办“学习党的十九届六中全会精神书法作品展”，通过摘抄书写《决议》原文的形式，引导大家读原著、学原文、悟原理，学懂悟透中国共产党十九届六中全会精神。主委邵瑛牵头完成的《民主党派市级组织主委班子培养研究——以2021年湖南民盟市级组织换届为例》，获民盟省委会2021年度理论研究优秀论文二等奖。主委傅小松牵头撰写《在中国道路上阔步前行》《有一种力量》等20余篇学习文章，在人民网、学习强国、《湖南统一战线》、长沙晚报等主流媒体发表。以庆祝中国共产党成立100周年、纪念中国民主同盟成立80周年为契机，组织开展红色教育和民盟传统教育系列活动。先后举办“庆祝中国共产党成立100周年、中国民主同盟成立80周年艺术作品网络展”“颂党恩·迎国庆红色故事会”“重走红军长征路”等活动。选送姜新民、刘翼军等多位盟员艺术家作品参加上级相关主题展览。有10余幅作品先后入选“同心铸辉煌—湖南统一战线庆祝中国共产党成立100周年书画展”、民盟湖南省委会纪念中国民主同盟成立80周年“大道同行”书画展、“剪映百年·薪火相传湖南省庆祝建党100周年剪纸作品展”。办好娄底民盟网站和《娄底盟讯》，先后编印《娄底盟讯》2期，对《娄底盟讯》进行改版；娄底民盟网站刊发民盟要闻、基层动态、学习园地等信息161篇。创办“娄底盟友”微信公众号，编发盟员风采、盟友之声等稿件10余篇。全年在人民政协报、民盟中央网站、三湘统战网等媒体刊发娄底民盟工作稿件300余篇(次)。

【社会服务】2021年，民盟娄底市委会巩固提升“烛光行动”。在原有1所“烛光行动”定点学校(涟源市斗笠山镇惠民学校)的基础上，新增双峰县梓门桥镇大兴小学为“烛光行动”定点学校。组织盟员专家赴惠民学校开展听课评课，将师资培训直接送到村小。民盟娄底市委会社会服务工作委员会为惠民学校学生捐赠图书630本、羽绒服70套，开展“五防”知识讲座。组织市中心医院委员会联合民盟省直互联网科技支部，为大兴小学捐赠10万元，开展心肺复苏急救技能培训。争取西门子公司资金3万元，购置图书2000册，在涟源市实验学校建设民盟爱心书屋1个。是年，由民盟娄底眼科医院支部牵头，全年完成白内障免费复明手术3396例，为贫困患者减免医疗费779.2万元。

(吴志奇)

## 中国民主建国会娄底市委员会

【概况】2021年，中国民主建国会娄底市委员会(简称民建娄底市委会)下辖1个基层委员会，9个支部，会员229名。以习近平新时代中国特色社会主义思想为指导，深入贯彻中共十九大及历次全会精神，按照“四新”“三好”总要求，深入开展中共党史学习教育，圆满完成组织换届工作，积极履行参政党职能，各项工作取得新进展。

【思想建设】2021年，民建娄底市委会开展“不忘合作初心，继续携手前进”主题教育、中共党史学习教育和“履职能力建设年”活动，开展“以党为师、与党同心、跟党奋进”——娄底民建庆祝中国共产党成立100周年活动。9月24日，举办党史学习教育暨骨干会员培训班，组织骨干会员到蔡和森纪念馆、中共原山斗冲地下党支部参观学习，邀请民建省委会龙冬林和方智毅分别就民建简史、参政议政履职能力专题授课。11月19—20日，市直5个支部到新化县奉家镇下团村红二军团旧址联合开展党史学习教育并集中学习中共十九届六中全会精神。12月17日，在冷水江市召开二届三次委员扩大会议，集中学习中共湖南省第十二次党代会精神。

【参政议政】2021年，民建娄底市委会完成5个市级重点课题，其中1个民建省级招标课题、1个民建中央课题。市政协大会上的发言《加大扶持引导力度，打造千亿先进陶瓷产业》和参政议政调研成果《关于我市新型职业农民培育工作的调研报告》《充分发挥供销社服务乡村振兴作用》分别得到市委书记的批示和肯定。调研报告《发展先进陶瓷产业助推我市工业发展》作为市政协民建界别协商会议议题得到市级领导的充分肯定。《关于建设“中非贸易(湖南)数字人民币跨境交易结算中心”，优化湖南对外贸易生态的建议》通过民建省委课题招标评审。向民建中央报送课题《加快探索乡村振兴实施路径的建议》。全年提交建议、提案28件，其中《提升中心城区饮用水安全与质量》评为优秀集体提案，《建设娄底广告创意产业园，支持娄底广告产业高质量发展》评为优秀个人提案。全年报送社情民意信息35篇，其中6篇被民建中央采用，24篇被民建湖南省委会采用，2篇被湖南省政协采用，2篇被市政协采用，《用活地方红色资源，提升党史学习教育成效》得到市级领导批示。开展民主监督工作，发挥各级人大代表、政协委员、特约监督员的民主监督作用。民建界别民主监督小组对口市水利局、市农业农村局，以山塘清淤为监督重点，对全市山塘清淤的整体规划情况、各县(市、区)实施情况和山塘清淤的建设质量、资金管理、村级管护等情况及群众满意度开展民主监督，向市水利局、市农业农村局发出《关于我市山塘清淤政策落实情况的民主监督建议函》，相关建议被采纳。

【组织建设】2021年1月7日，民建娄底市委会中心城区第一个民建“会员之家”在湖南大视野集团有限公司挂牌成立。5月26—27日，中国民主建国会娄底市第二次代表大会召开，选举产生第二届民建娄底市委员会。全年培养、考察新发展会员10名(其中经济界6名)，平均年龄41岁，大学本科以上学历8人，会员文化层次、专业素质均有较大提升。协商做好第六

2021年5月26—27日，民建娄底市委会召开第二次代表大会　　（民建娄底市委会供图）

届市政协委员的推荐工作，会员中新当选市政协委员19名、市人大代表6名。12月17日，在冷水江市举办娄底民建运动会，开展气排球、羽毛球、乒乓球、拔河交流友谊赛，60名会员参加运动会。选送水彩作品《十八洞之背靠青山》、书画作品中国画《红船征启南湖》参加同心铸辉煌——湖南统一战线庆祝中国共产党成立100周年书画展和民建省委举办的庆祝中国共产党成立100周年书画作品展。

【社会服务】2021年，民建娄底市委会组织开展一系列社会服务活动。4月18日，组织会员到双峰县开展慈善志愿活动，慰问10户特困户，发放慰问金1万元。5月26日，民建会员、娄底市中心医院伍国芳被选派赴西藏山南市桑日县执行为期半年的医疗援助任务。7月24—28日，民建会员、娄底市蓝天救援队队长朱春明带队赴河南灾区执行救援任务，为新乡市城区转运物资10余吨，转移被困群众12批次；在卫辉市转移被困群众860余人。民建娄星支部在娄星区举办“家庭教育进家庭”公益讲座32次。8月18日，企业支部携爱心人士到新化县曹家镇百兴村开展“携手抗疫　爱心助学”公益活动，捐赠口罩3万只，资助13名参加中考、高考的优秀学子每人2000元。9月，新化楚怡工业学校“一家一温暖助学”开班。　（刘俊霞）

## 中国农工民主党娄底市委员会

【概况】2021年，中国农工民主党娄底市委员会(简称农工党娄底市委会)围绕落实“三高四新”战略定位和使命任务，以服务娄底高质量发展为主线，广泛凝心聚力，深化政治交接，扎实履职尽责，推进自身建设，各项工作取得新进展。市委会获农工党中央脱贫攻坚工作先进集体，农工党省委会先进市级组织、组织工作先进单位。是年，辖农工党双峰县委会，综合、娄星区、娄底市中心医院、湖南人文科技学院、娄底职业技术学院5个市直支部。全市党员206人，平均年龄51.5岁，其中男党员118人、女党员88人。

【思想建设】2021年，农工党娄底市委会把强化思想政治引领摆在突出位置，开展中共党史学习教育和系列主题宣传教育活动。把学习贯彻中共十九届六中全会精神作为当前和今后一个时期的重大政治任务，领会和把握全会精神科学内涵、核心要义、实践要求。全市各级组织精心安排部署、周密组织实施，抓好学习宣传贯彻落实。制定印发中共党史学习教育实施方案，召开动员部署会、交流推进会。全市各级组织结合实际，组织党员前往贺国中故居、汝城县沙洲村、蔡和森故居、李聚奎故居等红色教育基地现场教学，开展“学史力行办实事，爱心义诊送健康”活动。深入学习贯彻中共中央总书记习近平在庆祝中国共产党成立100周年大会上的讲话精神，开展“庆祝中国共产党成立100周年”主题庆祝活动。举办剪纸艺术展，开展主题征文活动，组织170余名党员参加全省网上中共党史知识竞赛。全年在市级以上媒体刊发稿件50余篇，在市委会网站推出“庆祝中国共产党成立100周年”“中共党史学习教育”专栏。组织编印《前进中的娄

底农工党(2015—2021)》。加强理论研究,《民主党派基层组织发展探讨》被确定为湖南省统一战线理论政策研究立项一般课题,获农工党中央理论研究优秀论文三等奖。

【参政议政】2021年,农工党娄底市委会围绕市委市政府中心工作,积极建言资政、致力社会服务,彰显履职新作为。在市政协五届五次会议上,大会发言《加强基层应急管理能力建设》得到市委书记批示。围绕经济社会发展、民生热点问题提交提案10余件,其中《加强基层应急管理能力建设》《做好赏石文化文章助推娄底旅游业发展》被评为优秀提案。《做大做强农机出口产业链》界别协商课题,得到市商务粮食、农业农村、畜牧农机、贸促会等部门采纳。在《娄底国民经济和社会发展第十四个五年规划和2035年远景目标纲要》和《政府工作报告》征求意见座谈会、市党风廉政和反腐败情况通报会等会议上,针对重大议题积极建言献策。在全市调研成果汇报会上,关于农机出口、基层网格化管理的建议,得到市委、市政府主要领导的肯定。聚焦乡村振兴和公共卫生服务体系建设等领域,谋划调研选题,完成《做大做强农机出口产业链》《慎终如始抓好常态化疫情防控》《加强网格化服务管理》3个重点调研课题。全市各级组织提交《规范人力资源服务市场　助推高质量发展》《娄底市3～6岁幼儿体质现状调研》《全市文旅产业融合发展情况》等调研报告。入驻市交通运输局开展"农村公路提质改造和安防工程"民主监督,到新化、涟源、娄星区等地,对重点交通项目进行监督,出具整改意见函。担任各级特邀(约)监督员的党员,参加有关监督、检查、评议工作。编报社情民意信息17件,7件被农工党中央、市委办和市政协采用,其中《加强对重点场所保洁员医疗垃圾转运员等重点人群疫情防控知识培训的建议》被农工党中央采纳,《关于尽快加强核酸检测实验室质量控制的建议》获市委书记批示,《农村自建房"住改商"安全隐患不可忽视》获常务副市长批示。巩固脱贫攻坚成果,推进乡村振兴决策部署,整合各类社会资源,开展社会服务活动。结合学史力行办实事,开展爱心义诊活动,6月、11月,组织党员医疗专家和艺术家赴省直统战系统帮扶村大水坪村、洪潮村参与中共湖南省委统战部、农工党省委会开展的义诊活动;9月,在市直统战系统帮扶村梽木村开展"我为群众办实事　健康服务进万家"义诊活动。累计服务群众1000余人,赠送书画、剪纸作品40余幅,发放价值1.2万元的药品和宣传资料800余份。双峰县委会、湖南人文科技学院支部、娄星区支部开展医艺融合、口腔健康义诊、送教下乡等活动。

【自身建设】2021年,农工党娄底市委会着眼新时代新任务新要求,提升自身建设水平,推进中国特色社会主义参政党建设。按照农工党省委会和中共娄底市委安排部署,严肃换届纪律,制定换届工作方案,成立工作领导小组,明确工作时限,细化工作措施,严格工作程序,确保换届工作有序、平稳。贯彻民主集中制原则,规范各项工作程序,严格遵循充分酝酿、民主推

2021年5月26日,中国农工民主党娄底市第二次代表大会召开　(杨升根　摄)

荐、多方协商、组织考察、会议选举等程序。5月26日,中国农工民主党娄底市第二次代表大会召开。会议选举产生由12名委员组成的农工党娄底市第二届委员会,在市委会二届一次全体会议上,郭细军当选为主委,李燕、刘君怡、周丽华当选为副主委,审议通过农工党娄底市第二届监督委员会。严把党员发展和代表人士队伍入口关,全年发展党员9人。突出思想政治和能力素质教育培训,推荐骨干党员参加农工党省委会、市委统战部等单位举办的进修班、培训班,累计培训40余人次。开展争先创优活动,健全对各级组织的长效激励机制和动态考评机制。推动"农工党员之家"的建、管、用,增强党员归属感、荣誉感,提升组织活动质量。

(李晓茜)

# 九三学社娄底市委员会

【概况】2021年，九三学社娄底市委员会按照“注重政治素质，发展与巩固相结合，有计划稳步发展”的方针，全年发展新社员7名，其中博士2人、硕士1人，中高级职称4人，党派的科技特色日益明显。

【思想建设】2021年，九三学社娄底市委员会开展主委会、市委扩大会、市政协九三学社界别小组的专题学习，深入学习中共十九届五中、六中全会精神和中共中央总书记习近平系列重要讲话。对社中央《关于在全社学习宣传万卫星赵振东同志先进事迹的决定》工作进行安排部署。采取“线上+线下”“集中+自主”学习模式，开展社员教育培训。把开展党史学习教育作为一项重要政治任务、重要建设抓手，摆在突出位置。开展学习宣讲、座谈研讨、现场教学等活动，班子先做先行、社员全体参与。组织《学党史　感恩党　跟党走》的中共党史学习专题讲座。编纂《九三学社娄底市委员会志(第一卷)》。指导各基层社组织开展“自选动作”。在社中央组织的“新征程·同心行——九三学社庆祝建党100周年线上文艺展演”中，选送的《奋斗显担当》获二等奖。在社中央“庆祝建党100周年中共党史学习教育暨知识竞赛”中，社湖南人文科技学院委员会获得“优秀组织奖”，5人获“优秀个人奖”。

【参政议政】2021年，九三学社娄底市委员会5人被评为优秀政协委员，1篇信息被评为优秀社情民意信息，1篇集体提案、4篇个人提案获评市政协优秀提案。在政协娄底市第五届五次会议上，有3名社员分别发言，占发言总数的1/4，《打造关键工序的开放国有高端制造平台　带动我市三大主导产业融通创新发展》《筹建先进陶瓷学院　建立产学研协同创新基地》《强力推动“双引擎”产业发展　打造先进制造业高地》均获市领导批示。通过政协委员分组讨论、与党政领导面对面交流和提案等形式，围绕经济社会发展以及各个领域的焦点、热点问题等进行建言献策。建立电子陶瓷学院等建议被采纳写入《娄底市国民经济和社会发展第十四个五年规划和二〇三五年远景目标纲要》。形成《支持涟钢创建国家级科创中心　把娄底打造成国家高强钢板深加工基地》《强公立医院专科、展传统中医优势　推动中心城区医疗产业、健康事业高质量发展》《推动娄底开展通用航空产业建设》《优化我市医疗资源配置的几点思考》等重点调研报告。围绕“建设(超)高强钢薄板生产与应用基地”工作开展市政协九三学社界别协商会议，与政府职能部门进行交流。

【社会服务】2021年，九三学社娄底市委员会开展科普宣传、科技下乡、义诊咨询等活动。作为娄星区万宝镇梽木村乡村振兴帮扶单位，安排骨干力量驻村帮扶、筹措资金援建道路水渠、组织专家团队助力美丽屋场建设。5月14日，“九三学社湖南省委会乡村振兴研究基地”在新化县油溪桥村建立，全国政协常委、省政协副主席、社省委会主委张大方实地调研指导，并在全国“两会”上，推介“油溪桥模式”，得到国家乡村振兴局等部门的高度重视与积极反馈；11月6日，“九三学社湖南省委员会乡村振兴援建点”在新化县大水坪村建立。配合社省委会开展“送医送药送科技”社会服务活动。社娄星区委会在万宝镇群益学校开展“送教下乡”活动。社娄底经开支社联合娄底经开区党群工作部，组织社员进企业、上工地，看发展、谋建言，开展助力“双引擎”建设调研献策活动。社湖南人文科技学院委员会组建“博士公益团队”开展科普公益讲座10余场次。

【组织建设】2021年，九三学社娄底市委员会按照《中共中央关于加强中国特色社会主义参政党建设的意见》等3个文件精神的要求，在社湖南省委会和中共娄底市委的领导下，召开社娄底市第五次代表大会，选举产生社娄底市第五届委员会和主委班子，完成换届工作，实现新老交替。结合政策要求和工作实际，开展社员推荐工作。社员中有省政协委员1名，市政协委员30名。2名社员转岗交流获重用，分别担任副市长、副县长；2名社员被提拔为正处职干部，分别担任湖南人文科技学院二级学院院长和市政协委室主任；社娄星区委主委提拔为区政协副主席，社冷水江市委主委交流重用为政府组成部门行政负责人。坚持以“人才强社”战略为指导，吸纳各领域高层次人才、中青年人才，优化社组织的专业结构和年龄结构。1名社员获国务院政府特殊津贴。1名社员被湖南省委、省政府记“一等功”。（姚丽智）

# 群众团体

◎娄底市总工会
◎共青团娄底市委
◎娄底市妇女联合会
◎娄底市科学技术协会
◎娄底市归国华侨侨眷联合会
◎娄底市工商业联合会
◎娄底市文学艺术界联合会
◎娄底市人民对外友好协会
◎中国国际贸易促进委员会娄底支会
◎娄底市残联
◎娄底市红十字会
◎娄底市计划生育协会

## 娄底市总工会

【概况】2021年,娄底市各级工会继续统筹推进疫情防控和经济社会发展工作,深入开展党史学习教育,持续深化改革创新,夯实基层基础,开展职工维权服务,构建普惠服务体系,推进产业工人队伍建设改革,推动劳动和技能竞赛,畅通新时代职工成长通道,助推娄底高质量发展。截至2021年底,全市有基层工会2529家,会员376951人;全年新增基层工会119家,会员7556人;完成实名制会员录入376951人。

是年,娄底市总工会联动双峰县总工会,打造中国共产党第一位工人党员李中革命事迹陈列室,组织广大工会干部深入学习李中心忧天下、敢为人先的首创精神。结合"我为群众办实事"实践活动,开展"让百年党史飞入寻常百姓家"集中宣讲、"工会进万家"调研走访慰问与工会机关干部赴基层蹲点活动等,拓展服务职工的深度、广度、力度,确立12项重点实事清单,切实解决一批职工"急难愁盼"问题。全年投入、发放民生资金800余万元,直接受益职工达20万人次。人民网、《工人日报》头版头条、《湖南工人报》头版头条分别以《湖南娄底:多措并举打造"五个工会"》《娄底工会一张清单干到"底"》《暖心清单"切题"　交出亮眼"答卷"》为题,推介娄底工会工作的经验做法。组织困难学子聆听劳模宣讲、感受工匠精神,走进钢铁新城、领略创新魅力,给"金秋助学"这一传统品牌注入新的内容和形式,该做法被全国总工会官方微信公众号广泛推介。

【职工思想引领】2021年,娄底市总工会建立健全职工思想政治工作责任制,制定劳动领域维护政治安全工作实施细则,在服务统筹发展和政治安全上积极发挥工会作用。深入开展"中国梦·劳动美——永远跟党走、奋进新征程""劳动创造幸福""巾帼心向党·建功'十四五'"等主题宣传教育,为广大劳模、工匠和技能人才宣讲中共十九届六中全会和省、市党代会精神。开展职工思想状况调查走访,了解职工思想动态变化趋势。推荐申报全国职工书屋1个、便利型站点3个、劳模书架4个。结合全市庆祝建党100周年系列活动部署,开展"中国梦·劳动美""颂歌献给敬爱的党"等群众性文艺活动。联合市委宣传部开展"湘观影"全市职工观影活动,260余家单位参加湘观影活动,购票金额300余万元,促进娄底电影产业复工复产。

【职工素质提升】2021年,娄底市建立产业工人队伍建设改革贯彻落实协调机制,启动改革试点。继续抓好培育湖湘工匠、建设技能湘军"百千万"工程、"千名工匠培养工程",注重典型示范引领,逐步完善技能人才评价体系,培养一批娄底工匠、娄底技术能手。结合乡村振兴战略,培育了娄底祥兴农业等一批"劳模助力乡村振兴示范基地"。广泛开展劳动和技能竞赛,举办"庆'五一'·跟党走"十万产业工人劳动竞赛暨职工文艺会演、2021年娄底市职业技能大赛暨湖南省第七届职工职业技能大赛娄底选拔赛,激发广大职工比学赶超热情。围绕"四个城市""双引擎"建设以及重点工程项目建设等,广泛开展"项目高质量、勇夺双胜利"劳动竞赛,推荐娄底技师学院获评"湖湘工匠"培育和竞赛基地。评选表彰了一批竞赛先进单位、班组、个人。全年全市共4864家企业开展了劳动竞赛(其中非公企业3553家),竞赛覆盖面达78%;19万余职工参与竞赛,职工参与率达83%。省、市、县660余个重点企业(项目)参加重点工程项目劳动竞赛。深化培训、练兵、比武"三位一体"的职工职业技能发展模式,着重在新兴产业、新兴行业举办多岗位工种的职工职业技能竞赛,推动形成技能竞赛常态机制,加快促进职工职业技能成长。

【职工普惠服务】2021年,娄底市总工会完善职工服务体系,推进"一户一产业工人"培养工程,做大娄底家政和育婴师培训品牌,举办各类培训班47期,培训近1900人,其中97.9%的人员取得从业资格证书。加大走访慰问力度,"两节"期间,全市各级工会组织走访慰问企业76家、困难职工近2300名,慰问资金达360万元。深入推进"工会进万家·新就业形态劳动者温暖行动"服务月活动,全面落实"八送"与"十个一"活动,联合娄星区人民医院(妇幼保健院)为1000名新业态劳动者送免费健康体检,投入经费77万元;广泛开展"百优食堂　幸福职工"创建活动,推荐10家企业食堂参与全省评选,其中华菱安赛乐米塔尔汽车板有限公司、涟源钢铁集团有限公司、湖南格伦新材股份有限公司3家企业食堂获评省"百优食堂";积极开展"关爱女职工　送课进基层"活动,普及心理健康知识,免费送课80堂,服务女职工6400余人;举办"芙蓉情缘·五月相约”2021年单身职工交友联谊活动，市直机关、企事业单位480名单身职工参与。继续实施职工医疗互助和大病关爱行动，建立临时救助机制，组织13.4万名职工参加住院医疗互助项目，5.9万名女职工参加特殊疾病保障项目。

【工会组织建设】2021年，娄底市各级工会突出新产业、新业态、新商业模式群体入会重点，深入推进新就业形态劳动者建会入会集中攻坚行动，市总工会指导580、顺丰、韵达、百世等9家较大规模快递物流公司带头建立工会组织。加强“司机之家”“工会户外劳动者服务站点”等实体服务阵地建设，落实八大群体入会项目制，总结推广一批新经验新模式。全年全市工建成投入使用的服务站点超过100家，为环卫工人、快递小哥、网约配送员等户外劳动者提供“冷可取暖、热可纳凉、渴可喝水、累可歇脚、雨雪可避”的休憩之所。加强社会化工会工作者队伍建设，印发《娄底市社会化工作者管理办法（试行）》，完善社会化工会工作者的选聘、报酬、培训、考核、退出管理机制，不断壮大工会社会工作专业人才队伍。健全完善“小三级”工会组织体系，培育一批具有创新性、示范性的区域性、行业性工会联合会，评选表彰一批模范职工之家。持续推进基层工会组织和工会会员实名制管理工作，提高会员信息化、动态化管理水平。进一步推动企业民主管理与企业党建工作同部署、同推动，评选命名一批“厂务公开民主管理先进单位”。

【弘扬劳模精神】2021年，娄底市各级工会进一步唱响工人阶级主旋律，广泛开展工人阶级宣传月活动，在市级主要媒体集中宣传一批劳动模范和优秀工匠代表。组织劳模到厂矿、企业、社区、学校开展宣讲，市、县两级工会共组织开展劳模宣讲活动12场，在全社会营造“尊重劳模、关爱劳模、学习劳模、争当劳模”的良好氛围。围绕乡村振兴与重点项目建设等市委、市政府中心工作，推荐表彰了一批劳模工匠和“五一劳动奖状、奖章”“工人先锋号”。加快劳模创新工作室、技能大师工作室创建，评比表彰市级示范点6个。召开劳模座谈会，开展劳模生活状况调查和“两节”“七一”劳模走访慰问，市总工会筹集资金210余万元，慰问各级劳模近400人。全年市、县两级工会共组织劳模、工匠和高技能人才代表280余名参加疗休养活动。

（刘　瑜）

**2021年娄底市获“五一劳动奖”“工人先锋号”的先进集体和先进个人一览表**

表18

| 先进集体 | |
|---|---|
| 奖项名称 | 获奖单位 |
| 全国工人先锋号 | 国网娄底供电公司电力调度控制中心地区调度班 |
| | 娄星区人民医院（娄星区妇幼保健院）儿科 |
| 全国五一巾帼标兵岗 | 湖南博长控股集团有限公司动力厂发电作业区5#风机班 |
| 湖南省五一劳动奖状 | 湖南兵器长城机械有限公司 |
| 湖南省工人先锋号 | 大唐华银金竹山火力发电分公司检修部热机三班 |
| | 涟源康麓生物科技有限公司生产部一班 |
| | 湖南省利钢金属制品有限公司企业技术中心 |
| | 中国移动娄底分公司建设中心 |
| | 娄底市中源新材料有限公司结构件工作中心管支撑班 |

续表18

| 先进个人 | | |
|---|---|---|
| 奖项名称 | 获奖者 | 工作单位及职务 |
| 全国五一劳动奖章 | 向　杰 | 华菱安赛乐米塔尔汽车板有限公司区域技师(电焊工) |
| 湖南省五一劳动奖章 | 王二龙 | 双峰县畜牧水产事务中心畜牧站副站长、人事股副股长 |
| | 涂春林 | 涟源钢铁集团有限公司炉长 |
| | 段春园 | 湖南博长控股集团有限公司三创设备公司副经理 |
| | 金之剑 | 湖南省健缘医疗科技有限公司董事长 |
| | 吕　军 | 湖南省官庄高速公路建设开发有限公司总经理 |
| | 冯　东 | 娄底市环境卫生管理处机扫车司机 |
| | 李　泉 | 娄底市环境卫生管理处机扫车司机 |

## 共青团娄底市委

【概况】2021年，共青团娄底市委深入学习习近平总书记关于青年工作的重要思想和考察湖南重要讲话精神，学习贯彻中共十九届历次全会精神和省第十二次党代会、市第六次党代会精神，围绕庆祝建党100周年和市委、市政府中心工作，坚持从严治团、改革创新，工作取得较好成效。是年，市本级推优200余人，推报国家级、省级荣誉40余项。

【加强青少年思想政治引领】2021年，共青团娄底市委通过组织专题学习、主题团队日活动、团员青年热议等方式，学习贯彻习近平总书记关于青年工作重要批示指示精神，将精神学习落实到每一个团支部，覆盖到每一个团员。举办娄底市共青团青马工程培训班暨学习党领导下的百年青年运动史专题读书班，全市70余人参加。全市4194个团支部开展党史学习教育，4176个团支部参加主题团日活动，参与率分别为99.9%和99.5%。举办党史学习教育宣讲41场，覆盖547个团(总)支部、1万余名青年。开展庆祝建党100周年主题教育实践活动，将“庆祝建党100周年”作为贯穿全年的思想宣传文化工作主线。举行“学党史、强信念、跟党走”2021年娄底市新团员“五四”集中入团宣誓仪式1676场。集中开展“红领巾心向党”主题队日活动，覆盖少先队大队1289个、少先队员43万余名。

【推动红色文化进青少年】2021年，共青团娄底市委以“红色文化进青少年”系列主题活动为统领，以蔡和森、李聚奎、贺国中、罗盛教等本土红色文化为基础，充分发挥红色资源优势，推动红色故事进校园、进社区、进企业。重点抓好清明祭英烈活动、学雷锋志愿服务两项活动。广泛开展“传承红色基因”“我为青年做实事”“青年说党史”等活动。以“青年说党史”为主题，推出“党史故事　红色记忆”、《蔡和森》、《罗盛教》、《李聚奎》、《贺国中》等系列视频，被学习强国、新湖南等媒体报道和转载，播放量400万余次。联合市短视频协会推出原创视频《青年是什么?》。以“建党100周年街舞青年代表座谈会”为契机，制作拍摄红色街舞作品《红心向党　街舞向上》。

【深化志愿服务】2021年，共青团娄底市委以“迎百年华诞、谱志愿华章”学雷锋志愿服务为统揽，在全市开展“学雷锋跟党走”主题团队日活动和“寻找身边的雷锋”宣传活动，在中心城区开展“送你一朵小红花”文明劝导志愿服务活动。8月，组建青年突击队驰援张家界，全年共组织90支青年突击队5000人和14支青年志愿者队伍1389人参与疫情防控各项工作。在全省共青团系统率先成立“防溺水保平安”青年突击队，组建防溺水青年突击队591支，队员3498人，开展自护宣讲、互动培训30余场，进行巡河志愿服务200余次。

【开展青年人才培养】2021年，共青团娄底市委认真贯彻落实中央人才工作会议精神，以“湘中青年英才”支持计划为牵引，围绕钢铁新材和工程机械“双引擎”建设，开展全市青年人才调研工作。组建3个小组，分赴县（市、区）、大中型企业开展实地走访调研，通过发放线上线下调查问卷、采集青年人才信息、召开专题座谈会等多种形式对青年人才状况进行全面摸底，回收调查问卷823份，采集青年人才信息表586份，形成了1份高质量的调研报告。组织30余名青年参加全国和省、市级的“创青春”创新创业大赛、“最美丝路青年”评选，推荐10余名青年英才和科技工作者参评省青科协会员。开展省、市级“号、手”创建活动，举办刑侦、消防、保安、退伍军人等领域的青年职业技能竞赛。邀请省、市两级心理专家开展中高考减压讲座20余场，举办“我是共产主义接班人”为主题的娄底市第八届少儿才艺大赛，开展第三届“陌上花开·情溢娄底”湘中青年人才专场联谊活动。举办线下网红培训2期和线上直播间免费培训12期，培育本土优质网红4人。编制《娄底市青年发展规划（2021—2025）》初稿，重点关注青年在文化、教育、就业创业、健康、维权、发展环境等领域的优先发展，推动青年工作联席会议机制的实施。

【“向阳生长”系列活动】2021年，共青团娄底市委联合娄底市第一人民医院和省儿童医院对从“向阳生长”活动中已完成手术的青少年骨病患者进行上门复诊，并发放慰问金。同时，结合“为群众办实事”实践活动，积极帮助他们解决实际困难。截至年末，累计为家庭困难的青少年骨病患者提供义诊近500人次，提供免费手术近40台，累计减免相关费用400余万元。

【夯实基层基础】2021年，共青团娄底市委全面落实县域共青团改革事项，围绕共青团改革总目标，对标对表，推动改革向基层延伸。建立工作倒排机制，形成《娄底市县域共青团基层组织改革试点体检报告》，向团省委推报典型案例4个，其中新化县报送的《改革用人机制　激发工作活力》作为典型案例向团中央推报。贯彻落实中央、省委关于全面加强新时代少先队工作的有关精神。市委常委会专题听取和研究全市少先队工作，下发《娄底市关于全面加强新时代少先队工作的通知》。完善团教协作机制，推动市、县两级将学校共青团和少先队工作纳入教育部门对学校的年度考核。加强辅导员队伍建设，举办第三届少先队辅导员风采大赛，全市5个县（市、区）、9所市直中小学校共14支队伍参加比赛。

【关注重点青少年群体】2021年，共青团娄底市委大力开展希望工程“一元捐”“湘窖”“芙蓉学子”“茅台学子”等公益助学项目，一元捐筹款94万元，筹款总额位居全省第三，“青春湘伴在娄底”网络公益筹款总额63万元，排名全省市（州）第一。争取“湘窖”“芙蓉学子”“茅台学子”等大学新生资助项目资金66.5万元。争取团省委“青春湘伴”关爱青少年身心健康“十个一”行动启动资金33.58万元，试点建设“团团希望小屋”15个，“团团心灵驿站”12个。资助病残孤困和服刑人员的子女等青少年特殊群体100人，共10万元。走访慰问团员50名，共发放慰问金2.5万元。开展“青心护苗，爱满高墙”关爱服刑人员未成年子女“六个一”帮扶活动。　（刘新红）

## 娄底市妇女联合会

【概况】2021年，娄底市妇联组织开展各类技能培训班195期，培训妇女11967名。完成农村适龄妇女和城镇低保适龄妇女“两癌”免费检查88297人次，发放救助金329万元。开展各类公益活动，为近2万名留守（困境）妇女儿童提供价值556万元物资帮扶，为210名妇女儿童提供心理疏导、维权服务和家教指导。开展儿童权益保护公益巡讲400余场，举办《湖南省家庭教育促进条例》宣讲活动近100场，举办家庭教育公益讲座120余场。　（彭果雨）

【厚植思想基础】2021年，娄底市妇联坚持立足“党联系妇女群众的桥梁纽带”工作定位，将党建带妇建贯穿妇联工作的各方面和全过程，结合党史学习教育组建娄底市“让百年党史飞入寻常百姓家”进家庭宣讲队，开展党史、妇女运动史、红色湘女精神、娄底红色女杰文化史等宣讲30余次。开展“我为妇女群众办实事”，落实实事项目9件。深化“巾帼初心耀三湘”主题教育，特邀省委党校二级教授、国务院特殊津贴专家唐娅辉作宣讲。组织开展娄底市“巾帼心向党　奋斗新征程”群众性诵读比赛，全市参与妇女群众近20万人次。开展“春风化雨”行动，引导妇女知党恩、感党恩、信正教、不传教，做“和谐家庭，和谐社会”正能量的推动者。严格按照“四个纳入”“四个一同”要求，把意识形态工作融入妇女儿童事业各个领域。加强网络意识形态工作，加强对妇联官网、微信公众号管理运营；推进市、县妇联全媒体联动建设，开展“争做巾帼好网民”活动。（肖送君）

【服务中心大局】2021年，娄底市妇联深化“巾帼创业之星（基地）”创建评选工作，全年评选巾帼双创示范基地11个，发放奖补资金53万元。开展线上“春风行动”“民营企业专场”招聘活动13次，推荐巾帼企业参与招聘，为妇女提供就业岗位。

2021年3月24日，新化县妇联组织石冲口镇潮水铺村妇女开展手工编织培训　（市妇联供图）

推进妇女素质提升工程，组织开展手工编织、家政服务、茶艺等技能培训班195期，培训妇女11967名。开展乡村振兴“姐妹同行”结对帮扶活动，号召全市各级妇联组织、巾帼文明岗、巾帼建功先进集体、巾帼创新创业（脱贫示范）基地、市女企业家联合会会员主动作为，开展岗位联村帮扶、结对帮扶，推动娄星区杉山镇同安村乡村路、灯、桥等基础设施建设和产业发展。全年全市评选表彰巾帼建功先进集体10个、巾帼文明岗20个、巾帼建功标兵30个。（肖送君）

【深化维权关爱】2021年，娄底市妇联完成农村适龄妇女和城镇低保适龄妇女“两癌”免费检查88297人次，为329名“两癌”患病妇女发放救助金329万元。开展“出手吧姐姐—温暖2021”“关爱贫困母亲一起捐”等项目，募集资金62.9万元。开展“把爱带回家”寒假儿童关爱服务、“四送”志愿服务、“科学育儿·孕育新生”、“春蕾计划　梦想未来”等公益活动，为近2万名留守（困境）妇女儿童提供价值556万元物资帮扶，为210名妇女儿童提供心理疏导、维权服务和家教指导。联合相关部门制定《娄底市侵害未成年人案件强制报告制度联席会议及工作协商机制》，推动建立未成年被害人“一站式”取证、救助、保护工作的专门办案场所，娄星区、涟源市、新化县建成并投入使用。强化法治宣传教育，举办普法、维权、儿童安全性教育等各类讲座530余场，发放普法安全手册10万余份。开展信访和婚姻家庭纠纷调解工作，接待妇女来信来访来电610件，调解婚姻家庭纠纷490件。总结上一轮妇女儿童发展规划实施情况，编制并印发新一轮发展规划，涟源市成为全省16个实施妇女儿童发展规划示范县（市、区）之一，并获得省资金扶持。加强青少年思想道德建设，组织开展“颂百年风华　传红色基因”亲子阅读活动。做实儿童防溺水工作，发动全市各级妇联执委、巾帼志愿者、妇女群众等3万余人与当地村（社区）留守儿童、困境儿童结对帮扶，开展宣教和关爱服务活动近7000场，上门宣讲7.3万余次，受益家长儿童14.8万余人。开展“建设法治娄底·巾帼在行动”维权服务和儿童权益保护公益巡讲活动，儿童权益保护公益巡讲400余场。“关爱雏鹰·呵护健康”预防儿童意外伤害知识公益讲座覆盖全市各县（市、区）。（肖送君）

【建设家庭文明】2021年，娄底市妇联贯彻《湖南省家庭教育促进条例》，举办宣讲活动近100场，发放宣传资料3000余份，特邀省妇联家儿部部长黄兰香为全市妇联系统干部宣讲。开展“传承好家风·建设新娄底”现代家庭教育公益巡讲“五进”活动，落实家庭教育指导师与社区“一对一”服务制度，举办公益讲座120余场。研究制定家庭教育新一轮五年规划，完善家、校、社“三合一”机制，常态化开展家庭教育指导服务。实施“家庭文明”行动，创建和寻找各类特色家庭，选树优秀家庭典型。开展“美家美妇新时尚、垃圾分类巾帼行”主题活动，引导广大妇女和家庭践行简约适度、绿色低碳的生活方式。实施“新年新景走潇湘 美家美妇写家书”和“好家规·好家训”主题活动，征集好家书100余封、家规家训50条。评选市级“书香家庭”103户、“最美家庭”30户，推报获评全国“最美家庭”2户、省级“最美家庭”6户。（肖送君）

【组织建设】2021年，娄底市妇联坚持党建带妇建，依托村（社区）换届推动村级妇联换届工作，推动妇联组织网格化纵向延伸融入党建网格。选强配齐村（社区）妇联干部和执委队伍，夯实基层妇联组织基础，换届后的村（社区）“两委”班子中女性正职和成员比例明显提高。加强机关妇委会组织建设，组织召开市直各单位机关妇委会主任座谈会。建立网上妇女之家，开展网上妇女群众活动，推动妇联工作线上线下相互促进、有机融合。召开全市深化妇联系统改革推进会，贯彻落实习近平总书记关于谋划好“十四五”时期群团改革的重要指示精神，部署新时期深化妇联改革有关工作。加强市妇联机关党建，开展党史学习教育，强化支部建设、组织开展多种形式的主题党日活动。结合“我为妇女群众办实事”实践活动，深化干部作风集中整治成果。落实全面从严治党要求，加强党风廉政建设，做好巡察整改“后半篇”文章。优化机关干部队伍，通过遴选、人才引进、挂职等方式，选用优秀年轻干部，充实机关工作力量。（肖送君）

## 娄底市科学技术协会

【概况】2021年，娄底市科学技术协会（简称娄底市科协）实有专职工作人员15人、兼职副主席12人；有市级学会24个，有会员15211人；县（市、区）科协5个，有专职人员37人，兼职副主席29人；5个企业（园区）科协和3个高校科协有会员2411人；乡镇（街道）科协88个，村（社区）科普小组1922个，科普队伍总计人数为2072人。截至2021年末，全市累计注册科技志愿服务人数5304人。

【服务科技人才】2021年，娄底市科协系统对全市科协工作人员、科普队伍人才、学会（企业）科协人才队伍、院士专家工作站的情况开展人才工作调研，掌握总体情况，完善科协系统高层次人才信息库，撰写调研报告。市科协依托“创新引领，智汇湘中”招才引智活动，在长沙组织召开娄底籍在长优秀专家人才代表座谈会，邀请10余名专家学者讨论交流娄底经济社会发展和人才工作的新思想，营造尊重人才的良好社会氛围。组织开展“四联”工作，下发《关于调整“四联”工作联系人员的通知》，促进科协专职领导联系县（市、区）科协、科协干部联系科协常委、科协常委联系科协委员、科协委员联系科协组织，通过多种联系渠道和方式，开展科协工作者与科技工作者双向互动，把服务文章做到基层。开通科技工作者维权热线，在元旦、春节带队走访慰问院士家属、老科技工作者和困难科技工作者。宣传表彰科技人才，联合市委宣传部、市科技局开展娄底市最美科技工作者的评选工作，15人获评“娄底市最美科技工作者”。与市委组织部、市人社局联合开展娄底市第十一届青年科技奖评选工作，12人获评青年科技奖。完成省科协“五美”科技工作者、湖南省优秀科技工作者、企业创新达人等推荐工作，其中1人被中国科协评为全民科学素质工作先进个人，1人获“湖南省最美科技工作者”称号并入围全国最美科技工作者，1人获“湖南省优秀科技工作者”称号，2人获评湖南省企业创新达人，3人入围或获评“湖南省‘四美’科技工作者”人选。开展“璀璨娄底 星耀三湘”——娄底籍科技名家风采等宣传活动，在娄星广场进行展播，制作“娄底市最美科技工作者”的个人VCR在娄底科普视频号等媒体上播出。

【科普宣传】2021年，娄底市科协创新科普宣传手段，协调市委宣传部印发《全市科普宣传报道实施方案》，建立科普宣传联络协调机制，强化科普宣传合力。开通科普娄底抖音号、娄底科普微信视频号，每周推出2条科普视频，结合社会热点先后推出溺水岸上救护知识、冬季安全用电等科普视频61条。完成对娄底科普微信公众号的改版，增加网络知识竞赛、学习强国模块；开启云上科普通道，利用公众号观看、了解湖南省各地科普示范基地。与娄底市广播电视台广播交通频道合作开通《每日科普》栏目，制作安全锤如何快速破窗等音频60余条，每天3个时段滚动播出。推进科普信息化建设，召开科普信息化推进会，通报全市科普信息员注册及传播情况，会上双峰县作典型发言，各县（市、区）交流发言。发展壮大科普信息员队伍，全市注册“科普中国”信息人员达88865人，传播量达1055万余次，市科协在全国科普中国信息员科学素质网络竞赛中排名第二十六位，双峰县、娄星区排名全国第五十三位和第五十九位。组织公众参与第五届湖南省全民科学素质网络竞赛和全国农民科学素质网络竞赛，在全国综合排名第三十八位，全省第三位。市科协、娄星区科协、双峰县科协分别被评为2021年湖南省科普中国信息传播优秀单位。构建多层次科普体系，以“百年再出发、迈向高水平自立自强”为主题，在双峰举办全国科普日娄底主场活动，启动仪式全程网络直播，36000余人次在网上观看实况，市科协被评为2021年湖南省全国科普日优秀组织单位。全年全市开展科普宣传活动150余场次，受众达10万余人次。双峰县被评为2021年全国科普日活动优秀组织单位，娄星区“真假玫瑰之谜”科普小镇亲子科学实践活动、娄底职业技术学院农林工程学院无人机农业应用系列培训等活动被评为全国科普日优秀活动。持续推动娄底市文化科技卫生“三下乡”、科技活动周广场等宣传活动，发放《社区居民科学素质读本》等科普书籍2000余册，服务群众18000人次。指导娄星区实施科技助力乡村振兴县域试点工程，有力推进科普小镇、学会服务站建设等工作。

2021年9月18日，全国科普日娄底主场活动在双峰县举办。图为启动仪式现场　（市科协供图）

【青少年科技教育活动】2021年，娄底市科协组建娄底市青少年科技创新工作室，发展壮大青少年科技创新辅导员队伍。编制《娄底市青少年科技创新大赛工作规程》《娄底市青少年科技创新工作室管理办法》，组织开展课后服务、科普进课堂、科学调查体验、博士科普公益课堂等活动，1名教师被评为湖南省十佳科技教师，1名学生的文章入选全国优秀营员征文集。全年全市先后举办青少年机器人竞赛、青少年科技创新大赛等赛事活动，赛出一等奖78个、二等奖98个、三等奖104个。选送作品参加湖南省青少年科技创新大赛、湖南省青少年创意编程与智能设计大赛、全国青少年科技创新大赛、四学科奥赛等，获得省级以上奖励315个（项）。科普大篷车进校园活动被评为2021年湖南省全国科普日优秀活动。

2021年9月23日，娄底市开展科普大篷车进校园活动。图为娄底三小的科普大篷车进校园启动仪式活动现场　（市科协供图）

【学会服务工作】2021年，娄底市科协推进科技助力乡村振兴，下发《娄底市绿色创新学会联合体科技志愿服务专家团管理办法（试行）》《关于成立娄底市绿色创新学会联合体科技志愿服务专家团的通知》，组织市生态学会、农学会和湖南人文科技学院科协等9家学会和高校科协成立娄底市绿色创新学会联合体，建设学会服务站，开展“我为群众办实事　百名专家下基层”科技志愿服务活动，派出130名涉农专家对口帮扶162家市级以上农业龙头企业、示范基地，在技术推广、人才培养、科学普及、产业布局等方面开展1320余次技术服务。市绿色创新学会联合体牵头建立的菌草技术推广中心，推行“公司+基地+合作社”的模式，实行品牌、技术、种苗、加工、销售“一条龙”服务，在全市范围内集聚合作单位56家。建成湘耀白溪菌草养牛示范场、湘耀茶园菌草养鱼示范场等种养基地12家。推动学会积极开展学术交流活动，市医学会、中医药学会依托各专业委员会年会，邀请全国、全省以及市级相关领域知名专家开展学术交流近200场。市畜牧兽医水产学会到乡镇指导稻田养鱼、为生猪机械化屠宰等提供技术指导服务。市青少年机器人协会举办青少年机器人教练员培训班。市心理学会关注青少年心理成长问题，在学生中考、高考等关键时刻，免费为学生开展心理辅导讲座。市抗癌协会举办“关爱生命科学防癌”大型科普及义诊活动。市预防医学会组织疫情防控演练，加大常态化疫情防控及核酸检测的科普宣传力度。市涟钢老科协参加“全国科普日”活动，向大众普及科普知识和党史知识。

【服务创新驱动发展】2021年，娄底市科协到华菱涟钢、美程陶瓷等企业开展走访调研，了解企业的实际情况，结合娄底市院士专家工作站管理办法，协助市委人才办出台《娄底市专家工作站认定管理办法（试行）》，对专家和专家工作站的认定管理、经费资助提出具体要求和相关规定。协助华菱涟钢、美程陶瓷、伍星生物和潇湘职院原有的4家院士工作站成功转型为专家工作站，为各建站主体引才留才育才、新产品研发搭建新的平台。推进“科创中国·湖南中心”平台建设，该平台共入驻企业84家、地方科协116个、学会7个、专家917人、高校科协3家，完成率居全省第七位。（曾　璐）

## 娄底市归国华侨侨眷联合会

【概况】2021年，娄底市归国华侨侨眷联合会（简称娄底市侨联）坚持以习近平新时代中国特色社会主义思想为指导，发挥侨联优势，围绕中心、服务大局，团结引导广大归侨侨眷和海外侨胞参与娄底经济社会建设。出台《娄底市侨联改革实施方案》，抓好各项改革任务落地落实，指导娄星区、新化县侨联完成换届。

【服务经济发展】2021年4月，娄底市侨联开展新侨创新创业调研活动；8月17—24日，与市委统战部联合开展“访侨企、办实事、开新局”调研活动，走访调研侨企、海归企业20余家，收集意见建议50余条，提出指导性意见7条，形成调研报告上报。引导侨企涟源天柱山禽业创建省、市两级“同心项目”；引荐“中老智能乡村建设研发基地”入驻涟源市安坪镇，该项目计划流转土地49.33公顷（740亩），投资2亿元；支持市侨商会会长贺志元在经开区投资云传工业技术有限责任公司和文正建材产业园2个项目，共占地66.67公顷（1000余亩）；服务深圳市恒正晟业科技有限公司入驻娄底高新区。

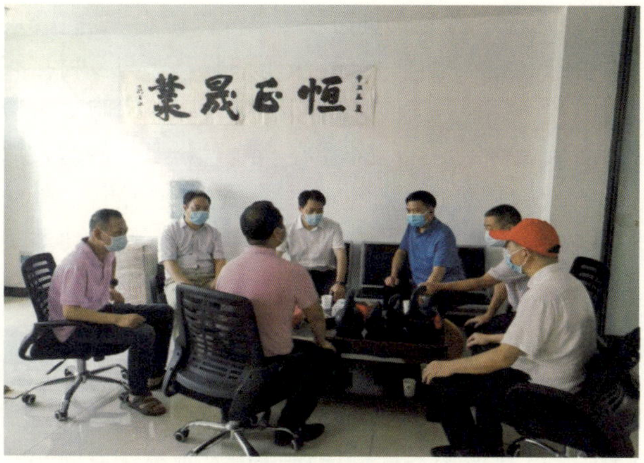


2021年8月，娄底市侨联在涟源市开展“访侨企、办实事、开新局”调研活动（胡　琳　摄）

【依法维护侨益】2021年，娄底市侨联建立涉侨纠纷诉调对接协调工作机制，联合娄底市中级人民法院出台《关于开展涉侨纠纷诉调对接工作的意见》和《关于侨联组织和特邀调解员协助调解涉侨民商事纠纷案件的意见》；建立诉调对接工作平台，在市中院诉讼服务中心设立涉侨纠纷调解工作室或窗口；娄底市侨联诉调对接工作机构设在海外联络部，选派2～3名侨联干部担任调解员。

【拓展联络联谊】2021年，娄底市侨联通过“互联网+侨联”模式，建立“四联”工作制度，以公众号、微信群、QQ群、网站等平台为载体，搭建海内外侨界人士交流空间；以座谈会、联谊会、文艺演出、文化交流、商务考察等形式为手段加强思想引领，夯实共同基础；申报曾国藩故居为中国华侨国际文化交流基地，申报蔡和森纪念馆为湖南省华侨文化交流基地。全年接待海内外客人5批次30余人次，保持与50余名侨领侨胞的联系，向海内外侨界人士发送慰问电函300余封，联系重点海外侨社团20余个。7月1日，组织全体侨联干部和侨界群众集中收看庆祝中国共产党成立100周年大会直播，组织海内外侨界学习热议习近平总书记重要讲话精神。湖南卫视、娄底电视台新闻联播对娄底侨界群众热议习近平总书记在庆祝中国共产党成立100周年大会上的讲话精神进行报道。

【参与社会建设】2021年，娄底市侨联开展“察侨情·送温暖”慰问活动，走访慰问侨界群众100余户，发放慰问金17万余元，其中重点扶侨帮困5万元；乡村振兴、社区帮扶5万元；开展“千侨帮千户”工程，争取省侨联资金5万元重点帮扶4户特困侨眷家庭；开展乡村振兴帮扶，安排一名科级干部脱产参与乡村振兴帮扶，投入帮扶资金近10万元；引导海外侨胞妥善应对疫情，做到“稳住人心、稳在当地”，为海外侨胞发放1000余份“侨爱心健康包”，配合做好疫情防控“外防输入、内防反弹”工作。全年侨界人大代表和政协委员提交议案、提案20余件。

【侨界庆祝中国共产党成立100周年系列活动】2021年，娄底市侨联组织全市侨联工作者、归侨侨眷、留学归国人员开展侨界庆祝中国共产党成立100周年一系列活动。6月16日，在新化县开展“守护一江碧水·建设美丽家园”资江增殖放流活动；6月17日，由侨务工作者、归侨侨眷和留学生代表组成的市直、县（市、区）6支代表队在娄星区举行娄底市侨界“侨心永向党·奋进新征程”党史知识竞赛决赛；6月28日至7月15日，开展“侨心永向党·同圆中国梦”诗词楹联书法作品展，收到海内外侨界诗词楹联作品102幅，评选出46幅优秀作品在娄底美术馆进行展出。（胡　琳）

## 娄底市工商业联合会

【概况】2021年，娄底市工商业联合会（简称娄底市工商联）坚持政治建会、团结立会、服务兴会、改革强会，着力构建“亲”“清”政商关系，优化娄商联络服务机制，深入实施“娄商返娄”战略，促进“两个健康”协调发展。截至12月，全市有工商联会员12936个，比2020年底（11992个）增加944个，增幅为7.9%。其中，市工商联直属会员409个，商会组织会员11252个；全市市级工商联会员3016个，县及县以下会员9920个，分别占全市会员总数的23.33%和76.67%。

【思想教育】2021年，娄底市工商联开展党史教育“进机关、进商会、进企业”活动，制定《市工商联党史学习教育方案》和《市工商联商协会党组织党史学习教育方案》，建立市直属商协会党史学习教育联系指导机制，组织机关与商协会党员及入党积极分子到娄底市革命烈士纪念碑、毛泽东故居、李聚奎故居、杨开慧故居、蔡和森纪念馆等地开展现场教学，指导各商协会党员开展中国共产党成立100周年庆典活动。组织召开“我心向党·忠诚为国”主题教育推进会，印发《关于在全市工商联系统开展“我心向党·忠诚为国”主题教育活动的实施方案》，成立主题教育活动领导小组，举办3期“娄商大讲堂”，近1200人次参加学习，开展党的十九届五中、六中全会和中国共产党成立100周年大会精神宣讲。

【参政议政】2021年，娄底市工商联围绕“三高四新”战略定位和使命任务、民营企业发展面临的现实困难与问题，形成《缓解民营企业用工难》《加快“双引擎”产业发展，奋力推进制造业强市》等调研报告，撰写《关于加快推进产教融合城市建设的建议》等提案。组织市政协工商联界别委员和会员企业到娄星工业集中区海特工程机械配套产业园项目开展专题调研，安排会员企业开展民营企业军民两用高新技术及产品研发生产情况专项调查。完成全省民营企业100强与全国民营企业500强的调研申报工作。在年初的政协全会上，市工商联界别政协委员提交设立“娄商日”的提案，得到了市委书记的批示，经市委、市政府研究，市人大常委会决定将每年的10月9日确定为“娄商日”，在全省率先为民营企业家设立法定节日。

【联络服务】2021年，娄底市工商联推动出台娄底市政企常态化沟通联系制度，促使“市级领导挂点联系重点娄商制度”“政企定期面对面沟通制度”“涉企政策信息发布制度”“企业诉求直达办理制度”“营商环境测评和评估制度”5项制度常态化。举办首个“娄商日”庆祝活动，与市公安局建立服务非公经济联系会议制度，与人民银行娄底中心支行开展银行进园区进企业活动，与司法局开展全市民营企业法治体检专项活动。与市人社局、市教育局等部门联合举办民营企业招聘周，提供就业岗位5000余个，现场设立“我为群众办实事”政策咨询服务区，发放就业创业宣传资料3000余份，提供政策咨询服务500余人次。

【娄商返娄】2021年，娄底市工商联突出娄商联络品牌，实施“娄商返娄”战略，落实好市级领导挂点联系异地商会和重点娄商机制，组织19家异地娄底商会举办“新春云拜年”活动，协助北京娄底商会开展“娄商企业大学”调研工作，协助深圳娄底商会、武汉娄底商会等开展清明节回乡考察活动和党史学习教育活动。与市商务粮食局、娄星工业集中区对接，完成第五届异地商会会长、秘书长会议暨娄星区粤港澳大湾区招商推介会前期工作。推介北京东方雨虹公司到娄星工业集中区开展项目落地调研。全年全市签约娄商返娄重大招商项目93个，在全市重大投资项目中占比95%。

【组织建设】2021年5月28日，娄底市工商联组织召开娄底市工商联（总商会）第五次会员代表大会，选举产生新一届领导班子和领导机构。指导成立娄底市湘

2021年5月28日，娄底市工商业联合会（总商会）第五次会员代表大会召开　（市工商联供图）

潭商会、娄底市洗涤协会、娄底市青年企业家商会，组织召开娄底市工商联商协会会长、党组织书记、秘书长会议，指导商协会开展“四好商会”创建。新成立商会党支部3家，指导成立娄底市异地商会首个行业分会党支部——中共娄底市邵阳商会农业行业分会支部委员会。开展市级标杆党组织初步评估工作，培育推荐2家市级标杆党组织、1家省级标杆党组织。市工商联获评2021年度市州工商联目标管理工作评价优秀单位、全市平安单位、全市文明单位，涟源市、双峰县、新化县工商联获评“全国五好工商联”称号，冷水江市工商联获评“省级五好工商联”称号。

【助力乡村振兴】2021年，娄底市工商联配合和支持省委统战部与省工商联在新化县开展“万企兴万村”活动试点，组织全市广大工商联会员参与“万企兴万村”助力乡村振兴活动，向全市会员企业发出《助力乡村振兴　建设美丽娄底》倡议。召开“万企兴万村”助力乡村振兴大会，组织民营企业与乡村进行项目对接，现场签约29个项目，总投资超44亿元。组织民营企业家走进涟源市湖泉镇塘冲村、娄星区枯木村开展“万企兴万村”助力乡村振兴签约活动，现场签约132万元。（孔安琪）

## 娄底市文学艺术界联合会

【概况】2021年，娄底市文学艺术界联合会（简称娄底市文联）下辖29个团体会员单位，包括5个县（市、区）文联、1个企业文联、2个系统文联、13个文艺类社会组织、8个传统文艺家协会；拥有市级以上各类文艺家协会会员2.4万余人，其中省级会员1600余人，国家级会员186人。是年，市文联团结全市文艺界，以党的十九大和十九届历次全会精神、习近平总书记关于文艺工作重要论述为引领，以庆祝中国共产党成立100周年为主线，制定相关活动方案，安排部署文艺界开展庆祝活动。5月19日，娄底市首个优秀传统文化教育基地在新禾中学成立。

2021年5月19日，娄底市首个优秀传统文化教育基地在娄底市娄星区水洞底镇新禾中学成立　（市文联供图）

【小说创作】2021年，以锡矿山革命斗争记忆为题材的长篇历史小说《大矿山》（刘道云、袁育文）由湖南电子音像出版社出版；以乡村振兴为背景的长篇小说《振兴振兴》（冯剑鸣）由江西人民出版社以国家选题出版，并入选江西省农村书屋重点配置书目；散文集《乡村指纹》（张强勇）由北京日报出版社出版；长篇小说《梦见仿吾公》（刘美兰）由中南大学出版社出

版；小说《办卡》（张茜）刊《湖南文学》2021年第11期；小说《马背上的青稞酒》（刘群华）刊《延河》2021年第3期。以晋江文学签约作家龙科灵为代表的网络文学作家，全年在网上推出网络文学作品150万字以上。

【散文创作】2021年，散文集《衔泥带得落花归》（罗瑞花）由国际文化出版公司出版，其中《如米苔花》《别了，野狐岭》获首届湖湘教师文学征文大赛二等奖，《装满天下米升的人》在《湖南日报》5月28日第14版刊登。散文集《人间眷恋》（李朝霞）由南海出版公司出版。《风景中的故乡》（谢新茂）发表在《湖南文学》第11期；《梦想像花儿一样》（陈建明）发表在《北京日报》8月17日第11版；《荒丘》（龙项滔）发表在《湖南文学》第8期；《眷恋》（邱凤姣）在湖南省散文学会举办的"党在我心中"征文中获奖。

【诗歌创作】2021年，《人类与自己身边的动物》组诗（朱家雄）在《北京文学》第6期刊发；《七律·新村》（郭军民）在《辞赋》第5期刊发；《习总书记考察塞罕坝机械林场》（熊敏）在《中华诗词》第11期刊发；《C919飞过排形山》（陈遗志）在《诗刊》6月上半月刊刊发。诗集《零点的月亮》（李志平）由团结出版社出版。散文诗组章《穿越唐诗的幽径》（海叶）获中国作协"新时代向中华传统经典名篇致敬"全国征文活动一等奖。

2021年，李志平诗集《零点的月亮》走进山东临沂一中课堂（市文联供图）

【美术书法摄影】2021年，美术作品《最美天使》（申朝晖）被湖南美术馆收藏；《使命》（刘爱军）、《和谐家园》（李日标）入展庆祝中国共产党成立100周年湖南省美术作品展；《达娃的节日》（朱旭东）入选全国第七届架上连环画展；《远方》（彭娟）获2020厦门全国（小幅）工笔画双年展中美协入会资格奖；《清风徐来祝融峰》（刘剑峰）、《龙山印象》（陈志龙）分别入选"南岳衡山"与"抱石风骨"首届全国中国画双年展；《红军虎将贺国中》（周选桂）陈列于贺国中故居；10米画卷《娄底脱贫攻坚颂》（肖玉元、邹少灵、贺青丰等）获娄底市美术馆收藏。书法作品《王夫之〈清远城下忆湖湘旧泊〉》（黄聪）、《古诗三首》（向英）、《书条幅》（曾峰）入展湖南书法晋京展；《广川书跋·欧阳询帖》（李国清）、《原道》（李保周）节录入展全国第五届正体书法展；《平遥衙鄚侯殿联》（曾宪良）作品入选《书法》杂志第七届中国书坛中青年"百强榜"；《题魏郑公砥柱铭后》（曾文轩）入展"中国书法年展"。摄影作品《洞庭渔民的美丽蜕变》（曾冬梅）、《栈道建设者》（陈烨）入选第十九届湖南省摄影艺术展；《千姿百态读书娃》（李全华）获第二十三届全国艺术摄影大赛纪实摄影类铜奖；《雪山月夜》（李全华）、《独臂马拉松选手》（刘彩霞）分别获第四届骑士奖国际摄影大奖风光组金奖、纪实组银奖；《武陵烟云》（李湘杰）、《真刀真枪锤炼救援本领》（刘再丽）获第九届湖南省老摄影家作品展纪实类优秀奖；《陆地航母》（赵赟）获2020首届"鸟瞰世界"全国航拍大赛抽象艺术类银奖。

是年，娄底市举办"欢乐潇湘·文化娄底"庆祝中国共产党成立100周年全市美术书法摄影作品展，187件美术、书法、摄影类优秀作品入展，评选出作品45件参加省展，在省展中获一等奖5件、二等奖2件、三等奖12件。其中，美术作品类《静待花开》（罗茜羽）、《致富合作社》（彭如英）获一等奖，《南国早春》（王开健）获二等奖，《舞在春风里》（凌颖）、《丹霞映家山》（彭卫国）、《缤纷五彩艳阳天》（李果芝）、《理想国》（李涛）、《白马湖畔》（郝鹏飞）获三等奖。书法作品类《中华颂》（伍炼荣）、《朝露暮雨联》（赵晋）获一等奖，《春秋繁露》（黄藩国）获二等奖，《醉翁亭记》（王修南）、《双清印记》（朱坨）、《沁园春·长沙》（张亦山）获三等奖。摄影作品类《绣姑娘的情怀（组）》（康渝波）获一等奖，《美容师》（曾艳平）、《祖国是后盾》（朱金旻）、《"图书馆爷爷"的十二年坚守》（龙娟）、《选好村里当家人》（李建新）获三等奖。

【戏剧音乐舞蹈民间文艺】2021年，娄底市创作戏剧、音乐、舞蹈作品200余件。《涟源湘剧》获评国务院第五批国家级非物质文化遗产项目；湘剧《千里寻党》入选湖南省第七届艺术节；大型现代花鼓戏《油溪情歌》参加湖南省庆祝中国共产党成立100周年优秀舞台艺术作品展演。歌曲作品《仰望》《稻花》在“学习强国”平台刊播；《村里召开屋场会》获得第七届湖南艺术界作品类“三湘群星奖”音乐类优秀作品奖；《执着》（邓育清作词作曲）获公安部行业歌曲大赛金奖；《花鼓》获湖南省第六届大学生艺术展一等奖。舞蹈作品《国礼》获“百团百角唱百年”庆祝中国共产党成立100周年湖南省文艺院团竞演活动优秀节目、第八届湖南省青年文化艺术节银奖、“艺心向党·云游湖南”主题活动优秀作品；《乱将鼓》获第七届湖南省艺术节“三湘群星奖”优秀作品奖。民间文艺作品《梅山地区民间故事研究》由百花洲文艺出版社出版，《湘中传统礼仪研究——以历史文化名镇杨家滩为例》由吉林大学出版社出版，《新化民谣选读》由北京团结出版社出版。剪纸《党是阳光我是花》《三高四新潇湘美》《光耀中华》被评为“剪映百年·薪火相传——湖南省庆祝中国共产党成立100周年优秀剪纸作品展”最佳作品。

【文艺活动】2021年2月5日，娄底市文联开展“文艺惠民进万家”——娄底文艺惠民活动，先后为市园林处、华润煤气公司、市应急管理局、高铁南站、市疾控中心以及关家社区的一线工作人员送去春联和新春祝福。3月16日，在双峰县锁石镇万亩油菜基地举办“湖南省第二届油菜花文化旅游节”。5月20日，在市一中体艺馆举办“围城新韵”卢正来、梁学先美术作品展。6月6日，在市美术馆举办庆祝中国共产党成立100周年娄底市剪纸艺术展。6月28日，在市美术馆举办“翰墨书盛世·丹青绘华章”娄底市庆祝中国共产党成立100周年主题美术书法作品展。9月9日，“欢乐潇湘·文化娄底”庆祝中国共产党成立100周年全市美术书法摄影作品展开幕。10月31日，在涟源市湄江风景名胜区举办“湄江杯”湖南省第二届刻字艺术展。11月8日，在孙水公园举办“奋斗百年路　启航新征程”庆祝中国共产党成立100周年摄影展。12月3日，2021年娄底市第四届乡村（社区）文化艺术节暨非遗展示展演活动在娄星广场举行。　（张敏行）

## 娄底市人民对外友好协会

【概况】2021年，娄底市人民对外友好协会坚决贯彻落实习近平总书记关于国际友城“三个一批”重要批示，立足娄底实际，有序开展对外民间友好工作。制定娄底市友城高质量发展实施方案，不断提升友城交往水平，推动友城工作高质量发展。创新对外交往方式，推动娄底对外经济、文化等各领域的合作交流。

【友好城市】2021年，娄底继续扩大对外“朋友圈”，全年签署友好城市意向2项。3月3日，娄底市与加纳加中市召开友好交流视频会议，签署友好城市意向书。9月25日，娄底市与尼日利亚埃努古州举行友好交流视频会，娄底市、娄星区、双峰县政府主要负责人与埃努古州恩苏卡市、乌丹努市、奥吉河市市长及其他人员在云端交流畅谈，娄底市与恩苏卡市签署友好城市意向书，该签约被纳入第二届中非经贸博览会中非经贸深度合作先行区推荐会项目。加强与已有友城的交往，6月30日，美籍华人博士贺瑞容转交美国友城拉姆西市新任市长马克·库兹马（Mark Kuzma）的函，表达与娄底市领导通过视频连线会谈的意愿。9月18日，娄底市市长向坦桑尼亚基隆多尼市市长致贺信，庆祝两市缔结友好城市一周年，表达对两市交流合作新突破的期待。

2021年9月25日，娄底市与尼日利亚埃努古州友好交流视频会议现场

（市人民对外友好协会供图）

【友好组织】2021年，娄底与国外对华友好组织、社

会团体和各界人士建立和发展友好合作关系，通过各种交流活动增进了解、发展友谊。7月21日，娄底市人民对外友好协会与尼日利亚埃努古州友好贸易与投资协会(AFFTI)签署友好合作关系备忘录，双方约定在备忘录框架下代表各自政府统筹开展两地友好往来。10月13日，尼日利亚埃努古州友好贸易与投资协会(AFFTI)发函邀请娄底市参加在埃努古州举办的埃齐莫嘉年华盛会。11月25日，娄底市人民对外友好协会向尼日利亚埃努古州友好贸易与投资协会(AF-FTI)致贺信，庆祝其Water on wheel(卡车送水入户)项目正式启动。

【文化交流】2021年，娄底市不断促进对外民间文化、教育等方面的友好交流与合作。5月，组织学生(13~18岁)参加由东北亚地区地方政府联合会(NEAR)组织的第九届NEAR青少年优秀绘画作品征集活动，从全市各学校提交的作品中择优选送5幅作品参赛，其中3幅作品获奖。娄底一中继续与位于美国明尼苏达州的美国球知教育集团合作开设“球知云课堂”，通过远程教育方式让优秀的美国教师线上为娄底一中高一、初一的学生授课。

【经济交流】2021年，娄底市持续推动与国外地方政府和民间的经贸交流与合作。1月20日，菲律宾湖南商会副会长陈珂巍一行4人到娄底参加双峰农机开拓菲律宾市场合作项目交流会，就双峰农机在菲律宾建设农机展销中心进行对接。3月3日，娄底市与加纳加中市召开友好交流视频会议，两市就娄底农机在加中市建立农机展销中心进行商谈。后来，娄底农机企业与加纳加中市通过网络方式就建设农机销售中心事宜进行对接交流。

【对外宣传】2021年，娄底市根据全国友协建议各省打造“五色参访路线”作为外宾参访路线、高质量讲好中国故事的要求，向省委外事办推荐曾国藩故居作为湖南省古色参访路线主要驻足参观点，蔡和森故居作为红色参访路线主要驻足参观点，涟源龙山国家森林公园及药王殿、大熊山国家森林公园及蚩尤屋场、紫鹊界梯田作为绿色参访路线主要驻足参观点。

（邱红兵）

## 中国国际贸易促进委员会娄底支会

【概况】2021年，中国国际贸易促进委员会娄底支会(简称娄底市贸促会)紧紧围绕全市发展大局，夯实党建基础，以贸促工作为平台，以参展参会为契机，促进本地企业与外地商协会、企业的经贸交流与合作，拓展大市场，增强竞争力，围绕“双引擎”上下游企业开展招商引资、娄商返娄等工作。

【贸促宣传】2021年，娄底市贸促会加强与娄底市电视台、娄底市广播电台、《娄底日报》等官方媒体的合作，开设《贸促大讲堂》《天下娄商》等栏目，开展企业家访谈节目8期，宣传外地娄商13人，通过节目解读国家外贸政策、分享专家学者对外经济贸易经验，宣传娄底茶叶、黄精、农机、无人机等行业企业。

【经贸交流】2021年4月14—20日，娄底市贸促会组织11家先进电子陶瓷企业参加上海慕尼黑电子展，签订产品供需意向协议6份，合同金额1.3亿元。对接异地商协会9家、企业17家，娄底籍企业产业群1个(50余家企业)。5月21—23日，组织企业参加第十二届中国中部投资贸易博览会，与太原市贸促会签订战略合作协议。7月16—18日，组织相关企业参加2021湖南(国际)通用航空产业博览会。7月20—24日，组织15家娄底电子陶瓷企业参加佛山潭州陶瓷展，展会期间签订意向合同1.4亿元，其中与佛山市贸促会联合主办湖南娄底·广东佛山特种陶瓷企业签约暨专场推介对接会，现场签订意向合同1.1亿元。7月30日至8月1日，组织18家茶叶企业参加内蒙古国际文化旅游产业博览会。其间举办2021湖南娄底新化红茶西北情茶路暨品鉴招商会，与当地茶商及新化文印总商会部分会员企业签订合作协议12项，订单金额2300万元。9月24—26日，与新化县人民政府举办首届中国林下生态黄精产业发展研讨会暨第二届“九九”黄精节文化活动，累计签订产品供需意向协议10份，合同金额5亿元。10月13—15日，参加2021中国西部(重庆)国际物流博览会，加强与重庆的经贸往来，和重庆市湖南商会签订战略合作协议。10月21—24日，组织湖南映宏新材料股份有限公司与湖南湘艾天下艾草制品有限公司参加2021长江中游城市群碳达峰与碳中和峰会、湖南国际绿色发展博览会。

【职能拓展】2021年，娄底市贸促会派出两人到中国贸促会商事认证中心跟班学习，系统学习原产地证、国际商事证明、ATA单证册、代办领事认证等业务。独立开展原产地证书业务、代办领事认证业务、商事证明书业务。在娄星区法院设立商事纠纷调解委员会办公室，全年调解商事纠纷18起。5月20日，由省贸促会主办，湖南国际商会和娄底市贸促会共同承办2021走进非洲外经外贸法律知识培训班，帮助企业在参与对外贸易时，了解中国自贸协定及非洲国家的发展趋势、主要法律风险。

【招商引资】2021年，娄底市贸促会经过与中国电力的多次对接协调，9月17日，娄底市人民政府与中国电力签署战略合作框架协议。双方将围绕娄底市烈士纪念陵园，蔡和森、蔡畅故居等红色资源，以绿色能源供应和应用为核心，实现能源经济、高效、智慧供应和使用，实现红色教育基地与绿色能源的有机结合，将娄底打造成高质量低碳发展的示范城市。

（贺驰原）

## 娄底市残联

【概况】2021年，娄底市累计投入残疾人事业经费近1.3735亿元，服务100.07万余人次。组织参加全国第十一届残疾人运动会暨第八届特奥会获3金7银1铜，1名残疾人获2021年“中国青年创业奖·促进就业特别奖”，1名残疾人获2021年全国残疾人岗位精英职业技能竞赛“无人机操控”项目全国第二名并获“全国技术能手”称号，3名残疾人被评选为“湖南省自强模范”，全市残疾人工作迈入高质量发展轨道。

【重点民生实事】2021年，娄底市将着力解决残疾人长期反映的无障碍通行问题、扶持残疾人就业创业两项工作分别纳入市委常委班子、市政府班子“我为群众办实事”实践活动重点项目清单。出台《娄底市无障碍环境建设实施方案（2021—2025年）》。市残联联合市文明办印发《“同在阳光下”志愿助残服务活动实施方案》，号召全市各单位赴推荐的13个助残服务点开展“党建助残”“志愿助残”活动，158家机关企事业单位参与活动，捐赠物资价值约50万元，帮助购买残疾人机构产品约300万元。形成《2021年娄底市残工委“我为群众办实事”着力解决残疾人“急难愁盼”问题任务清单》，召开残工委会议进行交办并督查进度。全年全市发放困难残疾人生活补贴364416人次、重度残疾人护理补贴560211人次，发放资金6474.1万元。高标准完成省重点民生实事项目“困难残疾人家庭无障碍改造项目”，投入385万元改造770户，为年度任务的107%。省重点民生实事项目0～6岁残疾儿童康复训练1212人，投入1619.19万元，完成率为132%。

【基础平台建设】2021年，娄底市组织全市残疾人工作者走村入户开展持证残疾人基本状况调查，投入近90万元完成2112个村（社区）112044名持证残疾人信息采集。推进湖南省残疾人信息化管理大数据综合服务平台改革试点工作，一期建成娄底市智慧残联大数据管理平台，较好地实现残疾人“一人一档”精准管理、服务及需求精准分析的目标，省残联批复同意娄底继续开展湖南省残疾人信息化管理大数据综合服务平台改革试点市二期建设，并在政策、技术、资金、对外交流等方面给予必要的支持。市残疾人康复中心装修工程完成，移交健缘集团运营。

【残疾人就业创业】2021年，娄底市率先在全省实现残疾人就业申报审核全程网办，市本级受理按比例安排残疾人就业单位申报138家，核定按比例安排残疾人就业558人，对全市1287家用人单位征收3501笔残疾人就业保障金4470万元。组队参加第四届全省残疾人岗位能手职业技能竞赛，获二等奖2个，娄底市代表队团体总分位列全省第五，获最佳组织奖；组队参加湖南省第三届盲人保健按摩技能比武活动，娄底市代表队获“优胜单位”，团体总分位列全省第二，5位选手获得“全省十强”。为468名残疾人开展职业技能提升培训，投入138万元扶持690户农村贫困残疾人家庭发展生产，创建娄底市残疾人木雕技能实训基地，投入23.8万元扶持74户贫困残疾人家庭开展自主创业。

【残疾人康复】2021年，娄底市市残疾人基本康复有需求人数15405人，已服务14950人，服务率96.68%；辅具适配有需求9847人，已服务9532人，服务率96.23%，超额完成任务。为1000名贫困白内障患者施行免费手术。为50名贫困肢体残疾人患者装配假肢。实施“站立行动”，为60名贫困残疾人患者施行部分或全部免费髋、膝关节置换手术。为全市80名7岁及以上低视力残疾人适配助视器。开展“爱耳日”“爱眼日”“残疾预防日”等宣传教育活动，发放13000余份宣传资料，免费咨询、义诊服务700余人次，免费适配助听器、助视器200余台，发放慰问品100余份，开展公益讲座6次。组队参加湖南省第三届智障与孤独症儿童康复教师技能大赛，娄底市代表队取得智障儿童康复教师技能团体赛二等奖、孤独症团体赛优秀奖。

【残疾人融合发展】2021年，娄底市为860人提供残疾人托养服务；为398名残疾人开展“看一场红色电影，读一本红色故事书、聆听一次红色经典故事宣讲、游一次红色教育基地、参观一次红色展览和体验一次红色文化活动”为主要内容的“感党恩·办实事”主题实践活动；组织参加“红心向党·致敬百年”全省残疾人书法、绘画作品征集与评比活动，获省残联二等奖2个、优秀奖2个。市残联制作《“手”说党史100问》《“手”说党史——党史故事·红色记忆》104个视频，在“学习强国”“新湖南”“红网”等平台发布，阅读量超过1200万人次。（李　祥）

## 娄底市红十字会

【概况】2021年，娄底市红十字会坚持以习近平新时代中国特色社会主义思想为指导，按照市委、市政府和上级红十字会的部署，坚持依法履行职责，全面推进改革创新。是年，红十字志愿者彭润英获全国红十字服务先进典型，红十字志愿者家庭旷桂喜、李冬秀夫妇获全国红十字最美救护员，造血干细胞志愿服务队获娄底市最佳志愿服务组织，造血干细胞志愿者胡健庭获娄底市最美志愿者称号。

【“我为群众办实事”实践活动】2021年，娄底市红十字开展红十字生命健康安全教育项目，落实教育部、中国红总会关于加强学校红十字工作文件精神，开展打造红十字特色高校工作和红十字进中小学校工作，开展“红十字救护”主题少先队特色中队活动。在娄底一小成立“红十字救护”主题少先队特色中队，普及健康行为与生活方式、安全应急与避险等知识，开展具有知识性、趣味性、服务性的红十字特色课内外活动。参加红十字志愿服务，提升红十字志愿服务队整体水平，发挥志愿者在突发事件中的自救互救作用。举办救护员专题培训班，红十字献血和干细胞捐赠志愿者约300人参加培训。

4月，由娄底市红十字会主办，娄底职业技术学院、湖南省人民医院OPO、娄底爱尔眼科医院、娄底市金宝灵塔园承办的“生命的乐章——2021年娄底市人体器官捐献缅怀纪念活动”在娄底金宝灵塔园生命文化园举行，表达对遗体器官捐献者的缅怀和哀思。6月，在孙水公园举办娄底市庆祝第十八个“6·14”世界献血日主题活动。推进无偿献血、造血干细胞捐献、器官捐献工作，作为器官捐献第三方见证方，参与协调见证工作，6名志愿者捐献器官组织。完成造血干细胞捐献2例，高分辨样本1380人份进入中华骨髓库。截至11月底，娄底市器官捐献志愿登记人数累计为5262人，完成公民逝世后器官捐献106例，捐献器官318个，完成遗体捐献10例、眼角膜32对。

开启博爱送万家活动，募集一批价值约150万元的物资发放至各县（市、区）红十字会，重点解决困难家庭适龄儿童营养干预问题，并进行跟踪监督。截至2021年底，全市共开展免费白内障手术22462台，胬肉手术1346例。

【生命健康安全教育】2021年，娄底市红十字会开展初级卫生救护培训，普及群众性自救、急救、互救知识，依托红十字生命健康安全教育项目和省红十字会救护培训经费，救护师资库扩大到近110人。全年培训初级救护员740人，普及培训64000余人，开展应急讲座、老年人防跌倒讲座等宣传培训工作。打造红十字特色高校，把应急救护知识引进课堂，在湖南人文科技学院体育学院和商学院分别开设红十字应急救护知识选修课，《红十字救护知识》讲义稿成稿使用，学生合格记“学分”成为教学大纲中的内容。

（樊雄志）

## 娄底市计划生育协会

【概况】2021年，娄底市计生协系统紧紧围绕市委、市政府决策部署和人口计生工作大局，主动适应新常态，打造新亮点，坚持学党史、悟思想、办实事、开新局，以“我为群众办实事”为切入点，深化改革，服务中心，取得较好的工作成效。娄底市被评为全省计生协重点工作优秀单位（第二名），家庭健康促进工作在全省计生协会议上作典型发言。

【深化改革】2021年11月17日，娄底市印发《娄底市计划生育协会改革方案》，方案就加强党委政府对计生协工作的领导、加强乡村两级队伍建设等提出明确要求，要求建立党委政府定期听取计生协工作汇报或专题会议制度，争取党委政府主要领导参加计生协重大活动和帮助解决重点难点问题。各县（市、区）改革有序推进，其中娄星区、新化县已出台改革方案。全市乡、村两级计生协换届选举工作基本完成，基层队伍建设有所加强。

【宣传教育】2021年，娄底市计生协系统通过走访慰问、优生优育指导、健康义诊、发放宣传册等方式开展宣传服务活动。5月，举办纪念中国计生协成立41周年“学党史　促改革　强本领　办实事”主题宣传活动暨计生协业务培训，市、县、乡各级计生协工作人员132人参加活动。开展“5·29”宣传活动，全市各级计生协张贴宣传标语5万余条，悬挂横幅1100余条，发放计生政策和计生家庭帮扶手册、优生优育和生殖健康科普手册等宣传资料20余万册，举办座谈会、健康知识讲座、宣讲会等80余场次。深化与市级媒体合作，开办专题专栏，向媒体投稿，讲好协会故事，传播协会声音。市计生协联合市卫健委对珠山人口健康文化公园进行改造提质，拨款15万元对一些基层宣传阵地进行提质扩面。娄星区、冷水江市分别投入17万元、10万元在城区打造家庭健康宣传街，建设宣传灯箱210个和固定宣传牌82块。双峰县、新化县分别新建一批家庭健康宣传广场（大院）。

【家庭健康】2021年，娄底市计生协投入4万元，在双峰县杏子铺镇开展“健康知识进万家”试点工作。各县（市、区）积极培训家庭健康指导员，冷水江市举办家庭健康服务能力培训班10场，培训骨干会员800余人，双峰县各乡（镇、街道）组织村级计生协工作人员开展家庭健康知识竞赛。市、县共投入资金75万余元，建设一批家庭健康服务中心、“健康驿站”、“暖心家园”阵地。开设“健康大讲堂”，实施轮回宣讲，全市受益群众12万人。各级计生协积极参与无烟环境建设宣传服务活动，开展“无烟家庭”主题公益宣传，组织网络有奖答题活动，新化县制作、张贴禁烟标志1.5万余处，宣传海报2.5万余张。印发《深入开展创建健康幸福家庭活动方案》，市、县两级开展相关评比和奖励。开展青春健康教育进校园活动和“青春健康·沟通之道”家长培训，冷水江市成功创建省级青春健康教育工作示范点，双峰县在全省的青春健康教育工作会议上作典型发言。5月，举办生殖健康咨询义诊75场，受益群众1.1万余人次。

【优生优育】2021年，娄底市计生协从全市医疗卫生机构和高校遴选人员，组建市、县级优生优育与生殖健康专家库。将同级卫生健康部门和医疗卫生机构的有关负责人发展为计生协理事，指导开展优生优育。编印《优生优育常识》和《生殖健康常识》，作为全市计生协工作人员的工具书。是年，娄底市计生协在《娄底广播电视报》开辟《优生优育与生殖健康》专栏，各级计生协采取宣传栏、宣传墙和媒体宣传等形式，大力普及优生优育科普知识。双峰县成立优生优育指导中心，开展宣传教育、优生优育检测及相关服务。各地举办新婚夫妇优生优育培训班，开展孕期产后随访活动，引导育龄群众参加优生遗传检测。

【生育关怀】2021年，娄底市各级计生协走访慰问计生家庭4125户，发放慰问金430余万元。计划生育特殊家庭走访慰问实现全覆盖。与志愿者团队合作，为计生家庭特别是失独家庭提供各类服务。计生协提供业务指导和资金支持，开展项目绩效评价。为目标人群开通就医绿色通道，落实计划生育特殊家庭住院护理补贴项目，全年为691名住院人员发放住院护理补贴81万余元。10月，市计生协开展计生特殊家庭住院护理补贴发放督查。推进计生系列保险，政府出资65万元为每户计划生育特殊家庭购买计生家庭意外险。全市投保人数54.4万人，投保金额957.4万余元。

（李　倩）

# 法　治

◎立法工作
◎政法委与综治
◎公安
◎检察
◎法院
◎司法行政

## 立法工作

【概况】2021年,娄底市人大常委会按照"科学立法、民主立法、依法立法"的总要求,进一步完善"党委领导、人大主导、政府依托、各方参与"的工作格局。督促指导相关责任单位就《娄底市城市综合管理条例》《娄底市机动车停车条例》《娄底市农贸市场管理条例》等4个调研项目有序开展立法前期工作。为规范市民文明行为,完善促进文明行为的有关设施和保障,出台《娄底市文明行为促进条例》;贯彻省人大常委会部署要求,推进协调立法,牵头组织邵阳、益阳两市人大常委会,完成《娄底市资江保护条例》的协调立法工作;助力美丽乡村建设,推动《娄底市人居环境治理条例》完成第一次审议。修改《娄底市规范性文件备案审查办法》《娄底市规范性文件备案审查工作程序规定》,提升规范性备案审查工作水平,省人大常委会在《湖南人大信息》中以《加强领导突出重点扎实开展规范性文件备案审查工作》为题,全面推介娄底市人大常委会备案审查工作。

【《娄底市文明行为促进条例》出台】2021年7月30日,娄底市五届人大常委会第三十九次会议表决通过《娄底市文明行为促进条例》(简称《条例》)。9月29日,省十三届人大常委会第二十六次会议批准《条例》。《条例》自2021年11月20日起正式施行。《条例》共五章三十二条,涵盖文明行为规范、促进与保障两大方面的内容。第一章为总则,第二章为文明行为规范,第三章为促进与保障,第四章为法律责任,第五章为附则。《条例》立足娄底市实际、借鉴外地经验,是娄底市制定的第一部促进型法规。（吴林芳）

## 政法委与综治

【概况】2021年,娄底市政法系统以党史学习教育和政法队伍教育整顿为统领,坚持系统观念、法治思维、强基导向,紧紧围绕为中国共产党成立100周年创造安全稳定环境主线,全面推进平安娄底、法治娄底建设,全市社会治安形势总体向好,没有发生影响重大的政治性事件、影响重大的群体性事件、影响恶劣的不稳定事件、暴力恐怖事件和重大安全事故。市社会治理网格化管理服务平台建设项目入选2021年政法智能化建设"智慧治理创新案例",政法队伍教育整顿工作成效获中央第十督导组充分肯定。全市12人被授予见义勇为先进个人。

【思想政治建设】2021年,娄底市委、市政府先后20次召开市委常委会议、政府常务会议专题研究政法队伍教育整顿、扫黑除恶、政治安全、市域社会治理、打击电信网络诈骗等工作,市委书记、市长3次到市委政法委调研政法工作。市委政法委以加强党的政治建设为统领,坚持和完善党领导政法工作机制,充分发挥牵头抓总、统筹协调、督办落实职能作用,把党的领导落实到政法工作各领域全过程。先后举行政法系统学习贯彻党的十九届六中全会、省第十二次党代会、市第六次党代会精神宣讲研讨会,政治轮训实现全覆盖。常态化开展政治督察和纪律作风督察巡查。认真开展党史学习教育,严格落实政法意识形态工作责任制,加强对政法宣传舆论引导,推介钟兴华、黄其焕等优秀政法干警的先进事迹。深入落实《中国共产党政法工作条例》,抓好督察反馈意见的整改落实、常态长效,出台《关于市委政法委员会协助市委及市委组织部加强政法系统领导班子和干部队伍建设的实施办法(试行)》,严格执行重大事项请示报告制度,全年向市委报告17次。

【维护社会稳定】2021年,娄底市委政法委坚持总体国家安全观,以重大风险排查防范化解和县域社会治理5项重点工作为两大抓手,坚决捍卫政治安全,深化政治、经济等国家安全重点领域制度建设,抓严抓细安保维稳,构建市、县、乡、村四级书记抓安保维稳、同步指挥、同步执行、同步督导的"四级三同步"安保维稳大格局,在中国共产党成立100周年、省第十二次党代会等重大活动时期实现了"五个不发生"目标。全市盗窃、砸车取物等刑事类警情同比下降20%以上,反诈打跨百名民警抓获人数排全省第一。

【服务经济发展】2021年,娄底市政法系统增强法治服务保障力度,优化法治化营商环境,出台服务经济社会发展"十条措施",加大对"三强"、金融诈骗、非法传销、非法集资、非法洗钱等犯罪的惩治力度，查破影响优化经济发展环境类刑事案件76起，打击处理33人，破获湖南首例虚开机动车销售发票案件。依法保护民营企业，强化产权特别是知识产权的司法保护，依法审结知识产权一审案件133件。提升公共法律服务供给水平，建立“企业法律服务站”，增设园区警务室（派出所），为重点民营企业开展免费“法治体检”。全力打处非陈案化解和资产处置，盘活房地产等项目资产15.3亿元，完成九龙集团非法集资案庭审。开展“我为群众办实事”实践活动，解决群众急难愁盼问题5.3万件，发放司法救助金636.1万元，惠及群众287人。

【扫黑除恶专项斗争】2021年，娄底市委政法委以常态化扫黑除恶斗争要求为指引，强化抓落实、抓打击、抓倒查、抓建设、抓整治。制定出台《关于常态化开展扫黑除恶斗争的实施意见》《2021年娄底市扫黑除恶斗争工作要点》。落实村（社区）干部任职资格县级部门联审制度，开辟“快审快办”集中审查通道，筛除受过刑事处罚、存在“村霸”和涉黑涉恶等问题及非法宗教的组织者、实施者、参与者等180人。持续在信息网络、自然资源、交通运输、工程建设四大行业领域开展整治。

【司法体制改革】2021年，娄底市委政法委推进政法领域改革，机制建设、司法公正、社会治理、风险防范四个方面15项改革任务基本完成。深化执法司法制约监督体系改革，坚持“五速”工作机制，健全重大、疑难、复杂案件院庭长直接审理机制，有效提升案件审理质效，诉前调解纠纷的经验做法被最高法院《司法改革动态》推介。开展“公益诉讼守护美好生活”专项监督活动，督促恢复被污染水源地面积3216公顷。深化新时代县域警务改革，推动“互联网+网格”县域风险管控平台、公安交通集成指挥平台、派出所警务工作平台稳步实施，“娄底红”微信小程序获“智慧公安我先行”大赛全省第二名，布溪派出所、金开派出所获评全省第二批枫桥式派出所。全面完成行政复议体制改革，构建现代公共法律服务体系，法律顾问、微信群实现村（社区）全覆盖。

2021年11月19日，娄底市县域社会治理重点工作部署会议召开　　（市委政法委供图）

【社会治理创新】2021年，娄底市政法系统坚持和发展新时代“枫桥经验”，打造“娄底屋场会”“娄底红”“村民自治积分制”等娄底品牌和“访调对接”“六个一”人民调解新模式，并在全市推广，“社会治理网格化管理服务平台建设项目”获评2021年度全国政法智能化建设“智慧治理创新案例”。深化网格化服务管理，构建“五级”防控体系，平台累计受理各类矛盾纠纷和事件44万件，办结42.18万件，处置率95%以上，网格服务疫情防控经验做法被省委办公厅《要情汇报》刊发并推广。深化基层平安创建，推动“雪亮乡村”和“智安小区”建设，娄底高铁南站派出所万宝警务室建立全省首家路地护路联防指挥平台。

2021年7月27日，“娄底市社会治理网格化管理服务平台建设项目”获评2021年政法智能化建设“智慧治理创新案例”　　（市委政法委供图）

【政法队伍建设】2021年，娄底市政法系统始终坚持全面从严管党治警，全市1079名干警主动说明问题，立案查处1229人。坚持顽疾整治与建章立制并举，执法司法突出问题得到有效整治。坚持实战实用实效，开展全警实战大练兵、学术讲座、“党建+学习教育”“党建+堡垒强化”等，提升政法干警的法律政策运用能力、防控风险能力、群众工作能力、科技应用能力、舆论引导能力。坚持激励奖励，推树政法先进典型181名、先进集体22个，增强政法队伍凝聚力、向心力、战斗力。（贺　恺　邵海琪）

## 公　安

【概况】2021年，娄底市公安机关在安保维稳、疫情防控、扫黑除恶、反诈打跨、交通问题顽瘴痼疾集中整治等主责主业上取得好的成绩。市公安局获“2021年度市州公安机关绩效评估成绩突出单位”“全国扫黑除恶专项斗争先进集体”“全省打击治理电信网络诈骗犯罪工作成绩突出单位”称号，道路交通顽瘴痼疾整治获省政府2021年真抓实干督查优秀等次。（罗　强）

2022年3月5—11日，娄底特警全面强化城区社会治安巡逻防控。图为巡逻现场　（市公安局供图）

【安保维稳】2021年，娄底市公安机关纵深推进部督专案10余起，完成九龙集资案件开庭审理安保维稳工作。全国“两会”、建党100周年、省第十二次党代会安保维稳实现零扣分，获全省先进。出台《2021年娄底市乡镇街道政治安全和社会稳定风险报告》，纵深推进县域警务重点工作。（罗　强）

【打击犯罪】2021年，娄底市公安机关紧扣主责主业，强力推进“雷霆行动”，严厉打击电信诈骗、涉黑涉恶、黄赌毒等各类突出违法犯罪。全力以赴打击电信诈骗类案件，破案率同比上升242%，百名民警抓获电信诈骗类嫌疑人数娄底排全省第一；常态化开展扫黑除恶，扫除娄底黑恶势力和土壤；全面打击“黄赌毒”，全方位净化娄底社会治安环境；回应群众关切，快破案、破小案，破侵财类型案，全市刑事类警情中的盗窃、入室盗窃、砸车取物、盗窃车辆警情同比分别下降11.91%、24.24%、10.13%、20%；全力侦办各类经济犯罪案件，护航娄底经济发展和社会稳定。（罗　强）

【便民服务】2021年，娄底市公安机关为企业办理实事429件，整治突出问题178个，出台服务企业举措40项，增设园区警务室16个，明确项目警官172人。优化经济环境，严厉打击“三强”，查破相关案件169起，打击处理199人。办理人大建议19件、政协提案19件，提案代表见面率、满意率达100%。（罗　强）

【规范执法】2021年，娄底市公安机关构建“党委领导、法制牵头、警种主责、协同联动”的执法大监督格局，核查举报线索440件，排查、整改“六大顽瘴痼疾”问题1834个，清理整改“减假暂”案件3164起，制定出台长效制度4类35项。建成1个县级执法办案管理中心和7个所队执法办案区。全市公安机关执法顽瘴痼疾整改率、行政案件结案率、盗窃类行政案件办结率、公诉率全部达标。（罗　强）

【强化保障】2021年，娄底市对“情指勤舆督”一体化平台、市看守所“体检”、派出所建设等重点工作一体推进。完成涟源市、双峰县强制隔离戒毒所立项验收等工作项目20个，为市公安局机关购置更新执法执勤用车20辆。（罗　强）

【钢城分局】2021年，娄底市公安局钢城分局明确科所队领导主抓、法制员监督、民警具体负责的工作流程，完善从现场处警、案件受理到办理终结的“闭环式”工作机制，落实各项安保举措，妥善处置各类维稳事件；整治执法顽瘴痼疾，下发执法问题通报16期，通报考核民警20人次，整改执法问题44个；破获市纪委、市公安局交办的郭某等人涉嫌诈骗案、部督“10·19”越南妇女被绑架案、“10·22”大市场入室抢劫杀人案等有影响力的案件。社会治安防控体系优化升级，辖区连续10年刑事案件低发；落实“零距离”服务、“零容忍”整治、“零干扰”自律的“三零”工作机制；推动队伍教育整顿，开展执法顽瘴痼疾查究整改，自查问题案件109起，整改合格率100%。宣传推介优秀民警党员，全年评授二等功1人次，三等功4人次，嘉奖6人次。

（邓　冶）

## 交警工作

【概况】2021年，娄底市公安交警推进顽瘴痼疾整治、创文交通安保、农村交通安全管理工作，加强管理精细化、队伍正规化建设，确保全市道路交通安全形势总体平稳。全年查处各类违法行为138万余起，其中，无牌无证32479起，酒驾、醉驾、毒驾3834起，客车超员1390起，违法载人11334起，人货混装360起，刑事拘留152人。全市道路交通事故“四项指数”稳中有降，未发生较大以上交通事故，亡人交通事故起数、死亡人数分别下降0.39%、1.89%。全年有12个集体、86名个人立功受奖。

【协同共治】2021年，娄底市健全政府、企业、社会三位一体的治理架构，打造“大交通”管理格局。通过健全和完善协同共治机制，综合运用日常调度、问题交办、调研督导、考核通报等手段，抓好重点路段、重点车辆和重点违法的集中整治工作。推进“戴帽工程”和货运车辆非法改装“两个专项”行动，治顽疾、控风险、压事故。推进派出所管交通工作，加强农村道路交通安全管理工作，发挥保险行业、企业、农村基层组织等多方面力量，专群专治、群防群治。

【执法规范化】2021年，娄底市交警支队围绕“减量控大”、县域警务风险防控、事故复核与深度调查3条主线，推动各项工作落地实施。实施城市文明畅通提升行动计划，推进交通基础设施建设，完善和修缮城区毁损和缺失的标志、标牌102块，标线6900平方米，护栏4000米，防撞墩110个。实施“停车泊位”计时收费。

【交通安全管理】2021年，娄底市交警支队以全国文明城市复审为契机，常态化开展交通违法行为整治行动，严查酒驾、醉驾、超员、超速等重点违法行为。大力开展摩托车、电动车交通安全集中整治行动，摩托车、电动车乱骑、乱闯、乱插、乱停、乱放“五乱”现象得到有效治理，戴帽率提升至90%以上。进一步完善县、乡、村三级道路交通安全管理机制，全市成立89个交管站、1983个劝导站，拥有村级交通安全协管员3068人、劝导员1869人，“两站两员”覆盖率达100%，全市农村道路交通安全防控网络基本形成。协同推进顽瘴痼疾整治工作，全市累计整改各类交通问题顽瘴痼疾30.52万起，完成省整治办交办问题隐患51期、2043起，完成整改49期、1994起，整改率达97.6%。全市道路交通本质安全全面提升，娄底在全省交通问题顽瘴痼疾整治年度考评中评为优秀等次，得到省政府真抓实干表扬激励。

【车驾管理服务】2021年，娄底市交警支队推进交管“放管服”改革便民措施落实，在申请材料4个减免、“点对点”车检、网上办理业务等方面简单化，让简单业务一证即办、普通业务一窗通办、个性服务自助快办，实现车驾管业务线上线下监管全覆盖。全市新建投入使用车管分所3个，开展等级车管所评比活动。全年办理机动车注册登记94918台次、转移登记39052台次、变更登记证3397台次、车辆年检234419台次，无一差错。清零存在3次以上违法行为的重点车辆4800余台次，督促1.67万余台重点车辆、1.53万余名重点车辆驾驶人完成年审年检业务，清理涉毒驾驶人124人。

【交通安全宣传】2021年，娄底市交警支队交通安全宣传队以七进为契机，针对性地开展7个小长假、安全生产月、开学季、122全国交通安全日、醉驾入刑十周年、安全生产法、农村固本强基、刑法修正案等交通安全宣传工作。持续开展五大曝光行动，根据“宣传贴

2021年，娄底市推进“戴帽工程”。图为宣传活动现场　（市交警支队供图）

近实战”的原则，在开展一盔一带、夜查整治等行动时，警媒联动，对查获的交通违法行为第一时间在各大媒体、支队双微平台曝光，公布一批突出违法车辆、典型案例、高危风险企业、终身禁驾、不礼让斑马线等违法行为。通过“两客一危一货”“两站两员”“微网格”等微信群和自建短信平台点对点向重点驾驶员、群众发布警示提示信息，打通交通安全宣传进社区、进村组、进运输企业最后一公里。组织交通安全宣传工作队，会同志愿者、两站两员等行业力量，到乡镇、村组开展“美丽乡村行”交通安全巡回宣讲活动。

（张馨予）

## 检　察

【概况】2021年，娄底市检察机关贯彻落实《中共中央关于加强新时代检察机关法律监督工作的意见》以及省第十二次党代会、市第六次党代会精神，扎实推进党史学习教育和政法队伍教育整顿，依法履行法律监督职责，刑事检察、民事检察、行政检察、公益诉讼检察等各项工作取得新进展。是年，全市检察机关共办理各类案件15379件，其中刑事案件10026件，民事行政案件796件，公益诉讼案件1767件，职务犯罪案件4件，刑事执行监督、控告申诉等案件2786件。

【服务保障大局】2021年，娄底市检察机关维护社会大局稳定，批捕各类刑事犯罪嫌疑人4600人，起诉5639人。严厉打击故意杀人、抢劫、强奸等严重刑事犯罪，起诉233人。严厉打击毒品犯罪，起诉788人。常态化推进扫黑除恶斗争，批捕35人，起诉66人。参与“反诈打跨”“断卡”专项行动，依法打击电信网络诈骗犯罪，起诉1261人。依法办理非法集资、非法传销、洗钱等犯罪，起诉66人。营造法治化营商环境，严惩扰乱市场经济秩序犯罪，批捕227人，起诉358人。注重保护民营企业发展，对犯罪情节轻微的企业管理人员依法不批捕20人，不起诉24人。针对案件久侦不结问题，联合公安机关清理涉民营企业“挂案”20件，撤案15件。针对民营企业在转型过程中依法经营意识、法律风险防范意识欠缺等问题开展法治宣讲，出台6项检察规定帮助企业防范法律风险。

【推进社会治理】2021年，娄底市检察机关认真落实市委、市政府《关于支持检察机关加强检察建议工作的意见》，制发社会治理类检察建议51份，当好党委政府“法治参谋”。弘扬新时代“枫桥经验”，对首次到基层院申诉的信访案件全部由院领导包案办理，妥善办结重复信访案件62件，邀请律师接访处访、参与办理信访案件54件，接待处理各类信访件1136件，均在7日内程序回复，3个月内实体答复，能在检察环节解决的问题绝不“击鼓传花”。落实“谁执法谁普法”责任制，将释法说理贯穿办案始终，增强公众法治意识。

【刑事检察工作】2021年，娄底市检察机关以优化“案一件比”（指发生在人民群众身边的“案子”，与进入司法程序后所经历的有关诉讼环节统计出的“件数”相比，形成的一组对比关系）和认罪认罚从宽适用率为抓手，做优刑事检察工作。全市检察机关刑事案件“案一件比”为1.131，同比下降0.8314（反向指标），认罪认罚从宽制度适用率83.41%。秉承客观公正立场，不批捕849人，不起诉894人。督促侦查机关立案100件153人、撤案54件65人，纠正漏捕118人，纠正漏诉126人。对确有错误的刑事裁判提出抗诉18件。纠正减刑、假释、暂予监外执行不当以及社区矫正脱管漏管297人次，清理纠正未收押收监57人。

【民事行政检察工作】2021年，娄底市检察机关以贯彻民法典为契机，加强民事诉讼活动监督，办理民事检察案件566件。坚决惩治“假官司”，办理虚假诉讼监督案件8件，涉案金额1296万元。针对民事审判活动违法情形提出检察建议180件，法院回复采纳174件。对民事执行活动提出检察建议85件，法院回复采纳76件。维护弱势群体合法权益，办理支持农民工等群体起诉案件153件。立足维护司法公众、促进依法行政，办理行政诉讼监督案件184件。与司法局会签《关于强化协作配合推动行政争议实质性化解的工作意见》，通过促成和解、督促纠正违法、给予司法救助等方式，实质性化解行政争议案件36件。对行政执行（含非诉执行）提出检察建议104件，法院采纳104件。

【公益诉讼检察工作】2021年，娄底市检察机关落实市委、市政府《关于支持检察机关开展公益诉讼工作的意见》，回应群众关切，立案公益诉讼案件600件，其中行政公益诉讼案件488件，民事公益诉讼案件

112件。开展“公益诉讼守护美好生活”专项监督活动，加强生态环境保护监督，督促回收和清理固体废物及生活垃圾14吨。守护“舌尖上的安全”，办理食品药品领域公益诉讼案件65件。以生态环境损害赔偿案件为重点，强化对生态环境损害赔偿制度运行的监督，通过支持磋商的方式，督促行政机关依法履职，促使污染者主动承担侵权赔偿责任。市检察院办理的支持娄底市生态环境局对湖南联成浪石滩发电站有限责任公司泄露含油废水污染环境提起生态环境损害赔偿磋商案，支持该局作为赔偿权利人，启动生态环境损害赔偿磋商机制，要求该公司承担生态修复费用66万余元。依法拓宽公益诉讼范围，在市应急管理局设立安全生产检察联络室，加强协作配合。市检察院与市纪委监委联合制定《关于建立公益诉讼案件线索双向移送机制和加强协作配合的若干意见（试行）》，增强检察监督刚性。

2021年11月16日，娄底市人民检察院驻娄底市应急管理局安全生产检察联络室揭牌

（市检察院供图）

【职务犯罪检察工作】2021年，娄底市检察机关扎实推进职务犯罪检察工作，受理监察委移送职务犯罪案件24件35人，起诉19件27人，依法对攸县县委原副书记、攸县人民政府原县长苏某涉嫌受贿、挪用公款案提起公诉。立案侦查司法人员相关职务犯罪案件2件8人，起诉4人。

【未成年人检察工作】2021年，娄底市检察机关用心呵护未成年人健康成长，严惩侵害未成年人权益犯罪，批捕494人，起诉513人。最大限度地教育、感化、挽救误入歧途的“熊孩子”，不批捕177人，附条件不起诉143人。坚持宽容但不纵容，对确需依法严惩的未成年人，批捕293人，起诉331人。落实检察长和检察官担任法治副校长制度，56名检察官担任中小学校法治副校长，开展“法治进校园”宣讲等活动50余场次，受教人数达1万人。联合多部门建立未成年被害人“一站式”询问和侵害未成年人案件强制报告制度，避免“二次伤害”。

【控告申诉检察工作】2021年，娄底市检察机关不断健全信访工作机制，大力化解信访积案，受理审查民事、行政诉讼监督案件215件，刑事申诉案件40件。办理国家赔偿案件4件，申报司法救助案件51件，已发放救助金117.5万元。组织检察长接待日208天，办结检察长批办案件32件。开展群众信访件件有回复“回头看”活动，对2020年以后受理的群众信访件回复情况开展自查，对查摆出的问题及时整改落实。

【司法体制改革工作】2021年，娄底市检察机关制定《娄底市检察机关行政非诉执行监督工作办法（试行）》。娄星区检察院与法院、司法局会签《关于加强刑事速裁、民事支持起诉与司法行政协作配合的实施办法》。指导全市各基层检察院与自然资源规划部门建立协作机制，为非诉执行监督案件的办理以及土地非诉执行专项活动的开展奠定基础。首创“导师带新人”模式培训做法，市检察院确定14位各条线业务骨干担任导师，对基层检察院38名干警实施一对一精准辅导教育培训。检察人员考核采取以公务员考核为统领，按照平时考核、精细化考评和检察人员考核相融合的“1+3”模式进行，对检察人员实行全员、全面、全时考核。该经验做法被湖南省人民检察院在全省检察系统推广。

【接受外部监督】2021年，娄底市人民检察院向市人大常委会报告工作、接受专项监督调研11次，通过检察工作向市政协、民主党派、工商联和无党派人士办理和回复意见、建议24条。邀请人大代表、政协委员、人民监督员、特约检察员参加检察开放日、公开听证、庭审观摩等活动117人次。

打造“两微一端一门户一抖音”检察新媒体矩阵，发布动态信息1273条，拍摄普法宣传微视频51个，其中12个普法微视频被“CCTV今日说法”官方微信公

2021年5月31日，娄底市人民检察院未检办的检察官在娄底市第一中学附属星星中学开展“检爱同行，共护未来”主题检察开放日活动

（市检察院供图）

众号和官方微博采用并转发，多篇普法宣传稿件被中国长安网、正义网、新湖南（湖南日报社新媒体）、红网等国家级、省级媒体转发。

【检察队伍建设】2021年，娄底市检察机关开展党史学习教育，深化检察机关政治建设。贯彻落实《中国共产党政法工作条例》和重大事项请示报告制度，主动向市委、省检察院报告工作70余次。开展政法队伍教育整顿，落实自查从宽、被查从严政策，全市检察机关以4种形态问责处理干警123人次。严格执行防止干预司法“三个规定”，记录报告或说明情况277件次。整治顽瘴痼疾，制定完善相关制度30项。正风肃纪，整治违反中央八项规定问题，对基层院系统内巡察实现全覆盖。接受纪检监察派驻监督，立案查处违纪违法检察人员19人。建立以“案一件比”为核心的考核指标体系。实行市院领导联系指导基层院制度，协调解决基层发展难题。推进智慧检务建设，通过统一业务应用系统、政法跨部门大数据平台，实现案件网上录入、网上管理、网上监督。（曾　毅　张　丽）

## 法　院

【概况】2021年，娄底市受理各类案件（含旧存）60253件，审结58085件，结收比为109.23%，居全省第三。娄底市中级人民法院在省法院组织的2021年度考核中，名列全省第三，获评全省法院考核优秀单位，在2021年度湖南省公众安全感民意调查中，公众满意度在娄底市政法系统中名列第一。

【刑事审判】2021年，娄底市受理刑事犯罪案件3622件5342人，审结3001件4595人。审结危害公共安全、故意伤害、两抢一盗等严重暴力犯罪案件870件1016人。审结交通肇事、危险驾驶案件372件379人。审结贪污、贿赂、渎职等职务犯罪一审案件21件32人。审结涉黑涉恶案件16件39人，判处五年以上有期徒刑12人。审结毒品犯罪案件411件619人，判处五年有期徒刑以上刑罚171人。审结“打处非”诉讼案件27件36人，对集资诈骗6亿余元的湖南新地企业集团有限公司原董事长周某鲁判处无期徒刑。完成“九龙”非法集资专案的开庭审理，受到市委主要领导批示肯定，并在全国法院刑事审判调研座谈会上作经验发言。

【民商事审判】2021年，娄底市受理民商事案件28116件，审结24858件。依法审结货物买卖、租赁、担保等合同案件7816件。审结劳动争议案件581件。开展家事审判改革，审结家事案件3241件，举办第一届娄底家事审判业务技能竞赛。开展破产积案清理，发挥破产重整救治功能，审结破产案件9件，依法盘活建成东方财富广场等房地产项目，盘活资产16.1亿元。依法审结教育、就业等民生案件4802件，开展为农民工讨薪专项行动，追回工资899.26万元。参与“无籍房”办证与税费清缴，协助办证5364本，收缴税费

2021年8月26—28日，娄底市中级人民法院开展第一届娄底市家事审判业务技能竞赛现场

（市中院供图）

2500余万元。审结知识产权一审案件133件，涉外、涉港澳台、涉自贸区案件26件。推进环境污染防治，开展“环境资源审判利剑专项行动”和《长江保护法》普法宣传，审结环境资源案件76件。

【行政审判】2021年，娄底市受理行政案件1014件，审结947件。受理非诉执行案件297件，审结290件。推进一审行政诉讼案件集中管辖、属地化解、行政负责人出庭应诉“三项机制”，推动行政争议源头预防和实质化解。依法审查，保障行政相对人的合法权益，裁定不准予强制执行7件，改判9件。支持依法行政，驳回行政相对人起诉、诉讼请求112件。注重协调化解，经法院协调撤诉86件。

【执行工作】2021年，娄底市执结案件24094件，执行到位金额26.54亿元，推行案款管理“一案一账号”，及时发放案款。组织开展集中执行行动5次，成功执结一批“钉子案”，着力遏制规避执行，限制消费10194人，纳入失信被执行人信息系统2968人。打击拒执行为，以涉嫌拒执犯罪移送17人。解决财产变现难题，组织网络司法拍卖1691次，成交额4.73亿元。坚持“一案双查”，出台执行规范制度，对消极执行、选择性执行等不规范执行行为严肃整治；运行人民法院执行指挥应急调度服务平台，向申请执行人开放“阳光执行”App，提升执行工作透明度。开展服务保障“三高四新”战略定位和使命任务专项执行行动，被《人民法院报》《湖南日报》等媒体推介。

【司法体制改革】2021年，娄底市两级法院深化改革，落实司法责任制，加强审判团队和审判专业化建设，巩固内设机构改革成果，细化法官及辅助人员权责清单，推动院庭长带头处理重大疑难复杂案件，全市法院入额院庭长平均办案超115件。推进案件质量评查审判监督，确保审判权正当行使。深化省以下法院人财物统管配套改革，协调推动员额、经费等向基层倾斜。升级“一站式”便民服务，全市法院设立诉源治理工作站65个，诉前化解矛盾纠纷8482件；引进社会力量解纷，对接调解组织57个、调解员263人，调解案件4062件，工作经验被最高人民法院《司法改革动态》推介。深化案件繁简分流，办理速裁、简易案件14801件，平均审理周期27.7天。加快智慧法院2.0建设，全市法院网上立案6804件、跨域立案112件、电子送达文书20653份、在线音视频调解5129次、网上开庭1585场。

【教育整顿】2021年，娄底市两级法院开展政法队伍教育整顿，两级法院核查问题线索677条，自查自纠问题266个，党纪政务处分19人，组织处理203人，整治顽瘴痼疾98项，开展涉诉信访案件评查化解、执行领域突出问题集中整治、涉黑涉恶案件线索倒查等行动。建章立制，对防止干预司法“三个规定”、减刑假释、审判管理、司法作风等15个领域制定实施办法、长效机制。在教育整顿及“回头看”评估验收环节，市中院得分居娄底市政法机关第一，受到中央第十督导组、省第十三指导组的充分肯定。

【接受监督】2021年，娄底市两级法院主动接受人大和政协监督，听取代表、委员提出的意见建议，逐条研究整改。市中院贯彻落实党中央和省委、市委的决策部署，及时向市委、市政法委请示报告重大事项21次。对接纪检监察体制改革，建立工作协调会商机制，支持、配合派驻纪检监察组履职，接受派驻监督，全年组织召开党组会72次。依法接受检察机关诉讼监督，认真审理抗诉案件，及时办理检察建议，共同维护司法公正。接受社会和舆论监督，人民陪审员参审案件4513件。推进阳光司法，全市法院庭审直播13155次，公布审判流程26385条、裁判文书54997份。（熊胜群）

## 司法行政

【概况】2021年，娄底市司法行政工作坚持以习近平新时代中国特色社会主义思想为指导，认真落实习近平法治思想，紧紧围绕中心大局，以党史学习教育铸魂，以政法队伍教育整顿砺剑，以高质量法律服务笃行，为全市经济社会发展提供坚强法治保障。全年全市受理行政复议案件322件、法律援助案件2880件、司法鉴定案件3122件、仲裁案件164件，办理公证业务4724件。

【法治建设】2021年，娄底市出台《娄底市法治社会建设实施方案（2021—2025）》等7个文件，开展党政主要负责人履行推进法治建设第一责任人职责及法治政府建设实地督察。审查市委、市政府规范性文件75件，审查市政府会议纪要和具体事项等190件，审查政府合同32件，对审查发现的问题予以纠正。全年全市共受理行政复议案件322件，完成行政复议体制改革，市（县）司法局代表市（县）人民政府集中行使行政复议职责，市本级打造集咨询、接待、受理、阅卷、听证、审理等功能于一体的行政复议中心，实现一个窗口对外、一个流程办案。争取市委编委支持，从市直部门划转行政编2个，转隶人员4名。加强执法案卷评查力度，抽查12家市直单位和各县（市、区）行政执法案卷150本，对存在问题的行政执法行为督促整改；开展重点领域执法监督，推进行政执法"三项制度"贯彻落实。

【公共法律服务】2021年，娄底市在全省率先建立覆盖城乡、惠及全民的四级公共法律服务实体平台，打造网络、声讯平台，构建现代公共法律服务体系。组建12个律师服务团队为22家重点民营企业开展免费"法治体检"。开展"尊法守法·携手筑梦"公益法律服务行动，组建4家市直律师服务团队和5家县（市、区）服务团队。开展"乡村振兴　法治同行""法润三湘"公共法律服务等活动，推进基本公共法律服务均等化、多元化、专业化。完成国家统一法律职业资格考试报名和客观题考试工作。开展"迎建党百年、护和谐稳定"专项行动，服务企业和各类市场主体2300家。推进扫黑除恶专项斗争，加强对律师代理涉黑涉恶案件的指导监督，全市律师参与办理涉黑涉恶案件469起。

【普法工作】2021年，娄底市严格督促各县（市、区）、各市直单位落实"谁执法谁普法"普法责任制。举办处级领导干部法治培训班，全市正处级单位领导班子成员340余人参加。表彰"七五"普法先进，启动"八五"普法。加强领导干部和国家工作人员学法用法工作，全市近10万名国家工作人员通过"如法网"平台进行在线学法考法，通过率99.97%。加强青少年普法工作，开展法律进校园活动，推进青少年法治教育基地建设。推广农民学法用法，围绕法治乡村建设，开展元旦、春节"送法下乡"集中示范活动和五月农村法治宣传教育月活动、"12·4"国家宪法日法治宣传等活动。规范"民主法治示范村（社区）"创建工作，对全市59个全国和省民主法治示范村（社区)进行抽样复核，推荐6个单位参加2022年湖南省民主法治示范村（社区）创建。市司法局以中国共产党成立100周年为契机，承办娄底市庆祝中国共产党成立100周年党内法规知识竞赛。

【矛盾调处】2021年，娄底市司法行政系统组织调处矛盾纠纷12886起，成功率在98%以上。湖南省委《新湘评论》、司法部《人民调解》以及《湖南日报》、学习强国刊载调解工作相关经验。是年，娄底市经开区涟滨司法所成功调处一起5000万元标的额的矛盾纠纷，人民调解协议书得到娄星区人民法院的司法确认，当事人节约立案费用29.18万元、律师费用约30万元。

【社区矫正】2021年，娄底市成立市、县两级社区矫正委员会，提升社区矫正信息化水平，加强智慧矫正中心的建设，冷水江智慧矫正中心通过司法部的考核验收，涟源市智慧矫正中心完成建设任务，申报省厅考核验收。开展社区矫正排查整治专项活动，按照"一案三查"的要求，对2018年以后的社区矫正案件进行交叉评查，评查案件6167起。

【法律援助】2021年，娄底市各法律援助中心共受理法律援助案件2880件，代书各类法律文书1000余份，接待来访群众7700余人次，发放办案补贴130万余元，发放律师值班补贴60万余元。扩大法律援助范围，将特殊群体和军人军属、退役军人及其他优抚对象作为法律援助的重点对象。开展2021年娄底市法律援助案件质量集中评估活动，提高全市法律援助工作人员的业务能力和法律援助案件的办理质量、服务水平。

【司法公证】2021年，娄底市5家公证处共完成公证案件4724件。全市新增公证员2名，娄底市湘中公证处增加事业编工作人员1名。在符合建立党支部条件的公证处分别设立独立党支部和联合党支部，实现党建工作全覆盖。组织全市公证机构深入开展集中警示教育活动，把警示教育活动与公证质量大评查活动有机结合起来，通过开展公证质量评估检查，加强公证执业风险防控。

【司法鉴定】2021年，娄底市共受理司法鉴定3122件。按照司法部和省厅的要求，市司法局组织开展对全市司法鉴定机构和鉴定人的重新核定，对全市9家司法鉴定机构和鉴定人进行实地检查。组织全市司法鉴定机构参加法医临床、法医病理、痕迹鉴定的考试，要求未参加和未通过法医临床考试的鉴定人参加省厅统一组织的法医临床网络培训。

【司法仲裁】2021年，娄底市共受理仲裁案件164件。市司法局组织开展仲裁案例评查工作，清理历年积案，整理案卷归档，开展优秀案例自评自查，组织专家对2020年以后的100个案例进行案例评查，推选出10个优秀案例参加省司法厅的集中评查，其中1个案例入选司法部案例库。

【重点场所管控】2021年，娄底市司法行政系统开展“平安戒毒所”创建、“百日安全竞赛”和“查隐患、堵漏洞、补短板、保安全”排查整治专项行动，全年实现“六无”。按照戒毒场所疫情防控“高于地方、严于平时”的要求，落实各项防控措施，3次调整场所勤务模式，保持“三零”工作目标。落实应收尽收要求，全年接收戒毒人员268人。坚持科学戒治，强化统一戒毒模式建设，推进戒毒教育供给侧结构性改革，打造特色戒治文化，加强戒毒人员技能培训和职业教育，开展所地合作，引入社会专业力量，提升戒治水平。

【队伍教育整顿】2021年，娄底市司法行政机关推进政法队伍教育整顿。集中开展政治教育45场次、警示教育30场次、英模教育18场次，撰写心得体会4000余篇。发放《娄底市政法队伍教育整顿“自查从宽、被查从严”政策提示函》192份，干警职工及家属知晓率100%；坚持对照检查与谈心谈话并重，引导干警主动自查自纠，组织全局干警职工填报防止干预司法“三个规定”承诺书207份，先后谈心谈话229人次，填写个人自查事项报告表791份，主动交代问题人数9人，主动交代问题线索14条，均按从宽原则处理到位。坚持开门整顿、多方纳谏，逐一整改民众关切的问题；坚持建章立制，建立长效机制标本兼治，明确“六大顽瘴痼疾”整治内容44项、整治措施64个，建立长效机制19个。

（张永红）

# 军　事

◎人民武装
◎武警娄底支队
◎人民防空

## 人民武装

【概况】2021年，娄底军分区党委坚决贯彻党中央、中央军委和习近平主席一系列重要决策指示，按照军委国防动员部、省军区党委和市委部署安排，紧紧围绕建设一流军分区目标，聚力固本培元、应战强能，圆满完成年度各项任务，全面建设向上向好、稳步发展。

【思想政治建设】2021年，娄底军分区学习贯彻习近平新时代中国特色社会主义思想和习近平强军思想，开展党史学习教育，巩固深化主题教育，组织党史知识竞赛、重温入党誓词、重走红军长征路、参观党史地标和“我为群众办实事”实践活动。推动新闻宣传工作，讲好娄底强军故事，在中央电视台国防军事频道刊播《娄底民兵映湘中》专题片，与中国军网联合制作的“百岁老兵寄语百年大党”专题网页入围2021年度中国正能量“五个一百”网络精品评选，10名娄底籍老兵故事被刊发。

【练兵备战】2021年，娄底军分区贯彻习近平主席训令，落实党委议战议训，修订战备方案和应急预案，完善战备物资配套建设，常态落实战备值班力量，组织战备值班业务培训，规范战备秩序。推进应对强敌国防动员专项准备，拍摄支援保障后方仓库行动示教片。组织首长机关在职训练和民兵教练员集训，完成基干民兵训练任务，开展群众性练兵比武活动，组织民兵参加森林灭火、疫情防控等急难险重任务。

【国防动员】2021年，娄底军分区组织国防动员潜力统计调查业务培训和数据会审，核查新兴领域重点潜力资源，完成潜力数据更新。抓好民兵建设，军地联合部署、联合推进、联合督导，完成普通民兵和基干民兵编组任务，两次接受省军区检查，均受到好评。落实“两征两退”改革部署，着眼强军目标需要，加大高学历、高级技工人才等高素质兵员征集力度，完成年度征兵、招收直招士官、录取定向培养士官任务。举办第二期国防专题培训班、“老兵永远跟党走”摄影书画展览和大型国防教育军事展览，邀请一级战斗英雄史光柱到娄底市宣讲，组织学生和市民瞻仰烈士陵园、体验军营生活。

【保障工作】2021年，娄底军分区督导落实正规化建设检查考评细则，完善基础设施，狠抓制度落实，正规“四个秩序”。建成民兵训练基地，改善营区环境，改造电子阅览室、荣誉室，新建体训馆，改善训练生活条件。开展基层武装部全面建设星级达标活动，开展交叉检查和联合考评，组织专武干部参加省、市培训，规范民兵分队预建党组织设置。组织资产大清查，建立资产账目，完成实物盘点，掌握固定资产情况。常态开展疫情防控，协调接种疫苗，确保部队“零感染”。

【党管武装】2021年，娄底军分区协调落实市委常委常态议军、党管武装绩效考评等制度，规范市、县两级第一书记任职程序，督导推进第一书记年度履职重点工作。宣传贯彻《中华人民共和国军人地位和权益保障法》《中华人民共和国退役军人保障法》，督导提高退役军人安置质量。（周　梁）

## 武警娄底支队

【概况】2021年，武警娄底支队深入贯彻习近平强军思想，落实中国人民武装警察部队（简称武警部队）和武警湖南总队（简称总队）党委决策部署，高位筹划部队年度建设任务，扎实推进“十三五”建设规划攻坚，严密组织实战化军事训练，常态开展“卫士风采”群众性文化活动，部队高度集中统一，官兵精神振作士气高昂，有效履行党和人民赋予的使命任务。

【军事训练】2021年，武警娄底支队先后多次组织实兵实装拉动演练，检验应急处置能力；开展群众性练兵比武，每季度评选“军事训练标兵”；组织首届军事体育运动会、承办总队首届特战侦察狙击手集训等活动；常态开展城市联勤武装巡逻，圆满完成各类临时勤务，多次参加总队各类集训比武并获得奖牌。年终军事训练考核位列总队第三，支队参谋部被总队评为“先进参谋部”，1人立二等功。

【政治建设】2021年，武警娄底支队以学习贯彻习近平总书记在庆祝中国共产党成立100周年大会上的讲话和党的十九届六中全会精神为重点，统筹推进党史学习教育、"传承红色基因，担当强军重任"主题教育，贯彻落实思想政治教育"三个法规性文件"，开展基础教育和经常性思想教育，学习新时代"卫国戍边英雄群体""反恐尖刀中队"等典型事迹。组织庆祝建党一百周年"七个一"活动、"卫士杯"篮球赛、《忠诚卫士组歌》传唱和蔡和森纪念馆"火炬接力"网宣活动；加强新闻宣传报道，90余篇新闻报道见诸报刊、电视和网络等媒体。参与乡村振兴，开展消费扶贫，投入10余万元为定点村改善基础设施，资助贫困学生，慰问困难家庭。1人被总队评为"优秀政治干部"，1人被总队表彰为"优秀共产党员"，新化中队党支部被总队表彰为"优秀党支部"。

【后勤保障】2021年，武警娄底支队按照实案化、体系化、精确化要求，抓好后勤保障方案常态化推演、实战化检验和动态化更新，年终考核取得优秀成绩。拓展"一专多能、一兵多用"，提升后勤队伍能力素质。聚力打赢后勤领域"五场会战"，拓展"厉行节约、反对浪费"活动，定期开展医疗巡诊，官兵健康体检率、新冠疫苗接种率均为100%。

【基层建设】2021年，武警娄底支队集中组织4批次党委机关蹲点帮建，开展帮建支部、帮带干部、帮抓骨干活动。常态开展业务辅导、难题会诊、经验交流等活动，帮助基层理清思路、补齐短板，夯实基层基础。落实利兵惠兵政策，开展党委机关为基层办实事活动，慰问救济困难官兵。推动解决家属随军随调、转业干部安置、子女入园入学等难题。双峰中队被总队评为"执勤标兵中队"。

【首届军事体育运动会】3月9日，武警娄底支队举行首届军事体育运动会。此次运动会将田径、器械、趣味三类项目进行搭配组合，突出"米秒个"等硬指标比拼，比武队员敢打敢拼，把赛场当战场，围绕1000米跑、3000米跑、5公里武装越野、单杠卷身上、单杠引体向上、双杠杠臂屈伸、仰卧起坐、俯卧撑、跳绳9个单项展开竞赛。　（贵上芬）

## 人民防空

【概况】2021年，娄底市人民防空系统推进重点工程项目建设、信息化建设和防护体系建设，全年组织完成各类训练演练27次。组织大型人防知识宣传活动3次，新建改建宣传教育场所1处。

【人防工程建设】2021年，娄底市推进人防指挥通信工程，启动"一中心、三部门"建设，人防基本指挥所完成竣工验收，市人防技能训练基地和军分区民兵训练基地建成。启动娄底市人防疏散基地建设。

【人防行业整改】2021年，娄底市处置老旧人防工程问题项目16个，省审计厅对娄底人防项目专项审计完成，落实问题整改。重新梳理2013年至2021年6月的所有建设工程项目的易地建设和结建项目台账，联合法院追缴人防易地建设费；对难以追缴到位的项目，通过直接送达或报纸公告送达的方式发放征收决定书和催缴通知书，完成取证、听证，进入强制执行阶段。行业问题整治率达100%。

【人防宣传教育】2021年，娄底市有效开展人民防空工作"五进四化"宣传，人防宣传进机关、进学校、进社区、进企业、进网络。利用红绿灯平台和《娄底日报》阅报栏宣传人防知识，开展住建人防宣传进社区、进学校暨"5·12"防灾减灾宣传周活动，组织城区多所学校进行防空防灾教育演练。在"红网""湖南省人防网""新湖南"等媒体发表新闻报道60余篇，发放学习《中国人民防空》杂志12期。

【人防实战能力】2021年，娄底市开展的"5·12""11·1"防空袭疏散、紧急救援、接收安置演练被湖南卫视两次选播。人防训练演练、日常指挥通信和信息保障工作得到加强，人防实战化水平不断提升。编制全省人防行业第一本地方标准《人防工程伪装防护技术标准》和《"十四五"人防发展规划》。整组10支人防专业队伍。　（曾　莉）

# 经济综合管理

◎发展和改革
◎重点建设项目事务管理
◎财政
◎土地矿产资源管理
◎国有资产管理
◎审计
◎市场监督管理
◎统计
◎公共资源
◎税务
◎国家统计调查
◎海关

## 发展和改革

【概况】2021年，娄底市全年地区生产总值同比增长7.7%，两年平均增速5.8%，第三产业增加值同比增长8.7%，全体居民人均可支配收入同比增长9.2%，居全省第4位；产业投资同比增长4.9%，占全部投资的比重为65.9%。出台《新时代推动娄底高质量发展的实施意见》等系列政策文件，完善"十四五"规划体系，健全高质量发展综合绩效评价指标体系，建立服务经济高质量发展调度分析联席会议，强化年度计划执行，定期调度分析经济运行情况，定期梳理协调解决事项督查清单，解决经济运行中的热点、难点问题，保持经济运行在合理区间。（刘成祥　陈　燕）

【"十四五"规划】娄底市"十四五"规划编制协调领导小组办公室牵头，组织市直相关部门和各县（市、区），谋划征集"三个重大"，研究撰拟基本思路，配合起草市委建议，组织专班编制规划纲要，多次征求社会各界、各相关部门意见建议，形成《娄底市国民经济和社会发展第十四个五年规划和二〇三五年远景目标纲要（草案）》，2021年1月21日经市第五届人民代表大会第五次会议审查批准，7月1日经市人民政府审定印发。同时，根据市级专项规划统筹衔接工作安排，紧扣时间节点，发挥发改规划编制牵头职能，推进市级专项规划编制，43个市级专项规划全部印发实施。（陈　洁）

【项目建设】2021年，娄底市建立重大项目集中调度工作机制。全年举行全省重大项目集中开工活动3次，累计集中开工项目181个，总投资548亿元，年度计划投资225亿元。41个省重点建设项目年度计划投资140.39亿元，实际完成投资224.28亿元，为年计划的159.76%，娄底市被评为2021年省重点项目建设优秀市州；全市计划实施市重点建设项目226个，总投资2237.78亿元（含18个前期项目），年度计划投资421.64亿元，实际完成投资562.81亿元，为年计划的133.48%。全市新开工5000万元以上重大项目290个，总投资844.4亿元，年度计划投资336亿元。三一中兴百亿油缸项目等18个项目（其中包括9个重大产业支撑项目、3个科技创新攻关项目、6个产品创新强基项目）入选省"三高四新"战略产业项目。娄底华菱薄板深加工产业园西部项目（一期）入选省十大产业项目。娄底市实施"三高四新"战略产业项目建设成效明显，获得省政府2021年度真抓实干表扬激励。（颜绍平　颜　伟　吴　建）

【投资管理】2021年，娄底市争取中央省预算内资金13.12亿元。编制印发《2021年市本级政府投资计划》，发行2021年专项债券项目34个（不包括当年度续发项目），发行专项债券额度64.92亿元。固定资产投资监测坚持定量分析、定期研判，每月1—7日报送固定资产投资数据，每月10—25日会同市统计局进行新开工项目入统，指导、督促县（市、区）及有关部门做好项目入统工作，向上级部门提出入统相关政策建议。1—12月，全市固定资产投资同比增长4.2%，产业投资占比、民间投资占比、新基建投资占比在高质量发展考核中分居一类地区第一名、第三名、第三名。（颜绍平　颜　伟）

【国家产业转型示范区建设】2021年，国家发改委等部委印发《关于推广"十三五"时期产业转型升级示范区典型经验做法的通知》，娄底市积极融入长株潭都市圈，探索与长株潭建立产业联盟的做法作为典型经验交流。在2021年国家五部委组织的转型升级示范区建设评估中，娄底市获评良好。储备2022年度娄底市重点地区转型发展专项中央预算内投资项目10个，估算总投资55810万元。推进中央预算内资金项目按计划完成项目建设，创安防爆、文昌科技、金峰科技、美程陶瓷等项目竣工验收。申报下达2021年度市本级产业转型升级示范区建设引导资金项目。（刘晓方　彭双根）

【农业农村经济】2021年，娄底市印发实施《娄底市水安全规划（2021—2035年）》《娄底市"十四五"农业农村经济发展规划》《娄底市"十四五"林业草原发展规划》《娄底市"十四五"水利发展规划》《娄底市"十四五"气象发展规划》《娄底市"十四五"巩固脱贫攻坚成果发展规划》等专项发展规划；全年累计争取中央及省级预算内农业农村等专项资金3.8亿余元，统筹协调农业、林业、水利、气象等农业农村经济发展，全年第一产业增加值同比增长9.2%；争取涟源市国家农村产业融合发展示范园建设项目资金2000万元，娄星区农村产业融合发展示范园、新化县农村产业融合发展示范园纳入湖南省第一批农村产业融合发展示范园创建名单；争取引资济涟工程列入国家150项重大工程。（邓荣华　周宇款）

【湘西开发工作】2021年，娄底市抢抓国家对湘鄂渝黔革命老区规划范围调整的重大机遇，将新化县纳入湘鄂渝黔革命老区规划范围。争取一批节点景区和景点集群（特色村镇）增补纳入全省“十四五”大湘西地区文化生态旅游精品线路；联合乡村振兴、文旅广体、财政等部门争取2021年湘西地区开发产业发展专项资金6728万元，支持项目163个，其中：重大产业奖补资金2775万元，支持项目25个；文化生态旅游精品线路品牌提质升级工程专项资金1380万元，支持项目8个；茶叶和天然饮用水公共品牌建设专项资金383万元，支持项目9个；易地扶贫搬迁后续产业及就业扶持项目奖补资金2190万元，支持项目121个。

（邓荣华　周宇款）

【易地扶贫搬迁后续扶持】2021年，娄底市出台《关于抓党建促易地扶贫搬迁后续帮扶工作的指导意见》《关于开展易地扶贫搬迁安置区就业协作帮扶专项活动的通知》《关于加强易地扶贫搬迁安置点政务服务的意见》《娄底市易地扶贫搬迁后续帮扶考核方案》，形成职责明晰、协同推进的工作格局。建立5个社区，设立11个党支部、118个党小组，下派129名党建指导员，选派267名第一书记，实现安置点党组织全覆盖；对800人以上较大安置点，按照新建100万元/个、改扩建80万元/个的标准，支持采取新建、改扩建方式建设功能齐全、设施齐备的综合服务中心大楼；对800人以下的安置点，按照20万元／个的标准，支持采取租赁、联建等方式补齐活动场所短板，提升社区服务硬件设施水平；下沉42项与安置点群众生产生活息息相关的政务服务事项，按照“出组不出村”“出村不出乡”“出乡不出县”3种安置点模式，建立跨村、跨乡办理机制，推进政务服务事项“进一门、入一网、一次办”；在巩固零就业家庭动态清零成果的基础上，举办易地帮扶搬迁专场招聘会160余场，12562人被市内100余家企业录用；巩固扶贫车间全覆盖成果，推动双峰青树坪安置点、曹家镇中心安置点配套建设后扶产业孵化园，引进企业7家，帮助300余名安置点居民就业。（邓荣华　周宇款）

【社会事业】2021年，娄底市积极争取普惠养老、教育、公共实训基地等专项中央、省预算内投资项目199个，中央、省预算内投资31383万元，其中，卫生健康项目4个，8100万元；教育强国项目177个，9273万元；普惠养老项目6个，8800万元；社会服务设施兜底线工程2个，2890万元；文化保护传承利用工程1个，1200万元；托育建设项目8个，520万元。争取地方政府专项债券社会事业项目17个，发行债券14.16亿元。其中，市中心医院门急诊综合楼和医技住院综合楼项目等卫生类项目，到位债券6.84亿元；市第一职业中学综合实训基地建设项目等教育类项目，到位债券3.27亿元；市第二社会福利院、市殡仪馆建设项目等民政类项目，到位债券1.65亿元。启动娄星区人民医院传染科项目建设，推进市中心医院、市第一人民医院、市妇幼保健院、市中医医院健康服务能力和中医特色重点医院等建设。全市在9月1日前建成投入使用的7所芙蓉学校，总投资9亿余元，新建建筑面积131860平方米，在校学生11088人（含农村学生9097人）。全市养老服务机构实现“零疫情、零事故、零非法集资”。（万大江）

【服务业发展】2021年，娄底市服务业实现增加值898.02亿元，同比增长8.7%，居全省第三位（比上年前进七位），对全市经济贡献率为55.6%。编制出台《娄底市“十四五”服务业发展规划》《娄底市“十四五”现代物流业发展规划》。完善第三产业运行调度机制，实施服务业发展五大载体工程，完成服务业企业入统。推荐“娄底经济技术开发区”为“两业”（先进制造业和现代服务业）融合发展试点园区，“湖南省劲松机械有限公司”“湖南精飞智能科技有限公司”为省“两业”融合发展试点企业。统筹推进现代流通体系建设，开展申报国家物流枢纽承载城市前期工作。开展冷链物流建设，推荐涟源供销现代农业冷链物流配送体系建设项目等13个项目申报2022年地方政府专项债券项目，总投资35.06亿元，申请专项债券资金需求14.529亿元。（谢跃初）

【基础设施建设】2021年，娄底市申报政府专项债项目15个，争取政府专项债资金26.517亿元。春田机场前期工作稳步推进；华菱涟钢VAMA（华菱安赛乐米塔尔汽车板有限公司）铁路专用线建成通车。桥头河通用机场红线范围内土地预征收工作基本结束；呼南高铁益娄段、湘潭至娄底城际铁路、安张衡铁路、娄底西站货场、涟水复航、资水航运建设工程、桥头河至白果高速公路等项目前期工作有序推进。构建和完善高速公路网布局，龙琅高速公路建成通车，官新高速公路、G60醴陵至娄底高速公路扩容工程、G59新化至新宁高速公路建设稳步推进；完成二级干线公路改造194千米，路面提质及新建高速连接线87千米，普通国道二级以上公路比重达到99%；推动公交都市创建，30项考核指标八大工程39项具体工作任务完成11项。（陈玲娜）

【长江经济带发展】2021年，娄底市向国家、省申报项目，争取中央、省预算内资金和专项债资金。全年争取中央预算内专项资金5783万元，支持3个重点项目建设。推动国家2020年长江经济带生态环境警示片披露的问题如期完成问题整改销号；开展《长江保护法》的线上线下宣传教育，发放宣传资料5000余份；按照市纪委监委“洞庭清波”专项行动联席会议的安排部署和省、市2021年“洞庭清波”专项行动实施方案要求，完成市纪委“洞庭清波”专项行动第一、第二专题监督检查的各项工作。（陈玲娜）

【资源节约和环境保护】2021年，娄底市推进碳达峰碳中和工作，开展调查研究，研究提出娄底市“1+N+X”（1个实施方案，19个分行业分领域实施方案，4个重点用能企业实施方案）碳达峰行动政策方案体系，组织开展实施方案编制；遏制“两高”项目盲目发展，实行窗口提示，强化项目论证，规范节能审查，落实节能竣工验收，建立清单动态管理制度，严肃节能监督考核和责任追究；“十三五”能耗“双控”目标责任评价考核获省政府表彰；推进锡矿山砷碱渣治理，锡矿山砷碱渣无害化处理技改项目完成建设并通过验收，日处理能力稳定在52～66吨；推进城市环境基础设施建设，娄底市中心城区、双峰县和新化县的生活垃圾焚烧发电项目、娄底市餐厨废弃物资源化利用和无害化处理试点城市建设项目、娄底市医疗废弃物处置中心改扩建项目均建成运营；开展塑料污染治理。

（谭建华　粟　君）

【能源发展】2021年，娄底市电网建设项目数量和规模均创历史新高，万宝香泉湾110千伏输变电工程、康田220千伏输变电工程等24个项目合计75万千伏安变电容量建成投产，完成电网投资16.4亿元。电网以及电力供应和使用规模大幅增长，全市统调最大负荷达到217.8万千瓦，比上年最大负荷增长11.7%。加快“气化娄底”工程建设，推进邵东—双峰输气管道项目（该项目天然气管输能力1.59亿立方米/年），实现天然气管道“县县通”。加快新能源布局建设，娄底生态治理100万千瓦光伏项目是湖南省唯一一个纳入国家首批大型风电光伏基地的（全国45个），涟源市、双峰县纳入国家屋顶分布式光伏开发试点名单（全省12个）。冷水江白果岭、新化维山、新化吉庆、涟源伍家湾4个风电场建成并网，娄底市、新化县、双峰县生活垃圾焚烧发电场建成投运。国网娄底供电公司九仑储能电站项目建成投运，娄底涟源群联电化学储能电站项目开工建设，截至年底，全市新能源装机50.2万千瓦，建成新能源汽车充电桩1291个。（吴　晶）

【能源保供】2021年，娄底市协调省外电煤调运。9月底，派出2个组赶赴山西和陕西等省对接煤矿企业，拓宽电煤供应渠道，保障电厂电煤需求。对辖区内2家电厂电煤进耗存情况进行定期调度，督促电厂加大电煤调运力度，保障发电机组稳发满发。督促电网企业强化设备运行维护管理，确保电网安全运行，保障电力稳定供应；拟定全市重要电力用户名单，实行分级管理，加强对重要电力用户用电情况检查，督促用户配置应急保安电源，实现安全用电；根据省里下达的电力缺口指标，结合全市企业用电情况，制定有序用电预案，确保民生用电和经济发展需求。加强燃气保障供应，争取上游气源；发挥城燃企业储气设施调峰功能；督促企业开展天然气储气设施维护，保护油气长输管道安全；做好有序用气准备，以备应急调峰；制定天然气保供应急预案，拟制压减清单；稳定民生用气价格，将民生气量全部纳入供气计划，保障全市年度和采暖季资源足额落实。（邓伟峰）

【重点领域改革】2021年，娄底市推进全市77项年度改革任务落实（其中经济体制改革54项任务，社会体制改革23项任务），13项改革年度任务完成（其中经济体制改革11项、党的建设体制改革1项、生态文明体制改革1项）。加快建立健全优化营商环境政策体系，完善先进制造业与现代服务业融合发展机制；推进能源、交通、电信、农业用水等重点领域价格改革，建立健全要素价格市场化形成机制；全面落实政府投资条例；积极推行投资项目并联审批、容缺审理和承诺改革；完善和落实鼓励民间投资的政策措施。推进全市党政机关和国有企事业单位培训疗养机构改革。建立市级联席会议制度，明确联席会议成员单位职责，开展摸底统计甄别、确定涉改单位名单及改革方式（全市有10家），完成涉改单位改革方案批复等。

（邱长爱　梁　鹏）

【社会信用】2021年，娄底市社会信用体系建设信用核查单项考核工作获评省优秀单位。出台《娄底市社会信用体系建设工作考核办法（试行）》，开展失信约束措施清理规范，下发《娄底市社会信用体系建设领导小组办公室关于开展失信约束措施清理规范工作的通知》，清理规范失信行为认定、记录、归集共享、公开、惩戒和信用修复等措施的规章、规范性文件10个；开展"屡禁不止、屡罚不改"严重违法失信行为及信用服务机构失信问题专项整治，建立更新相关台账，实现"清零"任务。（熊志军）

【营商环境优化】2021年，娄底市全面开展优化营商环境攻坚行动，推出1007个"只跑一次"事项，材料精简50%以上，流程压缩在4个以内，办理时限压缩50%以上，296件"一件事"实现全省无差别办理。简化市场准入和退出程序，建立"企业开办平台"，实现"6份资料、3个环节、1日办结""一站式"同步办理。实现审批"一窗受理、线上审批、功能整合、统一出件"，社会投资项目建筑许可审批总时限压缩至25个工作日内，存量房登记办事环节缩减至4个。规范涉企执法检查，全面推行"双随机、一公开"监管，4938名执法人员入库，行政许可、行政处罚、双随机检查信息5个工作日内公示。提升司法公正与效率，建立企业破产处置府院联动机制，2个案例入选湖南法院2021年十大消费者权益保护典型案例。降低企业融资成本，持续推进"暖春行动"和"信易贷"平台工作，市级政府担保机构县域业务全覆盖，小微企业综合融资担保费率1%以内。强化政策承诺兑现，设立"一件事一次办"专窗，梳理7大类167项惠企政策制作"复工复产干货手册"，更新34件"六稳""六保"政策兑现办事指南，办件35.6万件，惠及企业约1.6万家。（曾正群）

【行政审批服务】2021年，娄底市贯彻落实"三集中三到位""一件事一次办"改革。实现企业、群众办事"只进一扇门"，企业投资项目备案即办或网上不见面办理，全委网办深度三级以上事项达到100%。成立市发改委行政审批服务"帮代办"专班，为全市工程建设项目领域"报批报建"及其他审批服务事项提供全程"帮代办"服务。对工程建设项目实行告知承诺制，企业投资项目备案和工业园区开展区域评估且符合区域评估适用条件的节能审查实行审批事项告知承诺制，企业投资项目核准开工前、政府投资项目初步设计审批前、城乡污水处理设施建设项目可研审批实行申报材料承诺制。（刘卫华）

【价格调控】2021年，娄底市居民消费价格指数CPI累计上涨0.3个百分点，价格总水平基本稳定。会同市财政局联合印发《关于娄底市价格调节专项资金扶持"菜篮子"工程建设项目实施方案》，启动价格调节专项资金，投入390万元对中心城区重点单位进行价格补贴和奖励。建立娄底市农业水价综合改革联席会议制度，联合四部门制定印发《关于分类有序推进娄底市农业水价综合改革实施方案的通知》，全年完成水价改革面积1.77万公顷。中心城区水资源费从0.02元/立方米调整为0.08元/立方米。根据上级文件，启动全市天然气上下游价格联动机制，制定"一户一表、抄表到户"的直供水改造方案，规范百弘学府城保利天创物业公司和大同物业的水费价格；取消供水供电供气环节不合理收费，规范其他各类收费行为。

（刘七星）

## 重点建设项目事务管理

【概况】2021年，娄底市重点建设项目事务中心申报并经省政府审核确定年度省重点建设项目41个，经市委、市政府研究确定年度市重点建设项目226个。全市41个湖南省重点建设项目年度计划投资140.39亿元，实际完成投资224.28亿元，为年度计划的159.75%，投资进度排名列全省市（州）第二位。226个市重点建设项目，年度计划投资421.64亿元，实际完成投资562.82亿元，为年度计划的133.48%。娄底市连续两年被湖南省人民政府评为年度全省重点项目建设优秀市（州）。

**【年度重点项目】** 2021年，娄底市纳入湖南省政府省重点建设项目41个，年度计划投资140.39亿元，单体数量超过历史纪录，居大湘西片区5个市(州)首位，产业发展项目进入全省第一方阵。谋划和确定年度市重点建设项目226个，年度计划投资421.64亿元，其中产业项目132个，总投资281.71亿元。市重点建设项目年度计划投资总量较2020年增加17.29亿元。

**【项目集中调度】** 2021年，娄底市围绕41个省重点项目、产业链关键项目、重大投资项目，遴选100个标志性项目实行“周调度、月通报、季讲评”，建立“项目清单制、集中调度制、积分排名制、诫勉约谈制”4项机制，明确项目责任领导、责任人和工作联络员，对建设进度快、推进有效有力的项目给予肯定和通报，对集中调度清单内项目连续2个月进度排名靠后的项目，由市政府主要领导组织约谈，连续3个月进度排名靠后的项目实施责任单位和责任人严肃问责。

**【重大项目集中开（竣）工活动】** 2021年，娄底市先后组织3次重大项目集中开(竣)工活动，集中开(竣)工重大项目196个，总投资576亿元，其中新开工项目181个，年度计划投资225亿元。3月1日，集中开工重大项目49个，总投资194亿元。6月21日，集中开工重大项目88个，总投资220亿元。10月8日，集中开(竣)工重大项目60个，新开工项目45个，总投资157亿元；竣工项目15个，总投资27亿元。

**【视频采集系统安装】** 2021年，娄底市根据湖南省重点建设项目事务中心《关于加快省重点建设项目视频采集系统安装进度的通知》，对视频采集系统安装进行调研、协调，咨询安装事宜。截至4月，娄星区、娄底经开区、娄底高新区、万宝新区等11个省重点项目(单体项目)的视频采集系统安装完成，在全省进度排名第一。

**【重点项目督查督办】** 2021年，娄底市重点建设项目事务中心按月组织对省、市重点项目进行现场调研和进度督查，了解项目推进情况、主要指标完成情况。5月，到双峰县杭萧钢构项目、双峰县生活垃圾焚烧发电项目实地查看，详细了解、分析项目生产运行和建设投资等情况。8月，对全市重点项目年中推进情况进行整体调研。9月，对全市高速公路、铁路、机场的重点建设项目和前期工作项目进行专项督查，向市政府呈报《娄底市铁路、机场和高速公路等省重点项目建设情况》专题汇报。11—12月，围绕实现“开工不动工”“资金等项目”“开工不入统”3个“清零”工作目标压实责任，对口联系包干约10个市重点建设项目，到项目一线和施工现场进行督查。

**【神童湾PPP项目】** 2021年，娄底市重点建设项目事务中心加强对PPP项目组织实施的政策支持和服务保障力度，推进涟水河综合治理神童湾PPP项目。在市委、市政府的协调督促下，加大项目用地的征拆力度，年底神童湾大桥至旁冲路段的各项工程任务完成，通过竣工验收交付使用。

**【代建项目建设】** 2021年，娄底市重点建设项目事务中心负责政府投资项目代建管理事务性、服务性工作。其中，8月整体完工并交付使用的涟源芙蓉学校建设项目总投资1.5亿元，总建设用地96亩，总建筑面积3.6万平方米，办学规模45个班。涟源市人民医院(迁建)门诊综合楼建设项目(桥头河分院)总投资0.7亿元，建筑面积1.4万平方米，年底累计完成总投资近30%。

**【助力乡村振兴】** 2021年，娄底市重点建设项目事务中心对2019年度帮扶村渡头塘镇扬名冲村进行“回头看”，先后支持村部办公楼建设资金4.5万元。5月，与市库区移民事务中心联合组建乡村振兴驻村工作队进驻荷塘镇桥头村，落实党管农村工作基本原则和五级书记抓乡村振兴的要求，结合换届工作，协助选优配强支部书记和村、支两委班子。开展党史学习教育，组建宣讲团，入村开展专题党课2次，到村指导乡村振兴工作10余人次，对桥头村少年儿童、困难党员和监测对象进行专项慰问活动3次，投入慰问资金2.5万元。多次召开有帮扶单位班子成员、荷塘镇和桥头村主要负责人、村知名人士参加的产业、项目、资金协调会，为桥头村争取各类资金70万元。推动新冠疫苗接种工作，先后从娄底等地接返在外务工、经商村民400余人回乡接种疫苗，完成“应接尽接”目标任务。是年，帮助桥头村实现人均可支配收入12280元、村级集体收入8.8万元，全村参加城乡居民医疗保险3288人，参加城乡居民基本养老保险1740人。

（唐明月）

# 财　政

【概况】2021年，娄底市地方一般公共预算收入完成90.77亿元，同比增长12.61%，增幅排名全省第二位，其中地方税收收入完成62.3亿元，同比增长12.88%，增幅排名全省第四位；税占比68.64%，比上年提升0.17个百分点，较好地服务全市经济社会发展大局。

【实施财源建设工程】2021年，娄底市财政局对标“三高四新”战略定位和使命任务，组专班、建机制，勤调度、优服务，抓产业、促发展，全面实施“三高四新”财源建设工程，大力培育、拓展、挖掘财源税源，实现财税收入大幅增长、税占比稳步提升。全年完成全口径税收140.57亿元，同比增长10.5%；全口径税收占GDP（国内生产总值）比重7.7%，同比增长0.13个百分点。

2021年10月12日，省财政厅一行到娄底调研“三高四新”财源建设工程　（市财政局供图）

【助力实体经济发展】2021年，娄底市落实减税降费、援企稳岗等纾困惠企政策，缓解企业经营压力。全市新增减税降费7.3亿元，缓缴和留抵退税6.54亿元。强化政策性融资担保功能，娄底市兴娄融资担保有限公司和湖南省农业信贷融资担保有限公司娄底分公司累计担保贷款15.39亿元。积极发挥政府债券服务地方经济发展的支撑作用，市本级发行的专项债券中，78.85%用于先进制造业相关项目建设。

【民生保障】2021年，娄底市财政牢固树立过紧日子思想，调整优化支出结构，优先保障“三保”、疫情防控、乡村振兴、化解“大班额”等重点领域支出。全市一般公共预算支出完成338.44亿元，其中民生支出占比72.54%。保障常态化疫情防控，全市安排资金7323.01万元，支持医疗救助、设备和物资采购等。落实各项民生提标政策，城乡居民医保、农村低保、基本公共卫生服务、退休人员养老金、残疾人“两项补贴”等标准持续提高。支持落实各项民生实事，全力支持乡村振兴重点任务，全市累计争取上级农业农村项目资金37.88亿元。支持推进教育重点项目建设，安排化解“大班额”资金6200万元；支持娄底幼儿师范学校升级专科学校，累计拨付2.1亿元。安排资金2.84亿元支持垃圾焚烧发电项目建设、城区绿化美化、生活垃圾填埋场环保问题整改。争取城镇老旧小区改造配套建设资金5067万元，棚户区改造配套建设资金2063万元，支持保障性安居工程建设。

【债务风险防控】2021年，娄底市及时制定隐性债务化解目标和“一债一策”方案，明确目标任务，压实主体责任，加强工作调度和督促检查，全市债务风险整体可控，未发生“三保”资金断链和债务舆情事件。在省考核中，娄底市获得3.5亿元新增政府债务限额激励。扎实推进综合融资成本高于8%的高息债务置换，全市高息债务置换64.86%，超额完成省定置换任务。管好用好专项债券，充分发挥专项债券资金促发展、补短板、惠民生的作用。全年全市争取专项债券资金64.92亿元，其中市本级25.39亿元。落实平台公司市场化转型5项支持措施，督促县（市、区）严格按照上报省债管办的平台公司清理整合任务要求，推进平台公司清理整合。

【财政管理】2021年，娄底市财政局强化预算刚性约束，坚持“先预算后支出、无预算不支出”，部门预算专项经费继续压减10%，一般性支出（除车补外）压减5%，“三公”经费只减不增。年初预算削减到期或压缩非急需、非刚性等各类专项经费7113万元，年中调整年初预算专项资金2.2亿元，用于弥补公共基础设施建设、民生保障等资金缺口。加大结余结转资金统筹力度，除跨年度的项目资金、2020年省指标、非税收入成本、义务制学校经费外，一律按100%予以统筹，切实加大资金有效供给。强化财政监督检查，开展预决算公开、惠民惠农财政补贴资金“一卡通”和政府会计准则制度执行情况等专项监督检查。规范财政投资评审，出台《娄底市市本级财政投资评审管理办法》，进一步规范工作流程，提升评审质量。全年全市完成财政投资评审项目309个，送审金额16.62亿元，审定金额13.74亿元，核减率17.33%。

【财政改革】2021年，娄底市全面加强预算绩效管理，将预算绩效理念融入预算编制、执行、监督全过程，初步建立绩效管理全覆盖格局。市本级完成重点评价项目34个，涉及资金19.32亿元，对评价结果等次为“中”及以下的项目，一律调减20%。建立财审联动机制，加强部门协作，形成工作合力，推动预算绩效管理实施见效。推进政府采购制度改革，制定政府集中采购目录，规定公开招标限额标准，全面推广使用电子卖场，全市电子卖场完成采购交易16.55亿元(其中市直5.12亿元)，覆盖面达99.08%。

【乡镇财政管理】2021年，娄底市进一步规范惠民惠农财政补贴发放管理，全市累计发放各类惠民惠农财政补贴资金181项18.77亿元。开展县级“三保”财政运行监控和县级财政能力评估，确保基层财政平稳运行。加强督促指导，全面开展县级预算编制事前审核。强化市级财政到村专项资金的监管，出台《娄底市市级财政到村专项资金管理若干规定》，明晰资金安排、分配、拨付、使用、验收各环节的监管责任，提升科学化、规范化、精细化管理水平。

【会计管理】2021年，娄底市财政局组织全国会计专业技术资格考试和全国注册会计师考试。先后举办助力重点企业高质量发展专场培训会、行政事业单位内部控制报告编报培训、全市卫健系统财务业务培训及娄底市首届财会知识竞赛。

【非税收入管理】2021年，娄底市财政局加大非税收入征管力度，全市完成一般预算非税收入28.47亿元，其中专项收入6.06亿元，行政事业性收费5.04亿元，罚没收入7.06亿元。推进“无籍房”办证专项行动税费清缴，截至12月31日，追缴税费(含追缴开发商违规收取契税、物业维修资金5956.14万元)6.61亿元，查封资产估值3.74亿元，追缴成效10.35亿元。推进非税电子化改革，新增29家单位实现移动平台缴费，全市共45家单位(2020年16家)。落实“放管服”改革举措，面向办事群众推出扫码支付缴费服务，提高业务办理效率，节省群众办事时间。市财政局驻政务中心窗口全年共办理业务1839笔，收费1.78亿元，比上年降低18.5%。　(陈　巧　梁　霜)

## 土地矿产资源管理

【概况】2021年，娄底市土地矿产资源管理稳中求进，土地市场再创新高，土地要素得到全面保障，“无籍房”办证在全省排名第一，耕地保护“田长制”、矿山生态修复、绿色矿山建设、测绘地理信息管理等工作稳步推进。

【用地保障】2021年，娄底市向省自然资源厅呈报办理农用地转用和土地征收项目26个，面积49.7684公顷。省自然资源厅审批项目70个，面积296.87公顷，其中市本级审批项目15个，面积180.286公顷。审批集体占用项目103个，面积66.565公顷；审批农民建房集体占用项目17个，面积23.0215公顷。优化园区规模配置与空间布局，为园区调区扩区16公顷，组织23家重点企业召开项目座谈会，点对点服务，保障VAMA铁路专用线、华菱涟钢、娄底硅钢等一批“三高四新”“乡村振兴”“五好园区”重大产业项目用地需求。

【土地储备】2021年，娄底市土地入储57宗，面积171.16公顷，其中新增土地4宗，面积9.45公顷。收回土地10宗，面积38.96公顷。确权土地43宗，面积122.75公顷。自身运作项目15个，投入资金1.6亿元。

【耕地保护】2021年，娄底市耕地保有量17.53万公顷，永久基本农田面积14.777万公顷。全市集体建设占用耕地项目103宗，面积26.92公顷，其中市本级经省自然资源厅批准建设占用耕地项目15宗，面积56.52公顷。全部执行“先补后占、占一补一、占优补优、占水田补水田”的原则。完成9个在建补充耕地项目指标确认，新增耕地面积36.87公顷、水田面积48.99公顷。形成全市耕地保护一张图专项规划成果，统筹耕地、永久基本农田、永久基本农田储备区、耕地后备资源全部“上图入库”。推进全域土地综合整治，将娄星区蛇形山镇7个行政村纳入试点范围。开展耕地卫片监督，对省自然资源厅下发的65个疑似问题图斑进行核实举证，稳步推进整改工作。推进耕地保护“田长制”改革，召开全市耕地保护田长制座谈会，聘请耕地保护专家参与，形成《娄底市耕地保护田长制实施方案》。

**【不动产登记】**2021年，娄底市实现网上预约、进度查询、产权验证、不动产位置、电子证照下载等网上查询服务。企业可在网上申请不动产预告登记、新建商品房首次登记、新建商品房转移登记业务。不动产便民窗口引申至银行，实现不动产抵押登记不见面审批6小时内办结，“二手房转移登记”与税务办税线上“一窗受理”。全年生成不动产电子证书18万张、电子证明14万张，实现个人电子证照外网下载。完成全市农村房地一体权籍调查外业调查，全年确权登记公告843487户，登簿595112宗，登簿完成率100%，排全省前列。市中心城区办理不动产证48245本，化解率排全省第一。

**【采石场整治】**2021年，娄底市出台《娄底市采石行业集中整治行动方案》《娄底市关闭退出采石场生态修复工作方案》，全市关闭退出采石场131家，全部做到矿权注销、设施拆除、生态修复“三到位”，全年问责57人，立案9人，追究刑事责任1人。全力配合第二轮中央生态环保督察，办结2021年中央环保督察交办涉及采石场信访举报件56件，办结率100%。

**【绿色矿山建设】**2021年，娄底市推进第四轮矿规编制，新建成绿色矿山38家，截至年末，全市共有国家级绿色矿山9家，省级绿色矿山16家。加强矿产资源动态监管，完成矿产资源储量备案登记12家，组织开展矿产资源年报和储量核实，及时掌握全市矿山地质条件和储量变化情况。

**【矿山生态修复】**2021年，娄底市督促矿山企业编制矿山年度生态修复计划和矿山生态保护修复方案，全年共完成矿山地质环境保护与恢复治理分期验收35个，完成矿山生态修复方案21个。冷水江锑煤矿区山水林田湖草生态保护修复试点工程被评选为湖南省首届国土空间生态修复十大范例之一，入选自然资源部《中国生态修复典型案例集》，在联合国《生物多样性公约》缔约方大会上推介。

**【执法监督】**2021年，娄底市本级查处土地违法案件38件，面积126公顷，收取罚没款320万元。全市责令违法矿山停产停业96家，立案查处108起，移送公安（司法）4起，收缴罚没款477万元，没收矿产品1987吨。

**【自然资源调查监测】**2021年，娄底市自然资源和规划局出具新增建设用地权属调查意见31份，运用“互联网+”对市本级2134个监测图斑逐个现场调查举证，完成2020年度全市土地变更调查，数据成果顺利通过部、省验收。建立全市三调应用平台，对第三次国土调查数据进行基础统计与流向分析，重构市、县两级国土调查数据库和共享管理系统，深化调查成果共享与应用。

**【卫星应用中心建设】**2021年，娄底市接收省级中心推送遥感影像数据220批次708幅，“卫星遥感监测在‘田长制’工作中的应用”成功申报为2021年度自然资源湖南省卫星应用技术中心外协项目，完成娄底市2021年度湖南省水稻种植面积遥感监测外业核查项目。3月29日，自然资源部科技发展司原司长赴自然资源湖南省卫星应用技术中心调研指导，娄底市卫星应用技术中心做市级典型应用情况汇报。4月15日，娄底市作为全国4个市级中心代表之一在全国卫星应用技术体系建设交流会上做典型发言。国土空间基础信息平台初步建成，形成包含基础数据、土地资源、地理国情、地理空间、地质矿产、电子政务、电子档案、业务管理八大类数据库，覆盖全市181个图层，价值上亿元，为全市各行业单位提供地理信息数据57批次22040幅图，价值近3000万元。

**【测绘地理信息管理】**2021年，娄底市完成不动产测绘业务13888宗，完成单宗地航拍157次和城区50万平方米范围内农房一体30架次航拍的三维建模，完成市本级180平方千米倾斜摄影测量和实景三维建模。通过改进工作流程、更新软件工具等方式提高绘图效率，一般不动产绘图从3个工作日缩短到1个工作日。推进“智慧娄底”平台建设，有序开展方案编制、专家评审等工作。推进“多测合一”改革，在线运行项目近200个。开展地图专项检查,对辖区内8家测绘资质单位进行资质巡查和质量抽查。组织开展“家国情·湖湘潮·百年颂”少儿手绘地图大赛、2021年娄底市地质灾害应急测绘演练和涉密测绘地理信息成果安全保密检查。 (杨小熠)

## 国有资产管理

【概况】2021年,娄底市国资委监管企业资产总额462.04亿元,同比增长21.59%;净资产150.94亿元,同比增长33.28%;实现营业收入70.58亿元,同比增长370.72%;累计实现利润1.98亿元,同比增长45.24%;实际缴纳税费1.32亿元,同比增长25.41%。完成国企改革三年行动任务25项,完成全民所有制企业公司制改革88家,完成市粮食储备库公司制改革,完善市属监管企业现代企业制度,6家一级企业修订“三重一大”决策制度实施办法;7家一级监管企业和8家子企业建立董事会;6家一级企业、7家子企业修订完善党委前置研究重大经营管理事项清单。市创发集团对经纬公司实现国有实际控制和财务并表,全年实现营业收入8.37亿元。深化监管企业三项制度改革,市属国有企业除政策性安置军转人员或随军家属外,100%实现全员公开招聘。一级企业及各级子企业开展管理人员竞争上岗人数占比为46%;管理人员末等调整、不胜任退出率1.5%。市城发集团、创发集团完成总部机关化治理。5家一级企业、49家子企业实行全员绩效考核,38家子企业完成经理层成员任期制和契约化管理。探索监管企业全级次预算编报,强化全面预算审核备案,建立企业全面预算月度分析、调度制度。完成经营性国有资产集中统一监管5家,完成市施工图审查中心等5家公司的剥离工作。稳妥化解存量债务,监管企业整体资产负债率67.33%,同比下降2.87个百分点。办理产权业务95宗,完成华达汽车空调(湖南)有限公司21%国有股权转让。监管企业上缴国库国有资本收益1279.97万元。市国家粮油储备有限责任公司储有各级储备粮稻谷3.0348万吨,其中省级储备粮1万吨、市级储备粮2万吨,经开区区级临时储备粮稻谷348吨;储存市级储备油1900吨;储存市级应急成品粮大米0.2万吨。完成8685吨稻谷和1291吨四级菜籽油入库。 (朱吾健)

【娄底市城市发展控股集团有限公司成立】2021年初,娄底市国资委与相关咨询机构对接。7月,市国资委组织平台公司先后赴鹰潭、邵阳、长沙等地考察学习,出台娄底市平台公司整合重组初步方案,经7月8日市政府常务会议、8月13日市委常委会议审议通过。9月8日,市政府印发《娄底市整合重组投融资公司提升信用等级的工作方案》;9月13日,市政府召开娄底市城市发展控股集团有限公司成立暨信用评级工作推进会。是年年底,市城发控股集团收到中证鹏元资信评估股份有限公司AA+信用评级通知书,标志着市城发控股集团评级提升工作完成。控股集团成立、信用等级提升,有效降低平台融资成本。据测算,中心城区5家平台公司2021至2023年总到期本息额为309亿元,按AA+与AA信用级别综合利差约2%计算,可减少静态利息6.18亿元。 (朱吾健)

【全民所有制企业公司制改革】2021年4月7日,娄底市根据湖南省国企改革办下发《关于进一步加快推进全民所有制企业公司制改革工作的通知》的要求,推进全民所有制企业公司制改革。8月12日,娄底市召开全市全民所有制企业公司制改革专题会议,明确由市国企改革办牵头协调全民所有制企业公司制改革。市国企改革办多次到市场监管局查询、与各县(市、区)及市直有关部门对接,摸清企业资产规模、职工人数和经营状况等基本情况。参照中央、省国企改革办有关文件精神,实行因企制策,一企一策,指导各县(市、区)及市直主管单位拟定处置方式。针对企业改革过程中存在的问题,与市市场监管局、市税务局、市财政局等职能部门对接,加强对各涉改企业改制方案、改制程序、改制政策等方面的业务指导,协调推进解决改革难题。9月,娄底市上报的4家国有企业完成公司制改革任务。其中市国家粮食储备库变更为市国家粮油储备有限责任公司,市电影发行放映中心变更为市影业传媒有限责任公司,娄星区电影发行放映中心变更为娄星区凌志电影发行放映有限责任公司,新化县供水公司变更为新化县新水水业有限公司。

(朱吾健)

【湖南安保集团有限公司】2021年6月7日,娄底市保安服务有限责任公司更名为湖南安保集团有限公司，公司注册资金增资至2亿元，成为集人防、技防、武装守押、劳务派遣、驾考服务、职业培训等为一体的娄底唯一市属国有安保企业。

主要承担全市重点单位、大型企业重点部位的门卫值守和院落巡逻任务；承担全市所有银行的营业网点、金库和部分商业门店的联网报警值守，视频智能分析、网点人力巡防，政府“雪亮工程”社会面视频资源接入业务；承担全市中、农、工、建、农商行、邮政、邮储、华融湘江、招商银行、交通银行、长沙银行等所有金融机构的现金押送、守护任务，全市金融武装守护押运服务覆盖率100%。为市纪监委留置看守、公安机关警保联动、“一村一辅警”建设、法院检察院司法辅助人员、城管执法大队劳务派遣1639名工作人员。打造数字安保机动车驾驶人考场，每年可供10万人次以上的考试。投资建设1个1000余平方米的甲级库房，为市人社局、市医保局、市公共资源交易中心、金融行业10余家单位存储档案130万余卷，完成数字扫描1026521件，纸质档案数字化加工率95%以上。在深圳、海南成立分公司，拓宽安保业务市场，扩大公司规模。以市公局、市财政局建设大数据中心为依托，将“天网工程”“雪亮工程”等政府项目纳入信息化平台建设，通过引进战略投资者，提高国有资本配置和效率，建立大数据服务中心。与百度、海康威视等上市公司进行洽谈合作，开启数据安全服务市场。全年完成营业收入1.8亿元，利润总额750万元，资产总额1.5亿元，净资产收益率30.2%。（颜小丽）

## 审　计

【概况】2021年，娄底市审计工作探索推进“财审联动”，建立审计项目主审和大数据主审“双主审”模式，健全政府投资项目审计监督制度，推动审计整改。全年安排审计项目32个，查出各类违规违纪金额17955万元，经审计增收节支1835万元，政府投资审计核减金额38745万元，移送案件线索27起，督促被审计单位消化存量问题1094个，整改当年新发现问题396个。

【政策措施落实情况跟踪审计】2021年，娄底市聚焦重大政策措施落实情况，采取上审下模式，聚焦乡村振兴政策落实、资金安全、项目绩效、农村人居环境整治等方面进行“穿透式”审计，分季度对县市区实施审计。全年政策跟踪审计涉及15个部门单位、9个企业，涉及资金14.4亿元，发现问题84个，发出督促整改函2个，移送4起。

【财政预算资金绩效审计】2021年，娄底市聚焦财政绩效，开展财政同级审，重点关注存量资金和闲置资产盘活、政府专项债券管理和使用情况等审计调查。采集市公共资源交易中心961G容量的数据进行分析，揭露全市226个项目25773万元涉嫌围标；抽查19个采购项目，查出问题金额15814.25万元。

【领导干部经济责任审计】2021年，娄底市在全省市州审计机关率先对经济责任审计内容和文书格式进行规范，从经济责任审计实施方案（样本）等方面统一规范。完成对市发改委等96个单位133名领导干部的经济责任审计，查出违纪违规和管理不规范金额190436万元。组织实施衡南县委书记、县长任期经济责任审计。

【自然资源资产离任审计】2021年，娄底市对市生态环境局主要负责人进行自然资源资产离任（任中）审计。全面铺开乡镇主要领导干部自然资源资产离任审计，对县市区9个单位的18名乡镇党政主要领导及部门领导开展自然资源资产离任（任中）审计。衡南县党政主要领导资源资产审计中发现的16个问题在省厅审计专报中体现，获省委、省政府主要领导肯定性

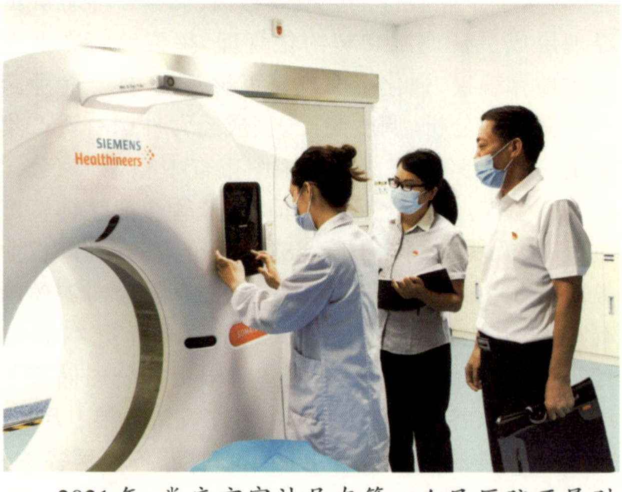


2021年，娄底市审计局在第一人民医院开展财政财务收支审计。图为审计现场　（市审计局供图）

批示。

【民生项目资金审计】2021年,娄底市组织开展教育、医疗保险和养老保险基金、公办幼儿园教育保障情况等专项审计。《市教育基金会基金放贷存在较大隐形风险需引起重视》《医保基金总额控制和结余理财管理有待加强》等获得市委、市政府主要领导肯定性批示。

【政府投资审计】2021年,娄底市修改《娄底市政府投资项目审计监督办法》,出台《娄底市政府投资项目审计工程造价咨询中介机构管理实施细则》。完成政府投资项目审计327个,审计核减工程应付款3.87亿元。

2021年,娄底市投资审计事务中心对重点工程项目进行测绘　　(市审计局供图)

【审计发现问题整改】2021年,娄底市构建一盘棋审计整改机制,压实被审计单位的整改主体责任、主管部门的监督管理责任、审计机关的督促检查责任,完善"问题清单"和"整改清单"对接机制,对整改清单实行动态销号制度,加强对问题事项整改情况的指导和督促,消化存量问题1094个,整改新发现问题396个,推动相关单位严格落实制度63项,修订完善制度62项。　　(曹阿乔)

## 市场监督管理

【概况】2021年,娄底市市场监管系统抓改革、提质量、促公平、保安全、惠民生,巩固"稳"的格局,保持"进"的态势,实现"十四五"市场监管工作良好开局,1项工作获国家级荣誉,10项工作获省级荣誉,13项工作获市级荣誉,获国家级先进个人2人,省级先进个人4人。市场监管综合执法工作排名全省第三,药品执法工作排名全省第一,"12315"效能评估排名全省第一,液化石油气瓶安全专项整治工作验收总分排名全省第一,牵头的全市商事制度改革工作以及指导娄星区食品安全工作获省政府真抓实干激励表扬。

【机构改革】2021年,娄底市市场监督管理局推进市级综合行政执法改革。1月12日,原商务支队20人整体成建制整合到市场监管综合行政执法支队。2月2日,宣布综合行政执法支队班子及分工文件、各执法大队大队长和内设科室负责人以及支队人员分配方案,支队内设机构三定到位。4月22日,局党组研究决定,成立娄底经开区市场监管整合工作组。5月7日,娄底经开区市场监管整合工作会议召开,经开区市场监管人员、编制、职能整合启动。7月29日,娄底市市场监督管理局经济技术开发区分局更名为娄底市市场监督管理局直属分局并挂牌成立。

【商事制度改革】2021年,娄底市开展商事制度改革。加快市场准入,开展14项涉企经营许可事项"证照分离"改革,整合21个部门37个涉企证照项目"多证合一",推行"网上办""一网通办""融合办",企业开办所有服务事项做到"6份资料、3个环节、1日办结",对营业执照、税务Ukey、印章等开办材料免费寄递,实现企业开办"零成本"。完善市场主体退出机制,放宽简易注销适用范围,将简易注销登记列为即办件,设立"企业注销专窗",对异常状态企业实行注销容错机制。截至12月31日,全市存量市场主体291351家,同比增长5.53%,其中,存量企业51640家,同比增长10.92%。新设市场主体35935家,与上年同比减少13.29%,其中,新设企业9283户,与上年同期新设户数基本持平。

【企业信用监管】2021年,娄底市推进"双随机、一公开"监管全覆盖,开展122个"双随机、一公开"监管抽查任务,抽取检查对象6124户,抽取执法人员963人次,市级随机抽查事项清单覆盖率100%。针对外资企业、娱乐场所等重点领域、重点行业开展24次部门联合“双随机、一公开”监管检查，实现部门联合监管全覆盖和常态化。加强市场监管领域信用体系建设，涉企行政许可信息和行政处罚信息公示率100%，市场主体年报率85%以上。落实信用约束机制，依法将5713家企业、793家农民专业合作社、6.39万户个体工商户列入经营异常名录。推行信用承诺制度，近1000家企业通过提交信用承诺办理相关业务。开展企业信用修复工作，依法将1282家企业、147家农民专业合作社、6176户个体工商户移出经营异常名录，恢复为正常状态，指导20家企业完成严重失信修复。

【价格监管】2021年，娄底市开展民生价格监管，突出重要时段，集中约谈企业44家，发放提醒告诫函8000余份、价格法律法规宣传手册3100余册，通过政务新媒体多频次宣传价格监管动态；整治“双减”教育收费，围绕“八查”开展校外培训机构检查，关注“天价茶”“蟹卡”等热销商品，整改问题122个。规范商家促销价格行为，重点打击虚标原价等不正当价格行为，立案查处价格欺诈案3件；开展粮食市场秩序专项整治，针对粮食经营活动中的扰乱市场秩序行为、违法交易行为以及价格违法行为进行监督检查；聚焦解决人民群众“看病贵”问题，对30家公立医疗机构价格行为进行检查。全年出动检查人员3.4万人次，检查督促经营主体1.59万家，办理价格案件217件，2件被评选为全市系统2021年度民生领域“铁拳”行动典型案例。

【反不正当竞争】2021年，娄底市调整升格市公平竞争审查工作联席会议，由市人民政府副市长为总召集人，增补公安、人社、应急等5部门为成员单位，扩大联席会议部门覆盖面。健全完善审查制度建设，建立公平竞争审查投诉举报受理回应制度和公平竞争审查工作考核制度。配合第三方评估机构对市政府办、市司法局、市商粮局等5个单位开展公平竞争审查制度实施情况现场评估，组织对43个市直单位工作人员开展实操培训。强化反垄断执法工作，配合省市场监管局对双峰县卫健局滥用行政权力排除限制竞争行为进行立案调查，促成当事单位撤销其违规出台的政策措施。

【食品安全监管】2021年，娄底市夯实食品安全基础治理，全市2089个村（社区）全部配备1名食品安全协管员，定期培训，定任务清单，建立纵到底、横到边的市、县、乡、村、格五级网络化食品安全管理体系。在中心城区15个农贸市场、13个基层所、2个大型超市改扩建快速检测室，完成快检1.12万批次，检出不合格食用农产品109批次。开展“餐饮安全，你我同查”“问检于民，你点我检”活动，完成抽样1.2万批次，合格率97.2%。开展农村假冒伪劣食品、护老行动、大米质量安全等专项治理32次，查办案件1285件，集中销毁假冒伪劣产品60余吨。对中心城区20个农贸市场创文管卫和卫生环境开展季度专项考核、年度文明农贸市场评选，在全市1364家学校推行“色标管理”和“膳食委员会”制度，培育108家“小餐饮标准化建设食品安全示范单位”，打造1个市级小餐饮示范片区和5个区级小餐饮示范片区，新化县、双峰县以人口为基数全员购买食品安全责任险，举办示范性四级食品安全事

2021年9月18日，娄底市食品安全宣传周启动仪式暨示范性Ⅳ级食品安全事故应急演练在新化县举行　（市市场监督管理局供图）

故应急演练。开展野生蘑菇中毒防控宣传，野生蘑菇中毒事件同比下降73.33%，举办各类食品生产经营单位负责人培训班223期，培训5.3万余人次，建立娄底市食品安全专家库，出台食品摊贩规范管理文件。

【药品安全监管】2021年，娄底市强化监管提升行业自律，完成省局委托巡查药品生产企业4家、药品批发企业9家、医疗器械生产企业4家、普通化妆品备案企业15家，移交省局案件3起。全年检查药械化生产经营使用单位4646家次，排查和整改风险隐患1593项。开展疫苗、儿童化妆品、医美机构药械使用等30余项专项检查行动，农村药品安全专项整治范围内

6691家单位检查覆盖率100%。全市办结药械化案件670件，移送公安机关案件3起，抓获犯罪嫌疑人5名，查办过期药械案获评全省“二十佳”优秀案卷。强化监测提升风险防控，完成药品不良反应监测报告9142份，报告数量按百万人口占比、一般报告评价及时率均排名全省第一位。完成药械化抽检任务298批次，检出不合格药品2批次、不合格医疗器械1批次、不合格化妆品3批次，均进行立案查处。强化演练提升应急处置能力，出台《娄底市疫苗质量安全事件应急预案》，完善局际联席会议议事流程。12月24日，涟源市举办全省首次Ⅳ级疫苗质量安全事件应急演练。依法开展行政许可，新开办门店许可期限由33个工作日压缩至13个工作日，全年核发药械化经营许可证208家，换发许可证77家，许可证延期21家，变更许可事项249家，备案202家，注销药品经营许可证8家、医疗器械一类生产企业2家、一类产品9个。

2021年12月24日，湖南省首次示范性Ⅳ级疫苗质量安全事件应急演练在娄底涟源市举行

（市市场监督管理局供图）

**【特种设备安全监管】**2021年，娄底市推行特种设备安全责任保险。5月，全省气瓶质量安全专项整治暨气瓶质量安全追溯体系建设现场推进会在娄底市新化县召开，娄底市气瓶安全专项整治及信息化建设在验收时以全省第一名成绩被评为优秀单位。开展气瓶、压力容器、压力管道、电梯、起重机械、大型游乐设备安全专项整治，制定特种设备安全应急预案。全年组织开展电梯安全应急救援演练40余次，出动执法人员1.12万人次，检查生产经营单位4857家，立案调查235起，下达特种设备安全监察指令书882份。是年，市市场监督管理局被评为“全省特种设备安全监察工作优秀单位”“全市安全生产和消防工作优秀单位”，新化县局、双峰县局、娄星区局获评全省特种设备安全监察工作优秀单位。

**【产品质量安全监管】**2021年，娄底市强化涉安产品质量监管，检查危险化学品及其包装物容器生产、电取暖设备、电线电缆等生产经营单位84家和使用单位18家次。强化环境治理产品质量监管，查办成品油案件10起，1起移送市公安机关。全市完成市级产品质量监督抽查645批次、执法监督抽查48批次，涉及工业生产资料、交通用具、食品、农业生产资料等8类55种产品，共完成693批次，合格658批次，合格率94.95%；不合格35批次，问题发现率为5.05%，不合格产品处置率100%。强化专项整治，开展道路交通顽瘴痼疾、农资打假、儿童和学生用品质量安全监管“护苗”等专项整治12个，排查各类生产企业、直销门店226家，监督检查产品387批次，检查发现问题企业18家，发现并消除风险点12个。

2021年娄底市8类55种产品抽检分析图

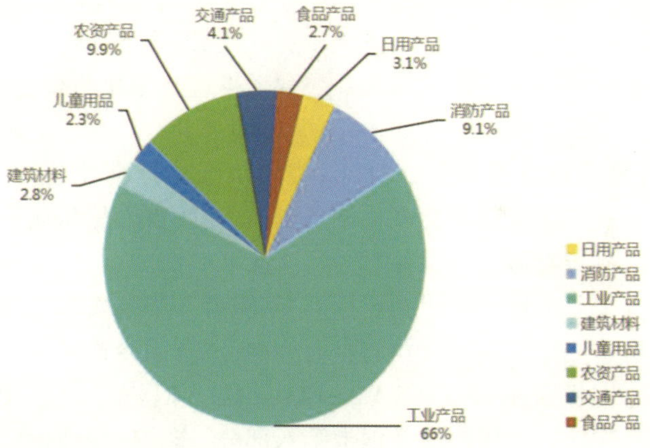


**【广告监管】**2021年，娄底市开展广告专项整治，落实违法违规商业营销宣传广告、“护苗助老”广告、炒作学区房广告、农村户外广告等系列专项整治行动，查处虚假违法广告案件94件。加强广告监测监管，监测主流媒体广告24.8万余条次，监测户外LED大屏广告6713条次，发现并处置涉嫌违法广告线索1230条次。夯实广告监管基础，在全省率先推动广告业务承接登记、审核、档案管理3项制度的落实，得到省局的肯定和推广。

**【质量强市战略】**2021年，娄底市出台《关于加快建设质量强市助推经济高质量发展的实施意见》，市质量强市领导小组成员单位增加到37个，启动第三届市长质量奖评审工作，全市15家企业2名个人申报参评。在全省率先出台质量工作考核方案，率先建成“质量基础设施‘一站式’服务平台”，率先建立市长质量奖、质量创新奖、县级政府质量奖三级质量激励梯度培育体系。加强质量基础建设，构建“专业+质量基础”培训模式，开展讲座37场，培训4000余人。

2021年12月20日，湖南省首个质量基础设施“一站式”服务平台在娄底市开通运营

（市市场监督管理局供图）

**【质量技术基础】**2021年，娄底市强化标准化建设，开展市级服务业标准化试点工作，娄底市怡然乐居网络科技有限公司等4个项目获批第一批试点。指导重点企业申报国家级企业标准“领跑者”，华菱安塞乐米塔尔汽车板有限公司的企业标准《汽车用冷连轧热冲压钢板及钢带》（Q/VAMA123-2019）和《汽车及家用冷连轧热冲压钢板及钢带第八部分：连续热浸镀铝硅合金镀层钢板及钢弹》（Q/VAMA127-2019）经评估获企业标准“领跑者”称号，实现娄底市国家级企业标准“领跑者”零突破。

强化计量建设。推进社公标建设，投入资金65万元，新建市级社公标7项，扩标1项，可开展强检项目123项，校准53项，净含量检测6项。优化社会计量资源配置，指导金竹山电力、华菱涟钢等企业建立企业最高计量标准，新建企业计量标准13项，升级1项，有授权计量机构5家，已建标57项，授权检定计量器具2.1万台件。加强对加油机、出租车计价器等与民生密切相关计量器具的监管，督促企业落实主体责任，立案查处加油机计量作弊案2起。推进C标志（定量包装商品生产企业计量保证能力自我声明承诺）工作，新增C标志企业10家。开展“计量服务中小企业行”行动，检定计量器具2.69万台件，为企业节约经费300万元。各县（市、区）实现注册计量师零突破，全市有一级注册师7名、二级注册师41名。

强化认证认可与检验检测监管。2月，承接省级下放的车辆安全检验检测技术机构资质认定许可事项，全市有车辆安全技术机构资质证书机构25家。加强日常监管，组织抽查建筑工程、食品检测、环境监测机构等19家，注销机构2家。联合市生态环境、公安交警部门开展车辆检测机构跨部门联合“双随机一公开”监督抽查，采取暂停采信数据措施6家次，移送案件2起。推进交通问题顽瘴痼疾集中整治，查办二、三、四低速电动车非法改拼装机动车等案件129起，移送司法机关1起。是年，市市场监督管理局被市整治办评为市整治工作先进单位。推进小微企业开展质量管理体系认证提升行动，4家企业通过现场审核获证，指导湖南省卓尔轴瓦科技股份有限公司规范管理，以典型案例推荐给国家总局。

**【市场秩序维护】**2021年，娄底市市场监督管理局聚焦市场难点、痛点、堵点、盲点问题，严整治，正秩序，全市系统办理案件2989件，其中，涉刑案件12件。开展民生领域案件查办“铁拳”行动，办理案件1067件。开展长江禁捕活动，在全省率先引进第三方服务监测平台“指南针”系统，形成“线上”“线下”同时监管、发力的局面，做法被市场监管总局推广。强化双打态势，全市市场监管部门打击侵权假冒工作，立案613件，结案558件。高压整治传销，出动执法人员2750人次，开展联合行动135次，检查各类公共场所1480余处，排查出租屋4800余套次，捣毁传销窝点20个，遣返涉销人员58人，办理案件1件。治理烟草市场，开展联合行动67次，查办涉烟案件209件，查获假冒卷烟3万余条，查获制假用原辅材料11.66吨。

**【消费者权益保护】**2021年，娄底市开展十大专项整治，发布十大消费维权典型案例，制作“凝聚你我力量、抵制餐饮浪费”H5及相关短视频，发布黄金消费、预付式消费、汽车消费等12次消费警示，查办10个车辆检测站价格串通案、冷水江油罐车侧翻成品油案等一批有社会影响力的重大案件。全年“12315”接到消费者投诉举报咨询4.45万件，争议金额3774万元，为消费者挽回经济损失2129万元，投诉举报结案率100%，全省工作效能考核评比排名第一。

【信息化建设】2021年，娄底市市场监督管理局完善信息化建设。7月，全市气瓶信息化追溯系统建设完成投入运行，石油液化气瓶充装单位实行100%动态监管。建成县级“互联网+明厨亮灶”指挥中心1个，“互联网+明厨亮灶”食堂489家。协同开发“网格+哨点防疫管理模块”，搭建监管部门和药店管理服务平台，建立“远程可查、可视、可调度”的药店疫情防控指挥体系。举办“湘冷链”平台使用培训，培训冷链食品监管人员、经营者200余人。做好涉及市场监管12条专线、42个应用系统的日常维护，整合机构改革前原单位网络，提高系统网络安全性。

【疫情防控】2021年，娄底市强化冷链食品疫情防控，发布《关于进一步加强我市进口冷链食品管控工作的通告》，开展重点冷链食品专项清查行动17次，检查冷链食品经营户1.03万家次，采集环境及从业人员样本3.2万余份，开展涉阳核查处置9起，封存下架进口冷冻海鲜食品4761.5千克。

推广“湘冷链”使用，819家经营户进入平台，累计赋溯源码6045张，省内流转次数2.9万余次。提升药店哨点作用，全市1185家药店分别纳入9773个网格，9815名网格员和市场监管人员相互配合，日常巡查覆盖率100%。对违反全市疫情防控要求、责令停业整顿的7家药店公开曝光，网络阅读传播量突破10万人次。加大防疫物品质量监管，对储备物资实施批批验收。强化新冠疫苗安全监管，检查疾控机构34家次、接种单位263家次，下发责令整改通知书45份，新冠疫苗检查覆盖率为100%，全年未发生疫苗流弊和质量安全事件。加强重点场所监管，加大商超、餐饮、酒店防控管指导力度，推行餐饮单位错位就餐、同向就餐、50%上座率等监管机制。

【市场监管执法】2021年，娄底市市场监督管理局出台行政执法公示、执法全过程记录、重大执法决定法制审核3项制度，全面清理涉及市场监管的176项重点监管事项和744项权责清单，公布699项执法项目清单，明确重点监管事项8项，规范执法文书68种，制定和发布涉企政策文件与解读6件，开展各类普法活动169次。处理行政复议9件、行政诉讼2件、民事诉讼2件、仲裁1件、听证3件，中级人民法院裁定撤销原要求市场监督管理局赔偿500万元执行异议案。下达行政处罚决定书334件，受理行政许可9795件。进一步提升政府信息公开力度，编制《娄底市市场监督管理局政务公开事项清单目录》，市局网站发布信息606条，答复处理互动留言45条。报送政务信息200余条，其中国办采用1篇，省政府办采用2篇。

（曾　敏）

## 统　计

【概况】2021年，娄底市统计系统严格按照国家、省统计工作会议部署，结合党史学习教育活动，推进依法统计、依法治统。市委常委会和市政府常务会先后两次专题学习习近平总书记关于统计工作重要讲话重要指示批示精神和中央有关统计工作的重大决策部署。11月23日，市委办、市政府办印发《关于加强新时代统计工作的意见》，从“深化思想认识、加强基层基础、优化统计方法、推进依法治统、强化工作保障”5个方面，针对性地提出18条加强新时代统计工作的具体意见。高质量完成各项经济社会发展重要指标的统计调查任务，客观反映全市经济增长、高质量发展、五好园区建设、民生需求、节能减排等方面的发展情况。同时紧盯形势变化加强运行监测，及时预测预警，为市委、市政府科学决策提供量化依据和重要参考。是年，统计分析、国民经济核算等10项业务工作分别被省统计局评为优秀或良好。

【依法统计】2021年，娄底市委、市政府出台《关于加强新时代统计工作的意见》，明确加强新时代统计工作的18条具体措施。印发《关于进一步健全防范和惩治统计造假弄虚作假责任制的通知》，推动全市各级党委政府、统计机构、相关部门建立健全防范和惩治统计造假弄虚作假责任制。与市纪委联合印发《统计违纪违法问题线索移送工作办法》，明确市纪委监委与市统计局相关问题线索移送工作机制。印发《2021年娄底市统计执法检查方案》，对全市8家企业开展统计执法检查，对4家企业作出行政处罚决定，严肃查处统计违纪违法行为。市委常委会、市政府常务会先后组织2次统计违法典型案件警示教育，加强统计违法警示教育和统计普法宣传。

【统计业务】2021年，娄底市统计局开展常规统计调查和专项调查，完成40余项常规统计调查任务，客观反映全市经济增长、高质量发展、五好园区建设、民生需求、节能减排等方面发展情况。做好第七次全国人口普查各项工作，发布《娄底市第七次全国人口普查公报》（第1～3号），组织开展“七人普”成果解读和课题研究，为全市制定和完善人口发展战略、落实“十四五”规划、服务高质量发展，提供人口信息支撑。组织开展公众安全感民意调查、基本公共服务公众满意度调查、生态环境公众满意度调查三大全市性民意调查，以及“心中有话对党说”“全省人才激励政策实施情况”“2021年园林绿化公众满意度民意调查”“2021年城乡居民获得感满意度民意调查”4项部门民意调查。

【统计服务】2021年，娄底市统计局围绕市委、市政府“三高四新”战略定位和使命任务、经济社会发展各项目标任务、打造中部地区“材料谷”、高质量发展、10条工业优势产业链、五好园区建设等中心工作搞好统计监测，全年撰写各类统计分析报告和专项课题150余篇。强化与各类媒体的合作，通过《娄底日报》、娄底电视台、娄底新闻网、娄底统计信息网、统计微信公众号，以及编印的统计年鉴、统计月报、统计公报等统计产品，多渠道发布统计数据，加强宣传解读。回应社会关切，为社会公众、相关企业、部门提供统计咨询和信息服务，全年回复各类网友提问、来信来函来电2000余次。到企业生产经营一线和项目建设现场开展调查走访，指导帮助企业建立统计台账、完善统计资料。开展统计业务培训，邀请湖南省统计局相关领导专家到娄底市调研指导、培训授课。市统计局业务人员多次赴各县（市、区）开展业务培训，联合市发改委、市工信局、市商粮局、市农业农村局等行业主管部门组织各类专题培训10余次。

【娄底市统计执法监督局正式组建】2021年9月10日，中共娄底市委机构编制委员会印发《关于市统计局有关机构编制事项的批复》，同意娄底市统计局增加内设机构统计执法监督科（对外称娄底市统计执法监督局）。同时撤销娄底市统计局内设机构政策法规科加挂的娄底市统计稽查办公室牌子，政策法规科不再承担监督检查、依法查处统计违法违规案件职责。

【“进企业、优服务、提质效”统计大调研】2021年3月23日，娄底市统计局印发《关于开展“进企业 优服务　提质效”专项行动的通知》，决定在全市开展“进企业、优服务、提质效”为主题的“一套表”调查单位专项行动。4月12日，召开全局干部职工大会，安排部署党史学习教育“进企业、优服务、提质效”统计调研活动。4月13—15日，局长带领农业、工业、服务业、投资、贸易、城调、劳动工资、法规、综合等统计业务人员，赴新化县开展“进企业、优服务、提质效”调研活动。各县（市、区）分别由局班子成员带队，于4月底前全面开展一轮调研，并随机抽取全市10%的“一套表”调查单位和投资项目进行实地核查。此次活动为企业开展现场指导62次，组织集中培训9次，为1200余名企业统计人员提供统计业务指导和培训服务，协助企业建立规范完备的统计台账，指导企业统计人员进一步熟练掌握相关统计报表制度和业务知识，夯实统计基层基础，提高统计数据质量。（谢正华）

## 公共资源

【概况】2021年，娄底市公共资源交易把准职能定位，细化工作流程，强化廉政风险点防范，推进电子信息化建设，通过完善体制机制、优化制度流程，实现公共资源高效公平配置。工程、采购项目大部分实现网上报名、线上开标。全年全市累计完成交易项目2262个，同比增长7%；交易总额221.4696亿元，同比增长14.24%。其中工程建设交易项目371个，交易额80.0491亿元，同比下降9.85%；政府采购交易项目1572个，交易额36.2362亿元，同比增长12.53%；土地矿产资源交易项目271个，交易额102.1073亿元，同比增长51.01%；国有产权交易项目48个，交易额3.077亿元，同比增长1302.46%。其中工程建设交易项目节约金额3.569亿元，政府采购交易项目节约金额1.4357亿元，土地矿产资源交易项目溢价增收金额5.6973亿元，国有产权交易项目溢价增收0.0145亿元。

【“我为群众办实事”实践活动】2021年，娄底市公共资源交易中心结合党史学习教育，列出“我为群众办实事”清单，对照清单解决基层在公共资源交易领域的困难事和烦心事。4月8日，在中心召开政府采购电子化交流会，邀请各行业评委、代理机构等各交易主体和娄底市万宝新区开发投资集团有限公司参加，收集各方对政府采购电子化建设的建议和意见，提出解决方案；4月23日，中心组织召开政府采购电子化交易系统培训会，对县（市、区）公共资源交易管理委员会办公室工作人员、县（市、区）财政局政府采购科（股）工作人员、政府采购代理机构负责人、潜在供应商和政府采购代理机构相关人员300余人进行培训，北京金润方舟科技有限公司专家杨振国主讲，为参会人员详细讲解知识要点，进行政府采购电子化交易平台的实际操作演示。

2021年4月8日，娄底市公共资源交易中心召开政府采购电子化交易系统培训会

（市公共资源交易中心供图）

【交易平台建设】2021年，娄底市公共资源交易中心重点推进平台电子化建设。完成房屋建筑和市政基础设施工程、交通、水利、工业建设项目全流程电子化部署，全市范围内依法必须招标的政府采购项目实现全流程电子化，政府采购电子交易系统于6月1日运行。中心通过落实经费、协调部署网络硬件资源、建设符合本地实际的配套系统、完善评标场所设备，实现娄底市工程建设招标投标全流程电子化交易和远程异地评标常态化。与娄底市万宝新区开发投资集团有限公司合作，打造区块链招投标运用平台，上线区块链电子保函系统，实现交易过程中无须抵押、反担保或冻结资金，全程电子留痕；开发区块链分析监管功能模块，在确保交易数据保密性和招投标全过程可控的前提下，对开评标数据进行大数据分析，构建围串标预警模型，防止围标串标等违法违规行为；开发区块链金融服务功能模块，对接中国银行、农业银行和工商银行，上线6个政采贷相关金融产品，中标企业可以一键式申请融资，授信和用信实现全线上操作。

【现场见证监督管理】2021年，娄底市公共资源交易中心制定公布《娄底市公共资源交易现场见证监督管理暂行办法》，2月1日起施行。建立通报制度，对存在违规行为的代理机构及其从业人员、评标（审）专家进行公示，全年公示中介机构43家、评标（审）专家108人次，全部抄送公管办、行业监督部门和派驻纪检监察组，优化开评标现场管理秩序。中心所有工作人员围绕“风险防范、风险预警”提出风险点，要求每个岗位防范交易风险，完成整个公共资源交易的流程再造，形成新的交易流程图。（郑　爽）

## 税　务

【概况】2021年，娄底市税务系统贯彻落实省局和市委、市政府工作部署，推进“精确执法”“精细服务”“精准监管”“精诚共治”，实现“十四五”良好开局。全市税务系统全年完成总局口径税收收入140.57亿元，同比增收13.36亿元，增长10.5%；完成市政府考核口径地方一般公共预算收入66.53亿元，同比增收7.59亿元，增长12.88%，地方级收入增幅排名全省第五。入库社会保险费82.88亿元、非税收入6.9亿元。全市新增减税降费7.84亿元，为企业办理缓税1449户次，缓缴税费7507.74万元。开展“我为群众办实事”实践活动，全年全市系统累计办成惠民实事3103件，协助解决7.5万余户群众办证难等涉税民生难题。

【税收征管改革】2021年，娄底市税务局对照《关于进一步深化税收征管改革的意见》，确定5年27类186项改革任务，年度35项改革任务全部完成。增值税专用发票电子化改革提质扩围，累计核定电子专票票种2963户。实现财行10税合并申报，申报率100%。娄底市经开区税务局开展“精诚共治直联点”试点，娄星区税务局、双峰县税务局开展“无风险不打扰”试点。探索“四联”机动车征管模式，车购税网上申报率由32%提升至93%，居全省第一位。企业所得税汇算清缴准期申报率100%，成为全省唯一数据零差错单位。个人所得税综合所得年度汇算清缴补税申报率全省第一，退税申报率全省第四。环保税征管案例获全省环保税管理案例二等奖。创新第三方法治案例评审，加强不动产司法拍卖税费征缴协作，推进“依法纳税”示范街建设。

【纳税服务】2021年，娄底市税务局梳理“放管服”优惠政策文件22个，整合、更新“放管服”任务清单53项，废止机外审批6项。拓宽“最多跑一次”事项范围，落实首违不罚近2万笔。全市纳税人满意度位列全省第五。统筹新建12366纳税缴费服务热线中心，实现7×24小时全天候人工服务。开展“百师”助“百企”志愿行动，落实总局“十大实事”，推出具有“娄底风味”的为民实事38项。开展“信用助融资”服务，通过“银税互动”帮助859户小微企业融资6.07亿元。推进“无籍房”办证工作，清缴项目73个，“交房即交证”缴税服务做法被省委深改办采纳。推出“产业专属服务套餐”，召开大企业涉税事项服务现场会，“面对面”解决企业涉税疑难事项。

【打虚打骗】2021年，娄底市税警检“涉税案件联合研判中心”建立，形成税警协同研判案情、银税协同资金查询、检方提前介入指导、税务全链条政策支持的协作模式。是年，查办的“1·23”虚开机动车销售发票专案入选国家税务总局、公安部联合通报的八大案例，该案对本地28户企业定性虚开，查实虚开发票636份，金额1.6亿，拓展追查涉案企业144户，累计涉案金额超过6亿，抓获嫌疑人11人。“6·9”伪造发票专案查处制售假发票6200余份，发票金额63亿元，捣毁制假窝点3个。“9·17”虚开农产品案查实虚开专用发票3044份，涉案金额3.6亿元，主犯刘某某判处无期徒刑。“新化虚开黄金发票案”涉案金额14亿元，税额2亿元。“11·10”案为横跨九省市、涉案金额超10亿元的全国性特大虚开增值税专用发票案，挽回娄底本地税款损失7608.28万元。

【“区块链+不动产交易纳税登记”平台试点运行】2021年7月，“区块链+不动产交易纳税登记”平台在娄底城区试点运行。10月8日，房产交易征管全程链上电子化申报纳税，实现资料线上“自动审核、分送办理”，交易全流程“一窗受理、一链办理”，不动产交易登记正常办理时间从5天压缩至半天，是全国4个“区块链+不动产”试点地区中首个按照总局技术标准对接总局区块链实现数据上链的单位，全国首创开具不动产区块链电子完税凭证。截至12月，区块链上链数据办理缴税增量房5435笔、存量房1308笔，上链不动产交易数据6972笔，上链交易权利人数据12067条，上链房屋数据618393条，上链权利人数据420692条，按日核验纳税人申请税收优惠家庭成员信息及核实家庭住房2842户次。

【非税收入划转征收】2021年1月1日始，娄底市根据《财政部关于水土保持补偿费等四项非税收入划转税务部门征收的通知》规定，将水土保持补偿费、地方水库移民扶持基金、排污权出让收入、防空地下室易地建设费划转至税务部门征收；7月1日始，根据《财政部关于土地闲置费、城镇垃圾处理费划转税务部门征收的通知》规定，城镇垃圾处理费、土地闲置费划转至税务部门征收。全市全年水土保持补偿费入库1406万元，排污权有偿使用收入入库2132万元，生态环境损害赔偿金入库43万元，城镇垃圾处理费收入985万元。

（戴铁城）

## 国家统计调查

【概况】2021年，国家统计局娄底调查队（简称娄底调查队）形成“党建一核统领，数据质量和统计服务双翼齐飞，队伍建设、统计法治和从严治党三擎驱动”的工作新格局，完成住户调查、劳动力调查、价格调查、粮食统计调查和畜禽监测等国家调查任务，参与全国和全省文明城市测评、全省绩效评估和营商环境评价工作，完成市直单位营商环境社会满意度调查、市直部门政务服务“好差评”调查。是年，获评“国家贫困地区重大专项普查先进集体”，在湖南调查总队业务工作综合考核中获得良好等次，在18项业务工作考核中，2项获得优秀、9项获得良好。保持“湖南省文明标兵单位称号”。

【劳动力调查】2021年，娄底市分市州劳动力调查开展样本扩样工作。娄底市人民政府专题研究并召开全市会议，由市政府办下发相关文件推动劳动力调查工作。以抽中社区主要负责人为调查点点长，调查业务骨干为业务员，人社协理员为联络员，选聘一线调查员，配齐配强“点长”和“三员”。赴社区陪访，紧盯重点人口、重点指标，坚持直培直导直审。分市州调查失业率保持较低水平。

【专项调查】2021年，娄底调查队规范专项调查流程，培养专业调查队伍。开展2次文明城市模拟测评，形成客观真实的测评结果和具体翔实的调查报告。开展市直单位和部分县（市、区）营商环境社会满意度调查和市直部门政务服务“好差评”调查，完成调查样本15000余个。分别选派2名工作人员参加全国和全省文明城市测评，全面对接国家、省测评组在娄工作。抽选16名工作人员参加全省绩效评估和营商环境评价在娄调查工作，调查走访80个市直单位、6个县（市、区）和6个工业园区。

【提升调查数据质量】2021年，娄底调查队到田间地头、工厂企业、商场市场和居民家中开展直接调查，获取最初的情况资料。运用现代化调查手段，加强无人机、PDA（掌上电脑）、智能手机在农业调查中的应用；推进E调查逐步全覆盖；住户调查电子记账率81.1%。依法开展市级统计执法检查，承办湖南调查队系统首次交叉执法检查暨现场观摩教育培训，开展专业基层基础工作检查，开展培训指导，促进县（市、区）基层基础工作提升。推进统计调查业务规范化管理，修订完善住户、农业、价格、劳动力等专业调查规范化管理办法，确保调查数据真实准确。

【信息分析服务】2021年，娄底调查队围绕社会经济热点问题，撰写有地方特色的重要信息和调研报告。全年完成调查分析报告127篇，被国家统计局全篇采用3篇，被湖南调查总队内网采用19篇。撰写政务信息89篇，被国家统计局采用5篇，被湖南调查总队内网采用29篇。在全市党委信息工作考核中居市直单位第三名；在全市政务信息工作考核中居市直单位第一名。（彭　博）

## 海　关

【概况】2021年，娄底海关审结报关单706张，监管货运量890.07万吨，入库税款5.49亿元。备案加工贸易手册13本，备案金额1.67亿美元，加工贸易实际进出口值8635.71万美元。审批办理减免税2份，货值6.82万美元，减免两税6.06万元。办理新企业备案110家，累计备案企业618家。实施出入境货物检验检疫880批，货值18.45亿元。出境危险货物包装检验169批；签发各类检验检疫证书证单276份，电子底账621条，签发原产地证书669份；办结核查27起，发现问题6起；办结稽查4起，查发2起，追补税款101.6万元。

是年，对照总署党委巡视长沙海关党委情况反馈意见，主动认领问题，做好巡视整改工作。结合娄底海关实际，细化整改工作任务分解表34项，将整改任务分解到“两科三机制”，建立整改工作台账，明确整改时间表、任务书，逐项清理销号。截至年底，印发方案、制度4项，完成整改工作27项。开展“现场监管与外勤执法权力寻租”专项整治，召开专题推进会议4次，集中学习讨论有关违纪违法典型案例通报7次，开展纪法教育和警示教育。对照个人岗位职责，确定廉政风险清单事项19项。聘请10名特约监督员并召开特约监督员座谈会、媒体记者座谈会等，建立海关领导、派驻纪检组外勤执法跟班制度，全年开展跟班作业40余次。

【检验检疫】2021年，娄底海关组织开展出口果园、进口粮食存放、加工企业厂区及周边外来杂草、红火蚁监测。设置完成32个实蝇监测点，全年观测700余个次，收集1700个样本。对辖区内7家进口粮食定点加工厂、中储粮仓库及周边1千米范围，开展20余次外来有害杂草、红火蚁现场监测。开展出口食用农产品和饲料安全风险监控。按规定抽取供港活猪风险监控样品15个，其中猪尿样12个、猪肝样2个、猪肌肉2个。抽样检测重点监测疫病27次，一般监测疫病3次，潜在风险疫病2次。检出二类传染病（伪狂犬病）1次，其余疫病均未检出。完成2家进口粮食储备库和1家出境果园及包装厂注册的备案考核。主动向地方市粮安办通报进境粮食调运情况，完成进口粮食调运初审约12万吨，进口粮出仓约1.8万吨。

**【综合治税】** 2021年，娄底海关走访杭州、宁波等口岸海关，协调落实全国通关一体化措施，实现涟钢、冷钢等重点企业就近报关。涟钢申报进口铁矿石6单，重量36.3万吨，涉及税款约6500万元。多次到华菱涟钢、冷钢等辖区重点进出口企业开展走访调研，引导企业合理调整保函、保证金比例，推进银行保函、集团财务公司担保等新担保方式，减少企业资金占用成本。全年担保金额14亿元，为两家钢企节约财务成本1000万元以上。办理税收担保202份，其中保证金23份，银行保函31份，集团财务保函148份。将关区两家重点税源企业纳入管理范围，采集企业基本信息、行业发展信息和进出口、纳税、补税等信息，在关税处的指导下建立企业底账，开展企业纳税遵从度评估。积极宣传海关政策，推进全国通关一体化模式申报，加强报关单日常监控，做好预约加班工作。宣传和推广应用"提前申报""两步申报"等便捷通关模式。是年，娄底海关通关无纸化率为100%，"单一窗口"报关覆盖率100%，电子支付率98.9%，整体通关时间进口为26.14小时，出口为0.27小时，均优于长沙关区平均水平。

**【服务发展】** 2021年，娄底海关主要负责人带队走访调研5个县（市、区）、娄底经开区、万宝新区和10余个市直部门单位。组织召开企业座谈会7场次，实地走访企业20余家，与50多家企业面对面交流，找准外贸企业实际需求，帮助企业解决实际困难和问题。建立"娄底海关外贸企业服务"工作群，120多家企业入群，全年累计推送500条政策措施解读。支持娄底经开区获批增设海关统计经济区划代码，辖区内59家外贸企业完成海关编码信息更新维护。先后5次与华菱涟钢领导层就推进属地申报、多元担保、信用培育和技改项目减免税等问题进行座谈交流，完成华菱涟钢高级认证企业的重新认证工作。推荐涟钢申请备案《中国—毛里求斯自贸协定》项下经核准出口商。经总署审批核准，该企业成为《中国—毛里求斯自由贸易协定》实施以来湖南省首家备案企业。推动湘村黑猪恢复自营供港，全年出口黑猪35批次2400头。争取总关职能部门支持，推动解决VAMA二期技改项目减免税备案、湖南伍星生物出口牛胶原蛋白肽签证资质、优化双峰珊瑚科技氯酸钾出口送检频次等问题，促进辖区生产型外贸企业高质量发展。（义雪斌）

# 园 区

◎综述
◎娄底经济技术开发区
◎万宝新区

# 综　述

【概况】2021年，娄底市园区固定资产投资同比增长11.4%，规模工业增加值同比增长12.4%，上缴税金（68.4亿元），同比增长23.26%。钢铁新材和工程机械两大产业规模以上企业178家，规模工业增加值同比增长26.9%，营业收入1137亿元，占十大产业链营业总收入的70.8%。科学编制《娄底市"十四五"产业园区发展规划》，制定出台《娄底市人民政府办公室关于创建"五好"园区　推动新发展阶段园区高质量发展的实施意见》。娄底高新区获评2021年度全省"五好"园区创建综合评价先进园区，娄底高新区建筑工程机械产业集群获批科技部创新型产业集群（培育）。全市园区省级以上研发机构、众创空间孵化器累计56个，当年新增6个。（陈健强　朱太貌）

【园区改革】2021年，娄底市调整优化中心城区园区规划，12月31日，中共娄底市委办公室印发《中共娄底经济技术开发区工作委员会娄底经济技术开发区管理委员会职能配置、内设机构和人员编制规定》的通知，撤销娄底市水府示范片万宝新区管理委员会，原有机构编制和领导职数一并核销，人员整体划入娄底经开区。设立万宝新区管理办公室，正科级，设主任1名、副主任2名，由娄底经开区统一管理。主要负责统筹协调原万宝新区相关工作，涉及债权债务处置的，可继续对外使用万宝新区管理委员会名称开展工作，待处置工作完成后不再使用该名称。是年，娄底高新区正处级机构获得省编委批复；娄底经开区、双峰高新区完成园区赋权工作。（陈健强　朱太貌）

【VAMA铁路专用线通车】2021年12月26日，VAMA（华菱安赛乐米塔尔汽车板有限公司）铁路专用线建成通车。该铁路专用线作为娄底市招商引资项目配套建设工程，是娄底产业转型升级的配套项目，与薄板、汽车板深加工产业发展密切关联，线路于娄底站对侧货场引出，跨涟水河后接入汽车板厂区，总投资约4亿元。分为外部专线和内部专线两部分，外部专线于2014年开工建设，接轨点为娄底火车站；内部专线于2021年5月开工建设，起点位于VAMA成品库，线长约6.6千米，与沪昆、洛湛铁路相通，年运输量可达100万吨。通车后将降低VAMA原材料和产品运输成本，实现原材料、产品生产、产品输出供产销高效衔接。能完善VAMA物流体系，扩大运输能力，减少污染物排放，践行绿色环保低碳行动，推动VAMA实现高质量发展。（陈玲娜）

2021年9月30日，三一液压油缸智能生态工业城项目交付暨投产启动仪式现场　（市发改委供图）

【三一液压油缸智能生态工业城项目投产】2021年9月30日，三一液压油缸智能生态工业城（一期）项目交付投产。三一液压油缸智能生态工业城项目于2020年12月启动实施，是娄底市工程机械产业关键核心技术攻关项目。该项目总投资52亿元，占地98.6公顷，按照"灯塔工厂"标准建设，专业从事液压油缸产品的研发、生产。项目一期建成24万平方米数字化液压油缸生产厂房及生产辅助厂房，投产后可年产油缸110万支，产值42亿元。项目整体建成后，可成为娄底的百亿级产业，助力娄底打造"中国液压件之都"。（颜　伟）

# 娄底经济技术开发区

【概况】2021年，娄底经济技术开发区（简称娄底经开区）园区主要经济指标稳步增长，规模工业总产值首次突破1000亿元，规模工业增加值181.34亿元，同比增长10.8%；制造业增加值174.6亿元，同比增长11.93%；固定资产投资252.53亿元（不含农户），同比增长11.3%；新增规上工业企业19家、规上服务业4

家；完成一般公共预算收入34.65亿元，同比增长26.29%，其中区本级完成19.2亿元，同比增长36.59%。（尹倩蓉）

【产业发展】2021年，娄底经开区钢铁新材和工程机械两大产业完成产值972.75亿元、同比增长43.37%，千亿产业集群快速形成。新增高新技术企业13家，预计高新技术产业增加值增长37.15%，安地亚斯获批“湖湘精品”中小企业品牌能力提升试点企业，光华机械获批国家级“小巨人企业”，星源电器获批省级“小巨人企业”，旺达拟定为湖南省科技企业孵化器，五江高科拟定为湖南省企业技术中心，三泰新材拟定为湖南省工程研究中心。新增个体工商户741户，新增企业531家。预计规模工业企业营业收入突破1200亿元，工业利润总额突破63亿元。（尹倩蓉）

【项目建设】2021年，娄底经开区共推进58个项目，中兴液压灯塔工厂、高强钢二期、宝武冷弯型钢等13个项目竣工投产，其中液压油缸基地仅用时10个月，浙湘新材仅用时6个月。协议完成土地征迁约217.13公顷、获批95.67公顷，新建标准厂房65万平方米；争取上级项目资金及政府专项债21.5亿元；投资集团筹集资金50.6亿元。全年招商签约项目69个，进出口额同比增长44.4%，实际利用外资同比增长239%，开放型经济创近10年来最好成绩。（尹倩蓉）

【营商环境】2021年，娄底经开区推动“一件事一次办”，123个事项实现一次办结，56个项目开展全程代办，帮助19家电力企业完成迁入登记；推行告知承诺制，为23个项目简化办理手续。成立园区政策兑现工作小组，帮助企业兑现44笔，申请金额6.97亿元。深化“放管服”改革，承接审批类管理权限401项，87个服务事项下放至街道，村（社区）综合服务平台实现全覆盖。（尹倩蓉）

【民生实事】2021年，娄底经开区完成无籍房办证880户、老旧小区改造8个。新增城镇就业1620人，涟滨街道被评为省级充分就业街道。娄底市大北农科技有限公司、娄底市国储粮油加工有限责任公司、湖南四方糖业有限公司3家企业成功申创市级农产品龙头企业。关闭碎石制砂企业13家，治理受污染耕地约179.33公顷，水质达标率100%。社会大局和谐稳定，信访工作获全省“三无”县（市、区）称号，安全生产被评为全省良好单位。常态化开展疫情防控，稳妥推进疫苗接种，守住“零疫情”防控成果。（尹倩蓉）

【卢森堡驻华大使俞博生一行访问经开区】2021年5月27日，卢森堡驻华大使余博生一行到娄底市考察

2021年5月27日，卢森堡驻华大使俞博生一行访问娄底市经开区。图为交流会现场

（娄底经开区供图）

交流，经开区党委副书记、管委会主任康艳华会见余博生一行，向他们介绍娄底经开区基本情况。希望他们能给予娄底经开区和VAMA（华菱安赛乐米塔尔汽车板有限公司）更多的关注和支持。余博生对园区发展理念及远景规划给予肯定，感谢娄底经开区对卢森堡在娄企业的全方位支持，希望未来能进一步加强交流与合作。VAMA首席执行官费尔南德参加会见。

（尹倩蓉）

【“两高”项目高质量发展】2021年，娄底经开区

2021年6月8日，怀化市考察组到娄底经开区学习考察“两高”项目高质量发展情况

（娄底经开区供图）

立足高强钢、汽车板、硅钢等先进材料，全力打造中部地区“材料谷”，钢铁新材和工程机械两大产业占全区产值比重为96.34%，涟钢、汽车板、中心液压件等8大权重企业占规模工业总产值比重为91.73%。同时，坚决遏制高耗能、高排放项目盲目发展，积极推动绿色转型发展，单位规模工业增加值能耗和主要污染物排放分别下降3.05%、1.44%，工业固废利用率达97%。

**【第六届职业技能大赛】** 2021年6月11日，娄底经济技术开发区庆祝建党100周年暨第六届职业技能大赛决赛在娄底技师学院举行。华菱安赛乐米塔尔汽车板有限公司、三一重工娄底市中兴液压件有限公司等23家园区企业的113名员工参加决赛。大赛主题为“奋斗百年路　启航新征程”，旨在全面贯彻落实习近平总书记对技能人才工作的系列重要指示，大力弘扬劳模精神、劳动精神、工匠精神，打造娄底经开区高技能人才队伍，为建设“三生三宜”的经济强区和“千亿园区”提供人才支撑。比赛设有CAD机械设计、焊接、数控车工、数控铣工、装配钳工、维修电工和办公自动化7个比赛工种，评选出“娄底经开区技术能手”7名，发放奖金22.2万元。（尹倩蓉）

2021年，娄底经济技术开发区“中国·中阳生态电力科技谷”规划图（娄底经开区供图）

**【中国·中阳生态电力科技谷一期主体完工】** 2021年，中国·中阳生态电力科技谷一期主体完工。该项目位于娄底经济开发区东部新区，娄涟公路以东，东二环以西，秋浦街贯穿东西，距离中心城区8千米，周边交通便利。园区分为A、B、C三个区，总用地1230亩，计划总投资约32亿元。其中，A区占地规模约400亩，投资约14亿元，规划总建筑面积32万平方米，为总部经济区、园区总部大楼和企业个体大楼生产驻地，建筑面积65197.08平方米；B区占地规模约430亩，投资约9亿元，规划建设工业标准厂房30万平方米，为生产型企业以及生产、研发、加工、装配、仓储及生产基地；C区位于东二环以东，用地规模约400亩，为预留发展区。该项目致力于打造国家级电力科技园区、总部经济示范区、AAA级工业旅游景区、智慧型科技产业园区，是集生态办公、生产、销售、仓储、物流、休闲旅游为一体的新型产业园区。（尹倩蓉）

**【开发投资建设】** 2021年，湖南省娄底经济技术开发投资建设集团有限公司（简称娄底经开投）体制改革工作完成，现代企业管理制度逐步完善，全年实施基础设施项目20个，投资19.8亿元。融资到位50.6亿元，未发生任何债务违约事件，关注类债务减少6.88亿元，经营性债务减少0.28亿元，隐性债务减少0.92亿元，全面完成化债任务。

项目建设　聚焦项目建设主业，基础设施项目全年实施20个，竣工2个，投资19.8亿元，太和安置基地三期道路及配套、涟水左岸澄清保护圈岸坡整治项目竣工验收，推进湘阳东街、江龙路、东西四街等道路工程建设。12月，湖南师大附属春元学校项目开工。薄板产业园列入2021年度湖南省十大重点产业项目，签约入驻项目28个，投资规模235.6亿元。

多元化经营　注入土地732亩、资产15亿元。参股的昆石创业基金投资湖南兵器集团、五江高科、湘村黑猪等项目。推进电将军收购等项目。电力科技谷总部大楼主体封顶，完成税收6亿元，累计入园企业70余家，22栋标准厂房完工。文旅投工业研学旅行项目营地装修完工，截至12月，承接了5所学校约1500名学生的研学活动。（刘师师）

## 万宝新区

**【概况】** 2021年，万宝新区全年固定资产投资同比下降5.1%；财政总收入6.16亿元，同比增长11.8%，地方一般公共预算收入3.46亿元，同比增长22.29%；内联引资82亿元，完成年度目标任务112%；社会消费品零售总额38.55亿元，同比增长14.8%；实现规上服务业营业收入24.75亿元，其中其他营利性服务业营业收入22.85亿元，同比增长30.36%；进出口总额8582万元；新增达标入统企业13家。

【项目建设】2021年,新区引进各类产业项目20余个,其中亿元以上重点产业项目3个,引进200余家总部经济企业。确定30个建设项目作为项目建设的重中之重,实施挂图作战,全年完成重点项目投资55亿元,完成目标任务120%,其中14个市级重点项目完成投资35亿元,完成目标任务的130.11%。中国物流娄底诚通物流园一期、58科创新经济产业园、奥特莱斯、跨境电商展示中心等10个项目竣工投产或投入运营;5G+智慧产业园、达安基因娄底医养中心、电商物流园等10个项目快速推进,高丰路扩建、波月街、竹南路、安置小区等基础设施及配套项目全力推进。同时,强化土地要素保障,报批和组卷土地20公顷,挂牌出让土地38.3公顷,征地拆迁44.2公顷,拆除房屋128栋。

【主导产业】2021年,新区进一步推进移动互联网产业发展,全年实现移动互联网产业主营业务收入约27亿元,同比增长21%;推进湘谷大数据中心二期建设,做大做实湘谷科技、胤安科技、手拉手、58科创新经济产业园;加大区块链应用领域的研发和推广力度,娄底市区块链产业园登上2021年国内主题型园区(区块链)榜首,7个区块链项目通过中央网信办备案,“区块链+民政”“区块链+税费”服务入选国家区块链创新特色领域试点项目,区块链乡村振兴一体化平台入选《湖南省“数字新基建”100个标志性项目名单(2021年)》,“链企银”综合服务平台成为省财政厅金融试点项目。推进文昌科技上市进程、5G+智慧产业园建设和招商引资,推动湘煤机、同丰科技、瑞奇电器等传统制造业走“专精特新”之路。依托诚通物流园、电商物流产业园、万宝保税仓、跨境电商展示中心等平台,开展生鲜农产品物流、冷链仓储、商贸物流等项目洽谈,引进物流企业10余家。

【安全发展】2021年,新区抓好生态环境保护,办结中央第六环境保护督察组交办新区的2件信访件,办结率为100%;整改建筑工地扬尘、渣土运输、道路清扫保洁、五小门店和露天烧烤油烟排放、散乱污企业等重点领域问题。偿还到期债务17.62亿元,其中减少隐性债务0.86亿元。压实安全生产责任,排查高铁南站广场、在建工地、安置小区等重点领域的隐患,发现问题立即予以交办整改,全年未发生一起安全生产事故。对高铁南站广场、10个安置基地和临时过渡棚、28个建筑工地、11家企业、12条道路、3座桥梁进行巡查,出动人员500余人次、车辆50余台次,处置问题100余个,清除道路积雪30余千米,引导旅客6000余人次。解决征地拆迁、环境优化、生态环境保护、信访投诉等问题500余个,志愿服务群众50000余人。积极推进无籍房办证,办理5个项目不动产权证2656本,169棚户区改造、人济星城和新世界建材城一期、三期4个项目实现清零。推进丰园、香泉湾、凤凰、百亩二期4个安置基地建设,109栋房屋基础施工完成。

【2021互联网岳麓峰会·万宝区块链论坛】2021年4月17日,2021互联网岳麓峰会·万宝区块链论坛在“链城”娄底开幕。论坛上,全国各地的区块链企业行业专家共同发布“万宝共识”,娄底万宝新区与多家互

2021年4月17日,以“区块链与国家数据战略”为主题的2021互联网岳麓峰会·万宝区块链论坛在娄底开幕　　(张丽艳　摄)

联网企业就区块链智慧消防、普惠金融业务项目合作、分布式存储中心等签约项目16个。除了开幕式的主论坛,三个分会场分别围绕“赋能实体—区块链应用论坛”“数据新经济—区块链与大数据论坛”“产业突围—数智城市创新论坛”等专题展开探讨和交流。

【第十二届湘博会·娄底第二届电商节】2021年12月10日下午,由湖南省商务厅、娄底市人民政府指导,娄底市商务粮食局、万宝新区管委会联合主办的第十二届湘博会·娄底第二届电商节启动仪式、湖南省直播带货暨短视频大赛颁奖仪式在娄底高铁南站举行。电商节期间开展网红直播带货、跨境电商销售和“直播短视频”群星分享会等多项活动。截至12月11日24时,顺德造直播小镇主会场销售总额6608万元,湖南世茂优播分会场跨境电商4.1万美元、国内直播3.5万元、线上营销82.37万元,合计直播带货销售总额6720余万元。　　(陈　辉　柳叶妮)

# 农业·农村


◎综述
◎种植业
◎畜牧水产业
◎农机管理
◎林业
◎水利
◎水文
◎乡村振兴

## 综　　述

【概况】2021年，娄底市各级农口部门通力协作，保持农业持续增产、农民加快增收、农村稳定和谐。全市实现农林牧渔业总产值342.29亿元。其中，农业产值165.05亿元，林业产值8.5亿元，牧业产值139.72亿元，渔业产值16.61亿元，农林牧渔专业及辅助性活动产值12.41亿元。全年粮食种植面积24.59万公顷，粮食总产量158.43万吨；蔬菜种植面积4.31万公顷，蔬菜及食用菌产量166.92万吨；油料种植面积4.23万公顷，油料产量7.45万吨；猪牛羊肉产量32.06万吨，水产品产量9.16万吨。

【农村改革】2021年，娄底市基本完成农村集体产权制度改革任务，1951个涉改村（社区）及3个涉改组均成立新型农村集体经济组织。有序推进农村宅基地管理，《娄底市农村住房建设管理条例》颁布实施，农业农村部门全面承接农村宅基地管理相关工作。农村土地承包经营权确权登记颁证工作基本完成。

【农技推广】2021年，娄底市组织农村改厕技术人员和市级领导办点村支部书记45人参加市委农办举办的农村改厕技术培训班；组织示范创建村村主任15人参加全省农村实用人才培训班；组织7名科技特派员驻村，传授农业技术；组织本系统农技人员“五送”下乡120人次，送科技、送技术、送文化、送政策、送温暖；组织示范创建村各类农业新型经营主体50多人参加省农博会；组织县、乡（镇）负责美丽乡村建设人员20人次赴常德、益阳市学习农村改厕和美丽乡村建设经验。

【乡村产业】2021年，娄底市有农产品加工企业2496家（其中国家级龙头企业3家、省级54家），全年农产品加工全产业链产值736.65亿元，加工企业营业收入562.28亿元，同比分别增长7.8%、7.1%；全市休闲农业企业1861家，全年休闲农业经营收入34.6亿元，接待游客1016万人次，同比分别增长7.7%、5.6%；全市农民专业合作社7350家，家庭农场总数3658家。是年，新化县、双峰县、涟源市入选“全省特色县域经济重点县”；涟源市入选“全国现代农业示范区”“全省农村一、二、三产业融合发展试点县”，双峰县、新化县、冷水江市入选“全省农村一、二、三产业融合发展示范县”。

【禁捕退捕】2021年2月4日，娄底市人民政府下发通知，从2月开始，在全市开展为期半年的禁捕退捕工作质量提升行动。利用多种方式深入开展禁捕退捕政策宣传。冷水江市、新化县组织推荐退捕渔民参加急需紧缺职业的技能培训，提高转产就业能力，确保符合参保条件的退捕渔民百分之百参保；对基本生活困难、符合条件的退捕渔民，引导其按程序申请并纳入低保；特困及临时救助范围等符合医疗救助的，按规定纳入医疗救助范围。强化渔政执法能力建设，加快推进农业综合执法改革，构建权责明晰、上下贯通、指挥顺畅、运行高效的行政执法体系。充分利用“智慧渔政”视频监控平台、无人机、雷达等高科技手段加大巡查频次和范围，形成人防和技防结合、执法机构和社会力量结合、水陆协同的长效机制。

（曾　杨）

## 种植业

【粮食生产】2021年，娄底市粮食生产总面积370.39万亩，同比增加4.94万亩；粮食总产158万吨，同比增加2万吨，其中早稻种植面积91.89万亩，同比增加1.7万亩，超省厅任务2.89万亩。娄底市“五个一起抓”发展粮食生产的做法在2021年全省农村工作会议上得到充分肯定。4月13日，首次全省春耕生产暨耕地抛荒专项治理现场推进会在娄底召开。娄底市农业农村局以优异成绩被农业农村部授予“全国粮食生产先进集体”称号。

【油料生产】2021年，娄底市油料种植面积4.23万公顷，增长4.7%，油料产量7.45万吨，增产3%；拥有“花之缘”“湘山”等菜籽油品牌，实现一、二、三产业高质高效融合发展，双峰县“再生稻+油菜”高效种植试点成效明显。

【蔬菜生产】2021年，娄底市落实“菜篮子”市长负责制，建立健全责任考核机制。蔬菜种植面积4.31万公顷，增长2.9%，总产168万吨。供给结构和质量优化，实现“由有到优”的跨越，打造了桥头河萝卜、双峰辣椒、青树坪淮山、龙山百合、新化魔芋等地方特色蔬菜品牌。

【高标准农田建设】2021年，娄底市稳步推进高标准农田建设，有序推进18.62万亩建设任务，全力推进耕地抛荒治理。全年全市复耕面积7.31万亩，复种面积7.01万亩，抛荒10～20余年以上的土地均被复垦。

（曾　杨）

## 畜牧水产业

【概况】2021年，娄底市生猪出栏401.86万头，同比增加96.23万头，增长31.49%；生猪存栏284.99万头，同比增加25.35万头，增长9.76%。其中，能繁母猪存栏26.3万头，同比增加0.92万头，增长3.62%。全市牛出栏18.98万头，同比增加0.4万头，增长2.15%；羊出栏68.13万只，同比增加4.19万只，增长6.55%；家禽出栏2487.23万羽，同比增加208.03万羽，增长9.13%。2021年末，牛存栏42.81万头，同比减少0.17万头，下降0.4%；羊存栏51.25万只，同比增加0.8万只，增长1.59%；家禽存栏1735.38万羽，同比增加87.5万羽，增长5.31%。全市猪、牛、羊、禽肉品供应充足，市场价格稳定。其中，猪肉产量28.81万吨，同比增长29.6%；牛肉产量2.15万吨，同比下降1.83%；羊肉产量1.10万吨，同比增长5.77%；禽肉产量3.57万吨，同比增长9.51%；禽蛋产量4.11万吨，同比增长24.92%。

全市养殖水域滩涂保有量1.05万公顷，其中大水面生态养殖670公顷，水库、池塘健康养殖9380公顷；稻鱼综合种养1.67万公顷；鲜鱼总产量8.4万余吨，年产值21亿元。全市养殖企业（合作社）2820余家，其中养殖水面30亩以上的有230余家。

【动物质量安全监测】2021年，娄底市对全市屠宰场、农贸市场、养殖户等动物产品兽药残留监测组织样品389批次，猪、牛、羊尿样110批次，包括例行监测组织样品363批次（猪肉80批次、猪肝78批次、禽肉48批次、牛羊肉3批次、禽蛋81批次、水产品73批次）；监督抽查组织样品24批次（猪肉6批次、猪肝6批次、禽肉4批次、禽蛋8批次），猪、牛、羊尿样10批次。经实验室检测，“瘦肉精”（克伦特罗、莱克多巴胺、沙丁胺醇）、氟喹诺酮类药物（恩诺沙星、环丙沙星、沙拉沙星和达氟沙星等），磺胺类药物总量（磺胺间甲氧嘧啶、磺胺二甲嘧啶、磺胺甲噁唑、磺胺二甲氧嘧啶、磺胺喹噁啉等）等药物残留，结果均为合格。

【畜禽遗传资源普查】2021年，娄底市开展第三次畜禽遗传资源普查，对新化县、涟源市、双峰县3地有资源行政村按20%的比例抽查，采取查阅资料、现场抽查、数据筛查等方式对201个资源行政村（新化县86个、涟源市85个、双峰县30个）进行核查；按10%的抽查比例穿插对108个无资源行政村（娄星区22个、涟源市2个、双峰县46个、新化县23个、冷水江市15个）进行现场核查，完成第一阶段基本数据的上报工作。

2021年11月20日，娄底市畜牧水产和农机事务中心在涟源市湘波村“湘中黑牛”养殖场开展娄底市首次畜禽遗传资源普查核查工作　（刘　宁　摄）

【动物疫病防控】2021年，娄底市在22个高速公路出口和8条主要公路干道设置30个非洲猪瘟防控临时检查消毒站，实行24小时值班值守，严格查验生猪检疫证明、生猪耳标、“非洲猪瘟”检测报告以及生猪运输车辆备案表，检查车辆6980台，检查生猪122670头，查处违规调运案件30起，移送司法机关2起，关停生猪交易窝点5个，关停私屠滥宰窝点5个。印发

《2021年娄底市动物疫病强制免疫实施方案》，全市采购各类消毒药品377吨、防护服10000套，调拨禽流感疫苗1030万毫升、猪口蹄疫疫苗815万毫升、牛羊口蹄疫疫苗210万毫升，免疫生猪436.36万头，牛56.13万头，羊54.92万只，家禽2340.58万羽，强制免疫病种免疫密度100%，免疫抗体合格率70%以上。全年全市无重大动物疫情发生。

【首次水产养殖种质资源普查】2021年，娄底市首次开展水产养殖种质资源普查，覆盖全市水产养殖企业、合作社、个体户等，审查主体2260余家，审核数据79258项。全年普查物种6042个、名特优品种40余种，普查养殖水面面积26183.6公顷。第一阶段水产养殖种质资源普查工作完成，普查主体覆盖率、信息完整率和达标准确率100%，质量完成率排名全省第二位。

【水产绿色生态健康养殖】2021年，娄底市组织各级水产事务系统17名工作人员参加全国性鱼种产地检疫培训，考核通过率100%。落实全市春季鱼病预测预报，抓好苗种放养和水质日常管理，根据鱼病防治特点，及时向全市养殖户发送鱼病防治信息，做好技术指导。通过项目带动、科技推动，在全市推广渔药减量、生态健康养殖、尾水治理等“五大行动”，改造基础设施，规范水产用药，强化日常管理，渔药减幅50%以上，节约用药成本100余万元。（彭礼辉）

## 农机管理

【概况】2021年，娄底市农业机械化水平稳步增长，农机产业不断发展壮大。全年水稻机械耕地面积18.19万公顷，水稻机械收获面积16.42万公顷；全市水稻耕种收综合机械化率76.6%，比上年度增加1.5个百分点；油菜耕种收综合机械化率72.3%，比上年度增加2个百分点。切实加强农机维修服务能力，组织指导机手对农机具进行检修、保养和调试，全市全年检修农机具7.9万台（套），投入农机具6.2万台（套）。是年，全市累计完成农机具安责险签单2117笔，完成保费95.3万元，与全市农机具保存量的匹配率达到80%。打造全省智慧智能农机制造高地，双峰县丘陵山区农机研发与制造基地成为湖南省“一中心两基地三示范区”布局的基地之一，获农业农村部支持。

【农机推广服务】2021年，娄底市农机部门推广新机具新技术。全市举办新机具新技术现场演示会及培训班23场，推广高速插秧机92台、有序抛秧机65台、旋耕机123台、拖拉机87台；油菜“一防四促”精准防治面积1206公顷；建立水稻“飞防减药”示范片1608公顷。5月，在涟源市杨市镇举办娄底市第二届农机技能大比武活动，设水田机耕和油菜机收2个项目，涟源市家红农机专业合作社、新化县土垌农机服务专业合作社参赛代表分别获得“油菜机收”和“水田机耕”项目的冠军。7月，娄底代表队在湖南省首届（中联杯）水稻机收减损技能大比武中获得二等奖；全国专业农机手培训行动暨湖南省专业农机手示范培训在涟源市启动。10月，由湖南省农机事务中心主办的全省农机推广人员培训班第二期在娄星区举行，益阳、张家界、怀化等7个市（州）农机事务系统的农机技术推广人员62人参加理论和实操培训。全市累计拥有注册登记的农机专业合作社291家，其中省级现代合作社185家，省级示范社30家，综合农事服务中心3家。在全省农机事务系统组织开展的“弘扬发展主旋律、谱写农机新篇章”主题新闻宣传活动中，娄底市畜牧水产和农机事务中心报送的《系上农机作业“安全带” 按下春耕农忙“快进键”》获得一等奖；《发挥农

2021年5月8日，娄底市畜牧水产和农机事务中心在涟源市杨市镇湘思村举办娄底市第二届农机技能大比武活动 （彭礼辉 摄）

机产业资源优势　打造丘陵农机研发高地》获得优秀调研报告。

【农机产业发展】2021年，娄底市拥有农机产品终端生产企业88家，配套企业60余家，其中规模以上农机企业71家；省级以上品牌商标20余个；形成集终端制造、产业链配套、创新链于一体的产业体系，农机生产、经营人员3万余人。全年规模以上农机企业实现生产总值90亿元，同比增长8.5%；全年农机自营出口完成2619万美元，同比增长46.3%。是年，湖南省第十二届农业机械、矿山机械、电子陶瓷产品博览会（简称“湘博会”）在娄底举办。该届“湘博会”使用国家补贴资金5200余万元，市级累加补贴资金1600万元。农户现场购买大中型农机具3317台（套），成交金额2.18亿元，交易额比上届增长5.3%，其中娄底本地企业销售额1.01亿元。全市新增20个农机新产品纳入湖南省农机购置补贴机具品目。（彭礼辉）

## 林　业

【概况】2021年，娄底市森林覆盖率50.91%，活立木蓄积量1769.92万立方米，林地面积618.48万亩，有林地面积522.14万亩，公益林、天然林管护率100%。娄底联村建绿经验得到湖南省政协在全国政协协商会上的重点推介。古台山林场获全省“十佳”林场，毛易林场获全省秀美林场称号。（刘海翔）

【造林绿化】2021年，娄底市完成人工造林8.9万亩，其中重点工程长防林造林1.55万亩，石漠化综合治理造林1.9万亩，中央财政补贴造林1.85万亩，省级生态廊道人工造林0.76万亩，其他面上造林2.84万亩。封山育林17.1万亩，退化林修复3.4万亩，森林抚育14.5万亩，人工种草0.09万亩，草地改良0.1万亩。是年，年度造林绿化落地上图任务完成。全市961家单位在178个村开展联村建绿，投入资金4719万元，植树135.7万株。（殷　武）

【生态廊道建设】2021年，娄底市启动生态廊道建设，长芷高速娄底段是首批纳入省级生态廊道建设试点范围的高速之一。长芷高速娄底段途经冷水江市、涟源市、新化县，长防林人工造林1.55万亩，封山育林2.1万亩。8月3日，《娄底市生态廊道建设总体规划（2020—2030年）》通过专家评审小组的评审，市财政安排专项资金100万元用于市（县）生态廊道建设。（殷　武）

【林地管理】2021年，娄底市对全市采砂石场违法违规占用林地进行督察，办结林业行政案件75起，收缴罚金150余万元，刑事移送17起16人，中央环保督察反馈的违法违规占用林地问题和6起涉林舆情问题均整改到位。2013—2017年破坏森林资源图斑和2018—2019年森林督查问题图斑全部清“零”，2020年森林督查问题图斑整改到位率99%。公益林、天然林管护率100%，全市聘请生态护林员2357名。（刘证明）

【森林防火】2021年，娄底市林业系统落实省林业局“三大一基”活动工作部署，开展防火宣传教育活动，制作警示宣传牌2022块，发放宣传资料15.6万份，防火短视频网络浏览量2.3万次。严格管控野外火源，出动人员2.31万人次，排查整改火灾隐患165起。依法治理违规用火，查处、制止违规用火82起，受理、查处、破获案件6起。森林火灾风险普查工作质量通过国家和省级质检组的检查。（彭正伟）

【林业产业】2021年，娄底市林下经济的发展以林下黄精和林下魔芋为主体，种植面积稳定在183万亩，总产值60亿元。新化黄精为全国知名品牌，黄精产业产值5.5亿元。9月25日，新化县举办首届中国黄精产业发展研讨会暨第二届“九九”黄精节。古台山林场创建省级林下经济特色林场，发展以黄精和魔芋为主林下经济4000亩。全市竹木加工产业产值53.5亿元，其中竹产业18亿元，与上年同比分别增长8.2%和7.1%。各县（市、区）统筹财政资金1.25亿元投入油茶产业，拉动社会投资3亿元。全市油茶鲜果产量8.49万吨，茶油产量5140吨，油茶产业总产值17.8亿元，同比增长14.1%。全年森林旅游人数400万人次，森林旅游总收入90亿元。投资1亿元推进龙山国家康养示范基地建设，大熊山国家森林公园被评为省级康养示范基地。（肖剑锋）

【林长制工作】2021年11月1日，中共娄底市委办公室、娄底市人民政府办公室印发《娄底市全面推行林长制实施方案》。11日，娄底市召开全面推行林长制工作动员电视电话会议。在全市全面构建市、县、乡、村四级林长组织体系、制度体系和责任体系，市、县、乡印发《全面推行林长实施方案》，建立市、县、乡、村四级林长组织体系；市、县分别建立和推行林长制工作制度，划分各级林长责任区域，建立"一长三员"分区负责网格化管护体系；市、县党委政府明确市、县两级林长办公室工作机构、人员编制等。（刘哲刚）

2021年11月11日，娄底市召开全面推行林长制工作动员会议（市林业局供图）

【生物多样性保护】2021年，娄底市开展生物多样性保护宣传，发放宣传资料7.5万余份，发送公益信息10万条。4月9日，在涟源湄江国家地质公园开展以"爱鸟护鸟　万物和谐"为主题的第40届"爱鸟周"大型宣传活动，湖南经视频道进行播报。野生动物养殖户转产帮扶不漏一户、不落一人，117户退出养殖户实现转产转型，全额拨付奖补资金336.59万元，未发生一起赴京上访事件。全市林业、森林公安等部门协调配合，出动车辆229台次、执法人员1227人次，查处违法犯罪人员11人，查处非法猎捕野生动物刑事案件8起。（刘海翔）

【自然保护地管理】2021年，娄底市开展自然保护地整合优化"回头看"，完善修订第一批自然保护地整合优化数据65处。完成紫鹊界梯田—梅山龙宫国家级风景名胜区、大乘山—波月洞省级风景名胜区、湄江省级风景名胜区的边界矢量落图。组织开展"最美自然保护地·献礼建党100周年"主题摄影大赛，15个自然保护地推选出200余幅作品参赛。推进湿地生态修复，完成1个小微湿地项目建设、2个省级重要湿地的申报及2个竣工中央投资生态修复项目的市级验收。实施自然保护地管理质量评估，大熊山国家森林公园获"全省十佳森林公园"，湄江省级风景名胜区、紫鹊界国家风景名胜区获评优秀。开展"洞庭清波"、"绿盾2021"、小水电站清理"回头看"、别墅清理"回头看"、退渔禁捕、自然保护地违法违规问题自查自纠6个专项行动，按"四个到位"要求整改销号5个生态环境问题。（李志华）

## 水　利

【概况】2021年，娄底市水利系统争取水利资金14.9亿元，涉及市本级及6个县（市、区）105个项目，投资完成率100%。组织开展8轮督查，应对19轮强降雨。强化"五长共治"体系推进河长制，全市河湖面貌不断改善。推进水资源管理和节约用水监管，全市20家新发证取水单位开展建设项目节水评价，1013个项目完成取水许可电子证照转换，295个取水单位纳入用水统计填报，完成湖南人文科技学院和娄底职业技术学院节水型高校创建及市、县两级59家公共机构节水型单位创建。

【水旱灾害防御】2021年，娄底市水利系统成功应对19轮强降雨，未垮一堤一库一坝，无人员因洪涝灾害死亡，未出现重大山洪灾害和水工程灾险情。汛前修订完善各类水旱灾害防御预案和工作制度，优化调整技术支撑队伍和水工程专业抢险队伍。汛期开展8轮督查，累计派出28个工作组排查整改水工程度汛安全隐患904处。通过水旱灾害防御系统和智慧水利视频监测系统，科学预测，及时预警，精准调度，坚持防洪和蓄水两手抓，强化水源统一管理和科学调配，578座各类水库为各类灌区128万亩田作物提供抗旱用水2.15亿立方米；加强对1700余处上规模的农村供水工程的运行监督和指导，确保200余万名群众饮水安全，有效应对2个阶段的局部旱情。

【河湖管理】2021年，娄底市水利系统创新建立"五长共治”体系，各级河长牵头抓好河流系统治理，全市2970名河长巡河10万余次，解决河湖问题2322个；市人大常委会副主任为监督长，督促河长履职，交办解决孙水河流域重点问题40个；市纪委监委书记为督察长，组织开展“洞庭清波”专项行动，对12人进行追责问责；市公安局局长为河道警长，联合打击水事违法犯罪问题80个，刑拘58人；市人民检察院检察长为河道检察长，督办立案查处涉水案件71件。创新治水管水制度，出台《娄底市河长制责任追究办法》《娄底市河长制正向激励措施》，实行“4+1”综合考核模式，细化并压实各级责任，促进各级河长履职尽责。实施河湖问题“一单五制”管理，落实“移交制”。创新河湖监管方式，在主要河流县域断面、干支流入河口实行垃圾拦截、水质检测、视频监控，建立水面、水量、水质立体监控体系。利用“卫片图斑+无人机航拍+视频监控”等技术手段，逐河梳理问题清单，制订问题“一张图”。开发河湖问题“随手拍”平台，出台《娄底市河长制有奖举报实施办法（暂行）》，鼓励全民参与河湖保护。创新基层工作体系，市政府常务会议研究出台《娄底市加强基层河长制“两长两员”建设的实施意见》，明确基层河长制工作经费、保洁经费和人员配备标准。全省首创出台《娄底市示范幸福河湖建设标准》，明确示范幸福河湖建设内容和标准，并加强考核验收。

【饮水安全】2021年，娄底市水利系统按省政府要求完成涉及娄底市145处农村饮水安全工程问题整改，安装配备净化消毒设备。通过省厅专家组重新摸底，全市有农村安全饮水工程2647处（其中千吨万人工程73处，千人工程397处，千人以下工程2177处）、供水人口327.4万人。完成供水工程维修养护项目311个，占计划数量的104%。开展水质检测培训班1期，培训人数130余人。完成“十四五”农村供水保障规划和实施方案编制及县级审批，推进娄星区城乡供水一体化及涟源市湄塘口、新化县梅花洞规模化水厂建设等。实现全市农村饮水安全问题动态清零的目标。

【水利规划】2021年，娄底市水利局牵头完成《娄底市水安全规划（2020—2035年）》等11个规划的编制，审批《娄底市“十四五”水安全保障规划》等8个规划，报批《娄底市水安全规划（2020—2035年）》《娄底市河流岸线利用保护与开发规划》。《娄底市水利空间基础设施布局规划》完成初稿和上图工作。开展土坪水库、半山水库扩建和“长藤结瓜”娄底市水网论证等项目前期工作。完成新化县紫鹊界梯田申请为首批15个国家级水利遗产的申报工作。

【项目建设】2021年，娄底市水利系统争取水利资金14.9亿元，涉及全市105个项目。在全省范围内首创开展水利建设竞赛活动，推进87个水利项目建设（总投资额10.48亿元），开工率100%，在全省排名前列。推进城市防洪工程和6个主要支流治理项目的建设，新建、加高加固堤防任务3千米；闭合新化县城东防护圈、冷水江市布溪防护圈；完成5个中小河流治理项目，治理河长21.18千米；完成群力等5处中型灌区续建配套与节水改造4.35万亩的年度建设任务；推进病险水库除险加固及水雨情和大坝安全监测设施建设，清淤山塘1200口；恢复小水源供水能力建设765处，推进双峰县黄马洲村、新化下团村“水美湘村”建设试点，完成娄星区水系连通及农村水系综合整治。

2021年，娄星区水系连通及“水美湘村”建设试点项目（市水利局供图）

【水资源管理】2021年，娄底市水利系统联合市发改委出台《国家节水行动娄底市实施方案》，推进水资源管理和节约用水监管，全市20家新发证取水单位开展建设项目节水评价，1013个项目完成取水许可电子证照转换，295个取水单位纳入用水统计填报，实现取用水“全链条”管理。建立市、县两级节约用水联席会议制度，完成新化县县域节水型社会达标建设，完成湖南人文科技学院和娄底职业技术学院节水型高校创建及市、县两级59家公共机构节水型单位创建，申报省级节水灌区5个，创建节水型居民小区6个。加强国家水土保持重点治理项目的监管，完成中央第六生态环境保护督察组交办的有关水土保持工作中存在问题的核实和整改工作，对各县(市、区)放开的采碎石企业进行复查复验，完成娄底市水土保持规划和5个县(市、区)的区域水土保持规划。开展安全生产、防溺水检查60余次，水利安全实现“零伤亡、零事故”。

【水行政审批改革】2021年，娄底市水利系统按照中央、省、市“放管服”的部署要求，优化水行政审批管理层级、时限、程序，明晰市、县两级水利事权划分，完善“互联网+政务服务”、“互联网+监管”、水利工程建设项目审批管理系统等信息化平台建设。梳理完善水利政务服务事项182项，推进工程建设项目审批制度改革，按照“一份办事指南、一张表单申请、一套申报材料、完成多项审批”的运行模式，明确各阶段设计的审批事项和办理流程，按照流程和时限办理行政审批，在工改系统里答复征询事项5件，办理办结事项10件，正在办理事项2件。

2021年，双峰县深化小型水库管理体制改革。图为洪山殿镇四方井水库　　（市水利局供图）

【水行政执法】2021年，娄底市水利局规范水行政执法，完成《娄底市资江保护条例》立法各项任务。牵头开展全省首个协同立法项目《娄底市资水保护条例》的立法起草工作，经省人大常委会审查批准。强化落实法治政府建设第一责任人职责，制定出台《娄底市水利局党政主要负责人履行推进法治政府建设第一责任人职责规定实施方案》，确保《党政主要负责人履行推进法治建设第一责任人职责规定》全面落实。组织开展“世界水日中国水周”、安全生产月、宪法宣传周等主题宣传活动，以《中华人民共和国长江保护法》《湖南省河道采砂管理条例》为宣传重点，开展有奖知识竞答和节水“六进”活动。　　（李曼雯）

2021年3月22日，娄底市水利局举办第29届“世界水日”宣传活动。图为娄底氐星广场水文化长廊　　（市水利局供图）

## 水库移民事务

【概况】2021年，娄底市水利系统编制完成全市大中型水库移民后期扶持“十四五”规划并通过省水利厅评审，完成8个类别4.12亿元移民资金的计划审核报备工作。全市纳入后期扶持的大中型水库移民人口319636人，其中新化县231047人、冷水江市14972人、涟源市32357人、双峰县23564人、娄星区5932人、市经济开发区11764人，涉及全市5个县(市、区)和娄底经济技术开发区，89个乡(镇、场、办事处)，1596个村。是年，存量资金清理、整村推进、避险解困、移民培训、资金监管等重点工作强力推进。继续对移民人数300人以上的重点移民村实施专项精准扶持，全市安排移民专项扶持资金5670万元，实施重点移民村整村27个。移民年人均可支配收入14096元，比上年同比增长16.23%。　　（邹海平　李曼雯）

【移民民生改善】2021年，娄底市落实大中型水库移民后期扶持资金47530.4万元，其中发放直接补助资金12399.9563万元，受益移民21.5552万人。投入各类移民项目资金34679.17万元，扶持移民生产开发建设项目2627个，帮助移民发展种养殖业和二、三产业；实施移民培训项目28个，开展农业技能培训和就业技能培训5749人次，其中完成就业技能培训2015人次，农业技能培训3734人次，分别占全年目标任务的101%和100%；实施农田水利、基础设施和生态环境项目1450个。（邹海平）

2021年9月8日，娄底市库区移民事务中心在冷水江市吴家蔬菜种植专业合作社核实项目建设情况（市库区移民事务中心供图）

【移民资金项目监管】2021年，娄底市库区移民事务中心对娄底市移民资金项目实施全过程监管，实现政策落实、资金安全、项目高效、干部安全目标。开展移民存量资金清理，按月上报存量资金消化情况，存量资金消化纳入移民资金使用绩效评价范围，全年化解存量奖金1.2亿元。推行“阳光行动”，所有到村资金项目实行“四议两公开”，坚持县上网、村上墙，在市纪委互联网+监督系统中公示。应用湖南省移民综合管理信息系统对移民资金项目进行信息化监管。聘请第三方专业人员对5个县（市、区）和娄底经开区2020年度水库移民后期扶持政策的实施开展监督检查和绩效评价。开展移民直补资金“一卡通”专项清理，配合驻市农业农村局纪检监察组对新化县、涟源市、双峰县移民资金“一卡通”发放进行检查，未发现截留、挪用移民资金现象。通过“一卡通”专项清理，全市核减已死亡移民1279人，追缴资金92.246万元；核减录用为国家公务员或聘用到国家机关、事业单位、国有控股企业工作且户口迁入城镇居委会移民159人，追缴资金42.276万元。（邹海平）

## 水　文

【概况】2021年，湖南省水文水资源勘测中心为全市的防汛抗旱、水资源管理、水环境监测、水利工程建设与管理等国民经济建设提供水文资料，为市委、市政府和有关部门科学决策提供技术支撑。是年，承担娄底市小型水库雨水情与大坝安全监测系统建设项目、娄底市用水直报系统等项目服务，及时编制《水资源质量状况通报》和《水质检测报告》。在2021年资水河段锑超标突发性水污染应急处置中，为全市夯实水安全基础，维护河湖健康，持续改善河湖生态健康提供技术支撑。提升测报水平，对冷水江水文站、禾青水文站、涟源桥头山水文站、毛易水文站进行信息化提质改造，夯实水文现代化建设基础。双峰县、冷水江市、新化县水文局获“省水文系统文明单位”称号。

【防汛抗旱】2021年，娄底市汛情与旱情交替发生，全市启动5次防汛测报应急响应，全年发布17次36个河段洪水预警，3次枯水预警，编制1200余份高质量的水情旱情分析材料，发送水情信息短信33批次30000余条，实现应警尽警。

【农饮监测】2021年，湖南省市河湖水质监测中心娄底分中心全面完成全市11个国家重点水质站和8个饮用水源地定期检测，参与监测评价河长394千米，编制水资源质量状况通报11期，完成185个农村安全饮水工程的水源水、出厂水、末梢水等313个水样的水质检测。编制《农饮通报》6期，检测报告200余份。（刘春波）

## 乡村振兴

【概况】2021年，娄底市按照省委统一部署，及时将扶贫工作机构调整为乡村振兴工作机构，调整党委实施乡村振兴战略领导小组。在全省率先建立推进完善推动乡村振兴工作的“三机制两清单”(领导机制、调度机制、督查机制和任务清单、责任清单)。继续选优配强基层一线力量。轮换790支驻村帮扶工作队，2237名驻村干部平均年龄下降3.2岁，大专以上文化程度占比提升3.58%。选派服务基层科技人才438名，组织各级干部培训2.71万人次。

【防返贫监测与帮扶】2021年，娄底市有“三类监测对象”1.86万户3.44万人，风险消除1.09万户2.11万人，风险暂未消除7692户1.32万人。全年归集12个部门23类基础数据863万条，逐一核销“碰撞”比对出疑似风险9.4万条。全年识别纳入监测对象7839户1.34万人，2.82万人参加养老保险，7141人就业，4447人发展产业，1109人获临时救助，1790人获社会帮扶，帮助1.52万人改善生产生活条件或基础设施条件；每季度开展帮扶成效评估，1.09万户消除风险的监测对象人均纯收入9087.8元，家庭人均纯收入逾10000元的户占19.8%。年内组织开展2轮集中排查。在所有村、易地搬迁集中安置点均明确1～2名防贫监测员负责动态排查。

【两不愁三保障】2021年，娄底市动态清零义务教育失学辍学风险，严格控辍保学，“五类”学生无一人失学辍学。7所“芙蓉学校”全部建成投入使用，497所乡村小规模学校均满足基本办学条件。资助义务教育阶段困难学生春季学期7.58万人、秋季学期8.6万人，资助金额5659.07万元。动态清零因病致贫返贫风险，“三重医疗”衔接新政全面施行，脱贫人口、监测人口全部纳入基本医保。组建家庭医生签约服务团队1501个，“四类慢病”签约6.02万人。动态清零住房安全隐患，全面排查80.99万户农村住房，发现隐患3795户，整治2655户(其中改造“六类重点对象”农村危房2115户)，将153户新增危房、45户因灾致危农房纳入危改计划，发放补助3800万元。2647个农村集中供水工程均建立管护机制，百吨千人以上集中供水工程均安装净化消毒设备设施。对季节性缺水问题的16个乡镇29个村均制订应急预案。农村自来水普及率91.11%。农村低保标准和救助水平实际达到4834元／年、237元／月。8.45万名脱贫人口、1.76万名监测人口纳入农村低保或农村特困供养。

【产业和就业帮扶】2021年，娄底市持续跟踪指导历年实施的1647个产业扶贫项目和参与产业扶贫的1959个经营主体。深入实施湖南省“六大强农行动”“千亿产业”等重大项目，增强产业发展带动能力。新增脱贫人口小额信贷2.46亿元，扶持6119户脱贫户、监测户直接发展产业。开展就业帮扶，依托30余家培训机构，采取“送教下乡”等方式培训农村转移就业劳动者3.3万人次。新增加就业帮扶车间17家，总数累计430家，吸纳1.53万人就业。131家就业帮扶基地吸纳1.61万就业。脱贫人口务工16.99万名，公益性岗位安排7607人，分别比2020年底增长3.8%和5.38%。

【易地搬迁后续帮扶】2021年，娄底市推进易地搬迁后续扶持，出台《关于抓党建促易地扶贫搬迁后续帮扶工作的指导意见》，下派党建指导员129名，实现安置点都有党的基层组织和第一书记，500人以上的安置点驻村工作队“一队三人”。产业帮扶搬迁人口1.66万户，实现就业2.86万人。不动产登记办证率100%。脱贫人口人均纯收入1.4万元，比上年度增长14.75%，与上年度全市农村居民人均可支配收入基本持平。

【乡村建设】2021年，娄底市补齐基础设施短板，年度投资8.08亿元，完成农村公路提质改造309.47千米和农村公路安保工程900千米，完成农村公路危桥改造15座，农村公路优良率85%，列养农村公路1.39万千米。完成农村改厕5.54万户，农村生活垃圾收运处置体系达标村覆盖率99.89%。年度建成16个乡镇污水处理厂、20个乡镇垃圾中转站。补齐公共服务设施短板，乡镇综合文化站均落实开放项目和开放时限要求，行政村综合文化服务中心达标率100%。合理构建农村养老服务格局，有互助养老服务设施的村覆盖率50.9%。为414名非法定监护人监护的农村留守儿童签约委托照护，签约率100%。强化乡镇应急能力建设，首批28个乡镇和第二批36个乡镇全部验收达标。加强规划布局，开展3轮调研，出台《娄底市“十四五”巩固脱贫成果规划》。首批遴选558个基础条件好的村庄开展规划编制。按照“抓两头、促中间”的工作思路，确定172个重点帮扶村和110个示范创建村。

【乡村治理】2021年，娄底市坚持把抓基层打基础作为长远之计和固本之策。加强乡风文明建设，在全市开展党史宣讲、疫情防控、送戏下乡、礼仪培训等新时代文明活动2000余场次，建成新时代文明实践中心5个、文明实践所77个、文明实践站1635个。建成文明村976个、文明乡镇33个，占比分别为54%和49%。加强农村公共文化建设、乡村道德建设，行政村都建立并落实村规民约。加强乡村治理，实化“党建+网格化”服务，“娄底红”网格志愿服务社会反响较好。召开全市县域社会治理重点工作部署会，组织动员广大干部群众参与到疫情防控、重大风险防范化解、反诈打跨、禁毒人民战争、群众信访县级“终点站”、县域警务等工作一线。将基层群众性自治组织依法自治事项清单、依法协助政府工作事项清单和减负工作事项清单“三个清单”纳入基层党建重点任务，印发1.6万册《一册读懂娄底市“三个清单”》到基层干部群众，提高知晓程度和落实效果。

【项目资金监管】2021年，娄底市加强项目库建设，县级纳入储备项目8561个，开工6882个。加大资金投入，对3个脱贫县整合财政涉农资金86286.11万元，给各县（市、区）安排县级衔接资金11129.5万元。规范扶贫项目资产管理，十八大以后投入形成的扶贫资产项目105797个，扶贫项目资产原值1079127.67万元，确权进度100%，其中到县资产131185.8万元、到乡资产98017.45万元、到村资产460377.87万元、到户资产389546.55万元，并全部明确管护单位和责任人，县、乡、村三级均建立后续管理台账。（蒋烨玲）

# 工 业

◎综述
◎材料工业
◎工程机械工业
◎化学工业
◎冶金工业
◎消费品工业
◎煤炭工业
◎电力工业
◎信息产业

# 综　述

【概况】2021年，娄底市围绕“三高四新”战略定位和使命任务，聚焦钢铁新材和工程机械两大产业，统筹抓好10条工业新兴优势产业链，推动娄底工业高质量发展，全市工业呈现稳中有进、稳中趋优的发展态势。全年全市规模工业增加值增长7.8%；实缴工业税收48.7亿元，同比增长7.9%；制造业同比增长9.4%，高于全市规模工业平均增速1.6个百分点；完成工业固定资产投资604.37亿元，同比增长8.5%，高于全市全社会固定资产投资4.3个百分点，全省排名第十一位；完成工业技改投资408.44亿元，同比增长7.2%，全省排名第九位；深度上云企业464家，其中16家企业被评为省“上云上平台”标杆企业。无线电管理机构改革完成。（罗建新）

【“双引擎”】2021年，娄底市委、市政府出台《关于加快钢铁新材和工程机械“双引擎”建设打造先进制造业强市的实施意见》《关于建立“双引擎”建设综合协调推进工作机制的通知》，明确产业发展指导思想、产业定位、发展目标和8个方面的具体推进措施，提出力争到2025年，实现工程机械产业工业总产值500亿元以上，年均增长10%以上，建成全球最大的液压油缸生产基地、全国最大的路机生产基地，把娄底打造成湖南先进制造业协作引领区。成立钢铁新材和工程机械“双引擎”建设综合协调推进工作专班，建立联席会议工作制度，对重点项目实行“五个一”工作调度，全年先后召开各类专班调度会议10余次，对涉及项目融资、土地征拆、电力保障等具体事项进行协调督办，大部分具体事项已办结。（罗建新）

【经济运行】2021年，娄底市规模工业增加值同比增长7.8%，排名居全省第十一位，两年平均增速6.7%，排名居全省第六；利润总额132.4亿元，同比增长1%；工业用电量115.3亿千瓦时，同比增长11.3%，高于全省平均水平0.9个百分点，排名居全省第六位；实缴工业税收48.7亿元，同比增长7.9%，排名居全省第十一位。制造业增加值占地区生产总值比重的27.5%，高于上年0.9个百分点，排名全省第六位，A类地区第五位。

**2021年娄底市规模工业增加值增速情况一览表**

表19

| | 娄底市 | 娄星区 | 双峰县 | 新化县 | 冷水江市 | 涟源市 | 娄底经开区 |
|---|---|---|---|---|---|---|---|
| 规模工业增速目标(%) | 8.5 | 8.5 | 8.5 | 8.5 | 8.5 | 8.5 | 10.0 |
| 1—12月增速(%) | 7.8 | 9.3 | -0.6 | 3.4 | 4.7 | 9.3 | 10.8 |

全市工业三大门类行业中，采矿业增加值同比下降24.3%，电力、热力、燃气及水生产和供应业增长12.2%，制造业同比增长9.4%，高于全市规模工业平均增速1.6个百分点；钢铁行业涟钢、冷钢通过转型升级、调整产品结构，生产经营形势较好，全年增加值分别增长26.7%、85.1%；工程机械行业三一中兴液压、中源新材全年增加值累计分别增长29%、30.5%；汽车及零部件行业汽车板公司全年增加值增速达到31.4%；水泥行业受煤价上涨、外省水泥冲击、用电限制等因素影响，4家（双峰海螺、华新水泥等）水泥企业全年增加值同比下降2.7%，利润大幅下降；电力行业全市火电企业生产形势比较稳定，大唐华银金竹山电厂、华润涟源电厂增加值分别增长18.4%、17.3%。（罗建新）

【技改投资】2021年，娄底工业投资以钢铁新材和工程机械两大产业为主，以项目建设为重点，全力推进娄底工业投资工作高质量发展。全年全市完成工业固定资产投资604.37亿元，同比增长8.5%，高于全市全社会固定资产投资4.3个百分点；完成工业技改投资408.44亿元，同比增长7.2%。全年全市在建亿元以上工业项目189个，其中新开工项目56个。钢铁新材和工程机械两大产业重点建设项目32个，其中，新建项目7个，在建项目4个，拟建项目3个，已投产项目（或试生产）18个，计划总投资371.42亿元，累计完成投资122.37亿元。32个项目中，工程机械产业重点项目

18个，投资158.78亿元；钢铁新材产业重点项目14个，计划总投资212.64亿元。华菱涟钢高端家电板项目、三一路机灯塔工厂、中兴液压油缸灯塔工厂、石牛汽车等14个项目已竣工投产（试生产），三一液压油缸智能生态工业城、湖南浙湘新材高牌号硅钢等4个重大项目第一期竣工投产。（罗建新）

【产业发展】2021年，娄底市工业系统将产业项目建设作为振兴实体经济的关键举措，充分发挥钢铁新材和工程机械"两大产业"的引擎作用，统筹抓好精品钢材及薄板深加工、工程机械及汽车零部件、先进陶瓷材料、现在农机等10条工业新兴优势产业链，出台《关于加快钢铁新材和工程机械"双引擎"建设　打造先进制造业强市的实施意见》，明确产业发展指导思想、发展目标和8个方面的具体推进措施，成立工作专班，建立"五个一"工作机制，同步做好产业链日常联络、调度和服务工作，全市产业结构优化，质量效益提升，工业稳定增长。全年全市10条工业新兴优势产业链规模企业实现营业收入2233.3亿元，同比增长32.6%，占全市规模以上工业企业营业收入的87.4%。其中，钢铁新材和工程机械"两大产业"规模企业实现营业收入1549.1亿元，同比增长47.3%，占全市规模工业的60.6%，增加值同比增长28.3%，对全市规模以上工业增加值增速的贡献率超过90%。（罗建新）

【企业减费降税】2021年，娄底市新增减税降费97371万元。其中，增值税34677.28万元，企业所得税41386.08万元，个人所得税1058.22万元，资源税11.62万元，契税1826.24万元，房产税18.58万元，城镇土地使用税5.35万元，城市维护建设税2057.78万元，印花税2.26万元，车辆购置税2078.2万元，教育费附加1031.65万元，地方教育费附加687.77万元，文化事业建设费等政府性基金152.32万元，失业保险费8166.13万元，工伤保险费4211.52万元。（罗建新）

【高新技术产业】2021年，娄底市高新技术产业稳步发展。全市全年高新技术企业新认定115家，同比增长22.03%，总数达288家，实现高新技术产业总产值1800亿元，同比增长28.9%；实现高新技术产业增加值400.58亿元，首次突破400亿元，同比增长23.6%，居全省第三位；入统高新产品企业达到406家，同比增长6.8%。截至年底，全市有2家国家级企业技术中心、15家省级企业技术中心、64家市级企业技术中心。国家级、省级企业技术中心全年新增销售收入28.4亿元，上缴税收2.5亿元；完成营业收入827.49亿元，同比增长78.99%；新产品销售收入507.78亿元，同比增长85.08%；研发经费投入27.28亿元，同比增长49.73%。是年，娄底市光华机械公司被认定为"湖南省工业品牌培育示范企业"，美程陶瓷公司被认定为"湖南省工业质量标杆企业"。全年全市专利授权2897件，同比增长12.7%；其中发明专利授权215件，同比增长56.9%；全市有效发明专利823件，每万人发明专利拥有量2.15件。（罗建新）

【中小企业培育】2021年8月4日，娄底光华机械、文昌科技、农友装备、创安防爆、华科高新、美程陶瓷6家企业列入全国第三批专精特新"小巨人"企业名单（第一批创一电子、第二批三泰新材、安地亚斯、三A新材、鑫星电陶）。截至年底，全市国家级专精特新"小巨人"企业共11家，省级专精特新"小巨人"企业共67家；11月3日，在湖南省工信厅公布的湖南省中小微企业核心服务机构（2021—2024）名单中，全市有娄底市经开区薄板深加工产业链服务有限公司等4家企业上榜；建成的由1个市级中心平台、4个县（市、区）窗口平台组成的中小企业公共服务平台网络与省枢纽平台连成一体，共培育17家省级中小微企业核心服务机构、2家省级中小微企业创业创新基地、1个国家级中小企业公共服务示范平台。（罗建新）

【节能环保】2021年，娄底市对钢铁、水泥、焦化、锑冶炼、铝合金、建筑石膏、烧结墙体材料、陶瓷等行业12家重点耗能企业进行专项节能监察，湖南创一电子科技股份有限公司等14家企业接受节能诊断服务，所有被监察和诊断企业均达到限额标准。全年全市规模工业增加值能耗同比下降3.88%，超额完成3%的省定目标。以钢铁、火电、水泥、焦化、有色等行业为重点，推进重点企业节能减排技术改造升级。全市2个钢厂（涟钢、冷钢）、2个电厂（大唐华银、华润电力涟源）、2个焦化厂及锡矿山区域涉锑企业节能减排资金投入达10亿元。项目包括2个钢厂及2个电厂的超低排放改造项目，4个水泥厂的除尘设施改造和烟气脱硝项目，2个焦化厂的脱硫除尘项目。项目实施后，年节约标煤约20万吨，节电约17亿千瓦时，减少废气排放约4500万立方米，减少废水排放约1000万吨。积极培育清洁生产及绿色制造示范试点企业，截至年底，全市有62家工业企业通过自愿性清洁生产审核评估验收。华菱安赛乐米塔尔汽车板有限公司（VAMA）获批国家级绿色工厂，锡矿山闪星锑业有限责任公司、湖南科舰能源发展有限公司、湖南电将军新能源有限公司、湖南映宏新材料股份有限公司、涟源市正铭新型建材有限公司获批国家级绿色设计产品，华菱涟钢、VAMA、双峰海螺、福晶电子、鑫星电陶、湖南农友、回春堂药业、冷水江天宝实业有限公司8家企业获批湖南省绿色工厂。娄星工业集中区获批湖南省第一批工业固废资源综合利用示范基地（全省共2家），娄底市聚宏环保科技有限公司获批湖南省第一批工业固废资源综合利用示范企业（全省共7家）。11月，娄底市森泰再生资源有限公司等6家企业纳入湖南省第二批化工业固废资源综合利用示范创建计划（全省共48家），娄底金弘再生资源有限公司等7家企业纳入2022年全省重点调度的有色金属资源综合利用节能环保企业名单（全省共54家）。全年全市规模以上企业共990家，工业增加值579.3亿元，能源消耗总数1051万吨标煤，其中六大高耗能企业278家，数量占比28.1%，增加值占比45%，能耗占比90%。全市一般工业固废产生量约1020万吨，主要固废种类是冶炼废渣、炉渣、粉煤灰、尾矿，工业固废综合利用率超过90%。截至年底，全市纳入全省工业固体废弃物资源综合利用（含废钢铁加工企业）信息库企业共30家，全年综合利用总产值130.12亿元。（罗建新）

**【老工业城市工业遗产保护利用典型经验在全国推广】** 2021年，娄底市积极落实《推动老工业城市工业遗产保护利用实施方案》，由市发改委牵头编制《娄底

2021年，保护利用后的锡矿山新貌

（冷水江市政府供图）

市推动老工业城市工业遗产保护利用、打造“生活秀带”工作方案》，8月3日印发实施。探索工业遗产保护利用新路径、新模式，全面开展工业遗产的调查、评估和认定工作，摸清工业遗产底数；实施“三个一批”（改造提升一批、保护传承一批、转型利用一批），夯实保护利用基础，依托原锡矿山工程处办公楼打造的锡矿山展览馆是湖南省第一家企业展览馆，也是湖南省爱国主义教育基地，年均接待人数5000余人次。2021年3—5月，接待各地游客1.1万余人次。传承楚怡基因，擦亮楚怡品牌，把楚怡高级工业学校新化旧址纳入湖南省爱国主义教育基地建设，示范引领全省职业教育高质量发展；开展“三类结合”（与乡村振兴、生态治理、传统文化相结合），发掘保护利用潜能。9月17日，《湖南娄底：“高炉”变“高地” 湘中明珠焕发新光彩》被国家发展改革委员会官网和微信公众号采用并在全国推广。（陈健强 赵旖旎）

**2021年娄底市主要经济指标完成情况一览表**

表20

| 指标名称 | 计量单位 | 全年累计 | 同比增速（%） |
|---|---|---|---|
| 1.地区生产总值 | 亿元 | 1825.8 | 7.7 |
| 其中：工业增加值 | 亿元 | 579.3 | 7.2 |
| 2.规模工业增加值 | 亿元 | — | 7.8 |
| 总计中：国有企业 | 亿元 | — | 14.4 |
| 集体企业 | 亿元 | — | −53.2 |
| 股份制企业 | 亿元 | — | 6.9 |

续表20

| 指标名称 | 计量单位 | 全年累计 | 同比增速(%) |
|---|---|---|---|
| 外商及港、澳、台商投资企业 | 亿元 | — | 21.7 |
| 其他经济类型企业 | 亿元 | — | -9.1 |
| 总计中:大中型工业企业 | 亿元 | — | 19.5 |
| 小微型企业 | 亿元 | — | -1.3 |
| 总计中:非公有制企业 | 亿元 | — | 5.5 |
| 总计中:六大高耗能产业 | 亿元 | — | -5.9 |
| 总计中:省级及以上产业园区(含集中区) | 亿元 | — | 17.9 |
| 3.高技术制造业增加值 | 亿元 | — | 19.7 |
| 4.固定资产投资 | 亿元 | — | 4.2 |
| 其中:工业投资 | 亿元 | — | 8.5 |
| 制造业投资 | 亿元 | — | 12.8 |
| 工业技改投资 | 亿元 | — | 7.2 |
| 高新技术产业投资 | 亿元 | — | -5.7 |
| 5.工业税收 | 亿元 | 48.7 | 7.9 |
| 其中:工业增值税 | 亿元 | 29.5 | 10.9 |
| 6.全社会用电量 | 亿千瓦时 | 167.3 | 11.0 |
| 其中:工业用电量 | 亿千瓦时 | 115.3 | 11.3 |

## 2021年娄底市规模工业主要指标完成情况表

表21

| 县(市、区) | 规模工业企业数(家) | 新入规工业企业数(家) | 规模工业增加值占全市比重(%) | 规模工业增加值增速(%) | 工业投资完成额增幅(%) | 工业技改投资完成额增幅(%) | 营业收入 | | 利润总额 | | 工业企业实缴税收 | | 园区规模工业增速(%) |
|---|---|---|---|---|---|---|---|---|---|---|---|---|---|
| | | | | | | | 绝对值(亿元) | 增速(%) | 绝对值(亿元) | 增速(%) | 绝对值(亿元) | 增速(%) | |
| 娄底市 | 990 | 79 | — | 7.8 | 8.5 | 7.2 | 2556.5 | 23.3 | 132.4 | 1.0 | 48.70 | 7.90 | 12.4 |
| 娄星区 | 162 | 15 | 15.7 | 9.3 | 23.5 | -7.9 | 246.3 | 12.9 | 4.3 | -17.7 | 4.74 | 22.42 | 17.5 |

续表21

| 县（市、区） | 规模工业企业数（家） | 新入规工业企业数（家） | 规模工业增加值占全市比重（%） | 规模工业增加值增速（%） | 工业投资完成额增幅（%） | 工业技改投资完成额增幅（%） | 营业收入 | | 利润总额 | | 工业企业实缴税收 | | 园区规模工业增速（%） |
|---|---|---|---|---|---|---|---|---|---|---|---|---|---|
| | | | | | | | 绝对值（亿元） | 增速（%） | 绝对值（亿元） | 增速（%） | 绝对值（亿元） | 增速（%） | |
| 冷水江市 | 90 | 4 | 13.8 | 4.7 | -1.5 | -2.8 | 333.2 | 1.4 | -1.1 | -107.9 | 7.13 | -18.21 | 13.7 |
| 涟源市 | 175 | 21 | 16.9 | 9.3 | 10.7 | 16.7 | 333.5 | 14.0 | 30.9 | -3.0 | 5.20 | 6.98 | 13.5 |
| 双峰县 | 204 | 9 | 11.7 | -0.6 | -10.8 | -15.4 | 205.1 | -1.0 | 14.8 | -20.9 | 3.00 | -35.46 | 8.3 |
| 新化县 | 194 | 11 | 12.2 | 3.4 | 11.8 | 24.9 | 225.8 | 3.5 | 19.4 | 23.6 | 3.71 | -3.37 | 10.0 |
| 娄底经开区 | 165 | 19 | 29.6 | 10.8 | 12.8 | 18.7 | 1212.7 | 49.8 | 64.1 | 39.0 | 24.96 | 29.74 | 10.8 |

说明：规模工业企业数包括湖南省电力公司娄底电业局

## 材料工业

【概况】2021年，娄底市原材料工业发展总体平稳，冶金、有色、化工、建材等行业的规模工业增加值相较于2020年有所下降。但是新材料产业的增加值有较大的增长，规模以上工业企业新材料的产值同比增长34.9%。是年，娄底新认定新材料企业3家，8家企业完成新材料证书换发。（罗建新）

【储能材料】2021年，娄底市储能产业总体规模不大，产值不高，底子较薄弱，上游配套严重不足，正负极材料、电解液等原材料都需要从外地采购，各企业之间的上下游关联度不高，且未与娄底市新能源发展形成有效连接。全市5家储能材料制造业企业全年共完成产值3.6亿元，其中湖南三迅新级源科技有限公司年产值663万元，湖南博盛新能源有限公司年产值6000万元，湖南电将军新能源有限公司年产值1.36亿元。（罗建新）

【新型墙体材料】2021年，娄底市新墙材“禁实”“推新”“限黏”工作取得大的进步，实现了从原来的逐步“禁实”“推新”“限黏”向全面“禁实”“推新”“限黏”的阶段性转移。全市新墙材的生产和应用保持相对稳定，新墙材企业的转型升级和发展速度加快，全市墙材企业共87家，取得省认定的新墙材产品企业18家，其中2021年新增3家，换证5家。全年新墙材产品年产量9.4亿标砖，占墙材总产量的91%，实现节约土地0.15万亩，节约能源5.83万吨标煤。（罗建新）

【钢铁新材工业】2021年，娄底市“钢铁薄板”产业以华菱涟钢、冷钢、VAMA为代表，拥有汽车板、家电板、工程机械用钢、不锈钢等高品质钢材1200万吨的生产能力（用废钢替代部分矿石后实际产量可达1500万吨）。华菱涟钢、华菱薄板、冷钢、VAMA等重点企业克服铁矿石价格上涨、限电、限产等不利因素影响，主动应对，加大技改投入，优化产品结构，全市钢铁新材产业持续保持平稳较快增长。是年，娄底市新增钢铁新材产业重点建设项目14个，总投资211.14亿元。华菱涟钢高强钢项目、浙湘新材和宏旺新材高牌号硅钢项目和VAMA二期等一批重大项目开工建设投产。全市钢铁新材产业规模以上企业实现营业收入1393.3亿元，同比增长51.4%，占全市规模工业的54.5%，增加值同比增长31.1%，高于全市规模工业增加值增速23.3个百分点。其中，华菱涟钢、冷钢、VAMA增加值分别同比增长26.7%、85.1%、31.4%。

（罗建新）

【涟源钢铁集团有限公司】2021年，涟源钢铁集团有限公司强化党建引领，加快高质量发展，落实“三高四新”战略定位和使命任务，助力娄底打造中部地区“材料谷”和“双引擎”建设。全年实现销售收入826.28亿元，其中华菱涟钢641.7亿元、涟钢集团184.58亿元，较上年同期分别增加10.01%、45.94%。实现利税72.19亿元，上缴税金23.78亿元，同比分别增长61.96%、22.89%。

生产经营　焦炭、烧结矿、铁、钢、材、自发电量等主要产品生产效率同比分别提升0.97%、3.39%、5.48%、10.85%、10.08%、0.53%，日产铁、日产钢分别为2.5万吨、3.6万吨，年产钢1200万吨。落实“双碳”“双控”要求，11月份，实施7#高炉大修及配套项目检修，降低采购成本1.28亿元，板坯日产突破2.85万吨。内部工序35项主要技术经济指标进入行业前五，3座高炉利用系数在同类型高炉中均为第一，降低成本8.07亿元。钢材综合销售价格行业排名较上年前进7位，其中冷轧产品缩小对标价差80元／吨。炼焦煤采购成本较行业平均低73.78元／吨。综合物流成本同比降低7.5元／吨。外部质量异议发生率、吨钢损失分别较上年降低0.31‰、0.29元。钢铁费用降低12.75元／吨，资产负债率降低至46.8%。加快建设数字化涟钢，信息系统升级上线、产线远程集控上云、智能机器人上岗，智能运维模式促推设备故障停机率降低31.58%。主业劳动生产率1500吨钢／人·年以上，对45名子公司经理层人员实行契约化管理，引进高层次人才260余人。供应链公司、建设、机电等多元产业销售收入较2020年增长62.28%。

科技创新　实施“筑巢”“精英”“名匠”工程，累计引进博士等高端人才30余名、硕士211人，占比超过行业平均水平。发挥涟钢钢铁研究院、钢铁全流程智能制造协同创新中心功能，加快产品结构调整，累计研发新产品49个，高端品种占比35%，替代进口重点产品累计46个，1项科研成果获国家科技进步二等奖。新增行业标杆客户11家，板材品种占比提高至75.7%，其中重点战略品种销量提高9.7%，普材占比降低4%。销售品种钢（含VAMA基板）620.8万吨，增长18.83%。带肋钢筋进入黄花机场扩建改造工程、海南昌江核电二期项目、望城香炉洲特大桥等重点工程。10月18日，涟钢客户年会首次在娄底召开，全国各地近300名客户参加。

项目建设　启动实施重点项目110个，总投资57亿元以上。17个结构调整、填平补齐项目快速建成，其中省2021年“十大产业项目”之一的湖南华菱涟钢薄板深加工高强钢二期项目年内全面投产，热处理整体年产能110万吨以上，新增年产值55亿元，新增税收1.6亿元；7月1日，高端家电用2#镀锌线建成投产，项目总投资4.5亿元；9月30日，浙湘新材高牌号硅钢一期项目连退线建成，年产值40亿元以上，结束了湖南无高端取向硅钢成品的历史。

安全环保　坚守安全环保“红线”，持续推进超低排放改造，加快绿色低碳发展。投资近2.5亿元，启动实施焦炉烟气脱硫脱硝工程，其中焦化厂1#、3#焦炉烟气脱硫脱硝工程、煤化公司1#焦炉烟气脱硫脱硝工程建成投运；投资1.3亿元，启动实施一炼轧厂、210转炉厂精炼炉除尘改造工程，其中一炼轧厂精炼炉除尘改造工程于年底投运。“三废”达标排放率100%。落实“双碳”“双减”“双控”，低碳技术加快研发应用，$SO_2$、化学需氧量、吨钢能耗、吨钢耗新水分别降低96.6吨、35.6吨、13.5千克标准煤、0.19立方米／吨。推进能源循环利用，日自发电突破1000万千瓦时。连续3年获得省平安单位称号。

国企党建　开展党史学习教育4个专题集中学习1200余场次，实施“我为职工群众办实事”3000余项，“党员学党史、指标创历史”促推打破日产纪录127项次。接受省委巡视“体检”，推动59个立行立改项目整改。建立党建协同区110个，开展“书记联项目”400余个，实现创效2亿元。弘扬“奋斗者”文化，评比表彰奋斗者明星60人、周生产明星362人次、青工技能竞赛优胜员工69人。组织开展职工健康体检10500余人次，慰问困难职工、统战成员等1000余人次。助力乡村振兴，全年投入335万元，帮扶双峰县杏子铺镇溪口村、双源村。

2021年湖南华菱涟源钢铁有限公司科学技术奖一览表

表22

| 项目名称 | 奖励名称 | 颁奖单位 | 颁奖时间 |
|---|---|---|---|
| 商用车轻量化厢梁结构用高强度热连轧带性能提升及应用技术创新 | 冶金科学技术奖二等奖 | 中国钢铁工业协会<br>中国金属学会 | 2021年8月1日 |
| 钢材热轧过程氧化行为控制技术开发及应用 | 国家科学技术进步奖二等奖 | 中华人民共和国国务院 | 2021年9月23日 |
| 微合金耐蚀耐候钢产品开发及关键控制技术 | 中国腐蚀与防护学会科学技术奖一等奖 | 中国腐蚀与防护学会 | 2021年1月20日 |

（彭志益　何伟波）

## 工程机械工业

【概况】2021年，娄底市工程机械规模以上企业69家，实现营业收入155.7亿元，同比增长18.5%，增加值同比增长18.2%，继续保持快速平稳发展。全年纳入全市重点调度工程机械产业项目18个，截至年底，产业链在建重点项目18个，总投资158.78亿。中兴液压已成为亚洲最大的液压油缸生产基地，产值同比增长29%；中源新材的路机生产实现娄底市工程机械产业链发展在整机生产上的突破，产值同比增长30.5%。（罗建新）

【华达汽车空调（湖南）有限公司】2021年11月，华达汽车空调（湖南）有限公司股份变更，法雷奥集团控股66%、娄底市国资委占股34%。全年开发福田V1项目、福田M4（国六）、徐工汉风G7、D760项目、HD10项目等7个项目。通过IATF16949:2016质量体系换证审核、产品认证监督审核和GB/T24001-2016/ISO 14001:2015环境管理体系、GB/T45001-2020/ISO 45001:2018职业健康安全管理体系监督审核，全年销售汽车空调压缩机57.5万台，实现销售收入2.84亿元，创利税5099万元。获娄底经开区2021年纳税“上千万元”奖，获一汽解放汽车有限公司2021年度“质量贡献奖”，与湖北美瑞特空调系统有限公司签订“战略合作伙伴”。

生产管理　公司投入180万元用于安全生产。加强“源头”工作管理，启动安全生产标准化三级企业的达标工作。投资230万元新建一条加工活塞球窝线，投资220万元扩产SE缸体线。投资300万元对工房进行改造调整，并对组装线进行搬迁。组织开展“安全生产集中整治”与“安全生产月”专项活动，安全生产零事故、零灾害、零损失。

新品引进　面对重卡车转型升级的新时期课题，从法雷奥日株式会社引进十缸KC85新型压缩机，其具有高寿命、高效率、高可靠性性能，质保里程150万千米内无故障，为提高市场占有率、减少市场索赔创造优越条件。（彭　芳）

## 化学工业

【概况】2021年，娄底市化工行业增加值增速同比下降25.2%，整体行业呈萎缩态势，因化工企业环保要求，需异地搬迁，企业生存压力较大。根据《湖南省沿江化工企业搬迁改造实施方案》《关于发布湖南省沿江1公里范围内化工生产企业搬迁改造名单的公告》，娄底市有7家化工企业在名单中公示，其中保留类1家，关停类1家，搬迁类5家。为推进距离资江干流（简称沿江）岸线1公里范围内化工生产企业（《化工行业分类表》的子行业中化工产品为主导的生产企业）搬迁改造，娄底市出台《娄底市沿江化工企业搬迁改造实施方案》。根据省工信厅下发的《关于加快推进全省沿江化工企业搬迁改造工作的通知》和省工信厅、省应急管理厅、省生态环境厅印发的《关于发布第二批湖南省沿江1公里范围内化工生产企业搬迁改造名单的公告》，娄底市新化丰地化工由关闭退出类调整为搬迁改造类，冷水江市福民环保及先河化工由搬迁改造类调整为关闭退出类。市工信局组织市发改委、市应急管理局、市生态环境局对冷水江市福民环保、先河化工2家企业完成关闭退出类的验收工作。12月6日，该2家企业被省工信厅列入2021年湖南省沿江化工企业搬迁改造专项补助资金项目名单并进行公示。

（罗建新）

【湖南神斧集团一六九化工有限责任公司】2021年，湖南神斧集团一六九化工有限责任公司（简称一六九公司）释放火工品产能3.2万吨，为省内最大火工品生产基地。全年销售火工产品3.2万吨，实现营业收入2.4亿元，完成利润1090万元。推进小改小革及专利研发工作，立项小改小革13项，获得实用型专利6项。推进乳化与改性产品的配方实验工作，降低原材料成本，增强企业核心竞争力。启动中心研发试验室筹建工作，提高产品科技竞争力。

安全生产　全年投入资金342.1万元，落实企业安全生产主体责任，以安全标准化建设和安全文化建设为抓手，开展安全生产专项整治三年行动和安全生产领域“打非治违”行动，建立健全风险防控和隐患排查治理双重预防机制，组织安全检查57次，迎接上级部门检查13次，完成隐患整改164项，在整改期限内整改完成率为100%，被娄底市人民政府评为“安全生产优秀单位”。

产业链延伸　推进爆破一体化建设，完善从业人员、民爆物品、作业流程三条主线及爆破业务、爆破项目、项目施工三大环节的管理。实现爆破作业板块人、财、物、账、项目的整合。释放混装炸药产能，以工信部相关文件为指引，以市场推广为手段，对主导区域内适用于混装产品的大客户进行全面推广，全年合计释放混装产能2022吨，同比增长673吨，增幅大于50%。

（梁　良）

## 冶金工业

【概况】2021年，娄底市黑色金属和压延加工业增加值同比下降6.1%，对打击“地条钢”持续保持高压态势。5月上旬，根据省钢铁行业化解过剩产能脱困发展联席会议办公室、省淘汰落后产能和企业兼并重组工作领导小组办公室《关于开展2021年钢铁去产能“回头看”自查工作的通知》精神，市工信局、市发改委联合各县（市、区）工信、发改部门对全市开展防范“地条钢”死灰复燃核查行动。经核查，全市范围内未发现存在“地条钢”生产企业。

（罗建新）

【锡矿山闪星锑业有限责任公司】2021年，锡矿山闪星锑业有限责任公司3家厂办大集体通过资产清算、股权完善，改制为民营企业，实现与闪星锑业的完全脱钩。推进资产公司改革。物业公司注销，正式向法院提交破产申请。压减二三线人员，充实一线队伍。压降机关部室2个，精减中层干部8人，分流富余员工626人。是年，锡矿山闪星锑业有限责任公司生产经营实现扭亏为盈。实现收入16.47亿元。

科技创新　完成国家重点研发计划项目和集团公司重点科技专项年度计划任务。“锑矿X射线智能选矿预选抛废新工艺研究”“锑资源无废绿色高效技术研究与示范”两项技术成果被专家评定为“国际先进水平”。黄金生产开展技术攻关，产出镜面金，生产过程渣回收有价金属研究实现新突破。发布三氧化二锑和乙二醇锑2个绿色设计产品评价技术规范团体标准，完成《粗锑分析方法》《锑冶炼安全生产规范》等标准的制订。全年新增授权专利22件，累计有效专利83件。

（杨晓春）

## 消费品工业

【概况】2021年，娄底市食品制造业规模工业企业147家，实现营业收入141.98亿元，同比下降1.6%，利润总额7.13亿元，同比下降3.9%；医药制造业规模工业企业27家，实现营业收入22.35亿元，同比增长16.5%，利润总额1.54亿元，同比增长5.11%；轻工业规模工业企业112家，实现营业收入63.21亿元，同比下降1.1%，利润总额3.67亿元，同比下降11.2%；纺织业规模工业企业6家，实现营业收入2.65亿元，同比增长7.8%，利润总额0.13亿元，同比下降13.2%。

【“三品”专项行动】2021年，娄底市消费品工业以围绕增品种、提品质、创品牌“三品”专项行动为抓手，扎实开展相关工作。为贯彻上级有关文件精神，市工信局为大力推动消费品工业“三品”工作，引导培育一批娄底“三品”标杆企业。9月，组织有意向参与“三品”标杆培育工作的25家消费品企业参加湖南省消费品工业“三品”标杆企业培育对接会，发布消费品工业企业的相关需求，征集为企业服务的各类专业服务机构（资源），帮助消费品工业“三品”标杆后备企业协调解决发展中的突出问题，实现需求端、服务端、供给端“三端”融合，提升企业“三品”创建能力。12月，组织开展湖南省食品医药轻纺创优工程“三品”专项工作推进会娄底专场（第四场：“国际质量体系认证”）。组织辖区内12家参与“三品”标杆培育工作的消费品企业参会，邀请省厅专家作“三品”标杆企业培育相关政策解读；湖南省食品医药轻纺创优工程“国际质量体系认证”专业服务机构进行“三品”专项工作之“国际质量体系认证”方案宣讲；沟通了解参会企业申报消费品工业“三品”标杆企业的现状需求；了解参会企业对国际质量体系认证的需求情况，并进行现场对接。（罗建新）

## 煤炭工业

【概况】2021年，娄底市保留煤矿23处，其中生产煤矿14处（资江、一平硐、土朱、塘冲、石坝、杨梅山、头石、芦一、芦二、韩家山、稠木、兴华煤业、祥星、胜利），建设煤矿3处（金鸡、玖威、焕发），停工或锁井管理煤矿5处（灌涓、温泉、韩家冲、大跃、石子井），拟关闭煤矿1处（蛇形山）。严格执行“三个一律”（重大隐患一律停业整改，整改不到位一律停产关闭，拒不整改一律依法追责），强化矿山隐患自查自纠。按照“一矿一清单、一矿一报告”的要求，构建“发现、交办、整改、督查、销号”的全程闭环机制，突出抓好各项问题隐患的整改。（刘晨昱）

【煤矿监管】2021年，娄底市实施煤矿安全专项巡察，9月9—25日，娄底市委组织5个巡察组，对辖区23处煤矿开展矿山安全生产专项巡察，发现问题73个，交办立行立改问题22个。督查煤矿安全生产，11月2日，印发《娄底市矿山安全生产常态化督查机制》，建立市委、市政府强化矿山安全生产常态化督查机制，由市委督查室、市政府督查室牵头，每半年开展“双随机”（从督查人才库中随机确定督查人员，随机确定检查矿山）矿山安全生产专项督查，对督查查出的问题，会同市委组织部、市纪委监委、市绩效办等部门汇总分析，倒查属地政府、部门及相关人员责任，形成督查专报，报市委、市政府主要领导，推动矿山安全责任到位。完善矿山监管制度，出台《娄底市煤矿安全生产举报制度等7项矿山安全监管制度》，对矿山火工品管控、安全生产举报、日常监管、“四个包保”、驻矿安监员、信息系统等七项制度进行完善补充。市委组织部出台《关于选派优秀年轻干部到煤矿企业挂职的工作制度》，选派年轻干部到全市矿山企业担任矿长助理，守好矿山安全生产底线，所有包保责任人在《娄底日报》上公示。开展矿山安全生产“回头看”督查，12月13日开始，市纪委监委、市安委办联合开展矿山安全生产“回头看”督查，围绕市委矿山安全生产专项巡察组巡察反馈问题、市委督查室督查反馈问题、两轮飞行检查问题整改情况以及“打非治违”专项整治展开督查。（刘晨昱）

【煤矿飞行安全检查】2021年，娄底市政府第16次常务会议审议通过《娄底市煤矿安全生产飞行检查暂行办法》，6月27日至7月31日，聘请煤炭工业合肥设计研究院有限责任公司专家对全市18处矿山开展第一轮安全生产飞行检查，发现问题隐患377条，提出建议67条。9月10日至11月16日，聘请重庆专家组对全市15处矿山开展第二轮安全生产飞行检查，查出问题隐患307条，提出建议123条。通过飞行检查“五个一”（一矿一调度、一矿一通报、一矿一执法、一矿一整改、一矿一报告）工作制度，两轮飞行检查发现问题隐患684条，682条整改到位，2条（新化县玖威矿业、涟源市杨梅山矿山未实现双回路供电）正在整改当中。（刘晨昱）

【双重预防机制信息化】2021年，娄底市推进煤矿安全生产综合信息平台建设使用，建立矿山安全生产基础信息“一张表”、较大以上安全风险“一张图”、重大问题隐患“一清单”。然后对“一张图”“一张表”“一清单”进行动态管理，逐步形成工作的制度化、常态化、规范化、信息化，矿山企业安全风险管控和隐患排查

治理能力增强。其中金竹山公司一平硐煤矿“双重预防机制”在全省矿山作为样板推广。（刘晨昱）

【湖南省煤业集团金竹山矿业有限公司】2021年，湖南省煤业集团金竹山矿业有限公司（简称金竹山公司）辖塘冲煤矿、一平硐煤矿、土朱煤矿3对生产矿井，总用工3362人，在岗2678人，退休职工6700余人，辖9个生活小区，公司有职工、家属近3万人。全年，原煤产量55.61万吨，开拓进尺完成251米。

安全生产　建立完善的现场监管工作制度，落实下矿下井带班制度，派驻矿井专职安监员，继续推行违章电子台账管理，完善公司、矿井两级微信管理平台。持续开展安全警示教育日活动，投入专项资金800余万元完成矿井安全生产系统改造。开展“煤矿安全集中整治三年专项行动”“学法规、抓落实、强管理”“大排查、大整治、大管控”和机运专项整治等活动，全年组织各类安全教育培训278期，参培19097人次。推进安全生产风险分级管控和隐患排查治理“双重”预防机制建设，推进机械化、支护改革和“四化”建设。承办全省煤矿安全监管工作暨双重预防机制建设推进会，一平硐矿的双重预防机制建设经验在全省予以推广，三矿井安全生产标准化达国家二级，全公司连续实现第七个安全生产年。

经营管理　坚持以“提质增量、节支降耗”为工作主线，注重过程管理，推行预算管理，修订完善《对生产矿井的管理考核办法》《资金管理办法》《费用管理考核办法》等制度。加大“三金”清缴和劳动力清理力度，解除无效劳动力，对长期旷工人员，及时依法办理劳动关系处置。加强对材料、电力和人工成本管控，多方位节流。加大单体、铰接梁、工字钢等材料的回收考核力度。严控非生产性开支，规范物资招标采购、验收、入账等制度，严格公务接待和差旅费报销管理。落实调煤保电工作，严抓煤质管理，实施运销部、矿井、客户三方化验、热值比对制度，质监机构从采、制、化、销对煤炭销售全程跟踪监管。

关注环保　加大环境整治，对矿井煤仓煤坪防尘、矸石山整治、污水处理、工业广场和矿区环境治理等加大力度，共投入资金600余万元，整治了一批环保“老大难”问题。召开绿色矿山建设专题会，制定绿色矿山建设方案，推进绿色矿山建设。（马幸华）

## 电力工业

【概况】2021年，娄底市电网建设项目数量和规模均创历史新高，完成电网投资16.4亿元，全市统调最大负荷达217.8万千瓦，比上年最大负荷增长11.7%。加快新能源建设，冷水江白果岭、新化维山等4个风电场建成并网，娄底市、新化县等生活垃圾焚烧发电场建成投运。（吴　晶）

【电力供应】2021年，国网娄底供电公司（简称娄底供电公司）完成售电量110.86亿千瓦时，增速16.25%，增速排名全省第三位；综合线损率4.78%，排名全省第一位；电费自然回收率99.96%，排名全省第三；台区线损率3.04%，同比下降0.63个百分点；完成固定资产投资11.24亿元，同比增长25%。电网最高负荷217.78万千瓦，创历史新高。星源电建集团升级为省公司大型省管产业单位。

供电安全生产　形成“三三三三四”安全工作法，落实“四管住、一强化”。推进安全生产专项整治三年行动、“五查五严”隐患排查。强化履职监督，四级工作人员下现场、进班组1.5万人次。将“驾照式”积分管理向基层部门、班组延伸，市、县两级扣除积分105人次392分。实施安全管控中心稽查人员末位淘汰，开展专业反违章。按季度开展班站所全覆盖安全管理评价。安全送培860人次，完成2021年春节、全国两会、建党100周年、迎峰度夏等保电任务。

电网建设　启动配电网规划提升专项行动，完成“两个规划”修编，农网户均容量提高至2.17千伏安。推广机械化施工模式，全年投产输变电工程15项、输电线路119千米、变电容量68万千伏安，配网新建改造10千伏线路721千米，新增配变容量187兆伏安。220千伏工业园变电站新建工程获评国网公司、省公司安全管理“五好”示范工地，3个配网项目获评省公司标准化示范工程。依托重点电力项目建设“双线调度”机制，解决500千伏娄底西等重点工程建设矛盾。协助市发改委完成《娄底市“十四五”能源发展规划》。投运全省首台区域远方备自投，完成22座变电站整站综合治理，实现全部变电站无人值守。开展“向配网开战”六大攻坚战，完成13座35千伏变电站、30条35千伏线路、102条配电线路集中检修工作。配网集中检修竞赛、变电运维专业竞赛分获省公司第一名和第二名。通过国网技术降损示范区验收。

经营管理　开展小水电精益调度，完成上网电量9.98亿千瓦时。紧抓电子陶瓷、铸造业等重点领域，电能替代电量1.22亿千瓦时。协助市发改委完成《娄底市“十四五”充电基础设施建设发展规划》，与五大园区签订战略合作框架协议。九仑变储能电站建成投运，推进娄底高铁南站、新化工业园屋顶光伏和群联储能电站项目。投运直流充电桩141根，完成国有资产充电量532万千瓦时。推进提质增效专项行动，接收用户资产4584万元。对接全市钢铁新材、工程机械两大产业发展，推动浙湘新材、三一百亿油缸等19个项目投产达产。服务娄底生态治理100万千瓦光伏项目建设，完成3座垃圾发电厂并网任务。完成“扩需增发”“减弃扩需”专场交易2.34亿千瓦时，助力鼎泰金属等客户恢复生产。推广“三零三省”服务，减免客户办电成本8441万元。促成市政府出台《娄底市城市新建住宅供电设施建设维护管理办法》，促成市安委办向各县（市、区）政府下发高危及重要用户用电安全隐患整改交办函。高、低压业扩全流程平均接电时长分别降至24.5个工作日和3.1天。累计推广网上国网应用58万户，线上办电率提升至99.53%。开展服务反违章，查处六类违章6起、特别严重违章10起、严重违章201起，百万客户投诉量指标提升至全省第二位，供电服务满意度排名全省第三位。

企业改革　娄底供电公司完成28项改革任务，制定第四批“放管服”事项清单。优化调整各级本部部门职责，组建思极公司娄底分公司，完成营销稽查监控体系建设。宣传代理购电政策，帮助14.8万工商客户代理购电。启动“强基塑魂”乡镇供电所管理提升三年行动，解决基层供电所问题84个。供电所“定额承包制”推广完成率54%，“精准滴灌”培训试点取得阶段性成效。（陈亮项）

**【全省首座集“光储充”于一体的充电服务站投运】** 2021年4月，娄底市内首个储能变电站九仑变在娄底经开区投运。九仑新能源配套电化学储能电站是娄底供电公司承建的首个新能源配套电化学储能电站，也是娄底市的重点工程项目。9月28日，位于娄底市湘能农电服务城郊分公司院内的全省首座集“光储充”于一体的“的士之家”充电站竣工投运。该项目在市委、市政府的大力推动下，由省电动汽车有限公司、娄底供电公司、娄底星源电建集团联合建设运营，完成26基120千瓦的充电桩（一桩两充），可以同时为52台电动汽车提供充电服务。充电站的建成使用是积极响应国家“双碳”战略，全面落实“碳达峰”“碳中和”工作要求，促进节能减排，履行社会责任的重大举措，是“产新融合”示范性工程。（陈亮项）

2021年9月28日，娄底市“的士之家”充电站竣工投运仪式现场（娄底供电公司供图）

**【市内首座预制舱变电站竣工投运】** 2021年11月19日，娄底市首座预制舱变电站35千伏吉庆变电站改造投运。35千伏吉庆变电站位于新化县吉庆镇金星社区，担负着吉庆镇、坐石乡和曹家镇部分村组的供电任务。该变电站处于新化县农村电网河东片中枢位置，建站时间久，10千伏设备老化，该次升级改造将原有10千伏户外设备全部改造成预制舱，原35千伏

2021年，娄底市内首座预制舱变电站改造投运（娄底供电公司供图）

设备保持不变。吉庆变电站预制舱改造是将变电站10千伏设备采用工厂化加工，舱体及设备在产地就完成预制装配、内部屏柜安装等工作，舱体采用预制光、电缆与外部舱体线缆进行连接，实现即连即用，加大设备保护力度，提升设备可靠性，减少设计、现场二次接线、调试的工作量，节约施工成本。（陈亮项）

【娄底生态治理光伏项目】2021年1月11日，娄底生态治理光伏项目开工。该项目是中部四省唯一入选国家首批大型风电光伏基地目录的新能源基地，项目总投资约60亿元，总装机规模100万千瓦。项目建设以娄底全域"重金属污染区、石漠化区、采矿塌陷区"为载体，涉及冷水江、涟源、新化相关土地约1733公顷，通过"光伏开发+生态治理+储能"模式，实现新能源开发与生态修复治理的有机结合。10月15日，金竹山发电公司灰场光伏电站开工建设。12月30日，首个方阵一次并网成功。该电站利用公司灰场坝体、周边山

2021年12月30日，大唐华银金竹山火力发电分公司灰场光伏电站项目一次并网发电成功

（金竹山发电公司供图）

坡和部分灰场铺设光伏板发电，总占地面积约17.53公顷，投运后每年可节约标准煤约5339吨，每年可减少二氧化碳排放量约14602吨、二氧化硫排放量约3.26吨、氮氧化物排放量约3.40吨。

（吴 晶 黄 彬）

【大唐华银金竹山火力发电分公司】2021年，大唐华银金竹山火力发电分公司（简称金竹山发电公司）紧扣国家"30·60"双碳目标和湖南省"三高四新"战略定位和使命任务，推进新能源开发工作。全年完成发电量72.45亿千瓦时，同比增加10.57亿千瓦时。完成湖南省"十四五"风光资源纳规1000.5万千瓦。严查严整风险隐患，开展"安全生产专项整治三年行动""集中整治""六查六严"等活动，排查、整治隐患386项；利用设备计划性检修时间，完成1A、2B引风机振动偏大、2B汽泵轴振异常波动等重点设备治理。（黄 彬）

## 信息产业

【电子信息制造业】2021年，娄底市电子信息制造业有五江高科、创一科技、安地亚斯、美程科技、鑫星电子、京科电子等，规模以上企业114家，总产值124.2亿元，同比增长12.7%，其中电子陶瓷产业规模以上企业62家，总产值88.4亿元，同比增长20.5%。全市电子信息规模制造业过亿元重点新建项目4个，总投资32.6亿元。截至年底，全市电子信息制造业企业共申请专利500余件，获得授权403件（其中发明专利41项），有院士专家工作站1个、省级工程技术研发中心4个、省级工业设计中心4个、省级企业技术中心5个，其中，陶瓷产品主要有结构陶瓷、电子陶瓷、功能陶瓷三大类几千个品种，电子信息制造业就业人员达到36000余人，水阀片系列产品占国内市场份额的90%以上，温控器瓷件在全国占80%的市场份额，放电管用金属化瓷管、保险管瓷管在全国占80%的市场份额。

【通信产业】2021年，娄底市完成电信业务总量417.85亿元，同比增长32.55%。固定电话用户20.29万户，移动电话用户379.82户，其中5G移动电话用户数78.79万户，5G终端用户数130.4万户。全市光纤宽带覆盖率143.37%，固定家庭宽带用户普及率87.14%，移动宽带用户普及率85.32%。农村4G网络补盲建设成效明显，依托工信部电信普遍服务试点，在农村偏远地区新建4G基站447个，全市行政村4G网络覆盖率和光纤通达率实现两个100%，自然村4G网络覆盖率和光纤通达率为96%和90%。5G基站建设持续加快，全年新开通5G基站1410个，累计开通5G基站2635个，市中心城区和产业园区等重点区域基本完成5G信号覆盖。

**【智慧娄底】** 2021年，有娄底市地下管线综合信息管理平台，"互联网+应急"建设项目-视频会议室，农村土地承包经营权信息应用平台系统，信用信息共享与交换平台项目4个子项目完成财政投资评审（累计6个），地下管线综合信息管理平台，"互联网+应急"建设项目-视频会议室，农村土地承包经营权信息应用平台系统等3个子项目通过验收（累计6个），社会治理网格化管理服务平台、智慧城管信息系统、智慧水利信息系统、"云上娄底"大数据中心、"互联网+政务服务"一体化平台项目（一、二期）、农村土地承包经营权信息应用平台系统、信用信息共享与交换平台项目、阳光信访信息系统等8个通过等保测评，突发事件预警信息发布系统、市"互联网+应急"建设项目-视频会议室、视频信访系统等3个送审计决算。其中"云上娄底"大数据中心（一期）为12个部门67项业务上云提供统一支撑。社会治理网格化管理服务平台（综治中心）创建综治网格9773个，上报并处理矛盾纠纷47000余起，其中疫情防控25000余起，成功入选2021年国家政法智能化建设"智慧治理创新案例"。"互联网+政务服务"一体化平台实现"一件事一次办"提交材料减少30%，企业开办"一日办"缩短至5.5小时内，群众办事等待时长平均缩短20%。智慧水利全面覆盖四水三库（四水为资江冷水江新化段、涟水、孙水、侧水，三库为白马水库、水府庙水库、双江水库）主要河道，实现防汛抗旱的动态监控、远程调度。智慧城管成为全市创文工作的重点和亮点工程，实现了对城市管理部件和事件信息进行全方位、全时段监控。通过娄底城管网和"娄底智慧城管"公众号，市民利用"随手拍"功能对城市管理存在的问题进行上报，实现"人民城市人民管"，城市管理问题结案率达95.62%。

**【移动互联网产业】** 2021年，娄底市着力打造移动互联网信息产业、金融产业、安居服务和总部经济为主导产业的集聚区，园区共有互联网相关企业75家，其中电商企业22家，互联网相关企业53家。推动移动互联网产业园视频直播、区块链、大数据、电子商务、创新创业、网络信息安全六大板块的发展，实现主营业务收入28.5亿元，同比增长15.9%。共有华菱安赛乐米塔尔汽车板有限公司等5家企业参与两化融合管理体系贯标试点，湖南创安防爆电器有限公司等3家企业与咨询机关签订合同开展两化融合贯标工作，湖南创安防爆电器有限公司等3家企业通过两化融合贯标认证，湖南华菱涟源钢铁有限公司等3家企业被省认定为2021年湖南省两化融合管理体系贯标标杆企业，湖南华欣新材料有限公司等3家企业获得省两化融合贯标认定奖励。通过争取国家、省资金政策的扶持，湖南永逸科技有限公司等12家企业获得省移动互联网产业发展专项资金380万元，湖南华欣新材料有限公司等3家企业获得制造强省两化融合贯标奖励60万元。市本级移动互联网产业发展专项资金为56个项目提供资金支持493万元。

**【数字经济】** 2021年，娄底市深入贯彻落实全省"两上三化"行动，推动企业数字化改造、网络化协同、智能化升级，全市"上云上平台"企业超过10000家。完成深度上云企业442家，完成上平台企业126家，其中4家企业被评为省"上云上平台"标杆企业，42家企业列入制造业数字化转型"三化"重点项目。累计有28家企业通过两化融合贯标认定，位列全省第五，其中1家企业被评为省两化融合管理体系贯标标杆企业。涟钢智能运维、湖南精飞北斗+无人机管控等4个项目入选湖南"数字新基建"100个标志性项目名单。涟钢、金峰机械2个工业互联网平台列入全省工业互联网平台建设计划。

**【区块链产业】** 2021年，娄底园区互联网相关规模以上企业26家，其中产值5000万元以上的企业10家，实现主营业务收入28.5亿元。区块链+不动产税收征缴平台纳入国家税务总局金税四期试点，全省首张区块链电子税收凭证在娄底产生，区块链+政务应用的"娄底模式"和"娄底经验"，作为全国区块链创新应用典型被中央电视台报道，并在中共中央政策研究室《学习与研究》杂志刊载，市区块链产业园获2021年国内主体型园区（区块链）前列。（罗建新）

# 城乡建设

◎城乡规划
◎城市建设
◎房地产业
◎建筑业
◎城市管理
◎美丽乡村建设

## 城乡规划

【概况】2021年，娄底市有序推进规划设计工作，持续开展国土空间规划编制，完成全市村庄规划编制任务，保障民生项目规划设计需求，推动基础设施规划编制。

【国土空间规划编制】2021年，娄底市完成资源环境承载能力和国土空间开发适宜性评价、国土空间发展战略等8项专题研究。形成综合交通体系、总体城市设计等4项专项规划初稿。完成全市城镇开发边界优化模拟划定方案，优化调整生态保护红线，搭建“多规合一”信息平台，形成“一张图”数字工作底图，完成娄底市“十四五”自然资源发展规划编制，完成2020年度国土空间规划城市体检工作。全年组织召开6次自然资源和规划委员会会议，审议片区控规、设施布局规划、土地出让等议题16项。

【村庄规划】2021年，娄底市出台《娄底市村庄规划编制工作方案》，完成508个村的规划编制任务，其中娄星区22个、冷水江7个、涟源219个、双峰134个、新化123个、经开区3个。对35个乡镇土地利用总体规划进行调整。

【设计审查】2021年，娄底市完成娄星区黄泥路、长宁街等17个市政工程建设项目方案审查，调整修改娄星区乐坪、长青片区等11项控制性详细规划，为湘中生鲜（冷链）农产品物流园和建筑垃圾回收利用、年产600万双棉鞋生产线等15个民生项目提供规划技术支撑。

【5G通信基站规划编制完成】2021年，娄底市为加快推进基础设施建设，培育推动5G新产业新业态新模式，编制完成5G通信基站规划。规划计划于2025年年底前在全市范围内新增规划站址2816个（娄星区1163个、冷水江市473个、涟源市349个、双峰县388个、新化县443个），其中规划宏站址1275个（娄星区541个、冷水江市177个、涟源市195个、双峰县211个、新化县151个）。共享路灯杆1541个（娄星区622个、冷水江市296个、涟源市154个、双峰县177个、新化县292个）。改造存量站址4530个，其中娄星区1057个、冷水江市479个、涟源市948个、双峰县841个、新化县1205个。该项规划，基本满足区域内移动通信网络未来覆盖和容量方面以及5G技术演进的需求，提供网络“零”时延的使用体验，提升网络设备连接能力和在超高流量密度、超高连接数密度、超高移动性等场景下的服务水平。为解决国土空间规划中选址难、进场难、审批依据不足、同类通信设施重复建设、空间资源浪费、地下管线综合协调难度增加、通信设施安全无法保障等问题提供依据。（杨小熠）

## 城市建设

【概况】2021年，娄底市住建人防系统坚决贯彻落实中央、省、市决策部署，建设经济稳中有进，民生实事兑现承诺，深化改革创新举措，行业监管有力有效，安全稳定全面加强。全市城镇化率达到47.76%；城镇新开工绿色建筑面积305.73万平方米，占新建建筑总面积的68.6%；新开工装配式建筑面积129.6万平方米，占新建建筑总面积的28.5%；创建绿色建筑设计评价一星级项目27个、二星级项目4个。全市棚户区改造开工2561套，开工率100%；完成租赁补贴7427套，完成率103%；开工老旧小区改造项目26554户，开工率100%。中心城区既有住宅加装电梯101台，新增业主委员会102个，新增物业管理小区103个，12个安置基地全部交付使用。（曾　莉）

【城建项目】2021年，娄底市实施城建项目90个，完成投资47.71亿元。早元街、桃圃街、桑树街、双科街等10条断头路拉通，涟水河北岸金星路神童湾至旁冲路全线通车，乐坪大道东延线及华星路地下管廊建成，华星路隧道贯通。三中、八中人行天桥如期交付使用。启动城市更新工作，制定《关于加快推进中心城区城市更新工作的实施意见》《娄底市中心城区2021年城市体检工作方案》《娄底市中心城区2021年城市体检评估基础指标体系及任务分工》。全市城镇污水处理厂建设和提标改造累计完成投资3.98亿元，双峰县污水处理厂提标改造完成，冷水江市污水处理厂提标改造开工；中心城区污水集中收集率达69.75%，全省排名第四；实施黑臭水体整治4处，完成新化二水厂

水源地整治工作；军分区营院改造完成，自来水直供改造工作启动，中心城区新增路内停车位3800个。（曾　莉）

2021年11月25日，娄底八中人行天桥建成
（市城市发展集团有限公司供图）

【市政维护管理】2021年，娄底市全面提升市政设施管养水平。对湘中大道、吉星路、环线、涟滨街、秀石街、氐星路、长青街、乐坪街、丽春路等的路面、人行道和路缘石、下水道及桥梁、地下通道等市政设施进行维护，完成产值3213万元。维修处理路面33558.13平方米，维修各类人行道板61810.95平方米，修理、校正更换路缘石50147米，疏通下水道337500米，清理疏通检查井、雨水井15000余座次，更换井（座）盖2438套，对新接收的道路检查井安装防坠网124套。解决民生热点难点问题，组织对涟钢片区钢城东路、钢城北路、振兴路、碧溪路、桑塘路、公园东环线等16条道路的市政设施进行维修改造；道路基础开窗9800平方米，水泥混凝土路面修复约5500平方米，人行道压模混凝土约12130平方米，修补彩板人行道1980平方米，更换路缘石8685米，沥青路面铣刨33300平方米；排水管清淤疏通9852米、新建DN600排水管850米、更换雨水口360座、清理雨水口390座；完成4厘米细粒式沥青路面45530平方米、6厘米中粒式沥青路面9800平方米、7厘米粗粒式沥青路面3200平方米、复合格栅45530平方米、50厘米宽抗裂贴1901平方米；完成路面标线3000平方米，排水涵清淤2587米；完成投资2540万元。（曾　舜）

【房屋征收安置】2021年，娄底市启动国有土地上房屋征收项目10个，提请市（县）人民政府发放征收决定1份，计划征收户数452户，征收房屋建筑面积61.1万平方米。完成征收项目8个，征收户数96户，征收房屋建筑面积2.89万平方米；启动安置小区建设项目及基础配套项目19个，总投资5.06亿元。市本级加快安置基地基础配套设施建设，完成新佳、甘桂、丽春、檀山湾二期4个安置小区的给水、排水、道路工程，电力设施均已完成招标并入场施工。为妥善处理安置遗留问题，启动江溪安置房二期建设，与8个单位签订委托安置协议，安置人数745人；冷水江市和盛家园安置小区完成21栋主体工程的建设，建房率达到76%；锦和家园和裕福家园后期归档及办证工作进入扫尾阶段；双峰县城中河城市棚户区改造项目中区内安置房基础及道路等附属设施施工及水电安装竣工验收。（曾　莉）

【勘察设计】2021年，娄底市完成政府投资房屋建筑及市政工程初步设计审查批复26项，出具社会投资项目协同审查意见书31份，上线受理施工图审查备案办结项目57项，总建筑面积211.87万平方米。加强勘察设计招投标公告、招标文件、评标定标及合同签订等后续活动的全程监管。全面取消社会投资初步设计审批环节，印发《关于娄底市市本级建设工程施工图审查工作有关事项的通知（试运行）》，推进施工图“多图合一”“多图联审”服务工作。夯实“零付费、零跑腿、零接触”工作。严格进行资质初审，全市有勘察设计企业21家。（曾　莉）

【城建档案管理】2021年，娄底市稳步推进工程档案电子化工作，全年20个建设项目实行电子文件的编制、交互签批、流转和指导，完成原生电子文件110000份。紫旭名园、城投文庭两个试点项目通过在线系统完成电子文件单套制归档。完成50个项目竣工档案专项验收，收集工程项目档案150个、整理入库档案6200卷。全年完成计算机著录条目50427条、扫描文件739748张、图纸117933张。完成馆藏总量50%数字化扫描和著录工作，馆藏电子档案数据量达2T。接待档案查阅500余人次，提供档案资料1000余卷次。在全市房屋建筑和市政基础设施普查工作中完成5000余栋房屋工程档案的基础数据提取。全年拍摄照片3000余张，视频59G，工程项目声像档案和纸质档案同时归档。制作《档案新时代——“建设工程档案电子化项目”推进实录》专题片参加湖南省委办公厅举办的《凝百年之辉，筑兰台之梦》主题活动，获二

等奖。编排6组反映娄底城市变迁的老照片参加“老照片·新湖南”城建档案专题宣传活动。报送2021年度经济科技档案资源开发利用案例《娄底市城建电子档案在线接收》，获湖南省经济科技档案资源开发利用三类案例。完成地下管线综合管理信息系统娄底中心城区15种地下管线2848.3千米数据处理和入库，把30平方千米的地面三维精模和城市地名信息系统融入城市地下管网平台，娄底市城市地下管线综合信息管理系统完成竣工验收。（曾　莉）

## 城市建设投资

【概况】2021年，娄底市城市发展集团有限公司实现营业收入50.2亿元，同比增长622%；利润总额3.09亿元，完成投资11.01亿元，缴纳税费0.63亿元，资产总额增加至415.6亿元，资产负债率较年初下降6.09%，完成征地拆迁64.67公顷，出让土地40.35公顷。资产、净资产、营业收入等多项指标名列市属国有企业第一。

【国企改革】2021年，娄底市城市发展集团有限公司推动国企改革三年行动，13类34项改革任务，完成25项，完成率73.5%。完善法人治理结构，制定三会一层相关制度，明确党委研究是董事会决策的前置程序，构建以党委领导为中心的法人治理结构；推动“三项制度”改革，开展竞聘上岗，竞聘上岗8人，完善市场化招聘制度，全年公开招聘13人，开展经理层任期制和契约化管理，与10家子公司23名经理签订目标责任书；推进“总部机关化”治理，严控管理层级在3级以内，明确集团岗位编制，总部由123人缩减至65人；健全内控体系，对公司62项制度进行梳理，废止制度2项，新增制度8项，修订完善制度36项，持续执行制度16项。

【助力乡村振兴】2021年，娄底市城市发展集团有限公司助力乡村振兴，帮扶涟源市三甲乡白溪村，全年筹措帮扶资金127万元，完善基础设施，完成河道整修1000米；垃圾分拣站完成主体建设，采购3个垃圾集装箱，安装3个竹制垃圾堆放棚；乡村市场（文化广场）完成土石方挖运、厕所及场地硬化；推动引进竹制品加工厂，发展乡村产业。开展“捐资助学”活动，组织社会各界爱心企业对白溪学校进行捐款，捐款97万元；建立健全防返贫监测和帮扶机制，确定9名防返贫重点监测户，进行走访慰问3次。

【创文管卫】2021年，娄底市城市发展集团有限公司贯彻执行创文管卫工作要求，推进项目现场管理和闲置土地管理，对中心城区闲置土地、在建工地、交安设施等创文点开展现场督查10余次，下发交办函60余份、督查通报4份，建设八中人行天桥、华星路等2处公益广告宣传示范点，对闲置土地及在建工地围挡、围墙公益广告进行提质上档，新建围墙、围挡近3000米，高标准制作公益广告约5600平方米、彩绘1900平方米，在收到交办函一周内完成对白塘路、月塘街等5条道路路面坑洼、破损、下水道堵塞等问题的修缮。全年投入创文管卫工作资金1000万元（不含项目文明创建）。

【项目建设】2021年，娄底市城发集团承建项目16个，其中财政预算项目2个、PPP项目2个、其他项目12个，全年完成投资13.3亿元。完善城市路网，10天完成环保街项目全部征迁工作；完成甘桂北路（神童湾大桥—旁冲路）、桃圃街、早元街等12条道路建设；完成旁山冲社区、市供销社家属区、国安小区、大科社区等8个老旧小区1428户的改造以及明园安置基地交付。梳理“我为群众办实事”项目24件，完成22件。其中，八中人行天桥项目35天完成建设，华达西门防洪排涝工程项目提前两个月完工；老干活动中心完成主体结构工程；市纪检监察办案管理中心二期项目完成主体验收；市广电传媒中心大厦开工建设；通用机场项目完成土地预征收，土地报批资料已报省厅，与涟源市政府合作组建运营公司，进行通航小镇概念规划。

【经营发展】2021年，娄底市城发集团推进片区开发，拓展金融、房地产等板块，全年实现营业收入50.2亿元。大科城中村挂牌出让，土地成交价9.53亿元；涟滨片区完成涟水河沿河路风光带建设；秀石街片区进行控规调整；加强所持农商行股份管理，股利收入近2000万元/年，以1.98亿元收购长沙银行2000万股；全年发放贷款30笔共计1.8亿元，完成收入1988万元，利润1466万元；开展不良资产处置和金融投资，实现营业收入4.03亿元，处置不良资产4.45亿元，金韶长沙地块累计回款10亿元，产生经济效益约1亿元；文庭项目累计回笼资金2.78亿元，星庭项目于7月10日开盘，认筹率为91%；盘活约23761.17平方米存量资产，实现租金收入2224万元，完成土地出让40.35公顷，实现收入约17亿元。加快城市资源运营步伐，新建中心城区道路停车泊位5129个，实现全部运营，实现停车收费1500万元；氐星路万豪路段及文化广场83个共享小店完成招商运营，实现营业收入38万元；着力开展贸易，完成营业收入14.92亿元，拓展工程建设业务，实现省内外中标金额4.17亿元。

【融资化债】2021年，娄底市城发集团融资到位资金63.91亿元，还本付息58.09亿元。2月，在湖南地市AA平台以首单最低利率5.8%全额发行中期票据10亿元，8月，以利率4.8%全额发行的短融10亿元，创全年湖南省AA主体发行短期融资券规模最大、利率最低纪录；12月，以票面利率5.1%发行10亿短期融资券；以近三年最低4.89%的年平均融资利息，到位流贷、项目贷等银行贷款22.61亿元；取得国家开发银行流贷4亿元，进出口银行流贷2亿；置换11.7亿元隐性债务，节省利息4133万元。（谢　娜）

## 供　水

【概况】2021年，娄底市立足高质量发展，全力保障安全优质供水，污水处理达标。全年生产水量6472万立方米，销售水量5342万立方米。水质综合合格率100%，管网抢修及时率100%，自来水产销差率为17.46%。全年各项收入19833万元，实现利润1078万元，国有资产保值增值率102.16%。娄底市第一污水处理厂全年处理污水5161万吨，第二污水处理厂全年处理污水1753万吨，污水排放达标率为100%。

【项目建设】2021年，娄底市二水厂及输水管网改扩建工程项目完成初步设计技术审批、概算审批、洪水影响评价报告批复、施工图设计招标控制价财评等前期工作；三水厂扫尾工程完成；根据城市道路建设情况和用水需求，按计划完成配套输水管建设，累计敷设管道118.11千米；推进老旧小区管网改造，完成八一安置小区、铂金玫瑰园等9个小区主水管改造；完成鑫都苑、仁和小区、竹山社区五组等小区改表到户。4月28日，城市水务平台上线，营销系统与立户报装系统投入运行，完成涉水业务与电子政务一体化平台数据汇聚工作。

【服务民生】2021年，娄底市水业有限责任公司践行“以人民为中心”的服务理念，优化服务措施。产业园

2021年，娄底水业公司工作人员抢修居民用水管道。图为施工现场　（市水业公司供图）

建设与供水管网铺设同步进行；优化服务标准，推行“只跑一次”、容缺办理，保障企业复工复产；通过减环节、压时限，提升服务效率，公司制定《优化营商环境“获得用水”指标建设实施方案》，将涉水办理环节减至2个环节；制定《一站式服务管理制度》《客户投诉处理管理制度》《客服工作流程》等制度，落实首问责任制、限时办结制等；及时办理涉水业务报装服务，回应用户的各种诉求，组织业务部门进小区宣讲用水知识，为群众上门服务。

【国企改革】2021年，娄底市水业有限责任公司以国

2021年，娄底水业公司首次举办中层管理人员公开竞聘大会　（市水业公司供图）

企三年改革行动为契机，推进各项改革任务。推进三项制度改革工作，建立公司职级体系，打通职工发展通道；举办首次中层干部公开竞聘，实现职工“能上能下”；完成定岗、定编、定责工作，出台《薪酬管理制度》《绩效管理制度》，建立科学合理的绩效考评体系。

【创文管卫】2021年，娄底市水业有限责任公司积极履行创管重点责任单位和国有企业的社会责任和担当。本年度再次筹集资金，组织人员分组对中心城区1075个小区11万块小口径水表的表箱进行两轮清查和集中清理整治，前后共清理脏污、“牛皮藓”及箱内杂物水表箱体14000余个，修复或拆除破损水表箱体10000余个，获市创管办“2021年度创文管卫重点责任单位优秀单位”称号。（陈　媚）

## 公共交通

【概况】2021年，娄底市公共交通有限公司完成营运收入约4559万元，同比增长23.3%。完成营运里程1946万千米，服务合格率为98%。事故频率为0.031次/万车千米，为安全目标指标的15.5%。

【服务社会】2021年春运期间，娄底市公共交通有限公司发送班次72330趟次，完成运营收入约381万元，运送乘客约498万人次，安全营运208万千米，趟数率、正点率、服务合格率均在96%以上，没有发生疫情传播，无安全生产较大事故和死亡事故。公交公司为了更加方便学生乘坐公交车，与各学校积极沟通后，在校园内为学生开启办卡绿色通道。

2021年4月28日，娄底市公交公司在娄底三小为学生和家长办理学生公交卡（市公交公司供图）

【公交线路调整】2021年，娄底市公共交通有限公司优化调整12路（不走柳青街，改走万新街别墅区）、115路（首末站从高铁南站调到振翩学校）。根据市场需求，城区调整19路（火车站—万宝新区）、11路A/B环线（火车站—火车站）、18路（骡子坳—三一重工）、晚班80路（市检察院—城西公租房）、城乡2路等运营线路车辆运力，缩减102路（三大桥枢纽站—栗冲村委会）、107路（观化门—石井）运力，延长105路（义坪—万家坪）、115路（高铁南站—梨子）、116路（大树村—仙女寨）、118路（水洞底锻造厂—文建村）、119路（仙人阁—泽溪）、121路（水洞底锻造厂—新田）等线路趟间隔时间。（徐亚玲）

## 供　气

【概况】2021年，娄底市中心城区累计供应管输天然气4860余万立方米（其中液化天然气41.3万立方米），液化石油气7900吨，压缩天然气345万千克，未发生燃气供应中断事故。对燃气老旧管网进行改造，组织娄底华润燃气有限公司投入整改资金3241.95万元，完成市政管网改造15.081千米，完成庭院管网改造16.53千米，用户户内隐患整改4076余户。按照省厅燃气燃烧器具目录管理要求，做好燃气器具目录申报初审工作，组织各燃气器具经销商开展气源适配性检测，对全市189个品牌的目录申报资料进行初审并上报省厅审批公布。（王汝佳　黄　蓉）

【燃气餐饮用户隐患排查】2021年，娄底市开展燃气餐饮用户隐患排查。根据新实施的《安全生产法》，组织华润燃气公司对全市使用燃气的餐饮企业、酒店宾馆、城市综合体及机关（企事业）单位、学校、医院、养老院、建筑工地的食堂等用户单位进行重点排查，对未安装报警装置或报警装置失效的餐饮用户下达安全隐患整改通知书。全年排查管道燃气餐饮用户642家，下达隐患整改通知书136份，6立方米表以上的管道餐饮用户已全部安装燃气报警器。（王汝佳）

【瓶装液化气非法经营行为专项整治】2021年，娄底市住建局（人防办）根据住房和城乡建设部等部门文件精神，制定《娄底市中心城区瓶装液化气非法经营行为专项整治方案》，联合乡镇、街道和市直相关部门开展联合整治行动，全年共取缔液化气非法经营网点11家，暂扣钢瓶396个，移送城管部门立案查处3起，移送公安部门2起，市场监督管理局1起。

（王汝佳）

【燃气安全宣传教育】2021年，娄底市住建局（人防办）认真开展“5·12”防灾减灾日应急宣传和6月份安全生产月宣传工作，充分利用各类媒体，采用多种方式加大宣传教育力度，普及燃气安全生产法律法规和燃气安全使用基本常识，推动安全生产法律法规和燃气安全知识进农村、进企业、进社区、进学校、进家庭，将燃气安全宣传深入各个领域，提升全社会的燃气事故防范意识和应急处置能力。全年发放瓶装液化气安全使用知识手册9万份，印发安全用气温馨提示12万张。

（王汝佳）

【燃气泄漏事故应急演练】2021年，娄底市住建局（人防办）按照应急管理的要求，督促各燃气企业根据自身实际对应急救援预案进行修订完善，组织专家对修订后的预案进行评审。同时要求企业加强对应急救援物资、人员、车辆的管理，开展应急救援演练，提高应急处置能力。是年，全市所有燃气企业均开展了应急抢险救援演练。

（王汝佳）

2021年4月29日，娄底华润燃气有限公司举办天然气管道泄漏事故应急抢险救援演练

（娄底华润燃气有限公司供图）

【“气化湖南”】2021年3月底，“气化湖南”邵东—双峰输气管道工程开工建设。该工程项目线路全长约62.55千米，沿线经过双峰县青树坪镇、三塘铺镇、印塘乡3个乡镇14个村。沿线设置3座阀室，分别为古塘村阀室、中益村阀室、青树坪阀室，青树坪阀室完成清表工作。总投资2.45亿元（含税）。截至年底，完成投资8200万元，测量放线21.4千米，清点21.31千米，扫线16.56千米，布管13.4千米，焊接12.87千米，开挖9.84千米，下沟9.8米，回填9.5千米。新建双峰末站1座，站场已完成清表和三通一平，进入土建施工阶段。

（王汝佳）

【娄底华润燃气有限公司】2021年，娄底华润燃气有限公司营业额1.93亿元，销气量4860余万立方米。新增居民用气户数12547户，截至年底，全市居民用气户数182218户。开通使用燃气工商业用户1095户，疫情期间让利179.97万元。拥有调压柜、调压箱559个。推进老旧管网改造和隐患整改工作，完成维修任务4万余个。

（黄　蓉）

## 房地产业

【房地产业发展】2021年，娄底市累计完成新建商品房销售面积342.8万平方米，同比下降3%，增幅在全省排名第六；累计完成房地产投资额150亿元，同比增长12.4%，增幅在全省排名第七位；累计完成房地产税收20.2亿元，同比增长17.33%。追缴保障性住房配建费2635万元、白蚁防治费63万元、测绘费72万元、物业维修资金5010万元。娄底市作为全省开展提升住房监管服务效能改革工作的试点城市，7月底，住房全生命周期管理“一网通办”系统上线。商品房预售资金监管业务办理全流程实现网上审批。全年办理商品房预售许可183宗，预售面积1638871.91平方米；办理预售许可变更业务7宗，变更面积339950.95平方米。全年完成新建商品房网签合同备案13310余宗，出具新建商品房备案证明26228笔，完成（预）查封、（预）解封类业务581宗，其他各项业务（转移、变更、预告、预抵、备案撤销等）办理25238余宗。完成存量房（二手房）转让业务和二手房网签备案5450宗，抵押注销业务6996宗。对中心城区50个房地产开发项目实施预售资金监管，监管资金147亿元。完成房地产各类档案移交、整理、扫描、录入、上架归档67895份。房产测绘收入实际完成202.95万元，完成任务率135.3%，出具测绘报告371份。

（曾　莉）

【房地产业管理】2021年，娄底市住房制度改革领导小组办公室（市房地产开发管理办公室）完成196家开发企业2020年信用评价工作；组织房地产市场巡查25次，立案查处违法违规企业3家，发放责令限期整改通知13份，约谈企业负责人20余人次；办理房地产项目资本金监管手续26个；调处房地产领域信访案件227件，其中省、市信访局30件、市纪委交办件1件、书记市长信箱25件，“12345”热线158件，红网投诉13件，所有案件均按时办结；推进新建商品房交房交证试点，全年新增商品房交房交证试点项目2个，累计列入试点项目16个，应按时间节点要求交房交证项目5个，实现交房交证项目2个，其他试点项目正按时间节点要求有序推进。（刘保平）

【物业管理】2021年，娄底《政府工作报告》中将物业“双百”行动列为重点民生实事项目之一。市物业管理工作逐步提升，开展物业“双百”行动，中心城区新增业委会102个，新增物业管理小区103个。全年归集维修资金4.9亿元，使用维修资金1921.72万元。在全省率先创新开展外墙瓷砖及构件脱落整治，市住建局（人防办）牵头，市住房保障服务中心具体实施，就中心城区部分小区的外墙瓷砖及构件坠落进行摸底统计。组织街道、社区全面排查隐患，并委托设计单位制定整治方案，对南苑上和等脱落现象严重的小区进行了整改。（曾　莉　肖涤非）

【涟邵实业有限公司】2021年，湖南省煤业集团涟邵实业有限公司（简称涟邵实业）坚定“以盘活集团存量土地资产为基础，‘因地施策’、激活存量”，探索以多种形式推进存量土地盘活利用，以房地产开发为主业，推进项目建设和项目接替步伐。娄底“涟邵北苑”项目顺利收尾，湘潭九华“华泰和府”项目开工建设。以长株潭为发展中心，涟邵实业收购株洲立达选矿公司100%的股权，启动长沙煤科院存量土地盘活的前期筹划，开展娄底湘煤机、湘煤集团老办公楼等土地资源的前期调研。完善现代化企业制度，推进市场化运营机制建设，实行公司经理层任期制和契约化管理。优化机关机构设置，结合公司发展方向和定位，完成部门机构和岗位职责调整和优化。（万　玉）

# 建筑业

【建筑业管理】2021年，娄底市新增建筑企业269家，湖南星城建设集团等3家建筑企业晋升总承包一级资质，湖南汉达电力建设有限公司等60家企业晋升总承包、专业承包二级资质。新注册二级建造师568人。全年完成建筑业产值511.5亿元，增长12.3%；税收入库20.14亿元，增长8.97%。新增入统建筑企业12家。落实领导干部挂点联系建筑业企业制度，全年联系企业、项目部96次，为企业解决问题300余项（次）。引导支持建筑业转型升级，开辟绿色通道招商引资，引进湖南铁肩电力建设有限公司等6家企业入驻娄底经开区和娄星工业园区发展。

【建筑业质量安全监管】2021年，娄底市全面开展建筑施工质量安全标准化考评工作，对全市在建项目进行100项次考评，优良30个，合格69个，不合格1个，对县（市、区）质量安全标准化考评的4个项目进行比对抽查。全市4个项目获得年度省级芙蓉奖，10个项目获得省级优质工程。开展建筑工程质量安全与建筑管理执法检查1950次，检查生产经营单位1852家，下达行政处罚决定书142起，移送案件7起，暂扣企业安全生产许可证1起，认定质量安全标准化不合格项目12起，认定企业不良行为记录21起，个人不良行为记录93起。21家企业完成市级安全质量标准化认证工作，37家企业完成建设企业诚信等级评价工作。对7个质量安全监督机构、128个项目开展质量安全监督规范化考核。全年未发生较大建筑施工安全生产死亡事故、工程质量事故、城市燃气事故和既有房屋安全事故。强力推进建筑施工扬尘防治六个100%专项整治。

【建筑工程消防监管】2021年，娄底市受理特殊建设工程消防设计审查182个，出具消防设计审查合格意见书162份；通过湖南省工程建设项目审批管理系统受理特殊建设工程消防验收项目188个，出具合格意见书146份、不合格意见书14份；受理一般建设工程消防备案184个，出具备案凭证150个，抽中37个，备案项目抽中率24.6%，经专家现场查验，出具备案抽查合格意见书30份，不合格意见书6份。全市建设工程消防设计审查验收和备案抽查按照网上受理、网上办理、线下严查的工作流程，全面实行线上办理。严把消防设计审查关。

【节能减排】2021年，娄底市向省住建厅上报绿色建筑设计评价二星级项目4个，获批2个；创建绿色建筑设计评价一星级标识27个，总绿建面积186.68万平方米；基本级项目22个，总绿建面积62.8万平方米。城镇绿色建筑竣工面积占新建建筑比例达68.6%，其中中心城区新开工民用建筑面积占新开工绿色建筑面积比达100%，竣工绿色建筑面积占竣工面积比达87.7%。出台《娄底市绿色建筑创建行动实施方案(2021—2025年)》。全年全市新开工装配式建筑面积129.6万平方米，占新建建筑面积比为28.5%(省定目标任务25%)。市中心城区新开工装配式建筑面积77.33万平方米，占比36.5%。完成钢结构装配式住宅建筑试点市工作，完成2个项目(住宅)创建工作；指导华菱钢构、娄湘产业申报创建省级装配式建筑产业基地，推进湖南省装配式建筑全产业链智能智造平台应用。指导江溪安置小区、双峰归朴家园项目申报湖南省绿色建造试点项目；推进绿色建材推广应用工作，指导督促娄底市新越鼎建材科技有限公司生产的无机面纤维水泥板外墙内保温(EPS板)系统(燃烧性能:B1级)、保温装饰板外墙外保温系统材料(芯材:XPS板)(燃烧性能:B1级)进入2021年湖南省建筑节能技术、工艺、材料、设备推广应用目录(第一批)。

【建筑业考试培训】2021年，娄底市组织开展建筑业安管人员培训测试4批，报名2348人，参考2129人，考试合格1851人，合格率87%；组织开展建筑起重机械特种作业考核2批，参考362人，理论及实操考试考核合格339人，合格率94%，延期复审合格746人；组织开展建筑架子工一批，延期复审合格54人；组织开展住建领域施工现场专业人员培训测试9批，培训1820人，测试1810人，合格1398人，合格率77%。组织开展住建领域施工现场专业人员继续教育400人次，自主完成学习任务95%以上。全年组织建筑施工企业三类人员考试3260余人、建筑施工企业专业技术管理人员考试870余人、起重机械特种作业和建筑架子工人员考试1200余人，均取得省住建厅专业技术人员资格证书。

(曾　莉)

## 城市管理

【概况】2021年，娄底市城市管理和综合执法局坚持以城市精细化管理和规范化执法为基础，改善人居环境，优化市容秩序，提升城市品质，生活垃圾综合治理取得重大突破，创文管卫、国家园林城市复审工作顺利完成。

【市容市貌管理】2021年，娄底市城市管理和综合执法局在中心城区开展无证无照经营、人行道净化、共享单车管理、校园周边环境净化、环境保护、电子礼炮安全管理、夜宵门店规范、沿街杂物和种植蔬菜清除、流动摊担瓶装液化气清理等专项整治1400余次。对城区76条路(街)、1.3万余个临街门店进行全面管控，发放“门前三包”上门服务卡和资料1.5万份，整改门店“门前三包”乱象9000余家，立案查处280余家，发放限改通知书3300余份。对中心城区主街主道的餐饮门店进行摸排，262家大中型餐饮服务行业全部安装并正常使用油烟净化设施，1000余家小型餐饮服务业逐步整改和安装。建立与相关职能部门的信息共享和行动同步联动机制，强化联合管控，确保医院、公园、市场、校区周边等重点区域秩序良好。加强户外广告招牌日常巡查监管，拆除各类违规设置、破损陈旧、存在安全隐患、影响市容市貌的户外广告、招牌、灯箱等1700余处，累计10.9万平方米。

渣土治理进行源头管控，要求建筑工地落实“六个100%”，严防运输途中滴、撒、漏现象和扬尘污染，累计推行新型环保渣土运输车185辆，其中179辆的车载卫星定位系统并入智慧城管平台，实现24小时监管。对涟滨街、福星路、青山街、碧溪路等道路的路灯进行提质改造，亮灯率和设备完好率99%。分10余个批次在中心城区的立柱、电子显示屏、公交站台、十字路口遮阳棚等广告载体上刊播公益广告累计34378平方米。加强公园广场公共设施、公共秩序管理与维护，增设和完善各类休闲体育设施，开展娱乐团体噪声管控、无绳遛狗、夜间垂钓等专项治理。

【创文管卫】2021年，娄底市城市管理和综合执法局在巩固前期创建成果的基础上，严格按照创文管卫的标准和要求，扎实开展工作。制定《2021年市容环境综合整治工作方案》《娄底中心城区市容环境卫生整治方案》，切实开展市容环境卫生整治，补齐创文管卫工作短板。将中心城区按东南西北分为四个片区，对四个片区的氛围营造、执法规范、环境整治等方面进行检查，组织区域内各单位逐条逐项对标创建，确保责任区域内创建任务有效落实。全年对局属各单位和娄星区、娄底经开区的街道办事处、社区进行考评12次，对市容环境卫生专业组成员单位每个季度进行1次考评，参加市创管办组织的对南北高速连接线、建筑工地、中心城区双周督查等20余次。

【国家园林城市建设】2021年，娄底市以“生态型、节约型、功能完善型”理念为指导，充分发掘利用城区闲置土地和已有绿化资源，因地制宜建设甘桂公园和梅花园、富冲游园、扶芳游园等9个小游园，对孙水公园、石马公园、涟水河风光带、珠山公园等公园广场实施增花提质建设，促进各公园形成绿化特色。完善道路绿化，先后完成新星路、湘阳街等9条道路的绿化提质改造，推进万宝大道、娄星南路等绿道建设68.2千米。针对国家园林城市复查工作，娄底市成立高规格的迎检工作领导小组，由市长任组长，分管城管的副市长任副组长，对照国家园林城市标准和复查要求，逐项细化分解工作任务，顺利通过国家园林城市复审。

【民生实事】2021年，娄底市完成涟钢区域16座公厕的建设；完成38座装配式环保公厕招标及选点造址工作，其中第一批10座完成放线定位、设计和部分基础建设；对娄星公园多处入口地面进行重新铺设地板砖，降低坡度，对10处残障人员通道安装护栏；筹集资金免费为黄泥社区早元小区和八一机械厂小区安装路灯；主动协调市城发集团为困难群体提供入驻共享小店就业机会，为少数民族摊贩争取2个共享小店的安置点；公园广场的学雷锋志愿服务站点常态化为市民提供雨伞、充电、免费热水、药箱等便民服务，处置市民紧急求助，成功挽救跳湖轻生人员3人；处置“12345”热线、“12319”热线、领导信箱等群众诉求7452件，交办率、回复率和满意率均为100%；处置智慧城管平台案件23469件，协助公安和市民查找视频监控56件；办理群众来信来访29件，接访群众48人次，化解信访积案2起。（江中和　肖　瑶）

## 城市管理综合执法

【概况】2021年，娄底市城市管理和综合执法工作严格落实执法全过程记录制度，统一行政执法文书，完善重大案件集体审查制度。对重大复杂案件严格把关，市城市管理和综合执法局全年召开案审会6次，审议重大案件24件，召开听证会议2次。深化律师驻队制度，随队参与特定案件和重大执法活动成为常态，全年支队开展律师驻队99次，讨论案件162起，随队执法22次，立案77起。推动建立执法处罚平台，将基础信息、案件办理、执法处罚、法律法规知识库纳入平台，推动数字化办案。是年，城管综合执法局办理行政执法案件10368起，罚没收入420万余元，其中一般程序案件1210件，结案1180件，代收罚款金额345万余元；简易程序案件3653件，代收罚款27万余元；人行道违停抄牌23339台，处罚到位5379台，拖车435台。完成行政许可3068件，实现许可事项网上办理深度70%以上的目标。2月，市城市管理综合行政执法支队落实城管体制改革，机构设置、人员配置完成。

（江中和　肖　瑶　刘小武）

【专项整治】2021年，娄底市城市管理综合行政执法支队开展集中整治行动1400余次。各区域大队建立与其他职能部门、学校的信息共享和行动同步联动机制，联合交警大队、医院保卫科开展中心医院周边市容专项整治；联合孙水公园管理办开展公园周边市容整治行动；落实市检察院的建议，取缔娄底烈士纪念陵园的流动摊点；联合市环卫处、市场管理办对中兴农贸市场、贤童街过渡农贸市场进行规范整治；走访中心城区各学校，与学校保卫科做到信息共享、工作联动。联合娄星区杉山镇相关部门，整治娄北联接线上的流动摊贩，提升长韶娄高速出口形象。“海底捞火锅店噪声扰民”“吾悦广场夜间施工噪声扰民”“广圆秀之都小区一幼儿园擅自占用城市道路设置隔离围栏”等问题的处置情况在《市长热线简报》上作典型案例刊登。（刘小武）

【人行道违停首张电子罚单】2021年12月2日上午9点54分，娄底市城管执法支队城南大队执法人员在日常巡查时发现，娄星区新星南路2042号娄底八中

地段的人行道上有违停车辆，当即使用手持智能终端对该违停车辆进行依法查处，并对其开出了电子罚

2021年12月2日上午9点54分，娄底市城管执法支队开出首张人行道违停电子罚单

（市城市管理和综合执法局供图）

单。这是娄底城管执法支队开出的首张电子罚单，标志着全市人行道违停执法工作正式与过去的"手写罚单"告别，全面进入智能终端时代。（江中和　肖　瑶）

## 环境卫生

【概况】2021年，娄底市环卫部门开展中心城区清扫保洁网格化管理，19小时不间断保洁，巩固人机清洗模式，落实人员跟班作业和清洗质量效果督查考核。健全垃圾收运体系，做到生活垃圾日产日清、100%无害化处理。完善垃圾分类运行机制，实现市直公共机构垃圾分类工作全覆盖，推进3个生活垃圾分类示范社区建设，开展生活垃圾"进社区、进小区、进校园"系列宣传活动。配合完成生活垃圾综合处理项目、处理场环保拆迁；检查指导社区环境卫生工作；对东升物业、玉诚物业、理雍物业、美中物业、智达物业、城投物业、中联华宝公司承包服务质量进行考评考核。全年负责市中心城区主次干道的清扫保洁、机械清扫清洗、洒水降尘、人工清洗近756万平方米，机械化清扫率90%以上；采取环卫处自主作业和市场化运行两大块，市场化运行面积约为373万平方米，占49%。市中心城区共有管理和维护环卫垃圾站34座、环卫公厕69座、大型中转站1座、环卫车辆119台，日均处理垃圾约600吨。（江中和　肖　瑶　罗云云）

【控制扬尘】2021年，娄底市环卫部门落实日保洁和"两扫"制度（早、中午普扫），加大对绿化带、树穴和道路两侧可视垃圾的清理，对城区的主次干道、非机动车道、步行板每天采取人工、机械化相结合的方式进行清洗，其中对城区道路进行巡回式清洗。密闭化收集垃圾，日产日清、车走地净，杜绝二次污染；每天按（早、中、晚）三个时段，对生活垃圾按照定时、定点、定路线收集，车辆不能上门收集的，采取专人上门收集。11月8日，市环卫处举办职工技能培训班，对职工进行清扫保洁、垃圾分类、法律法规、安全生产等方面知识的理论培训。（罗云云）

【设施管理】2021年，娄底市环卫部门对新增加的社会公厕安装公厕指向牌；对损坏或更换名称的公厕指向牌进行维修更换；完成中心城区所有公厕的无障碍通道的改造及无障碍卫生间呼叫按钮、挂钩等设施的安装。定期清洗公厕、垃圾站、果皮箱、垃圾桶等环卫设施设备。美化所有公厕、垃圾站的内外墙和门楣，对脱落的墙体进行油漆和涂料粉刷。新采购三分类垃圾桶508组，将中心城区原有两分类垃圾桶全部更换为三分类垃圾桶，并全部套装分类垃圾袋；环府路、娄星南路、乐坪大道整体更换安装100余个分类果皮箱。（罗云云）

【垃圾综合治理】2021年，娄底市生活垃圾综合治理取得重大突破。11月17日，燕子岩生活垃圾填埋场进行封场，停止接收生活垃圾填埋，城市生活垃圾焚烧发电项目正式进垃圾，城市生活垃圾不再采用卫生填埋的终端处理方式。11月30日，市城市生活垃圾焚烧发电项目如期建成投入使用。双峰县、新化县的生活垃圾焚烧发电项目竣工运行。餐厨废弃物资源化利用和无害化处理、渗沥液系统升级改造项目建成运行。（江中和　肖　瑶）

【垃圾分类】2021年8月，娄底市委、市政府确定将《娄底市生活垃圾管理条例》纳入2022年的立法计划；由市城市管理和综合执法局牵头，制定中心城区生活垃圾分类指引、示范创建指引、工作评估办法以及宣传、源头减量、资源循环利用等方面的配套政策

规划目录。娄星区长青街道、大科街道作为示范片区，创建工作进入验收阶段，覆盖369个居民小区、68家市直机关、21家宾馆（酒店）、35所学校、8家市属国有企业、6个农贸市场以及车站、码头、机场、公园、景区等公共区域。开展“垃圾分类进社区、进小区、进家庭”宣传活动，向市民群众发放宣传资料，讲解垃圾分类知识。各社区加大生活垃圾分类公益广告播放力度，增加公共场所生活垃圾分类公益广告位，举办生活垃圾分类社区宣讲会。示范片区内垃圾分类知晓率95%以上，参与率92%以上。7月1日，娄底市餐厨处理厂正式运营，是国家第四批试点城市项目、湖南两型社会建设项目、娄底市2016年重点环保项目，日处理量约为50吨。（罗云云）

【城市生活垃圾焚烧发电项目试运营】2021年11月30日，位于娄底市娄星区蛇形山镇泉塘村（娄底市生活垃圾卫生填埋场内）的娄底市城市生活垃圾焚烧发电厂点火试运营，日焚烧处理生活垃圾约600吨。垃圾焚烧发电项目于2017年9月正式启动。2019年9月18日，通过公开招标和PPP合同谈判，市城管局与上海康恒环境股份有限公司、广东沃特环保科技有限公司（联合体）成功签约。该项目一期总投资为4.73亿元。采用PPP模式运作，资金来源为企业自筹。为实现政府利益最大化，由市城投集团代表政府占股35%。该项目总处理规模1200吨／日，一期日焚烧处理生活垃圾规模800吨／日，二期日焚烧处理生活垃圾规模400吨／日。（罗云云）

【生活垃圾填埋场环保问题整改】2021年，娄底市对生活垃圾填埋场环保问题进行整改，开展作业面覆膜工作，防止雨水变污水；执行作业规划，控制作业面堆体坡度，保证垃圾堆体稳定；采用渗沥液应急设备紧急处置，推进渗沥液升级改造项目建设，降低库区水位，实现达标排放；在总排口新建观察棚，安装摄像头，24小时值班值守，及时观察水质水量变化，环保部门和当地环保监督小组每天排查检测，保障水质达标。12月23日，经省住建厅专家组成员现场核查验收，按时完成销号工作。（江中和　肖　瑶）

## 园林绿化

【概况】2021年，娄底市克服疫情影响等不利因素，开展街道绿化、丰富公园和小游园植物配置、精细管理所属公园等风景园林绿化建管工作，提升园林绿化品位，巩固“三创”成果，打造具有娄底地方特色的园林绿化景观。在湖南省花木博览会上，参赛作品分别获得银奖1个、铜奖8个。

【增绿提质】2021年，娄底市先后完善吉星路“月季一条街”、娄星路“红梅一条街”、新星路“樱花一条街”等街道绿化景观。完成乐坪东街、长青街、娄星南路、月塘街、新星中路、吉星路、福星路等14条街道的提质改造，将乐坪东街打造成街头“袖珍公园”。改善城区高速出入口环境质量，完成娄底高速南、西、北3处进出口的提质改造。开展裸露地、践踏道、苗木缺失株的补栽。打造乐丹交通岛、万宝大道交通岛等城区主要交通岛精品节点12处。对所属公园和新接管小游园丰富植物配置，开展绿化改造和补栽补植，完善公园、游园景观体系。全年栽植乔木、亚乔木2668株，桩景31株，灌木球约2.1万株，小灌木约76万株，麦冬约2.1万千克，藤本植物5000株，地被植物9.5万株，铺植草皮1.8万平方米，撒播花种200千克。

【增花添彩】2021年，娄底市风景园林中心加大花卉科研、生产力度，开展花卉苗木生产，推进草花和月季新品种培育，出圃各类苗木50.3万株，新栽各类苗木23.5万株，选种培育适合本地生长的时令草花，生产草花103万盆。在城区主要街道路口、交通岛、桥梁等地栽（摆）时令花卉。在春节、国庆等重大传统节日和娄底市第六次党代会召开期间开展大型花卉造型布景。以庆祝中国共产党建党100周年为契机，在孙水公园筹办“歌唱祖国·颂党百年”大型主题花展。全年栽（摆）花卉约330万盆（株）。

【公园建设】2021年，娄底市为达到全国文明城市创建标准中城市公园绿地面积12平方米/人的指标，全力推进公园绿地建设。2月7日，甘桂公园开园，该公园总投资约800万元，面积3.27万平方米。9月20日，甘桂公园东面附属绿地建设完工。10月25日，青山公

2021年2月7日，娄底市甘桂公园建成开园
（市风景园林中心供图）

园作为湖南省第一批提质改造的体育公园开工建设，投资约3300万元，由湖南省体育产业集团负责建设施工。（刘盎春　谢　芳　肖　瑶）

## 美丽乡村建设

【概况】2021年，娄底市有94个村获县级美丽乡村示范村称号，27个村获市级美丽乡村示范村称号。新化县奉家镇下团村、娄星区万宝镇石塘村、双峰县荷叶镇荷塘村、涟源市杨市镇板桥村4个省级特色精品美丽乡村示范村以及新化县奉家镇渠江源村、冷水江市禾青镇炉竹村、娄星区杉山镇花溪村、双峰县梓门桥镇黄马洲村、双峰县荷叶镇石林村、新化县槎溪镇杨家边村、娄星区水洞底镇石脚村、涟源市桥头河镇竹则村、新化县水车镇紫鹊界村、新化县水车镇正龙村、冷水江市铎山镇槐花村、新化县琅瑭镇晚坪村、娄星区杉山镇杉山村13个省级美丽乡村示范村和荷叶镇、水车镇全域美丽乡村建设的示范创建活动通过省委农村工作领导小组考核验收。（曾　杨）

【乡镇污水设施建设】2021年，娄底市重点镇、特色镇、省级试点镇、中心镇基础设施建设大力推进，全市11个国家级传统村落、7处历史文化名镇名村保护发展有序实施；小城镇基础设施建设项目110个，完成投资12亿余元；孟公镇等16个乡镇污水处理厂通水运行，完成投资4.3亿元；杨市镇等20个乡镇垃圾中转站建设竣工，完成投资3000万元；1816个行政村生活垃圾得到有效治理。（曾　莉）

【农村危房改造】2021年，娄底市巩固脱贫攻坚成果与乡村振兴有效衔接，推进农村危房排查和改造；对所有农村住房的安全进行全面排查，排查住房795606户，全部录入信息系统；对疑似危房全部进行危险性鉴定，经鉴定为C、D级危房的有3795户，全年完成整治2655户，其余的进行封存；将低收入群体的危房整治纳入国家农村危房改造补助，2115户争取补助3800多万元，实施低收入群体危房动态监测，发现一户整改一户，实现应改尽改。在推进农村住房建设质量安全管理的同时，组织推进县（市、区）开展农村建筑工匠培训工作，全年培训1063人。（曾　莉）

【美丽乡村示范村创建】2021年，娄底各县（市、区）党委、政府参照省市美丽乡村建设办点模式，择村办点，部门帮扶，乡镇实施，积极创建县级美丽乡村示范村94个，建设项目100个，投入建设资金7259万元，其中：财政投入3543万元，社会投入2800万元，村民自筹916万元。市委农办精心组织，打好“环境整治攻坚战、产业发展突围战、乡风文明持久战、基础建设阵地战”四大战役，发挥产业合作社在农业发展中的重要作用，建立“合作社+基地+农户”“合作社+企业”等多种形式的经营方式，协调各部门共同创建市级美丽乡村示范村27个。会同各县（市、区）党委、政府将新化奉家镇渠江源村、双峰荷叶镇石林村等13个村创建成省级美丽乡村示范村，建设项目43个，共投入建设资金3900万元，其中地方配套1200万元，其他资金2700万元。在娄星区石塘村等4个村开展省级美丽乡村精品示范创建，建设项目12个，投入资金1600万元，自筹1200万元。（曾　杨）

【农村人居环境整治】2021年，娄底市持续推进农村生活垃圾处理及村庄清洁行动。推进农村改厕，全市完成农村户用厕所改（新）建任务5.539万户。推进畜禽污染治理，中央环保督察组交办的31个畜禽养殖污染信访件全部整改到位并办结。积极推进禁捕退捕工作和“洞庭清波”行动，新化县、冷水江市圆满完成资江水域退捕工作。（曾　杨）

【乡风文明】2021年，娄底市深入推进新农村建设工

程，加快推进美丽乡村建设，在农村推广移风易俗，形成喜事新办、丧事简办的良好风尚。以社会主义核心价值观占领农村阵地，以领导办点村和省、市、县三级美丽乡村示范创建村为主阵地，充分利用村级组织中心、文化长廊、墙体石壁等，悬挂横幅标语、安装宣传橱窗、描绘墙体彩画宣传社会主义核心价值观。

（曾　杨）

【乡村旅游】2021年，娄底市积极对接长株潭城市群，融入大湘西旅游圈，全力推动各具特色的休闲观光和体验式旅游，各地充分发挥自身优势，着重突出本土特色，龙湾村的《谁与茶缘》、正龙村的《长龙宴》、下团村的《夜龙宴》等促进旅游产业的发展。以市场为导向，大力发展现代农业，做好农旅结合文章。渠江源村举办新化县首届茶文化节，下团村举办第二届桃花节，土坪村举办首届糍粑节，实竹村举办第三届杨梅节等，促进农产品推广和经济发展。双峰县荷叶镇石林村流转土地1500余亩，打造荷花基地、栀子花基地、油菜基地，建设湘军文化产业园，发展乡村旅游，延伸乡村旅游链条。

（曾　杨）

【农村生活垃圾分类回收处理】2021年，娄底市供销社加强与市整建办、财政局等的协调合作，与市国有资本投资公司共同投资组建市城乡再生资源公司，统筹全市垃圾分类回收服务暨再生资源回收利用体系建设。发挥市场运作和财政资金补助双轮驱动作用，全面推行农户初分、村细分、县精分“三次多分法”模式，建立起自下而上的回收服务体系和自上而下的监督指导体系。全市5个县（市、区）集散中心全部建成投入使用，其中新化县集散中心入驻工业园区并具有完全自主产权。4月，在全国供销合作社系统农村环境服务现场会议上，娄底市作为全国唯一地级市代表就农村垃圾分类回收经验作典型发言。11月，娄底市垃圾分类回收处理经验入选中华全国供销合作总社《地方供销合作社争取党政支持优化发展环境政策选编》。

（陈新颖）

# 生态环境

◎生态环境状况
◎生态建设
◎污染防治
◎生态环境监管

## 生态环境状况

【空气环境质量】2021年，娄底中心城区空气质量优良率为92.01%；环境空气质量综合指数为3.63，在全省14个市州中排名第八；$PM_{2.5}$均值浓度为37微克/立方米。冷水江市、涟源市、双峰县、新化县空气质量优良率分别为86.6%、94.5%、89.9%、87.1%，全市空气环境质量基本稳定。

【水环境质量】2021年，娄底市纳入考核的20个国、省控地表水断面水质均达到或优于Ⅲ类标准，其中Ⅰ类水质断面1个，Ⅱ类水质断面18个，Ⅲ类水质断面1个；全市8个县级以上"城市集中式饮用水水源地"水质全部达标。全市水环境质量进一步改善。

【土壤环境质量】2021年，娄底市累计新增造林面积8.9万亩，森林覆盖率为50.91%。工业固体废物综合利用率达到94.9%，累计安全转移和处置危险废物10.3万吨。全市完成受污染耕地安全利用和严格管控面积55.03万亩，受污染耕地安全利用率达到100%，全市土壤环境质量安全可控。

【总量减排】2021年，娄底市累计减排化学需氧量1178.82吨、氨氮139.76吨、氮氧化物1281吨、挥发性有机物588吨，均达到考核要求。（王　琛　胡丽奇）

## 生态建设

【生态环境齐抓共管】2021年，娄底市委、市政府着力构建"党政同责、一岗双责、齐抓共管"的生态环境工作格局，根据机构改革各单位的职能职责变化，重新修订《娄底市生态环境保护工作责任清单》，优化娄底市生态环境保护委员会和娄底市突出环境问题整改工作领导小组，成立娄底市资江流域生态环境保护领导小组，设立资江流域水生态环境治理和锡矿山区域环境综合治理2个工作专班，统筹资江流域和锡矿山区域污染治理。建立生态环境保护工作常态化调度机制，市委办、政府办督查室加强对生态环境工作的督查督办；建立约谈机制，市政府领导对工作滞后的县（市、区）政府和相关责任单位负责人进行约谈；市纪委监委开展"洞庭清波"专项行动，发挥监督执纪作用，推进突出生态环境问题整改；市环委办、市突改办狠抓工作统筹调度、督促落实；全市经受住了2021年第二轮中央生态环境保护督察的考验。

2021年4月14日，娄底市召开配合第二轮中央生态环境保护督察工作专题会议

（市生态环境局供图）

【生态环境问题整改】2021年，娄底市生态环境局对上级反馈交办的问题实施动态管理，2020年长江经济带警示片披露的3个问题（涟源钢铁210厂转炉烟尘排放问题、新化县阳星锑品厂砷碱渣问题、冷水江市大建煤矿矿涌水污染问题）整改完成；中央和省里对娄底累计开展5轮环保督察，交办信访件1370件，办结1335件，反馈意见指出的124个问题整改完成82个。全国、省、市三级人大常委会对《水污染防治法》《土壤污染防治法》《固体废物污染防治法》贯彻实施情况执法检查指出的78个问题整改完成57个，其余达到序时进度。完成关闭煤矿废水治理项目35个。

【生态环境保护宣传】2021年，娄底市深入宣传习近平生态文明思想、环保法律法规。在娄底广播电台设立了环保宣传专栏，并以新闻发布会的形式对重点环境违法案件开展以案说法。利用"世界环境日""生物多样性日""世界清洁日""节能环保周"等重大节日，组织各类宣教活动。在社区、企业、学校、机关、农村等地，以法律讲座、普法竞赛、设置咨询点、以案释法等形式开展普法宣教"六进"活动。

【生态环境政务服务】2021年，娄底市制定《明确审批服务“三集中三到位”工作牵头科室工作实施方案》《审批服务“三集中三到位”进驻方案》，依申请类行政权力事项、公共服务事项的审批服务职能向行政审批服务科集中，一个窗口受理、出件，实现“一站式”受理办结，并将审批结果相关电子证照信息录入市“互联网+政务服务”一体化平台。截至年底，全局18个独立项31个业务办理项，有17个业务承诺办理时限实现再压缩，19个业务缩减材料，14个业务减少审批流程，8个业务减少跑动次数，依申请类政务服务事项网上办理深度达到三级以上（含三级）比例为95.9%，除自有业务平台办理事项外，其余事项均可在市“互联网+政务服务”一体化平台上办理。

（王　琛　胡丽奇）

## 污染防治

【大气污染防治】2021年，娄底市生态环境局完成污染防治攻坚战“夏季攻势”任务168项。出台《全市环境空气质量改善工作方案》，围绕“工业企业大气污染防治”“建筑工地扬尘治理”“道路扬尘污染控制”“强化面源污染综合整治”“实施气化娄底工程”5个方面开展攻坚行动。完成11个挥发性有机物治理项目、9个钢铁行业超低改造项目、8个工业炉窑治理项目、269家规模以上餐饮企业的油烟废气净化设施安装项目，15家加油站新建油气回收治理设施，淘汰黄标车及老旧车180辆，更换新型智能环保渣土车185辆。锡矿山地区锑冶炼企业全部安装烟气脱硫设施和在线监控系统。（王　琛　胡丽奇）

【水污染防治】2021年，娄底市出台《2021年娄底市“洞庭清波”专项行动实施方案》《2021年娄底市入河排污口排查专项行动方案》。对全市16条主要河流入河排污口及河湖“四乱”等问题进行排查，开展关停采碎石场的拆除和生态修复工作。年度县级以上城镇污水处理厂、乡镇污水处理厂、工业园区污水处理厂的建设和提标改造及7个地级城市黑臭水体治理项目完成。矿山地区建成并投运含重金属废水处理站14座，总处理能力2.95万吨/天。（王　琛　胡丽奇）

【土壤污染防治】2021年，娄底市完成历史遗留废渣污染土壤治理项目2个，修复治理土壤7.37万平方米。完成2000余家养殖企业污染防治设施建设和粪污资源化利用项目，粪污资源化利用率达92.8%。锡矿山地区无害化处理生产线稳定运行，处理砷碱渣5290吨；完成污染土壤治理26.67公顷，渣场生态复绿206.67公顷。（王　琛　胡丽奇）

【噪声污染防治】2021年，娄底市按照国家《声环境质量标准》及《环境噪声监测技术规范——城市声环境常规监测》，对中心城区113个区域环境噪声监测点、51个交通干线噪声监测点和10个功能区环境噪声监测点进行监测。监测结果表明，娄底市总体声环境质量状况较好，声环境质量稳定在较好水平，道路交通昼间监测值有所下降；区域环境噪声昼间监测值有所增加；功能区噪声昼间达标率有所增加。全年全市有29家企业开展噪声治理，总计投入治理资金211万元；交通运输噪声治理中用于“禁鸣、限行、限速”等管理措施的费用为130.8万元；办理施工噪声处罚案件42件，社会生活噪声处罚案件18件。

（王　琛　胡丽奇）

【固体废弃物污染防治】2021年，娄底市累计收集、处置医疗废物2603.7吨，编制333期《生态环境部门关于新型冠状病毒防控信息的报告》。共申报涉危险废物企业基本信息951家、管理计划636家、年报790家、医疗机构131家，危险废物经营许可证17家；开展《中华人民共和国固体废物污染环境防治法》和《湖南省实施〈中华人民共和国固体废物污染环境防治法〉办法》执法检查，交办的36个具体问题整改完成23个，其余的达到时序进度；持续推进危险废物大调查、大排查、大整治工作，建立并完成危险废物“四个清单”，对发现的33个问题全部完成整改；市本级、各县（市、区）危险废物规范化环境管理评估达到A。全市8家尾矿库均编制污染防治方案，完成治理工作；锡矿山地区集中砷碱渣处置线完成升级改造，达产达效，全年共处置砷碱渣6847.6吨。（王　琛　胡丽奇）

【矿山修复工程第四标段项目完成】2021年，娄底市冷水江锑煤矿区（冷水江市域）山水林田湖草生态保护修复工程项目第四标段（勘查、设计、施工）项目矿山修复工作完成。该项目由湖南省地勘局四一八队承担，治理主要采取地形地貌景观工程、矿区土地复垦工程和其他工程三大工程措施，其中地形地貌景观工程主要包括场地平整、废石堆清除、采坑回填、截排水沟、挡土墙、废弃建构筑物拆除等；矿区土地复垦工程包括植被恢复工程、蓄水池、喷灌系统、引水工程等；其他工程包括主园路、生态步道、景观平台、标志系统及服务系统等。通过治理，区内地质环境问题从根本上得到解决。修复后的冷水江锡矿山，具有各类典型的地质遗迹及地貌景观特色。依托锡矿山深厚的矿业文化底蕴及丰富的区域地层构造资源进行保护科普开发，在生态修复的基础上，打造地质遗迹保护科普带、世界锑都文化览胜带、蓄水景观溪谷观光带及岩溶石林景观、桃花谷小村庄等自然生态文化亮点，推进锡矿山旅游的发展。恢复了矿区生态系统原有的涵

2021年3月21日，娄底市冷水江锑煤矿区（冷水江市域）山水林田湖草生态保护修复工程项目第四标段项目区内岩溶塌陷及采空区治理后场景

（市生态环境局供图）

养水源、调蓄径流、改善气候、消解污染和维护生物多样性等生态功能。兴修道路长约10千米，其中沥青公路近5千米。整修山塘水面面积约2万平方米，水渠长度近20千米。

（刘　瑞）

## 生态环境监管

【监管执法】2021年，娄底市强化监管，落实《2021年娄底市生态环境“双随机、一公开”监管工作实施方案》，完成随机抽查企业1182家次，其中非现场检查150家次。全年全市共查处环境违法案件181宗，罚款1574万元，办理配套办法案件17宗，其中查封扣押1宗、移送拘留14宗、移送涉嫌污染犯罪2宗，单案平均处罚金额8.6万元。各县（市）案件办理较上一年度均有提升，涟源分局立案查处数量同比超过100%；双峰分局处罚金额同比超过248%。强化“两法衔接”，联合司法机关扎实开展打击危险废物环境违法犯罪专项行动，全市共查处涉危险废物环境违法案件4宗，移送公安违法犯罪线索2宗。强化重点案件办理，在上年发生的跨省铝灰倾倒案中，娄底市与广东、广西两省4个地市联合协作，妥善处置非法倾倒的铝灰，及时消除环境污染风险隐患。加强部门协同，通过执法部门与辐射部门的联合行动，双峰分局查办全市第一宗核与辐射违法案件，并入选省厅公布的典型案例。

【监管能力建设】2021年，娄底市大力推进非现场监管等智慧执法模式，初步完成5家重点涉铊企业在线监控，全市砖瓦行业在线监控安装实现全覆盖。通过电力环保智慧监管平台、环境应急指挥中心、污染源在线监控平台等监管平台，做到对涉嫌的环境违法信息第一时间预警、第一时间调查核实。加强执法装备建设，全年争取专项资金150余万元，采购一批无人机、大气执法装备等，提升队伍执法能力。推进执法制式服装配发工作，配发范围已批复，确定第一批配发人员283名。

【产业转型】2021年，娄底市严把环评审批关，对国家“高能耗高污染”产业名录内项目不予审批。助推“材料谷”项目建设，优质高效完成中兴液压扩产、华菱涟钢4.3米级焦炉环保升级改造、湖南宏旺年产96万吨高牌号硅钢等项目环评审批服务工作。推进环保产业链发展，全市实施的28个节能环保产业链项目已完成21个，其余的按进度有序推进。全力推进锡矿山区域产业转型，编制完成锡矿山工矿旅游和波月洞西游文化园概念性规划，并通过专家评审。

（王　琛　胡丽奇）

# 交通

◎综述
◎公路
◎水运

## 综 述

【概况】2021年，娄底市完成交通投资20.07亿元，是年度目标8.5亿元的236%。龙琅高速于12月21日全线建成通车，推进G59官庄至新化、G60沪昆高速公路醴陵至娄底扩容工程、G59新化至新宁等高速公路项目。完成普通国省干线公路改造里程46千米，推进禾青至石槽公路、S238新化温塘至冷水江金湾公路等新开工项目。完成农村公路提质改造309千米、安防设施建设900千米。华菱安赛乐米塔尔有限公司（VAMA）铁路专用线于12月26日通车。公交都市创建累计完成项目投资1.87亿元。重点项目涟水复航前期工作取得新进展。推进国家区域性公路交通应急装备物资（湖南）储备中心进出口道路、龙琅高速梅山龙宫互通经春田机场至县城（县城上梅毛家垅至娄底春田机场段）等"十四五"规划项目前期工作。出台《娄底市"十四五"交通运输发展规划》，起草《关于加快推进建设综合交通枢纽城市的实施意见》，推进"一市一港"发展规划和公交专项规划编制。

2021年12月21日，龙琅高速全线建成通车

（市交通运输局供图）

【春节运输】2021年春运，娄底市共投入客车车辆2150辆、城市公交车774辆、出租汽车1872辆、网约车280台、客（渡）船755艘。共发送旅客246.46万人，其中道路客运发送旅客201万人次，水上客运发送旅客2.96万人次（不含渡运），铁路运输42.5万人次（其中普铁发送旅客20.2万人次，高铁发送旅客22.3万人次）。铁路部门优化运输组织，发出复工复产专列5趟，运送农民工4784人次。发送"点对点"专车5车次，免费护送农民工前往义乌、上海、深圳等地返岗务工。交通运输部门增加客运班车、包车运力投入，组织农民工返岗包车216辆，运送5255人。

【交通运输信息化】2021年，娄底市投入资金1140余万元，完成不停车超限超载检测系统4套，危货车辆智能监控设备终端361台，改造升级全市5个海事视频监控中心、31个视频监控渡口，新增13个视频监控渡口，完成智慧水运电脑版、智慧水运App，客渡通App上线运行。娄底市综合交通运行协调与应急指挥系统项目建设有序推进，项目设计方案如期完成。

【交通安全】2021年，娄底市完成安防设施建设900千米，改造国省道危桥7座、农村公路危桥4座。取缔非法码头42处，撤销渡口44处，规范提升渡口156处。依法取缔铁路专用线非法道口2处，新建连接便道78处，移交公铁并行防护栏204处。全年检查生产经营单位3260家次，行政处罚1041次，罚款529.73万元，停产整顿9家次，依法移交公安部门4人，交通运输安全形势总体向好，水上交通连续20年无责任事故。强化执法监管，开展工程质量执法巡查75次，发现问题146起，下发《责令改正通知书》15份、检查通报文件4份，立案查处1起，督促整改到位。强化"两客一危"常态化监管，加强对全市道路客、货运站（场）的质量信誉考核和现场安全管理。开展"隐患清零"、交通问题顽瘴痼疾整治、安全生产专项整治三年行动等专项活动，全行业成立督导检查组498个，督导问题1049个，累计排查整改安全隐患1234处，发现重大隐患36处，整改35处，通过市长交办令交办重大安全隐患5个。配合铁路部门整治红线内隐患500余处，栅栏缺口封闭350处。

【城乡公交】2021年，娄底市推进公交东站、骡子坳、蛇形山、双江、水洞底公交首末站等公交场站建设。首批100个城乡公交站台建成。开通春元中学师生通勤公交线路并实行定制公交服务。优化调整12路、115路、116路公交线路。双科街（甘桂路—丹阳路）、桃圃街（扶青路—大石山路）、早元街（娄星南路—新星南路）慢行交通系统建成通车。投入150万元对111路、112路城乡公交从扶洲收费站到茶园村段6.6千米安全防护设施进行改造；对107路石井地段铁路专用线交汇处增设自动安全信号系统。

【服务管理】2021年，娄底市强化执法监督，规范执法行为，开展交通运输执法领域突出问题专项整治。优化交通营商环境，按照“三集中三到位”要求，精简行政审批事项，优化审批流程，推进道路运输高频服务事项“跨省通办”，全年受理办结政务服务事项21977件，办结率100%。加强车站、码头、高速公路服务区等重点场所和冷链物流等交通运输行业从业人员的防控管理，安装人身识别及健康码一体化智能扫码仪14台，推进疫苗接种工作，守牢疫情防控交通运输“卡口”，做到外防输入、内防扩散。（谢普仁）

## 交通建设质量安全监管

【概况】2021年，娄底市交通建设质量安全监督站受监项目14个，总里程122.45千米，总投资19.09亿元。全年开展受监项目质量安全综合督查2次，人员履约专项督查4次，施工原材料抽检2次，工地试验室专项督查1次，监理专项督查1次。下发停工指令1份（综合执法机构正式运转前）、质量安全整改通知书23份，移交质量安全问题线索1份。督促项目返工挡土墙、水沟等浆砌工程9处约240米，桩基1处，水稳底基层（半幅）190米，通道及挡土墙台背回填各1处，立柱加固补强1处，桥面混凝土返工整改1处。发现安全隐患377起，整改隐患377起，其中下发重大安全隐患交办单5份。质量安全隐患整改办结率100%。对路面宽度、强度、厚度、桥梁混凝土强度、安保工程波形护栏厚度、立柱埋入深度等指标进行抽检，总体合格率98.2%。（李勇红）

【质量监督】2021年，娄底市交通建设质量安全监督站把市重点工程、投资额较大或质量安全隐患较突出的项目、施工技术复杂的大型桥梁和隧道等列为交通建设质量安全监督重点。对新化资江四桥、冷水江温金公路等重点项目采取一月一巡查。审查办理冷水江禾青至石槽公路、涟源城区至沪昆高铁邵阳北站公路第二合同段等5个项目的质量监督申请手续，进行质量监督交底。全年开展质量安全综合督查2次，对督查发现的问题及时督促进行整改。强化人员履约，将人员履约与企业的信用评价结合，实行从业人员考勤与单位（个人）信用评价挂钩，每月一公示，一季一通报。严格验收检测，对检测报告的数据进行核对，确保检测数据的真实可靠和检测频率符合要求，出具交工检测意见5份，质量鉴定报告5份。建立监督责任落实制度、质量问题及隐患跟踪落实督办制度，层层落实

2021年10月14日，湖南省质安局对新化县资江四桥（渡改桥）工程进行工程实体检测

（市交通建设质量安全监督站供图）

监督责任，督查中发现的问题及隐患，指定专人负责督办，负责验收签认，确保监督指令的有效闭合。开展行业培训，着力提升行业从业人员业务水平。（刘　鹏）

【安全监督】2021年，娄底市交通建设质量安全监督站督促建设项目建立“建设单位主导、监理单位督促，施工单位负责”的安全生产责任体系。加大日常巡查力度，排查治理安全隐患。全年开展安全巡查21次。组织开展“安全生产专项整治三年行动”“坚守公路水运工程质量安全红线专项行动”“交通建设领域打非治违三年行动”“交通运输行业安全隐患清零考核”“交通问题顽瘴痼疾集中整治行动”等专项活动。对督查中发现的安全隐患下发《交办单》或《整改通知书》，要求项目业主督促施工单位限期整改，并反馈整改结果。结合“我为群众办实事　我为娄底保安全”实践活动，先后到湖南长湘监理公司、湖南路桥集团新化资江四桥项目公司等企业开展安全宣传进企业活动，发放印有“强化红线意识、促进安全发展”宣传用品260个，发放安全宣传画册300余册，播放安全生产警示教育片5场。（刘杰国）

【造价管理】2021年，娄底市交通建设质量安全监督站完成G354娄底至涟源公路（金子塘至秀溪段）、

G354冷新公路（新化段）工程第三批两个工程新增单价审查；G234娄底杉山至九仑公路工程两阶段初步设计概算审查；S336新化吉庆至白溪、新化资江四桥、G324娄底至双峰公路（双峰段）人工和主要材料价差调整的审查。累计核减资金923.9766万元。开展地方材料价格信息调查工作，全年完成地方材料单价调查504批次，现场调查300人次，按月发布娄底各县（市、区）地方材料参考价12次，重新复核料场并配合省厅造价站对娄底市部分料场进行抽查，材料调查与发布工作得到省厅赞扬，被省厅评为“2021年度湖南省交通建材价格信息采集先进单位”。（龚　军）

【监理检测】2021年，娄底市交通建设质量安全监督站对在建干线公路施工项目监理专项督察1次，工地试验室专项检查1次，施工材料专项检查2次。对存在较多问题的工地试验室督促整改。加大对第三方检测单位检测行为的监督力度，规范监理行为，开展对监理工作质量专项督察1次。（黄驻新）

2021年，第三方检测单位对涟源城区至沪昆高铁邵阳北站公路路面标线进行实体质量抽检

（市交通建设质量安全监督站供图）

# 公　路

## 道路运输服务

【概况】2021年，娄底市投入客车1874辆，客运量同比2020年有所增加（2020年客运量为2680.36万人次），其中春运投入客车1872辆，完成客运量188.8万人次，“五一”“十一”等节假日完成客运量140万人次。站场建设全年投资0.79亿元，娄底城区中心汽车站和涟源汽车站的提质改造完成。审验危货运输车辆310台，推进危货运输企业监管平台常态化管理，全市169台危险货物罐车录入平台监管系统，579台“两客”车辆安装主动安全防范智能终端。加强“两客一危”车辆实车查验，查验营运客车461台次、危货运输车辆421台次，注销危货车辆98台。8家机动车维修企业完成M站建设并投入使用。落实普货营运驾驶员从业资格改革工作，完成4010人次货运从业资格考核。培训巡游出租车从业人员9期440人、网络预约出租车驾驶员9期460人。开展出租车行业文明建设，严把网约车准入关，开展巡游出租车经营权到期续牌工作，中心城区首批43台新能源电动巡游出租车投入运营。（谢普仁　向南伟）

2021年12月23日，娄底城区首批新能源纯电动出租车投入营运。图为启动仪式现场

（市道路运输服务中心供图）

【道路运输安全】2021年，娄底市道路运输工作坚持

预防为主的原则，强化人防、物防、技防建设，推进道路运输企业安全生产标准化建设。开展“平安单位”“平安运管”“平安车、站”创建，开展道路运输安全生产专项整治三年行动、安全“隐患清零”、交通问题“顽瘴痼疾”集中整治、“安全生产月”活动。全市“两客一危”车辆均安装车辆智能终端，对驾驶员违章报警实施24小时动态监控，违章行为处理率为100%。在省交通运输厅实行的“两客一危”运行指标月度考核“红黑榜”中连续4个月排名靠前，第一、二、三季度在省交通运输厅对市州交通安全监管考评中取得满分。市道路运输服务中心结合新《安全生产法》宣传贯彻和“我为群众办实事”活动，给20余家企业1900余名从业人员义务授讲安全课。全市全年没有发生较大以上道路运输事故。 （罗克瑜）

【文明创建】2021年，娄底市道路运输服务中心开展“群众满意客运站”创建、客货运站质量信誉考核、长途客运实名制售票等工作，全市客运站“三优三化”水平提升，“三不进站、六不出站”管理加强。对车容车貌差、设施设备破损的出租车及时整改。实施行业监管联动，聘请30名社会监督员对出租车服务质量进行监督，对检查中发现的问题及时进行整改。在高铁南站出租车专用候客通道、火车站、汽车站、汽车南站安排车辆和人员值班值守，进行旅客乘车引导及秩序维护。组织全体巡游出租车司机开展“满城都开文明车”“爱心送考”公益活动。完成经营权到期出租车续牌工作，践行绿色发展理念，稳步推进纯电动出租车上线营运。开展“文明餐桌”、“我们的节日”、“书香娄底”全民阅读、无偿献血、文明交通劝导志愿者服务等文明创建活动。 （刘长庚）

【疫情防控】2021年，娄底市各级道路运输部门将疫情防控作为常态化工作。市中心城区950台巡游出租汽车、全市汽车客运站LED显示屏滚动播放疫情防控宣传标语，发放宣传资料1000余份；发放防疫物资，开展公职人员疫苗接种“清零”和道路运输从业人员疫苗接种，做到“应接尽接、应接快接”；组织党员志愿者到社区和客运站场开展疫情防控宣传志愿服务活动，落实汽车客运站等重点场所及客运、货运等重点岗位人群的核酸检测，落实交通运输公共服务场所和公共交通工具消毒、通风、测体温、戴口罩等防控措施；强化道路客运、冷链运输、业务办理等环节疫情防控，对道路冷链运输从业人员进行疫苗接种、核酸检测，对冷链运输车辆进行消毒、信息登记等工作。8月9日至8月底暂停“面对面”办理业务，实行网上“不见面”办理。 （刘长庚）

【行业改革】2021年，娄底市道路运输服务中心根据中共娄底市委机构编制委员会文件内容，全面完成机构改革任务，成为娄底市交通运输局管理的副处级公益一类事业单位，配备班子成员6名（党总支书记兼主任1人、党总支委员兼副主任5人）；内设综合部、财务统计部、安全事务部、运输政务事务部、客运事务部、货运事务部、站场事务部、驾培事务部、维修事务部、出租车事务部10个正科级机构；设党总支，辖机关党支部、退休人员党支部。深化道路运输“放管服”改革，开展政务服务事项“三化”（标准化、规范化、便利化）；对道路运输系统的审批事项进行梳理，梳理出依申请类审批事项260项；完成7325台次旅游包车审核，完成网上审批4177件。推进政务服务“跨省通办”，办理业务1486件，办结率为100%。 （罗昌求）

## 公路建设养护

【概况】2021年，娄底市投资2.46亿元改造干线公路46.9千米，投资7948万元完成大中修及灾毁恢复重建工程41.268千米，投资1168万元实施普通国省道预防性养护里程139.693千米，投资150万元完成交通问题隐患整治503处。

【公路建设】2021年，娄底市新开工国家区域性公路交通应急装备物资（湖南）储备中心进出口道路、禾青至石槽公路等4个干线公路改造项目24.58千米，为年度目标的107%；完成S326冷水江井湾里—乙伍塘公路、新化琅塘至天门公路等8个干线公路改造项目46.9千米，为年度目标的102%。

【公路养护】2021年，娄底市投资7948万元，完成G320线、G234线等路段大中修及灾毁恢复重建工程41.268千米。投资1168万元，实施普通国道、省道预防性养护里程139.693千米；对存在安全隐患的交叉路口统一安排五小工程，累计完成安装标志标牌584块、标线2815.8平方米、道口桩746根。投资200万元按新的标准将双峰县G320线、冷水江市S235线、娄星区G234线部分路段防护栏更换成Gr-A-4E型钢护栏5000余米。全市普通干线公路优良路率为92.57%，超出全省2.57个百分点。日常养护工作居全省前列。

2021年8月，冷水江市公路建设养护中心开展预防性养护工作　　（市公路建设养护中心供图）

【行业治理】2021年，娄底市投资150万元完成交通问题隐患整治503处，排查“五小工程”隐患点127处，自行研发公路安全生产管理信息系统，依托公路信息化平台实现安全工作全天候监管。实行安全工作“全员绑定”模式，做到全系统安全工作无“外人”，实行安全工作“首见责任制”，桥梁安全“一事否决制”，加强重点路段和重点时段安全监管和应急保障，“五个一”应急保障制度（一套预案、一套制度、一套设备、一支队伍、一套标准）在全省推广。

【路产保护】2021年，娄底市公路部门完成去行政化改革后，组建30人的路产管理队伍，实现路产保护工作无缝对接。通过与当事人协商、请求交通主管部门和交通综合执法机构行政协助、借助交通事故处理机制和保险理赔机制、向人民法院提起民事诉讼等多种方式，保护路产路权。全年收取路赔费72.56万元，达到上年同期路政执法挽回路产损失的水平，路产管理工作走上正轨。

【国储中心建设】2021年，国家区域性公路交通应急装备物资（湖南）储备中心（简称国储中心）建设项目各项工作根据时间节点有序推进，截至12月，综合服务楼主体工程和钢结构仓库屋面封顶，项目累计投资约2.8亿元（含征地拆迁费用）。

【普通公路突发事件应急演练】2021年，娄底市公路建设养护中心承办了2021年度湖南省普通公路突发事件应急演练。应急演练采取“1+N”的实战模式，运用5G技术、北斗定位等先进科技设备，模拟暴雨导致水位上涨迅猛、多地公路水毁、山体滑坡、交通阻断的场景，是湖南公路史上规模最大、科目最多、科技化水平最高的国省干线公路突发事件应急演练。

（张　琦　何　丽）

## 水　运

【概况】2021年，娄底市以建设人民满意水路交通为目标，推进非法码头和渡口专项整治，开展水上交通安全、船舶和港口防污能力建设，水上交通安全形势持续稳定。是年，娄底市水运事务中心完成水路运输经营年度核查，核查水运企业10家、船舶156艘；完成船舶营运检验478艘次、建造检验3艘次；组织举办船员培训班3期，培训船员222人；办理船舶登记368次，其中所有权登记18次，国籍登记137次，光船租赁登记17次，船舶注销登记196次。春运期间，全市水运部门组织230艘客渡船舶参与春运，水上日均投放客船42艘、客位1145个，安全运送旅客累计2.58万人次（不含渡运）。在2021年全省交通真抓实干激励考核中，娄底市水运整治和水运环境保护工作分别排名第一名和第四名。

【水运安全管理】2021年，娄底市水运机构围绕“安全生产月”活动主题，大力宣扬水上安全法律法规。开展安全“五进”活动，发放宣传资料3000余份，赠送作业本3000个、救生衣200件。加强标准化渡船的维修保养，全市筹集资金120余万元，对138艘渡船进行上坡维修保养。压实企业安全生产主体责任，督促企业落实十项制度和两个能力建设。加强对重点水域、重点航段、重点船舶的安全监管，落实节假日值班值守制度。全年开展安全检查220次，检查船舶891艘次、渡口500道次、水运企业52家次，发现隐患51起，全部整改到位。强化电子巡航，提高巡航频率，全年电子巡查渡口5400次，发现渡运违章行为21起，均当场纠正。

2021年，娄底市水运事务中心对全市所有渡船组织整体上岸检修。图为冷水江市球溪渡口检修现场
（市水运事务中心供图）

【水运环境保护】2021年，娄底市开展水运环境保护，健全污染防治长效机制。整治非法码头渡口，全市取缔非法码头42处，规范提升渡口156处，撤销渡口44道。处置疑似反弹问题3项，防止非法码头"死灰复燃"。完成长江经济带船舶和港口污染防治长效机制重点任务，市本级、新化、双峰均安排了船舶港口防污工作预算经费，船舶污染物实行免费接收，委托专业企业收集转运船舶生活垃圾、船舶油污水和船舶生活污水。全市水运企业和垃圾收集企业启用船舶污染物联单监管信息系统，实行五联单制度。完成10艘干散货船的岸电系统船载装置改造任务。全市水运机构配合公安、农业等部门做好禁捕退捕工作，拆解各类船舶934艘、钓鱼平台10座，清理违规网具660余张。

【水运行业治理】2021年，娄底市加强水运保障，提升行业治理水平。全年投资1273万元完成水运项目13个，其中渡口标准化改造项目8个，水上支持保障系统项目3个，航道应急抢通项目2个。提升航道管理精细化水平，干线航道通航保障率超过99%，航标维护正常率为99.8%。实施碍航险滩航段应急抢通，增强汛期航道保障和枯水期战枯保畅能力。全年娄底市安排航道养护和抢通保畅资金111万元，新化县安排航道疏浚资金80万元。优化升级"智慧水运"综合监管平台，推广使用"客渡通"小程序，实现客运企业、船舶及船员动态管理。完成渡口监控补点建设13个、升级改造31个，实现重点渡口监控覆盖。推进内河船舶涉海运输专项整治，召回船舶2艘。组织开展船舶碰撞桥梁隐患治理，梳理跨航道桥梁21座。开展自然灾害水路承灾体普查，完成航道普查326千米。

（李赛军）

# 通信·邮政

◎电信
◎移动通信
◎联合通信
◎邮政

## 电信

【概况】2021年，娄底电信的城域网出口带宽由1220G增加到1620G，IDC出口带宽由800G增加到1600G，总带宽3220G；FTTH端口由86万个增加到90万个，实现行政村光网全覆盖；推进5G建设，全年新增5G基站803个，4G基站218个，实现市区、县城、乡镇及发达农村5G网络的连续覆盖。推出防疫监控信息平台、智能指挥云平台、云课堂、云广播等多项定向化信息服务，为全市40所学校提供5G+智慧校园建设，为娄星区92所学校提供城域网络联校建设，免费开通校园电视台、名师讲堂等公益教学资源。在建设"智慧城市""数字政府""数字乡村""数字校园""智慧应急""智慧工地""雪亮工程"等重大项目上，发挥5G优势，推进区快链产业园和大数据产业园建设，促进娄底数字经济高速发展。

【客户服务】2021年，娄底电信公司坚持"以客户为中心"的服务理念，提升以"客户满意"为核心的服务保障能力，开展聆听"客户之声"活动，推进满意服务专项提升，围绕携号转网服务、用户信息安全及涉通信诈骗停机工作提升服务品质，加快客户数字化转型，推进智慧服务，强化线上服务，实现客户感知持续提升，投申诉率持续压降，投诉处理和服务能力逐步加强，全年客户综合满意度行业第一。 （王　耀）

## 移动通信

【概况】2021年，中国移动通信集团湖南有限公司娄底分公司（简称娄底移动公司）统筹推进疫情防控和运营发展工作，高质量发展取得新的成效。收入、利润实现恢复性增长，全年通信服务收入12.98亿元、增幅7.94%，排全省第二位，净利润2亿元，完成省公司下达的主要目标任务，总体经营业绩超过预期目标。

【全业务运营】2021年，娄底移动公司落地5G专网项目3个，新增5G专网收入132万元。强化套餐迁转，5G客户超74.6万户。借助5G带动新业务产品发展，权益融合客户32.8万户，咪咕月活跃客户131万户，大屏增值业务收入2830万元。全年新增完美家庭1.55万户，规模达到21.9万户，发展新客户15.7万户，家庭ARPU（单用户价值）241.2元，较上年提升31.5元。坚持以专线赶超为抓手，强化五个清单攻坚，深化"网+云+DICT"融合发展，实现信息化收入1.29亿元，同比增长54.1%；专线收入3563万元，同比增长40.21%。

【网络建设】2021年，娄底移动公司推进极简网络改造，4G网络利用率较年初提升1.2个百分点。解决"四个清单"网络隐患问题2.1万个，无线网络故障压降5%，家庭宽带网络故障压降19.7%。健全CHBN（移动全市场，其中C指移动市场，H指家庭市场，B指政企市场，N指新兴市场）常态化质差修复机制，4G连续质差客户占比压降至0.083%以内，5G质差小区占比压降至0.4%，修复质差家庭客户0.93万户。提升全业务支撑能力，建立健全家庭宽带快速扩容扩建机制，有线宽带行政村通达率100%。强化专线费用化开通，专线整体交付效率提升5.47%，平均造价降低21.36%。增强网络信息安全，推进"断卡"行动，配合有关部门关停异常手机号码12.1万个，提供涉案线索230余条，助力打掉诈骗窝点6个，全年未发生重大网络安全事件和重大通信网络故障。

【客户满意度】2021年，娄底移动公司客户投诉率下降，电信用户申诉率同比下降27.4%，季均5G服务申诉率下降40.6%，不知情定制投诉率下降50.6%，1—11月外呼营销投诉率下降71.3%。

【综合管理】2021年，娄底移动公司推进降本增效。改善单位成本，每百元网络类固定资产维修费下降36%，达到攻坚下降15%的目标，每载频网络电费下降4.5%，单塔服务费下降3.35%、酬金占收比下降4.6%。全年再利用拆旧RRU（射频拉远信号处理设备）270个、BBU（室内信号处理设备）86个、野战尾纤（野战军用光缆）134条、电源线4020米、光模块269个，4G和高铁传输配套项目利旧PTN（分组网络传输设备）165套。家庭宽带全年再利用翻新光猫1248个、电视机顶盒552个，清理分纤箱6698个，释放端口13108个。推进“法治移动”建设，制定重点领域负面清单，加强合同合规审核，增强法务保障能力。压紧压实安全生产责任，开展安全风险隐患大起底大排查大整治，全年未发生安全生产责任事故。推进党业融合。40名党建联络员与基层网格开展结对帮扶，22个网格实现收入和客户正增长。20个党支部认领开展“党建和创”工作，签署“和创”协议86个、业务协议72份，带动收益4917.32万元。创新实践“一季度一主题”“一书记一项目”活动，实现攻坚目标17个。

【社会责任】2021年，娄底移动公司利用技术优势，推广疫情防控大数据平台，协助政府做好疫情防控调度，常态化做好疫情防控“三保障”。协助80余个行政村搭建数智乡村平台。投入1.7亿元建设5G基站992个，实现各县（市、区）主城区及所有乡镇的5G信号全覆盖。建设宽带电普基站47个，追加投资3000万元用于宽带新建扩容。利用5G网络打造5G智慧小区、智慧工厂等5G应用项目20余个，提供专线、物联网、云网、数据集成等信息化服务422个。（向　明）

## 联合通信

【概况】2021年，中国联合网络通信有限公司娄底市分公司（简称娄底联通公司）市场运营综合评估在全省排名靠前，市场经营持续保持较好发展态势。国家赋予联通L900基站建设以及该频点下10M带宽，覆盖和承载能力更强。“钉钉、小程序、企业官网、智能社保”联合创新产品在各县（市、区）铺开。

【移动网络】2021年，娄底联通在网络投资方面聚焦1000个雪亮乡村、300个智慧社区、政企及热点投诉区域四大场景，大幅提升网络覆盖面，满足业务发展需求。全年雪亮乡村4G网络新建+共享基站152个，覆盖率91.42%；智慧社区新建+共享基站115个，覆盖率96.21%；5G实现乡镇以上连续覆盖，手机上网速度、宽带接入能力均达到千兆，用户感知大幅提升。

【装维服务】2021年，娄底联通从战略高度推进装维自控，重塑装维服务体系。以“三标”流程、集中预约为抓手，实现宽带业务全流程100%逐单管控，提升宽带用户感知。新装工单平均自然历时较之前提升60%，提升客户新装满意度。

【客户服务】2021年，娄底联通落实　“高品质服务”要求，坚持“三个一切”，强化对客户负责，对一线支撑，联动多部门针对客户及运营中收集的各类问题及时给予解决并按时反馈，提交报告9项，输出优化建议22项。应对携转环境和变化，创建成立本地携转监督平台，建章立制，保持良性沟通，统一携转厅对外服务标准，全年携转有效申诉得到控降。夯实基础，盘活人员队伍，提升人员效能。工单处理日清日结，无积压，所有在岗投诉处理人员均可承接全口径投诉处理。拨打10010投诉的，真实解决率为76.39%，超全省目标值；拨打10015投诉的，真实解决率为74.57%；申诉和解率为92%，各项评价指标在全省排名靠前。沃奋斗杯考核排名全省前三位。

【反诈行动】2021年，娄底联通成立专项质态监控组，开展打击网络诈骗犯罪活动。通过大数据赋能，对电诈犯罪规律进行重点分析，打造符合本地的“六位一体”监控模型，配合鹰眼系统、“12321”平台举报及用户自主投诉情况，按日多维度对全量用户进行风险判定，提升犯罪线索侦查能力。截至10月，向反诈中心上报异常用户线索30余条，协助精准打击13个电诈窝点。12月7日，在娄底市联席办部署的反诈打跨“秋季攻势”专项行动中被评定为“优秀单位”。

【参与“智慧娄底”建设】2021年，娄底联通参与“智慧娄底”建设，利用5G网络以及领先业界的云计算、大数据、物联网和ICT集成能力，围绕5G及区块链等领域开展技术研究和模式探索，在智慧城管、智慧党建、雪亮工程等大项目中开展业务合作，助力娄底信息化进程。是年，娄底联通建成本地云资源池，资源总量：VCPU576核、内存768GB、容量200TB，通过三级安全等保测评。（陈天骏）

# 邮 政

【概况】2021年，娄底市邮政行业发展稳步上升，各项指标持续向好。全年全市邮政业务总量累计完成12.38亿元，同比增长31.27%，增速居全省第四。其中快递业务量累计完成7900.11万件，同比增长93.55%，增速居全省第一位，支撑娄底电子商务交易75亿元。全市邮政行业拥有各类营业网点571处，邮政业从业人员4000余人，日均服务地方百姓28万人次。全市有邮政普遍服务营业场所100处，其中，城市网点16个，农村网点84个。设置投递段道190条，邮件处理场所88处，通邮行政村1920个，通邮率100%。设置邮筒(箱)116个、智能包裹柜29组、邮政报刊亭51处、村邮站1673个、三农服务站60处、便民服务站2615处，实现“村村设所、乡乡通邮”。邮政普遍服务和特殊服务寄递时限达到国家规定标准，邮政普遍服务和快递服务满意度稳步提升，邮政业消费者申诉处理满意率100%。处理“12345”市长热线行业投诉咨询工单115条，办结率与满意率均为100%。全年在全省快递业务量“20强县”中，新化县、双峰县、冷水江市分别位列第五位、第八位、第十六位，县域快递量收总量在地级市排名第二位。

【安全管控】2021年，娄底市出台文件，从地方政府层面理顺市与县邮政行业在交通领域的权责关系。在河北晋州涉疫邮快件处置过程中，5个县(市、区)交通运输部门履行属地安全管控责任，措施严密、成效明显。完成安全中心挂牌与人员招聘，启用绿盾工程相关信息系统，通过网上巡查发现风险隐患，信息化系统研判业情、预判风险，提升技防水平。坚持常态化管理，执行防指部门相关政策决策。制定《娄底市邮政快递业防控指南》和“新冠疫情防控宣传小喇叭”巩固从业人员防疫知识。加强执法检查与专项督查，督促企业落实防疫措施。强化疫苗接种，争取快递员接种专口绿色通道，全年实现一次疫苗接种率99.02%，加强针接种率74%。有力处置涉疫邮快件事件，其中处置晋州涉疫新闻报道被《中国邮政快递报》采用。开展邮件快件处理场所“四不”问题整治及规范化提升、规范投递等专项整治行动。全年开展执法检查526人次，检查企业128家，立案处罚20起，处罚金额22.18万元。与公安、国安等部门开展专项联合检查4次，下发责令改正通知书7份，行政处罚4起，罚款3.4万元，全市实名率99.52%，排名居全省前列。强化涉烟违法行为打击力度，开展集中宣传培训5次，联合检查4次，行政处罚4起，其中责令企业停业整顿3起。堵缝、防撞、用电安全、人行通道、安检机强制上线，清理隐患，降低寄递渠道风险。推进“2582”工程，印发《2021年行业生态环境保护工作要点》《重金属和特定物质超标包装专项整治方案》，印制“绿动未来　邮来已久”相关宣传海报，开展2次环保专题培训。在全行业开展生态环保督察，检查许可企业41家，行政处罚2起。全市电子面单使用率99%，瘦身胶带使用率超过85%，可循环中转袋使用率89%，布放废弃物回收装置270个。

【行业发展】2021年，娄底市邮政管理局加强与宣传、文化执法等部门协调联动推进新化县文印产品。协调邮政、顺丰冷链为涟源市、冷水江市特色生鲜农产品打通渠道，协调快递进厂为双峰海义食品提供出货便利。双峰海义食品日均出件量3万件，年业务量超过千万件；新化白溪豆腐项目出货量日均2000件以上；涟源三甲葡萄、古塘镇金秋梨等农特产品产季日均出货量3000件以上；新源杨梅汁和丰谷方便面实现日均出货量5000件以上。是年，娄底市邮政管理局开展调研，了解快件收派数量、网点结构布局、乡镇与村级到件比等关键信息，针对新化县县域大、违规收费较严重、邮政公司合作意愿较强的特点，探索主推邮快合作、快供合作模式，其中游家镇36个行政村实现100%进村。针对娄星区距离分拨近、供销铺点多、渠道较为畅通的特点，探索主推供销合作进村，娄星区144个行政村实现100%铺点，万宝、双江两个乡镇35个行政村实现100%进村。针对涟源市第三方物流村级渠道畅通、整合意向强的特点，探索主推快商合作、集中供配进村。冷水江市启动财政投资400万元由快递企业主体承接的县、乡、村三级快递进村体系建设(另投资1600万元用于进村站点建设)，主要快递品牌整合集中分拣。双峰县以邮政企业为主渠道推进快递进村，全市“快递进村”覆盖率90%，覆盖村组1730个，顺丰、中通、申通、圆通、百世、韵达等品牌快递企业实现有序“进村”。主要负责人多次向分管副市长、常务副市长作专题汇报，沟通协调各相关部门关系。市长两次对快递业作专题批示，并拨专款进行快递产业园区可行性论证。协调市交通运输局出台《娄底市交通运输领域市与县市区财政事权支出责任划分实施方案》。

【从业人员权益保障】2021年，娄底市邮政管理局联合市总工会、团市委为30名快递小哥发放慰问物资。联合市总工会、工商银行开展中秋节慰问活动，为200名快递小哥发放节日物资。联合市快递行业协会开展“最美快递员”评选活动，评选“最美快递员”30名。联合市总工会、区人民医院开展“新业态劳动者温暖行动”，为市城区150名快递小哥进行免费体检，为80名快递小哥发放慰问物资。协调市、县两级交警、交通运输部门推动电动三轮车办证上牌，联合快递行业协会制作电动三轮车牌照2100块。对接平安保险公司打造非标电动三轮车购买交强险的保险范例，推动快递员购买保险，全市购买骑士保险290人，优先参保工伤险615人。协调推动580等品牌企业成立工会组织，90多名从业人员完成入会。推动新化县、双峰县相关部门批复落实快递分拨中心用地申请。投入培训经费12万元，协调人社部门在新化县开办快递员职业技能培训班，培训120人次。

（魏立伟）

# 金　融

- ◎综述
- ◎银行
- ◎保险
- ◎地方金融组织

## 综　　述

【概况】2021年，娄底市银行机构各项存款余额2368.97亿元，比上年净增165.32亿元，增长7.5%；各项贷款余额总量为1517.97亿元，比上年净增182.1亿元，增长13.63%，每月增速均保持在14%左右；存贷比为64.08%；保费收入完成67.64亿元，增长8.2%。全市共有12家证券营业部，全年证券交易额为2802.1亿元，同比增长10.78%；期货交易额为1813.54亿元。直接融资60.94亿元，直接融资占比25.08%，在全省排名第九位，在二类地区排名第二位。

【金融监管】2021年，娄底市地方金融监管紧扣金融服务实体经济、防范风险、深化改革"三大任务"，推动金融业高质量发展。制定《娄底市人民政府金融工作办公室关于持续开展互联网金融风险专项整治实施方案》《娄底市金融办关于优化营商环境工作"获得信贷"指标建设方案》《娄底市金融办关于类交易场所维稳预案》等文件，建立工作机制，强化责任担当。开展融资担保公司风险排查、农村信用合作发展监管情况摸排、辖内公司涉嫌非法经营小额贷款业务排查、辖内企业违规从事金融资产类交易场所业务和非法金融活动排查等一系列排查工作，摸清全市地方金融机构的风险底数，通过现场检查，发现10余家企业存在不同程度的问题，都一一下发整改通知书，督促整改。针对全市2家违规设立的类交易场所，市金融办采取一系列措施：督促企业变更名称和业务范围，摸清存量业务规模与投资者明细，切断风险源头，有效控制存量风险；取消新化县巨典小额贷款公司、冷水江银广通小额贷款公司两家小额贷款公司的业务资质。娄底市兴娄担保新增3个县（市、区）办事处，实现融资担保业务县（市、区）全覆盖，有2家担保机构（兴娄担保融资有限公司、湖南联邦兴业融资担保集团有限公司）分类监管评级评为A类。发动国营资本与集体资本，批筹小额贷款公司3家，其中2家（娄底市百通小额贷款有限公司和娄底高溪创新小额贷款有限责任公司）开业。

2021年6月24日，娄底市政府金融办开展全市融资担保公司现场检查　　（市金融办供图）

【资本市场】2021年，娄底市资本市场紧紧围绕企业上市"破零"多措并举，加强梯级型市级重点上市后备企业资源库的建设力度，引导企业进行股份制改造，推进企业股改、挂牌、上市。65家企业进入市上市后备企业资源库，36家企业进入2021年湖南省上市后备企业资源库，在全省排名第7位，在二类地区排名第1位；新增20家企业在湖南股权交易所挂牌；1家企业湘村高科股份有限公司到省证监局辅导备案。坚持"走出去"和"请进来"相结合，组织开展各类资本市场学习培训活动；组织召开全市企业上市工作联席会议，出台《2021年企业上市工作要点》。建立由市长任组长、常务副市长任副组长，市政府金融办、市发改委等单位为成员的市企业上市"破零"工作领导小组和工作专班，加大企业上市"破零"招商力度，出台《娄底市关于加速推进企业上市"破零"工作方案》，组建招商小分队寻求企业上市"破零"资源。

【金融稳定】2021年，娄底市民间融资风险处置及打处非工作，继续按照稳定大局、统筹协调、分类施策、精准拆弹的方针，以履行《防范和处置非法集资条例》职责，健全防非处非工作机制；以推进非法集资涉案资产处置，开展攻坚推进年行动。制定《娄底市防范化解涉众型非法经营活动稳定风险联席会议2021年工作要点》《2021年娄底市防范和处置非法集资工作要点》，出台《娄底市民间融资风险资产处置攻坚推进年（2021年）行动方案》。全市金融风险总体稳控，没有发生区域性金融风险和群体性事件，增量风险爆发趋势由发散转向收敛，存量风险正在逐步释放并逐个化解，处置工作取得阶段性成果。截至2021年底，全市非法集资刑事案件中，司法审结21起，风险资产处置36起，全年新增清退资金2.83亿元。　　（尹雅丽）

# 银　行

**【概况】**2021年，娄底市有政策性银行1家、大型商业银行6家、全国性股份制商业银行2家、城市商业银行2家、地方性法人金融机构9家（其中农商银行5家、村镇银行4家）。市金融系统与5家省级银行机构（农业银行、工商银行、中国银行湖南省分行、光大银行长沙分行、长沙银行）签订全面战略合作协议。组织政银企对接活动，签约项目106个，签约授信总金额约1900亿元。全年全市银行机构各项存款余额为2368.97亿元，各项贷款余额为1517.97亿元，保费收入为67.64亿元，保险深度3.7%，保险密度为1503元/人，金融业（银行、保险、小贷、担保等行业）税收完成9.03亿元，增长9.2%。全市普惠金融重点领域贷款余额占比为21.68%，在A类地区排第一位。小微企业贷款新增34.4亿元，同比增长10.5%，首贷培植新发放小微企业贷款130.4亿元，新增个体工商户授信8000余户；涉农贷款新增93.1亿元，同比增长17.4%；绿色贷款余额59.9亿元，新增20.6亿元，同比多增9.6亿元、增长53.7%，高出各项贷款增速50.1个百分点。（尹雅丽）

**【金融支持经济】**2021年，娄底市全面支持“三高四新”战略，引导机构重点支持先进制造业、“专精特新”企业，切实保障重点项目建设资金供给。年末，制造业贷款余额为158.9亿元，同比增速14.36%，实现了“制造业贷款增量高于上年同期、贷款增速高于同期各项贷款增速”的目标，新增制造业贷款占比由上年同期的-10.94%回升至10.96%。培植稳定税源财源。2021年辖内各银行保险机构本地纳税8亿元，同比提高10.04个百分点，其中地方法人银行机构纳税额为3.6亿元，占比45%，同比增长49.4%。（胡　蕾）

**【金融风险防控】**2021年末，娄底市不良贷款余额下降2.85亿元，不良率排名从上年同期的全省第三名下降到第八名。严格法人机构监管，9家法人机构核心指标全面达标，整体风险可控。对2010年以后案件情况进行全面排查，责令机构对应报未报41宗案件进行内部问责157人次、罚款26.64万元。扎实开展“内控合规建设年”活动，全面排查发现问题190个，涉及金额32.79亿元，推动机构修订完善制度83个、内部问责176人次。严密防范房地产金融风险，分类实施集中度管理，采取召开督导会、专项检查、发出监管意见书等措施33次，处罚2家机构，督促6家机构完成压降任务。配合地方政府做好隐性债务风险化解工作，稳妥开展好政策解读、统计监测、协调联动等工作。（胡　蕾）

**【中国人民银行娄底市中心支行】**2021年，中国人民银行娄底市中心支行按照市委、市政府和上级银行工作部署，统筹疫情防控和高效履职。金融“暖春行动”、绿色金融、普惠金融等40余项工作被上级银行或地方党政推介，金融支持稳企业保就业、征信服务等50余项工作被《金融时报》及上级银行微信公众号等新闻媒体宣传报道，获评2018—2020年度“中国人民银行长沙中心支行文明单位”等各类集体和个人荣誉60余项。其中，在上级银行组织的各项劳动竞赛和业务评比中获团体一等奖1个、二等奖2个、三等奖3个，在各项课题评比中，获一等奖6个、二等奖3个、三等奖4个。

支持实体经济　人行娄底市中心支行强化稳健货币政策传导，加强窗口指导、工具运用和逆周期调节，召开全市银行机构主要负责人会议、信贷联席会议及地方法人银行信贷调控会议，疏通传导渠道。是年末，娄底市银行机构各项贷款余额1518亿元，同比增长13.6%，高于全省平均水平0.6个百分点。全年新增贷款182.1亿元，增量创历史最高，各项贷款增速排名全省第八位，较上年末提高6个名次。全年发放再贷款53.62亿元，再贴现62.46亿元，分别提供贷款延期激励资金、信用贷款激励资金0.36亿元和7.1亿元，累计支持9.1万家普惠小微企业。推动金融暖春行动，以辖内产业园区为重点，建立“四个一”工作机制，组织开展银企对接活动，推动银行机构走访对接小微企业4000余家，发放贷款360余亿元。推动绿色金融先行先试，制定金融支持娄底资源型城市转型三年行动计划，联合市生态环境局、娄星区政府出台娄星产业开发区绿色金融示范园区试点工作方案，在娄星产业开发区、冷水江市初步建立涵盖38户工业企业的碳账户体系，指导部分银行机构配合开展碳核算试点。全市绿色信贷余额59.22亿元，同比增长63.9%，增速位居湖南省前列。引导融资成本持续下行。全市全年新发放企业贷款平均利率较上年同期下降2个基点（BP）。

维护金融稳定　人行娄底市中心支行提升金融

2021年4月22日，中国人民银行娄底市中心支行、娄星区政府联合开展“学史力行办实事·金融暖春进园区”主题调研活动

（人行娄底市中心支行供图）

风险监测能力，紧盯风险源头，加强风险预警，区域金融风险持续下降。全市银行机构不良贷款余额25.73亿元、比年初下降2.91亿元，不良贷款率为1.7%，比年初下降0.45个百分点。帮助涟源农商行获批1.2亿元二级资本债并发行第一期，募集资金0.85亿元。截至年末，全市9家法人银行资本充足率为12.59%，较上年同期上升0.4个百分点。完成央行评级和风险核查工作，评级结果持续提升，首次评出3级机构。加强存款保险宣传，建立存保宣传分片包干制度，实现全市2061个行政村全覆盖。打击治理电信网络诈骗，组织银行机构清理存量银行账户2200余万户，中止非柜面交易账户4.23万户，止收止付可疑账户4000余户。提升反洗钱监管质效，全年向公安机关移送重点可疑交易27起，推动1起案件以洗钱罪宣判，1起案件以洗钱罪立案。

金融管理　在全市设立助农服务点4734个，云闪付新增绑卡数位居全省第一。推进冷水江移动支付便民示范县创建，综合指标完成率位居全省第二位。强化货币金银管理服务，全年投放发行基金117.05亿元，完成辖内2021年“四币两钞”纪念币（钞）发行工作。全年收缴假币1.4万张，面额120.85万元。提高国库服务质效，全年累计办理企业和个人退税业务17.71万笔，金额4.4亿元；销售储蓄国债1.93亿元，同比增长127.6%，其中县、乡级销售储蓄国债0.73亿元，占销售总量的37.82%。改进征信管理服务，累计提供个人查询12.5万笔，企业查询3510笔；加大应收账款融资平台推广应用，促成融资12.62亿元。优化外汇管理服务，开展“外汇便利化政策畅通年”活动，全市跨境收支32.63亿美元，同比增长67.69%。金融消保工作取得突破，联合制定娄底市“一村一机构”金融教育主办制实施方案，指导冷水江市支行开展星海计划宣传活动，获评全国“星海计划——金融宣教进百县”示范支行；推进“总对总”平台在线诉调对接，新化县支行率先在辖区完成2例调解案例。（黄怡昕）

【中国银行娄底分行】2021年，中国银行股份有限公司娄底分行人民币存款余额新增4.13亿元，存款日均余额增长11.82亿元，存款时点余额市场份额排名全省第一位。人民币贷款余额新增4.8亿元，普惠贷款完成全年任务103%，线上贷款产品完成省行全年任务的161.92%，完成率排名全省第一位。累计为企业办理贸易融资近7亿美元，办理票据贴现业务超18亿元。全行贷款不良率下降0.01个百分点。

支持实体　多次召开支持实体经济专题推进会，学习研究上级行授信政策，明确加大在“三高四新”、绿色信贷、乡村振兴、产业园区等领域金融服务力度，全行大公司贷款实现投放9亿元。推广“潇湘财经贷”“惠农担”“烟商贷”“水果贷”“税易贷”，发动全员营销“抵押贷”，拓展“线上产品”，普惠贷款全年任务完成率排名全省第一。支持住房贷款需求，推广中银E贷、随心智贷产品，开展优客分期和家装分期业务，深化与汽车4S店的合作，搭建商场商圈消费场景，促进个人消费业务发展。承办湖南省分行与娄底市人民政府“三高四新”“双引擎”签约仪式，举办“惠如愿——中

2021年6月22日，中国银行娄底分行与娄底市人民政府举行“三高四新”“双引擎”项目签约仪式

（中国银行娄底分行供图）

银专精特新企业”启动仪式。

内控合规　贯彻落实省行“护航2021”内控大检查和“夯基固本强内控”工作要求，梳理制定内控检查要点清单，开展大反思、大讨论，整改发现的问题。完善“大风险”管理机制，明确三道防线，突出控制重点，落实日常管理，加强考核与评价。强化重点领域内控案防，推进授信监管、反洗钱与会计良好标准建设；加强员工职业道德教育、保密教育，开展异常思想行为排查；加大安防检查投入，提高人防技防能力；提升日常后勤管理水平。

安全保卫　推进技防、物防工程建设，完成市分行本部大楼与涟源支行综合楼的消防隐患专项治理项目的验收和部分重点区域灭火器具的更换，落实24个机构智能电源与智能视频压缩项目，建设安装离行式自助银行安全护舱。组织参加“双百”安全检查，组织高质量演练与培训，形成检查工作底稿720页。推进安防监控中心专业值机，报警、门禁、监控、对讲设备在线率近100%，场所非现场检查覆盖率100%，值班规范率100%。协助派出所打击抓捕逃犯5人。

企业文化　开展文明优质服务和技能训练，实测94人，参测率100%，综合能手率100%，一级能手率排名全省第二，员工在全省业务技能竞赛中多次获奖。组织文体活动，组队参加省、市庆祝建党100周年活动，蝉联省分行气排球比赛冠军，获得市直机关气排球比赛乙组第二名。实施县支行职工之家（含青年公寓）建设计划，4个县级支行所有职工小家建设、3个县级支行青年公寓建设完工并投入使用，其中钢城东街支行职工小家被总行评为“模范职工小家”。

社会责任　开展打击治理电信网络诈骗跨境赌博活动，设置宣传专区26个，张贴海报104张，利用26块电子屏进行播放，走进84个社区、企（事）业单位和学校进行宣传。多次联合公安部门和人民银行、银保监分局开展“拒绝高息诱惑，远离非法集资”“普及金融知识，防范金融风险”“DOU（都）来守护钱袋子”以及存款保险知识宣传，现场发放宣传手册5000册，宣传受教人数2800人，成功劝阻客户转账汇款28人次。

（罗　浩）

**【中国建设银行娄底市分行】**2021年，中国建设银行娄底市分行一般性存款时点余额425.54亿元，时点存款比年初新增10.6亿元，余额在娄底市四行（工行、农行、中行、建行）占比36.4%，新增四行占比为25.3%。其中个人存款时点余额330.5亿元，比年初新增27.2亿元，新增四行占比为44.16%；对公存款时点余额95.04亿元，比年初下降16.61亿元。一般性存款日均余额430.44亿元，日均存款较年初新增30.36亿元。各项贷款余额275.48亿元，较年初新增45.4亿元（时点新增系统排名第六名）；贷款余额四行占比为40.3%，新增四行占比为58.8%，两项在四行均排名第一。其中对公贷款余额159.98亿元（含贴现），比年初新增26.98亿元，新增四行占比为71.9%；个人贷款（含信用卡）余额115.5亿元，余额四行占比为44.18%，比年初新增18.5亿元，新增四行占比为42.37%。普惠金融贷款余额30.93亿元，比年初新增7.12亿元，普惠金融贷款余额、新增占比分别为四行的44.18%、42.37%。存贷比为64.7%，较年初提升9.3个百分点。实现中间业务净收入3.35亿元，四行占比为51.6%；实现拨备前利润9.09亿元，四行占比为51.6%。全行不良贷款余额6.19亿元，不良贷款率2.25%；全行逾期贷款（含信用卡）余额6.86亿元，逾期贷款率2.49%。

资产业务　执行监管要求和信贷政策指引，保障重点领域需求，全年普惠及个贷较年初新增25.5亿元，占各项贷款新增总额的56%。绿色信贷新增2.2亿元，增长率为67.6%。对公涉农贷款新增8.03亿元，制造业贷款新增1.96亿元，基础设施贷款新增9.68亿元，民营企业贷款新增4.4亿元，服务民生领域贷款新增3.08亿元。通过推进“五大行动”，对接重点企业139家，收集新增信贷需求125亿元。全年累计投放贷款145亿元，用于支持钢铁新材、工程机械、先进陶瓷材料、汽车板、现代农机装备等产业和企业。

乡村金融　以产业振兴为切入点，推进“三个一”工程，筛选7个产业进行重点研究，加快推行“优享贷”等信贷创新产品，全年新增乡村金融存款6.58亿元，新增涉农贷款16.6亿元，新增“湘家和”贷款8203万元，重点服务新化茶药、涟源蔬菜种植及加工、双峰县农业产业等六大县域特色产业客群。累计拓展裕农通服务点3211个，活跃率100%；全年交易量165.8万笔，地市行中排名第三；打造星级服务点1584个，其中四星服务点918个，地市行中排名第一；五星服务点666个，地市行中排名第五。

数字化经营　对公代收及缴费有效客户新增数、CTS客户新增数在全省均排名第一。全年实现信用卡条线中间业务收入1.78亿元，计划完成率100.69%，地市行中排名第一；信用卡分期交易17.25亿元，计划完成率108.7%，地市行中排名第三。善融扶贫交易额6096万元，完成率在地市行中排名第三。商户总量3.06万户，在全省排名第一位。关联商户日均存款余额23.16亿元，年日均存款较年初新增1.29亿元，在全省排名第三。建行生活累计注册用户5.27万户，在全省排名第二。手机银行客户新增10.87万户，完成率71.07%，在地市行排名第四，较上年提升6个名次。

信贷管理　处置不良贷款1.49亿元，完成省行处置任务的99.3%。全年对已核销呆账贷款实现现金回收2330万元。开展信贷管理"315工程"，落实"数字315系统"上线工作，构建全面主动的"预、监、管"体系。坚持信贷预审批制，全年受理预审批项目249个，预审批金额218亿元。流程管控到位，按月对风险预警进行工作提醒，加强重大风险事项的跟踪，全年召开贷后跟踪管理会议24次，下发系统风险预警任务819条。深化押品集约化管理，押品重估率、覆盖率均为100%，完成215笔对公信贷押品准入，完成349笔对公押品价值确认，累计押品价值208.8亿元。（彭木兰）

【中国工商银行娄底分行】2021年，中国工商银行股份有限公司娄底分行实现拨备前利润3.02亿元，净利润1.02亿元。各项存款余额232.02亿元，较年初增加1.05亿元。各项贷款余额109.18亿元，较年初增加5.11亿元。累计发放个人住房贷款1859笔，累放金额8.95亿元，较年初净增5.76亿元。累计办理票据贴现业务66.1亿元，比上年同期增加8.3万元，贴现额同业排名第一。累计完成国际结算业务量14.4亿美元，较上年同期增长7.69亿美元。

实体经济支持　走访对接政府平台公司及工业园区，了解企业贷款需求和项目情况，为万宝投资集团和经开区投资集团各发放流动资金贷款8000万元。积极对接"十四五"规划重点项目，调查了解营销"双引擎"系列项目情况，向光大环保能源（新化）有限公司垃圾焚烧发电项目、湖南中部智能制造有限公司工程机械零部件生产基地项目、五凌新化电力有限公司新化维山风电项目、新化北控水务有限公司新化县城安全饮水第二水厂一期工程项目投放贷款3.58亿元，向湖南五江高科技材料有限公司发放流动资金贷款1亿元。向企业减费让利，加强普惠"链、圈、线、保、群"营销，营销国担快贷5.9亿元，经营快贷类贷款实现提款2.57亿元。

民生服务　开展社会公益活动9项30场次，参与650人次，金额2.8万元。公益活动内容涵盖乡村振兴、救灾帮困、捐赠助学、服务社会劳动者、环境保护、安老助孤、无偿献血等多个项目。贯彻落实"反洗钱工作是金融机构的全员性义务"的监管要求，提升全行反洗钱工作水平，各网点排查冒名开户、冒名维护通信信息、冒名密码重置等各类事件46起，配合公安机关抓获犯罪嫌疑人26人。建设"工行驿站"，充分利用营业厅、职工小家等场所，以营业网点为基础，联合娄底市总工会，在全市设立27个爱心驿站，为广大户外劳动者提供挡风遮雨、避暑驱寒的休息地。通过特色业务场景搭建与老年客户服务生态圈有机融合，将"工行驿站"塑造成公益惠民服务品牌。

风险防范　夯实信贷基础管理，贯彻落实国家宏观调控政策，严把信贷准入和审查审批，认真做好评级授信尽职调查工作。全力清收转化潜在风险贷款，加强潜在风险贷款分类管理和风险排查，潜在风险贷款余额较年初减少3305万元，全额收回清户4户。加强不良贷款清收处置，不良贷款余额比年初减少2.44亿元，不良率降低2.43个百分点。持续开展合规教育培训，全年未发现主动违规行为，未发生大额监管处罚，未发生案件和案件风险事件，年度内控评价总体水平有所提升。开展平安银行创建活动，连续创造第30个安全年，获娄底市"大起底、大排查、大整治、大联控"工作先进单位称号。（杨泓晓）

【中国农业银行娄底分行】2021年，中国农业银行娄底分行各项存款余额284.2亿元，比年初净增26.2亿元。各项贷款余额184.4亿元，比年初净增22.2亿元，贷存比连续四年居全市主要金融机构第一位。

服务乡村振兴　全年新建160个惠农通综合服务站，升级改造惠农服务点300个。涉农贷款余额101.2亿元，年净增13.1亿元；乡村建设贷款余额43.4亿元，年净增8亿元。开展家门口银行建设，推进惠农服务点"六化"转型，打造450个"家门口银行示范服务点"，举办惠农日活动294场、"惠农大讲堂"9场，建成8个"掌银示范村"。开展农户信息建档，组建40个包乡进村团队开展进村入户服务，为全市19600户农户建立信息档案，覆盖全市86个乡镇997个行政村。加大县域贷款投放，县域贷款余额126.5亿元，年净增13.2亿元；脱贫县贷款余额82亿元，年净增5.4亿元。开展涉农民生项目代理，全年新增涉农民生代理项目10个，累计为180余万城乡居民提供社保医保缴费服务，缴费金额达6亿元。

服务实体经济　持续加大重点领域信贷支持，大力发展普惠经营，加快推动实体经济发展。全行实体贷款余额180.6亿元，年净增21.8亿元；民营企业贷款余额34.2亿元，制造业贷款余额27.0亿元，战略新兴产业贷款余额0.6亿元；绿色信贷余额14.6亿元，年净增2.4亿元。为娄底城投、娄底经开投等4家省级以上园区平台公司授信13亿元，为园区内70余家企业投放贷款23亿元。普惠贷款余额14.5亿元，较年初净增3.5亿元，实现"两增两控"监管达标。集中支持湘中棚户区改造、电力科技谷等一批重点项目，向华菱涟钢、五江集团等164家规模以上企业提供信贷资金23亿元，全行项目贷款余额80.2亿元，近三年累计投放39.1亿元。聚焦"小巨人"企业、拟上市公司、先进制造业等重点企业发展，定制金融服务方案，创新金融产品，优化审批流程，集中支持美程陶瓷、文昌科技等一批国家专精特新"小巨人"企业和拟上市公司发展。在全市11家小巨人企业中，娄底农行为9家企业提供综合金融服务，覆盖率居全省农行系统第二、全市金融机构第一。

服务数字经济　持续深化转型创新，开展数字经营，推动数字经济发展。创新推出"文印e贷"，获农总行2021年个人经营贷款优秀创新项目奖；深入推进掌银"行长工程"，将掌银作为线上化、智能化、数字化的重要载体，建立数字生态，提供优质体验，掌银月活客户数(AUM)达22.2万户，获全省农行数字化转型先进单位；开展服务百姓美好生活专项活动50余场，惠及全市14万余人次；大力开展智慧医疗、智慧非税、智慧校园等智慧场景建设，让现代金融更好服务社会民生，全年上线冷水江县级非税平台、娄底华润燃气(城区)缴费等大型互联网场景项目7个。　(孙雄武)

【中国农业发展银行娄底市分行】2021年，中国农业发展银行娄底市分行持续打造"粮食银行、农地银行、水利银行、绿色银行"四大品牌，服务"三农"发展，助力乡村振兴、长江大保护等，发挥农业政策性金融示范引领作用。截至年末，各项贷款余额125.89亿元，贷款规模在全市同业中排名第四，累放贷款22.92亿元，净增14.42亿元，贷款增速高于全省系统平均水平，不良贷款持续保持为零。

保障粮食安全　支持粮油收储，在粮食轮换收购旺季，与粮食主管部门沟通，走访收购企业，合理运用信贷政策，发放各类贷款支持各级粮食轮换、成品粮收储以及超标稻收储，支持粮食市场化收购，维护粮食市场稳定运行。是年，投放粮食收购贷款2.69亿元，支持粮食收购9万余吨，油菜籽1291吨。落实粮食安全党政同责，开展粮食库存大检查，配合粮食专项巡察组开展粮食购销领域腐败问题专项整治，对信贷支持的6家国有粮食企业涉及的贷款金额3.69亿元库存进行核查。推动农产品供给，为粮食企业生产及"湘村黑猪""湘中黑牛""肖老爷"等品牌企业陆续投放贷款2.18亿元，用于保障粮食供给和支持生猪养殖销售、牲畜养殖及食品加工。

服务乡村振兴　搭建政银企合作"新平台"，推动娄底市政府与中国农业发展银行湖南省分行签署"十四五"政策性金融创新服务乡村振兴300亿元战略合作协议。和娄底市农业农村局、乡村振兴局签署240亿元战略合作协议。农发行各县(市)支行和娄底辖内12个重点企业签订意向协议，推进14个优质项目，意向融资金额43.4亿元。按照"四个不摘"要求，聚焦"扶贫、水利、支农、绿色"等重点领域，创新金融服务模式，持续巩固脱贫成效。全年投放衔接贷款19.33亿元，投放产业扶贫贷款4.02亿元，通过就业、交易、牲畜托养等方式累计带动贫困人口300余人。巩固"两不愁，三保障"成果，累计投放9.46亿元贷款支持教育、安全饮水、保障住房等民生领域，解决贫困县25万人口和牲畜的饮水、16210人次学生上学、5917人安全住房、环境卫生等历史遗留问题。

2021年9月10日，娄底市人民政府与中国农业发展银行湖南省分行签订"十四五"政策性金融创新服务乡村振兴战略合作政银企合作协议

(中国农业发展银行娄底市分行供图)

支持重点领域　加大长江大保护领域政策和信

贷支持力度，全年累计投放贷款2.24亿元。支持发展地方特色产业，创新信贷业务模式，重点推广双峰农机购置买方信用贷款业务模式，支持农机产业和实体经济发展，投放3.32亿元贷款支持双峰农机小镇、湘村黑猪生态养殖基地等项目。支持地方基础设施建设，全年累放14.44亿元基础设施贷款，支持全市道路、桥梁等基础设施建设。创新发展生态旅游产业，投放4.46亿元贷款支持龙山森林公园康养旅游建设，解决龙山多名建档立卡贫困人口就业问题，每人每年就业增收4000元。坚持以绿色金融服务绿色发展，全年投放绿色贷款2.65亿元，绿色信贷余额13.01亿元，占贷款总额的10.16%。全年审批投放小微贷款3722万元。（何佳莉　阳宇诚）

**【湖南省农村信用社联合社娄底办事处】** 2021年，娄底市农商银行系统各项存款余额594.62亿元，占全市金融机构市场份额的25.1%，较年初净增71.08亿元，增长额占全市金融机构市场份额的42%。各项贷款余额402.62亿元，占全市金融机构市场份额的26.52%，较年初净增45.82亿元，增长额占全市金融机构的25.16%，存、贷款无论是总量、增量均居全市首位。

通过信贷营销系统授信客户数15725户、授信金额18.27亿元，用信14764户、用信金额11.86亿元。拓展福祥e贷白名单用户7961户，金额6.93亿元，新增可贷资金用于当地比例109.48%。全年缴纳各项税费3.35亿元。落实普惠小微企业贷款优惠利率、个体创业贴息、减费让利等各项优惠政策，利用央行货币政策工具，实施延期还本付息政策贷款7.74亿元。发放支农、支小、扶贫再贷款资金合计43.37亿元，发放符合央行信用贷款支持计划贷款25.16亿元，获得央行信用贷款支持6.39亿元。

调优信贷结构，推动绿色信贷发展，统筹管控房地产业务。500万元以上大额贷款占比较年初下降3.75个百分点，票据业务较上年同比增量减少3.97亿元，剔除票据贴现贷款较年初净增44.26亿元，占各项新增贷款的96.6%，确保信贷资金流入实体、流入小微。加大对乡村振兴、农业优势特色千亿产业、民营小微企业的信贷支持，推出“乡村振兴贷”“文印贷”“暖农贷”“兴商贷”等30余种小额信贷产品。全年拓展首贷户3089户，金额17.99亿元。新增普惠型涉农贷款23.43亿元，增速为17.54%，新增普惠型小微企业贷款25.68亿元，增速为17.84%，完成小微企业“两增两控”考核。

全年全市农商银行培训员工21021人次，员工年均参加培训10.03次，招聘新员工50名。通过组织竞聘上岗，新提拔中层管理干部92人；充实扩大系统内师资队伍，发展系统内专业内训师10人，高管内训师2人。对985和211重点大学院校毕业生、注册会计师、注册信贷分析师建立台账，推荐中级会计师、经济师职称21人。（文俊宇）

**【中国邮政储蓄银行娄底市分行】** 2021年，中国邮政储蓄银行股份有限公司娄底市分行各项存款余额287.8亿元，年净增26.13亿元，增量排娄底市第四位。各项贷款余额95.36亿元，年净增14.97亿元，同比增幅18.62%，排娄底市第四位。严控增量、化解存量，整体资产质量稳中向好，截至年末，逾期额6663万元，逾期率为0.89%；不良额6220万元，较年初减少335万元；不良率为0.83%，较年初下降0.26%。加大对小微民营企业金融支持力度，普惠型小微企业贷款余额14.24亿元，年净增3.06亿元，完成监管任务的170%。加大“三农”支持力度，涉农贷款结余34.6亿元，年净增6.66亿元，完成监管计划208.04%。向全市先进制造业企业投放各类资金超20亿元。助力实现碳达峰、碳中和，推进绿色金融和绿色建设工作，绿色信贷结余1.35亿元，较2020年末增长3467.27万元，增幅为34.65%，超全年经营绩效目标增速19.65%，完成监管“两个不低于目标”。（曾令佳）

## 保　险

**【概况】** 2021年，娄底市有市级保险公司31家（其中财险16家、寿险15家），比上年增加2家；县级保险机构68家（其中财险34家、寿险34家）；营销服务部69家，服务网点104个；保险从业人员2.19万余人；城区设有道路交通事故快处快赔服务点3家，形成结构合理、覆盖城乡、较为健全的保险服务网络。截至2021年底，全市保险业实现保费收入67.64亿元，比上年同期增加5.12亿元，同比增长8.2%，保费规模全省排名第12位，增速全省排名第2位；其中财产保险实现保费收入20.72亿元，比上年同期增加0.9亿元，同比增长

4.51%，占全市保费收入的30.63%；人身保险实现保费收入46.92亿元，比上年同期增加4.23亿元，同比增长9.91%，占全市保费收入的69.37%。全年行业上交和代收税费1.93亿元，全市赔、给付支出22.87亿元，较上年同期增加2.03亿元，同比增长9.71%。（尹雅丽）

【服务民生】2021年，娄底市意外伤害险和短期健康险赔款支出1.99亿元，死伤医疗给付2.17亿元，满期给付2.54亿元，年金给付1.38亿元。全市城乡居民大病保险承保人数72.20万人，保费规模4909.33万元，赔付金额约6066.13万元。“爱民保”（湖南省推出的城市定制型商业健康保险）覆盖娄底城乡居民11.5万人，保费收入1598.5万元。各人身保险机构通过配置专职队伍、资金帮扶、保险知识宣讲等方式服务乡村振兴，全年共投入资金约70万元。部分人身保险公司针对在册的已脱贫贫困户推广保费较低的意外险及医疗产品，承保人数59401人，保费收入178.2万元，已赔付22.82万元，有效防止贫困户因病返贫。（胡　蕾）

2021年11月3日，娄底银保监分局组织开展双峰县域金融支持经济高质量发展暨助力乡村振兴调研座谈会　　（市银保监分局供图）

【车险综合改革】2021年底，娄底市消费者新车台均商业险保费为3492元，较上年大幅下降28%；家庭自用新车台均商业险保费为3009元，较上年大幅下降34%。同时，车险赔付7.87亿元，同比增长15.64%；简单赔付率72.67%，较上年上升13.9个百分点。实现了“降价、增保、提质”的阶段性目标。（胡　蕾）

【市保险业协会】2021年，娄底市保险业累计提供风险保障3.9万亿元。完善涉农保险服务体系，推进农村五级网点规范化建设，全市设“三农”乡镇、村服务网点3456个，开设地方特色农产品保险16个，实现农险保费2.59亿元，支付赔款1.65亿元，为39.37万农户提供风险保障65亿元。行业协会党支部捐款5万元助力

2021年3月15日，娄底市保险业开展保险消费者体察活动　　（市保险行业协会供图）

涟源市桥头河镇新塘村用于三片连接公路改造。全年累计处理快处快赔交通事故7654件，涉案金额1400余万元。

维护消费者权益　利用“3·15”国际消费者权益保护日、“7·8”全国保险公众宣传日、金融知识宣传月等时间节点进行集中宣传，结合当地政府和监管要求，组织开展反洗钱、防范非法集资、普惠金融等专题宣传。受理和参与涉保信访投诉调解案件110件，涉案金额396万元。9月，成立娄底市银行业保险业专业人民调解委员会，通过人民调解渠道受理案件8件，涉案金额53余万元。全力打击保险欺诈，对全行业疑点赔案进行全面排查，移交公安部门可疑线索200余条，处理涉嫌骗保案件26起，涉案金额200余万元。

推动行业发展　组织行业开展风险排查，针对满期给付与退保、销售误导、反洗钱、营销员参与违规退保、重大信访纠纷等方面的排查，坚持查漏补缺，及时消除隐患。开展娄底市财产险公司星级柜面评审活动，评出三星级、四星级柜面9个。协会向全行业发出关于加强内控合规管理建设的倡议书。推进车险自律工作，组织前五家财险主体签订车险自律承诺书，推进商业车险费率改革，促进车险市场更加规范。推动业内交流培训，举办庆祝建党100周年党史知识竞赛、“DOU（都）来守护钱袋子”抖音话题挑战赛、人民调解员实务操作培训班。全年在《娄底日报》刊发13

篇稿件，在娄底新闻网推送保险新闻4篇。通过微信公众号开展宣传，全年发布稿件251篇，推送关于如何防范非法集资、反诈专题、保险知识微视频等51篇。（梁　颖）

【中国人民财产保险股份有限公司娄底市分公司】2021年，中国人民财险保险股份有限公司娄底市分公司建有三农营销服务部17个，在各乡镇建立农业保险办公室75个、村级服务点1823个，选聘乡镇农业保险专（兼）干、村级协保员1842人，构建市、县、乡、村四级服务网点体系。公司经营产品类型主要有车险、财产险、货运险、责信险、意健险、农险、社保7大类，100余个险种。缴纳各种税金5480万元。

保险补偿能力　全年实现保费收入8.66亿元，同比增长2.84%，市场份额40.97%，位居娄底财险行业第一。累计承担社会风险责任近1.81万亿元，处理各类赔案6.16亿件，支付各类赔款3.9亿元。做好涉农保险工作，推进三农保险基层服务体系建设，全市乡镇三农保险服务站覆盖面100%。公司在住建行业、交通行业、农用机械、特种设备等行业推行安全生产责任保险。与教育局、环保局等部门合作，开展校园方责任险、环境污染责任险等项目，在生产、教育、环保等多个领域提供风险保障。先后开办民生保险、巨灾保险、精神病人监护人责任险、农房保险等一系列民生类保险。承办娄底市城乡居民大病保险、市本级城镇职工补充医疗保险、县外就医项目，服务城乡居民650余万人。

防范经营风险　坚持依法经营、合规发展，重视风险防范。开展防范非法集资、扫黑除恶工作。通过宣传提高客户正确识别和自觉抵制非法集资活动的意识和能力。柜台宣传累计800余人/次，发放宣传资料4500余份。通过专题培训、晨夕会宣导、微信宣导等方式对保险从业人员开展专题教育，全年对普通从业人员进行宣传教育680人次。

完善服务机制　梳理客户投诉处理流程，执行客户投诉2小时响应机制，强化客户投诉快速处理机制、案件时效和案件处理率的考核。开展降赔减损专项行动，夯实理赔过程管理。推行警保联动工作，促进农村“两站两员”工作开展，全市在各乡镇累计建站36个。是年，省分公司理赔服务在系统内被评为AAA级，省分公司理赔服务连续十年行业排名第一。启动“警保联动”工作机制服务交通治理，强化对重点企业、区域的风险检测，实时向客户发布灾害预警信息，制订娄底市重点区域风控地图及防灾预案，助力娄底防灾防损体系完善。（王　珏）

【中国人寿保险股份有限公司娄底分公司】2021年，中国人寿保险股份有限公司娄底分公司（简称“中国人寿娄底分公司”）实现总保费收入13.3亿元，同比增长6.7%，市场份额占比28.4%，年度经营考核排名全省系统第十一位，较2020年提升3个位次。

风险防控　加强党内监督体系建设，深化政治巡察，做好全市系统的巡察整改，公司合规管理与风控管理工作进入良性发展轨道。连续2年被评为市“反洗钱优秀单位”，所辖4个县支公司评级均为A类公司，位列当地保险行业第一。参加行业协会组织的“防非宣传月抖音话题挑战赛”，风险管理部制作的“DOU（都）来守住钱袋子”宣传视频获“优秀作品奖”。

履行社会责任　在新农村合作医疗、城乡居民大病保险、女性特定疾病保险、老年人意外伤害保险、计生家庭保险、村干部保险、农村小额保险、学生儿童保险、全国公安干警保险、私人建房意外伤害保险等领域均有涉及。推进普惠保险示范乡镇创建，普惠民生保费同比增长16.7%，分销承保综合覆盖率为11.7%，较上年上升1.2%。续签2021年大病保险服务合同，中标双峰县城乡居民意外伤害保险。（曾　翠）

## 地方金融组织

【概况】2021年，娄底市8家融资性担保公司，年末在保余额18.74亿元（含农信担保娄底分公司2.98亿元），比年初增加3.91亿元，新增担保发生额8.62亿元，担保费率全年降至1%以下。8家小额贷款公司全年累计新增贷款余额7.87亿元，比上年同期增长3.77亿元，不良率比年初下降8.84个百分点。（尹雅丽）

【市兴娄融资担保有限公司】2021年，娄底市兴娄融资担保有限公司累计担保户数为319户，较上年同期增长79.21%；累计担保发生额13.59亿元，较上年同期增长43.16%；12月末在保余额为12.98亿元，较上年同期增长46.83%；在保户数315户，较上年同期增长92.07%。年末在保客户中，小微、“三农”企业在保310

户，在保余额12.3亿元，占比94.81%；500万元及以下的项目在保261户，在保余额7.17亿元，占融资担保在保余额的55.28%，在全省市级担保公司中综合排名第五。行业分布上，制造业企业规模最大，占比50.8%。担保放大倍数达到4.3倍，超出全国和全省平均水平，代偿率2.52%，低于全国全省同行业平均水平。

产品创新　“国担快贷”“湘担快贷”等批量业务产品成功实施。6—12月，实现迅速放款达2.6168亿元，其中“国担快贷”放款25118万元，“湘担快贷”放款1050万元。以区块链技术为核心的电子保函业务成效明显，截至12月底，共开具电子投标保函3597笔。

社会效益　积极降费让利，年均综合担保费率为0.95%，累计降费让利近1000万元。累计为800余户中小微企业提供超40亿元的担保贷款，按通行的行业口径测算，累计拉动全市新增产值160余亿元，增加税费超8亿元，拉动社会就业超12万人。按上级要求全面完成抗击疫情、安全生产、乡村振兴、社区帮扶等各项工作，解决乡村振兴及社区帮扶资金近30万元。

体系建设和风险防控　公司转变为由市财政出资，建立以财政部《考核指引》为依据的科学考核机制；完成各县域办事处的设置，实现“以市级政府担保机构为骨干，业务县域全覆盖”的机构建设目标；成功列入全省第一批政府性融资担保机构股权投资名单（全省共6家），获得国担基金及省再担保公司股权投资2000万元；共获得16家银行30.5亿元的银行授信，全面完成与16家合作机构银担分险（2∶8）协议的签订，追偿代偿项目资金566.65万元。在全省融资担保公司分类评级中获评A类，被纳入全省政府性融资担保公司名单制管理，当年共获得各项降费奖补资金1523万元，被《中国农村信用合作报》及学习强国刊登报道2次。

（黄　俊）

**【市创业发展集团有限公司】** 2021年，娄底市创业发展集团有限公司（简称市创发集团）实现营业收入24.9亿元，同比增长670%；实现利润9092万元，同比增长466%；总资产100.6亿元，同比增长17.5%。公司项目投资10.9亿元，完成全年目标任务。全年融资授信18.45亿元，实际到位7.76亿元，综合融资成本控制在6%以下，偿还隐性债务1.24亿元。

项目建设　华菱产业基金（代表娄底市政府出资参与）完成对华菱智能钢构、浙湘新材两个项目的投资，规模1亿元以上。8月底，联鑫废钢加工基地建成投产并获得工信部准入牌照，因全年供应46万吨成为涟钢集团废钢重点供应商。完成对经纬公司的混合所有制改革，市创发集团作为单一大股东占股45%，实现国有实际控制与财务并表；10月，支持经纬公司在银行办理首笔融资，经纬公司全年实现营业收入83678万元。高丰路加油站建成投营，娄底市创投石化有限责任公司油品销售量突破5000吨大关；娄星南路加油站（娄星南路行车综合服务中心）和娄双大道加油站完成摘牌前的准备工作。市体育中心、湘中大道等5处公共充电桩（站）项目完成，推进出租车充电站建设的前期准备工作。市康复养老中心一期建设竣工，三期建设开工。市殡仪馆建设项目竣工。水洋生态新区完成土地协议签订2031亩，完成房屋协议169栋，完成土地划拨467亩。乐坪大道东延线及华星路综合开发PPP项目控制性工程——华星隧道全线贯通。温金公路冷水江段开展路面施工，安坝至大江口公路改造工程完成路基土石方，新西线项目完工。公交东站完成一期土石方施工，骡子坳公交首末站完成开工前准备。娄底南站综合客运枢纽完成招标工作及配套服务用地摘牌，温金公路新化段完成施工招标，杉山至九仑公路完成前期报批工作。城区外环线项目纳入《省交通运输“十四五”规划》和《市交通运输“十四五”规划》，新化春田机场完成民航总局军地协议审批，桥头河—白果高速公路完成项目预可研编制，纳入省“十四五”规划研究。三湘路桥公司无偿划转进入，新旺达客运公司实现无偿划转到位。3月，娄底市百通小额贷款有限公司开业，被省金融监管局评为优秀小贷公司，并在全省的小贷监管工作会议上向全省小贷公司分享经验。娄底市百通小额贷款有限公司全年放款金额7.44亿元，达到A类评级标准，截至2021年底，娄底市百通小额贷款有限公司累计为79家中小微企业客户发放小额贷款115笔。湖南昆石私募股权基金管理有限公司成功投资湖南兵器混改项目，并完成对湘村高科、五江高科的投资，推进娄底市企业“上市破零”计划进程。商粮局、检察院两处（五宗）资产完成挂网、摘牌，市场监督局门面、办公楼及院内土地资产整体移交市创发集团，广铁集团资产移交签订协议。9月，接收长铁在娄门面10个，办理市文化旅游广电体育局资产转移登记手续。收购、返租瑞克橡胶厂房及附属资产，拍卖处置部分资产（月塘街）。全年管理租赁合同320份，收缴到位租金近1000万元，招租2.53万平方米。

（梁　斌）

# 商　贸

◎商贸流通
◎供销合作
◎专卖专营

# 商贸流通

【概况】2021年，娄底市商务粮食系统强招商，引项目，实施高水平引进来；抓机遇，拓市场，实施高水平走出去。促创新，强平台，推动外贸发展，设立湖南省首个市州驻中国(湖南)自由贸易试验区商务联络处。扩内需，挖潜力，促进消费提质扩容，“湘博会”首次实现“一会三展”，“乐享娄底、幸福生活”消费季、汽车博览会、网上年货节等消费活动成功举办。守底线，强储备，落实粮食安全党政同责，市级成品粮油储备管理制度和储备结构进一步完善调整，粮食购销领域腐败问题专项整治推进有力，各项工作实现“十四五”良好开局。

【招商引资】2021年，娄底市实现实际使用外资3001万美元，同比增长102.8%，总量居全省第八位，完成年度任务的107.2%，进度居全省第九位。内联引资(省外境内)586.1亿元，同比增长29.1%，完成年度任务的113.2%。引进重大招商项目86个、“三类500强”企业项目7个，总投资260.8亿元。建立并逐步完善娄商库1097家、产业链商库506家及专家库75人。首个娄商日签约项目29个，总投资超44亿元。

【外经外贸】2021年，娄底市实现进出口总额191.77亿元，总量居全省第十位，同比增长28%，增幅居全省第八位。其中进口额152.98亿元，同比增长40.44%，总量居全省第四位，增幅居第五位；出口额38.79亿元，同比下降5.25%，总量居全省第十一位，增幅居第十三位。全市实现对外工程承包营业额6032万美元，同比增长335%，总量居全省第二位；新签对外工程合同额1.49亿美元，同比增长15倍；对外实际投资额210万美元，同比增长11.1%，总量居全省第九位；新增中方合同投资额607万美元，总量居全省第八位，同比增长304%。派遣对外劳务合作人数191人，同比增长115%，总量居全省第七位。搭建贸易平台，组织53家娄籍企业在湖南自贸试验区高桥大市场建成娄底出口产品展示馆，并纳入长沙海关、省商务厅市场采购贸易试点白名单。加强产销对接，在高桥大市场举办“第二届中非经贸博览会对非出口产品消费节”活动娄底专场。

【电子商务】2021年，娄底市推进电商进农村全覆盖，整合商贸、邮政等资源，新建“线上线下”融合、“多站合一”的农村电商服务站240个。培育电商人才，与市人社部门联合培训电商主播1000名。举办2021全国网上年货节——娄底年货直播节、湖南省直播带货暨短视频大赛娄底初赛及颁奖仪式等活动。

【粮油管理】2021年，娄底市坚持党政同责抓粮食安全工作，完成储备粮油的轮换任务，完善调整市级成品粮油储备管理制度和储备结构。提升监督检查能力，推进粮食购销领域腐败问题专项整治，聚焦重点开展自查自纠并整改。提高优质粮油市场占有率，全市优质大米占有率69.98%，较2020年提高4.98个百分点，优质食用油占有率92.9%，提高32.9个百分点。示范企业与当地村级农户及种粮大户签订70万亩优质稻生产基地(其中富硒优质稻3万亩)。是年，争取“千亿产业”专项扶持资金355万元，扶持的项目有新化省级特色粮油产业发展县、湖南农友集团多功能粮油烘干设备研发应用、湖南灯塔米业1万吨米粉加工基地建设项目、“涟源茶油”区域公共品牌建设项目。市粮油质量检测中心获得食品检验机构资质认定证书和CMA计量认证实验室挂牌资格。组织临田收获粮食质量扦样监测，按照下达的监测扦样任务组织采样、封样、送样，完成两季临田扦样检验。

【市场运行】2021年，娄底市开展《娄底农贸市场管理条例》立法调研工作，完成《娄底农贸市场管理条例调研报告》。2019—2020年娄底市7个农商互联项目全部通过复核验收。是年，全市实现社会消费品零售总额778.2亿元，总量居全省第十一位，同比增长

2021年12月10日，第十二届“湘博会”在双峰县主会场开幕　　（市商务粮食局供图）

14.6%，增幅居全省第五位。举办第三届“乐享娄底、幸福生活”消费季、第三十一届和第三十二届汽车博览会、2021网上年货节等消费活动。探索“湘博会”市场化办会，首次实现“一会三展”，在双峰县设农业展主会场，在娄底经开区举办涟钢客户年会，在万宝新区举办娄底第二届电商节，“湘博会”现场成交额2.965亿元。

【品牌建设】2021年，娄底市推动流通领域转型升级，双峰县佳旺购物广场、湖南植雅轩实业有限公司和湘中诚通物流有限公司三家企业获批省级物流标准化项目。双峰县佳旺购物广场（伟旺中伟店）被省商务厅评定为省级绿色商场。创建首批“湖南省示范步行街”，双峰县汇丰步行街获批全省首批9条示范步行街之一。

【娄底市人民政府驻中国（湖南）自由贸易试验区商务联络处成立】2021年4月28日，娄底市人民政府驻中国（湖南）自由贸易试验区商务联络处在湖南中非经贸创新示范产业园揭牌成立。该联络处是湖南省首个市州驻中国（湖南）自由贸易试验区的商务联络处。中国（湖南）自由贸易试验区于2020年9月正式获批，形成了“一产业、一园区、一走廊”三大特色战略定位，涵盖长沙、岳阳、郴州三大片区，实施范围119.76平方千米。联络处成为娄底深入对接中国（湖南）自由贸易试验区的有效平台，促进娄底对外经贸投资合作，推动相关产业有效嫁接，使娄底真正成为湖南自贸试验区的功能拓展区，助推娄底开放型经济高质量发展。

（戴凡夕）

2021年4月28日，娄底市人民政府驻中国（湖南）自由贸易试验区商务联络处揭牌

（市商务粮食局供图）

## 供销合作

【概况】2021年，娄底市持续推进供销合作社综合改革，完成薄弱基层社改造6家，创建一批星级综合服务社，5家获评国家、全国总社农民合作社示范社，基层社社员44.936万人；双峰青树坪镇、新化科头乡、冷水江市沙塘湾办事处、涟源七星街镇、娄星区蛇形山镇5个乡镇创建为“为农服务综合体”，其中双峰青树坪镇供销社打造成全省供销系统为农服务示范乡镇基层社。

【“两个到户”】2021年，娄底市系统组织开展“三社共建”“两个到户”（联结到户、服务到户）示范项目建设，通过基层创建、县市考察评估，确定娄星区蛇形山镇供销社等5个示范单位，采取以奖代补方式支持20万元补助资金。涟源市整体打造“两个到户”示范市，搭建19个乡镇供销合作社、458个村级供销合作社平台，实现市域全覆盖；培育实施主体，搭建农业社会化综合服务平台、乡村绿色生态服务平台和农村电子商务服务平台；培育天柱山禽业、祥兴农业、盛达农业3家省级农业产业化龙头企业和27家具有一定规模的农民专业合作社。娄星区供销社通过整合全区24家农民（农机）专业合作社（涉及5个乡镇），组建“娄底市禾一种养农民专业合作社联合社”，开展“两个到户”，该联合社自组建以来，实行生产、销售、经营联合和资源整合，开展农资产品集中采购、订单式农业生产，提高成员社抵御市场风险的能力，取得较好的社会和经济效益。双峰县祥农正丰供销合作社有限公司通过建设农产品冷链物流项目开展“两个到户”，成功申报省供销社、省财政厅商业流通资金支持，建设分拣车间1300平方米、预冷库700立方米，购买冷链配送车6台，与周边100余名农户签订淮山收购合同，新增订单金额200余万元。

【为农服务】2021年，娄底市供销系统筹建“公司+综合合作社+基地+农户”新模式引领农户大力发展生态畜禽养殖;搭建公益惠农综合服务平台,为涉农企业提供财税咨询、项目申报、政策解读等服务,筹建农业产业孵化基地;将涟源市龙塘镇文石村打造成绿色生态环保型优质稻米种植示范基地;筹建生产、供销、信用“三位一体”综合合作服务平台,与开发商、运营商签订三方合作合同,进行技术研发与产品开发;谋划打造娄底农产品区域公用品牌,向市政府提交《打造娄底农产品区域公共品牌的请示》,工作建议被采用并由农业农村部门实施;组织成立市供销社“服务三农小分队”,为真抓实干的涉农企业争项目、争资金。全年协调部门项目资金2000余万元,为中小企业协调融资贷款近5000万元。

【综合改革】2021年,娄底市供销系统推进综合改革。新化县供销社多方资源渠道共享,建立“供销、邮政快递综合服务社”,利用农村综合服务中心和村级综合服务社,自建物流快递网络;娄星区供销社组织24家农民专业合作社组成联合社进行企业化运营;涟源市丰乐园开展“三大结合”(土地流转与订单农业相结合、标准化种植与蔬菜加工相结合、开展电商经营线上线下相结合)实现“两个到户”;双峰“136”模式〔即以一对劳动能力正常的夫妻种植10亩栀子花,每年可产出中药材栀子、土鸡(蛋)、蜂蜜3个优质品种,助农增收6万元以上〕巩固拓展脱贫攻坚成果,与乡村振兴有效衔接;冷水江市供销社依托改造升级的基层社,整合农业公司,构建农资供应、农业生产服务等有机整合的惠农综合服务平台。 (陈新颖)

## 专卖专营

### 烟草专卖

【概况】2021年,娄底市烟草专卖局(公司)经济效益稳中有进、稳中提质,销售卷烟14.92万箱;上缴税收9.67亿元,同比增长5.45%;商业增加值同比增长5.44%;三项费用率保持平稳。查处涉烟违法案件783起(其中国标案4起、省标案3起、真烟涉刑案1起),刑拘32人,逮捕31人,判刑28人;查处违法卷烟4845.63万支,同比增长8%。

【营销服务】2021年,娄底市烟草专卖局(公司)围绕“1145”营销工作思路,以“四投四保”精准投放模型为指导,完善“六因双子”投放方式,加大“三偏”品规调控,客户毛利率13%以上。出台“打造中高端品牌培育主阵地”实施方案,开展“3 + X”品牌培育活动5019场、“线上 + 线下”零售户专题培训120余场,重点骨干品牌占比、“42 + 10”行业共育规格增长分别居全省第二、第一。推进卷烟营销数字化转型,推广云POS信息终端系统,年底在网运行1861台,周活跃用户占比全省第一。研发推广手机端云POS,全年推广2888户。深化“三全六化”网格管服,按月实施网格考核。推进零售终端提质升级,建成现代终端4617家,前背柜一体化改造83.22%,建成“湘村636”终端20家,打造标准小组之家200个。推进农网建设,摸排“空白村”258个、通过动态管理减少41个。推进信用体系建设,完善“2337”运行模式,对383户“失信名单”实行分类处理,将23户纳入社会信用体系黑名单,实施联合惩戒,在“信用中国”网站公示。制定文明吸烟环境建设规划,累计建成吸烟亭27个、吸烟点1798个,吸烟亭(点)覆盖村一级。连续3年获全省系统卷烟营销工作先进单位。推进现代物流、绿色物流建设,减少薄膜使用量16.8吨、燃油消耗12000余升,回收烟箱40.8万个,全年降低物流费用160万元,获省局物流分线考核第二名。涟源、新冷中转站正式施工(涟源中转站,位于涟源,负责涟源全部以及冷水江市部分区域的卷

2021年10月25日,娄底市烟草专卖局召开娄底市烟草制品零售点合理布局规定听证会

(市烟草专卖局供图)

烟配送；新冷中转站，负责新化全部以及冷水江市大部分区域的卷烟配送）。

【专卖监管】2021年，娄底市烟草专卖局加强许可证管控，颁布新版《娄底市烟草制品零售点合理布局规定》，推行卷烟零售许可证政务窗口办、基层所站办、手机网上办，做到“就近办、所站办、网格办”，让客户“仅跑1次到1次都不用跑”，办证期限压缩到5～8个工作日，年末在网运行17199户。开展涉烟刑事案件查处协调领导小组及烟草市场综治协作平台建设，完善与公安、市场监督、邮政管理等的协同、保障、奖评机制。强化真烟异流与大户治理，开展“三个一批”专项治理，建好“三张名单”，深入“破网净源”，推广“四员协同”系统，查获真烟4099.48万支、同比增长8.1%，行政处罚大户242户次，其中劝退歇业133户、取消经营资格108户。开展打假打私，坚持“打源头、端窝点、破网络、抓主犯”，开展“撑艰‘春雷’必定有我”等专项行动，常态化开展物流寄递专项清理，深挖“五类人员”，守好“交通要道、区内市场、网络平台”三道防线，打击生产管理者8名、下游分销商17名、投资

2021年2月8日，娄底市烟草专卖局联合公安、工商全面开展电子烟专项检查行动　（周　敏　摄）

合伙人2人，查获假私烟746.15万支，烟丝烟叶23.88吨。开展电子烟监管，制定电子烟监管制度，常态化开展电子烟实体店、生产企业摸排及电子烟专项检查，督导持证户下架电子烟产品，累计注销电子烟生产销售企业1家，劝导实体店下架电子烟13户。获2021年度市州局专卖管理“4+X”工作业绩考核第五名。

【企业管理】2021年，娄底市烟草专卖局（公司）编制“十四五”规划，出台高质量发展“1+6”政策体系、“五个打造”实施方案，构建“1124”发展体系。强化对标管理，构建高质量发展评价指标体系，开展专项管理诊断活动、分层分类对标，对标综合评价得分排全省系统第四，指标提升率70.27%；全省系统县级局综合评价得分，双峰县、涟源市分居第一、第三，改善提升得分涟源市第八。加强法律风险防控，依法经营与管理持续规范，是年获湖南省“2016—2020年依法治理创建活动先进单位”、湖南烟草“崇德守法　知行合一”法律知识竞赛三等奖，1人获评全省系统“七五”普法先进个人。全面复核制度230个，审核新建制度30余个，废止制度171个，在行有效制度267个（主要是指内部的工作规定），编制2021版制度电子书。强化创新管理，构建“五有”创新管理机制，建成技术能人工作室2个，承担全省人力资源管理信息系统建设试点，自主研发应用“无感考勤”“促销物资监管”“线上办公费用管控”“零售户服务直通车”“安防掌上通”“智慧食堂”等App，升级推广“会议助手”“公务用车”App。1个项目获第二十二届湖南省企业管理现代化创新成果二等奖，1个课题获全省系统“精益十佳”，2项成果在全省系统第二届科技创新论坛作典型发言，“安防掌上通”等App取得计算机软著作权。强化安全管理，突出“效果之问”，打造“12360”安全文化品牌，实施安全网格化管理，推进安全生产专项整治三年行动，获评全省系统安管工作第一名。处理网络舆情8起、市长热线和信箱10件，未发生负面影响事件。强化软实力建设，弘扬“四海一家”娄烟文化，扩建文化宣讲团队至16人，更新文化园5期，向行业内外推介宣讲20余场次，接待200余人次。推进文明单位创建，获娄底市“书香机关”，双峰县局“撑艰悦读”获十佳“书香娄底”全民阅读品牌项目。（李优优）

## 成品油经营

【概况】2021年，中国石化销售股份有限公司湖南娄底石油分公司（简称中国石化娄底石油分公司）加快新能源基础建设，推动能源结构调整，发展以新能源、新经济、新领域为重要增长点的环保型“绿色加油站”项目。全年实现成品油经营总量39.17万吨，在全省系统“比学赶帮超”活动中，累计夺得红旗28面，全省排

名第六位。论文《构建与实施全员参与 协同治理的销售企业基层治理体系》获集团公司第三十届管理现代化创新成果三等奖。

【营销管理】2021年，中国石化娄底石油分公司以油非互促、加油卡营销、高标号营销为手段，提升汽油扩销创效水平。以区域柴油直降为稳量抓手，达到“一站管一域”“一站管一路”的经营目标。实施24小时服务提升工程，优化调整营业时间，提升夜间服务质效，挖掘全时段市场销售潜力。加大两微改造资金投入力度，提升加油站四率。开展“奋斗四五六”专项行动，开展客户开发竞赛。牵头成立行业协会，推动市政府出台打非治违三年行动方案。加大商标侵权打击力度，开展诉讼维权，“以诉促和”，促进市场环境净化，柴油零售下滑趋势得到一定遏制。

严格风险管控和隐患治理，强化风险隐患识别，开展“八个必须”专项整治行动，提升加油站经营管理质效。组织隐患排查治理，解决“低老坏”问题和“三违”行为，对重复治理、新建或改造后仍留隐患的，严肃问责追责。落实安全生产专项整治三年行动计划，综合督查运行机制，全年检查库站301项次，发现问题3496条，落实整改3485条，查处“三违”行为56起。加强全过程数质量管控，深化液位仪应用，增强数质量监控能力，《娄底石油分公司便携式流量计校验加油站油罐“六招”》在全省系统得到推广。严厉打击经营各环节的偷换油违法行为，建立“黑名单”制度，一经发现，坚决清理并在全系统“除名”。建立合资公司运营管理体系，制定合资公司章程、议事规则等模板，规范三会一层议事方式及程序。落实管理理念输出、管理模式输出的要求，围绕合资公司核心业务，制定下发10余项合资公司内部管理制度模板，规范合资公司运营管理。调整完善绩效考核体系，实行多目标联动和正向激励，一线员工实行“联量联价考核”，县公司团队实行“差异化考核”，机关实行“联量联责考核”。

【转型升级】2021年，中国石化娄底石油分公司实施“商品 + 服务”的“双轮驱动”模式，做大做强门店销售，提升非油品经营量效。建成新连长城润滑油高级换油中心和高端润滑油超市，引入东风、重汽、长城、斯柯达等汽车品牌，深化梦洁、电器等联销内购合作，开展水饮节、易享节、易捷年货节进社区、进企业等营销活动。促进易捷便利店站外销售，扩大易捷品牌知名度和营销活动影响力。运用汽服业务“保底+四联”运营模式，以汽服促油非、以油非带汽服，实现油非服深度融合。推进司机之家、爱心驿站建设，发展以新能源、新经济、新领域为重要增长点的环保型“绿色加油站”项目。11月29日，娄底地区首座“油+光伏+充电”绿色能源综合服务站——诚通加能站开业。

【站点建设】2021年，中国石化娄底石油分公司落实项目负责制，搭建工期管理模块，建立网建奖惩机制，实行挂图式作战，全年新建投营站点6座，建设工期平均缩短13天。6月24日，直属潇湘学院、涟源环西、创投高丰站三站开工。挖掘存量资产价值，完成梓门、渡头塘等5座关停站复营及青汉站闲置土地立项工作，实现县域合资公司100%覆盖。按照“需改必改”的工作思路，开展低效站点提质提效工作，挖掘增量空间，全年改造4座站点。 （张慧怡）

# 科　技

◎综述
◎气象

## 综　述

【概况】2021年，娄底市坚持以科技创新引领经济社会高质量发展，科技创新驱动成效逐步显现。是年，娄底市科技创新推动区域高质量发展被省政府作为典型经验表彰推介，娄底高新区创建升级被列入科技部专家现场考察名单，娄底建筑工程机械制造纳入国家创新型产业集群试点（培育）。高新技术产业增加值增速居全省第三位，全市争取省财政研发奖补资金居全省第七位，获全省创新引领真抓实干县市区类表彰奖励。（谢　玉）

【核心技术攻关】2021年，娄底市争取部、省科技计划项目80余项。纳入省“三高四新”战略科技创新攻关的3个项目超前完成年度投资计划，获授权专利25项，突破技术12项，整体进度全省排名前三，获省三高四新产业项目建设活动真抓实干督查激励。探索实施“揭榜挂帅”制度，面向全市10条重点产业链征集关键共性技术84项。围绕现代农业、生命健康、生态环境等重大民生领域征集关键技术需求23项。通过企业走访、专题座谈、专家论证等程序选准突破口，将关键核心技术攻关的重点聚集到钢铁新材、工程机械两大产业和电子陶瓷、现代农机两大地方特色产业以及生态环境、生命健康等民生领域，凝练并发布关键共性技术攻关榜单12项，立项支持6项。（谢　玉）

【科技创新平台】2021年，娄底市新组建的潇湘科技要素大市场娄底分市场获批运营。新增国家科技企业孵化器1家，即娄底高新区科技企业孵化器；新增省级科技企业孵化器1家，即娄底市旺达企业孵化基地。新增省级众创空间2家，分别是娄底五八众创创业服务有限公司的前行·空间和娄底市天凯中小企业服务有限公司的天凯众创空间。新增省级临床医疗技术示范基地1个，即娄底市中心医院——湖南省泌尿外科加速康复（ERAS）临床医疗技术示范基地。新增省级“双创”示范基地2个，分别是湖南人文科技学院和湖南桑圆家居有限公司。新增6个省级企业技术中心，分别为湖南五江高科技材料有限公司技术中心、湖南省农友农业装备股份有限公司技术中心、娄底市中源新材料有限公司技术中心、湖南伍星生物科技有限公司企业技术中心、湖南精飞智能科技有限公司企业技术中心、新化县天马建筑新材料科技有限公司企业技术中心。（谢　玉）

【创新创业大赛】2021年，娄底市举办省创新创业大赛娄底分赛暨娄底市第四届创新创业大赛。组织52个企业项目报名参赛，经过初赛、尽职调查、公示、决赛，评出一等奖1个、二等奖2个、三等奖3个、优秀奖14个。推荐20项创新成果参加省创新创业大赛，其中4项获奖，分别为新印科技股份有限公司的新印图文智慧门店加盟体系建设与推广项目、湖南电将军新能源有限公司的快充型微型动力电池及系统研究与产业化项目、湖南新华源科技有限公司的基于核残留检测器用核心封装陶瓷元件的研发与产业化项目、湖南云选矿业科技有限责任公司的难选钼矿滑石抑制剂研发及应用。（谢　玉）

【高新技术产业】2021年，娄底市实现高新技术产业总产值1800亿元，同比增长28.9%。实现高新技术产业增加值400.58亿元，首次突破400亿元，同比增长23.6%，居全省第三位。入统高新产品企业406家，同比增长6.8%。制定下发《关于组织开展2021年度高新技术企业认定工作的通知》，通过政策引导、宣传培训，指导鼓励企业申报高新技术企业。是年，全市分两批申报高新技术企业135家，新认定115家，增量52家，同比增长22.03%，总数为288家。（谢　玉）

【科技服务】2021年，娄底市聚焦“科学素养提升、企业技术攻关、乡村振兴所需”开展“我为群众办实事”实践活动39项（次），参与人数150余人次，为企业群众破难题、解民忧。全市5个县（市、区）选派科技专家服务团成员438人，开展各类适用技术培训班238场次、科技服务2881人（场）次，全面完成乡村振兴实绩考核任务。扎实抓好乡村振兴对口联系村的帮扶工作，帮助村集体协调争取各类资金75万元，引进的黑水虻养殖项目开工建设，投资额度达600万元。（谢　玉）

【科普活动和科技馆建设】2021年2月4日，娄底市科技局到涟源市安平镇开展“三下乡”送科技下乡活动，发放科技培训教材、农村新冠防疫知识宣传册、相关法律资料4000余份，为群众答疑解惑200余人次。5月22—28日，组织42家单位开展“科技活动周科普广场”活动，500多名科技工作人员和科普志愿者参加，展出宣传图片834幅，实物展览165件，发放宣传资料38440份，接受服务人数18439人次。组织科普讲解大赛，两名参赛者在省科普讲解大赛中获奖。推荐4个科普作品参与第十届湖南省优秀科普作品评选，3个作品获奖。在省“科学实验会演展演”决赛中，进入决赛的4支代表队均获名次。娄底市科技馆改建工程市长现场办公会议召开并形成市长办公会议纪要，对接市财政完成科技馆建设启动资金的拨付，对接市自然资源与规划局召开规委会办公专题会议审议《娄底市科学技术馆设计方案》并全票通过。（谢　玉）

【知识产权保护】2021年，娄底市设立湖南省知识产权综合服务娄底分中心，出台《关于强化知识产权保护的若干措施》。全市授权专利2897件，同比增长12.7%；全年发明专利授权215件，同比增长56.9%；有效发明专利823件，每万人发明专利拥有量为2.15件。有效注册商标34005件，是年新增7989件，娄底市商标窗口排名全省第二，全国同期窗口第一。完成知识产权质押融资登记7笔，质押专利68件，金额8733万元，同比增长213%，其中1笔14件发明专利纯专利质押融资4580万元，为全市数额最大。娄底专利质押融资增长率居全省第一位。（曾　敏）

**2021年娄底市科技成果一览表**

表23

| 获奖情况 | 项目名称 | 完成单位 | 完成人员 |
|---|---|---|---|
| 2020年省级技术发明二等奖 | 麻类副产品梯次利用及灵芝化妆品新原料技术推广与应用 | 中国农业科学院麻类研究所、湖南御家化妆品制造有限公司、湖南忠食农业生物科技有限公司 | 彭源德　谢纯良　洪益秋　严　理　龚文兵 |
| 2020年省级创新团队奖 | 农田杂草安全高效防控创新团队获创新团队奖 | 湖南省农业科学院、湖南农业大学、湖南人文科技学院 | 柏连阳　周小毛　刘都才　金晨钟　刘祥英　熊继东　王立峰　马国兰　李祖任　刘开林　胡利峰　乌腊梅　潘　浪　彭　琼　彭　迪 |
| 2020年国家科技进步二等奖 | 钢材热轧氧化行为控制技术开发及应用 | 东北大学、鞍钢股份有限公司、河钢集团有限公司、山西太钢不锈钢股份有限公司、马鞍山钢铁股份有限公司、南京钢铁股份有限公司、湖南华菱涟源钢铁有限公司 | 刘振宇　曹光明　齐建军　于　洋　李光辉　司小明　石发才　许　斌　赵显鹏　陈军平 |

# 气　象

【概况】2021年，娄底市气象工作对标“监测精密、预报精准、服务精细”，扎实推进气象现代化建设，稳步提升综合气象观测能力、预报业务能力和气象信息化水平，持续深化气象改革，科学防范化解重大气象灾害风险取得新突破，成功应对多轮强降雨天气过程，充分发挥气象防灾减灾第一道防线作用，统筹做好防汛防疫等气象服务保障。

【基础业务】2021年，娄底市地面测报与农气观测数据及时无错，全市国家级自动站数据传输及时率99.92%，数据可用率99.98%，区域骨干站数据传输及时率99.50%，数据可用率99.83%。积极应用递进式气象服务，开展精准靶向预警，准确及时发布暴雨、高温、雷电、冰雹等灾害性天气预报预警，其中暴雨灾害预警信号命中率达96.7%，提前量达62分钟。实现智能网格预报业务单轨运行。继续推进全市气象防灾减灾“六个一”（一本账、一张图、一张网、一把尺、一队伍、一平台）标准化建设，全省首创区域站气温、降水分布图，绘制气象灾害风险地图。制定气象灾害综合风险普查实施方案，稳步推进试点工作。加强基层气象灾害防御能力建设，完成全市气象责任人6477人的信息收集与更新。

【气象服务】2021年，娄底市气候复杂多变，主汛期（4月1日至9月30日）雨水集中，局部暴雨洪涝强度强，5月中旬累计降水量创同期新高，多地达极端降水事件标准。全市气象部门加强监测预报预警服务，全力迎战20轮强降雨天气过程，成功应对5—8月期间3段强降雨集中期。累计呈报决策气象服务材料500余期，启动气象灾害应急响应6次，累计响应时间近500小时，通过12379平台服务防汛责任人140万人次。精准靶向发布暴雨红色预警信号14期，服务135万人次；发布强降雨红色临灾警报56期，服务230万人次。6月27日至7月4日，娄底遭遇连续强降水天气过程，19个乡镇达洪涝标准，气象部门上下联动，及时发布预警信号和红色临灾警报，共计服务110万人次，为防灾避险提供决策依据。

面向全市300家种粮大户提供精细化服务，发布农业气象情报78期。联合生态学会组织气象专家团队开展“一对一”指导农产企业，助力乡村振兴。针对全市阶段性气象干旱，开展地面人工增雨作业69次，协调飞机开展空中人工增雨作业8次，累计降雨量近5200万立方米，影响面积2622平方千米，及时有效缓解全市旱情。利用人工增雨作业增加资江新化段径流，有效应对冷水江段锑超标事件。12月份多次开展人工增雨作业，有效改善城区空气质量和降低森林火险气象等级。

高分项目和多模式客观融合预报技术等研究型业务取得突破性进展，开展基于高分辨率卫星遥感在冷水江锡矿山区域生态环境修复中的应用，完成冷水江锡矿山尾矿库的三维和二维重建及1986—2020年六大像素分类的逐年变化及NDVI图像制作。年内，组织召开气象灾害风险趋势会商、重大气象信息新闻发布会3次。

【气象现代化建设】2021年，娄底市气象现代化重点项目顺利推进。新一代天气雷达建设方案通过市规划委员会全会审定，市长亲自“挂帅”抓雷达建设，召开新一代天气雷达推进会议明确建设任务。双峰县、涟源市、新化县国家突发事件预警信息发布系统投入使用。有序推进区域站升级改造，完成14套四要素站设备购置，重建区域站3个。全市23个“道安监管云”交通站全部建成。与市发改委联合印发《娄底市“十四五”气象发展规划》，1个重点项目被纳入全市“十四五”规划。

2021年，新化县国家突发事件预警信息发布平台投入使用　（市气象局供图）

【气象依法行政】2021年，娄底市气象局稳步开展防雷及升放气球安全生产“三年行动”，联合应急管理局印发《关于进一步加强防雷安全工作的通知》，组织开展防雷和升放气球安全生产系列行动，累计出动执法人员1914人次，检查生产经营单位742家。开展“一件事一次办”改革，升放无人驾驶自由气球或者系留气球活动审批纳入目录清单。年内，核准雷电防护装置设计审核7项，雷电防护装置竣工验收13项，升放无人驾驶自由气球或者系留气球活动审批290项，升放系留气球资质延续13项，升放无人驾驶自由气球、系留气球单位资质认定1项。稳步推进政务服务“三化”（标准化、规范化、便利化）工作，完成“电子证照”录入对接工作。持续深化行政审批改革，园区行政审批赋权在市经开区实施。

【气象宣传工作】2021年，娄底市气象局以“普及气象知识、提升防灾能力”为科普重点，拓展微博、微信、抖音等媒体渠道，以图文讲解、视频互动等形式，多举措开展系列气象科普宣传活动。通过开展科技“三下乡”、“3·23”世界气象日、“5·12”防灾减灾日、“6·4”环保日、科技活动周、安全生产月、全国科普活动日等主题活动，采取“线上+线下”双向互动模式进行气象防灾减灾和气象法律法规知识宣传。针对青少年、社区居民、农民等不同人群，积极推进气象科普宣传进企业、进农村、进社区、进学校、进家庭等活动。多次组织农业气象专家赴涟源平康合作社、双峰县印塘乡白马村等种植基地开展调研活动，做好春耕秋收服务保障。开设气象科技成果展、气象台站开放日、气象科技下乡等宣传活动，提升公众气象灾害防御能力。

（翟婧媛）

# 教　育


◎综述
◎学前教育
◎普通中小学教育
◎中等职业教育
◎高等教育
◎特殊教育

# 综　　述

【概况】2021年，娄底市有各级各类学校1914所，教职工6万人，学生83.9万人。其中幼儿园854所（民办503所），教职工1.5万人，在园幼儿12.9万人；义务教育学校988所（民办19所），教职工3.1万人，学生52.9万人；普通高中40所（民办10所），教职工0.8万人，学生9.1万人；中等职业学校23所（民办10所），教职工0.2万人，学生4.6万人；特殊教育学校6所，教职工174人，学生930人（在校）；高职院校2所（民办1所），教职工1758人，学生2.6万人；成人高等教育学校2所，教职工421人，学生1.49万人；全日制本科院校1所，教职工1353人，学生1.77万人。培训机构414个（所）。

【教育发展规划】2021年，娄底市教育局编制出台《娄底市"十四五"教育事业发展规划》，确定"十四五"时期教育事业的发展方向和任务目标。科学布点中心城区中小学幼儿园并参与土地调规，启动编制《娄底市中心城区中小学布局专项规划（2021—2035）》（简称《布局规划》），制订2021年高中学校招生计划。12月初，召集娄星区、经开区、市规划设计院召开《布局规划》编制调研座谈会，分析中心城区中小学幼儿园布局现状及存在的问题，提出中心城区中小学校布点的意见、建议及布局思路。对中心城区的示范性普通高中学校分配指标生计划，下达计划既符合上级部门的政策要求，又符合娄底市的教育实际。申报高等学校设置事项和学校更名工作，向省政府申请"十四五"期间新建新化楚怡职业技术学院、娄底卫生健康职业学院，娄底职业技术学院和潇湘职业技术学院升本，娄底技师学院设置为高等职业学院。市政府同意娄底电大更名为娄底市开放大学，娄底一职更名为娄底楚怡职业学校，娄底市第五中学更名为涟钢中学（娄底市第五中学）。

2021年9月4日，娄底市召开新建娄底师范高等专科学校迎评估调度会　（市教育局供图）

【教育经费】2021年，娄底市投入教育经费90.3562亿元，其中一般公共预算安排的教育经费72.0083亿元，政府性基金预算安排的教育经费1.1028亿元，企业办学中的企业拨款50万元，民办学校中举办者投入210万元，事业收入15.6058亿元，捐赠收入553万元，其他教育经费1.558亿元。全年教育总支出为90.4684亿元，其中工资福利支出55.3713亿元，占总支出的61.2%；商品和服务支出为14.743亿元，占总支出的16.3%；对个人和家庭的补助支出6.5488亿元，占总支出的7.23%；基本建设及资本性支出1.7806亿元，占总支出的1.97%；其他支出1.0843万元，占总支出的1.2%。

【教师队伍】2021年，娄底市教育局制订《2021年娄底市"师德师风建设年"实施方案》，继续组织开展师德师风集中教育活动，师德师风建设是全省唯一作典型发言的市（州）。组织专家团队编写《师德师风教育读本（三）》发给全市教师学习使用。开展以"师魂映党旗——庆祝中国共产党成立100周年"为主题的师德师风演讲比赛和"身边的好老师"征文比赛，评选娄底市师德标兵50名。全年全市认定高中（中职）教师资格784人；中小学教师资格注册合格27458人，暂缓注册437人；教师资格考试（面试）报名9478人，实际参考9082人；选送796名公费定向培养师范生〔其中505名为市（州）计划〕，643名毕业生按照协议书要求落实就业岗位；招聘特岗教师688人；中职学校中级职称通过31人，市直中小学教师一级职称通过66人，中小学教师系列高级职称评审申报1152人，评审通过597人；推荐8人参评全省基层中小学岗位乡村教师正高级教师评审，4人获通过，推荐20人参评2021年全省中小学教师系列正高级教师评审，15人获通过。是年，首次实施基层中小学教师职称制度，1081名教师申报资深乡村教师高级职称，1077人获通过，550名教师申报基层中小学岗位乡村教师高级职称，282人获通过。

2020—2021学年，全市“三区”支教老师170名。2021—2022年，全市“三区”支教老师到农村学校支教111名。37位老师参与2021—2022学年中央银龄讲学计划。完成“国培计划”“省培计划”，整校推进提升工程2.0。开展娄底教育大讲堂“教师的自我发展”系列专题讲座4期，培训1040人次。开展市直中小学新进教师系列培训1340人。开展教师信息技术应用能力提升工程2.0，组织全市1800支团队参加湖南省中小学幼儿园教师信息技术与学科教学融合创新应用在线集体备课大赛活动。

【学校德育工作】2021年，娄底市中小学校广泛开展“新时代好少年·红心向党”主题教育读书活动，1320所中小学校、50余万中小学生参加。全市获全省一等奖、二等奖、三等奖优秀征文作品364篇，其中一等奖征文作品10篇；获全省优秀朗诵、演讲视频作品一等奖15项（全省一等奖共45项）。组织全市中小学生参加省教育厅录制的“国旗下的讲话”系列活动，全年开展17期，市教育局被省广播电台广播传媒中心评为最佳组织奖。4月底，联合团市委举行2021年娄底市新团员“五四”集中入团宣誓仪式；“六一”组织小学生开展“学党史、感党恩、跟党走”少先队主题队日活动，学习习近平总书记给江苏省淮安市新安小学少先队员重要回信精神；“七一”组织中小学生收看庆祝中国共产党成立100周年大会。开展2020—2021学年度全市三好学生、优秀学生干部评选表彰，表彰通报3016名市级三好学生和1221名市级优秀学生干部，推荐3名学生为普通高中省级优秀学生，推荐245名学生为省级三好学生，推荐94名学生为省级优秀学生干部。加强心理健康教育，5月，在全市中小学开展“心理健康教育月”活动，多个优秀活动案例在省里获奖。11月13日，娄底市召开“双减”规范民办教育发展和中小学心理健康教育工作现场推进会。加强思想政治课建设，用好《习近平新时代中国特色社会主义思想学生读本》，成立市级思想政治课名师工作室2个，冷水江市申报为湖南省中小学思政课改革创新示范区。市教育局师德师风建设经验做法被省政府信息刊物刊发。

【校园安全】2021年，娄底市、县两级将校园安防建设列入财政预算，与公安联网建成校园智能安防系统。全市1929所中小学幼儿园封闭化管理达标率、专职保安员配备率、视频监控及一键式紧急报警装置达标率、城镇“护学岗”完成率均达100%。举办校园保安员专题培训班7期，增强提质举措被省公安厅列为工作亮点。全市教育系统开展安全风险隐患排查4轮，排查隐患308项，完成整改307项。强化校车管理，投入1284.8万元整治校车通行道路隐患234处，全市1153台校车全部加装四周雷达；坚持每月两次路面执法检查，检查校车803辆次，查处打击“黑校车”7辆；坚持校车安全监管平台每日“线上”巡查，累计查处校车违法违规行为201起，对140家单位采取提醒、约谈、通报等措施，校车违法违规行为同比下降79.1%。深入开展安全督查，市教育局成立7个常态化督查组到乡镇（街道）、村（社区）督查，累计出动检查人员487人，发出通报12个，督促整改问题隐患1952项，追责问责68人。坚持严防学生溺水，全市88911名重点学生分别由村组干部和学校教师“一对一”“多对一”精准监管看护到位，全市13684处重点水域和危险区域逐一落实责任人。

2021年5月11日，娄底市召开学生防溺水工作会议　（市教育局供图）

【教学研究】2021年，娄底市教育局组织教师参与省教育厅主办的2021年中小学思政课教师教学基本功展示交流活动，有6人分别获一、二、三等奖。8月，组织全市825名小学道德与法治教师、612名初中八年级道德与法治课任教教师、115名高中思政课教师和中小学思政教研员参加网络培训，参与《习近平新时代中国特色社会主义思想学生读本》的学习。是年，市教科所制定印发《义务教育阶段语文等12个学科作业设计与实施指导意见》，为教研部门“减负提质”。重视对基层学校的指导，对全市40余所学校进行定点研究和指导，组织2次大型的送教送研下乡活动。重视新高考研究，邀请有关专家到娄底参加新高考研讨会。重视培养学生的科技创新能力，组织学生参加2021年全省科学实验展演会演，1个项目获全省第5名。重视青年骨干教师培养，全市40余名青年教师分别获省级竞赛一、二、三等奖。组织教师参加全省义务教育优秀教学案例征集遴选活动，23名教师获省优，其中娄底六中谢珊妮获全国一等奖。组织全市教师参加湖南省教科学研究工作者协会优秀论文评选，794篇获奖，其中一等奖142篇，二等奖340篇，三等奖312篇。组织教师参加省教育学会课题研究成果论文评选，获一等奖199篇、二等奖331篇、三等奖795篇。以课题研究为平台，全面提高教师专业素养，全年中小学校立项的省、市课题113项，有91项课题如期开题，其中38项顺利结题。

【教育信息化】2021年，娄底市加大对教育信息化的投入，进一步改善提升农村学校网络条件和多媒体设备条件，全市所有学校网络宽带上升为100M以上，每间在用教室都配备多媒体设备。网络联校常态化应用，娄底六小等10所省市网络联校主校继续和所联分校开展“送课送教送资源”等活动。网络联校2.0模式涟源市农村学校实现全覆盖，冷水江50%的农村学校实现覆盖。全市7所芙蓉学校成为当地教育信息化标准学校，新化、冷水江、双峰的芙蓉学校已形成“省级总校—市级名校—芙蓉学校—农村学校”四级网络联校体系。是年，全市有20个名师工作室送教下乡，互动教研46次，其中有9次活动报道在新湖南和湖南省电教馆网站上发布。涟源市成功申报省教育信息化融合应用实验区。娄底市第五中学成为省教育信息化创新应用试点学校，娄底市第六中学等16所学校成为市教育信息化创新应用试点学校。组织教师参加全省教育信息化作品征集活动，获一等奖4个、二等奖5个、三等奖12个；组织学生参加湖南省教育厅“红心向党少年志”主题实践征文活动，1人获特等奖，2人获一等奖，4人获二等奖，9人获三等奖，16名老师获省优秀指导教师；在全省中小学生信息素养提升实践中，3组选手获一等奖，19组选手获二等奖，31组选手获三等奖。11月，举办全市中小学生编程应用大赛，全市71所中小学校的576名选手参加。6个省、市信息化课题获省立项并命题。

【教学仪器】2021年，娄底市组织初中物理、化学、生物实验操作技能考试，对市直4所小学科学实验教学质量进行抽查。推荐作品参加全国中小学优秀自制教具展评，全市有2件作品经省里遴选后参加全国展评，娄底一中的《电动胶塞打孔器》（周霞辉等老师制作）、《多功能力学演示仪》（肖红兵等老师制作）分别获一等奖、三等奖。组织幼儿园优秀玩教具展评活动，评选出6个一等奖送省里参评。组织初中物理和化学教师实验能力大赛，获省一等奖、二等奖、三等奖各1个。组织推荐优秀实验教学论文参加全省第五届中小学实验教学创新优秀论文评选，征集优秀论文341篇送省里参评，34篇获省一等奖、73篇获二等奖、120篇获三等奖。开展中小学危险化学品安全风险排查，市教育局制定《娄底市中小学危险化学品管理办法》《娄底市中小学危险化学品管理技术指南》印发至各县（市、区）教育局及中小学。开展中小学图书审查清理，全市1268所中小学进行自查，共审查图书982.6万册，清理下架非法图书、不适宜图书等三类图书7.83万册。

【语言文字工作】2021年，娄底市教育局组织全市教师各级各类语言文字培训2000余人次。对全市其他行业各类语言文字培训累计8000余人。持续推进普通话培训测试工作，全年组织普通话测试18个批次，8968人次参加了测试，选派5名教师参加第45期省级普通话测试员培训，其中4名教师通过测试；选派20名教师参加全国中华经典诵读网络专项培训班，选派6名教师参加湖南省中小学经典诵读教育骨干培训班，选派6名教师参加全省“人民主播兴乡土”语言技能培训班。在“笔墨中国”汉字书写大赛和“诵读中国”经典诵读大赛中，娄底市获国家一等奖1个、二等奖1个、三等奖2个；在“湘语时光”论文朗诵大赛中，有7篇朗诵作品被“湘语时光”编辑部展播，其中娄星区选送的《建党百年颂》在省培训中心组织的“湘语时光·红色记忆”诵读大赛中获省一等奖。在湖南省语言文字应用论文评选活动中，14篇获一等奖、29篇获二等奖、50篇获三等奖。是年，推荐娄底幼儿师范高等专科学校、娄底一中附属星星中学、双峰县永丰街道中心小学申报省级语言文字推广基地。

【教育考试】2021年，娄底市高考报名35839人，全市共录取28547人，其中本科11568人、高职专科16492人、专科提前批487人。是年，高中学业水平考试进行改革，全市60110人报名参加学业水平考试，高一30471人、高二29008人、其他631人；全市107672人参加中考(比上年增加3872人),其中初二54357人、初三53315人;全市6688人网上报名参加全国硕士研究生招生考试,实际参考5936人,比上年增加1033人;11416人(含免试生36人)报名参加成人高考,比上年增加1826人;14312人报名参加高等教育自学考试,比上年增加2705人,自学考试机考960人;34648人报名参加中小学教师资格考试笔试,比上年增加14626人;11479人报名参加全国英语等级考试PETS考试,19985人报名参加全国英语四、六级考试,4321人报名参加全国计算机等级考试。

【大中专毕业生就业创业服务】2021年,娄底市举办2021届毕业生大型线下招聘会13场,中小型线下宣讲会238场,大型线上招聘会5场,为毕业生提供就业岗位38400余个。是年,免费接收和管理毕业生档案2600余份(累计58000余份),办理档案调出1800余份,接收用人单位政审44次,为毕业生办理报到证改派109人次。对3所高校家庭贫困毕业生1307人实施"一对一"帮扶,确保每名有就业意愿的毕业生顺利就业。全市2021届在娄高校毕业生总数为11165人,同比增加28.06%;落实就业去向10244人,落实率为91.75%,比上年就业率增加9.85%。

【学校艺术】2021年,娄底市教育局落实教育部《关于推进学校艺术教育发展的若干意见》和教育厅有关文件精神,推动素质教育,积极开展各项艺术活动。培养学生健康的审美情趣和良好的艺术修养,展示向真、向善、向美、向上的校园文化,促进新时代学校美育改革创新。5月6日,下发《关于市直学校2021年初中音乐美术学业水平考试的通知》。5月28日,组织全市初中三年级学生音乐、美术考试,2021届市直初三学生3427人、各县(市、区)初三学生49800余人参加考试。7月13—17日,在娄底一小举办2021年娄底市中小学生独唱、独奏、独舞比赛,全市各县(市、区)和市直学校的中小学生近2100人参加比赛。共评出独唱小学组一等奖46名、初中组一等奖33名、高中组一等奖17名。独奏小学组一等奖69名、初中组一等奖17名、高中组一等奖3名,独舞小学组一等奖103名、初中组一等奖53名、高中组一等奖6名,钢琴小学组一等奖61名、初中组一等奖13名、高中组一等奖2名。11月14日,以"唱响新时代,筑梦新征程"为主题的全市第六届中学生班级合唱比赛在娄底五中举行,比赛分初中、高中两组,各县(市、区)和市直学校共17个班级参加比赛,参赛人数达920人。娄底市第一中学初一2103班、娄底经济开发区仁德学校初二2005班、新化县芙蓉学校初一2105班获得初中组一等奖,娄底市第五中学高一2101班、娄底市第一中学高二2024班获得高中组一等奖,娄底市第五中学高一2101班、娄底市第一中学初一2103班代表娄底市参加湖南省第六届中学生建制班合唱比赛展演。11月,在湖南省高中阶段学校独唱、独奏、独舞比赛中,娄底一中李康蓬、郑皓文、吴佰轩和娄底四中黄蓉获独唱一等奖,娄底一中江俫、娄底三中刘诗亦、娄底四中胡羽颜获独舞一等奖。12月,在湖南省第七届中小学生艺术展演活动中,娄底星星实验学校获小学组朗诵一等奖,娄底一中高一2024班获中学组班级合唱一等奖,娄底一中杨潇乐获中学书法一等奖,涟源私立行知中学陈斯晗获中学组摄影一等奖。

【教育扶贫】2021年,娄底市教育局累计发放国家学生资助资金401194人次,发放资金35157.15万元。其中补助家庭经济困难幼儿入园25965人次,发放资金1298.34万元;补助义务教育家庭经济困难学生生活费161847人次,发放资金5659.297万元。免去普通高中建档立卡等家庭经济困难学生学杂费17183人次,1432.72万元;发放普通高中助学金39780人次,4271.23万元;免去普通高中建档立卡学生教材费16909人次,472.64万元;发放中等职业学校助学金42731人次,资金4282.3万元;发放高职助学金10728人次,资金2319.44万元;开展中央专项彩票公益金教育滋蕙计划,资助贫困大学新生2092人,124.9万元;开展励耕计划,资助困难老师277人,293万元;办理大学生生源地助学贷款5220人,发放贷款5038.97万元。是年,在省教育厅组织的"红心向党,感恩资助"资助育人系列主题活动中,娄底市获滋蕙计划一等奖2名,二等奖3名,三等奖7名。

【教育督导】2021年,中共娄底市委办公室、娄底市人民政府办公室下发《关于全面推进新时代教育督导体制机制改革的若干措施》,市教育局深入推动教育体制改革,先后组织市、县部分督导人员参加省政府教育督导办在株洲市召开的现场观摩会,学习株洲市、醴陵市教育督导改革经验。上半年,组织专家对市直各学校进行义务教育优质均衡初评。12月,组织开展对县级人民政府和党政主要领导履行教育职责的评价，对双峰县、娄星区进行实地考评。开展县（市、区）人民政府"真抓实干"激励考核评估，巩固义务教育教师工资待遇。规范幼儿园办园行为，对省人民政府教育督导办要求核实部分幼儿园有关问题进行核查，全市存在问题幼儿园47所，经核实，其中21所问题不属实，26所问题属实，各县（市、区）针对问题属实的幼儿园制定整改措施，明确具体责任人。落实"五项管理"专项督查，全市29个督查责任区114名专职督学、319名兼职督学先后对辖区所有学校（含培训机构）的"五项管理"进行全面自查，组织30位督导人员对全市62所中小学校和校外培训机构进行抽查。规范学校办学行为，对潇湘职业学院适应社会需求能力评估存在的问题整改情况开展督查。国家义务教育教学质量检测完成，新化县获教育部国家义务教育质量检测实施县级优秀组织单位称号。

【教育宣传】2021年，娄底市教育系统在《中国教育报》、《湖南日报》、新湖南、红网、湖南教育网等中央、省级主流媒体发表宣传报道1384篇，在《娄底日报》、娄底新闻网、《娄底晚报》、《娄底广播电视报》等市级主流媒体发表宣传报道2000余篇。组织湖南日报娄底站、红网娄底站、《娄底日报》、娄底新闻网等省、市主流媒体开展"2020年度十大教育新闻事件"评选活动。7月9日，联合市民政局、市人社局、市卫健委举办"奋斗百年路　启航新征程"娄底市庆祝建党100周年——"聚焦百姓关切，增进民生福祉"专场新闻发布会。组织《科教新报》、中国视频安全网等媒体到县（市、区）和学校开展新闻采写，开展《娄底文明行为促进条例》和湖南省第四届中学生运动会等宣传工作。

是年，"娄底教育"微信公众号关注人数11.8万人，比2020年新增2.6万人，发布文章273次1964篇，发布数量和次数居全省教育系统第一，其中有6篇文章阅读量超过10万人次，位列全省教育系统第二。"娄底教育"微信公众号获省教育厅官方微信公众号传播力排名年榜第5名。"娄底教育"百家号关注分析358人，发布文章105篇，累计浏览量达498.06万次。娄底教育网发布信息1590篇。对省教育厅交办的35条、市委网信办交办的23条网上舆情全部办结，及时办理红网问政湖南98条、百姓呼声337条、人民网和微博等6条。全年阳光服务中心接待来访来电1500余人次，接受省教育阳光服务平台下派工单233件，完成"12345"市长热线平台下派工单178件，市长热线回复率100%，满意度100%。

【成人教育】2021年，娄底市有经省教育厅批准备案的成人高等教育函授站11所，有职业培训机构（含培训项目）315所，老年大学1所、社区大学1所。全年全市成人高考报名11416人（含免试生36人），比上年增加1826人，录取9905人，其中专升本4341人，高中起点本科494人，高职专科5070人。高等教育自学考试共14312人报名参考，比上年增加349人，自学考试机考960人。加强成人学历教育统筹管理，对全市高等教育函授站开展年度办学水平评估。

【民办教育】2021年，娄底市有民办学校957所，其中幼儿园503所，普通中小学校29所，中等职业学校10所，校外培训机构414所（个），高职院校1所。民办幼儿园在园幼儿60938人，小学学生22298人，初中学生23431人，高中学生14655人，中职学生9815人，高职学生7761人。扎实开展"双减"工作，召开专门会议，成立"双减"工作专门班子，加强制度配套，全面规范整治，全市共有70家机构实施"营改非"，132家学科类机构转为高中阶段或非学科类，注销学科类机构68家，对28家机构下达整改通知书并印发督查通报。

市教育局联合市公安局等七部门开展"校外培训机构规范整治月"活动，组织市场监管、公安、城管等部门组成6个督查组赴各县（市、区）开展校外培训机构专项督查行动。有序开展规范民办义务教育发展工作，起草《规范民办义务教育发展实施方案》，召开全市"双减"暨规范民办义务教育工作推进会，停止审批民办义务教育学校，有序召回在民办学校支教的公办教师，规范"公考民"学校。推进民办学校分类管理改革，全市有940家民办学校已完成分类登记，分类登记率为91%；其中营利性564家，非营利性376家。

（刘树新　吴业飞）

## 学前教育

【概况】2021年，娄底市共有幼儿园854所（民办503所），在园幼儿12.9万人，幼儿园教职工1.5万人。全市学前教育三年毛入学率为85%，普惠性幼儿园覆盖率为80%，普惠性民办幼儿园在园幼儿占全市在园幼儿人数的86.75%。

【学前教育管理】2021年，娄底市增加公办园学位11203个，完成全年任务的109.2%。其中娄星区20所项目园完成建设任务，增加学位4644个；冷水江市的娄底幼儿师范学校附属幼儿园完成主体工程；涟源市20所项目园完成建设任务，增加学位1900个；双峰县8所项目园完成建设任务，增加学位480个；新化县17所项目园完成建设任务，增加学位4179个。全市公办幼儿园在园幼儿占比达52.8%。部署实施第四期学前教育行动计划，持续开展幼儿园区域活动竞赛。积极申报省级安吉优秀推广实验区和试点园，涟源市被确定为省级实验区，娄底市直机关幼儿园等16所幼儿园被确定为省级试点园。开展2021年全国学前教育宣传月活动，出台《娄底市推动幼儿园与小学科学衔接攻坚行动实施方案》，遴选娄星区、涟源市、冷水江市等为市级幼小衔接试验区，涟源市幼儿园等28所幼儿园为市级幼小衔接试验园，涟源市实验学校等27所小学为市级幼小衔接试点校。推进民办幼儿园普惠发展，开展2021年普惠性民办幼儿园认定工作。

（刘树新　吴业飞）

## 普通中小学教育

【概况】2021年，娄底市有普通中小学校1028所，教职员工3.9万人，学生62万人。全市义务教育巩固率99.6%，高中阶段普及率93%，107672名学生参加中考（其中初二54357人、初三53315人），比上年增加3872人。全市义务教育阶段招收小一新生62375人、初一新生57296人，录取高一新生32411人，比上年增加2791人。全年全市实施消除大班额项目41个，总投资7.97亿元，增加学位30950个，累计消除义务教育大班额497个，消除普通高中大班额440个。

【普通中小学教育管理】2021年，娄底市坚决执行义务教育“免试入学”“公民同招”“超员摇号”，切实保障少年儿童接受义务教育的权利。下发《娄底市关于进一步规范义务教育阶段学校招生工作的实施意见》《娄底中心城区义务教育阶段学校招生工作实施方案》，印发《娄底市2021年初中学业水平考试和高中阶段学校招生考试工作实施方案》等文件，实行普通高中“属地招生”“公民同招”和“指标到校”。高中教育呈特色发展，双峰县被确定为普通高中新课程新教材实施省级示范区，娄底一中和双峰一中被确定为普通高中新课程新教材实施省级示范学校。全市“双减”工作取得明显成效，双峰县、星星中学、娄底三小、涟源双江小学4个典型案例被省教育厅作为重要典型推送至教育部。

2021年1月26日，娄底市基础教育工作会议召开

（市教育局供图）

【校园建设】2021年，娄底市7所芙蓉学校全部按时按标准完成建设，总投资9亿余元，总占地面积407.5亩，总建筑面积131860平方米，其中双峰印塘乡芙蓉学校、涟源市金石镇芙蓉学校、冷水江市禾青镇芙蓉学校、娄星区万宝镇芙蓉学校4所学校获省教育厅评估验收优秀奖励，分别获奖金500万元、300万元、200万元、200万元。建成农村中小学教师周转房1246套；实施乡村小规模学校优化提质改造项目61个、乡镇标准化寄宿制学校建设项目27个，所有建设项目都通过督导达标评估验收。持续推进中心城区学校建设，娄底一中田径场改造项目全面建成使用，大科小学主体完工，吉星中学新建，师大三一学校开工建设等。涟源伏口中心学校等4所学校获湖南省第二批乡村温馨校园典型案例学校，新化县琅塘镇苏欣工贸区明德小学等3所学校被确定为湖南省第三批乡村温馨典型案例学校。涟源市伏口镇中心学校被教育部评为国家乡村温馨校园建设典型学校（全省仅3所）。

（刘树新　吴业飞）

【娄底市第一中学】2021年，娄底市第一中学筑牢政治建设和意识形态建设思想防线，狠抓疫情防控和防溺水等安全工作，贯彻落实教育“双减”政策及“五项规定”，承办湖南省第四届中学生运动会足球、田径、羽毛球的比赛以及开幕式、闭幕式，党建、教育、教学、教研等各项工作有新突破。以百年党史教育为中心，举办“党的光辉照我心”大型书画展，前往郴州沙田镇、安江农校研学基地开展“学史崇德”主题实践教育活动、“重温红色历程　传承革命精神”红色路线走读活动，举办“崇廉尚洁”书法比赛等。根据市委巡察组的反馈意见，学校提出整改措施152条，纠正违规问题5项，完善制度12项。

2021年3—6月，娄底市第一中学举办以“党的光辉照我心——庆祝中国共产党成立100周年”为主题的大型书画展览　（市第一中学供图）

落实“双减”政策　以“落实双减，提质增效”为主题，在文化、音乐、舞蹈、美术、信息、体育六大类别开设49个兴趣小组，初中部开展“立人堂”大讲坛及教育教学开放周、创新作业设计竞赛、读书分享会、心理健康教育等活动，被市教育局评为“双减”教育教学目标管理一等奖。

教育教学　开展新教师入职培训、“青蓝工程”师徒拜师等活动，举办全校青年教师教学比武和初中部“双减”背景下“信息技术与学科教学深度融合”青年教师优质课竞赛。2个名师工作室揭牌，全校5个省级课题通过中期检查，4个省级课题通过开题论证。高二学考合格率为99.45%，高一学考合格率为99.66%。高考参考人数为1301人，其中1108人上本科分数线，597人上特殊类分数线，600分以上64人（含660分以上12人）。初三中考各项指标综合评估居城区第一。在全国英语演讲比赛湖南省总决赛中，高中部31人获奖。　（阳春树）

【娄底市第五中学】2021年，娄底市党组织领导的校长负责制在娄底市第五中学进行试点。娄底市第五中学党委坚持以全面加强党的领导、党的建设来促进学校常规管理、教育教学质量提升，履行把方向、管大局、作决策、抓班子、带队伍、保落实的领导职责，完善议事规则，把准办学方向，坚持把政治要求贯穿办学治校、教书育人全过程，落实立德树人根本任务，团结全体教职员工推动学校改革发展。修订《党委会议事决策制度》《贯彻落实“三重一大”事项集体决策制度的实施办法》以及教育教学管理等制度20余项。按照“抓班子，带队伍，促发展”思路，狠抓学校管理人员能力提升和作风建设，推进“青蓝工程”导师带徒、青年教师学习大讲堂、校内兼职督学等活动。形成党委统一领导、党政分工合作、协调运行工作机制，党支部成为学校教书育人的“战斗堡垒”。

德育工作　落实德育常规各项措施，开展德育常规的考核与评价，制作《学生文明礼仪规范》教育视频；开展主题升旗仪式、主题班会、主题黑板报等主题教育活动；开展成人礼及高三励志活动、师生运动会等主题德育活动。承办娄底市中小学成建制班级合唱比赛。探索以短视频来促进德育的工作方法，开展德育短视频制作评比活动。建立学生心理危机干预机制，开展学生生涯规划和家庭教育指导工作，针对青春期、沉迷网络等特定问题，开展家庭教育指导工作，推广使用《家庭教育指导手册》。整合各方资源，开展职业分享、生涯规划讲座、模拟法庭（职业体验）等活动。推动“双减”工作落实，狠抓“五项管理”，制定手机管理、作业管理、读物管理等相关制度，完善课后服务方案，确保减负不减质，助力学生全面成长，初1811班王子豪被评为“湖南新时代好少年”。推进学生社团和学生文体活动建设，娄底市第五中学高2101班在娄底市第六届成建制班级合唱比赛中获第一名，代表娄底市参加湖南省比赛获一等奖。

教学工作　加强课堂常规检查，修订《课堂教学常规检查量化考核评分细则》，学校行政人员开展随堂听评课、年级巡查和两部抽查。加强教学过程检查，收阅教师备课教案本、听课记录本、学生作业本进行检查，将检查结果通报到年级。推进集体备课，定期组织教师开展集体研读《课程标准》和教材、分析学情、制定学科教学计划、分解备课任务、审定教学设计、反馈教学实践信息等系列活动。深化教育教学管理改革，落实“双减”工作，实现减量提质。提升教学质量，采取“选科走班”教学管理模式。2021届高考取得新突破，在全省600分以上高分人数较上年减少三分之一的情况下，娄底市第五中学600分以上学生较上年增加2人，2名学生分别被中央美术学院、中央戏剧学院录取。10名学生在全国中学生数学、物理、化学、生物竞赛中（湖南赛区）获奖。《生物科技创新活动促进高中生“科学探究”核心素养发展》（张四槐）获第五届湖南省基础教育教学成果奖特等奖，《基于科学探究的教学》被湖南省推荐申报第六届全国教育科学研究优秀成果评选。1人在湖南省优秀教学案例评比中获一等奖。 （吴 承）

## 中等职业教育

【概况】2021年，娄底市有各级各类职业院校25所，其中高职2所（其中民办1所），教职员工592人，学生2.5万人，中等职业学校23所（其中民办10所），教职员工0.2万人，学生4.6万人。中职招生21252人，其中全日制18122人（中职学校15046人，技工学校3076人），非全日制3130人，招生占比36.6%。

（刘树新 吴业飞）

【职业教育管理】2021年，娄底市下发《娄底市推进职业教育现代化服务“三高四新”战略的实施方案》，明确总体思想、总体目标和保障措施以及十大重点建设任务，全面实施楚怡职教品牌建设工程和中职教学质量提升行动，建设高水平“双师型”教师队伍，推进产教融合城市建设。5月31日，湖南省楚怡职教论坛暨第三届中职学校校长论坛在新化县举行，全省市（州）教育局和中职学校代表200余人参观了楚怡工业学校新化旧址和楚怡工业学校新校区，共同研讨传承新时代楚怡职教精神。开展公共基础课普测，提升中职教育教学质量。组织全市19所中等职业学校（含高职学院中职部）参加2021年全省中职学校公共基础课普通测试，实考学生8784人，参考率99.77%，平均分78.44，合格率90.13%，优秀率37.36%。全市各中等职业学校100余名骨干教师和班主任参加专题研修，211名教师参加课程实施能力提升项目、“1+X”证书制度在种子教师研修项目、思想政治教育能力提升培训项目、教师企业实践项目、公共课教学改革培训等9个国家级、省级培训项目进行试点，74名教育管理者和骨干教师参加亚洲基础设施投资银行专项培训。在2021年湖南省职业院校教师职业能力竞赛、教学能力比赛中，娄底市获二等奖4个、三等奖6个。在2021年湖南省中等职业学校“少年工匠心向党，青春奋进新时代”文明风采德育实践系列活动中，娄底市获一等奖5项、二等奖4项、三等奖10项，市教育局获优秀组织奖。 （刘树新 吴业飞）

【世界技能大赛工业4.0项目国家集训基地成立】2021年7月2日，在人力资源和社会保障部印发的《关于确定第46届世界技能大赛中国集训基地的通知》中，娄底技师学院被正式确定为第46届世界技能大赛工业4.0项目中国集训基地。娄底技师学院该项目师资团队均具备资深职业技能竞赛背景，指导教练中有2人获国家一类赛事一等奖、5人获国家一类赛事二等奖，整体师资水平及技术力量优秀；基地外聘专家教练1名。截至年末，娄底技师学院拥有6套工业4.0项目工业网络安全平台Siemens SCALANCE S615、6套工业交换机Siemens SCALANCEXC208、1套工业交换机Siemens SCALANCEXM408-8C，可进行该项目网络安全模块的集训。 （许玲颖）

【“湖湘工匠”培育和竞赛基地挂牌】 2021年11月4日，娄底市总工会党组书记、副主席曾小坤受湖南省总工会委托，为获得湖南省“湖湘工匠”培育和竞赛基地的娄底技师学院授牌。“湖湘工匠”培育和竞赛基地主要功能是承担技能人才培训、全国职工职业技能大赛集训、湖南省职工技能大赛、“十行状元、百优工匠”系列活动的承办和技能成果交流展示等。娄底技师学院是国家级高技能人才培训基地，师生多次在国家级技能大赛中取得优异成绩，技能竞赛居全省技工院校前列。 （许玲颖）

【娄底技师学院】2021年，娄底技师学院有教职工287人（其中在职职工185人），中共党员114名（其中在职党员70名）。招收各类新生1357人，在籍学生3996人，开展社会各类短期培训4287人次，争取项目资金2710万元，新增校企合作协议单位6家，师生在国家、省、市各类大赛获奖49人次。世界技能大赛工业4.0项目国家集训基地成立、“湖湘工匠”培育和竞赛基地挂牌，申报“‘十四五’时期纳入高等职业学校建设规划”。

技能竞赛　承办省、市、区大赛3场。10月9—13日，承办湖南省第一届职业技能大赛·第四届全国智能制造应用技术技能大赛湖南选拔赛，娄底技师学院获得4个学生组一等奖，3个教师组一等奖；冷水江高级技工学校获1个教师组三等奖，1个教师组优胜奖。全年在国家、省、市各类大赛中获奖49人次，其中获国家级奖励19人、省级奖励24人、市级奖励6人。4名教师获评湖南省技术能手。

2021年10月9—13日，湖南省第一届职业技能大赛·第四届全国智能制造应用技术技能大赛湖南选拔赛在娄底技师学院举行。图为比赛现场

（娄底技师学院供图）

产教融合　新增6家校企合作协议单位（奇瑞汽车股份有限公司、湖南省金峰机械科技有限公司、双峰县鸿运科技创业有限公司、三一集团娄底市中兴液压件有限公司、广东佛山菱王电梯有限公司、长沙市比亚迪汽车有限公司），加强与企业的交流合作，引导毕业生本地就业，逐步深入与三一中兴的合作，毕业生就业跟踪回访反馈情况良好。与深圳技成科技有限公司在校内共建国际智能制造产业学院，并签约挂牌。　（许玲颖）

**【娄底市第一职业中学】**2021年，娄底市第一职业中学加强校园安全建设，实施学生安全网格化管理，建设校园人脸识别系统。重视学生心理素质培养，开展“5·25”心理活动日教育，以世界精神卫生日“10·10”为契机开展《青春之心灵，青春之少年》心理健康主题班会等一系列心理健康教育讲座。安全教育平台综合得分排名位居市直学校第一名。通过教师职业能力大赛、思政课比赛等，搭建展示交流平台，示范辐射教育教学成果。发挥教研组团队作战优势，胡芳辅导学生参加省技能竞赛获一等奖，刘芳、罗桂林、朱伟琼、聂日红团队参加省教师职业能力比赛获一等奖。加强省文化普测管理，先后召开学生动员会、教师迎考座谈会等，组织三次模拟考试，在省普测中获优秀率全市第一、及格率第二。是年，1个班级获得省级先进班集体，2人获省级三好学生，1人获省级优秀学生干部，1人获省级优秀实习生，6人获得中职学校国家奖学金。　（王　玮）

**【冷水江工业中等专业学校】**2021年，冷水江工业中等专业学校393名学生报名参加高考，380名学生入大学，其中6名学生考上本科院校。安排老师30人次参加国家级、省级培训，申报省级职业院校教育教学改革项目3个，发表论文16篇。12月，在湖南省职业教育与成人教育优秀论文评比中，《农村青少年眼中的社会主义核心价值观——基于扎根理论的研究》（谢丹）获一等奖，《基于核心素养的中职数学高效课堂构建策略》（苏旺）获二等奖。构建学校、家庭、社会三结合的德育网络。开展学生广播体操、篮排球比赛、校园募捐、文艺会演等德育主题活动，利用“青年大学习”网上团课、校园网站、校园广播、宣传橱窗、板报专栏等宣传阵地，加强德育教育宣传。做好校园绿化、文化工作，发挥班主任在德育工作中的主体作用，开展文明班级和文明学生评选活动，加强环境建设和校园文化建设。在2021年湖南省中职学校“文明风采”活动“我是校园红歌手”项目中，学校选送的作品《绒花》获三等奖。在2021年湖南省职业院校技能竞赛中，学校机械装配技术、装配钳工技术、数控加工技术（数控车）3个赛项获二等奖，3个赛项获三等奖。是年，机电48班被省教育厅评为2020—2021学年度湖南省中等职业学校“省级先进班集体”，2人被省教育厅评为2020—2021学年度湖南省中等职业学校“省级三好学生”，1人被省教育厅评为2020—2021学年度湖南省中等职业学校“省级优秀实习生”，1人被省教育厅评为2020—2021学年度湖南省中等职业学校“省级优秀学生干部”。　（苏　旺）

## 高等教育

**【概况】**2021年，娄底市共有各级各类高校6所，其中

全日制本科院校1所，教职工1353人，学生1.77万人，高职院校2所（民办1所），教职工1758人，学生2.6万人。全日制高等专科学校1所，教职工464人，学生0.4416万人。成人高等学校2所，教职工421人，学生1.49万人。

**【湖南人文科技学院】**2021年，湖南人文科技学院录取5012人，其中普通高考新生4700人，专升本312人，到校率97.6%。招收研究生67人，授予硕士学位44人。签约引进博士12人，送培博士26人（海外博士14人），博士比例达到申硕比例要求。非编人员招聘10人，劳务派遣14人，认定双师双能型教师115人，认定"双肩挑"人员35人，组织开展6场线上线下教师培训。是年，学院获得省级及以上科研项目立项83项，其中国家自科、社科基金项目4项。蔡和森与党的建设研究基地获批为湖南省社科研究基地。

教学工作　3个专业认定为湖南省一流专业，4门课程获教育厅推荐参加第二批国家一流本科课程认定，23门课程被湖南省教育厅认定为一流课程。教改研究项目省级立项30个、校级立项61个，省级课程思政教学竞赛获二等奖1项、三等奖5项，省级教学创新大赛获三等奖1项。学生参加"互联网＋"大学生创新创业竞赛获国赛铜奖1项，省赛金奖1项。参加"挑战杯"大学生课外学术科技作品竞赛获省赛银奖4项，铜奖5项。大学生创新创业训练计划项目获国家级立项18项、省级立项34项。参加数学建模等学科竞赛中，获得奖项292项，其中国家级奖项28项。参加省级以上体育赛事获20金17银15铜，在省武术跆拳道比赛、体育舞蹈锦标赛等赛事中团体总分位列学院组第一名。

社会服务　实施校城融合发展战略，新增校外实践教学基地41个，立项建设校级创新创业教育基地6个，新增校企合作共建产学研基地7个，组建乡村振兴学院，与新化县共建先进陶瓷产业学院。年内签订横向项目210项，合同金额3439.4万元，进校金额2237.6万元。全年新增20个就业基地，毕业生初次就业率88.2%，超全省平均就业率0.41个百分点。

（彭旭军）

**【娄底职业技术学院】**2021年，娄底职业技术学院开设机电一体化、畜牧兽医、会计、护理、临床医学等47个专业，设有医学院、机电工程学院、商学院、农林学院等9个二级学院。在校学生19000余人，在职教职工1104人，其中专任教师867人。教授及正高级53人，副教授及副高级337人，博士、硕士研究生293人。中国科教评价网与中国科教评价研究院、中国科学评价研究中心发布的2021—2022年中国高职高专院校竞争力排行榜上显示，该院在全国参评的1484所高职专科院校中居第161位，在湖南省76所高职高专院校中居第9位。

乡村振兴人才培养优质校建设　成功申报为农业农村部、教育部遴选的国家乡村振兴人才培养优质校。启动"十百工程"，开展高素质农民培训、"一村一主播"培训、农民建筑工匠培训、农民安全技能培训等。启动并实施服务乡村振兴"十百工程"，与湖南精飞智能科技有限公司共同承办全国专业农机手培训行动暨湖南省专业农机手示范培训活动。与湖南世茂优播科技有限公司联合承办第十二届湘博会暨娄底市第二届电商节跨境电商主会场活动。与湖南华南智创科技有限公司协同建成全省唯一的矿山特殊工种实操培训考试基地，并由湖南省拓展到贵州、山西、陕西、重庆、四川、福建等7省市，培训人次3000多人，为娄底培训辅助救护队21支。

提质培优　修订完善《娄底职院提质培优行动计划（2021—2023年）实施方案》，启动实施承接的37个提质培优行动计划项目。制定《娄底职业技术学院"十四五"专业建设与发展规划》。动态调整专业结构，新增中医学、眼视光技术、无人机应用技术、中药学、智能网联汽车技术、学前教育（国控）6个专业，撤销工程测量技术、汽车电子技术等7个专业，新设专业办学水平合格性评价100%合格。推进人才培养模式改革和"三教"改革，修订人才培养方案，开发（修订）课程标准245个，组织编写教材48本，其中6本通过省级初审推荐申报"十四五"职业教育国家规划教材；立项省级专业教学资源库1个、省级课程思政示范性课程1门、省级精品在线开放课程2门，机电一体化技术专业教学资源库拓展为专业群教学资源库；积极推进现代学徒制与1+X证书试点项目，教育部第三批现代学徒制试点项目畜牧兽医专业通过国家验收，现代学徒制试点专业9个，试点人数达312人；开展7个1+X证书试点，试点人数达745人。提升人才培养质量，省高职高专院校专业人才培养方案抽查、学生毕业设计抽查、专业技能抽查100%合格。承办2022年度"楚怡杯"湖南省职业院校技能竞赛高职高专组装备制造大类"CAD机械设计"赛项。在2021年度省职业院校技能竞赛及全国职业院校技能竞赛中，获国家二等奖1项，省级一等奖5项、二等奖9项、三等奖21项；在2021年“一带一路”暨金砖国家技能发展与技术创新大赛中国赛区区块链技术决赛中，获二等奖1项、三等奖1项；在2021年湖南省大学生体育舞蹈锦标赛中，获4金2银1铜。

2021年12月25—27日，娄底职业技术学院承办湖南省职业院校技能竞赛高职高专组装备制造大类“CAD机械设计”赛项。图为闭幕式现场

（娄底职业技术学院供图）

“三全育人”综合改革　以庆祝建党100周年和党史学习教育为契机，通过易班优课组织开展30期党史知识学习和10次党史知识竞赛，构建“教育教学、实践活动、咨询服务、预防干预、平台保障”五位一体的心理健康教育工作格局，易班优课的总活跃度排名全国第十七位，湖南省第三。推进资助育人，18人获国家奖学金，金额14.4万元；540人获励志奖学金，金额270万元；3876人获国家助学金，金额1503.15万元。组织辅导员参加省级专题培训，开展岗位大练兵，启动辅导员（班主任）工作室项目申报和校级德育特色案例项目建设。开展规模社团活动263次，开展文明纠察活动298次。2021级新生实际报到注册5437人，报到率达94.2%；2021届毕业生毕业去向落实率为94.17%，超过全省平均5个百分点，毕业生在省内就业累计占比64.95%，其中娄底本地就业达22%。

科研与社会服务　出台《娄底职业技术学院技术服务项目促进办法》，全年技术服务到款额179万元，横向技术服务产生的经济效益705万元，校企合作攻克关键技术难题16个，遴选7个服务本地企业的科研项目进行联合科研攻关，组织承办的“无人机农业应用系列培训”获评为2021年全国科普日优秀活动。立项省厅级课题40余项，公开发表专业学术论文和教研教改论文300多篇，其中中文核心期刊以上论文20余篇；获专利26项、软件著作权7项、市级以上科技成果奖7项。立项湖南省第一批工业新兴优势产业链产教融合项目，对接娄底经济技术开发区、万宝新区、娄底高新区等区域园区支柱产业，探索“前校后区”战略融合模式和“区中校”紧密融合模式，新建校外实训基地30余个、订单班3个、产业学院3个，新拓人才培训基地5个。为娄底本土开展高技能人才培训、电商主播培训、新型职业农民培训等10余类培训，培训社会人员近10000人次。推进医学专业建设，开展医教协同育人试点，完成了娄底市第一人民医院、娄底市中医医院、娄底市妇幼保健院教学基地建设。

队伍建设　加大人才引进与培训力度，稳步推进省属高校书记校长开局项目“突出教育教学实绩的教师综合评价改革”，深入开展“师德师风建设年”活动，评选表彰14名“师德标兵”。制定实施《娄底职业技术学院“以老带新”工作暂行办法》，建强督导队伍、规范督导管理。全年引进高层次人才27人，公开招聘专业技术人员21人，组织700余人次参加各级各类专业培训，组织50余名专业教师下企业实践，42名教师参加高校教师岗前培训，4名教师成为省级青年骨干教师培养对象。召开第三次党代会，选举产生了学校第三届党委委员、纪委委员，完成中层干部聘任工作。

出台《以高质量党建引领学校高质量发展的实施意见》，设立牧医、园林、农旅3个专业大类的教师党小组、学工党小组，成立基建重点项目临时党支部。发展新党员454名，培训入党积极分子1887人，预备党员转正75名。选优配齐思政专职教师40人，建设德育基地11个，组织教师参加湖南省第三届高校思想政治理论课教学展示活动，获一等奖1项，并代表湖南省参加全国高校思想政治理论课教学展示活动比赛。组织教师参加湖南省高校教师就业指导课程教学创新大赛，获三等奖1项；组织学生参加湖南省第七届大学生思政课研究性学习成果展示竞赛，获二等奖1项。（贺雅琴　毛凌云）

【娄底潇湘职业学院】2021年，娄底潇湘职业学院招收新生3370人，完成率为112%，新生总到校率86%，比2020年增加6%。引进正高职称6人、副高职称2人、硕士研究生5人，65名专技人员实现职级晋升，101名专任教师被认定为“双师型教师”，2名教师获省级青年骨干教师培养对象。立项市级以上课题55项，其中国家级1项，实现国家级项目零的突破。主参编教材24部，获批专利15项，登记软著70项；发表论文184篇，获得市级以上科研成果奖7项；教师参与市级以上各类竞赛获奖近30项。

教学工作　开展“教学管理规范化建设年”活动，编印《教学管理制度汇编》。新申报服装与服饰设计、汽车检测与维修技术、电气自动化技术3个专业。婴幼儿托育服务与管理、表演艺术、学前教育、虚拟现实应用技术、城市轨道交通运营管理5个新设专业的评估及计算机网络技术专业双优复核工作全部顺利通过。申报省级精品课程2门，建设校级在线精品课程10门。专业人才培养方案经省教育厅审核全部合格。专业技能抽查及毕业设计抽查高标准完成，合格率100%。学生参加省级以上学科竞赛，获得82个奖项，其中国家一等奖1个，省级一等奖18个、二等奖、三等奖59项，省级团体奖4个。

校企合作　新增优质合作企业12家、合作专业15个，组建订单班41个，订单班人数达2000人，校企合作专业覆盖率70%。引进合作企业投入设备，价值444万元。新增校外实训基地14家，新增校企合作单位在校上课26门（课时900节），校企合作单位全年安排顶岗实习人数1556人。与合作企业湖南新智业教育科技有限公司建立直播带货的生产型电子商务平台。

学生服务　依托“校园文明、学业提升、宿舍文明”三大专项行动，加强校纪校风建设，开展“防校园贷”“消防安全教育”“防艾滋”“防结核病”“禁毒教育”等活动。是年，学校资助中心报送国家奖学金11人、国家励志奖学金219人、国家助学金2465人、中职免学费1736人；中高职奖资助体系及红妈妈基金资助学生13814人次1543.5306万元；从学费收入中提取100万元，专门用于资助困难学生。建设“校园文化”，开展“学雷锋志愿服务”活动，226个班级参加，560人参与无偿献血，共献血205600毫升。学生社团开展“爱我国防”演讲大赛、红歌合唱比赛、孝道文化活动月、“21天不抱怨”等活动。（黄立平）

**【娄底市幼儿师范高等专科学校】**2021年8月底，娄底幼儿师范学校新区完成投资4.2亿元，新增用地134.78亩，新增建筑面积6.5万余平方米。9月9日，娄底幼儿师范学校升专工作全票通过省高评委评审。10月9日，省人民政府批复同意设置娄底师范高等专科学校。11月11日，教育部备案同意新建娄底幼儿师范高等专科学校。11月16日，通过省教育厅专业评审。是年，娄底幼儿师范高等专科学校有全额拨款事业编制318名，实有在编在岗267人，其中高级教师75人，硕士研究生61人。在校学生4404人，秋季招收新生1270人。组织实施顶岗实习供需见面会，安置在娄底市区域内（娄星区、双峰、新化、冷水江）学生663人（总人数843人），占学生比例79%。

教研教改　娄底幼儿师范高等专科学校加强教师业务培训和对外交流活动，鼓励和组织专业教师赴省内外参加各种学术会议，全年选送45人次参加国培、省培及市培，其中国培20人次，省培15人次，市培10人次。将科研与教学结合，全年在省级刊物发表文章58篇，省级科研课题立项7个，21篇论文获得省级以上优秀奖。4个省级教改项目立项，4门课程立项省级精品课程。

教育教学　根据培养目标和课程设置，优化实践课程教学条件。深化考风建设，以考促学。强化监考管理，实现双人监考、考场清空。注重过程管理，提高人才质量。是年，二年级全体学生参加全省公共基础课普测，人平85.05分，排全市第二。学生参加普通话测试，12人获一级乙等证书，622人获二级甲等证书。5月，通过湖南省学前教育专业中高职衔接项目验收评审。9月，申报“湖南省语言文字推广基地”。（苏　芍）

**【娄底开放大学】**2021年12月28日，娄底广播电视大学挂牌更名为娄底开放大学。2021年，娄底开放大学发挥开放大学非学历教育优势，开办3个计算机班和

2021年12月28日，娄底广播电视大学挂牌更名为娄底开放大学　（娄底开放大学供图）

1个保健按摩师班的职业技能培训，培训400人。全年培训的技能劳动者就业率为85%，高技能人才就业率为88%。在2021年度全省开放大学系统办学绩效考评中被评为“全省农民大学生培养项目实施优秀分校”。实施事业单位工作人员培训项目，推动平台注册人数27280人，缴费金额达430万元，在湖南开放大学系统排第一名，被评为事业单位工作人员培训先进集体。

开放教育　组织教授与青年教师结对，完成公开课教学任务，举行公开课教学比武。开展线上教学与线下教学相结合，探索多形式开展面授教学，多渠道开展实践教学。支持教师参加竞赛，组织学生参加国开和湖南开大的各种活动。围绕该校“十四五”规划和学科建设，邀请国开和湖南开大的专家进行课题申报专题讲座；组织校级课题申报，通过校级课题立项8个。落实国家开放大学“办有尊严的开放大学”和湖南开放大学“创优提质”要求，推进招生工作，开展调研宣传，全年招生总人数5522人，位列全省第三位。

终身教育　以社区为主阵地，举办娄底市全民终身学习活动周，开展舞蹈、独唱、旗袍秀等分会场活动。组织“颂歌谢党恩·永远跟党走”红歌演唱大赛，近600名社区选手参赛。开展汉服文化和国学文化等宣讲活动，推动中华优秀传统文化进社区、接地气。以线上线下结合的方式，开展30场“老年人运用智能技术”进社区活动，培训学员2600人。开展“温暖重阳”走访慰问老年人活动，对获得“七一勋章”“光荣在党50年”纪念章的老党员进行走访慰问。推动娄星区老年大学申报湖南省老年教育示范性学习体验基地。

（陈　丹）

## 特殊教育

【概况】2021年，娄底市特殊教育学生2775人，其中随班就读1120人，送教上门725人。特殊教育学校6所，教职工174人，学生930人（在校），适龄残疾儿童入学率达95%。

市教育局认真总结第二期特殊教育提升计划的实施情况，部署实施第三期特殊教育提升计划，严格执行国家特殊教育学校义务教育课程标准，按标准落实特殊教育学校公用经费、特教津贴，通过随班就读、特教学校就读、送教上门等多种形式保障适龄残疾儿童少年接受义务教育。7月7—9日，娄底市举办培智教育教师教学能力提升培训班，全市特殊教育学校负责人和教师150余人参加培训。该次培训由娄底市教育局主办，娄底市师资培训中心、娄底市特殊教育学校承办，培训期间，省内特殊教育领域的知名专家、教授和一线知名特殊教育教研员围绕《课程建设引领学校高品质发展》《基于IEP理念的课堂教学评价》《培智义务教育课程纲要》和《培智义务教育课程评价手册》的结构与使用方法等10余个学术课题进行讲解，普及前沿培智教育新理念、新方法和新技能。

（刘树新　吴业飞）

【娄底市特殊教育学校】娄底市特殊教育学校原名娄底聋哑学校，隶属原娄底市（现娄星区）教育局主管，1989年筹建，1992年10月搬入现址。1999年地改市，学校整体上交，更名为娄底市特殊教育学校，归属娄底市教育局主管。2020年11月，获批成立“娄底市特殊教育职业培训中心”。2021年，学校有教学班级25个，学生271人，其中学前康复教学班4个，学生37人；义务教育阶段培智教育教学班13个，学生129人；听障教育教学班2个，学生32人；送教上门教学班6个，学生73人。在职教职工74人，其中本科学历36人，专科学历36人，专任教师70人，副高职称9人，中级职称33人。

教育教学　2021年度组织全校青年教师教学比武；在全省中小学（幼儿园）教师信息技术与学科教学融合创新应用在线集体备课大赛中，《可爱的小兔》（李欣蔚主备）获三等奖；多名教师撰写的论文在省、市比赛中获奖或发表；课题《蒙台梭利教学法在3～7岁学前智障儿童感官教育中的应用研究》在湖南省教育学会“十三五”教育科研课题成果评比中获一等奖；《特需儿童行为习惯和适应能力养成教育研究》在湖南省教育科研工作者协会立项。《送教上门》节目（采集于娄底市特殊教育学校素材）参加“2021年娄底市少儿春节联欢晚会”；组织部分老师参加全省残联系统“红心向党，致敬百年”歌咏比赛活动；举办庆“六一”课间操比赛、第28届学生秋季田径运动会；选送陈谢澍雯和曾钰洁同学参加全国第十一届残运会暨第八届特奥会，取得1金3银2铜的优异成绩。

（李　炎）

# 文　化

◎综述
◎史志
◎档案
◎广播电视
◎图书发行
◎娄底日报社
◎社会科学

# 综　述

【概况】2021年，娄底市文旅广体系统学习宣传贯彻习近平新时代中国特色社会主义思想，贯彻落实“文化强省”工作要求，贯彻落实“三高四新”战略定位和使命任务，围绕市委、市政府中心工作，谋篇布局全市文旅广体发展蓝图，编制印发《娄底市“十四五”文化和旅游发展规划》，着力推动文旅广体事业产业创新融合和高质量发展，各项工作实现“十四五”良好开局。市文旅广体局先后获全省广播电视创新创优评选扶持节目优秀组织单位、湖南省电子竞技大赛优秀组织单位、全省竞技体育贡献奖。

【文化公共设施建设】2021年，娄底市文化馆数字化文化馆建成，娄底市图书馆后续配套工程基本完成，娄底市星星影剧院舞台设备升级改造项目完成，市、区博物馆完成合并。全市有1个乡镇（街道）综合文化站和3个村级综合文化服务中心被省文旅厅评为“最美潇湘文化阵地”。全市新建旅游厕所6座，其中全省示范性厕所1座，增加厕位151个。农村广播“村村响”建设得到加强，全市各乡镇29050个“村村响”广播实现“天天响”“优质响”。配发市级全民健身器材80套。投资360万元在中心城区新建健身步道4条，建设里程10千米。青山体育公园提质升级工程建设完成。

【文艺活动】2021年，娄底市创作或复排高品质高水准文艺作品17个，大型现代花鼓戏《油溪情歌》、大型现代湘剧《千里寻党》、大型现代歌舞剧《蔡和森》、大型现代傩戏《六娘过渡》、歌舞剧《洪湖赤卫队》等成功演出。举办庆祝中国共产党成立100周年“七一”文艺晚会、“欢乐潇湘·文化娄底——颂歌献给党·共抒爱国情”全市合唱大赛、娄底市第四届乡村（社区）文化艺术节等重大文艺活动，承办的省第四届中学生运动会开幕式文体表演受到省、市领导的高度评价。举办娄底市庆祝建党100周年“翰墨书盛世·丹青绘华章”主题美术书法作品展等一系列大型展览活动。开展“春雨行动”“春蕊行动”“圆梦工程”志愿服务活动，1名文化志愿者获2021年全国“圆梦工程”优秀志愿者。开展“送戏曲进万村、送书画进万家”文艺惠民演出活动536场次，送书画作品1.5万余幅。组织“艺心向党·云游湖南”活动，申报作品476个，总浏览量141万余人次，均位居全省第一。

2021年7月21日，新创大型现代花鼓戏《油溪情歌》在娄底市星星影剧院参加建党100周年展演。图为表演现场　（娄底市地域文化传承研究中心供图）

【文化市场管理】2021年，娄底市文旅广体局开展政务服务工作，与省政务服务平台完成“三化”对接，重新编写完善59项办事指南。优质办结行政审批事项116件，向娄底经开区赋权行政许可事项3项。开展普法宣传工作，在全省首届“诗与远方·与法同行”演讲比赛中获得二等奖，全市4家文旅单位获得2021年度“法治进文旅场馆”先进单位。以打造平安文旅广体市场为重点，创建“平安景区”，排查摸底风险隐患，强化安全播出，开展行业安全生产、疫情防控、消防安全、防汛、防溺水督查检查、防范化解重大风险工作，开展岁末年初安全生产百日大会战行动、旅游市场“未经许可经营旅行社业务”和“不合理低价游”等重要领域的专项整治行动，文旅广体市场总体平稳有序。全年全市出动执法人员30624人次，检查文旅广体经营单位13456家次，责令整改230家次，立案查处310家，警告265家次，停业整顿15家，吊销经营许可证3家，依法取缔电子游戏设备116台；依法查处销售非法卫星地面接收设施的门店152家，收缴非法设备1020件（套），拆除非法接收设备185件（套）；办结全国扫黄办、省扫黄办交办和自办的非法出版物案件89起，捣毁盗印窝点68个，移送司法3起4人，收缴非法出版物1.26万余册。

【非物质文化遗产】2021年，涟源湘剧入选第五批国家级非遗代表性项目名录。完成第五批省级“非遗”项目申报工作，全市新增梅山棕编等8个省级“非遗”项目。娄底市首本非遗专著《娄底非遗》公开出版。举办首届“非遗”展示展演活动，将“非遗”项目集中展现，37个“非遗”项目参加展演，28个传统工艺类“非遗”项目参加展示，观众达10万人次。参加第二届全省“非遗”购物节活动，组织8个“非遗”项目200多件“非遗”产品参加，“非遗”知识竞赛获得全省第二名。

【文物保护】2021年，娄底市逐步形成多元主体共同参与的文物事业发展格局。革命文物资源普查申报有新成果，普查梳理出不可移动革命文物113处、可移动革命文物1055件（套），新化县、冷水江市、涟源市被纳入全国第二批革命文物保护利用片区重点县，新化县被纳入长征国家文化公园建设规划。15处不可移动革命文物被纳入《娄底市市级以上革命文物保护单位保护修缮清单》。蔡和森、蔡畅故居等一批不可移动革命文物成为重要的党性教育基地、革命传统教育基地、爱国主义教育基地和红色旅游景点。推进文物保护利用基础工作，先后启动国保单位红二军团长征司令部旧址的消防、安防、展陈项目和省保单位朱家大院（松翠堂）消防项目、谢冰莹故居保护修缮二期项目，完成市保单位水府庙等一批文物保护工程项目。申报第十一批省级文物保护单位，全市新增陈天华故居等11处省级文物保护单位。

【文旅产业】2021年，娄底市实现旅游项目总投资11.23亿元，完成全年计划投资103.79%。全市体彩销售6.65亿元。引进星锐足球俱乐部及其母公司深圳兴睿科技，推进娄底市足球新城建设。向省文旅厅申报通用航空旅游升降点25个。推进洋溪文印小镇、水车文旅小镇等省级示范型特色产业小镇建设。组织参加全省旅博会和全省动漫月活动。（李海军）

## 史 志

【概况】2021年，娄底市史志工作服务全市党史学习教育，做好党史业务咨询指导。从不同时期开展党史专题研究，对党史事件和党史人物进行研讨。围绕党史学习和建党100周年，开展党史宣传教育，推动党史研究成果转化利用。加强红色资源保护利用及红色场馆建设。组织、指导编修地方志书、综合年鉴、部门志、专业志、专业年鉴及地方志丛书。充分发挥存史资政育人的功能，推进全市党史（地方志）事业的发展。

【服务党史学习教育】2021年，娄底市委党史研究室（市地方志编纂室）着眼建党100周年，组织编写《中国共产党娄底历史大事记》和简明读物《娄底红色印迹》，作为全市各级党组织和党员开展党史学习教育的参考读物。开展“全市党史系统党史课件大比武”活动，评选出获奖课件14个，为党史学习教育储备一批党史党课课件，为全市党员干部党史学习教育提供“菜单式”服务。到红二军团长征司令部旧址、毛泽东游学湘安古道遗址、贺国中故居、李聚奎故居等场馆调研指导。推动双峰县抗战时期省委机关旧址布展工作，帮助形成旧址布展文字资料。落实市委主要领导关于利用好资源，推进党史馆建设有关工作指示，组织工作专班，到长沙市、邵阳市、衡阳市等地考察调研，学习建馆布展先进经验和做法，向市委呈送《关于娄底市党史馆筹建工作的报告》。市、县史志部门为机关、企事业单位、学校送党史党课100余场次，主要负责人作为同级党史学习教育宣讲团成员，为市、县机关单位开展专题讲座40余场。

【党史编研】2021年，娄底市委党史研究室（市地方志编纂室）出版《中国共产党湖南省娄底历史（1921—1949）》和《湘中红色文化通讯（衡宝战役专刊）》。出版回忆录文集《峥嵘岁月》第11辑，筹备重点工程（白马水库）建设口述史资料征集。上报“红军长征在湖南”娄底部分资料，指导新化、冷水江、涟源党史部门开展“红军长征在湖南”专题研究。编辑《红军长征在新化》《红星闪耀锑都——红六军团进驻冷水江的七天七夜》。完成《湖南党委工作纪事》和省编《湖南脱贫攻坚史》等娄底部分的资料征集和“早期留俄共产党员”等9人的资料报送工作。开展抗战时期中共湖南省（工）委机关在双峰专题研究。与湖南人文科技学院共同承办蔡和森建党思想研讨会。

【党史宣传】2021年，娄底市委党史研究室（市地方志编纂室）在市内主流媒体开辟《湘中潮百年颂》《红色记忆》《最是一抹娄底红》等专题专栏，讲述娄底党史上的重大事件、重要人物、重要红色遗址遗迹，普及党史知识。其中《红色记忆》专栏第40期被“学习强国”学习平台采用，《湘中潮百年颂》专栏第26期分别被《新湖南APP》《华声在线》《学习强国》转载。开展全市红色故事征集评选，发动组织全市党史部门参与，遴选重要党史事件、革命先驱、红色遗址遗迹等故事110个，其中《石板冲的等待》获全省红色故事征集大赛一等奖。市委党史研究室获征集大赛优秀组织奖。响应市委学教办组织的“红色故事大宣讲——党史故事听我讲”微宣讲活动，选送4名党史干部参加微宣讲志愿服务队，开展微宣讲8场。联合市委学教办举办全市红色故事宣讲大赛，选送2名优秀选手参加湖南省红色故事宣讲大赛，2人均获宣讲大赛“十佳能手”。市委学教办“党史学习教育简报”以《市委党史研究室主动为党史学习教育服务》进行专题推介。

【地方志工作】2021年，娄底市第二轮修志工作取得阶段性成果，《娄底市志（1990—2017）》《娄底市娄星区志（1989—2008）》《冷水江市志（1988—2010）》《新化县志（1990—2009）》通过省院验收和出版社三审，《双峰县志（1988—2012）》完成市级评审。指导并参与组织召开《娄底市娄星区志（1989—2008）》《双峰县志（1988—2012）》市级评审会。市、县综合年鉴2021卷均实现公开出版，志鉴工作质量稳步提升；《娄底年鉴（2020）》获第八届湖南省地方志优秀成果（年鉴类）三等奖。

（邓　姣）

## 档　案

【概况】2021年，娄底市档案馆开展党史学习教育，全面履行职责，做好档案查阅利用服务、红色档案编研、档案资源体系建设等工作。启动“娄底记忆”主题档案展厅文本的编写工作。更新换代电子声像采集设备，做好全市“两会”等重要会议的信息采集。发布《关于面向社会公开征集档案资料的公告》，大力征集红色档案资源进馆。如期完成疫情防控、脱贫攻坚“两类档案”归集和目录统计。

【档案查阅利用】2021年，娄底市档案馆结合“我为群众办事实”，开展“亮身份、做表率、树形象、争创党员先锋岗”活动，进一步优化查档服务流程，提高查档效率，落实“只跑一次”工作机制。为全国文明城市创建、党史学习教育等重点工作提供档案服务；为改制企业职工确定特殊工种年限提供原始依据；为全市编史修志提供参考资料；为市直各单位工作查考提供凭证。全年共接待档案查阅利用者334人次，查阅利用档案3757卷（盒），复印3014页，出具证明785份。

【档案接收征集】2021年，娄底市档案馆在档案接收前，派专人到市直各单位进行业务指导，确保进馆档案质量。接收进馆后，及时对档案进行清理、消毒、上架。全年共接收涉改单位档案4万余卷（件），馆藏增加14%。对16个全宗19656卷（盒），57860件档案进行清理。发布《关于面向社会公开征集档案资料的公告》，大力征集红色档案。梳理具有典型代表意义的红色档案133份，对馆藏的167份红色资料进行重点管理，并进行数字化抢救性保护。

【档案信息化建设】2021年，娄底市档案馆与市网信办联系，将档案信息化建设列入《娄底市“十四五”信息化发展规划》，数字档案馆建设列为19项全市档案化重点工程之一。为了加快推进数字档案馆建设，市档案馆积极向市委、市政府主要领导汇报情况。8月13日，市委书记主持召开市委常委会议。会议要求按照全国、全省关于“十四五”档案工作规划部署，加快推进市数字档案馆建设工作。12月2日，市政府常务会议研究，同意启动市数字档案馆建设。

【“两类档案”归集】2021年，娄底市档案馆根据国家档案局的统一部署和要求，娄底市档案局、馆把疫情防控和脱贫攻坚“两类档案”归集工作作为全年的重点工作来抓。年初，市档案局下发文件到各个单位，要求做好“两类档案”的归集工作。年中，组织各有关单位参加全省“两类档案”业务培训班。在接收“两类档案”条目过程中，市档案局、馆联合下发督办函75份，开展督促检查行动3次，到市直单位和县（市、区）档案馆开展技术指导100余人（次）。全市报送“两类档案”目录29万余条，如期完成报送工作，受到省、市档案局的好评。

（谭　海）

## 广播电视

【概况】2021年，娄底市广播电视工作坚持以习近平新时代中国特色社会主义思想为指导，立足新发展阶段、贯彻新发展理念、构建新发展格局。紧密结合党史学习教育，开展增强“四力”教育实践工作，围绕市委、市政府中心工作，发挥全媒体宣传职能，坚持宣传抓导向、播出保安全、事业谋发展、服务惠民生、队伍强管理的理念，各项工作稳步推进，重点围绕庆祝中国共产党成立100周年、娄底钢铁新材和工程机械先进制造业“双引擎”项目、冷水江锡煤矿区生态环境修复成效宣传、挖掘娄商文化吸引娄商返娄、乡村振兴成就宣传等主题，精心策划自选动作，为建设现代化新娄底营造良好舆论氛围。 （王静海　王潮头）

**【新闻宣传】** 2021年，娄底市广播电视台7个二级媒体共发稿21429条，完成自采稿件9893条，完成对上报道412条，其中央视4条，中央级新媒体35条，湖南卫视192条，湖南经视72条，湖南人民广播电台109条。围绕庆祝建党一百周年主题主线，开辟《奋斗百年路　启航新征程》《湖湘潮　百年颂》《党旗在基层一线高高飘扬》《对党说句心里话》《最是一抹娄底红》《红色湘中》《历史不会忘记》《红色记忆》等专栏。围绕市委、市政府中心工作，打造一系列精品力作，推出外宣片《这里是娄底》、先进制造业“双引擎”全媒体宣传系列报道《超级马力》，围绕首个“娄商日”推出《天下娄商》主题节目等一系列本土特色宣传作品。承担媒体社会责任，做好公益宣传，全年累计制作公益广告、宣传片130余个，播出各种公益广告、宣传片、宣传标语7万条次。在年度的新闻奖项评选中，电视系列报道《垄上春行》获得中国新闻奖三等奖、湖南新闻奖一等奖。6件作品获得湖南广播电视奖，11件作品获得湖南广电信息节目奖，4件作品获得首届湖南广电新媒体节目奖，7件作品获得湖南播音主持作品奖，18件作品获得娄底新闻奖，4件作品获湖南省2021年度广播电视节目创新创优扶持，《挖掘机洪水中挡住中巴车救下14人》获得全省优秀通联稿件一等奖。

（王静海　王潮头）

2021年，娄底市广播电视台推出记者走基层系列报道《垄上春行》。图为片头画面

（市广播电视台供图）

**【新闻事业】** 2021年，娄底市广播电视台推进广电传媒大厦项目建设，通过多方协调，优化修改设计方案，做好前期准备工作。12月，项目建设进场施工。完成“无限娄底”App升级改版工作。媒资系统建设过程中，历史影像资料的收集、整理、存储工作进展顺利，完成综合频道2006—2021年15年影像资料的转换和编目工作，完成建台初期老旧新闻资料的采集、入库、编目工作。是年，湖南有线娄底网络有限公司数字电视前端播出8760小时；娄底中心城区有线电视网络期末基本用户11.6万户，累计净流失9796户；期末宽带用户3.2万户，累计净流失119户；期末双向业务用户3.8万户，累计新增7208户；累计智能机顶盒销售数14478台。

**2021年度娄底市直广电系统新闻作品省级及以上获奖情况一览表**

表24

| 国家级 | | | |
|---|---|---|---|
| 作品标题 | 类　别 | 获奖单位 | 获奖奖项 |
| 《记者走基层系列报道：垄上春行》 | 电视系列报道 | 娄底市广播电视台综合频道 | 中国新闻奖三等奖 |
| 《后疫情时代的突围途径：娄底驱动双引擎打造先进制造业高地》 | 新闻报道 | 娄底市广播电视台综合频道 | 中国经济新闻奖二等奖 |

续表24

| 省级 | | | | |
|---|---|---|---|---|
| 作品标题 | 体　裁 | 获奖单位 | 获奖奖项 | |
| | | | 湖南新闻奖 | 湖南广播电视奖 |
| 《记者走基层系列报道：垄上春行》 | 电视系列报道 | 娄底市广播电视台综合频道 | 一等奖 | 一等奖 |
| 《邹玖霖：在秦人社区扶贫的日子》 | 广播新闻专题 | 娄底市广播电视台综合广播 | | 一等奖 |
| 《致敬最可爱的人》 | 电视系列报道 | 娄底市广播电视台教育频道 | | 二等奖 |
| 《艺起读诗》 | 广播播音 | 娄底市广播电视台综合广播 | | 二等奖 |
| 《娄底市全面建成小康社会媒体主题报道<幸福者说>之六——幸福》 | 电视新闻专题 | 娄底市广播电视台综合频道 | | 三等奖 |
| 《今夏最欢乐的“荷”你有约攻略》 | 电视信息节目 | 娄底市广播电视台教育频道 | | 三等奖 |

（王静海　王潮头）

【电视发射】2021年，娄底市电视发射台有数字电视发射机3台，调频广播发射机6台。3个数字电视频道共播出地面数字电视节目26套，发射模拟广播节目6套（中央人民广播电台“中国之声”、中央人民广播电台“经济之声”、中央人民广播电台“音乐之声”、潇湘之声、娄底广播电视台交通广播、娄底广播电视台综合广播），发射数字音频广播节目3套（中央人民广播电台“老年之声”“乡村之声”和“娱乐广播”），总发射转播功率为16.1千瓦，信号覆盖娄底大部分县（市、区）及宁乡、湘乡、邵东等周边县市部分地区，覆盖人口近400万人。投资50万元，开展技术改造升级与院落改造工作，提升安全播出和后勤保障能力。投资32.98万元建设新风系统，提高安全播出系数。投资8.5万元添置码流切换器；投资1万元为中国之声添置音频自动切换器；添置模数音频转换器1台，解决两套广播中国之声备播数字音频信号源，完成中央广播电视总台音乐之声调频发射系统的安装调试工作；增加播出中央人民广播电台音乐之声广播节目一套。开展各类设备系统的日常维护和预检预测工作，抓好机房值班、设备巡查、台账记录及特护期应急保障工作，确保安全播出。实现中央、省、市各级广播电视节目安全播出5.55万小时无差错和台内停播率基本为零的工作目标。（吴迪江）

## 图书发行

【概况】2021年，娄底市图书发行工作主要是指图书、期刊、音像制品及电子出版物、省内书报刊零售，教育信息咨询，文化活动的组织与策划，计算机软件及系统服务等。娄底市新华书店以建党百年为契机，以党史学习教育为动力，聚焦“教育服务”“文化消费”和“融合发展”三大方向，发行党史学习教育指定用书等重点时政读物9轮次，28个品种，共计602345册；建设党建学习书屋231家，优秀示范点达52家，有力谱写娄底发行产业“再上层楼”新篇章。市新华书店门店“娄底图书城”营业面积1900平方米，陈列图书品种数量4万余种；“碧桂园书城”营业面积为1500平方米，陈列品种数量3万余种。是年，市新华书店碧桂园书城获得“抗疫特别致敬书店”“优秀商家”等多项称号。市新华书店及下属公司5家中心门店、23家校园书店被团省委、团市委先后授予“青年之家”“青少年阅读基地”称号，32家标准化校园书店服务各中小学校，服务到终端，触及每一个学生，其中有7家被授予娄底市“全民阅读示范基地”称号。

**【教育部书画等级考试娄底市考试中心授牌】**2021年3月15日，教育部书画等级考试娄底市考试中心、指定考点、书画特色示范学校、乡村艺术研学基地授牌仪式在娄底市金海学校举行，市新华书店现场被授予“教育部书画等级考试娄底市考试中心”牌匾；5月18日，教育部书画等级考试娄底市考试中心在市新华书店正式揭牌。

2021年3月15日，娄底市新华书店被授予“教育部书画等级考试娄底市考试中心”称号。图为授牌仪式现场　　（市新华书店供图）

**【娄底市书画指导老师首期公益培训开讲】**2021年9月11日，教育部书画等级考试娄底市书画指导老师第一期公益培训班在娄底市新华书店开班，全市50位优秀书画专业教师获准参与培训。培训为期两天，主题是“新时代　新美育　新考级”。培训内容及课程包括硬笔书法、软笔书法、色彩、素描科目、动漫科目等考级辅导。培训方式分为名家现场讲座和教学案例分析。培训结束后，优秀学员将聘请为教育部书画等级考试娄底考区巡讲团教师，参与教育部书画等级考试娄底考区的美育推广工作。

**【“娄底本土作家作品展示专柜”揭牌】**2021年9月17日，“娄底本土作家作品展示专柜”揭牌仪式在市新华书店碧桂园书城举行。娄底市新华书店以该次揭牌活动为契机，把专柜打造成全市文艺工作者交流的阵地和平台，常态化组织开展读书分享会、创作交流、新书首发式等活动，宣传先进文化、引领读书风尚，促进全市文学创作事业的发展。活动现场，娄底本土作家与读者进行了文学交流分享和签售活动。

2021年9月17日，“娄底本土作家作品展示专柜”揭牌仪式在市新华书店碧桂园书城举行

（市新华书店供图）

**【组织百人师生现场书画大赛】**2021年9月18日，娄底市新华书店组织百人师生现场书画大赛暨教育部书画等级考试颁奖典礼。该活动在娄底四小分为两个环节举行，第一环节是教育部书画等级考试颁奖典礼，第二环节是百人师生现场书画大赛。活动现场为257人颁发了教育部书画等级考试证书，其中高级证书13人，中级46人，初级证书198人。现场书画大赛评选出绘画类优秀作品17幅，毛笔类优秀作品16幅，硬笔类优秀作品12幅。（吴　玥）

## 娄底日报社

【概况】2021年，娄底日报社加强主流媒体建设，全力打造《娄底日报》、《娄底晚报》、娄底新闻网三大主流媒体平台。《娄底日报》为四开八版、周七刊，与中国邮政娄底分公司签订《娄底日报》投递发行协议，全年发行3万余份，获湖南省市州党报印刷质量竞赛一等奖。《娄底晚报》为周二刊，全年发行8000余份。娄底新闻网推出"新娄底"App、娄底新闻网官方抖音、娄底日报视频号、娄底新闻网微博等新媒体发布平台，拥有掌上娄底、娄底发布、文明娄底、娄底新闻网、文化娄底、娄底创文管卫等微信矩阵平台，承担"学习强国"娄底通讯站的运营维护。截至年底，"新娄底"客户端下载用户32万多户，娄底新闻网网站日访问量最高突破60万人次，日均访问量突破20万人次。

【新闻采编】2021年，娄底日报社围绕党史学习教育和中国共产党成立100周年等宣传主题，开设"在习近平新时代中国特色社会主义思想指导下——新时代新篇章新作为""六中全会精神在基层""奋斗百年路　起航新征程——学党史悟思想办实事开新局""奋斗百年路　起航新征程——我为群众办实事""湘中潮·百年颂""永远跟党走""迎大庆保安全""乡村振兴战略在娄底""沿着高速看娄底""金融风采"等专栏，发表全市各地各单位政治类、经济类、文化类、社会类、生态类等动态性、经验性、成就性报道文章。推动传统媒体与新兴媒体融合，发挥娄底新闻网全网、全平台、全渠道的"全天候"传播优势，以先端后微再报的发布机制，24小时滚动报道。报社全年有47件作品获奖，其中3件获湖南新闻奖、20件获市州好新闻奖、13件获中国城市党报新闻奖、11件获赵超构新闻奖。《娄底日报》湖南省报业协会"美丽湖南·湘潭行"影像大赛版面好作品奖三等奖、湖南省报业协会"美丽湖南·沅陵行"好作品奖三等奖。

【党史学习教育刊播】2021年，娄底日报社对娄底党史学习教育刊播全覆盖，《娄底日报》《娄底晚报》刊发党史学习教育内容新闻稿600余篇，娄底新闻网开设党史教育宣传专栏16个，刊发消息、通讯、评论、图片等6500余篇（幅）。

【网络建设】2021年，娄底日报社落实网络安全工作责任制，成立网络安全与信息化工作领导小组，组织领导本单位网络安全保护工作，明确网络安全的主要目标、基本要求和工作措施，制定网络信息安全与管理各项制度，每项工作都有专人负责落实。负责对系统进行培训、指导及应用安全管理等。强化防护措施，采购防火墙、流控、统一安全网关等设备（全部是国产），新购设备按照上级有关规定严格执行。全年新闻采编刊播零差错。

【管理工作】2021年，娄底日报社派出乡村振兴工作队员3名赴涟源市湄江镇溢田村驻村开展工作。抓人才引进，通过公开招考、高层次人才引进等方式，引进4名研究生学历人员，解决12名人员编制问题。抓基建工作，对院内落进行"白改黑"改造，对中心花园进行改造，添置太阳能灯，院落进一步净化、亮化、绿化、美化。

（张长青　曾　璇）

## 社会科学

【概况】2021年，娄底市社科联团结全市社科界广大社科理论工作者普及社科理论、管理社科阵地、加强智库建设、服务社科人才、协调研究关系全市经济社会发展的重大课题，组织有关学术研讨和社科优秀成果评奖，推动哲学社会科学繁荣发展。

【社科工作会议】2021年4月，娄底市召开市社科工作会议，总结2020年社科工作，传达贯彻湖南省社会科学工作务虚会议、全市宣传部部长会议、市两新工委行业党委书记述职评议会的精神，安排部署全年工作，对娄底市第十二届优秀社科成果一等奖、二等奖进行表彰。

【科研攻关】2021年3月，娄底市社科联围绕市委、市政府中心工作，发布《关于下达2021年度娄底市哲学社会科学成果评审委员会课题的通知》，发布课题项目15项，收到课题申报资料49项。5月，娄底市社科成果评审委员会组织召开2021年度全市重点课题评审会，评选出2021年度娄底市重点课题16项，一般课题29项。6月，与《湖南社会科学》编辑部在湖南人文科技学院联合举办《湖南社会科学》编辑部"编者、作者、读者"座谈会。8月，发布《关于开展习近平总书记"七一"重要讲话精神理论课题研究的通知》，收到理论课题申请43项，经评审立项23项。指导湖南人文科技学院等单位申报并立项2022年度省级课题25项。截至12月底，2019年立项市级重点课题结题9项，一般课题结题14项。2020年立项市级重点课题结题2项，一般课题结题3项。其中"城市社区网格化管理的评价指标体系研究"课题组撰写的《浅谈城市社区网格化管理——基于娄底市新冠肺炎疫情防控的实践经验》被省政府发展研究中心月刊《决策与参考》全文采用，"浅析'齐家'背景下的国家治理基层基础工作——以青少年违法犯罪的发展轨迹为切入点"课题组撰写的《关于"齐家"视域中未成年人教育综合治理机制构建的调研报告》获市委主要领导肯定性批示。

【社科普及】2021年，娄底市社科联与娄底市交通频道联合推出《社科之光》栏目，录制节目50期，每天三个时段进行轮播。联合市委宣传部、湖南人文科技学院、娄底职业技术学院、娄底交通频道、娄底市博物馆、蔡和森纪念馆、娄底市新华书店、娄底市君子文化研究会等单位，围绕"庆祝建党百年　助力'三高四新'主题"，举办"建党百年　辉煌成就"知识抢答赛，红色故事空中课堂——党史科普站，"党史百年娄底红"主题党日娄底行，红色故事、红色展板、红色书籍进校园，《讲和森学党史》党史教育进基层宣讲，庆祝建党100周年主题征文，党史书籍专柜陈列展，红色文化与君子文化主题研讨会8项活动。其中联合市党史学习教育领导小组办公室举办的庆祝中国共产党成立100周年理论研讨会论文征集活动，精选28篇论文编辑成《百年辉煌　风华正茂——热烈庆祝中国共产党成立一百周年征文作品选辑(娄底篇)》一书并正式出版，其中4篇论文入选湖南省庆祝中国共产党成立100周年理论研讨会论文。与娄底电视台联袂推出"党的十九届六中全会精神宣讲微课堂"电视节目，组织5名社科专家录制专题节目。推进社科理论进机关、进校园。在省社科联组织开展的"建党百年·辉煌成就"湖南省社会科学普及网上竞答活动中，娄底市参与答题人次564978人，在全省市州排名第四，被省社科联评为"优秀组织单位"，2人入评"全省十大学习达人"。利用娄底本土资源，策划制作党史知识和红色故事视频25集，其中推介23个微视频参与省社科联组织的"学习百年党史·讲好红色故事"社会科学普及微视频展播与投票活动，5个视频入选。其中，彭国中创作的《断肠明志陈树湘》网络投票居全省第一，被评为最受欢迎作品。"国之贤母故事"系列视频、"党史故事听我讲"系列视频被评为2021年湖南省优秀社会科学普及作品(视频类)。

【召开党的十九届六中全会精神座谈会】2021年12月，娄底市社科联组织召开全市社科理论界学习十九届六中全会精神座谈会。会议组织学习《中国共产党第十九届中央委员会第六次全体会议公报》以及《中共中央关于党的百年奋斗重大成就和历史经验的决议》，与会社科理论专家作交流发言。会后，精选与会专家座谈发言材料在《娄底日报》、娄底电视台《学习园地》和《湘中论坛》杂志专版上刊发。

【社科阵地监管】2021年，娄底市社科联实现18家市级社科类学会党组织工作全覆盖，全部派驻党建工作指导员，指导市金融学会等10家学会完成年检，指导市税务学会、市档案学会、市统计学会开展换届工作，指导市统战理论研究会、市监察学会、市国际税收研究会完成注销。在4月15日召开的全市社科工作会议上，组织所有社科类学会、协会的联络员进行专题学习。按照社科类论坛讲座报告会管理要求，对市教育局牵头以市政府名义举办的"楚怡职教精神研讨会"、万宝新区管理委员会牵头主办的"2021互联网岳麓峰会　万宝区块链论坛"、市人大举办的"道德讲堂"等活动审批监管备案，并派员现场进行监听。

(李向红)

# 体　育


◎综述

◎学校体育

◎竞技体育

◎群众体育

# 综 述

【概况】2021年，娄底市举办二级社会体育指导员培训班6期。组织开展“珍爱生命、预防溺水”游泳技能公益培训。大型体育场馆免低开放工作在全省体育局长会上作典型介绍。娄底市全民健身服务中心等5个单位被评为全国群体工作先进单位。娄底市梅山武术入选2021年中华优秀体育文化项目。黄瑰芬成为首位娄底籍奥运选手；全市在2021年全运会上获金牌3枚，健身气功2个展示项目分获第一名和第三名。在湖南省首届体育“云”运动会上1个项目获青年社会组特等奖。参加湖南省第十届老年运动会13个项目的比赛，10个项目获优胜奖，3个项目获优秀奖。组织参加省33个锦标赛事中的22项锦标赛，获得金牌30枚、银牌31枚、铜牌41枚。在湖南省第四届中学生运动会上，娄底市获团体总分第二名。承办“涟钢杯”2021贺龙湖南省篮球联赛、省第四届中学生运动会、省第十届老年人运动会健身球(操)和气排球比赛等赛事，举办以第七届体育舞蹈大奖赛为代表的“湘军故里 传奇娄底”高铁直达城市品牌赛事。把开展党史学习教育同推动足球运动普及发展相结合，举办“我为群众办实事”足球公益暑假训练营活动；“足球+英(汉)语”线上直播，观看人次2亿次。(李海军)

娄底市运动员黄瑰芬，在全国田径冠军赛暨东京奥运会选拔赛上获得女子200米决赛第一名、女子100米决赛第三名，入选中国奥运代表队，成为首位娄底籍奥运选手，并同队友在东京奥运会上获得女子4×100米接力第六名(成绩为42秒71)。第十四届全运会上，娄底16名运动员参加飞碟、柔道、摔跤、跆拳道、空手道、田径、羽毛球、举重8大项的比赛，获得3枚金牌、1枚银牌和群体组一等奖、三等奖，其中黄瑰芬分别在田径项目女子4×100米接力、4×400米接力项目上获得金牌，吴凯在跆拳道项目男子80公斤级获得冠军，是湖南省跆拳道队成立后获得的第一枚全运会金牌。(李海军 杨郁文)

2021年8月6日，娄底籍运动员黄瑰芬(右二)同队友在2020年东京奥运会女子4×100米接力赛中获得第六名 (市体育学校供图)

【体育人才队伍建设】2021年，娄底市体育学校开设摔跤、柔道、跆拳道、田径、羽毛球、游泳、网球、射击(射箭)、足球等项目，教练队伍人数27人，在训运动员人数421人。其中摔跤72人、柔道42人、跆拳道48人、田径46人、羽毛球50人、游泳28人、网球49人、射击15人。组建娄底市男子乙组足球队，共有男子足球7支、女子足球队2支。解决小升初62名、初升高26名学生就读问题。(杨郁文)

【娄底市梅山武术入选2021年中华体育文化优秀项目】2021年11月26日，在2021年中国体育文化博览会、中国体育旅游博览会上的2021年中华体育文化优秀项目颁奖仪式上，新化梅山武术获评中国体育文化博览会“优秀民俗民间项目”。新化梅山武术主要成型于恶劣的自然环境和战事频繁的社会环境中，它将古朴、纯真、典雅、威猛的形象和防身、健体的功能融会在民俗、礼仪表演等活动之中，并广泛流传于民间。(李海军)

【“足球+汉语”线上直播】2021年3月17日晚，娄底市“足球+汉语”云直播课堂在市体育中心进行首次直播。该公益课堂以其灵活的教学模式、动感的热身旋律、专业的动作分解、有趣的互动点评、实时的英语教学，得到受众的普遍好评。在线学习人员覆盖全国和亚洲、非洲、欧洲10多个国家和地区，做法和经验被国家体育总局在全国推广。“足球+汉语”云直播公益课堂是在原“足球+英语”的基础上提炼提升后的一个新的成果，每周一次，每周三播出，人员、师资、道具、播出方式与原课堂共享，实现资源的有机结合。(李海军)

## 学校体育

【概况】2021年，娄底市教育局建立健全中小学体育竞赛和人才培养体系，按计划组织开展各项体育竞赛活动，促进学生德智体美劳全面发展。牢固树立健康第一的理念，加强中小学生体质健康管理工作。11月2日，市教育局下发《关于加强中小学生体质健康管理工作的指导意见》，从加强宣传教育引导、开办体育与健康课程、保障体育活动时间、提高体育教学质量、完善体质健康管理评价考核，做好体质健康监测，健全责任机制，强化督导检查8个方面明确工作要求，促进学生体质健康。组织市直中小学生体检，组织全市中小学校开展体质健康监测，及时上报学生体质健康数据，稳步推进儿童青少年近视防控工作，娄底市被教育部认定为全国儿童青少年近视防控改革实验区。是年，娄底市体育学校获评田径、摔柔跆省高水平体育后备人才基地和羽毛球、射击省体育后备人才基地；被省体育局推选为国家高水平体育后备人才基地；9月2日，被国家体育总局授予“2017—2020年度全国群众体育先进单位”称号。（刘树新　杨郁文）

【体育教学】2021年，娄底市加强中小学体育与健康学科课堂教学，促进体育与健康学科课堂教学改革与创新，为广大教师搭建交流学习的平台。3月7—8日，在涟源市涟水中学举行全市中小学体育与健康学科教学竞赛。各县（市、区）派出240余名教师代表现场观摩，该次竞赛有40名选手参加，分为小学体育组、心理健康组，初中体育组、心理健康组，高中体育组、心理健康组6个大组。经评委评议，小学体育组王玉飞、彭明朗，小学心理健康组李甜甜、丁眯林；初中体育组谢道清、黄双全，初中心理健康组唐洁莹、彭妍熹；高中体育组肖勇、易超，高中心理健康组邹军、陈雪燕等12名选手分别获该组比赛一等奖。5月17—22日，组织全市初中毕业年级体育考查工作，全市53000余名初三学生参加考查。（刘树新　吴业飞）

【发展校园足球】2021年，娄底市将发展校园足球作为学校体育教育的重要内容，推进校园足球普及，全方位培训足球运动师资，培养优秀的足球后备人才，形成“以赛促训”的校园足球竞赛体制，全市校园足球发展呈现良好态势，“一校一特色，一校一品牌”的体育发展目标逐步达成。组织18所中小学校申报全国青少年校园足球特色学校，7所幼儿园申报全国足球特色幼儿园。12月12—16日，娄底市在娄底一小举办全市校园足球裁判员培训班，全市各县（市、区）的校园足球裁判员60余人参加培训。

（刘树新　吴业飞）

## 竞技体育

【承办湖南省第四届中学生运动会】2021年9月22日至10月27日，湖南省第四届中学生运动会在娄底一中举行。运动会由省教育厅、省体育局、共青团湖南省委主办，娄底市教育局、娄底市文旅广体局、共青团娄底市委承办。运动会设足球、田径、游泳、篮球、排球、乒乓球、羽毛球、武术、健美操9个大项目100个小项目。全省各市（州）和省直学校的15个代表团、157支代表队、2138名运动员参加比赛。娄底市代表队获团体总分第二名，男子足球、女子足球均获冠军，排球获亚军，篮球获季军。娄底一中、娄底二中、娄底三中、娄底四中、娄底一附、星星实验学校、娄底市体育中心被评为优秀赛点。（刘树新　吴业飞）

【娄底市第二届“全国青少年校园足球特色学校”足球联赛】2021年12月22日上午，娄底市第二届“全国青少年校园足球特色学校”足球联赛在娄底市星星实验学校拉开序幕。联赛由娄底市教育局主办，娄底

2021年12月22日，娄底市第二届全国青少年校园足球特色学校足球联赛开幕式举行

（市教育局供图）

市青少年校园足球领导小组办公室承办。50所国家级校园足球特色学校的72支代表队、1402名运动员参加比赛。共设娄底市星星实验学校、娄底三中、娄底一中附属实验学校、娄底四中4个赛点。在该次比赛中，娄底一中获高中男子组第一名，娄底二中获高中女子组第一名，娄底三中获初中男子甲组第一名，娄底二中获初中女子甲组第一名，湖南师大思沁新化总校获初中男子乙组和女子乙组第一名，娄底五小获小学男子甲组第一名，娄底六小获小学女子甲组第一名，冷水江市禾青镇芙蓉学校获小学男子乙组第一名，涟源市伏口镇中心小学获小学女子乙组第一名。

（刘树新　吴业飞）

**【娄底市中小学生乒乓球、羽毛球比赛】**2021年12月25—26日，娄底市中小学生乒乓球、羽毛球比赛在娄底一中体艺馆举行。比赛以县（市、区）为单位组队，高中、初中、小学男女运动员各6人，全市400余人参加比赛。乒乓球比赛结果：冷水江市代表队、涟源市代表队、市直代表队获体育道德风尚奖，涟源市代表队获高中混合团体第一名，市直代表队获初中混合团体第一名，冷水江市代表队获小学混合团体第一名。涟源市代表队梁宇宸、聂瑶分别获高中男子单打、高中女子单打第一名，市直代表队成易居、冷水江市代表队李羽西分别获初中男子单打、初中女子单打第一名，冷水江市代表队段奥洋获、涟源市代表队钟雨晴分别获小学男子单打、小学女子单打第一名。羽毛球比赛结果：娄星区代表队、双峰县代表队、新化县代表队获体育道德风尚奖，市直代表队获高中混合团体第一名，冷水江市代表队获初中混合团体第一名，市直代表队获小学混合团体第一名。市直代表队李岸林、金家仪分别获高中男子单打、高中女子单打第一名，市直代表队毛书涵、冷水江市代表队易水涵分别获初中男子打、初中女子单打第一名，新化县代表队邹东城、市直代表队王可馨分别获小学男子单打、小学女子单打第一名。

（刘树新　吴业飞）

## 群众体育

**【娄底市第四届市直机关趣味运动会】**2021年4月23日，娄底市第四届市直机关趣味运动会在市全民健身服务中心体育场举行。该届趣味运动会由娄底市文旅广体局和市总工会联合主办、娄底市纵野户外拓展有限公司承办、娄底市全民健身服务中心协办。比赛共设置“时代魔方”“旋风跑”“人体保龄球”等6个比赛项目，全市34支代表队参加。经过两天的比赛，娄底职业技术学院、市城市管理综合行政执法支队、市自然资源和规划局以积分优势获得前三名。

**【中国体育彩票2021年娄底首届公益跑山地半程马拉松赛】**2021年4月24日，娄底体彩长跑队响应国家“开展全民健身，增强人民体质”和《支持社会力量举办马拉松等大型群众性体育赛事行动方案》（由国家发改委等九部门印发）的号召，主办“中国体育彩票2021娄底首届公益跑山地半程马拉松赛”，赛事设置半程马拉松和欢乐跑两个项目，比赛在娄底珠山公园举行。

**【“湘军故里·传奇娄底”高铁直达城市2021年娄底攀岩邀请赛】**2021年5月16日，首届“湘军故里·传奇娄底”高铁直达城市2021年娄底攀岩邀请赛在娄底市体育中心纵野攀岩馆举行，国内各省高铁沿线城市的18支代表队103名运动员参赛。比赛由娄底市文化旅游广电体育局主办，娄底市纵野户外拓展有限公司承办，娄底市全民健身服务中心协办。比赛项目为攀石赛，按年龄分甲、乙、丙三组，各组别分设男、女组，不设半决赛和决赛，采用预决赛一轮。每组别各设6条线路，在规定时间内顺利挑战线路最多者为胜，共设36个奖项。比赛为期一天，经过角逐，娄底市代表队、株洲市代表队、娄底市代表队分别获得男子甲、乙、丙组第一名；湖北省襄阳代表队、长沙九二攀岩代表队、吉首市代表队和岳阳市代表队获女子组第一名。

**【“涟钢杯”2021年贺龙湖南省篮球联赛】**2021年7月17日晚，“涟钢杯”2021年贺龙湖南省篮球联赛在娄底市体育中心篮球馆开幕，全省14个市州14支代表队参加比赛。该次比赛由湖南省体育局、娄底市人民政府主办，湖南省篮球协会、娄底市文化旅游广电体育局承办，娄底市篮球协会、湖南翼腾体育集团、娄底综合频道执行，娄底市全民健身服务中心、涟钢工会、湖南人文科技学院、娄底职业技术学院协办，湖南华菱涟源钢铁有限公司独家冠名。联赛分为两个阶段，第一阶段于7月17日在娄底开始进行，14个市州14支队伍经过比赛产生4支队伍进入第二阶段。第二阶段主客场比赛，在娄底市、株洲市、长沙市、益阳市4地分别进行。最终，综合两阶段成绩，娄底涟钢代表队、株洲醴陵爱琴海中央城代表队获得第一名，长沙长房集团代表队、益阳高发投代表队获得第二名。

2021年7月17日晚，"涟钢杯"2021年贺龙湖南省篮球联赛在娄底市体育中心篮球馆开幕

（市全民健身服务中心供图）

【娄底市健身气功功法展示活动】2021年10月17日，2021年湖南省娄底市健身气功功法展示活动在娄底市体育中心北广场举行。全市16支代表队，500多人参加了展示。该次活动由娄底市文化旅游广电体育局主办，市健身气功协会承办。活动积极推广健身气功，充分展现了娄底市健身气功爱好者的风采。

【"2021全民健身挑战日　健康湖南e起来"娄底站】2021年11月28日，由国家体育总局群体司发起，中华全国体育总会主办，湖南省体育局、娄底市人民政府联合主办，娄底市文化旅游广电体育局承办，娄底市全民健身服务中心协办的"2021全民健身挑战日　健康湖南e起来"娄底站在娄底市体育中心北广场开幕。比赛设置团队挑战项目和个人挑战项目两大类。其中，团队挑战项目设置排舞挑战赛。个人挑战项目设置挑战颠球王、挑战投篮王、挑战垫球王（气排球）、挑战乒乓推挡王、挑战轮滑王、挑战滑板王、挑战下劈王（跆拳道）、挑战拉丁王等10个比赛项目。个人项目及排舞挑战赛第一名可以晋级参加全省总决赛。该次比赛新设置了健身达人亮绝活挑战赛，体育爱好者可不受项目、规则所限，展示自己独特的运动绝活。比赛依托"数字体育"平台，采取线上挑战模式同步推进，市民可登录"全民健身e起来"微信小程序，参加线上创意达人挑战赛。该次活动旨在积极倡导市民科学健身，增强身体素质。

2021年11月28日，"2021全民健身挑战日　健康湖南e起来"娄底站活动现场　（市委宣传部供图）

【娄底市第10届市直机关男子篮球赛】2021年12月2—9日，"城发杯"娄底市第10届市直机关男子篮球赛举行。该次比赛共有32支代表队参加，分为机关单位组和企事业单位组两个组别，为期7天，共90场比赛。最终，娄底市公安局与华菱涟钢分别获得机关单位组和企事业单位组冠军。娄底市民政局、消防救援支队、市委组织部、人大政协联队、教育局获得机关单位组第二至六名。娄底职院、政务服务中心、经开区、城发集团、蓝圃学校获企事业组第二到六名。

（王　盛）

# 旅　游

◎综述

◎旅游资源

◎旅游动态

## 综　　述

【概况】2021年，娄底市旅游总人数3293.5万人次，其中国内游客3293万人次，入境游客0.45万人次；实现旅游总收入339.9亿元，其中国内旅游收入339.4亿元，旅游外汇收入79.92万美元。是年，娄底市娄星区凤凰山庄、涟源市湄江风景区、曾国藩故里文化旅游区、大熊山国家森林公园被评为2021年文明风景旅游区。新化县油溪桥村入选全国乡村旅游重点村。

【旅游市场管理】2021年，娄底市文化旅游广电体育局按照国家文化和旅游部、湖南省文化和旅游厅工作部署要求，规范旅游市场经营秩序，有序推进复工复产复业，严查未经许可经营旅行社业务等违法违规经营行为。3—8月，开展为期半年的未经许可经营旅行社业务专项整治行动，有效整治“不合理低价游”等旅游市场的突出问题，消除旅游市场疫情防控隐患，营造旅游市场公平竞争环境。专项整治行动期间，全市各级文化旅游行政部门、文化市场综合行政执法机构围绕“以免费旅游、购物（会员）送旅游、旅游赠礼品等名义或者以俱乐部、康养活动等形式招徕旅游者，未经许可经营旅行社业务的违法违规经营行为；未经许可，通过互联网开展招徕旅游者等旅行社业务的违法违规经营行为”等重点问题进行整治。（李海军）

## 旅游资源

【概况】2021年，娄底市A级旅游景区25家，其中AAAA级7家、AAA级17家、AA级1家。是年，新增AAA级旅游景区3家（锦绣九峰景区、锁石花之缘景区、响莲宇航文化园）、高星级乡村旅游区（点）9家；蔡和森同志纪念馆·故居评定为AAAA级景区。

### 2021年娄底市等级景区一览表

表25

| 序号 | 景区名称 | 等级 | 所在县市区 | 评定时间 |
|---|---|---|---|---|
| 1 | 曾国藩故居旅游区 | AAAA | 双峰县 | 2010 |
| 2 | 梅山龙宫景区 | AAAA | 新化县 | 2010 |
| 3 | 紫鹊界梯田景区 | AAAA | 新化县 | 2012 |
| 4 | 湄江风景区 | AAAA | 涟源市 | 2013 |
| 5 | 三联峒景区 | AAAA | 新化县 | 2019 |
| 6 | 大熊山景区 | AAAA | 新化县 | 2020 |
| 7 | 蔡和森同志纪念馆·故居景区 | AAAA | 双峰县 | 2021 |
| 8 | 波月洞风景区 | AAA | 冷水江市 | 2009 |
| 9 | 飞水涯景区 | AAA | 涟源市 | 2011 |
| 10 | 渠江源景区 | AAA | 新化县 | 2015 |
| 11 | 博盛生态园景区 | AAA | 涟源市 | 2016 |
| 12 | 油溪河景区 | AAA | 新化县 | 2016 |
| 13 | 资江旅游景区 | AAA | 冷水江市 | 2017 |

续表25

| 序号 | 景区名称 | 等级 | 所在县市区 | 评定时间 |
|---|---|---|---|---|
| 14 | 油溪桥村景区 | AAA | 新化县 | 2017 |
| 15 | 洪家山森林公园景区 | AAA | 娄星区 | 2018 |
| 16 | 归古国际乡村旅游度假区 | AAA | 双峰县 | 2018 |
| 17 | 雅天门景区 | AAA | 新化县 | 2018 |
| 18 | 南芙山庄 | AAA | 涟源市 | 2019 |
| 19 | 蓝莓谷生态园 | AAA | 涟源市 | 2019 |
| 20 | 水府庙生态旅游度假村 | AAA | 双峰县 | 2019 |
| 21 | 中阳白鹭山庄 | AAA | 经开区 | 2019 |
| 22 | 锁石花之缘景区 | AAA | 双峰县 | 2021 |
| 23 | 锦绣九峰景区 | AAA | 双峰县 | 2021 |
| 24 | 响莲宇航文化园 | AAA | 冷水江市 | 2021 |
| 25 | 狮子山公园旅游区 | AA | 新化县 | 2006 |

【旅游品牌】2021年，娄底市通过硬体广告、新媒体、百度词条等方式，宣传“湘军故里·传奇娄底”旅游品牌。推进紫鹊界梯田景区创建AAAAA级旅游景区；蔡和森同志纪念馆·故居景区成功创建AAAA景区，新化油溪桥村列入第三批全国乡村旅游重点村名录，双峰县杏子铺镇、双峰县江口村、新化县渠江源村、涟源市朱岩社区入选第三批湖南省乡村旅游重点村镇名录。承办“锦绣潇湘·茶旅新化”2021中国旅游日湖南宣传活动。

【新化县油溪桥村入选全国乡村旅游重点村】2021年，新化县吉庆镇油溪桥村列入文化和旅游部会同国家发展改革委公布的第三批199个全国乡村旅游重点村名单。油溪桥村总面积5平方千米，有油溪河漂流、油溪古桥、江南小山峡、戴家拜古村落、盐茶官道等景点。周边有厚皮岭万亩李花基地、牡丹花基地、梅山大峡谷等旅游自然资源。油溪桥人发扬“用锄头开路、用锤子凿水、用担土栽树”的“油溪桥”精神，自力更生、艰苦奋斗，谱写乡村振兴之歌，推进娄底乡村旅游事业的发展。 （李海军）

## 旅游动态

【“锦绣潇湘·茶旅新化”活动】2021年5月19—20日，2021年中国旅游日湖南宣传活动暨新化红茶文化节在湖南省新化县渠江源景区举行。该次活动以“锦绣潇湘·茶旅新化”为主题，立足茶旅融合，以茶为媒，以节会友，助力新化打造“茶业+旅游业+文化体验”的生态观光茶园新模式。活动由湖南省文化和旅游厅、娄底市人民政府主办，娄底市文旅广体局和新化县人民政府承办。活动期间，举办了新化红茶产业发展论坛、“一壶好茶　一泡而红”茶旅体验活动、“茶缘之旅　情定紫鹊”夜间文旅体验游活动等活动。

【湄江旅游风景区重新开园】2021年9月26日，娄底涟源湄江旅游风景区重新开园。湄江风景区是国家AAAA级旅游景区，位于湘中腹地涟源市西北部，是一个以岩溶地貌景观为主，以自然生态和人文景观为辅的综合型景区，总面积55.44平方千米。湄江风光奇特，景点集中，景观齐全，集山、水、洞、石、峰、崖、涧、泉、湖、瀑、桥、峡、谷、沙滩、绿洲于一体，具有奇景、险境、神旅之特色。景区拥有一代帝陵、二湖秀水、三道岩门、四片绿洲、五座寺庙，六大飞瀑、七里峡谷、八面险景、九曲湄江、十处绝景、百个奇洞、千块巧石、万树蜡梅等景观。湄江景区地质地貌为低山岩溶地貌，地质构造独特，岩层裂隙发育完全，岩溶地质作用充分。

2021年，涟源湄江旅游风景区的鹰嘴崖

（市文旅广体局供图）

如香炉山的“天弹待发”、观音崖的“莲花涌泉”、龙泉峡的“S形曲线深沟”、藏君洞的“天然壁画”等均为世界稀有地质遗迹，具有美学观赏价值和科研科普价值。为更好地为游客提供更高品质的体验和服务，2018年8月开始，对景区进行基础设施的更新和改造。通过提质和优化，新建塞海、朱岩、仙人府等功能全齐的游客服务区，打造汀兰步道、揽月古道等网红景点，已具备较好的旅游接待能力，初步形成“三日游”的旅游格局。

**【娄底文旅“十一”假期升温】** 2021年10月1—7日，娄底市纳入监测的8家A级景区共接待游客25.47万人次，同比增长44.02%；实现营业收入2466.95万元，同比增长65.45%。接待情况居前五的景区分别是涟源湄江风景区（5.75万人次），新化紫鹊界梯田景区（5.06万人次），双峰归古乡村旅游度假区（3.42万人次），新化三联峒冰泉景区（3.18万人次），新化大熊山景区（2.59万人次）。纳入监测的5家乡村旅游区共接待游客7.35万人次，同比增长24.21%；实现营业收入1011.15万元，同比增长24.79%。纳入监测的15家住宿单位共接待住宿游客1.45万人，同比增长9.19%；实现营业收入362.03万元，同比增长14.91%；纳入监测的住宿单位床位出租率为86.62%，其中民宿客栈床位出租率达89.02%。纳入监测的14家文化服务单位接待总人数为8.63万人次，同比增长20.73%，其中：4家博物馆和纪念馆共接待游客1.99万人次，同比增长19.19%；5家图书馆共接待读者0.61万人次，同比增长-0.23%；5家文化馆共服务6.03万人次，同比增长23.88%。

**【娄底市参加2021年中国红色旅游博览会】** 2021年10月26—29日，娄底市文化旅游广电体育局在湖南省文化和旅游厅的带领下，携带相关红色文旅资料和组织文旅企业参加由湖南省人民政府和江西省人民政府共同主办的2021年中国红色旅游博览会（以下简称为“红博会”）。娄底展区面积45平方米，外形设计为中国红集装箱，全面呈现娄底市主要红色旅游资源及红色旅游发展成就，以图文、视频等声光电手段，向全国人民展现娄底“湘军故里　传奇娄底”的红色旅游风采。展区工作人员向游客及市民发放宣传资料，介绍娄底旅游资源和文创产品，受到各界好评和广泛关注。

（李海军）

# 医疗卫生

◎综述
◎新冠肺炎疫情防控
◎医疗卫生体制改革
◎医政管理
◎药政管理
◎基层医疗卫生
◎医疗卫生监督执法
◎疾病预防控制
◎妇幼保健
◎中医药事业

# 综　述

【概况】2021年，娄底市坚持以人民健康为中心，统筹发展和安全两件大事，坚持一手抓常态化疫情防控，一手抓卫生健康事业发展，疫情防控与业务发展取得“双赢”。“娄底市国家卫生城市”通过复审，全科医生工作居全省第一位，公立医院改革、新冠疫苗接种进度居全省前列。在全省卫生健康重点工作考核中位居第二名。是年，全市有医疗卫生机构4130个，其中医院127个，乡镇卫生院72个，社区卫生服务中心18个，村卫生室3098个，诊所、卫生室、医务室783个，妇幼保健机构6个，疾病预防控制中心6个。医疗卫生机构床位1.19万张，乡镇卫生院床位数0.57万张，卫生技术人员2.59万人。（成丽辉）

【学科建设】2021年，娄底市医学专科建设扎实推进，补齐一批短板学科，一批新技术、新项目在市县两级医院落地，新创建13个省评临床重点专科，首批53个市级临床重点专科创建成效明显，呼吸内科、重症医学科实现县域全覆盖。加强高层次医学人才梯队建设，全市全年引进高端医学人才52名。（成丽辉）

【项目建设】2021年，娄底市加强医疗卫生基础建设，争取中央预算内项目3个（新化县人民医院提标扩能建设项目、双峰县疾控中心改扩建工程项目、娄星区疾控中心能力提升建设项目）、省预算内项目1个（娄底市第一人民医院应急救治综合楼新建工程），项目资金8100万元。娄底市中心医院急诊急救楼、娄底市第一人民医院医养楼、娄底市妇幼保健院整体搬迁等项目有序推进，娄底市第一人民医院急诊急救楼竣工投入使用。（成丽辉）

【民生实事】2021年，娄底市坚持以人民健康为中心的理念，办好省、市重点民生实事，提高人民群众健康获得感。为全市2.6万名孕产妇免费开展产前筛查，为8.8万名农村和城镇低保适龄妇女免费开展“两癌”检查；为2.2万名新生儿开展遗传性耳聋基因筛查，对939名耳聋基因携带者进行有效干预；争取中国出生缺陷干预救助基金会的支持，为全市2万名新生儿免费开展多种遗传代谢病检测；保障母婴安全，孕产妇死亡率、新生儿死亡率、婴儿死亡率、5岁以下儿童死亡率持续下降；为8000名未满14周岁人员免费进行恒磨牙窝沟封闭；加强职业健康管理，全市新建尘肺病康复站7个，救治救助农民工尘肺病人1345人次，参加尘肺病康复治疗和康复训练1690人。（成丽辉）

【娄底市中心医院】2021年，娄底市中心医院落实全国及省市卫生健康工作会议精神，按照“改革融合创新、推动高质量发展”的总基调，推动医疗、教学、科研、管理、社会服务等各项事业与党的建设协同发展。医院被评为国家PCCM科规范化建设三级医院达标单位。全年，医院门急诊155万余人次，出院病人8.8万余人次，平均住院日为9.6天，手术量5万余台次，较好地完成了各项医疗救治任务。全年选送94名中青年专业技术人员到国内一流医院进修；公开招聘全日制硕士研究生27人；招聘合同制护士60人；对89名中层干部进行调整，对药剂、设备、总务等重点科室的负责人和在机关职能科室任职超10年的科室负责人进行轮岗交流。调整党支部设置，全院由11个党支部调整为38个党支部。全年培养入党积极分子12人，发展预备党员7人。

2021年1月，娄底市中心医院被评为国家PCCM科规范化建设三级医院达标单位（市中心医院供图）

党风政风行风建设　全年召开党风廉政会议、警示教育大会2场次，开展全院重点部门和关键岗位工作人员提醒约谈，开展作风建设专项督查21场次，推动行业作风建设长效化、常态化。制定完善《中共娄底市中心医院委员会议事规则》《娄底市中心医院院长办公会议议事规则》《娄底市中心医院未入编人员管理规定》《医疗投诉、医疗纠纷、医疗事故责任追究制度》《药品盘点管理制度》等制约监督制度。各科室集中学习《加强医疗卫生行风建设九不准》、医院廉洁行医“十严禁”、医务人员行为规范等行业纪律和廉洁从医规定，开展干部作风集中整治活动，整治人民群众反映强烈的问题，推动全院作风建设持续向好。

医疗质量和服务水平提升　组织开展疑难病例全院大讨论、临床医技科室主任和护士长会议等180余场次，组织全院大会诊221次，抢救危重、疑难病180余例，举办新冠肺炎、心肺复苏、气管插管、呼吸机应用操作技能培训及竞赛活动等50余场次。抓实医疗质量和医疗安全管理，开展行政业务大查房，全年开展大查房300余次。将抗菌药物、质子泵抑制剂、医用耗材监管和单病种临床路径管理等贯彻于全年医疗工作始终，滥用抗菌药物现象得到有效遏制。推进五大中心建设、学科建设，对肿瘤内科、神经外科等学科进行整合。开展优质护理服务，优质护理服务率为100%；信息化建设取得新成效，提升门诊预约挂号率；优化门诊住院缴费、退费流程，落实“一医一患一诊室”。依法依规按程序购置一批先进医疗设备，提升学科能力和诊疗水平，方便患者就医。推进门急诊综合楼和医技住院综合楼建设项目建设。

“医、教、研”工作　医院获科研计划立项项目24项，包括湖南省自然科学基金项目1项、省科技厅普惠性政策与创新环境建设计划——科普专项3项、创新平台与人才计划——临床医学研究基地1个，省卫健委科研计划项目1项，省医学会科研项目1项，娄底市2021年度关键共性技术“揭榜挂帅”项目1项、娄底市2021年度科技创新计划项目16项。申报国家自科基金2项、省自科基金项目4项、省科技厅18项、省卫健委科技计划项目7项、创新平台与人才计划——临床医学研究基地3个。干部职工发表论文80余篇，其中SCI论文5篇。在全市率先开展30项新技术、新项目，举办临床科主任论坛、疑难病例演讲、医疗新技术成果展示交流会。推进省市重点专科建设，承办各类学术活动、会议40余场次。带教全日制临床硕士研究生49名，完成10名全日制硕士研究生毕业论文答辩，完成南华大学船山学院、湖南中医药大学、湖南医药学院和娄底职院204名见习生临床理论和见习教学任务，接收10余所医学院校医护实习生405人，接收外院进修医护人员76人，培养基层全科医生200名、在培住院医师191名，结业45人。

社会公益工作　加强与县级医院的对口支援和沟通联系，选派3名医疗技术骨干对口支援双峰县人民医院，对贵州省六盘水市钟山人民医院等9家医联体合作单位给予多方面支持。选派14名主治医师到娄底市监管中心开展医疗服务，选派7名主治医师驻纪委办案中心开展医疗服务，安排2名主治医师到老市委医务室开展对口支援。按照市委组织部及娄底市卫健委的安排与要求，选派25名技术骨干到相应乡镇卫生院开展“医卫特派员”工作。选派麻醉科专家伍国芳赴西藏山南市桑日县执行为期半年的医疗援助任务。全年组织现场救护急救知识与技能培训40余场次。选派3名干部到新化县白溪镇十茶村、湾塘村开展乡村振兴工作。组织专家到新化县、涟源市等地开展送医送药下乡义诊活动30余场次。承担全市大型活动医疗保障工作10余场次，全年收治“三无”病人51人次，累计减免医疗费90万余元。

（邬连兵）

【娄底市第一人民医院】2021年，娄底市第一人民医院加强医院党的建设、学科建设、人才队伍建设，加强医院管理、医院文化和基础设施建设，发展医疗业务，落实医改政策，团结带领全院干部职工推动医院高质量发展。投入使用集医养、应急救援和荣军优抚为一体的改扩建项目一期。加强人才队伍建设，落实“双培养”，发展6名专家和科室负责人入党；完善人才梯队，引进高层次人才17人。推荐市两会代表3人、五届市人大代表1人。开展“送技术下基层、请专家护健康、关爱特殊群体”和“学史力行　情系荣军　拥军优属　健康护航”等大型义诊活动，手术治疗15人，减免费用80万元，关心慰问困难党员、职工10人，志愿服务80余场次。在10余家省市媒体、自媒体发表稿件494篇次。

党风行风建设　全面从严治党，建设清廉医院。严肃党纪党规，开除1人，降级处理1人。推进清廉医院建设，对工程建设、采购、维修谈判等监督53项（次）。审计项目21个，审减金额38万余元。整改完成审计反馈的6个方面28项突出问题。开展谈心谈话1424人次，提醒谈话2人次，退回红包3.5万余元，处理投诉34例。开展医保整治行动，落实“三个合理”，市本级医保次均费用下降13.4%。

学科建设　狠抓学科建设，发放学科建设基金90万元，提升医疗救治能力和水平。加强临床专科建设，烧伤整形外科等8个学科成为市临床重点专科，7个学科参加省临床重点专科评审。推进“三大中心”建设，胸痛中心通过国家胸痛中心现场评审。开展MDT（多学科诊疗模式），推进多科融合，全院大会诊及高风险谈话22次。争取名医名院技术支援，聘请知名专家长期坐诊、教学、查房等。开展心血管介入（含电生理）、神经内科介入及外周介入等多项领先技术建设，备案新技术6项，提升疑难危急重症救治能力。推进科研培训，2项课题通过省卫健委立项评审，BPROAD（中国成人2型糖尿病降压治疗目标）研究获国家代谢性疾病临床医学研究中心优秀研究中心奖和特殊贡献奖，申报2022年度省卫健委科研课题9个。开展学术讲座10余场，内部培训36场，组织92人次到广州呼吸健康研究院、南方医院、湘雅医院等省内外名医院进修培训。接收全科医生和助理全科医生学员137人、医联体进修人员26人。

医改改革　稳步推进医改。以“两个允许”为准绳，实行80%薪酬向临床一线倾斜。按病种付费实施率超过80%，形成以基本药物为主导的“1+X”用药模式，国家基本药物使用占比40%以上，药品带量采购价总体平均降幅17.3%。推进三级公立医院绩效考核，药比降至23%，门诊次均费用下降6.31%。

医院管理　协调召开“创三甲”市长办公会，院内调度14场次。强化运营管理，全年业务收入增长9.44%，门急诊人次增长34.27%，出院人次增长5.6%。组织院长行政业务查房21次，三基考试25次。建设平安医院和法治医院，新增监控探头50余个，重点部位安装自动报警系统。全员参加普法学习并全部通过考试，法律顾问审查合同275个。加强医院感染管理。环境卫生学采样合格率为98.6%，院感发生率为0.4%，一类切口感染率0.31%，处置医疗废物81.98吨。

（鄢　婷）

【娄底市第二人民医院】2021年，娄底市第二人民医院践行现代医院管理制度，发展新业务、新技术，巩固医疗服务质量和医疗安全管理成果。全年完成门诊诊次同比增长27.7%，出院病人数同比增长22.96%，业务收入同比增长31.45%。医院获评“娄底市文明单位”。

学科建设　医院四病室（内分泌科）被确定为娄底市临床重点专科，该科糖尿病治疗项目被列入娄底市“科研基金立项”。院长、主任医师罗建国的“活血利水明目同治糖尿病视网膜病变等眼底病”在省中医药管理局立项并完成科研。二病室（心血管内科）开展冠状动脉造影术、经皮冠状动脉支架植入术、永久性起搏器植入术等逐步成熟；五病室（神经内科）开展静脉溶栓术、全脑血管造影术、脑动脉内溶栓及去栓术，卒中中心得到发展；新增科室外三科（神经、脊柱、肛肠外科）的外周血管介入治疗，将介入技术应用于肝癌、颅内动脉瘤等临床治疗。

安全生产　严抓医疗质量，落实医疗核心管理制度，定期开展业务大查房，规范病例管理，加强院内多学科联合诊疗，经常邀请省级三甲医院教授到医院指导工作，加强合理用药、合理检查和合理治疗管理，严防医疗事故，减少医患矛盾，确保医疗安全。加强医院感染工作检查督导，执行医院感染规章制度，确保医院发热患者隔离就诊、传染病漏报率控制在2%以内。医疗废弃物实施定点、定位、定装置、定专人的处理流程。贯彻国家有关食品卫生法律、法规，将食品安全责任落实到人，严把食品安全和卫生关，开展除“四害”集中整治，环境卫生达标，实行食堂生熟食品分类管理，对患者用餐、医护人员用餐和医院其他职工用餐分开管理。开展普法、消防安全知识培训，强化职工法律意识和消防安全意识。强化医院安保队伍建设，打造“平安医院”。

志愿服务　开展“我为群众办实事”系列活动，组织专家进机关、进社区、进乡镇开展为期一年的中医药科普巡讲及义诊。与中共娄星区委、中共娄星区委党史学习教育领导小组办公室、区委宣传部、区科协、区融媒体中心等机关、事业单位联合举办“党史故事听我说”微宣讲暨中医药健康科普巡回宣讲活动。每月定期开展“糖尿病友之家”“孕妇学校”“高血压健康教育”等健康科普宣讲活动。在院内设置学雷锋志愿者岗和志愿站，推送9项服务为患者排忧解难，实现志愿服务常态化。组织志愿者参与社区志愿者服务活动，为社区居民、学校学生、孤寡老人、妇女儿童送健康，定期到铁西社区开展大扫除等。

智慧医院建设　投资300余万元对数字化医院软硬件升级改造，优化就诊流程，简化缴费手续。完善网上预约挂号就诊系统、电子病历系统、手术麻醉系统、数据上报系统、网络办公系统等，实行在线预约、挂号、办卡、缴费、查询、用药等“一站式”服务。（黄继红）

## 新冠肺炎疫情防控

【概况】2021年，娄底市贯彻落实党中央、国务院关于疫情防控工作的重要决策部署，坚持“外防输入、内防反弹”总策略和“动态清零”总方式，抓实抓细常态化疫情防控措施，织牢织密疫情防控篱笆。成功接受“南京疫情”“张家界疫情”“西北旅游疫情”等考验，实现疫情“零输入”、本土病例“零报告”、医疗机构“零院感”目标。（成丽辉）

【医疗救治】2021年，娄底市成建制组建医疗救治队伍8支525人，其中重症医疗队1支、普通医疗队2支、县级医疗队5支。有定点救治医院5家、后备救治医院5家，有定点救治传染病隔离床位850张（含可转换床位）。按三级甲等综合医院标准启动娄底市城南医院（娄底市传染病医院）建设，总投资26亿元，规划床位1950张。（成丽辉）

【防疫物资保障】2021年，娄底市工信局为加强全市市本级公共卫生应急物资储备管理，实现储备物资周期性轮换和流转，确保储备物资长期有效，制定《娄底市市本级公共卫生应急物资储备轮换工作方案（试行）》，拟定《娄底市市本级公共卫生应急物资轮换清单》提交给市新型冠状病毒感染的肺炎疫情防控工作物资保障组审定，确定轮换清单，根据储备应急物资的入库时间和保质期限及需求情况，下达轮换计划和配额给各医疗机构，使用单位按市场价格与承储企业结算。确保在有效期内使用、轮换到位。全年全市25个发热门诊单位安装快速核酸检测分析仪设备，共价值320万元，紧急采购快速核酸检测分析仪费用全部支付到位。（罗建新）

## 医疗卫生体制改革

【概况】2021年，娄底市持续推进医药卫生体制改革，深入贯彻落实全国医改工作会议精神，以健康娄底建设为统揽，学习借鉴“三明医改”经验，出台《娄底市推进现代医院管理制度工作实施方案的通知》等一系列配套政策，进行供给侧结构性改革，在重点领域和关键环节取得进展。

【公立医院改革】2021年，娄底市建立“两个分开、三个机制、两项制度、三个支撑”机制（即持续推进医药分开、继续深化管办分开，着力在医保调控机制、价格调节机制、财政投入机制改革上取得突破，持续推进人事薪酬制度改革和分级诊疗制度建设，发挥人才培养、学科发展和信息化建设支撑作用），推进涟源市紧密型县域医共体建设，实行县乡一体、乡村一体化管理。深化人事薪酬制度改革，调整优化市直公立医院岗位设置，增设专业技术岗位1260个。

【分级诊疗】2021年，娄底市规范发展医联体，全市建成各类医联体19个。搭建脑卒中、创伤、眼底病等专科联盟。娄底市中医医院与湖南省中医药大学第一附属医院建立专科联盟。双峰县中医医院建立“线上+线下”区域中医医联体服务平台，建立家庭医生签约管理平台。

【综合监督管理】2021年，娄底市推进多元综合监管体系建设，依法加强医疗卫生、传染病防治、职业卫生、公共场所卫生等监督执法，全市开展执法检查2600余次，检查机构场所13600余家，办案665件，行政处罚342万元，机构平均办案率居全省第二。（成丽辉）

## 医政管理

【概况】2021年，娄底市贯彻落实大健康、大卫生工作理念，全面推进健康娄底建设，扎实开展医政管理，健全医疗质量管理体系，加强医学专业建设，改善医疗卫生服务质量，加强平安医院建设，强化医疗安全防范，优化医疗卫生服务水平。是年，市医疗管理工作获得省卫健委表扬。

【医疗卫生资源】2021年，娄底市加快推进医疗卫生领域资源合理布局，提质扩容优质医疗资源，推动公立医院高质量发展，积极推进市第一人民医院、市妇幼保健院创建“三甲”医疗机构，市康复医院设置为三级精神病专科医院，涟源市人民医院、冷水江市人民医院积极创建三级综合医院。截至年底，娄底市有三级医院4家。

【医疗质量与安全】2021年，娄底市抓实质量监督管控，运用巡查、点评、约谈、处罚、通报五项制度，开展优质护理、输血、质量管理督查。强化医院感染控制管理，结合疫情防控，健全医院感染监测控制体系、院感监督员制度，通报医院疫情防控及医院感染控制工作情况。

【医疗机构行业监管】2021年，娄底市依照《娄底市开展不合理医疗检查专项治理行动实施方案》，组织医疗机构自查自纠，10—11月，协同医保检查、执行检查等集中开展治理专项督查，抽查医疗机构54家，行政处罚24家。开展“清廉医院”行动，加强行业作风建设，严格落实“九不准”，整治药品与医用耗材网外采购、高价采购等违规行为，停止违规采购的药品、医用耗材品规20个。

【血液安全】2021年，娄底市加强血液供应和安全管理，保障全市人民用血需求和安全。全年全市献血量突破12吨，同比增长5.4%；制备各类血液成分156568.75单位，血液成分分离率100%；供应临床合格血液11.8吨，同比增长7%。（成丽辉）

## 药政管理

【概况】2021年，娄底市贯彻落实国家基本药物制度，加强药品使用管理，落实药品和医用耗材集中带量采购，强化短缺药品监测和稳定供应，保障群众用药及时、安全。

【基本药物制度】2021年，娄底市进一步巩固落实国家基本药物制度，全市各单位基本药物采购使用比例进一步提高，基层医疗卫生机构采购使用比例超过75%，巩固基本药物主导地位。在全省组织开展的国家基本药物制度实施绩效评价中，娄底市、涟源市居全省前列。

【药品采购管理】2021年，娄底市推进国家集中采购政策，医院自主开展“带量采购”，全市药品采购价格比省平台下降15%，全市节约药品、医用耗材采购资金约1.8亿元。推进心血管高值耗材国家带量采购产品落实，心血管支架价格下降90%。

【短缺药品保障】2021年，娄底市加强部门联动，建立短缺药品监测、供应和保障机制，在市中心医院设立短缺药品监测哨点，动态报送短缺药品监测信息，做好短缺药品保供稳价。（成丽辉）

## 基层医疗卫生

【概况】2021年，娄底市坚持“建机制、强基层、筑基础”的工作思路，推进基层医疗卫生工作，加强基层人才队伍建设，开展家庭医生签约服务等工作，拓展基本公共卫生服务，全面提升基层医疗卫生诊疗能力，满足群众就近就医多元化服务需求。

【基层队伍建设】2021年，娄底市扎实推进全科医生工作，全市共有全科医生（助理全科医生）1980名，居全省市州第一。1月11日，娄底市“以全科医生驻村全覆盖为引领，加快建立人民健康守门人制度”入选湖南基层改革探索100案例。落实基层医疗卫生机构本土化人才培训工作，全市选送87名高考学子参加本土化培养，推进基层医疗卫生机构管理骨干培训暨“雄鹰计划”项目实施，选送13名乡镇卫生院（社区卫生服务中心）院长（主任）至省级培训基地进行实训。培训乡镇卫生院和社区卫生服务中心骨干全科医生13名、骨干人员31名、乡村医生245名。

【基层诊疗能力提升】2021年，娄底市坚持以基层为重点，提升基层诊疗能力，向国家争取县域医疗次中心项目12个、乡镇卫生院特色专病专科5个。全市有15个基层医疗机构达到国家“优质服务基层行”推荐标准，受到国家卫健委通报表彰。有3家乡镇卫生院升级为二级医院，2家社区卫生服务中心升级为社区医院。1739个村卫生室完成标准化建设，配备健康一体机1049台，建成远程诊室129个。

【健康乡村建设】2021年，娄底市深入贯彻习近平总书记关于巩固拓展脱贫攻坚成果、全面推进乡村振兴重要指示精神，开展5年过渡期有效衔接工作。全市脱贫人口“四类”慢病患者60213人，“四类”慢病签约实现“应签尽签”“应访尽访”。实现乡村医疗卫生医技人员“空白点”动态清零。全市87个乡镇卫生院及社区卫生服务中心均有2名以上注册的（助理）全科医生，1825个行政村卫生室均有1名合格的乡村医生，实现全科（助理）医师驻村全覆盖。（成丽辉）

## 医疗卫生监督执法

【概况】2021年，娄底市卫生计生综合监督执法工作提质增效。全年全市结案卫生行政处罚案件数665件，其中一般程序案件450件，简易程序案件215件，罚没金额3420494元。市本级结案案件数74件，其中一般程序36件，简易程序38件，罚没金额404700元。全市接受国家下达的双随机抽检任务899家，任务完结率为100%；全市双随机办案数97件，案件率10.79%，其中市本级双随机案件数14起，案件率14.43%。推进依法委托执法工作，9月13日，下达《娄底市卫生健康行政执法授权委托书》，理顺行政执法工作机制。开展“三项制度”创建，推行行政执法“三过程、三必须”监督执法全过程记录，减少和化解行政执法争议。在全省卫生健康系统评选中获“七五”普法先进集体。全市推送疫情防控、综合监督执法、普法宣传等工作信息近300篇，新闻稿《娄底市：创新监督监管模式　打造卫监服务品牌》获全省卫健系统“蓝盾新闻奖”——优秀新闻作品。

【监督执法】2021年，娄底市卫生计生综合监督执法局加大对市直管公共场所及生活饮用水供水单位监督检查力度，提高卫生监督水平。全年下达卫生监督意见书220余份，责令限期整改18家，立案查处16家（一般程序14家、简易程序2家），到位罚款27000元。开展学校卫生监督，完成国家下达的“双随机”监督抽查任务，全市累计出动卫生监督人员5346人次，执法车辆2948台次，监督检查各类学校1216所次、餐饮具集中消毒服务单位3家，消毒用品生产企业1家，出具卫生监督意见书100余份。开展餐饮具集中消毒监管工作。完成餐饮具集中消毒服务单位国家双随机抽检任务，开展辖区范围内餐饮具集中消毒服务单位产品抽检工作，抽检结果合格率100%。开展放射卫生日常监督执法工作，预防各类放射危害。全年出动监督人员212人次，执法车辆82车次，对全市61家市直管医疗机构进行放射卫生执法检查，监督率100%。对16家违法情节较轻的医疗机构责令限期整改，对3家医疗机构进行警告处罚，对6家违法情节较重的医疗机构进行罚款共10万元。推进中医药与妇幼健康监督的日常工作。对存在问题的9家单位进行立案查处，结案4起，罚款到账3.5万元。

【专项整治】2021年，娄底市以扫黑除恶为先导，严厉打击非法行医。严厉打击“黑诊所”“假医生”“医托”“两非”以及出租承包科室、超范围执业、违法发布医疗广告等违法违规行为，净化医疗服务市场。全年全市检查医疗机构500余家，查处非法行医案件152起，罚款130余万元。其中市本级重点检查68家市直管医疗机构，下达整改意见书80余份，当场行政处罚给予警告5家，警告并处罚2家，立案查处问题较严重的医疗机构12家，罚款16余万元。各级卫生监督机构明确专职工作人员，配备职业卫生执法取证装备和现场快速检测设备，提升卫生监督执法能力。全市检查医疗机构496家次，检查发现放射诊疗机构防护工作不合格医疗机构100余家，下达整改意见书342份、当场行政处罚决定书37份，立案查处93家，罚款80余万元。其中市本级发现问题42条，下达责令整改意见书18份、当场行政处罚决定书4份，并对执法情况进行全市通报。对执法过程中发现存在严重问题线索的一家企业进行延伸执法，查清问题后罚款50000元。以开展专项整治行动为契机，提升执法效能。组织开展全市打击非法医疗美容行为专项整治，监督检查医疗美容机构23家、生活美容机构354家，出动卫生监督人员1826人次，立案8起，结案8起，罚款72000元。开展全市高速公路服务区公共场所专项整治工作，对长芷高速和常潭高速在娄底市范围内的高速公路服务区公共场所疫情防控、卫生许可、禁烟控烟、水质等卫生内容进行专项检查，立案查处2家，罚款5000元。

（曾琼阳）

# 疾病预防控制

【概况】2021年，娄底市疾控工作坚持“预防为主”的工作方针，推进“健康中国战略”，落实重大疾病防控措施，提升传染病防控水平，完成各项指令性工作任务。全年通过能力验证考核32项，获得奖励14项，其中省级及以上6项、市级8项。提升全市人民健康素质，降低高危人群发病风险，提高慢性病患者生存质量，减少可预防的慢性病地方病寄生虫病发病率、死亡率和残疾率。推进基层医疗卫生机构家庭医生签约进度，家庭医生签约服务人群覆盖率95%以上，实现全部建档立卡的农村贫困人口和计划生育特殊家庭的家庭医生签约服务全覆盖。开展乡镇卫生院、村卫生室的标准化建设改造及全科医生配备全覆盖工作。推广公卫3.0App人脸识别系统，居民电子健康档案向个人开放。对高血压、糖尿病基线数据进行摸底调查，开展病情评估与危险分层工作，开设高血压示范门诊和“两病”门诊，规范对高血压、糖尿病信息采集、管理。

【疾病防控】2021年，娄底市报告甲类传染病为零，报告乙类传染病17种，报告病例数13308例（按发病日期统计）。报告发病率为337.55/10万，发病率较上年同期上升14.15%；报告死亡32例，累计报告死亡率0.8119/10万，死亡率较去年同期下降40.74%。乙类传染病中非典、脊灰、人感染高致病性禽流感、登革热、炭疽、流脑、白喉、血吸虫病、人感染H7N9禽流感等9种病例报告为零。丙类传染病报告8种，病例数16557例，发病率420.09/10万，死亡报告为零。全年规范、有效处置突发公共卫生事件8起。

疫苗接种　发布接种信息和各类简报，采购冷链车5台，扩容维护冷链设备0.6万立方米，建立覆盖全市的冷链温度监测三级预警网络平台，冷链系统24小时监控运转，严格追溯管理制度。累计采购使用疫苗810余万剂次，没有发生一起质量安全事故。开展免疫规划相关疾病监测，麻疹、AFP监测系统各项指标达到国家方案的要求，流行性腮腺炎、风疹、百日咳等传染病得到有效控制，对2016年5月1日脊灰疫苗免疫程序调整后至2019年10月1日之前出生的儿童，补齐2剂IPV，补种率为95%以上。开展AEFI（疑似预防接种异常反应）的监测和诊断工作，全市64例AEFI全部完成调查处置。

结核病病防治　全市结核病患者到定点医院接受治疗的总体到位率为99.38%，达到95%的要求。2020年10月至2021年9月，全市病原学阳性患者耐药筛查率为96.06%，高危人群耐药筛查率为97.12%，耐多药肺结核患者纳入治疗率为68.09%。

寄生虫病防治　报告疟疾输入病例2例，每例病例均按照“及时发现，精准阻传”目标落实“1-3-7”规范标准。

【卫生监测】2021年，娄底市采取双随机抽检监测工作方式进行卫生监测。地方性燃煤污染型氟中毒病区村监测情况，除新化县达到控制标准以外其他都达到消除标准。各县（市、区）碘缺乏病监测结果显示，全市碘缺乏病持续保持在消除水平。指导涟源市按要求开展疟疾蚊媒监测，指导双峰县10—11月开展土源性线虫监测。组织对全市42所学校（含幼儿园）青少年儿童开展近视等常见病的监测工作。

水样卫生监测　对33家公共场所开展卫生监测、卫生学评价。对25所学校的饮用水和娄底中心城区市政供水、自建设施供水、二次供水单位的水质进行卫生监测。采集出厂水、管网末梢水和二次供水水样共200个。完成“全国饮用水水质卫生监测信息系统”3万余条数据的网络直报和5个县（市、区）城市、农村饮用水828个水样12万余条数据的审核上报工作。全年全市监测水样1028个，省任务完成率为144.79%，农村饮用水水样合格率为89.50%。

食品安全风险监测　2021年全市食品安全风险监测样品数应为876份，实际采集并检测样品数1016份；其中市本级食品微生物及其致病因子专项监测任务数156份，实际完成169份；市本级食品化学污染物及其有害因子监测任务数120份，实际完成122份；各县（市、区）疾控中心对餐饮食品、粮食及其制品和蔬菜及其制品开展监测，任务数120份，共计600份，实际完成605份。市疾控中心参加国家、省级污染物质量考核12次，考核满意12次；检测出

7株阳性菌株，省级复核结果均正确。全市136家食源性疾病监测医院报告病例信息2425例，较上年（2532例）减少4.2%。各县（市、区）疾控中心报告食源性疾病暴发事件35起，较上年（76起）减少53.95%，其中误食毒蘑菇事件8起，较上年（30起）减少73.33%。

**【职业病防治与职业卫生技术服务】** 2021年，娄底市完成职业性尘肺病随访6875例，完成率97.22%。累计报告重点职业病个案卡27290例，发现职业禁忌证581例。涟源市、双峰县完成尘肺病主动监测480例。尘肺病筛查3277人，尘肺样改变54人。全市工作场所职业病危害因素监测项目任务数133家，全年完成监测用人单位133家，监测范围覆盖率100%。其中采矿业外其他行业小、微型用人单位监测数74家，采矿业外市级单位监测数79家，小、微型企业用人单位监测率为93.7%，达到国家和省级考核小、微型用人单位监测率70%的要求。监测用人单位全部进行职业病危害项目申报；对娄底市辖区范围内的54家采矿业（含煤矿、非煤矿山）均开展监测；市级完成线上审核数133家，现场复核13家，符合省级监测工作方案要求。

全年调查放射诊疗机构183家、非医疗机构放射工作单位22家、使用设备90台（套）、放射工作人员511人。非医疗机构项目监测由湖南省职业病防治院完成，其中，华菱安赛乐米塔尔汽车板有限公司、娄底市奥农科技有限公司、广铁集团公司长沙南车站娄底南站检测X射线行包检查系统、矿山闪星锑业有限责任公司检测金属矿山环境地表γ辐射剂量率检测结果等都符合防护要求。全年放射工作人员职业健康检查人数575人，其中市职业病防治医院年度职业健康检查351人，省级机构年度职业健康检查224人。全年申请职业病诊断564例，其中无职业病305例，尘肺病240例（新发病例188例，首次晋期43例，再次晋期6例，复诊病例3例），金属及其化合物粉尘1例，中暑2例，噪声聋14例，铅及化合物中毒2例。报告疑似职业病159例。

**【检验检测】** 2021年，娄底市完成新冠病毒监测、流感病毒监测、艾滋病监测、水质监测、公共场所监测、职业卫生监测及其他监测9大项，完成检验样品61669份，检测项目102452项。上送流感毒株79株（细胞毒株57株，鸡胚毒株22株）。完成全市流感核酸检测样本1307份，其中国家哨点医院样本1079份，环境样本40份，腺病毒核酸检测样本99份。手足口核酸检测样本204份。自愿咨询检测280人份，吸毒人员哨点监测781人份。完成生活饮用水水质微生物检测250余份、公共场所双随机监测15份、食品样本检测157份。检测生物标本147份，包括沙门氏菌、志贺氏菌、副溶血弧菌、致泻大肠埃希氏菌、诺如病毒等项目，检出阳性样本58份，阳性率为39.46%，高于上年的37%，阳性检出率居全省第一。首次成功在食品安全风险监测样中检出单核细胞增生李斯特氏菌，致病菌检测能力得到提升。（蒋　媛）

## 妇幼保健

**【概况】** 2021年，娄底市妇幼保健工作坚持“内强外联、双轮驱动、精品特色、跨越赶超”的发展思路，抓实“三范一树”（班子示范、“三基”规范、党员模范、树清廉医风），全方位、全周期保障全市妇女儿童健康，各项工作提档进位。市妇幼保健院全年接诊门急诊病人20万余人次，年住院病人1万余人次。是年，获湖南省青少年维权岗、全市巾帼建功先进集体等多项称号。

**【妇幼健康服务】** 2021年，娄底市健全三级妇幼保健网络，筑牢妇幼公共卫生防线。全市母婴安全形势稳中向好，三项核心指标持续下降，孕产妇死亡率为3.24/10万（全市户籍死亡1例），新生儿死亡率0.97‰，婴儿死亡率为2.43‰，5岁以下儿童死亡率为4.63‰。推进两项省定民生实事，完成免费产前筛查26613例，完成率为100.42%；完成农村适龄妇女和城镇低保适龄妇女“两癌”免费检查88297人，完成率为101.61%。妇幼公共卫生项目各项指标达到既定工作目标要求。

**【妇幼医疗服务】** 2021年，娄底市妇幼保健院医疗安全形势稳定向好，无重大医疗事故发生。组织遗传医学科、盆底功能障碍性疾病防治科、新生儿科申报市级重点专科，妇产科、儿保科通过市级重点专科验收，新生儿急救中心通过市级评审。临床医技科室开展

PDCA立项20个。优化环节质控模式，实行全过程医疗质量与安全管理。推行科学护理管理，落实优质护理要求，引进护理教培管理云平台。开展感染防控培训13次，提高院感防控力度。加强用药指导，促进临床合理用药，发挥中医药在妇幼保健和疾病防治中的作用，申报市级中医药传承与创新项目1个。乳腺外科拓展乳腺小肿块旋切术新业务，乳腺导管灌注介入治疗乳腺增生性疾病形成区域特色；乳腺癌术后化疗首次独立开展PICC置管；组建乳腺肿瘤诊治MDT团队，提高全市乳腺癌的筛查水平。开展产后针灸穴位埋线减肥、盆底肌筋膜手法等新业务。医教协同发展良好，培训助产大专班三期。

【妇幼公益服务】2021年，娄底市争取中国出生缺陷干预救助基金会项目资金360万元，免费为全市2万名新生儿进行多种遗传代谢病疾病筛查。新生儿耳聋基因筛查纳入2021年市政府民生实事项目，采取“个人自费40%+政府补助60%”的方式进行，完成筛查22521例，完成率为125.12%，筛查出耳聋基因携带939例，并进行有效干预。市妇幼保健院采用“分包竞价、整体折扣”方式进行耗材带量采购，预估节支300万元以上。推出14项惠民利民优惠措施，减免群众看病支出近100万元。开展“守护青春　与爱同行”公益活动，到学校、社区、机关单位开展讲座近20场，送医送药送健康。（辛满艳　袁益华）

## 中医药事业

【中医政策】2021年，娄底市出台《娄底市促进中医药传承创新发展的若干措施》，为全市中医药工作发展提供政策保障。建立全市中医药工作会议联席制度，协调解决各项中医药发展事项。设立中医药传承创新专项资金投入，全年全市投入中医药传承与创新专项资金500万元，用于鼓励支持中医药传承创新发展工作。（成丽辉）

【中医进基层】2021年，娄底市84家建制乡镇（中心）卫生院、社区卫生服务中心的中医馆项目建设完成率100%，实现中医药服务基层全覆盖，建成的中医馆均有人员、有场地、有设备、有服务。组织255位专家进行118场次中医药知识宣讲，受益1.7万余人次。（成丽辉）

【中医药防治疫情】2021年，娄底市在新冠肺炎疫情常态化防控中，充分发挥中医药防病治病优势作用，免费为隔离点发放中药汤剂6071人次，为辖区单位发放中药汤剂1.5万剂。（成丽辉）

【娄底市中医医院】2021年，娄底市中医医院设有31个临床医技科室，其中针灸科、推拿科、骨伤科、心血管科为省级重点中医专科，烧伤整形科、肺病科为省级重点中医专科创建单位。建筑面积3.8万平方米，总资产2.4亿余元，开放床位628张，有职工509人，退休人员93人；卫生专业技术人员402人，高级职称66人，中级职称100人；博士1人、硕士研究生43人。党员106名，其中在职党员91名，离退休党员15名，下设4个党支部。

学科建设　创新医疗质量管理方式，开展医疗质量安全管理活动。开展病历质控专项行动，每月组织专家组开展集体病历质控，对发现的问题进行总结、分析、评价。外邀专家举行问题病历公开讨论会，查找漏洞和不足，提出整改措施。组织公开模拟医疗事故技术鉴定会，总结医疗服务经验，规范医疗行为；开展以临床病历讨论为基础的医疗核心制度知识抢答赛，开展医疗质量安全管理督查。提升急诊急救能力，开展全员第一目击者救治能力培训，强化院前急救体系建设，实现院前急救与院内急救的无缝对接，参加2021年度全市现场救护科普人文路演大赛获二等

2021年3月9日，娄底市中医医院加入湖南中医药大学第一附属医院“湘中医·医疗联盟单位”
（谢　嘉　摄）

奖。提升中医药服务能力，扩大针灸推拿康复门诊，开通小儿推拿门诊、中医儿科门诊、中医妇科门诊，开展中医经典病房建设、强化名中医进病房管理，提升医院中医临床思维能力和水平。优化服务模式，实行责任护士分床包病人的小组负责制，提高护理质量，密切护患关系。是年，加入湖南中医药大学第一附属医院“湘中医·医疗联盟单位”。

队伍建设　充实高水平人才储备，加大人才队伍建设，全年招聘医学类研究生12名、选派医务人员外出短期学习206人次，外请专家来院技术指导12次，讲课8次。成为市中医药学会中医内科专业委员会、市中医药学会中医护理专业委员会主委单位，搭建学术交流平台，参加全省中医护理“三基”知识竞赛并获全省团体第一名、知识抢答赛个人第一名；举办全市第二届中医药科普大赛，两支代表队获第一名，并代表娄底市参加湖南省第二届科普大赛决赛，获全省三等奖。实施创新项目、新技术三十余项，应用针刺麻醉和CMERAS理念，开展针刺麻醉下手术200余台次、介入性超声技术应用于恶性肿瘤治疗100余人次、CT引导下经皮脊柱微创手术20台次。

宣传推广　娄底市中医医院微信公众号发布稿件120余篇，开设医院官方视频号和抖音号，发布中医药健康科普视频30余期。在中央、省市各级媒体推送文章200余篇，在2021年度娄底市卫生健康宣传工作和健康教育促进工作排名中，娄底市中医医院获市直医疗单位网络宣传影响力第一、卫生健康宣传工作优秀单位、健康教育促进工作优秀单位。发挥健康教育阵地作用，开展“百支中医团队进基层”“服务百姓健康行动”及医联体联盟等义诊和科普活动。

（艾瑟琴）

# 人民生活和社会保障

◎基本社会服务
◎基本生活救助
◎基层社会治理
◎就业创业
◎劳动关系
◎社会保险
◎医疗保障
◎住房保障
◎退役军人事务

## 基本社会服务

【养老服务】2021年，娄底市出台《关于加强农村养老服务的实施意见》《关于规范新建居住(小)区配套养老服务移交工作的通知》，起草《关于推进养老服务高质量发展的实施办法》《娄底市养老服务人才队伍建设的实施意见》《娄底市支持社会力量参与养老服务的实施意见》等制度文件，编制"一老一小"整体解决方案，启动"十四五"老龄事业和产业发展总体规划编制工作。安排部署智慧养老服务大数据中心建设、社区养老服务骨干网建设、老年社区餐桌建设、农村敬老院建设等十大居家和社区养老服务改革试点项目46个子项目。争取城企联动普惠养老项目6个，资金8800万元。加大对村(社区)养老服务设施的支持力度，市财政下拨资金600万元，支持建设社区养老服务点26个、农村互助养老服务示范点63个、乡镇综合养老服务中心1个、乡镇敬老院医养中心1个。全市投入资金1682.5万元，对59家敬老院实施安装消防设施、适老化改造和"明厨亮灶"工程。娄底市第二福利院完成土地报批、征地拆迁等一系列工作。完成特困供养机构床位建设项目建设2个，新增护理型床位200张。抓实安全管理，开展"四不两直"安全生产督查6次，疫情防控大督查活动2轮，非法集资摸底排查2轮。对2家列入省消防安委重大火灾隐患单位的民办养老机构进行挂牌督办、系统指导并销号。全市养老机构实现"零事故""零感染""零非法集资"。举办养老护理员培训班三期，培训600余人。举办娄底市首届养老护理职业技能竞赛。　　（曾劲刚）

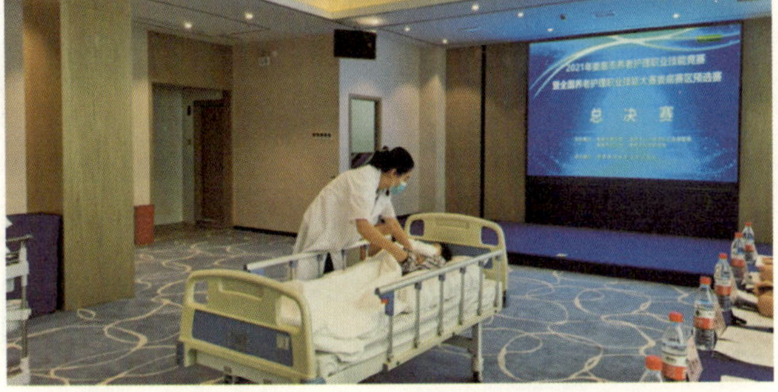

2021年9月7—9日，娄底市举办首届养老护理职业技能竞赛　　（市民政局供图）

【婚姻家庭】2021年，娄底市办理结婚登记19151对，离婚登记5976对，补办登记600对，补发结婚证4670对，补发离婚证1017对，出具婚姻登记32对，补录历史记录174874对，婚姻登记合格率100%。实施离婚冷静期制度，全市离婚登记数下降。　　（徐星星）

【殡葬管理】2021年，娄底市制定《娄底市2021—2025年殡葬事业发展规划》。强化殡葬问题专项整治，制定《娄底市殡葬业价格秩序、公益性安葬设施建设经营及私建硬化大墓、活人墓专项整治工作细则》，摸排整改违法违规殡葬服务中介1家、非法接运遗体车辆1辆、硬化大墓3座、乱埋乱葬坟墓1座、经营性公墓内超标墓位546个。全年火化遗体3315具，火化率为12.9%，较上年度提高5%。全市所有村(社区)全部建立红白理事会并制定章程，协助办理文明、节俭婚丧嫁娶事宜5300余起。市殡仪馆扩容提质项目完成主体工程，推进设备采购、安装、调试等工作。　　（徐星星）

【流浪乞讨人员救助管理】2021年，娄底市救助流浪乞讨人员5781人次，救助率100%。对流浪乞讨人员开展"互联网+寻亲"帮扶模式，通过"今日头条"、全国救助寻亲网、全国打拐DNA信息库、"宝贝回家志愿者公益平台"及"娄底拾人拾物公益平台"等信息渠道实时发布针对性寻亲信息，共发布寻亲公告45条，成功44条，寻亲率一直保持在98%以上。成功帮助19名长期滞留娄底市长达10年以上的求助人员寻回亲人，与家人团聚；为长期滞留在娄的流浪乞讨人员办理落户安置6人。开展"夏季送清凉""寒冬送温暖"专项救助行动，救助各类对象1200余人次。

（颜小萍）

## 基本生活救助

【社会救助】2021年，娄底市成立社会救助工作领导小组，并将社会救助工作纳入全市绩效考核，形成民政牵头、部门配合、社会力量广泛参与的大救助格局。采用"区块链"技术建设居民家庭经济信息核对平台，市民政局成为全国区块链创新应用("区块链+民政证照服务")8个试点单位之一。

2021年6月18日，湖南省救助管理和托养机构“开放日”活动启动仪式在娄底市举行

（市民政局供图）

是年，全市城、乡低保标准分别提高到550元/月、363元/月，城、乡特困人员基本生活救助标准分别提高到715元/月、471.9元/月；为11.6万名城、乡低保对象发放资金3.9亿元，为2.1万城、乡特困对象发放资金1.8亿元；临时救助6.91万人次，发放临时救助资金4737.89万元。全年动态调整退出低保对象19783人，新纳入低保对象8967人。走访慰问低保、特困人员等特殊困难群众17337人次，发放慰问资金464万余元。

（邱琼芳）

**【社会救助制度改革】** 2021年11月4日，中共娄底市委办公室、娄底市人民政府办公室印发《娄底市改革完善社会救助制度的工作方案》，全面推动实施社会救助制度改革。方案从全面落实重点任务、建立健全工作机制、切实加强组织保障3个方面，明确了18项具体改革举措，进一步完善党委领导、政府负责、民政牵头、部门协同、社会参与的工作机制，健全以低保、特困等基本生活救助，医疗、教育、住房、就业等专项社会救助，受灾人员救助、临时救助等急难救助为主体，社会力量参与为补充，信息化建设为支撑，分层分类、城乡统筹的社会救助制度体系。

（邱琼芳　严　欣）

**【孤残儿童和残疾人救助】** 2021年，娄底市接收弃婴27名，接收困境儿童6名，办理国内收养登记30人，解除收养登记1人。集中供养孤儿90名，散居孤儿378名，按集中供养孤儿1350元／人·月、散居孤儿950元／人·月的标准，累计发放孤儿基本生活费576.72万元。按照事实无人抚养儿童生活费475~950元／月·人的标准，为2124名事实无人抚养儿童发放基本生活补助1816万余元。将残疾人两项补贴由65元／人·月提高到70元／人·月，累计发放困难残疾人生活补贴364416人次，重度残疾人护理补贴560211人次，发放资金6474.1万元。

（徐星星）

**【未成年人保护】** 2021年6月1日，娄底市未成年人保护工作领导小组成立，将原来的娄底市未成年人保护委员会和农村留守儿童关爱保护和困境儿童保障工作联席会议职能进行整合，使全市未成年人保护工作更加统一、集中，职责更明确具体，提升对未成年人保护工作的整体效果。组织开展系列《未成年人保护法》宣传活动，启动市域孤残儿童集中养育工作，将全市33786名农村留守儿童全部纳入关爱保护体系，为全市414名非法定监护人监护的农村留守儿童签订委托照护书。围绕困境儿童关爱保护，开展“防溺水”“福泽潇湘·娄底福彩公益行”“闪闪童心跟党走”“把爱带回家”等各类活动1860场次，关爱帮扶近10万人次，发放慰问物资款和慰问金721万元。在娄星区、双峰县、冷水江市各选择5家儿童之家开展试运营，服务儿童2625人次。5个儿童之家被评为“省级示范儿童之家”。残疾人两项补贴和孤儿、事实无人抚养儿童生活补贴办理实现“跨省通办”。

（徐星星）

**【农村留守妇女关爱】** 2021年，娄底市在全省率先开

2021年10月20日，娄底市留守妇女关爱服务项目“玉兰守护计划”启动仪式现场　（市民政局供图）

展农村留守妇女关爱服务试点，主要是以“五个一”关爱专项行动为主要服务内容，通过娄底市温心家园社会工作服务中心的专业社工介入，整合社会优势资源为留守妇女提供支持和服务，促进群体增能增权。年内先后组织开展“亲子共享美食”“一人学一技”等活动，服务留守妇女70余人次。（徐星星）

## 基层社会治理

【基层政权建设】2021年，娄底市民政局联合相关部门出台《关于印发〈贯彻落实基层群众性自治组织依法自治事项清单、依法协助政府工作事项清单和减负工作事项清单（试行）的若干措施〉的通知》，加强对基层治理工作的指导。是年，完成全市1796个村、302个居委会村（社区）两委换届选举，群众参选率为97.7%。省民政厅信访件较上届下降88.2%；支书主任“一肩挑”比例为96.6%，较上届提高近80个百分点；村（社区）干部平均年龄47.2岁、较上届下降6.1岁。以“加强基层治理”为主题，为全市1.6万余名乡（镇）、村（社区）干部进行业务培训，培训覆盖率100%。双峰县洪山殿镇新塘村、涟源市伏口镇胡家坪村被确定为全国村级议事协商创新实验试点单位。涟源市“积分制‘公益银行’，助力村民自治”案例入选全省第一批基层治理创新典型案例，新玉峰村“村规民约”获评全省第二届“十佳”村规民约。推进村（社区）扫黑除恶、扫黄打非、创文管卫等工作。（张承程）

【区划地名管理】2021年，娄底市推进涟源撤市设区，成立娄底市涟源撤市设区工作领导小组，制定涟源撤市设区重点工作责任清单，开展一系列调研摸底工作。出台《娄底市不规范地名清理整治工作实施方案》，成立不规范地名清理整治工作领导小组，建立健全地名管理工作机制。完成清理整治不规范地名任务，“加州阳光小区”更名为“吉星阳光小区”，“金都皇府”更名为“金都煌府”。审核审批中心城区建筑物命名12个。对乡村地名信息进行查漏补缺、核实修改、补充完善，新录入2900余条地名信息。开展“保护地名文化、记住美丽乡愁”地名故事和历史地名摄影（视频）征稿活动，收集红色地名故事23个、红色地名摄影作品5个，完善乡村地名400余个。（胡题欧）

【老区建设】2021年，娄底市有5个革命老根据地。各县（市、区）《老区革命发展史》编纂出版工作完成，市本级《老区革命发展史》正在编纂中。加强红色资源保护，衡宝战役烈士纪念塔、衡宝战役盐井烈士墓、唐群英故居、秋瑾故居、衡宝战役石龙山战斗指挥所及战地医院5处被列为市级重点文物保护单位。葛健豪故居及烈士墓被列入省级重点文物保护单位。（肖克藩）

**娄底革命老根据地基本情况一览表**

表26

| 名　　称 | 成立时间 | 批复单位 | 批准文号 |
|---|---|---|---|
| 双峰县革命老根据地 | 1990年6月25日 | 湖南省民政厅 | 湘民促字〔1990〕第3号 |
| 新化县革命老根据地 | 1990年6月25日 | 湖南省民政厅 | 湘民促字〔1990〕第3号 |
| 冷水江市革命老根据地 | 1990年6月25日 | 湖南省民政厅 | 湘民促字〔1990〕第3号 |
| 涟源市革命老根据地 | 1990年6月25日 | 湖南省民政厅 | 湘民促字〔1990〕第3号 |
| 娄星区革命老根据地 | 2007年6月5日 | 湖南省民政厅 | 湘民办发〔2007〕37号 |

【社会组织管理】2021年，娄底市登记备案社区社会组织6918家（娄星区1036家、冷水江市767家、涟源市1740家、新化县1786家、双峰县1589家）。登记变更社会组织40家。年检社会组织1290家，年检率85%，其中合格1152家，基本合格131家。引导143家社会组织参与乡村振兴、疫情防控，帮扶资金120余元。排查“僵尸型”社会组织65家，开展社会组织评估、非法社会组织打击、行业协会商会乱收费专项清理整治、社会组织党建等一系列工作，注销社会组织13家，推动167家行业协会商会减少各类收费25万余元，惠及企业232家，加强全市社会组织规范化建设。出台《娄底市民政局关于印发〈关于进一步加强校外培训机构登记管理的实施方案〉的通知》，配合教育部门落实校外培训机构“双减”政策。开展社会组织党建标杆支部建设、社会组织党支部“五化”建设和“两个覆盖”工作、建党100周年系列活动，提升社会组织党建质量。（李济民）

【社会工作】2021年，娄底市有民政事业单位47个，设置社会工作岗位的单位43个，占比91.5%。推广全国社会工作信息系统登记管理，全市307人持证，264人完成注册；注册35家社工机构；注册94个基层社工站点，193名社工，其中持证74人。完成率分别在全省社会工作者注册总数中位居第七、社工机构注册总数中位居第四、社工站注册总数中位居第二。引入省级专家联系、督导，开展专业培训，提升专业服务水平，实现1.0版本向2.0版本过渡。围绕乡村振兴、疫情防控、儿童防溺水、创文管卫等重点中心工作，开展各类活动1573场次，服务人数6万余人次，整合社会资源582次，价值1100余万元。聚焦民政主责主业，整合社工项目资金1186万元，将民政领域29项工作委托专业社工机构承接，组织社工累计开展入户探访54584人次，民政信息录入173581人次，电访跟踪79820人次，专业个案服务833个，专业小组活动1258节，专业社区活动1397场，服务26.8万余人次。（刘向柳）

2021年3月15—21日，娄底市举办“汇聚社工力量、助力乡村振兴、庆祝建党100周年”社会工作宣传周活动（市民政局供图）

【慈善公益】2021年，娄底市完成24家慈善组织2020年度检查，采取发放责令改正通知书等方式加强慈善组织监管。规范慈善组织认定、公开募捐资格审批程序，指导全市34家慈善组织、红十字会及时公布“慈善中国”年度报告、慈善活动和捐赠收入（全市有6家慈善组织具有公益性捐赠税前扣除资格），接受社会监督。培育2家社工机构和1家慈善组织。举办《中华人民共和国慈善法》专题培训和座谈会、“七个一”、“9·5”中华慈善日系列主题宣传活动。在全省率先创建“娄底慈社”抖音平台，“我为慈善代言”作品点击量过亿。开展慈善募捐、春节慰问、贫困救助、抗战老兵关怀、大病救助等活动，累计募集善款2000余万元、捐赠1000余万元，慰问困难家庭近9000户。发展壮大慈善、社工、志愿者等爱心力量，先后开展“爱心播洒甘棠镇”“五社联动、情暖基层”“加强安全教育、我为群众办实事”“助力乡村振兴、庆祝建党100周年”“迎新春送温暖献爱心”等主题活动，在创文管卫、促进社会和谐等方面发挥重要作用。娄底辖区在中国志愿服务网注册志愿者68854人、志愿队伍148支。发展福彩公益事业，福彩销售1.7亿余元。（刘向柳）

## 就业创业

【概况】2021年，娄底市广泛开展充分就业“五促一建”专项行动，全面促进更加充分更高质量就业，全市纳入省级充分就业社区（村）建设72个，创建成果获评全省先进。全市新增城镇就业3.56万人，新增农村劳动力转移就业3.82万人；城镇登记失业率为2.51%，控制在省定目标4.5%以内；城镇调查失业率控制在较低水平，指标质量排名全省二类地区第一。

【创业带动就业】2021年，娄底市积极组织“春风行动”“百日千万网络招聘专项行动”等公共就业服务活动，提供就业岗位4.8万余个。树立创业带动就业示范典型，评选示范乡镇（街道）8个、示范社区（村）25个、优质初创企业41家、个体工商户20家，落实奖补资金491万元。扎实开展创业培训，完成培训16192人次；切实加大创业担保贷款投放力度，发放贷款10123.6万元，带动就业3925人。

【搭建就业平台】2021年，娄底市人力资源和社会保障局深入推进“职业技能提升行动质量年”活动，全面推行企业新型学徒制和职业培训券试点工作，完成政府补贴性职业培训7.19万人。继续开展“点对点、一站式”直通车专车服务，组织专列专车输送农民工4800余人，全市农民工返岗28.6万人，返岗率100%。

【稳定群体就业】2021年，娄底市脱贫人口外出务工人数达16.99万人，2021届离校未就业高校毕业生就业率达98.95%，有就业意愿的458名退捕渔民实现100%就业，全市失业人员再就业17977人、就业困难人员再就业6357人，“零就业”家庭实现动态清零。

（欧阳婧）

## 劳动关系

【概况】2021年，娄底市着力推进劳动关系“和谐同行”能力提升三年行动计划，劳动用工备案及系统使用动态覆盖率达95.6%，已建工会组织集体协商建制率保持在98%以上，定期开展劳动关系形势分析和监测预警工作，全市劳动关系总体保持和谐稳定。

【劳动关系治理】2021年，娄底市深化全市国企负责人薪酬制度改革，企业薪酬调查工作在全省排名第一。深入开展“湘融湘爱”农民工服务保障系列活动，发布“一图读懂”农民工服务指引，积极推进农民工市民化融合样板建设，推荐6人获评“全省最美农民工”称号，助力农民工享受更高质量的公共服务。

【劳动监察执法】2021年，娄底市标本兼治保障农民工工资支付，处理劳动维权信访案件222件，动态办结国家和省欠薪平台交办案件线索790条，立案查处劳动保障侵权案件21起，移送公安机关3起，为劳动者追回工资1922.37万元。全市保障农民工工资支付工作在全省考核中连续三年获评“A”级等次；市人力资源和社会保障局作为全省14个市州的唯一代表，获评全国根治拖欠农民工工资工作先进集体，受到国务院表彰。

【规范劳动仲裁调解】2021年，娄底市劳动人事争议处理效能不断增强，全市受理劳动人事争议案件1006件，案件当期结案率100%，法院判决维持率100%，1家基层调解组织获评全国“金牌调解组织”称号，2家获评全省“金牌调解组织”称号，2人获评“全省最美仲裁员”称号。（欧阳婧）

## 社会保险

【概况】2021年，娄底市巩固企业养老保险省级统筹成果，推进机关事业单位养老保险改革和被征地农民社会保障试点，建立工伤保险基金缺口责任分担机制，规范劳动能力鉴定流程，推进医疗保障建设，社保覆盖面持续扩大，社会保障能力持续提升。（欧阳婧）

【养老保险】2021年，娄底市城乡居民养老保险参保登记人数205.81万人，参保缴费人数143.38万人，待遇领取人数52.55万人。全市企业职工养老保险在职参保人数44.3万人，离退休人数26.32万人。全市征缴企业职工基本养老保险费233258万元，参保率58.76%，缴费率88.26%。企业职工养老保险待遇实现17连增，全市人均月增工资105.22元，24.99万名退休职工受益。全市发放企业职工基本养老金554705万元。全市机关事业单位养老保险在职参保人数10.25万人，退休人数4.66万人，月人均养老金4634元。机关事业单位养老保险待遇实现6连增，全市调整待遇人数4.56万人，月人均增资164.42元。全市征缴机关事业单位养老保险费156263万元，支付养老金259276万元；征缴职业年金收入53318万元，支付职业年金7220万元，涉及退休“中人”1.52万人。

（欧阳婧）

【失业保险】2021年，娄底市失业保险参保单位2262家，失业保险参保35.042万人。全市征缴失业保险费

7706.73万元，为20947人次支付失业保险金2298.4万元，发放636家企业稳岗返还935万元，发放495人次技能提升补贴62.75万元，发放12178人次失业补助金873.6万元。（欧阳婧）

【工伤保险】2021年，娄底市工伤保险参保缴费单位6373户，参加工伤保险职工人数39.76万人，新开工建设项目335个，参保率达100%。全市征收工伤保险费16150万元，为5484名工伤职工及供养亲属支付工伤待遇22758万元。（欧阳婧）

【医疗保险】2021年，娄底市基本医疗保险参保386.82万人，其中，参加城镇职工医保39.11万人，参加城乡居民医保347.71万人，参保率100.52%（以2020年常住人口数为基数），参保结构优化。全年全市医保基金总收入46.48亿元，基金总支出38.94亿元，其中，城镇职工医保基金收入16.66亿元，支出11.27亿元；城乡居民收入29.82亿元，支出27.67亿元。（刘智勇）

【生育保险】2021年，娄底市参加生育保险职工人数22.62万人。全市生育保险收入0.95亿元，支出0.4亿元。其中939名脱贫人口享受生育医疗待遇，支付金额达195.02万元。（刘智勇）

【社保基金监管】2021年，娄底市组织开展社保基金管理防风险堵漏洞专项整治、风险排查、养老保险待遇核查"回头看"三个专项行动，核查城乡居民参保信息和持卡情况241.8万人、城乡居民养老保险历年待遇领取人员79.21万人、社保卡354.67万张，追回违规冒领资金5221.17万元。（欧阳婧）

## 医疗保障

【概况】2021年，娄底市坚持以人民健康为中心，坚持稳中求进，坚持改革创新，着力健全机制、深化改革、优化服务，推进多层次医疗保障体系建设，实现医疗保障事业高质量发展。娄底市医疗保障基金监管工作获得全省通报表扬。全力保障新冠疫苗接种工作，医保基金支付4.6亿元以上。

【贫困人口医疗保障】2021年，娄底市巩固拓展医疗保障脱贫攻坚成果、有效衔接乡村振兴战略，涟源市、新化县、双峰县被评为全省医保乡村振兴表现突出县（市、区）。全市资助贫困人口52.42万人参保，资助金额9023.37万元。10.88万人次享受建档立卡贫困人口住院费用居民医保报销比例提高10%的待遇，人均提高待遇356元。落实33种大病专项救治政策，支付1.23亿元，1.59万人享受大病救治。脱贫人口939人享受生育医疗待遇，支付金额为195.02万元。通过医疗救助资助参保和"一站式"结算，医疗救助资金累计支出5830.63万元，其中资助贫困人口13.89万人参加城乡居民医保，资助金额2878.76万元；住院"一站式"直接救助3.76万人次，救助金额2951.87万元。"一站式"即时结算服务结算人数10.64万人，支付费用4.49亿元。

【医药服务】2021年，娄底市推进支付方式改革，在实行医保基金总额控制的基础上，推行以按病种付费为主，按人头、按床日付费等相结合的多元复合式医保支付方式，按病种付费管理病种数量增加到160个。制定全市统一的定点医药机构协议文本，建立定点医药机构退出机制。建立全市统一的年度考核办法，对定点医药机构实行诚信等级评定，考核结果与年度质量保证金返还、协议续签、退出机制等挂钩。

【集中采购】2021年，娄底市实行公立医疗机构低值医用耗材和检验检测试剂集中采购，建立娄底市医用低值耗材集中采购平台数据库。落实11批国家、省、省际联盟药品、耗材集中带量采购，350种中选药品平均降幅51%，4大类医用耗材平均降幅76%，节约1.7亿元。取消公立医院药品、耗材加成，调整医疗服务项目价格891项，医保每年承担公立医院改革成本超过5000万元。

【基金监管】2021年，娄底市医疗保障基金监管工作获得全省通报表扬。宣传《医疗保障基金使用监督管理条例》，发放《条例》宣传折页、宣传手册等资料20万余份，宣传抽纸5万余盒、宣传纸杯20万余个、宣传海报3万张，制作宣传展板200余块，横幅1200余条，制作便民张贴栏650块、宣传视频1个，使用流动视频宣传车7台。组织全市223家定点协议医疗机构开展专项治理"回头看"，全面监管稽核检查，重点打击医疗机构诱导住院、虚假住院等违法违规使用医保基金行为，全市查实违规资金254.5万元。联合卫健、市场监管、公安等部门组织开展打击欺诈骗保专项整治行动，组织全市226家定点医疗协议医疗机构、882 家协议零售药店和122家协议诊所开展自查自纠，收到自查自纠自退资金1988.97万元。组织飞行检查、信访举报、交叉检查、抽查复查等，对发现但未查处完结的35个问题开展全面"清零"行动，追回医疗机构违规资金3606.47万元，行政处罚495.76万元；追回参保人违规资金20.5万元，行政处罚19件。

【经办服务】2021年9月29日，国家医疗保障信息系统在娄底市上线。接入医药机构1200多家，实现100%接入，日均业务量稳定在1.1万人次以上。推广网上网下便捷服务措施，改善群众服务体验。34项服务事项推行"网上办"，异地就医业务推行"掌上办"，全市5个县(市、区)均有1家以上定点医疗机构实现门诊费用跨省直接结算，成为湖南省第5个实现门诊费用跨省直接结算县(市、区)全覆盖的市州。是年，全市居民住院71.64万人次，医疗合规费用41.75亿元，医保支付22.9亿元，合规费用报销率54.85%。全市居民9.23万人次享受特殊门诊待遇，总费用1.09亿元，医保支付6588.14万元。全市29.24万人次享受"两病"用药门诊保障待遇，医保支付2449.41万元。

(刘智勇)

## 住房保障

【概况】2021年，娄底市贯彻中央"房住不炒"的房地产市场定位，保持市场健康平稳发展，棚户区改造、老旧小区改造完成年度任务，推进中心城区既有多层住宅加装电梯等重点民生实事，理顺物业服务管理机制。是年，市住房保障服务中心"一网通办"工作被省住建厅评为单项先进。

(肖涤非)

【老旧小区改造】2021年，娄底市老旧小区改造新开工76个小区，26554户，开工率100%，累计完成投资额6.86亿元，其中中心城区有25个小区14173户。棚户区改造12个项目2561套开工，开工率100%，完成投资6.38亿元。中心城区投入使用及建设中的既有多层住宅加装电梯101台。

(曾 莉 肖涤非)

【公租房管理】2021年，娄底市发放租赁补贴7809户1037万元，完成任务率为108.5%。中心城区完成2021年度实物配租258套。督查各县(市、区)开展公租房信息建设工作，截至年底，完成50757套公租房的信息录入，完成率94.43%。城西公租房小区获得"全省示范性公租房小区"称号，工作经验在全省住建工作会议上推广。持续开展公租房乱象整治，清退有房有车、转租转借、欠缴租金等不符合租赁条件的住户96户。

(曾 莉 肖涤非)

【一网通办】2021年，娄底市作为全省开展提升住房监管服务效能改革工作的试点城市，积极推进信息化平台建设。7月30日，省住房全生命周期管理"一网通办"系统娄底市上线仪式在长沙举行(全省第二个上线的)。国务院发展研究中心市场经济研究所、住房和城乡建设部地产监管司以及省住建厅、长沙与娄底两市住建局(人防办)负责人，金融机构、用户单位代表，共同见证上线仪式。系统上线，标志着娄底市住房信息化管理和房地产调控进入全新阶段，有力促进住房大数据的平台互通、数据共享、科学运用。发挥现代信息技术作用，提升住房监管服务效能，最终实现多终端合并，业务"多网合一、一网通办"，达到"交房即交证"和"平台之外无审批、平台之内全监管"目标。

(肖涤非)

【住房公积金管理】2021年，娄底市住房公积金管理工作推动"放管服"改革、开展"部分业务全市通办"无差别服务、部署住房公积金服务"跨省通办"、强化数据治理、"全国住房公积金"微信小程序接入、启动"云缴费"、推广"网上办"、上线便民"云"服务等，深入开展助企惠民工作，取得良好成效。是年，市住房公积金管理中心在全省住房公积金系统中被评为先进单位。涟源市管理部、冷水江市管理部获得和保留"湖南省文明窗口单位"称号。

资金归集　全年全市归集住房公积金33.29亿元，完成年计划的105.35%，归集总额244.12亿元，归集余额114.5亿元。全年全市新增建制单位285个，新增缴存人员16296人，缴存单位3670个，缴存人数230180人。

提贷工作　全年全市提取住房公积金5.4万人次19.67亿元，同比增长9.91%。发放贷款5231户19.73亿元，贷款余额90.78亿元。全年回收逾期贷款2024次，金额1834.35万元。截至12月底，逾期17笔，逾期金额111.29万元，逾期率0.01%。

资金运营　全市住房公积金资金使用率为90.28%，个贷率为79.28%，全年增值收益为2.01亿元，同比增长10.81%，完成年度计划的134%。全年提取城市廉租住房建设补充资金1.28亿元，累计上缴城市廉租住房建设补充资金7.82亿元。

精准施策　颁布《贷款操作规程》与《缴存业务实施细则》，贷款方面认房又认贷，新增组合贷款，向购买首套房和二套改善性住房的家庭倾斜，有效抑制投机炒房现象。规范缴存管理，非公企业在申请建缴住房公积金时，需提供人社部门出具的企业缴纳养老保险或工伤保险职工花名册，有效维护缴存职工的合法权益。助力市政府帮扶楼盘办证工作，开展贷款抵押物"期转现"的清理。主动与娄底市集中化解房地产办证信访突出问题专项行动领导小组、不动产登记中心、住房保障中心对接，对列入"无籍房"办证名单的楼盘，安排专人清理，对政府帮扶的悦江山等5个问题楼盘专题研究准入政策，支持项目建设。全年完成"期转现"10208笔，助力政府解决楼盘"无籍房"办证历史遗留问题111个。（刘慧燕）

## 退役军人事务

【概况】2021年，娄底市退役军人事务工作以"政策制度落实年"活动为主线，夯实服务保障体系基础，在全省范围内率先将"防范化解退役军人风险"作为对市直单位平安创建的考核内容。市退役军人事务局组织开展"老兵永远跟党走"党史学习教育系列活动："百岁老兵讲党史"专题采访、首届退役军人书画摄影诗词散文作品展、"让退役军人成为全社会尊重的人"主题演讲比赛、"最美退役军人"学习宣传活动和组建退役军人志愿者服务队伍活动等。《娄底市军地齐心共创"全国双拥模范城"》被省政府办公厅《政务要情与交流》第141期采纳推介。（赵晓晖）

【服务保障体系建设】2021年，娄底市建成市县乡村四级退役服务中心（站）2195个，全市乡级示范型退役军人服务站建设达标率100%，冷水江市10个乡镇街道服务站全部达到市级标杆示范型创建标准。投入40余万元在娄星区、娄底经开区开展村级服务站试点，并纳入财政预算。投入119万元评选市级标杆站28个。各级退役军人服务中心（站）入户走访73065人次，市本级常态化走访3批次，帮扶援助188人次。（赵晓晖）

【政策法规宣传】2021年，娄底市退役军人事务局制定年度法治政府建设计划，健全学法用法制度，落实谁执法谁普法责任机制，把《中华人民共和国退役军人保障法》的学习、宣传、贯彻纳入娄底普法依法治理工作要点，制作《娄底市退役军人事务局政策法规宣传册》，购买《退役军人保障法释义》《英雄烈士保护法释义》等相关书籍，开展政策法规进社区进基层活动。推进法律顾问参与法律咨询和援助活动，完成政务服务办件和审批结果数据向市互联网+政务服务一体化平台汇聚。（赵晓晖）

【移交安置】2021年，娄底市贯彻落实《中华人民共和国退役军人保障法》中关于转业军官职务职级和退役士兵全员适应性培训要求，召开市委退役军人安置工作领导小组会议，2021年度转业军官（含副团职）全部落实相应职务职级待遇，完成年度计划分配军转干部、随调家属、转业士官安置工作任务，安置回访满意率100%；退役士兵社保补缴受理并通过审查，养老保险办结率100%。按政策为跨军地改革集体转制退役军人落户，解决副团级军转干部职务职级待遇问题和其他安置遗留问题。娄底市按155%为符合政府安排工作退役士兵提供岗位的做法被退役军人事务部官网推介。（赵晓晖）

【优待抚恤】2021年，娄底市着力解决部队"三后"问题，解决困难退役军人住房补贴，按时足额拨付优待抚恤金，开展17期短期疗养和2次送医送药下乡，完成全市残疾证换发工作。加强优抚事业单位建设管理，建设娄底市康复医院等基础设施。（赵晓晖）

【就业创业】2021年，娄底市退役军人事务局举办第二届退役军人创业创新大赛，有3家退役军人企业参加省级复赛，综合排名全省第二；组织当年返乡的退役军人参加全员适应性培训和职业技能培训，110人在13场专场招聘活动中达成就业意向，建成退役军人就业创业孵化基地。（赵晓晖）

【双拥共建】2021年，娄底市退役军人事务局开展“为重点优抚对象健康护航”大型义诊活动，为100名优抚对象提供义诊，分批次为30名严重关节疾病患者和脊柱疾病的困难退役军人、军人家属患者进行公益手术。投入200余万元将中心城区的珠山公园打造成双拥主题公园。为全市现役军人家庭送去立功受奖喜报1175份，涟源市送喜报与新兵国防教育结合的做法被中央电视台新闻频道报道。（赵晓晖）

【军休工作】2021年，娄底市军休所积极开展党史学习教育，组织军休干部前往青树坪烈士陵园祭奠烈士，参观国防展览馆，观看中国共产党成立100周年庆典，参与“老兵永远跟党走”系列演讲比赛、文艺作品展和“我身边的优秀共产党员”征文比赛。推进“我为群众办实事”，建立重点民生项目清单。完成军休硬件建设4项，为军休干部建立5G智慧军休服务平台。投入近7万元安排军休干部进行体检，为军休干部送发“光荣在党50年”纪念章。全年组织团以上军休干部阅文3次386份。制作各种宣传专栏29期，向报刊网络投稿刊登报道文章近30篇次。落实军休生活保障，按政策规定足额及时发放军休干部离退休费、离休干部特需费，离休干部按规定实报实销医药费，落实离退休干部、职工医疗费及丧葬费、遗属抚血金保障。为军休干部建立健康档案，有针对性地进行护理和调养。全年组织开展门球、爬山、棋牌比赛和钓鱼、采摘、外出疗养等老干活动25次。常态化开展“联包共创”结对服务活动，全年走访慰问老党员、困难党员、军休干部86人次。坚持上门服务和跟踪服务相结合，为军休干部传递组织关怀。（周雨陇）

# 应急管理

◎防灾减灾
◎安全生产
◎应急救援
◎消防救援

## 防灾减灾

【概况】2021年，娄底市防汛、防火、防灾减灾救灾有序有力有效，对全市18轮强降雨和3轮低温雨雪等极端天气进行防御。连续三年未发生因自然灾害导致的人员伤亡事故和森林火灾事故。（刘晨昱）

【防汛抗旱】2021年，娄底市按照“三个一律，五个到位”(责任领导一律下沉、危险区域一律封闭、遇险群众一律转移，气象预警到位、值班值守到位、巡堤查险到位、现场劝阻到位、群众转移到位)的要求，下发防汛令9个，实行市级领导包县市、县级领导包乡镇、乡镇领导包村组、村干部包组包户的四级责任包干体系。对全市741座水库竖立责任公示牌，8座尾矿库落实包保责任人，1681处山洪灾害易发区、1549处地质灾害隐患专人盯守。4月入汛后，各县(市、区)出动劳动力2万余人次巡险查险，组织避险处险，成功避让多起地质灾害隐患点险情。5月19日，双峰县沙塘乡双红村石坝组成功避让一起山体滑坡事件，安全转移一户4人；新化县荣华乡荣华村荣华片13组栗山垣滑坡地质灾害点及时组织受威胁群众4户29人避险撤离。6月27日开始的强降雨导致新化县累计雨量大，致灾风险高，新化县炉观镇防汛指挥部及时安排转移安置芷溪村易地扶贫搬迁点群众，通过巡查及时转移受威胁的两名板栗树组村民。全年成功应对18轮强降雨，汛期未发生一起安全事故。全年全市共发生2次干旱，为做好旱情防御工作，市防指相继下发市防指7号、8号令和市防办文件，多次组织会商研判，对防旱抗旱工作进行全面安排部署。市县两级政府加大财政投入，安排抗旱专项经费，补充储备抗旱物资，购置水泵、电缆等抗旱设备设施。7月初旱情初现后，市防办高频调度县市受旱情况，督促各地及时处置旱情旱灾，各级各部门先后派出工作组到田间地头，摸清旱情情况，有的放矢，精准施策。对水源统一管理和科学调配，在预留好人畜用水量的基础上，科学分配农业用水。各类灌区实行分级调度管理，从7月上旬旱情刚出现即开始陆续开闸，累计578座各类水库为各类灌区85333公顷在田作物提供抗旱用水2.25亿立方米。针对个别地方旱情相对严重的实际情况，实施人工增雨，申请飞机空中人工增雨作业8次；在确保度汛安全的前提下，开展地面人工增雨作业65次，发射人工增雨火箭弹262枚，累计降雨量约5200万立方米，影响面积2622平方千米。同时，各地还针对人畜饮水困难的村组采取分时段分片供水及采用洒水车、环卫车应急送水等措施，确保人畜饮水安全。（刘晨昱）

【森林防灭火】2021年，娄底市按照“六条硬措施”(加强通报警示力度，加强约谈警诫力度，实行红黄牌管理，强化考核考评，严肃追责问责，加强表彰奖励)的要求，严格执行24小时值班和领导带班双岗双责制度，12小时扑灭率100%；全市26套野外林火视频监控系统前端设施、5套林火视频监控中控设施投入使用，建设完成林区防火道路2400余千米、防火隔离带1600余千米、停机坪1个。针对极端天气冬季森林火灾高发特点，向全市下发森林防灭火2号命令，全年全市未发生森林火灾和人员伤亡事故。（刘晨昱）

【风险监测预警】2021年，娄底市全面加强风险监测预警和研判，及时应对处置洪涝、地质灾害、森林火灾等各类灾害。全年组织全市市级气象会商29次，启动防汛应急响应四级3次、低温雨雪冰冻灾害四级应急响应3次，突出地质灾害四级应急响应1次，妥善应对18轮强降雨和3轮低温雨雪冰冻天气，印发安全风险预警通报30期、安全生产事故警示通报39期，处置涉险事故12起。（刘晨昱）

【自然灾害综合风险普查】2021年，娄底市开展第一次自然灾害综合风险普查，对地震、地质灾害、水旱灾害、森林火灾、气象灾害进行调查，完成应急系统房屋和市政设施、交通设施的调查任务，建立全市灾害风险调查数据库。全市应急系统完成承灾体和综合减灾能力调查数据5511个、家庭减灾能力数据6066个、历史灾害数据4320个，通过国家、省级抽查验收。（刘晨昱）

【救灾保障】2021年，娄底市应急管理系统积极储备救灾物资，完善工作机制，确保在灾害发生后第一时间展开帮扶和救助，保证受灾群众有饭吃、有衣穿、有临时安全住所、有干净水喝、有伤病能及时医治。受灾时期(5—12月)，紧急转移安置人口6431人，紧急生活救助人口14580人，全年没有发生因灾死亡和失踪的事情。（刘晨昱）

【地质灾害防治】2021年，娄底市地质灾害隐患点监测预警中心建成，实现全市地灾隐患监测点全覆盖。全年开展隐患点巡排查4500点次，发现并处置险情50余处，成功预警2起，实施避险转移114次，转移群众526人，地质灾害避险搬迁110户。开展避险演练37场次，举办切坡建房风险防范集中宣讲25场，发布地质灾害气象风险预警产品11期，投送预警短信3万余条。推动"人防+技防"机制建设，完成省自然资源厅下达地质灾害防治项目13个，建成143个普适型地质灾害监测预警点。全市汛期共收到小型地质灾害报告68起，直接经济损失575万元，未出现人员伤亡情况。418队与市应急管理局签订地震和地质灾害应急救援中心框架协议，在自然灾害风险普查等业务领域发挥平台和技术优势，建立娄底市地质灾害防治和地震应急救援中心。（杨小熠　刘　瑞）

2021年5月12日，娄底市"5·12"防灾减灾宣传周启动仪式暨2021地质灾害应急演练在娄星区石井镇祖师村举行（市应急管理局供图）

【地质灾害应急演练】2021年5月12日，娄底市"5·12"防灾减灾宣传周启动仪式暨2021地质灾害应急演练在娄星区石井镇祖师村举行。演练假设受持续强降雨影响，石井镇祖师村发生山体滑坡地质灾害，威胁村民生命财产安全。接到险情报告后，当地政府部门立即启动地质灾害应急预案，派出由应急、自然资源、工信、气象、消防救援、医疗等部门组成的专业队伍赶赴现场，对险情进行分析，制定处置方案，紧急疏散、转移安置受影响群众，抢救被困人员，对受伤人员进行医疗救治。（刘晨昱）

# 安全生产

【概况】2021年，娄底市以专项整治攻坚行动为抓手，以"四坚决，两确保"为目标，持续深入开展安全监管"强执法防事故"和安全生产百日大会战行动，全市安全生产形势总体稳定。全年全市发生生产安全事故72起，同比减少1起，下降1.37%；死亡80人，同比减少6人，下降6.98%。非煤矿山、危险化学品、烟花爆竹、水上交通、农业机械等重点行业领域实现生产安全，道路交通顽瘴痼疾得到治理，道路交通领域首次消灭较大及以上事故，获得省政府表彰。

【安全生产宣教】2021年，娄底市深入学习习近平总书记关于安全生产重要论述和新《安全生产法》，统筹发展和安全，坚持做到没有安全保障的产能坚决不上、没有安全保障的速度坚决不争、没有安全保障的效益坚决不要。及时传达贯彻全国全省电视电话会议精神，市委理论学习中心组集中观看"生命重于泰山——学习习近平总书记关于安全生产重要论述"电视专题片，2次专题学习习近平总书记关于安全生产重要论述，邀请省安委办领导为市委中心组授课。编印《习近平总书记关于应急管理与安全生产重要论述》（摘编）2万余册，坚持逢会必发、逢会必讲。组织领导、专家到重点企业宣讲习近平总书记关于安全生产重要论述，邀请省应急管理厅领导和专家对市、县两级安委会主任、副主任、成员和全市执法人员进行行政执法专业培训，利用《娄底日报》、娄底电视台、红网、微信公众号等新媒体平台宣传贯彻习近平总书记关于安全生产重要论述和新《安全生产法》。组织全市各级各单位参加网上应急管理普法答题竞赛活动，举办8次法治主题讲座，组织专家到350余家重点企业宣讲新安法，专题培训企业负责人和安全管理人员6500人次。

【安全生产管理】2021年，娄底市压实党政领导责任，出台《娄底市党政领导、部门安全生产工作职责》，完善5个议事协调机构，重新调整12个专委会，出台《安全生产巡查实施办法》，开展为期5个月的煤矿和非煤矿山政治巡察。细化部门监管责任，针对安全风险管控、安全生产监管、突发事件应急处置、防御强降雨、极端天气应对、森林防灭火等工作，以市长令和指挥长命令形式挂牌督办，下发规范性文件30余个；针对直管行业领域的工作，编印《监管工作手册》。深化企业主体责任，推行标准化建设，市应急管理局监管的烟花、矿山实现全面达标，533家规模企业达到安全三级标准，其中57家达到二级标准，1398家烟花爆竹零售门店实现达标。全年召开安委全会7次、安全生产工作调度会议29次。市委书记多次带队检查校园安全、疫情防控安全。市长多次以“四不两直”的方式带队到基层分析研判安全生产形势，指导检查安全生产、疫情防控、防汛、森林防灭火等工作，挂牌交办50个重大安全隐患；4月，下沉到资江煤矿井下检查安全生产工作。市政府各分管副市长分线把关，集中带队到一线检查。市安委办牵头、各成员单位参与，通过督查、通报、约谈、事前问责等方式，对安全生产工作严抓严管。

2021年4月，娄底市对煤矿安全生产工作进行检查　　（市应急管理局供图）

**【安全监管执法】** 2021年，娄底市提升执法效能，采取“执法+专家”的形式，对事故风险高的地区企业进行深度执法检查，对娄底经开区、高新区、温塘镇执法“开小灶”，做到执法精准、监管有力、指导高效。全年全市应急系统检查生产经营单位12833家（次）、立案406起、简易处罚2445起、罚款1238万元，执法频次、处罚力度同比均上升。严格监管执法，制定“隐患就是事故”管理办法，对重大安全隐患按照“四不放过”（未查清不放过、责任人员未处理不放过、整改措施未落实不放过、有关人员未受到教育不放过）原则进行闭环治理，推动企业双重预防机制建设，公开公示存在隐患企业2000余家、问题隐患40000余项。创新监管方式，推进“强执法防事故”专项行动，电子礼炮监管、安全生产检察联络室作为先进典型在全省推广。

**【安全生产专项整治三年行动】** 2021年，娄底市推进安全生产专项整治三年行动集中攻坚，组建工作专班、完善考核机制，制定行动作战图和问题整治动态

2021年12月，娄底市对中石油东港燃气安全工作进行督导　　（市应急管理局供图）

表等，市长令挂牌督办50处重大安全隐患、57家重大火灾隐患和128处地质灾害隐患，下发督查通报13次。紧紧围绕确定13个方面68个重点问题集中攻坚，全市派出检查组7545个，排查出重大安全隐患78处，责令停产整顿企业628家，吊销企业证照345家，移送司法机关142人，警示约谈438次，联合惩戒企业122家。

**【“打非治违”专项行动】** 2021年，娄底市建立安全生产“打非治违”举报奖励机制，查处各类非法违法行为，推进安全生产“行刑衔接”，全年发放安全生产举报奖励30万元，受理危化品运输车违法行为38起，扣押甲醇原液3963升、甲醇燃料（甲醇加工品）1713升，关闭取缔非法采矿点12处，扣押铲车3台、挖机6台，收缴非法烟花爆竹1850件，行政拘留16人，办结典型案件11起。

**【矿山监管】** 2021年，娄底市出台《娄底市煤矿安全生产铁规定》《娄底市煤矿安全生产飞行检查暂行办法》《煤矿安全监管八项制度》，全市煤矿监管明确县级领导、县局领导、乡镇领导、驻矿干部、驻矿安监员

五级责任人员和市级联系人员。是年，争取市财政安排专项资金320万元聘请安徽、重庆专家对煤矿开展两轮飞行检查，实现煤矿重大安全隐患动态清零。推进煤矿标准化建设，12处矿井创安全生产标准化二级。加强对非煤矿山的安全监管，全面推行矿山双重预防机制。煤矿飞行检查、非煤矿山安全监管在全省作典型发言。

【娄底市安全生产检察联络室挂牌成立】2021年11月16日，娄底市人民检察院、娄底市应急管理局举行市检察院驻娄底市应急管理局安全生产检察联络室揭牌仪式。新《中华人民共和国安全生产法》颁布实施，为检察机关与应急管理部门建立协调机制，有力提升了在安全生产领域开展行刑衔接、公益诉讼、行政处罚案件办理等工作协作配合的法律支撑。市应急管理局得到市人民检察院的支持，全面启动娄底市安全生产公益诉讼工作。安全生产检察联络室的成立，是贯彻落实《中共中央关于加强新时代检察机关法律监督工作的意见》和新修订的《安全生产法》及省委市委有关规定的创新举措和法治实践，能更好地履行检察机关服务安全生产领域的法定职责，更好地发挥公益诉讼职能，对于全市进一步加强安全监管工作具有重大意义。

（刘晨昱）

## 应急救援

【概况】2021年，娄底市健全突发事件处置联动机制，细化各类应急预案中单位的分工协作，强化预案责任落实和处置保障主体职责，做到人员、物资、装备集结待命，按应急指挥部要求参与处置救援。在汛期形成与水利、气象、水文、自然资源与规划、城管、消防等部门会商联席指挥制度，与消防、武警建立信息共享、联防联控机制。完善横向到边、纵向到底的全市应急预案体系，修订、制定突发事件总体应急预案、生产安全事故应急预案、自然灾害应急预案、森林防灭火应急预案、防汛抗旱应急预案等37个。印发《娄底市应急志愿服务队伍建设实施方案》，新组建1500人的应急志愿者、280人的3个应急救援支队，市应急救援支队扩编至30人，组建企业专兼职应急人员2468人。印发《娄底市突发事件信息报送工作管理办法》，做好应急值守、政务处理和信息处理工作，坚持24小时值班值守，特护期实行“1+2+N”值班值守制度，每天向上级部门和重点单位报送信息，成功处置应对事故险情20余次。

【智慧应急】2021年，娄底市推行用信息化实行应急管理现代化，结合智慧城市建设，将5G、物联网、遥感、大数据云计算、人工智能等技术运用到安全生产领域中，对重点企业、重点设施、重要环节实施全程监控；根据历史数据和现实资料，对全市风险隐患信息进行分析，感知、整理、比较、鉴别、筛选、研判、总结、归纳和分类，识别和摸排城市风险源，提高城市应急信息报送效率，提升城市风险监控预警能力。全市智慧应急平台初具雏形，完成“互联网+应急”第一期主体工程建设，有序推进“互联网+应急管理”2期建设项目。森林防火监管平台、校车、危货车辆、客车旅游车辆监管、消防指挥中心、道路交通指挥中心平台全面运行。

【应急能力提升】2021年，娄底市所有乡镇均建立专（兼）职应急救援站（消防队），队员2000余人，全市有634个村志愿消防队、256个社区微型消防站、901个消防安全重点单位微型消防站。市本级建立二级避难场所7处、三类避难场所24处。开展乡镇“六有”（有班子、有机制、有预案、有队伍、有物资、有培训演练）应急能力建设和村居“三有”（有场地设施、有装备物资、有工作制度）建设，64个乡镇验收达标。建立健全各类应急救援预案37个，开展应急演练活动1200余场。

【突发事件应急救援】2021年，娄底市成功处置冷水江“2·16”油罐车侧翻事件、娄星区“3·17”新石采石场塌方事件、娄星区碧桂园“7·27”垃圾场起火事件等各类突发事件。

2月16日，一辆满载汽油的油罐车侧翻在冷水江市金竹山镇竹山居委会14组附近，油箱破损，汽油淌漏，稍有不慎就会引发大爆燃，形势十分危急。市主要领导迅速作出批示，市应急管理系统主要负责同志靠前指挥，迅速集结全市专业救援力量进行抢险。通过严控现场火源，快速吸油转运等措施，2月18日，危机成功化解。3月17日，娄星区新石采石场发生塌方，导致人员车辆被埋，市城乡工程机械应急救援支队紧急出动，人员和救援机械1小时内迅速到达展开救援，成功抢救出2名被埋人员（其中1人身亡）和一台工程设备。7月27日，万宝镇碧桂园小区二期后山建筑垃圾填埋场发生火灾，由于火源在垃圾堆下约8米深处，市消防救援支队进行了近4小时的洒水作业，市城乡工程机械应急救援支队使用挖机深入火场挖开表层垃圾，配合市消防救援支队扑灭深层火源。因火灾事故救援及时、处置得当，没有人员伤亡和财产损失。2021年7月，河南暴雨，娄底市蓝天救援队、双峰县蓝天救援队、新化县蓝天救援队、娄底市消防救援支队抗洪抢险排涝分队和国网娄底供电公司援豫抗洪保电分队，及时赶赴河南抢险救援被困群众，帮助灾区渡过难关。（刘晨昱）

## 消防救援

**【概况】** 2021年，娄底市消防救援队伍共接警3242起，出动消防车辆5807台次，出动人员39972人次，抢救和疏散被困人员702人。完成冷水江“2·16”30吨汽油槽罐车侧翻救援和“6·25”万宝新区博弈新能源火灾扑救等任务，全市未发生较大以上亡人火灾事故。

**【政治工作】** 2021年，娄底市消防救援队伍政治教育围绕“党史学习教育”活动展开，以“学党史、悟思想、办实事、开新局”为抓手，开展举办读书班、知识竞赛、“重走红色长征路”等主题党日活动，组织23名党组织书记讲党课。深入开展“条令纲要学习月”活动，举行条令法纪知识考试、管理教育技能竞赛、队列会操、管理骨干集训和文秘内勤培训等系列活动。制定行政运行制度汇编和为基层减负“十项措施”，完善公文、保密、档案、信访等工作管理规定。全面推进正规化达标创建，扎实开展“九无”安全创建和“基层安全万里行”活动。全年走访慰问16名消防救援人员，协调解决4名消防救援人员子女入学、101名转制消防员落户难题，组织14名消防救援人员及家属开展集中疗养。常态化开展工会慰问活动，将政府专职消防员伤病医药费纳入保障范畴并提高薪资水平。是年，支队文学作品《雄鹰的翅膀　正展翅翱翔》、绘画作品《火焰蓝兄弟》、摄影作品《战斗结束后》，在总队“风华百年·蓝焰闪耀”主题文艺作品评比中分别获得一、二、三等奖。

**【执勤训练】** 2021年，娄底市消防救援队伍执勤训练工作紧盯“全灾种、大应急”形势任务，坚持战斗力标准，以实战为牵引，以打赢为目标，在夯实战训基础上下功夫。支队先后召开12次党委会议议战议训议安全，举行舟艇操作员培训和消防人员、攻坚组队员的特种灾害事故处置技术培训，组织首届消防行业职业技能竞赛、夏季训练科目挑战赛和乡镇专职队伍比武、游泳比赛等活动，建成轻型化工、抗洪抢险、地震救援、森林火灾扑救、雨雪冰冻、高层建筑和疫情洗消7支专业队伍。在全省消防救援队伍体（技）能比武竞赛中，娄星南路消防救援站副站长邹光辉获得干部组4楼绳索攀爬项目第一名；在全省消防救援队伍夏训挑战赛中，娄星南路消防救援站快速出水控火操成绩打破总队纪录。完成支队指挥中心升级改造，聘请16名行业专家充实支队灭火救援专家组，研发消防战训辅助练兵App，按照室内外“一张图”方式，搭建贴近实战的三维数字化灭火救援预案编制和管理平台。深入开展作战训练安全隐患排查整治活动，汲取全国作战训练伤亡案例教训，整治“思想漠视、责任空转、执行走样、能力不足”等问题，确保全市消防救援队伍安全稳定。是年7月，根据省消防救援总队要求，支队抽调10名消防员完成增援河南郑州抗洪抢险任务，支队获娄底市“赴河南抗洪抢险救援中表现突出集体”称号。

2021年7月，娄底市消防救援支队在双峰县杏子铺镇水府庙水库举行舟艇操作员培训。图为水域救援实战演练　（张启东　摄）

**【防火监督】** 2021年，娄底市委、市政府出台《娄底市安全生产和消防工作考核办法》，明确将消防工作考评结果纳入党政主要负责人和行业负责人评先评优范畴，把消防工作纳入绩效评估、平安建设和创文工

2021年11月9日，娄底市“11·9”消防宣传月活动启动暨“娄底消防”文创品牌发布仪式在娄星广场举行　　（市消防救援支队供图）

作考评内容，重新调整明确30个消安委成员单位工作职责，市消防安全委员会实体化运行。向各县(市、区)和9个行业部门交办57处重大火灾隐患，与公安机关联合制定出台火灾调查协作机制，成立火灾调查攻坚组，全市公安派出所全部接入消防监督管理系统。根据消防事业发展需要，科学制定消防救援事业工作“十四五”规划，经市人民政府批准后在全市实行。围绕消防安全专项整治三年行动和建党100周年安保活动，统筹开展打通“生命通道”、高层建筑管道井、大型商业综合体、石化企业、“沉浸式”体验场所、“多合一”场所等一系列消防安全专项治理行动，深入排查学校、医院、商场、市场、“多合一”场所、群租房、厂房、仓储物流、“沉浸式”体验等重点场所消防安全隐患。协调市发改委、市市场监管局开展消防失信行为联合惩戒，完善全市消防安全联合执法、会商协调、挂牌督办、督导考评等工作机制。摸底排查全市26家消防设施维护保养工作单位，办理消防产品处罚案卷21起，净化消防产品市场。创新消防宣传工作方式，与湖南人文科技学院签订战略合作协议，共同设计“娄消小九”系列文创形象，收到良好宣传效果。在全省消防监督执法比武竞赛中，涟滨特勤消防救援站政治指导员曾泽军取得火灾调查现场建模第一名。是年，全市共检查单位7436家，督改隐患9066处，临时查封单位132家，责令三停单位96家，重大火灾隐患立案、销案分别为72起、69起。

【后勤保障】2021年，娄底市消防救援支队完成全市消防指战员新、旧工资套改以及公积金、个税系统的开户与扣缴工作，购置指战员意外保险，最大限度保障指战员权益。根据后勤保障需要，组织战勤保障分队演练4次，通过现场指导、远程视频等方式开展装备实战化应用训练，邀请厂家组织举高车驾驶员培训，9名指战员取得YT32车型操作证。加强装备建设，全市新增各类器材装备6454件(套)，购置各类消防车辆12台，车辆结构及器材配置进一步优化，组织开展装备巡检4次，帮助排查装备故障421处。开展装备革新活动，支队牵头研发的“应急车辆快速出动保障装置”取得国家专利并获得总队2021年度科技强消三等奖。加速推进队站建设，在“十四五”消防救援事业规划中科学布局队站建设，完成训练基地和特勤站“二合一”项目立项工作。

2021年9月1日，娄底市首届消防行业职业技能竞赛在市体育中心开幕　　（蒋　勤　摄）

【首届消防行业职业技能竞赛】2021年9月1—2日，娄底市举办首届消防行业职业技能竞赛，各县(市、区)消防行业70余名选手参加比赛。竞赛共设置灭火战斗、应急救援、消防装备维护、消防设施操作、消防通信5个竞赛项目，新化县学府南路消防救援站段昱钦、涟源市人民东路消防救援站杨红波、涟滨特勤消防救援站邓柏志、湖南南兴建设有限公司刘樊、涟源市人民东路消防救援站岳鑫刚分别获得各竞赛项目第一名。各赛项前三名分别被授予“娄底市技术能手”“娄底市青年岗位能手”称号和“娄底市五一劳动奖章”。　　（张启东）

## 2021年度娄底市各县(市、区)火灾信息一览表

表27

| 县(市、区) | 火灾数(起) | 死亡人数(人) | 受伤人数(人) | 过火面积(平方米) | 受灾户数(户) |
|---|---|---|---|---|---|
| 娄星 | 537 | 0 | 0 | 2963 | 546 |
| 冷水江 | 198 | 0 | 0 | 1554 | 152 |
| 涟源 | 316 | 1 | 0 | 3400 | 311 |
| 双峰 | 338 | 0 | 0 | 4013 | 319 |
| 新化 | 359 | 0 | 0 | 4239 | 358 |
| 经济技术开发区 | 299 | 0 | 0 | 1899 | 314 |
| 合计 | 2047 | 1 | 0 | 18068 | 2000 |

# 县（市、区）概况

◎娄星区
◎冷水江市
◎涟源市
◎双峰县
◎新化县

# 娄星区

【概况】娄星区地处湖南省的中部，位于北纬27°35′46″～27° 53′31″、东经111° 53′24″～112°07′42″。2021年，娄星区辖5个镇、1个乡、5个街道，土地总面积628.23平方千米。年末常住人口（含开发区）75.32万人，常住人口城镇化率为74.95%，人口自然增长率1.18‰。年内最高气温39℃，最低气温-4.8℃；年降水量1069.8毫米。森林覆盖率35.11%，水质综合达标率100%，空气质量优良率92.01%。

全年实现地区生产总值652亿元，同比增长8.5%，人均地区生产总值达到86581元。第一、二、三产业增加值分别为25.2亿元、312.4亿、314.3亿元，比上年分别增长9.1%、7.4%、9.6%。三次产业结构比为3.9∶47.9∶48.2。

一般公共预算收入163415万元，比上年增长14%；地方一般公共预算收入92256万元，比上年增长10.8%。其中税务部门完成73316万元，同比增长15.3%；财政部门完成18940万元，同比下降3.7%；上划中央税收55534万元，同比增长19.2%；上划省税收15625万元，同比增长15.2%。全年区级财政支出515873万元，比上年增长27.6%。其中一般公共预算支出344215万元，比上年增长15.7%。

工业增加值241.1亿元，比上年增长9%。其中区属规模以上工业增加值比上年增长9.3%。有省级以上工业园区1家，工业支柱产业有钢铁业、节能环保产业。企业按经济类型分，国有控股企业同比下降12.6%，股份制企业同比增长11.5%，其他经济类型企业同比增长34.9%；按行业分，煤炭开采及洗选业同比下降35.3%，农副食品加工业同比下降0.6%，石油、煤炭及其他燃料加工业同比下降6.3%，化学原料及制品制造业同比增长34.6%，非金属矿物制品业同比增长1.7%，有色金属冶炼及压延加工业同比增长7.8%，黑色金属冶炼及压延加工业同比下降18.8%，专用设备制造业同比下降5%，通用设备制造业同比增长4.9%，计算机、通信和其他电子设备制造业同比增长28.4%，电力、热力的生产和供应业同比增长26.9%，水的生产和供应业同比增长5.6%。全区建筑业总产值284.5亿元，比上年增长13.2%；全区建筑业增加值71.4亿元，比上年增长2%。

农林牧渔业总产值40.94亿元，同比增长10.2%；实现农林牧渔业增加值26亿元，同比增长9%。全年粮食种植面积31.2万亩，粮食总产量14万吨。油料产量0.89万吨，蔬菜产量31.39万吨。出栏生猪34.47万头，出栏牛1.12万头，出栏羊6.18万只，出笼家禽（鸡鸭鹅）443.02万羽。有农产品加工企业227家，国家级及省级龙头企业9家。休闲农业经营主体376个，休闲农业经营收入6.6亿元。

社会消费品零售总额194.4亿元，同比增长15.0%。其中限额以上城镇社会消费品零售总额84.0亿元，比上年增长26.9%；限额以上乡村社会消费品零售总额4.4亿元，比上年增长1.9%。进出口总额9.48亿元，其中出口额8.6亿元，进口额0.88亿元。全区内联引资42.7亿元，同比增长27.8%，实际使用外资（直接投资）446万美元，同比增长287.8%。区属规模以上服务业营业收入78.5亿元，营业利润8.1亿元，从业人员平均人数1.9万人。全区有省级重点文物保护单位1处，省级非物质文化遗产保护项目3个。接待国内外游客1302.0539万人，旅游收入132.8864亿元。

区属固定资产投资比上年增长5.9%，第一、二、三产业投资占比为2.2∶30.9∶66.9。其中，产业投资增长27.6%，工业投资增长23.5%，工业技改投资同比下降7.9%，高新技术产业投资增长38.8%，民生工程投资增长82.8%，基础设施投资同比下降11.8%，房地产开发投资同比增长32.7%。区属房地产开发方面，房屋施工面积546.6万平方米，其中住宅面积422.3万平方米。商品房销售面积96.6万平方米，其中住宅面积92.2万平方米。

交通运输、仓储和邮政业增加值30.5亿元，同比增长8.2%；金融业增加值30.6亿元，同比增长3.8%。全区完成交通项目建设投资1.74亿元。全区货运量930万吨，货物周转量82000万吨千米，客运量1002万人，旅客周转量32155万人千米。全区有固定电话用户68630户、移动电话用户1068842户、互联网宽带用户300231户。全区金融机构本外币各项存款余额895.36亿元，同比增长6.1%；金融机构本外币各项贷款余额621.89亿元，同比增长13.1%。证券交易额2024.38亿元，同比增长10.6%。保费收入38.15亿元，同比增长8.8%。全区高新技术产业增加值229.2亿元，同比增长31.8%，占GDP的比重为35.2%。共授权专利638件，其中发明专利授权64件。

有中小学校105所，其中普通高中5所，初中20

所，小学80所（66所小学及14个教学点）；中等职业学校1所。在校中小学生共84194人，其中普通高中生12654人，初中生20892人，小学生50648人。幼儿园在园幼儿30446人。拥有各类民办学校6所，民办学校在校学生11062人。

有艺术表演团体182个，群众文化馆15个，公共图书馆14个，博物馆1个，放映农村公益电影0.17万场，广播综合人口覆盖率为100%，电视综合人口覆盖率为100%。全区有体育场地792个，其中体育馆6座，运动场（体育场、小运动场、田径场）52个，游泳池（游泳跳水场馆）14个。辖区内（含市经开区医院，不含其社区卫生服务中心、村卫生室）有医疗机构724家，其中医院41家，诊所、卫生所、医务室428家，村卫生室253家，疾病预防控制中心（防疫站）2个。全区卫生技术人员6225人，其中执业医师和执业助理医师3930人，注册护士2074人。有养老服务机构8个，拥有床位733张，服务人数495人。

城镇新增就业6105人，失业人员再就业3204人，年末城镇登记失业率为2.6%，全年领取失业保险金职工246人。发放城镇、农村居民最低生活保障经费分别为1617.26万元、1375.08万元，企业参加养老保险7.7万人，城乡居民参保17.46万人，机关事业单位参保1.02万人；参加工伤保险职工人数为4.12万人；参加城镇职工基本医疗保险2.4万人，参加城乡居民基本医疗保险38.29万人；参加生育保险职工人数为1.7万人；参加失业保险职工人数2.96万人。

24项重点民生实事项目均（超额）完成目标任务，具体为：累计建成芙蓉学校1所；城镇新增就业6105人;政府补贴性职业技能培训6911人次（其中农村转移就业劳动者培训4103人次）；推进中医药服务基层全覆盖，9个建制乡镇卫生院（社区卫生服务中心）中医药服务有人员、有场地、有服务、有设施；孕产妇免费产前筛查4179人次；农村适龄妇女和城镇低保适龄妇女“两癌”免费检查5100人次；开工建设城镇老旧小区8个；建设农村公路安防设施85千米；完成农村公路（乡乡通三级路、旅游路、资源路、产业路）23千米；办理法律援助案件541件；10千伏及以下农村配电网改造工程投入420万元；改新建农村户用厕所12629座；城市低保标准提高至600元/月，城市低保人均救助水平达到437.5元/月，农村低保标准提高至5232元/年，农村低保人均救助水平达到266.3元/月；提高残疾人“两项补贴”标准，困难残疾人生活补贴发放70元/人/月，重度残疾人护理补贴发放70元/人/月；实施困难残疾人家庭无障碍改造80户；康复救助残疾儿童320人次；建成4G基站9个；行政村通组光纤工程8个；实施乡村“雪亮工程”，建设乡村公共部位安防设备568个。

**【“三个高地”建设】**2021年，娄星区新引进过亿元项目21个，其中总投资50亿元的宏旺硅钢项目完成全部土地协议签订和房屋征拆工作。利钢三期、重本异型钢、海特工程机械配套产业园等29个重大产业项目竣工投产。增加区属高新技术企业14家。开展9大类26大项139小项改革事项，在全省率先实现所有乡镇（街道）政务公开专区建设全覆盖。娄星产业开发区完成技工贸总收入305亿元，同比增长15.96%；两条工业新兴优势产业链基本形成，精品钢材及薄板深加工产业链实现工业总产值96.13亿元，同比增长58.9%；节能环保产业链实现工业总产值51.72亿元，同比增长76.9%。规模工业增加值增速17.8%。全年争资争项9.85亿元，完成年度目标任务490%。涟钢周边环境治理项目整体搬迁率84%，安置区一期主体建设完成。完成柳青南路等的沥青铺筑，“五纵五横”路网结构基本形成，高溪钢铁综合货运枢纽暨大型智能停车场项目竣工，推进涟钢周边环境综合治理安置，交付12万平方米安置小区。推进调区扩区工作，获省发改委同意开展前期工作，拟向西扩区10.18平方千米。

**【乡村振兴】**2021年，娄星区夯实乡村振兴各项体制机制，巩固拓展脱贫攻坚成果。粮食总产量14.39万吨，集中育秧激励机制得到省农业厅和市委粮食生产督查组肯定。创建国家级产业强镇（杉山镇）和省级农业产业强镇（双江乡）各1个，申报省级一、二、三产业融合示范园1个。建成省级美丽乡村示范村6个，区级美丽示范村32个、美丽屋场示范片158个、美丽庭院示范户1260个，新建美丽屋场84个。申报农村人居环境整治重点项目，争取中央预算内资金2000万，安装一体化净化槽563套，建设联户人工湿地753座。创建“四好农村路”国家级示范县，全面建设“四好农村路”的经验做法在省委办公厅《工作情况交流》专题推介。推行“三干五零”（干部带头干、群众自愿干、干群一起干，工程建设零利润、占用土地零补偿、出工出力零报酬、优化环境零阻工、群众满意零上访）模式，全域推进美丽乡村建设,全民参与农村人居环境整治。"三干五零"模式被省政府2021年重点工作综合大督查被列为典型经验做法,给予通报表扬。是年,娄星区被列入全省首批乡村振兴示范县市区。

【健康娄星建设】2021年,娄星区开展"健康快车"下基层活动,为全区中老年人、中小学生、留守儿童、育龄妇女、贫困户、低保户、五保户、优抚对象等特殊人群提供免费上门体检,累计服务38万人次,"健康快车"改革案例入选"湖南基层改革探索100例"。是年,娄星区人民医院转运转诊辖区内涉疫人员3900余人次,四个集中隔离医学观察点服务医疗隔离观察人员3700余人。累计为车站核酸检测3058人次,冷链行业核酸检测3454人次。严格落实常态化疫情防控措施,实现全区本土病例零新增目标,累计接种疫苗145万余剂。

【生态建设】2021年,娄星区完成中央环保督察组累计交办的33.5个信访件和上级下发的33项"夏季攻势"工作任务。开展突出生态环境问题整改专项巡察,推进采(碎)石关闭、煤矿废水污染治理专项整治行动。完成97家非法企业"两断三清"。中心城区环境空气质量优良率为92.01%,排名全省第八位。国家、省、市控断面水质均达到或优于Ⅲ类标准。土壤环境质量总体稳定,森林覆盖率稳定在35%以上,湿地保护率稳定在85%以上。投资3.85亿元实施全国第一批水系连通及农村水系高登河综合治理项目,新建改造护岸16千米,新建机耕游步道20千米,涉及16个行政村,治理面积119平方千米,受益人口6.62万人。源头全面复绿,涵养水源,推动高登河从单一的防洪灌溉向水美乡村的综合功能转变,得到长江委的高度肯定。147个村(社区)启动垃圾分类,配备分类垃圾桶,建设沤肥池、村级分拣中心147处,100%的村生活垃圾得到有效治理,有害垃圾无害化处理率100%,集中转运处置垃圾减量率30%以上,垃圾回收利用率50%以上。完善"户分类—村收集—镇转运—区回收—市处理"的垃圾治理模式。石井、杉山两家乡镇污水处理厂建成投入运营。位于蛇形山泉塘村内总投资4.73亿元的娄底市城市生活垃圾焚烧发电项目"点火"运营,年处理垃圾29.2万吨,年发电近1.2亿度。

2021年,娄星区高灯河水系连通项目杉山镇段
(娄星区地方志编纂室供图)

【"一件事一次办"改革】2021年,娄星区建成覆盖区、乡、村三级的政务便民实体平台,自主研发(一门式)全覆盖网上办事平台,构建市、区、乡、村上下贯通、部门联动、安全可靠的信息化服务格局,平台办结事项275081件。打造融"12345"市长热线、问政湖南、市长信箱、区长信箱以及微信公众号等平台数据为一体的网上投诉平台,办理群众来电来信5142件,办件回复率、办结率均为100%,企业群众满意度97.5%。落实"一事一导",建立"一枚印章审批""区乡村三级政务中心对口流转""政务服务帮办代办"等工作机制。是年,为企业群众提供帮代办服务10789件,办理"跨省通办"事项915件。推动与群众生产生活密切相关的审批服务事项下放,群众在乡镇(街道)办理事项173项,在村(社区)办理事项102项。疫情期间,鼓励、引导群众通过娄星政务服务旗舰店、"星政务"微信公众号和部门网上办事大厅等进行网上办理,办理事项2162件。按"统一设计标准、统一系统开发"的原则,在全省率先建成覆盖11个乡镇(街道)的标准化政务公开专区。

【文明实践工作】2021年,娄星区作为全国新时代文明实践中心建设试点区,建立区、乡镇、村三级新时代文明实践中心、所、站;成立新时代文明实践志愿服务总队;整合党建、文化、农技、水利、劳动、规划、卫生等站办所重点实践场所,打造八大服务平台;组织馨美聚爱、百善社工、双星公益社等社会组织,组建"馨美聚爱""百善志愿服务""关爱留守儿童"等新时代文明实践专业大队11支;整合宣讲、教育、"三农"、健康、青年等,组建33支新时代文明实践志愿服务分队和204支中队。组织开展志愿服务活动8950余次,参与志愿者32万余人。围绕扫黑除恶、反电诈、乡村振兴和乡风文明等主题开展巡回演出600余场次。打造“乐坪乐”“长青藤”“花开花山”等志愿服务品牌，中央电视台、中国文明网、湖南卫视、湖南文明网、《湖南日报》等主流媒体对“乐坪乐”的“守护上学路”，“长青藤”的“书香长青”，“花开花山”的“花开花山　香韵涟水”等志愿服务活动进行宣传报道，宣传推介100余篇次。（胡　瑾）

## 冷水江市

【概况】冷水江市地处湖南省中部，位于北纬27° 30′49″~27° 50′38″、东经111° 18′57″~111° 36′40″。2021年，冷水江市辖4个街道、5个镇、1个乡，1个经开区，150个村（社区），土地总面积437.89平方千米。全市年末户籍总人数35.73万人，其中，城镇人口19.48万人，乡村人口16.25万人。年末常住人口32.76万人，其中，城镇常住人口24.65万人，农村常住人口8.11万人，城镇化率75.24%。人口出生率7.02‰，死亡率5.61‰，自然增长率1.41‰。年平均气温18.3℃，最高气温39℃，最低气温-4.0℃；年降水量1282.8毫米。森林覆盖率41.34%，水质综合达标率100%，空气质量优良率86.3%。

全年实现地区生产总值257.3亿元，比上年增长7.2%。第一、二、三产业增加值分别为12.4亿元、106.4亿元、129.7亿元，比上年分别增长8.9%、75.2%、8.7%。三次产业结构比为4.8:44.8:50.4。

完成一般公共预算收入15.9亿元，比上年下降2%。其中，地方一般公共预算收入9.1亿元，比上年增长5%。一般公共预算支出30.01亿元，比上年增长0.3%。全市金融机构本外币各项存款余额252.9亿元，各项贷款余额182.9亿元，比上年分别增长5.8%、13.3%，存贷比72.4%。全年保费收入4.9亿元，比上年增长10.3%。全市全体居民人均可支配收入38615元，同比增长8.3%。其中，城镇居民人均可支配收入42448元，比上年增长7.8%，农村居民人均可支配收入25680元，比上年增长11.1%。居民消费价格指数100.3%。

实现工业增加值99.4亿元，同比增长5.9%。其中，规模以上工业增加值84.5亿元，增长4.7%。有规模以上工业企业121家，其中新增规模企业3家，规模工业总产值比上年下降0.3%。规模以上工业产销率达到100.3%。主要产品产量：钢材289.2万吨，同比下降3.4%；原煤88万吨，同比下降26.3%；水泥210.8万吨，同比下降11.0%；锑品5.1万吨，同比下降12.2%；紧固件21.2万吨，同比增长0.8%；耐火材料26.1万吨，同比增长5%；发电量80亿千瓦时，同比增长12.4%。工业支柱产业有钢铁、有色、建材、化工。全市规模以上工业企业实现营业收入333.2亿元，比上年增长1.5%。三A公司、华科高新获国家级专精特新“小巨人”企业，冷水江天宝实业有限公司成长为全国最大的紧固件企业。

实现农业总产值21.8亿元，比上年增长9.9%，第一产业增加值12.4亿元，同比增长8.9%。全年粮食播种面积0.7万公顷，同比增长2.26%。主要产品产量：粮食4.27万吨、蔬菜8.36万吨、特色小水果8.25万吨，出栏生猪33.47万头、羊8.25万只、牛1.52万头，出笼家禽282.03万羽。全市有农产品加工企业357家，其中，省级龙头企业8家；农民专业合作社644家，国家级示范合作社3家；家庭农场206家，省级百佳家庭农场1家。现代农业市级产业园9个，现代农业县级产业园20个；省级五星级农庄5家，四星级农庄4家，三星级农庄3家。国家地理标志农产品1个，省级现代农业特色产业园8个，绿色食品认证水果品种14个，“一村一品”示范村3个，小水果被省政府定为“一县一特”主导产业。农产品区域品牌有水云峰黄桃、锦绣嵋山葡萄、铁山杨梅；农业机械化水平为72.1%。

完成社会消费品零售总额82.97亿元，比上年增长14.7%。全年实现进出口总额39.3亿元，比上年增长23.1%。主要出口产品品类有锑产品、耐火材料等。实际到位外资1万美元，引进省外境内资金99.31亿元。电子商务产业园入驻企业173家，其中，跨境电商3家，电子商务线上交易额达到25.1亿元。

固定资产投资总额比上年下降1.5%。其中，产业投资比上年下降6.3%；工业投资比上年下降1.5%，工业技改投资比上年下降2.8%，高新技术产业投资比上年增长16.7%。房地产开发投资18.3亿元，其中，住宅投资15亿元，商业营业用房投资2.2亿元。

境内公路通车总里程1162千米，其中高速公路10.97千米；全年完成农村公路提质改造31.1千米。邮电业务收入8.39亿元，其中，邮政业务收入0.42亿元，电信业务收入7.97亿元。

全市有26家省级高新技术企业，实现增加值

47.5亿元，比上年增长12.4%。园区规模工业增加值增长13.7%，占全市规模工业增加值的比重达到81%。全市资质以上总承包和专业承包建筑企业20家，实现建筑业增加值15.8亿元，同比增长0.5%。发明专利授权90件。有基础教育学校(含幼儿园)155所，其中：高级中学2所，十二年一贯制学校1所，初级中学10所，九年一贯制学校16所，小学56所(含10个小学教学点)，幼儿园69所，特教学校1所。有职业教育中学5所。有中等职业教育在校生4309人，普通高中在校生8407人，初中学校在校生16288人，普通小学在校生35595人，幼儿园在园幼儿10754人。全年落实义务教育保障资金5568.88万元。

全市有省级风景名胜区1个，AAA级及以上景区3家，响莲宇航文化园成功创建AAA级景区。全年接待游客299.4万人次，实现旅游收入30.6亿元。有国家级非物质文化遗产保护名录1个，省级非物质文化遗产保护名录2个。红六军团长征锡矿山指挥部旧址、福元李氏宗祠成功申报为省级文物保护单位。有艺术表演团体2个、文化馆1个、公共图书馆1个、档案馆3个。

全市有医疗卫生机构316个，其中疾病预防控制机构1个，医院15个，卫生院6个，街道社区卫生服务中心4个。执业医师和执业助理医师1230人，床位数2139张。有敬老院8所，公建民营养老服务中心2所，民办养老机构2所；养老床位数1039张，其中，护理型床位735张。城镇新增就业6310人，失业人员再就业2717人，城镇登记失业率控制在4.5%以内。失业保险参保总人数3.7万人，工伤保险参保人数4.5万人。

**【人民医院整体搬迁】**2021年5月22日，冷水江市人民医院完成整体搬迁和在院病人转运工作，新院区开诊投入运营，老院区停诊。新院区总建筑面积95517平方米，总床位数909个，项目总投资38440万元。引进国内外尖端先进医疗仪器设备，包括进口核磁共振、心血管造影系统、进口64排螺旋CT、DR系统，大C臂机、四维彩超、泌尿科火激光及软镜系统、全自动生化分析仪、电子腹腔镜、宫腔镜和数字胃肠机、大型空气加压医用氧舱等大型医疗设备70余套。新院区投入使用后，通往新院区的公交路线增至3条。

**【高新科技产业园投入使用】**2021年，娄底锑都发展投资有限公司投资建设的冷水江市高新科技产业园(一期)项目投入使用。高新科技产业园是冷水江市实现产业结构升级、转型提质发展为光电子信息产业链建设的专业园区。一期建有15栋标准厂房，其中，改建2栋旧厂房、新建13栋新厂房，总建筑面积8.2万平方米，引进京科电子等7家光电子信息企业入园，其中京科电子投入生产，新瑞光电开始小规模生产。成立园区运营服务中心，为入园企业提供“保姆式”服务。

2021年，冷水江市高新科技产业园(一期)新建厂房 (邓　平　摄)

**【生态建设】**2021年，冷水江市打好污染防治攻坚战，完成“夏季攻势”25项任务，水质综合达标率100%，空气质量优良率86.3%。五轮中央、省环保督察交办的159件信访件和5个重点问题全部办结。完成大建煤矿涌水致污问题整改销号，球溪饮用水源保护区和“千吨万人”周头水库饮用水源保护区规范化整治销号。完成7处农村千人以上集中式饮用水水源保护区划分，饮用水源水质达标率100%。三尖镇、铎山镇生活污水处理设施建成投运，金竹山镇平塘居委会和中连乡民主村曾家冲水库黑臭水体治理通过验收核查，新建施塘黑臭水体整治截污管网1850米。砷碱渣处理线完成技改并投运，完成6000吨废渣处理。25个标段山水林田湖草生态保护修复工程如期完工。完成400亩重金属污染农田修复；关闭退出的17家采石场全部完成生态修复，7家保留砂石土矿有5家完成绿色矿山建设，其中2家被评为国家级绿色矿山。青丰河万民桥断面、涟溪河民主桥断面锑浓度平均值分别同比下降27%、7%，锡矿山地区地表水重金属污染指标持续下降，成功通过生态环境部批准，成为地下水污染防治试验区。是年，冷水江市“生态治理利用促可持续发展”经验做法被省政府通报表扬，锑煤矿区山水林田湖草系统治理被自然资源部纳入中国生态修复典型案例，在联合国《生物多样化公约》第十五次缔约大会上发布推介。

【城乡建设】2021年，冷水江市巩固提升道路交通基础设施，大坝路、集中南路、建设一路、滨江路竣工验收；温金公路一、二、四标段18.796千米完成路基土石方施工，三标段3千米完成沥青路面施工；禾石公路完成一期3.92千米建设，二期4.5千米按计划推进；邵北连接线完成路面工程建设。全面推进乡村振兴，新增7个省级乡村振兴示范创建村；完成改（新）建农村户用厕所3391座，卫生厕所普及率提高到88.7%，完成农村危房改造34户，完成旅游资源产业路建设31.1千米，完成高标准农田建设任务1.01万亩；130个农村生活垃圾分类处理村和村级垃圾分拣中心全部开展分类减量处理收运工作。群丰学校、芙蓉学校、市委机关幼儿园分园投入使用，娄底幼儿师范学校升格为娄底幼儿师范高等专科学校，11943户“无籍房”居民拿到不动产权证，新增1条公交线路，延伸4条公交线路。 （胡元倜　邓　平）

## 涟源市

【概况】涟源市地处湖南省中部，位于北纬27°27′～28°2′、东经111°33′～112°2′。2021年，涟源市辖3个街道、15个镇、2个乡，1个高新区，504个村（社区），土地总面积1830.06平方千米。全市年末户籍总人数113.3万人，其中，城镇人口27.3万人，乡村人口86万人。年末常住人口86.15万人，常住人口城镇化率38.09%。人口出生率8.49‰，死亡率8.72‰，自然增长率-0.23‰。年平均气温18.1℃，最高气温38.4℃，极端最低气温-5.1℃。年总降水量1265.4毫米，森林覆盖率43.72%，水质综合达标率100%，空气质量优良率94.5%。

全年实现地区生产总值329.7亿元，比上年增长8%。第一、二、三产业增加值分别为53.1亿元、103.7亿元、159.2亿元，比上年分别增长10%、7.4%、7.7%。三次产业结构比为16.1:35.6:48.3。

一般公共预算收入15.64亿元，比上年增长10.1%。其中，地方一般公共预算收入8.71亿元，增长10.7%。一般公共预算支出66.9亿元，增长0.3%。全市金融机构本外币各项存款余额332.4亿元，各项贷款余额216.4亿元，比上年分别增长5.2%、10.9%，存贷比65.1%。全年保费收入62606万元，比上年增长13.5%。全市城镇居民人均可支配收入27974元，比上年增长8.7%，农村居民人均可支配收入13771元，比上年增长12.1%。居民消费价格指数100.3%。

工业增加值96.3亿元，同比增长8.6%。其中，规模以上工业增加值91.81亿元，增长9.3%。有规模以上工业企业181家，其中新增规模企业21家，规模工业总产值比上年增长9.8%。规模以上工业产销率达到99.5%。主要产品产量：水泥208万吨，下降12.0%；发电量26.4亿千瓦时，增长15.6%；焦炭产量86.4万吨，增长4.4%。工业支柱产业：先进装备制造业、医药食品产业、军民融合产业。有规模以上工业企业181家，其中新增规模企业21家，规模工业总产值比上年增长9.8%。全市规模以上工业企业实现营业收入333.5亿元，比上年增长14%，实现利润总额30.9亿元，比上年下降3%。有52家省级高新技术企业，实现增加值51.1亿元，比上年增长15.2%。有园区企业202家，其中规模以上工业企业67家。园区规模工业增加值增长13.5%，占全市规模工业增加值的比重达到73.6%。全市资质以上总承包和专业承包建筑企业19家，实现建筑业增加值20.9亿元，比上年增长2.2%。

实现农业总产值91.6亿元，比上年增长11.2%，第一产业增加值53.1亿元，增长10%。全年粮食播种面积6.42万公顷，增长3.77%。主要产品产量：粮食40.1万吨、蔬菜44.72万吨、油料2.17万吨、水果5.42万吨，禽蛋1.26万吨，水产品2.04万吨，出栏生猪127.88万头、羊26.4万只、牛6.7万头，肉类11.25万吨。各类农产品加工企业450家，其中：国家级龙头企业1家，省级龙头企业12家，娄底市级龙头企业68家。休闲农业经营主体276个，星级农庄总数17家，其中：国家五星级农庄1家，国家四星级农庄3家，省级四星级农庄5家。绿色食品认证77个，有机食品认证3个，湖南省著名商标3个。国家地理保护标志证明商标4个，“桥头河蔬菜”入选湖南省“一县一特”优秀农产品区域公用品牌。有农民专业合作社1795户。全市农业机械总动力达到87万千瓦，水稻生产耕、种、收综合机械化水平达到79.1%；油菜生产耕、种、收综合机械化率达76.1%。

完成社会消费品零售总额162.3亿元，比上年增长14.6%。全年实现进出口总额7.43亿元，比上年增长43.4%，其中出口总额3.44亿元，进口总额3.99亿元。主要出口产品有肖老爷食品（玉竹）、三一路机、康麓生物（化妆品）、恒正晟业（健身器材）、顺隆恒（首饰）等。实际到位境外资金403万美元，引进省外境内资金87.32亿元。

有1个国家地质公园、1个国家森林公园、1个省级水利风景名胜区、1个红色旅游经典景区。其中，AAAA级以上景区1家。全年接待游客501万人次，实现旅游收入51亿元。龙山国家森林公园国家康养基地基础设施建设项目及湄江AAAA级景区扩容提质工程完工，湄江五一开园试运营，12家文旅企业参加2021年湖南文化旅游产业博览会，湘山茶油获得文旅产品银奖。

固定资产投资总额比上年增长10.1%。其中，5000万元以下项目固定资产投资增长32%，房地产开发投资增长13.6%，民间投资完成额比上年增长26.4%，占全市投资完成额的比重达到80.9%。全年工业投资比上年增长10.7%，其中，工业技改投资增长16.7%。

全市县道总里程5546千米，省道124千米，高速公路里程146千米。公路客运周转量15.2万人千米，增长26%，公路货运周转量218.5万吨千米，增长5%。全市固定电话用户59045户，移动电话用户71万户，互联网宽带用户23.9万户。

有52家省级高新技术企业，实现增加值51.1亿元，比上年增长15.2%，新增高新技术企业8家。有园区企业202家，其中规模以上工业企业67家。园区规模工业增加值增长13.5%，占全市规模工业增加值比重为73.6%。全市资质以上总承包和专业承包建筑企业共19家，实现建筑业增加值20.9亿元，比上年增长2.2%。专利授权374个，全社会R&D（全社会研究与试验发展）经费投入3.8亿元，增长4.7%。

有各级各类学校354（个）所，其中小学200所，小学教学点92个，初中学校51所，普通高中学校7所，特殊教育学校1所，职业高中学校3所，有独立幼儿园178个。中小学生111306人，其中小学生58889人，初中生26565人，特殊教育学生237人，普通高中生18149人，职业高中学生7466人。在园幼儿24296人。有教职工7586人，其中：小学教职工3296人，初中教职工2873，普高教职工1133人，特教学校教职工12人，职业教育教职工272人。

有省级重点文物保护单位11处，国家级非物质文化遗产保护项目2个，省级非物质文化遗产保护项目4个。艺术表演团体8个，文化馆1个，公共图书馆1个，博物馆（纪念馆）4个，档案馆3个。新设涟源市博物馆、李聚奎故居管理所两个机构，完成存厚堂文保工程，李聚奎故居成功申报湖南省爱国主义教育基地。有公立医院4家，乡镇卫生院21家，执业医师1382人，养老床位6150张，病床数6059张。建成社会足球场3片，完成7个村的农民体育工程和36个全民健身室外路径的建设，投资600万元的杨市镇东园全民健身中心竣工并投入使用。

城镇新增就业6323人，失业人员再就业3512人，就业困难人员再就业1107人，新增农村劳动力转移就业9526人，参加就业见习人数71人，城镇登记失业率控制在4.5%以内，零就业家庭动态管理清零率100%。职业技能培训总人数9475人次，失业保险参保总人数42697人。

**【三一中源路机灯塔工厂竣工投产】**2021年10月，娄底中源新材料有限公司投资6.93亿元的路机项目竣工，臂架项目B1/B2/B3焊接岛设备完成安装并调试，B4/B5/B6焊接岛安装完成，涂装线主体设备完成安装并调试，机加设备安装完成，2#厂房亮化工程完成，污水系统安装完成，调运智能安防工程开始施工。工厂70%的工艺流程由智能机器人完成，运用大数据平台，实现生产状态、产品质量、全流程在线监控，规划产能压路机每月325台，平地机每月175台，生产效能较传统工厂提高4倍。

**【污染防治攻坚】**2021年，涟源市委办与政府办联合出台《涟源市大气污染防治特护期七条管控措施》，开展城区环境空气质量专项整治行动，完成《2021年娄底市环境空气质量改善工作方案》下达的任务。汇源煤气和中源新材料公司完成VOC治理，海螺水泥错峰生产100天。开展非道路移动机械编码登记、检测和号牌工作，登记1014台，检测和号牌915台。完成3处县级和29处乡镇级“千吨万人”饮用水水源保护区环境现状评估。划定37处乡镇级以下“千人以上”饮用水水源保护区；完成乡镇级饮用水水源保护区规范化建设工程、六亩塘街道新康水厂环境问题整治以及涟水河及其支流和城区排污口的溯源；编制全市农村饮用水水源保护区环境应急预案；孙水河流域沙溪饮用水源保护地锑超标废水治理工程建成运行；斗笠山镇、安平镇、渡头塘镇3个生活污水处理厂建成。完成《涟源市关闭煤矿废水治理“三年行动计划”》规定的5处关闭煤矿涌水治理任务和原湘峰机械厂周边区域重金属污染场地修复工程项目；完成两轮涉镉污染源排查，未发现污染源；督促3家土壤监管重点企业完成自行监测和土壤污染隐患排查；完成娄底市人大“一法一办法”执法检查交办的5个问题整改。完成11个村的整治任务并通过验收；开展“绿盾2021”自然保护地强化监督工作，6个问题整改销号5个；完成两轮农村黑臭水体排查，上报10处；完成三甲乡太义新村农村环境预警监测项目验收。

【幸福南路建成通车】2021年8月，涟源市城区光明街城市棚户区改造项目配套基础设施建设项目幸福南路竣工通车。幸福南路全长495.627米，路幅宽度24米，行车4车道，人和非机动车2通道，属城市次干道，沥青路面，设计时速为40千米/小时。幸福路全线贯通，南连车站路，北接福源路，缓解人民路、交通路的交通压力，配套的升平河沿河风光带和太平风雨桥、双江口休闲广场建成。

【“三个高地”建设】2021年，三一路机、三一臂架两个“灯塔工厂”建成投产并完成智能化改造，引进培育5家配套企业，实现本地产业循环配套“零”的突破；铁华挂车、石牛汽车、宏弢科技3家企业取得工信部和交通运输部认证，专用汽车产能从1300台提升到4300台，以三一制造、专用汽车为双龙头的制造业产业生态不断完善，产业增加值增长22.3%，高于规模工业12.9个百分点；众盛混凝土输送耐磨钢管、陶铝新能源压缩机、湖南乾壹重工智能桩机工程设备制造等一批产业项目入驻，全市新增规模工业企业13家、总数为181家，规模工业增加值增长9.3%，排名娄底市五个县（市、区）第一。三一中源获得“制造业突破提升”专项奖，金凯公司被省工信厅认定为省级中小微企业创业创新基地，科技孵化器被纳入国家级孵化器公示名单。全市完成高新技术产业增加值51.1亿元，同比增长15.3%；全社会研发投入达6.4亿元，同比增长15%；备案科技型中小企业48家，申报高新技术企业17家、净增7家。娄底高新区获批高新企业7家、新增小巨人企业10家。推进9大领域131项改革，深化“放管服”改革，“一件事一次办”“三集中三到位”成效明显，营商环境评价排名全省第32位，新注册个体工商户5122户、新注册企业1450户。签约招商项目14个，签约金额35亿余元，内联引资、外资直接投资、总部经济税收等指标均提前完成年度任务，外资直接投资实现“零”的突破；新增外贸备案企业10家，其中5家破零、2家倍增，实现进出口总额7.43亿元，同比增长43.4%。推进“五好园区”建设，娄底高新区升格为正处级单位，“创高”迎检准备就绪，编制“两个规划”，完善标准化厂房、公租房、园区路网等基础设施，中钰资本、鑫洲芯微、盛通电子等10个项目入驻。

【城乡建设】2021年，涟源市对接娄底市“一核一廊”区域发展格局，按照“一心一廊多点”空间布局，推进城市更新行动和农村基础设施建设。城镇棚改、城区污水处理、黑臭水体整治、市一水厂整体搬迁、亿丰商贸城、五江君天、涟源宾馆、石马山北路、桥头河通用机场、市人民医院新院等项目加速推进；幸福南路、福源东路二段建成通车；人民中路人防工程启动并如期恢复路面通车。城乡干线公路、“四好”农村公路、农村危改、农村安全饮水、乡镇天然气工程有序实施；启动娄底大道和各高速公路进出口形象改造；11个行政村完成生活污水治理，建成5G基站300个、4G基站16个，22个行政村完成通组光纤建设；推进新一轮农村人居环境整治，打造农村改厕示范村21个，市、镇、村首厕建设346个，改（新）建户厕15489个；农村垃圾集中处理达标率95%。

【生态建设】2021年，涟源市常态化开展“夏季攻势”，生态环境质量持续改善，省控以上地表水断面水质全部达标，空气环境质量优良率94.5%，在全省排名同比提升4个名次，是娄底各县（市、区）中唯一达到国家二级标准的城市。2020年53件省环保督察“回头看”交办信访件办结45件、18个反馈问题整改到位10个，2021年第二轮中央环保督察交办的59件信访件和3个重点关注问题全部办结。12个砂石土矿完成整治，29家关闭退出的采石场实现“三清两断”，13家保留的采石场“二停一清”到位，3个采煤沉陷区综合治理项目启动；3个乡镇污水处理厂建成运行，5处关闭煤矿涌水治理和孙水河流域锑超标废水治理完成。落实“河长制”，省河长办交办的城区河道水体发臭问题整改到位。启动“林长制”,完成人工造林2.6万亩、退化防护林修复8000亩和38个村的联村建绿任务,林下经济产值1.5亿元。伍家湾、古塘、安平等分散式风电场和枫坪光伏发电项目有序实施,凤凰寺抽水蓄能电站项目被纳入国家储备清单,屋顶分布式光伏开发被列入全国试点名单,大唐华银石漠化区光伏发电项目获省发改委备案批复。(吴树叶)

## 双峰县

**【概况】** 双峰县地处湖南省中部,位于北纬27°12′31″~27° 41′51″、东经111° 51′43″~112° 31′7″。2021年,双峰县辖11个镇、3个乡、2个街道,1个高新技术产业开发区,土地总面积1593.45平方千米。年末总人口88.13万人,比上年末下降0.78%;常住人口68.11万人,同比下降0.7%,其中城镇常住人口27.94万人,城镇化率41.02%,比上年提高0.53个百分点。全年出生人口0.61万人,自然增长率为1.32‰。年出生人口0.61万人,自然增长率为1.32‰。年最高气温39.3℃,最低气温-6℃,年平均气温18.9℃。年降水量1242.8毫米,比上年增长-11.6%。全县林地面积77250公顷,森林覆盖率47.94%,水质综合达标率85.33%,空气质量优良率92.3%。

全年实现地区生产总值277.1亿元,比上年增长6%。其中,第一产业增加值54.7亿元,同比增长9.1%;第二产业增加值87.5亿元,同比增长2.1%;第三产业增加值134.9亿元,同比增长7%。三次产业结构比为19.7:31.6:48.7。人均地区生产总值40537元。

一般公共预算收入128954万元,比上年增长-6.06%,上划中央税收42505万元,比上年增长-7.76%,上划省级税收10748万元,比上年增长-8.82%。完成地方收入75701万元,比上年增长-4.66%,其中税收收入49753万元,增长-8.1%;非税收入25948万元,比上年增长2.71%;税收收入占地方收入的比重为65.72%。一般公共预算支出572833万元,比上年增长-2.05%。全县金融机构各项存款余额375.08亿元,比年初增加35.04亿元,比上年增长10.3%。全年保险机构保费收入73471万元,比上年增长3.98%。全县城镇居民人均可支配收入26410元,比上年增长7.8%;农村居民人均可支配收入16275元,比上年增长10.5%。

规模以上工业增加值71.9亿元,比上年增长-0.6%。其中非公有制规模以上工业增加值下降0.04%,产业园区规模以上工业增加值增长8.3%。工业支柱产业有农机产业、建材产业、铸造产业。农机出口2619万美元,比上年增长42.56%。规模以上工业企业204家,有省级以上工业园区1个。全县高新技术产业投资同比增长10.5%,1亿元以上投资项目9个。申报省级科技计划项目9个,申请注册商标315件。建筑业增加值16.72亿元,比上年增长-1.1%。有建筑资质等级的总承包和专业承包建筑业企业21家,完成建筑业总产值46.24亿元。

农林牧渔业总产值89.7亿元,比上年增长10.2%。其中,农业产值48.29亿元,比上年增长4.3%;林业产值2.58亿元,比上年增长10.4%;牧业产值30.24亿元,比上年增长21.2%;渔业产值4.7亿元,比上年增长2.7%;农林牧渔专业及辅助性活动产值3.9亿元,比上年增长7.2%。全县粮食播种面积7.85万公顷,比上年增长0.25%;蔬菜种植面积1.33万公顷,比上年增长2.3%;油料种植面积1.31万公顷,比上年增长5.3%。粮食总产量51.3万吨,比上年增长0.13%,蔬菜产量48.82万吨,比上年增长0.4%;油料产量2.28万吨,比上年增长2.1%。肉类产量7.36万吨,禽蛋产量1.01万吨;水产品产量2.71万吨。全年生猪出栏97.56万头,增长28.8%;出栏牛2.72万头;出栏羊8.6万只。全县有农产品加工主体541家,其中省级龙头企业16家,农民专业合作社1779家,休闲农业主体667家。休闲农业和乡村旅游接待人数186万人次,同比增长2.8%。农产品区域品牌有永丰辣酱、青树坪淮山、青树坪米粉。农产品加工实现销售收入127.51亿元,比上年增长7.6%;休闲农业实现营业收入4.76亿元,比上年增长2.8%。无公害、绿色、有机农产品品牌总数100个,省级以上驰名商标、著名商标总数20多个。全县农业机械化水平为77.9%。

社会消费品零售总额120.2亿元,比上年增长13.4%。全年实现进出口总额97103万元,比上年增长15.1%。其中出口额93449万元,比上年增长14.87%,进口额3654万元,比上年增长22%。实际利用外资538万美元,比上年增长279%。引进省外境内资金91.54亿元。

旅游收入53.72亿元,比上年增长-29.2%。全县旅游等级区(点)6家,新增2家。接待国内游客526.9万人次,实现国内旅游收入53.7亿元;接待入境游客

1192人次，实现国际旅游收入15.78万美元。有国家级自然保护区1个、省级自然保护区1个，AAAA级以上景区2家。全国、省级重点文物保护单位分别有2处、8处，国家级、省级非物质文化遗产保护项目分别有3个。仙神寨文化康养旅游核心板块开工建设。

固定资产投资比上年增长-5.1%。按经济类型分，国有投资下降8.7%，非国有投资下降3.9%，其中民间投资下降6.7%，民间投资占全部投资比重为58.9%。按产业分，第一产业投资增长102.7%，第二产业投资下降10.8%，第三产业投资下降2.7%，三次产业投资占全县投资的比重分别为2.9%、44.2%、52.9%。房地产开发投资比上年增长9.36%，其中住宅投资增长4.58%。商品房销售面积41.03万平方米，比上年增长6.26%；商品房销售额203789万元，比上年增长1.71%。

全县公路货运量3.86万吨，货物周转量28.8万吨千米；公路客运量469.25万人，旅客周转量18246万人千米；高速公路通车里程63千米。电信业务总量5.76亿元，比上年增长10.4%。固定电话用户27546户，同比下降22.18%；移动电话用户61.5万户，同比下降11.2%。互联网宽带用户19.85万户，同比增长0.25%。

高新技术产业总产值105.4亿元，比上年增长9.9%；高新技术产业增加值35.6亿元，同比增长10.22%。有检验检测机构5个，开展重点工业产品质量监督抽查42批次，定期抽查合格率96%。引进项目51个，新引进汇康医疗、康凯生物、肝素钠及冷链仓储配送等多家医疗制造项目，其中重大招商引资项目9个；到位内资91.54亿元，比上年增长30%；到位外资538万美元，比上年增长279%。完成进出口额1.55亿美元，比上年增长26%；农机出口2619万美元，比上年增长42.56%。146个县级重点项目预计完成年度投资120.86亿元，完成110.07%，新建项目77个，开工率100%。引进“三类”500强项目1个，市级以上重大项目9个。海创生活垃圾焚烧发电项目建成投产。农机产业集群在2021年全省先进制造集群决赛中胜出，双峰县农机企业成为14个农机国家行业标准的起草或参与制定单位，获得湖南省科技进步奖4项，拥有国家专利353项。双峰县永丰农机特色小镇项目完成农机展示中心主体工程施工，芝深建材年产30万立方米竹胶板项目竣工投产。承办第十二届“湘博会”，农友集团被纳入国家级“专精特新”小巨人企业，农机产业自营出口增长42.6%。双峰国际商贸城投入运营。金峰机械被列入省级2021年工业互联网企业级平台建设计划，农友机械被列入省级两化融合试点示范企业。国藩溪砚、农家宝机械在湖南省股交所挂牌交易。海螺生活垃圾焚烧发电项目并网发电，陆和新型环保建材项目竣工投产。

有普通高中9所，在校学生17853人；中职学校1所，在校学生6882人；初中学校55所，在校学生30699人；普通小学164所，在校学生54557人；特殊教育1所，在校学生192人。幼儿园在园幼儿19558人；各类民办学校8所，在校学生20346人。全县5709人参加高考，600分以上考生279人；本科录取3212人，录取率56.26%，比上年提高5.28%。有学科类校外培训机构10所；新建5所公办幼儿园，新增公办幼儿园学位480个；新增义务教育阶段公办学位3800个。开展群众文化活动126场次，落实农民体育健身工程3个、全民健身路径37条。

有乡镇文化站16个，公共图书馆1个，自助图书馆1个，群众艺术馆和文化馆15个，新增5个，博物馆和纪念馆1个；村级综合文化服务中心524个；完成公益电影放映1.06万场次；广播电台1座，广播综合人口覆盖率100%；电视台1座，电视综合人口覆盖率100%；有线电视用户1.1万户。有卫生机构839个，其中医院、卫生院31个，妇幼保健院1个，社区卫生服务中心2个，诊所、卫生所、医务室49个，村卫生室746个；卫生技术人员4266人，其中执业（助理）医师2015人，注册护士1658人。医疗床位数2867张，乡镇卫生院床位数1435张。

新增城镇就业人员7405人，失业人员再就业人数3865人，年末城镇登记失业率2.38%，比上年同期下降0.5个百分点。年末参加城乡居民养老保险人数为46.26万人，其中机关事业单位养老保险参保人数2.55万人，工伤保险参保人数5.9万人，失业保险参保人数3.21万人。参加基本医疗保险人数76.62万人，其中城乡居民基本医疗保险人数72.14万人，城镇职工基本医疗保险人数4.49万人；参加生育保险职工人数2.51万人。有4479人享受城镇居民最低生活保障，发放城镇居民最低生活保障经费2195万元；21838人享受农村居民最低生活保障，发放农村居民最低生活保障经费6800万元；城镇各种社区服务设施14个，新改建公办养老机构2个，新增公办养老机构床位数80张。全年销售社会福利彩票2413.3万元，筹集福彩公益金176.5万元。

【城乡基础建设】2021年,双峰县和森西路沿线通车,县城南环线通车;启动北环线征地拆迁,部分路段拉通;推进双荷路、迎宾路、白玉桥及配套道路工程、河东风光带、红绿灯等项目。G60沪昆高速醴娄扩容工程开工建设;城乡供水一体化项目前期工作完成;完成青树坪至仁山21.86千米干线公路建设,G60沪昆高速双峰互通至G234公路工程完工;完成农村公路提质改造77.1千米、防护工程169.963千米、农村道路建设107千米。完成深江、四安埠及迷水二期治理工程、四水治理项目、群力灌区续建配套与节水改造工程、水土保持项目、10座小二型水库除险加固工程;完成山塘清淤1600口。推进农网改造升级工程,新增配变209台。5G需求站点完成交付328个,实现县城中心区域5G网络连续覆盖。全县行政村光纤通达率100%,4G网络覆盖率100%。脱贫人口、监测对象分别实现就业35223人、671人,完成农村危房改造671户,家庭经济困难学生教育补助应发尽发,农村低收入人口应保尽保。集中整治农村乱占耕地建房行为,立案查处138宗,拆除复耕120宗。推进农村人居环境整治,完成户厕改造13568座,回收低值物和有害垃圾4838吨。新建7个乡镇生活污水处理厂,完成10个村生活污水治理。创建全国节水型社会建设达标县、全国深化小型水库管理体制改革样板县。洪山殿镇新塘村被纳入"全国村级议事协商创新实验试点单位"。

荷叶镇被纳入省级全域美丽乡村示范镇创建名单,荷塘村入选中国美丽休闲乡村、纳入省级特色精品乡村,黄马洲村、石林村入选省级美丽乡村示范村,杏子铺镇入选全省乡村旅游重点镇。

【乡村振兴】2021年,双峰县抓好巩固拓展脱贫攻坚成果与乡村振兴有效衔接,接受国家第三方评估。蔡和森同志纪念馆·故居景区获评国家AAAA级旅游景区,曾国藩故居获评第九批中国华侨国际文化交流基地。举办第六届"富厚大讲堂"纪念曾国藩诞辰210周年活动,提升全域旅游影响力。承办湖南省第十二届湘博会、2021湖南油菜花节主会场活动以及首届水府文化旅游节、铜梁生态文化旅游节、甘棠芍药花节等节会活动。

【民生福祉】2021年,双峰县落实稳就业各项政策,实施职业技能培训11126人次;新增农村劳动力转移就业7946人,城镇登记失业率保持在2.47%的较低水平,建设省、市、县三级充分就业社区(村)37个。新妇幼保健院、新人民医院分别于7月26日、9月30日完成整体搬迁投入使用,全年超额完成免费产前筛查和免费"两癌"检查省定任务,提升县域医疗卫生条件。芙蓉学校于9月1日正式开学。

【生态环境】2021年,双峰县配合中央、省环保督察和市委巡察,对中央督察组交办的59个问题开展整改落实,全部办结。取缔7家混凝土搅拌站,整改19家。对18家关闭矿山开展生态修复,开展大气污染防治和饮用水水源保护,实施长江流域"十年禁渔"行动。完成石牛乡原钒冶炼厂土壤修复项目,启动全县10处涉镉问题污染地块的排查和整治工作。国控断面街埠头和新堤码头水质达到Ⅱ类标准,双峰县水厂断面水质达到Ⅱ类标准。中心城区环境空气质量优良天数比例达到328天。

【社会稳定】2021年,双峰县常态化推进扫黑除恶斗争,涉黑涉恶逃犯清零。刑拘电诈犯罪嫌疑人448人,打掉团伙43个、窝点162个;17起新发损失金额50万以上的电诈案件全部侦破;破获涉毒刑事案件94起,破获1起特大运输、贩卖毒品案件,抓获嫌疑人23名,缴获毒品218千克。实行矛盾纠纷"月排查、月交办、月落实、月督办、月通报"制度、突出信访问题包案办理制度,推进信访工作"三无"创建,社会大局持续稳定,矿山、危化、烟花爆竹、工贸行业连续5年实现零事故、零伤亡。三塘铺镇相思村获评"全国民主法治示范村",梓门桥镇黄马洲村获评"全国乡村治理示范村"。

(郭友梅)

## 新化县

【概况】新化县地处湖南省中部偏西、娄底市西部,位于北纬27° 31′~28° 14′、东经110° 45′~110° 41′。2021年,新化县辖18个镇、7个乡、3个街道,2个国有林场,1个高新技术开发区,691个村(社区),土地总面积3619.95平方千米。年末户籍人口150.59万人，常住人口118.03万人；人口自然增长率2.35‰。年内最高气温40.2℃，最低气温-3.8℃；年降水量1372.8毫米。森林覆盖率54.96%，水质综合达标率100%，空气质量优良率87.1%。沪昆高速铁路、娄怀和长芷2条高速公路经过县境。

全年实现地区生产总值309.81亿元，比2020年增长8%。第一、二、三产业增加值分别为58.67亿元、91.2亿元、159.94亿元。三次产业结构比为18.9∶29.4∶51.6（因四舍五入，整计与分项不等）。人均地区生产总值26248元，同比增长9.14%。

一般公共预算收入21.23亿元，同比增长9%（其中，地方一般公共预算收入13.02亿元，同比增长9.3%）。一般公共预算支出84.65亿元，同比增长-1.2%。全县金融机构本外币各项存款、贷款余额分别为5132694万元、3210440万元，比上年分别增长10.4%、15.0%。全县保险机构保费收入105855.2万元，同比增长1.8%，股票基金交易量1147429万元，同比增长2.5%。全年全体居民人均可支配收入16365元，比上年增长9.7%，城镇居民人均可支配收入26109元，比上年增长7.9%；农村居民人均可支配收入11871元，比上年增长10.4%。

全县实现农业总产值98.15亿元，比上年增长9.9%。实现农业增加值60.59亿元，比上年增长8.8%。全年粮食播种面积7.61万公顷，同比增长2.1%；总产量487793吨，同比增长3.1%。新增新化红茶、中药材、特色水果种植面积1013.3公顷。主要产品产量：稻谷37.97万吨，玉米8.45万吨，油料1.9万吨，药材3.28万吨，茶叶0.4万吨，水果8.1万吨，出栏生猪108.48万头，禽蛋1.13万吨，水产品3.04万吨。农产品加工企业达1063家，农产品加工业总产值134.65亿元。是年，2家红茶企业完成中绿华夏有机食品认证，8个农产品获绿色食品认证，新注册"新化魔芋""新化杨梅"两个国家地理标志证明商标。农产品区域品牌有新化红茶、新化黄精、白溪豆腐、新化杨梅等。农作物综合机械化率为50.46%。

工业增加值71.71亿元，同比增长5.6%；其中规模以上工业增加值70.84亿元，同比增长3.4%。有省级以上工业园区1个。工业支柱产业有电子陶瓷业、文印产业、先进建材业。建筑业增加值19.5亿元，同比增长2%。固定资产投资同比增长8.2%，其中高新技术产业投资增长-3.1%，全年1亿元以上投资项目70个。推进中国复印机与耗材制造产业园、定昌电子SMT精密电路板生产线、美程陶瓷军用高性能真空封接陶瓷器件的关键技术研究及产业化等20个项目建设，促成顺达电子、美程陶瓷传感器生产线和美程陶瓷磁控管精细真空陶瓷零件生产线等项目竣工投产，推进游家工业园附属基础设施及标准化厂房一期、向红工业园循环经济产业园标准化厂房建设，特种陶瓷及新材料产业园PPP项目基本建成，先进陶瓷现代产业学院开班，美程陶瓷上市前期工作启动；推进洋溪文印特色小镇建设，完成文印产品展览展示中心及配套设施建设，文印产业再制造交易中心竣工，引进中国新化复印机与耗材制造平台孵化项目，新印科技4条感光鼓生产线进入试生产。

社会消费品零售总额179.79亿元，同比增长15%。实际到位外资0.15亿美元，引进省外境内资金92.01亿元。进出口总额1.55亿元，同比增长-71.9%。规模以上服务业营业收入综合增长20.5%，电商小店2800余家，实现农产品零售额6.34亿元。完成房地产投资38.83亿元，销售商品房82.1万平方米，销售额40.7亿元。

全县有国家级风景名胜区3个，红色旅游经典景区3个，AAAA级以上景区4家。紫鹊界梯田景区被列为省、市AAAAA创建重点景区。全国、省级重点文物保护单位分别有2处、11处，国家级、省级非物质文化遗产保护项目分别有2个。渠江源村入选湖南省第三批全国乡村旅游重点村。年内举办中国旅游日湖南宣传活动暨新化红茶文化旅游节、"熊爆·2021"湖南省户外精英挑战赛等文旅活动，全年接待游客1764.53万人次，旅游综合收入157.02亿元。

全县共有普通中学114所，其中初中学校102所，在校学生59024人；高中学校12所，在校学生25799人。普通小学380所，在校学生129387人。特殊教育学校2所，在校学生85人。幼儿园236所，在园人数38753人。年内完成9所乡镇标准化寄宿制学校建设和6所乡村小规模学校提质改造，文昌芙蓉学校、楚怡芙蓉学校、黄泥芙蓉学校竣工投入使用，新化一中综合教学楼的主体工程完工；消除义务教育阶段及普高大班额610个，实现超大班额清零，新增公办幼儿学位5771个；教育均衡化优质化程度不断提高，楚怡学校被列入部省职业教育重点支持项目。

全县有艺术学校1所，艺术表演团体33个，文化馆1个，纪念馆1个，旧址陈列馆1个，体育馆1个，公共图书馆1个，演艺公司1个。图书总藏量实物图书

18.7万册、电子图书5万册。村村响、广播村级综合覆盖率100%,电视覆盖率99.9%。有线电视用户(电信、移动、联通、电视网络公司)12万户。有医院40家、卫生院27家、社区卫生服务中心3家、村卫生室1038个,病床床位6749张;全县卫生技术人员6739人,其中执业医师和执业助理医师2842人,注册护士2757人。纵深推进分级诊疗制度建设,县疾控中心完成整体搬迁,人民医院上梅分院、温塘卫生院完成主体工程建设;县级核酸检测实验室和县、乡两级发热门诊建设完成。

落实"四个不摘"要求,确定监测对象10222户18130人,抓实义务教育、基本医疗、住房安全、饮水安全、易扶搬迁五项保障。促进脱贫人口外出务工64945人,公益性岗位安置3409人;建成就业车间105个,吸纳易扶搬迁群众1433人;完成脱贫人口小额信贷8162.05万元,"防贫保""农房保"全覆盖。新增城镇就业8028人、农村劳动力转移就业1.5万人;城乡居民医疗参保114.8万人;残疾人两项补贴、农村低保、农村特困人员基本生活费有序提标。

是年,新化县被纳入湘鄂渝黔重点革命老区规划范围。持续保持全国"粮食生产大县""生猪调出大县"称号,被评为"湖红之源""中国黄精集散中心"。一批现代文印、陶瓷等先进制造业产业项目入驻园区,集聚效应加速形成。引进佛山姐妹花内衣有限公司等多家企业,"引进一家、带来一串"的经验被新华社《内参选编》和省委《工作情况交流》专题推介。高质量发展、固定资产投资、公共文化及旅游、配合国务院政务服务大督查获全省真抓实干激励。农村宅基地管理和科技创新的经验做法被湖南省人民政府予以全省通报表扬,招商引资、医保支持乡村振兴、经济运行与监测、工程项目审批制度改革等多项工作获全省先进。

【污染防治】2021年,新化县统筹推进山水林田湖草系统治理,龙湾国家湿地公园被列入省级重要湿地名录;持续打好蓝天、碧水、净土保卫战,中央第二轮生态环保督察交办的69.5件信访件全部办结。完善空气质量监测及预警体系,加强工业、农业、生活面源等污染整治,加大对"散乱污"企业的整改,开展煤改气工作和机动车尾气监管,严控基建工地源头污染及城区道路扬尘污染,持续推进城区长效禁燃,空气质量实现总体优良。完成农村"千人以上"集中式饮用水水源保护区划分工作,开展入河排污口排查专项行动和锑浓度异常整治。新化水厂、晓云渡口、银星渡口、三拱桥地表水监测断面达到Ⅲ类标准,水质达标率100%;坪口断面水质年均值达到Ⅱ类标准。坚持以河湖长制为抓手,推进河湖突出问题整改、关闭煤矿废水治理和中小河流治理,开展禁捕执法、"清四乱"、"洞庭清波"、"网箱退养"等联合执法行动。完成广源、嘉星锑业及云玉锑品厂的涉镉污染源整治销号。推进锡矿山区域环境综合治理,完成阳星锑品厂环境污染问题整改和长新及回龙锑矿历史遗留废渣重金属污染治理。推进绿色矿山建设和植树造林工程,锡矿山综合治理山水林田湖草生态修复工程入选湖南首届国土空间生态修复十大范例,全县土壤治理成效明显。

9月17日,新化县生活垃圾焚烧发电厂"点火"投产运行。该项目是光大集团向国务院呈报的生态环保产业扶贫项目、省市县重点项目,是娄底市第一个垃圾焚烧发电试运营项目,设计日处理规模1050吨,生活垃圾处理开启减量化、无害化、资源化,推动县域环境保护和生态文明建设水平。

2021年9月17日,新化县生活垃圾焚烧发电厂投产运行。图为点火仪式现场 (陈 科 摄)

【城乡基础建设】2021年,新化县坚持城乡发展一体谋划、一体建设,创优发展条件,内外通行条件、域内交通条件持续优化。龙琅高速建成通车,官新高速完成大部分路基工程,新新高速及其连接线启动建设,郭石公路竣工通车,琅天公路持续推进,北塔大桥进展顺利,春田机场进入实质性审批阶段。完成农村公路提质改造工程97.5千米、农村公路安保工程425千米,创建"四好农村路"8条195.5千米。完成盛教南路、康庄路、康华路提质改造和新白公路孝心岩隧道整治，推进新园路二期、城东防洪堤三期、工农河片区综合治理、雅园路等建设进度，实施老旧小区改造8个3736户，二水厂应急水源建成供水，生活垃圾焚烧发电厂投产运营。解决城建领域征地拆迁安置部分遗留问题，化解房地产“办证难”问题34个，发证8200本。35千伏奉家变建成投运，110千伏维山变、220千伏北塔变、500千伏娄底西新化配套线路工程启动建设；建成5G基站457个、电普服务4G基站35个，光纤通达村14个。车田江灌区主干渠改造工程、半山灌区续建配套与节水改造工程完工，曲尺岭水库大坝主体工程基本完工，实施农村饮水安全巩固提升工程164处。深入开展“清源头、见底色”城乡人居环境整治和空心房、大棚房、乱占耕地房等专项整治行动，完成改厕1.27万户、乡镇垃圾中转站建设7个，农村生活污水处理率68.5%。天门乡土坪村成为全国乡村治理示范村，30个行政村新增为县级美丽乡村。全县市容秩序规范，城市管理水平提升，城市功能逐步完善，通过省级文明城市和卫生县城复核验收。

【油溪桥村走出人才振兴新路子】2021年，新化县油溪桥村结合实际，坚持推选一批（建强基层组织，推选一批乡村管理人才）、吸聚一批（搭建创业平台，吸聚一批产业急需人才）、培养一批（健全培养机制，培育一批农村适用人才）的方法，推进人才振兴。村支两委由原来的5人扩充到36人（包括各类管理技术人员），吸引外来人才、当地创业人员260余人。是年，“湖南新化县油溪桥村走出人才振兴新路子”获评全国人才振兴优秀案例，向全国推广。

【土坪村成为全国乡村治理示范村】2021年，新化县土坪村在强化经济建设的同时，在全体党员中开展“戴党徽、亮身份、做表率”活动，建立党群服务驿站，由党员干部带头成立多个组织和团体，根据“居住相邻、易于集中、便于管理”的原则，将全村划分网格，配备网格员，每天登记工作日志，入户走访排查了解各种矛盾，由村综治办公室逐一化解，从源头上减少产生社会矛盾的隐患，增强村集体自我保障和服务群众能力，构建起自治、法治、德治相结合的乡村治理体系。因乡村治理工作成效明显，该村成为第二批全国乡村治理示范村。

【新化红茶被确认为“湖红之源”】2021年11月30日，湖南茶界专家在新化县奉家镇渠江源召开“新化红茶为湖南红茶之源论证会”，通过论证，确认新化红茶为“湖红之源”。在12月10—13日召开的2021年第十三届湖南茶业博览会上，湖南省茶业协会、湖南省茶叶学会、湖南省大湘西茶产业发展促进会、湖南省红茶产业发展促进会、湖南省茶叶研究所联合授予新化红茶“湖红之源”称号。（康瑞凡）

# 人 物

◎“全国五一劳动奖章”获得者
◎助人为乐类“中国好人”
◎全国脱贫攻坚先进个人

## “全国五一劳动奖章”获得者

**向杰**，男，汉族，1986年出生，湖南湘潭人，中共党员，高级技师/工程师，就职于华菱安赛乐米塔尔汽车板有限公司维护车间，从事区域技师（焊工）工作。先后获评“全国青年岗位能手”、“湖南省五一劳动奖章”、“全国冶金建设行业优秀选手”、湖南省“百优工匠”（焊工）、“娄底工匠”，2次获“湖南省技术能手”称号。2021年，获“全国五一劳动奖章”称号。

在华菱涟钢工作期间，向杰精雕细琢当好“钢铁裁缝”，从学徒工一步步成长为技术能手，先后解决了公司低合金高强钢、马氏体不锈钢、铝合金、紫铜、铸铁等金属材料的焊接难题，参与并完成炼铁高炉、热风炉、转炉、轧机、压力容器与管道检修焊接任务等40余项次，攻克焊接技术难题30余项，为公司创效500余万元。2015年11月，向杰加入VAMA，接替外籍专家负责关键设备PSE的修复，通过几个月的不懈学习和努力，攻克了PSE的制作和修复关键技术。2016年年底，成功完成“自主制作PSE件代替进口件”课题攻关项目，大大降低公司设备采购费用。同时总结、提炼《PSE制作与修复技术指南》和《轧辊表面缺陷堆焊的技巧与方法》，对设备日常修复给出了良好的操作规范与技术指导，影响和带动一批青年职工成长为技术骨干。

## 助人为乐类“中国好人”

**朱鹏涛**，男，1949年9月出生，中共党员，娄底市政府原副秘书长。先后获“全国百佳最美志愿者”“湖南省最美志愿者”“第四届湖南慈善奖最具爱心楷模奖”“湖南好人”等称号。2021年，获评助人为乐类“中国好人”。

退休不退志。2013年，当时已退休的朱鹏涛住在北京的女儿家享受天伦之乐。当得知娄底正准备筹建慈善志愿者协会，他毅然响应号召，踏上公益之路。他充分发挥资源多、人脉广、热情高的优势，通过3个月的努力，在机关、厂矿、学校、社区及社会组织中，发展慈善志愿者分会60个，登记志愿者10000余人。12月5日（国际志愿者日），娄底市慈善志愿者协会经民政部门批准注册正式成立，是全市当时最大的志愿服务组织，朱鹏涛担任会长。在朱鹏涛的组织和带领下，协会60多个分会开展“春节温暖回家路”“致敬抗战老兵”“志愿服务十送乡村”等大型公益慈善活动60余场，参与志愿者3万余人次，帮助关爱困境儿童、残疾人群、困难学子、抗战老兵等1.5万余人次，筹措捐助现金1460余万元，米油面、奶粉、棉被等物资价值380余万元。

吃苦耐劳。在志愿者中，朱鹏涛是出了名的“吃得苦、霸得蛮”。8年时间，他参加志愿服务活动时长累计达5600小时。2015年2月14日，娄底慈善志愿者协会和湖南卫视联合举办捐助100个贫困学童活动。筹备阶段，他每天到处奔波，充分做好宣传发动，争取单位和企业的捐助。活动当天他从早上7点，一直坚守至凌晨1点半。现场近2万人捐助现金401.78万元，名列当日湖南省9个专场中的第一名。活动结束等到最后一个孩子和老师离开后，他才回家。2021年4月18日，大型公益慈善志愿服务“十送乡村”活动在双峰县甘棠镇祠堂湾村举行。活动前一个月，朱鹏涛开始四处奔波筹款、策划活动细节。活动当天，雨下个不停，他全然不顾自己年迈，冒雨组织协调，头发全被淋湿，皮鞋也泡在水里，但他全然不顾，有条不紊地保证所有环节正常进行。

勇于担当。在娄底创建全国文明城市过程中，朱鹏涛带领的志愿者队伍积极打造娄底“志愿红”品牌。他们在全市开展“交通路口文明劝导”“垃圾不落地弯腰行动”“保护母亲河——涟水河净滩行动”等系列活动，“红马甲”穿梭于娄底的大街小巷，成为文明的使者。在新冠肺炎疫情防控最紧张的时刻，他组织1000余名专业志愿者挺身而出，宣传疫情防控知识、消杀公共场所、为街坊邻居买菜送药、在寒风中为居民测量体温、在深夜里接听心理热线抚慰人心……为娄底疫情防控筑起坚实防线。

**陈萍**，女，1988年2月生，中共党员，大学文化，娄底市公安局禁毒支队文职辅警，娄底市禁毒科普教育馆的专职宣讲员，曾经担任过乐坪街道大塘社区、街心社区专干。她积极参与公益事业，帮助他人，用执着谱写着友爱乐助的情怀。2021年，获评助人为乐类“中国好人”。

公益阅读推广。陈萍坚持利用周末到街道、社区开展公益的儿童绘本故事会，加入各种游戏和手工活动，把阅读形式多样化，寓教于乐，让小朋友在轻松愉悦中学习体验，从而爱上阅读，爱上生活。除此之外，她还根据自己多年来坚持亲子共读所积累的经验，总结提炼出一套适用性强、具体可操作的让孩子爱上阅读的方法，并精心制作成课件，在各个社区向家长志愿宣讲，大力推广亲子阅读，帮助家庭中的父母与小孩共同养成良好的阅读习惯，使阅读成为亲子间共同的“温暖之源”。5年多时间，陈萍开展的公益阅读推广活动超过300场，受益家长和孩子2万余名。

禁毒志愿服务。由于长期在基层一线工作，陈萍直接接触众多有吸毒史的人员，亲眼见证毒品对居民对社会的危害，对毒品深恶痛绝，她立志成为一名禁毒志愿者，经常进机关、进学校、进社区、进农村开展禁毒宣传活动，用生动形象的课件或是声情并茂的演讲，呼吁人们珍爱生命、远离毒品。多年来，陈萍禁毒宣讲近100场，听众上万人，足迹遍布娄底各个县（市、区）。2019年，陈萍发起成立“乐坪乐”大讲堂，组织志愿者在各个社区开展各种贴近居民群众生活的公益讲座和学习活动，其中包括政策宣讲、传统文化、家风家教、心理健康、普法宣传和职业技能培训等，以文化惠民志愿服务来提高居民群众的综合素质，提升居民群众的获得感和幸福感，以此助推社会文明，促进社会和谐。2021年，“乐坪乐”大讲堂累计授课360余次，受惠群众近4万人，赢得社会各界的一致好评，成为娄星区颇具影响的基层文化服务品牌。

参与社区疫情防控。2020年初，面对突如其来的疫情，陈萍秉着“我是党员我先上”的初心，把两个年幼的孩子放在石井老家让公公婆婆帮忙照顾，大年初三便独自赶到社区，全身心地投入疫情防控第一线。从张贴防控指令到防疫知识宣传，从卡点值守到为居民办理出入证，从制作各种表格到上报各种数据，从看望困难群众到慰问防疫志愿者，从制作社区疫情防控“双网格”管理图到书写社区疫情防控每日简报，从劝导居民少出门、不聚集到指导“五小”门店复工复产……事无巨细，陈萍都尽心竭力，连续奋战三个月，每天工作十几个小时，毫无怨言。陈萍还承担社区疫情防控宣传报道的任务，经常加班到深夜，撰写通讯稿对社区防控亮点和战疫先进典型人物进行宣传报道，积极向社会传播正能量。

党史教育志愿宣讲。2021年，陈萍将她的公益绘本课堂与党史教育相结合，每周一个主题，以红色绘本故事加红歌、党史视频加手工制作等小朋友喜闻乐见的方式，让党史教育变得丰富多彩、生动活泼，受到小朋友的热烈欢迎与家长们的一致好评。不断有村、社区和学校主动邀请陈萍去讲课、做活动。是年，陈萍还加入娄底市直和娄星区“党史故事听我说”微宣讲志愿服务队，多次开展宣讲。

赠人玫瑰，手有余香。陈萍从残疾家庭的主妇到社区的基层干部再到禁毒支队的辅警，她坚强乐观、积极向上的人生态度和乐于助人、热心公益的精神品质，激励、感染着认识她的每一个人。

## 全国脱贫攻坚先进个人

**李雄武**，男，汉族，1981年3月出生，中共党员，大学文化，娄星区杉山镇万乐村人，湖南省娄底万乐福农业科技有限公司总经理。2021年被评为全国脱贫攻坚先进个人。

2017年，李雄武秉承“为贫困弱势群体在家把农产品卖出来”的初心，自建“湘村万乐精准扶贫电商平台”，运用新零售电商模式，助力本地各乡镇合作社及农户的鸡、鸭、鱼、肉、粮、油、蛋、水果、蔬菜、坛子菜、干货等农特产品销售。发展的产业包括：传统手工千层底布鞋加工作坊、“无公害玉针香水稻基地”、乌红薯皮加工厂、特色精品果蔬基地、榨油坊、农家酒坊、豆腐坊、腊制坊等，70%以上均有带贫效应。2018年，通过整合娄底市农产品资源，为全市1500户建档立卡贫困农户开辟免费独立网上商城，创造“电子商务进农村+土货进城+精准扶贫”模式。绘制“贫困地图”，对娄星区所有建档立卡贫困户进行地图定位，点击贫困户图标就可以直接进入贫困户界面，了解该户基本情况、致贫原因、脱贫计划以及农产品生产情况。打造“直销模式”，依托湘扶网、832扶贫商城、湘村万乐精准扶贫在线商城，打造“互联网+电商扶贫”模式，消费者通过平台扫码下单，点对点购买贫困户自产农产品，村级配送员根据下单情况收集农产品并进行处理，4小时内完成娄底城区内配送，销售收入直接打入贫困户银行卡中。生成“脱贫指数”，通过统计贫困户农产品销售收入，与脱贫标准对比，自动生成贫困户脱贫指数，如果某一贫困户在平台人均收入达到脱贫标准就会自动显示脱贫。通过贫困户脱贫指数管理，促进帮扶责任单位、责任人为贫困农户拓宽增收渠道。建立187个城区团购自提点、32个线下实体门店、144个益农信息服务站，144位信息员将本村的农产品建立好完整的产销数据库和乡村旅游信息库；2019年，和4523户贫困户签订协议委托销售农特产品，带动400余个贫困户创业。2020年初投入资金175万元发展农特产品的种养，以25倍的杠杆与产业扶贫企业签订产销协议，本地鸡、鸭、鱼、牛、猪、粮油、蛋、水果、蔬菜等产值达4375万元。

李雄武通过产品销售数据化，利用数据引领产业适度经营规模化，以点带面，以面促点，最终形成本地特色的拳头产品及产业，真正实现线上线下一体化，消费者可足不出户就能上网购买扶贫产品。拉起了“农产品进城，工产品下乡的城乡联动一张网”。

**陈梦林**，女，汉族，1984年1月出生，中共党员，湖南省新化县人。湖南省新化县维山乡水口村总支部书记。2021年被评为全国脱贫攻坚先进个人。

全力施为建强基层组织堡垒。2017年，陈梦林当选为水口村（原水口村与原菊花村合并而成）党总支书记，该村村情复杂，原村支两委班子人心不稳，内部矛盾突出，处于一种软弱涣散的状态。为扭转这一不利局面，经过几番探索形成了“三个一”的党建工作模式：着力抓好一个根本建设，做到旗帜鲜明讲政治，积极带领班子成员强化政治学习，确保村支两委班子成员在思想上不滑坡、在行动上不偏向。着力吸纳精兵强将，注重在退役军人、返乡创业青年、优秀乡贤等重点群体中物色好苗子，将其培养打造成村里的“领头雁”、群众的“当家人”、党员的“主心骨”。牢记一个工作中心，团结带领班子成员始终把群众的烦心事、操心事、揪心事放在心上、抓在手上，讲一件做一件、做一件成一件，让村民更有获得感、幸福感。通过努力，水口村形成了“合村合心合力”的好局面。

多促并举发展村级主导产业。上任不久后，陈梦林发现影响该村发展的最大瓶颈就是没有自己的产业，于是，下定决心要为村里铺出一条“产业发展之路”。创新发展思路，初步建立“村主导、组主体、户主动”的产业发展机制，全面厘清村干、村民各方的权利和义务，顺利解决资金缺乏和土地矛盾等问题。抓实产业项目，以“产用体验式农旅结合”为模式，推出主打产业项目。2020年，全村有油茶基地6.67公顷（100亩）、黄金贡柚13.33公顷（200亩）、田鱼基地与泥鳅基地各4公顷（60亩）、菊花基地6.67公顷（100亩）。夯实基础设施，自来水设施、6口山塘、4口水井全部完成改造，全村安全饮水实现全面保障，5条公路、3座桥梁修缮一新，投资300万元的高标准农田建设项目全面竣工，2000余米的人行游步道成为村中的风景线。

用心用情书写大爱情怀。作为一名村支书，陈梦林虽有雷厉风行的一面，但更有侠骨柔情的一面，哪里有困难哪里就有她，她是老百姓心中的贴心人。有一位88岁的特困户住在一间随时可能因风吹雨打而倒塌的土坯房里，她唯一的女儿，远嫁他乡，家庭条件不好，根本无力赡养老人。陈梦林得知情况后，积极帮助老人争取政策扶持，给老人建了新房，并定时探望，经常陪老人吃饭、拉家常，老人逢人便说，这个支书比她女儿还亲。

2019年，水口村所有建档立卡贫困户实现全面稳定脱贫。2020年，村级集体经济突破10万元，2764名水口村村民携手幸福生活。

**姜泗元**，女，汉族，1976年4月出生，初中文化，娄底市冷水江人，冷水江市泗元家庭农场场长。

2013年初，姜泗元开办建设冷水江市泗元家庭农场。2014年4月，牵头成立冷水江市青云蔬菜种植专业合作社，拉动周边近100户农户加入（包括建档立卡贫困户28户)。2019年9月，成立湖南泗元菌业有限责任公司，以精准扶贫引富方式，解决贫困及弱劳动力60人就业，直接带动280余个贫困人员受益，解决12名下岗矿业工人就地就业。2020年，主动配合冷水江市易地产业扶贫工作任务，在冷水江市谭家、梓坪等8个易地扶贫搬迁集中安置点建立扶贫车间，为建档立卡贫困户提供蔬菜瓜果种苗并指导教授蔬菜生产和坛子菜加工，对产品保底回购。2020年吸纳安排169名建档立卡贫困户就业，总种养加生产面积达133.33公顷(2000亩)。视贫困户为亲人，治“懒”扶“志”，每天督促带同贫困户一起锄地、种菜、摘菜，现场培训指导，很多弱劳动力和心“懒”贫困户在扶贫车间工作劲头越来越大，日子越过越红火。贫困户说:“她哪里是‘女老板’，分明是个‘女汉子’呢!”热心公益事业，在新冠肺炎防控工作中，主动为冷水江市医疗机构捐赠酒精和口罩等急需物品。

**曾尔辉**，女，汉族，1973年4月出生，中共党员，大学文化，娄底市娄星区水洞底镇人，涟源市荷塘镇党委书记。2021年被评为全国脱贫攻坚先进个人。

抓学习、促实践，率先垂范做榜样。带头学习，用脱贫攻坚的政策文件谋划和落实工作，思路清晰、任务明确。严格考核，实行月评比机制，评比结果与干部绩效挂钩，与干部使用挂钩，及时奖惩兑现。抓调度、严督查，每月到全镇21个村进行一次查漏补缺，每周至少召开3次扶贫工作调度会，紧盯问题及时解决。淡小家、顾大家，2019年底，她母亲被查出患败血症，医院连续7次发出病危通知书，当时正是脱贫攻坚省考核验收的关键时刻，她没有请过一天假陪护母亲。她家离镇政府只有10千米远，为了方便扶贫工作，却坚持把床铺搬进镇机关，5年只回家过了两个年。

兴产业、促就业，稳定增收添信心。因地制宜，发展产业，做到村村有“拳头产品”，豆制品加工、菌类种植、中药材、特色水果四大生态特色产业初具规模，发展市级龙头企业3家，农业合作社46家，流转土地达1333.33公顷(2万亩)。“筑巢引凤”，优化环境，把就业岗位送到贫困户家门口，2019年成功引进湖南世标健康科技有限公司在镇内建成首个“扶贫车间”，安排20名贫困户就业，当年支付劳务费10万元。2020年6月16日，中央电视台《新闻联播》对该事进行报道;8月14日，人民日报以《一棵艾草“香”满坡》为题再次进行报道。2020年，全镇扶贫产业项目和基地35个、扶贫车间7个，85%以上的贫困户实现稳就业、稳增收、稳脱贫。延伸产业链，依托龙头企业和合作社，鼓励贫困户种植大豆、食用菌、优质水果、中药材、艾草等经济作物和发展特色养殖，签订保底收购协议2000余份，实现贫困户稳定增收，2020年全镇贫困户人均纯收入15212元。

补短板、解难题，合力攻坚促平衡。对标对表督查考核，确保贫困户逐户逐项落实好政策。2020年7月，在国家为期15天的脱贫攻坚普查中，全镇脱贫攻坚工作得到普查组的高度肯定，没有交办任何问题。发动后盾帮扶单位、社会贤达多方筹资500余万元，着重解决“人不住危房，危房不住人”、安全饮水有保障等突出问题。成立13人扶贫“攻坚组”，利用节假日和晚上，带领他们逐村逐户找问题、解难题，5年解决1600余个难题。坚持“手心手背都是肉”工作法，对全镇10个贫困村、11个非贫困村实行工作同推进、帮扶同标准，截至2020年，累计为11个非贫困村争取项目资金4000万元，确保全镇各村平衡发展、同步提升。

守规矩，严自律，勤政廉政保本色。对待涉农整合资金和扶贫项目，要求各行业部门、各村依规依程序公开办理，从不插手。担任主要领导后，为避免丈夫商业上的朋友找她，要求丈夫独自去长沙发展，让她更有底气、心无旁骛开展工作。5年时间，全镇没有一名干部因扶贫工作受到党纪、政纪处分。

曾尔辉在精准扶贫攻坚战中，团结和带领党政一班人创新思路方法，勇于担当作为，使全镇2540户8757名建档立卡贫困人口彻底摘掉贫困帽，实现绝对贫困人口“清零”。

**谭朝延**，男，汉族，1972年11月出生，中共党员，大专文化，娄底市双峰县人。双峰县商务粮食局市场建设管理办公室工作人员。双峰县青树坪镇光辉村扶贫工作队队长、村一支书(兼)。2021年被评为全国脱贫攻坚先进个人。

谭朝延的妻子是双峰一中的老师，女儿在读大学。2016年，他妻子检查发现直肠癌中晚期并肝、肺、肾等多发性转移，先后做过6次手术、20多次化疗，花去医药费90余万元。但夫妻俩一直隐瞒病情，没有告诉任何人。2019年5月，单位派谭朝延到青树坪镇光辉村驻村帮扶，在得到妻子的鼓励后，他接受了组织的安排。光辉村属于合并的贫困村，共1400余人，其中贫困户68户244人。他在5月底驻村后，6月初就开始大走访。为了熟练掌握扶贫政策和了解村民家庭的情况，他边学习边工作边做笔记，一年时间记了厚厚的3本笔记。贺家组有一村民因心肌梗死安装5根支架，2014年被纳入贫困户，他引领其儿媳做微商，销售蜂蜜、家禽、蛋类等农产品，其父亲的保障卡因姓名有误需要更改，他专程开车送他去县人社局办理。为便于照顾妻子，谭朝延有时把妻子带到村部二楼办公室，他自己给她打点滴、换造口袋。2019年9月15日，其妻子病情恶化住进娄底中心医院，他白天在村里工作，晚上到距村50千米外的医院照顾妻子，第二天清早又赶到村里，在那样的情况下，他仍旧没有把妻子的病情告诉任何人。2019年11月19日上午，他妻子离世时，他正在村里组织和参加“知民心　聚民心　暖民心”大走访，只请了3天假忙完妻子的后事后，就赶回村里继续工作。妻子去世后，他以村为家，每天就吃住在村里。他争取单位支持，筹资50余万元，相继完成安装路灯、渠道和山塘清淤、机耕道铺沙、水井提质、电排改造、小桥修缮等项目。他和工作队员走访每个贫困户，开展脱贫质量“回头看”，了解贫困户的需求，登记他们家中滞销的农产品，然后在朋友圈里发送信息，为贫困户推销农产品，每次回县城顺带送货上门等。

谭朝延作为一名退役军人，他始终坚守军人本色，退伍不褪色，他带着病重的妻子坚守扶贫岗位，妻子弥留之际他还在贫困户家中走访……其事迹先后被新华社、《今日女报》等媒体专题报道。

# 附　　录

◎党史学习教育
◎重要文件选登
◎先进集体(个人)

党史学习教育

# 在全市党史学习教育总结会议上的讲话

市委书记　邹文辉

（2022年1月12日）

这次会议的主要任务是，深入学习贯彻党的十九届六中全会和中央政治局专题民主生活会精神，贯彻落实中央、全省党史学习教育总结会议精神，总结我市党史学习教育成效和做法，巩固拓展学习教育成果，弘扬伟大建党精神，传承红色基因，赓续红色血脉，从党的百年奋斗历程中汲取智慧和力量，以史为鉴、开创未来，干在实处、走在前列，全方位推动高质量发展，奋力建设社会主义现代化新娄底。

2021年12月24日，党中央召开了党史学习教育总结会议。习近平总书记的重要指示，从政治和全局的高度，深刻阐明开展党史学习教育的重大意义，充分肯定党史学习教育的显著成效和重大成果，对深入学习贯彻党的十九届六中全会精神、推动党史学习教育常态化长效化提出明确要求，具有很强的政治性、思想性、指导性。习近平总书记在中央政治局专题民主生活会上的重要讲话，对持之以恒推进党史总结、学习、教育、宣传作出部署，号召全党增加历史自信、增进团结统一、增强斗争精神。今年1月4日，省委召开了全省党史学习教育总结会议，庆伟书记在讲话中全面总结了我省党史学习教育的进展成效、经验做法，对巩固拓展党史学习教育成果作了具体部署。我们要深入学习领会，坚决贯彻落实。下面，我讲三点意见。

## 一、学深悟透党的十九届六中全会精神和习近平总书记关于党史学习教育的重要论述，不断增强学好用好党史的思想自觉和行动自觉

在全党开展党史学习教育，是以习近平同志为核心的党中央立足百年党史新起点、着眼开创事业发展新局面，作出的一项重大战略决策。习近平总书记高度重视，亲自谋划部署、全程指导推动，围绕党史和党史学习教育多次发表重要讲话，作出重要指示，深刻阐明了党百年奋斗的历史价值和学习党史的根本目的、基本要求、科学态度，把我们对党的历史的认识提升到新高度，为开展党史学习教育提供了根本遵循。总结好、巩固好、拓展好党史学习教育成果，首先就要进一步学懂弄通做实习近平总书记关于党史学习教育的重要论述和党的十九届六中全会精神。

要坚持原原本本学。学习不能走捷径，不能碎片化，必须坚持读原著、学原文、悟原理，进一步深刻理解和准确把握习近平总书记关于党史学习教育重要论述的核心要义、精神实质、丰富内涵、实践要求，做到知其然又知其所以然，不断增强学党史、悟思想、办实事、开新局的自觉性主动性。

要坚持融会贯通学。把习近平总书记关于党史学习教育的重要论述与十九届六中全会历史决议结合起来，贯通地、系统地理解，深刻领会好党百年奋斗的光辉历程，深刻领会好党坚守初心使命的执着奋斗，深刻领会好坚持党的全面领导、全面从严治党的要求，深刻领会好新时代的历史性成就和历史性变革，深刻领会好党百年奋斗的历史意义和历史经验，深刻领会好以史为鉴、开创未来的重要要求。

要坚持联系实际学。突出学用结合、以学促干，紧密结合娄底当前的发展态势和工作实际，教育引导广大党员干部群众树牢正确党史观，准确把握党的历史发展的主题主线、主流本质，旗帜鲜明反对历史虚无主义，更好坚定历史自信、遵循历史规律、把握历史主动，善于用党的历史映照现实、远观未来，注重用党百年奋斗的重大成就和历史经验增长智慧、增进团结、增加信心、增强斗志，在新时代新征程上展现新气象新作为。

## 二、认真总结全市党史学习教育成效，不断深化对党内集中教育的规律性认识

一年来，按照党中央和省委统一部署，在省委第十指导组精心指导下，全市各级党组织和广大党员干部紧扣“学史明理、学史增信、学史崇德、学史力行”的总要求，推动党史学习教育高站位、高标准、高质量开展，广大党员干部受到了一次全面深刻的政治教育、思想淬炼、精神洗礼，取得了一系列重要成果。

一是扎实深入“学党史”，推动形成知史爱党、知史爱国的高度自觉。坚持用理想信念立根固本，用红色文化铸魂育人，组织赴蔡和森纪念馆、李聚奎故居、红二军团长征司令部旧址等省级爱国主义教育基地接受红色教育，整理全市红色资源制作娄底“红色地图”，推出理论宣传片《信之力》、现代歌舞剧《蔡和森》、湘剧《千里寻党》和一批红色微视频等开展革命传统教育，引导党员干部深刻领会把握中国共产党人的精神谱系，弘扬光荣传统，筑牢信仰之基。市委常委班子认真对标对表、率先示范，带动全市各级班子高举旗帜、紧跟核心。各级党组织普遍开展了主题党日、重温入党誓词等活动，党员领导干部以普通党员身份参加所在支部组织生活会，经受了严格的党内政治生活锻炼。通过党史学习教育，广大党员干部对我们党的历史认知更加深刻，对我们党的初心使命更加坚定，提高了增强“四个意识”、坚定“四个自信”、做到“两个维护”的思想自觉和行动自觉，增强了实现第二个百年奋斗目标的坚定信心和历史主动。

二是入心入脑“悟思想”，不断深化对党的创新理论的理解领悟。坚持把学习贯彻习近平新时代中国特色社会主义思想摆在突出位置，把学讲话、悟思想贯穿党史学习教育始终，采取理论中心组学习、举办读书班、专题研讨等形式，原原本本学，及时跟进学，全面系统学，深刻理解这一思想的理论逻辑、历史逻辑、实践逻辑，增强政治认同、思想认同、情感认同。把学习宣传贯彻党的十九届六中全会精神作为党史学习教育的重要内容，全市共举办宣讲2000余场，组织党员干部开展培训轮训，切实引导广大党员干部在深思细悟中提高思想认识、提升理论素养。通过党史学习教育，广大党员干部进一步领悟到习近平新时代中国特色社会主义思想的真理伟力、实践伟力，提高了真学真用、真信笃行的意识和能力。

三是善作善成“办实事”，切实强化人民至上的立场情怀。坚持从最困难的群体入手，从最突出的问题抓起，从最现实的问题出发，深入开展“我为群众办实事”实践活动，紧贴民生民心，分级分类管理，制定ABC三类重点民生实事项目清单，以“事不在小、关键在办”的态度，解决好教育、医疗、住房、交通、治污等一批群众“急难愁盼”问题和牵肠挂肚的事，“无籍房”办证2.9万本，市生活垃圾焚烧发电项目点火运行，拉通早元街、桃圃街等城市“断头路”，新建2座学校周边的人行天桥，得到群众高度肯定。市级领导带头领办13项重点民生实事项目，示范带动全市完成民生实事项目922项，办理志愿服务项目16.8万余件，参与人数达46.8万人次。“党员进基层　圆梦微心愿”活动入选中央党史学习教育领导小组办公室典型案例汇编。通过党史学习教育，广大党员干部从百年党史中不断感悟初心使命，强化了人民立场和为民情怀，密切了党群干群关系。

四是真抓实干“开新局”，有效提升担当作为的能力本领。紧扣学习贯彻党的十九届六中全会精神和习近平总书记对湖南重要讲话重要指示批示精神，紧紧围绕省第十二次党代会描绘的宏伟蓝图和市第六次党代会明确的目标任务，推动党史学习教育与立足新发展阶段、贯彻新发展理念、服务和融入新发展格局、实现高质量发展的生动实践相结合，与加快建设娄底“材料谷”、实施乡村振兴战略、打好污染防治攻坚战、保障和改善民生的具体行动相结合，与常态化疫情防控、防范化解重大风险、安全生产、社会稳定等重大斗争相结合，认真履职尽责，主动担当作为，奋力争先创优。通过党史学习教育，广大党员干部对时代赋予的历史责任认识更加清醒，对深入“作业面”、当好“施工员”的行动更加自觉，激发了干事创业、争先创优的满腔热情，推动“十四五”实现良好开局。

这次党史学习教育，为我们在新时代加强党内集中教育、推进党的建设，积累了宝贵经验：

一是必须对标看齐，把准方向。方向问题是根本性的问题。红军长征过草地的时候，伙夫同志一起床，不问今天有没有煮饭，而是先问向南走还是向北走。因为只有方向正确，才能避免走错路、走弯路。以习近平同志为核心的党中央明确规定学习教育的总体要求、目标任务和重点措施，牢牢把握了前进的方向。我们坚持以习近平总书记关于党史学习教育的重要论述为指导，坚决贯彻党中央、省委的部署安排，以党史学习

教育动员大会、庆祝中国共产党成立100周年大会、党的十九届六中全会三个重要时间节点为契机，全面对标看齐抓落实，推动学习教育有序开展、步步深入。实践证明，只有提高政治站位，坚持旗帜鲜明讲政治，坚定不移向习近平总书记看齐、向党中央看齐、向党的理论和路线方针政策看齐，才能确保各项工作始终沿着正确方向前进。

二是必须领导带头、层层示范。一级带着一级学、一级做给一级看，确保各项任务一贯到底、落地落实，是这次学习教育的一个突出特点。在职市级领导坚持以上率下，带头学习党史、开展研讨、领办实事，带头宣传宣讲，带头参加支部组织生活，既积极组织参与，又着力推动落实。各级党委（党组）班子成员特别是主要负责同志带头学、带头悟、带头干，发挥了“头雁效应”。实践证明，行动是无声的号令、身教是最好的榜样，“关键少数”一带头，“绝大多数”就会跟着走，就能凝聚起齐心协力、众志成城的强大合力。

三是必须守正创新、分类指导。百年党史孕育伟大精神。我们充分挖掘利用娄底的红色资源，突出娄底味、红色热土味、新时代味，创新学习方式，在蔡和森纪念馆、李聚奎故居、红二军团长征司令部旧址等革命遗址和爱国主义教育基地设置“第二课堂”，使这次党史学习教育生动活泼、富有吸引力感染力。同时，针对不同层级、不同领域、不同行业、不同对象特点，分类指导、联动推进，强化统筹、全面覆盖，做到了“规定动作”有深度、“自选动作”有特色。特别是，我们既突出党员干部这个重点，又把握广大群众思想实际，打造了“让百年党史飞入寻常百姓家”的宣讲品牌，推动党史学习教育走进基层、走近群众，厚植了全社会特别是青少年爱党爱国爱社会主义的情感。实践证明，把红色资源作为党史学习教育的“活教材”，把红色资源利用好，把红色基因传承好，同时加强统筹谋划、协调推进，把精准精细的工作要求贯穿始终，才能形成整体效应、确保质量效果。

四是必须面向群众、顺应民意。各地各部门牢牢把握“党员受教育、群众得实惠”的定位，将学与干紧密结合，深入开展“我为群众办实事”实践活动。为了防止自说自话、避免自弹自唱，各级党员干部深入基层群众，采取调研座谈、“屋场会”等方式广泛听取民意，积极回应和引导群众关切，把实事好事做在群众身边、做到群众眼前、做进群众心坎里，让老百姓从看得见、摸得着的实际变化中感受到新时代党员干部的新风貌。实践证明，只要我们树牢根本宗旨，站稳人民立场，贯彻党的群众路线，真心实意为民办实事、解难事，就能赢得群众的拥护和支持。

五是必须学用结合、争先创优。学习的目的是为了更好地指导实践。在党史学习教育推进过程中，各级各单位大力弘扬理论联系实际的优良学风，坚决贯彻落实习近平总书记对湖南重要讲话重要指示批示精神，坚持真抓实干、攻坚克难，坚持“完成年度目标是法定责任，争先创优是政治要求”的工作导向，把学习党史同推动工作、促进发展、维护稳定紧密结合起来，做到两手抓、两不误、两促进。实践证明，学以致用、以学促干是党的优良学风的具体体现，只有学思用贯通、知信行统一，才能确保学习教育不虚不空不偏。

在总结成效和做法的同时，我们也要清醒看到存在的问题，主要是学习教育推进不平衡，理论学习入脑入心、融会贯通不够，运用党的历史经验解决现实问题还有欠缺，一些困扰群众的“老大难”问题尚未根本解决，有的单位学习教育不够扎实，等等。我们要高度重视，采取切实有效措施加以解决。

## 三、巩固拓展党史学习教育成果，全面推进娄底各项事业高质量发展

学好党史、用好党史，是每一名党员干部的终身课题，不是一阵子的事，而是一辈子的事，必须融入日常、抓在经常，建立常态化、长效化制度机制。要保持恒心韧劲，以学习贯彻党的十九届六中全会精神为重点，持续把党史学习教育成果巩固好、拓展好，从党的百年奋斗历程中汲取智慧和力量，奋力建设社会主义现代化新娄底。

第一，要坚定不移把党的政治建设摆在首位，忠诚捍卫“两个确立”、坚决做到“两个维护”。党的政治建设是党的根本性建设，决定党的建设方向和效果。要教育引导广大党员干部联系党的百年奋斗历程，聚焦新时代原创性思想、变革性实践、突破性进展、标志性成果，充分认识“两个确立”的决定性意义，切实把“两个确立”转化为“两个维护”的实际行动。要始终在政治立场、政治方向、政治原则、政治道路上同以习近平同志为核心的党中央保持高度一致，真正做到忠诚党和人民，忠诚党的理想信念，忠诚党的初心使命，忠诚党的组织，忠诚党的理论和路线方针政策，严守党的政

治纪律和政治规矩，不断增强维护党中央集中统一领导的思想自觉、政治自觉、行动自觉。旗帜鲜明讲政治是具体的、实践的，不是空洞的口号，不能只停留在口头表态上，要体现在贯彻党中央决策部署的行动上，体现在履职尽责、做好本职工作的实效上，体现在日常言行上，自觉做到党中央提倡的坚决响应、党中央决定的坚决照办、党中央禁止的坚决不做，不讲条件、不搞变通，不掉队、不走偏，确保党中央的各项决策部署在娄底落地见效。

第二，要坚定不移学习贯彻习近平新时代中国特色社会主义思想，更加有力地武装头脑、指导实践、推动工作。政治上的坚定、党性上的坚定都源于理论上的清醒。要把加强思想建党、理论强党摆在突出位置，及时跟进学习习近平总书记最新重要讲话重要指示批示精神，不断以"跟进学"强化"跟着走"。要常学常新促深化。继续采取理论中心组学习、举办读书班等方式，坚持集中学习和个人自学相结合，注重从理论体系上系统把握习近平总书记最新重要讲话重要指示批示精神的核心要义、实践要求，做到融会贯通、学深悟透。要真学真信促消化。紧扣党史学习教育"明理""增信"的要求，聚焦解决思想根子问题，深刻领悟贯穿其中的坚定理想信念、真挚为民情怀、强烈历史担当、求真务实作风，不断深化对党的创新理论真理力量、实践力量、人格力量的认同，切实学出政治忠诚、学出坚定信仰、学出使命担当。要对标对表促转化。弘扬理论联系实际的优良学风，把自己摆进去、把职责摆进去、把工作摆进去，深入贯彻习近平总书记对湖南重要讲话重要指示批示精神，将学习成效转化为坚定不移沿着习近平总书记指引方向前进的实际行动。

第三，要坚定不移传承红色基因，更好担当起时代责任。党的历史是最生动、最有说服力的教科书，中国革命历史是最好的营养剂。要加强红色资源保护和挖掘利用。发挥好革命旧址、遗址遗存、纪念场馆的重要作用，利用现代技术和传播手段讲好娄底红色故事，引导党员干部群众在重温革命历史中发扬优良传统，在赓续红色血脉中激发昂扬斗志。要持续深入开展以党史为重点的"四史"教育。将其融入党的组织生活、融入干部培训体系、融入各类学校教育、融入社会宣传教育，让正确党史观更深入更广泛地树立起来，教育广大党员干部群众弘扬伟大建党精神，满怀信心走好新时代长征路。要充分借鉴党的历史经验在推动高质量发展上闯出新路子。科学分析我市发展面临的机遇和挑战、短板和潜力，扬长避短、扬长克短、扬长补短，牢牢把握发展主动权。特别是要充分利用我市的产业优势和资源禀赋，做好"特色+坚持"文章，加快建设娄底"材料谷"，推动钢铁新材和工程机械等十大产业链发展，不断推动形成产业集聚、产业集群、产业生态，为全省打造世界级、国家级产业集群作出娄底贡献。坚持统筹发展和安全，树牢底线思维，增强忧患意识，发扬斗争精神，集中破解制约我市高质量发展的痛点、堵点，有效应对疫情防控、政府债务、安全生产等各领域风险挑战。要以"不进则退、慢进也退"的紧迫感，永葆"闯"的精神、"创"的劲头、"干"的作风，在贯彻新发展理念、服务和融入新发展格局、推动高质量发展上出新招实招硬招，推动"三高四新"战略定位和使命任务落到实处，不断在危机中育先机、于变局中开新局。

第四，要坚定不移践行人民至上，不断满足人民群众对美好生活的新期待。习近平总书记指出，党的十九届六中全会作出党的第三个历史决议，就是要告诫我们在新时代前进的征程上不忘初心、牢记使命，回答好"从哪里来、往哪里去"这个基本命题。要坚持正确政绩观。正确处理"显绩"与"潜绩"的关系，多做让人民群众看得见、摸得着、得实惠的实事，多干为后人作铺垫、打基础、利长远的好事，既担当作为、又不乱作为，慎重决策、慎重用权，确保各项工作顺应民心、符合民意。要走好新时代群众路线。经常深入基层、深入群众，注重走好网上群众路线，了解群众的所思所盼、所急所忧，扎实做好组织群众、宣传群众、教育群众、服务群众的工作，始终同人民群众想在一起、干在一起，不断密切同人民群众的血肉联系。要坚持以人民为中心的发展思想。坚持尽力而为、量力而行，精准做好普惠性、基础性、兜底性民生工作，推进基本公共服务均等化建设，统筹抓好就业、教育、医疗、住房、文化体育、社会保障等各项民生事业。健全完善"我为群众办实事"常态长效机制，以"事不在小、关键在办"的态度解决好群众"急难愁盼"问题和牵肠挂肚的事。持续缩小地区差距、城乡差距、居民收入差距，推动共同富裕取得更为明显的实质性进展。

第五，要坚定不移推进自我革命，推动全面从严治党向纵深发展。勇于自我革命是我们党区别于其他政党的显著标志。要强化管党治党政治责任。拧紧责任链条、层层传导压力，推动各级党组织认真贯彻新时代党的建设总要求，以党的政治建设为统领，推进党的各方面建设全面进步全面过硬。突出加强对各级领导班子和“一把手”监督，把严的标准、严的要求贯穿管党治党全过程。要强化刀刃向内的勇气。以钉钉子精神贯彻中央八项规定及其实施细则精神，坚定不移推进党风廉政建设和反腐败斗争，一体推进不敢腐、不能腐、不想腐。不论什么问题，不论谁出问题，该出手时就出手，对腐败问题尤其要坚决查处，不断清除损害党的先进性和纯洁性的因素，不断清除侵蚀党的健康肌体的病毒，不断增强自我净化、自我完善、自我革新、自我提高的能力。要用好批评和自我批评的锐利武器。毛主席指出，批评和自我批评就好像我们“天天要洗脸，天天要扫地一样”。要深入贯彻中央政治局专题民主生活会精神，高质量高标准开好党史学习教育专题民主生活会，增强党内政治生活的政治性、时代性、原则性、战斗性，涵养风清气正的政治生态。

当前正值岁末年初，各级党委（党组）既要对去年的工作盘好点、对好账，又要紧锣密鼓谋划好今年工作。在这里，我特别强调一下几项工作。一是要全力办好发展经济这个最大实事。中央经济工作会议明确指出，今年经济增长面临需求收缩、供给冲击、预期转弱三重压力，明确要求坚持“稳字当头、稳中求进”。“稳”是今年的特点，也是难点，同时也是底线。大家要从中感受到压力，更要乘着娄底总体上正处于战略机遇期、快速发展期的有利时机，抢抓机遇，用好用足中央、省委的各项政策工具，从一开始就把经济工作牢牢抓在手里。前年一季度正是疫情最严峻的时候，去年一季度的经济数据相当漂亮，这给我们今年一季度带来了很大压力。大家要紧紧抓住春节前后娄商返娄的有利时机，引老乡、回故乡、建家乡，千方百计扩大有效投资、激活消费潜力，奋力夺取一季度“开门红”，为完成全年目标任务奠定基础。二是要突出抓好城乡环境整治。昨天，我们刚刚在新化召开了农村人居环境整治提升五年行动动员部署会。不仅是农村，中心城区、各个县城都一样，都要抓紧行动起来，紧盯重点区域、重点问题，清源头、见底色、展形象，让春节回家的娄底人和来娄底的外地人，看到娄底干净整洁的新面貌，感受到家乡的新变化。三是要大力优化营商环境。去年，在全省营商环境的测评中，我市的成绩很不理想，营商环境评价主观评价、园区满意度评价双双倒数第一，已经到了非痛下决心坚决整顿不可的地步了。营商环境的好与坏，与我们的经济运行数据息息相关。某种程度上说，我们今年能不能实现“六稳”“六保”，进而稳住经济大盘，关键就看我们能不能在优化营商环境方面取得突破，激活市场主体活力，吸引更多的市场主体进驻娄底。营商环境的好坏，主要就是看市场主体的满意度，如果市场主体的主观评价不好，那就说明我们的工作还没有抓好、抓到位。国家、省发改委都出台了《营商环境评价指标体系》，全市各级各部门要主动对标对表，明白差距在哪里，短板在哪里，弱项在哪里，主动做好整改，这项工作一定要高度重视。下一步，市委、市政府还将作专门部署。四是要维护好社会稳定。现在已经进入了“特护期”，下个星期省里开“两会”，省“两会”后就是春节，春节后不久就进入了全国“两会”时间，然后就是要迎接党的二十大胜利召开。任何一个时间段都疏忽不得、大意不得。全市各级各部门一定要统筹做好能源保供、物资保障、走访慰问、安全生产、常态化疫情防控等各项工作，确保群众温暖过冬、舒心过节，确保社会大局和谐稳定。特别是疫情防控，刚才我们召开了市委疫情防控工作领导小组会议，做了全面的部署，各县（市、区）的主要领导都参加了，大家一定要按要求抓好落实。

新时代赋予新使命，新征程呼唤新担当。让我们更加紧密地团结在以习近平同志为核心的党中央周围，以史为鉴、开创未来，踔厉奋发、笃行不怠，为加快建设社会主义现代化新娄底而努力奋斗，以优异成绩迎接党的二十大胜利召开。

## 机关党建“双高”工程

2021年，娄底市以目标和问题为导向推进改革创新，实施机关党建高质量服务中心、高质量建设队伍的“双高”工程，创新推行5条“双高”路径，即“政治建设高标准，引领推动业务工作高质量；思想建设高标准，推动学用结合高质量；组织建设高标准，推动‘两个作用’发挥高质量；正风肃纪高标准，引领保障经济社会发展高质量；机制构建高标准，推动融入融合高质量”，为破解“两张皮”顽疾提供新解法，交出了“以高质量党建引领高质量发展”的新答卷。“双高”工程的实施，得到省直机关工委肯定和推介，被评为2021年度全省优秀案例。通过实施“双高”工程，娄底机关党建工作取得新成效。市直机关“三表率一模范”机关创建水平明显提升，21个党建示范点示范效应充分发挥，720个市直基层党组织按期换届率和党建“薄弱点”整改率均达100%，“三会一课”等组织生活优秀率95%以上，“灯下黑”问题整治成效不断巩固，“两张皮”问题得到有力破解，623个市直机关党支部“五化”建设由全面达标迈向全面提质。市直基层党组织和党员干部争当疫情防控和经济社会发展“排头兵”，市直党员、公职人员率先实现首剂疫苗接种“双清零”，全程接种实现应接尽接。8000余名机关党员出机关下基层，为困难群众圆梦“微心愿”6000余个。牵头创建104个市直单位“文明院落”，组织4000余名党员参与文明交通劝导和社区创文管卫帮扶。

（王宥岚）

## 千名书记讲党史

2021年，娄底市直机关工委在市直基层党组织中开展“千名书记讲党史”特色活动，发挥党组织书记“头雁”作用，推动党史学习教育走深走实，发动市直各单位党组(党委)书记、机关党委书记、机关党委(常务)副书记、机关纪委书记或副书记、党支部(总支)书记或副书记在学习教育期间为机关党员上党史党课1000余堂，引导市直基层党组织利用“三会一课”、主题党日等载体开展活动，鼓励举办党史党课、微党课竞赛。

（王宥岚）

## “三个十佳”评选

2021年，娄底市直机关工委为扎实推进党史学习教育，充分展示市直基层党组织学习教育成果，在市直机关开展党史学习教育“十佳主题党日活动”“十佳党史教案”“十佳主题征文”评选活动。市直各基层党组织积极响应和参与，共报送“十佳主题党日活动”47个、“十佳党史教案”35个、“十佳主题征文”80篇。经初审筛选、专家评审并报市直机关工委委员会审定，评选出《“红色微故事”进项目、上工地》等10个“十佳主题党日活动”、《传承红色基因 汲取奋进力量 推动新时代退役军人事务工作高质量发展》等10个“十佳党史教案”和《假如党史会说话》等10个“十佳主题征文”。

（王宥岚）

## “手”说党史

2021年，在娄底市党史学习教育领导小组指导下，娄底市残联、市委宣传部、共青团娄底市委、市委党史研究室针对部分残疾人学习党史存在障碍的问题，开展“手”说党史系列活动，制作了《“手”说党史100问》，精选100个题目，拍摄100个视频，手语老师作为主角来讲课，以受众的需求来设计和制作。用一问一答的形式，聚焦中国共产党成立100年来的重大事件和重要人物，通过图文、视频、字幕、手语结合的表达方式，向残疾人展现了一幅百年历史的全景图。同时把“红色资源”转化为鲜活的“红色课堂”，推出《“手”说党史：党史故事——红色记忆》系列微视频，成立“手”说党史宣讲团，赴学校、社区、专门协会开展宣讲，在特殊群体中讲述红色故事，传承红色基因，引导残疾人学党史、感党恩、听党话、跟党走。“手”说党史微视频在学习强国、新湖南、红网等平台发布，阅读量超过1200万人次。

（李 祥）

重要文件选登

# 中共娄底市委文件

娄发〔2021〕1号

# 中共娄底市委
# 娄底市人民政府
# 关于全面推进乡村振兴加快农业农村现代化的实施意见

（2021年4月26日）

为深入贯彻党的十九大和十九届二中、三中、四中、五中全会精神，中央、省委经济工作会议、农村工作会议和中央、省委相关文件精神，全面推进乡村振兴，加快农业农村现代化，促进农业高质高效、乡村宜居宜业、农民富裕富足，2021年全市农业农村工作的任务是，深入贯彻落实习近平总书记关于“三农”工作的重要指示精神，持续巩固脱贫攻坚成果，实现脱贫攻坚政策体系和工作机制与乡村振兴有效衔接。粮食播种面积稳定在370万亩以上、产量稳定在158万吨左右，年出栏生猪370万头以上，农业增加值增长3.5%以上，农民人均可支配收入增幅10%以上且主要经济指标增幅继续保持全省前列。力争到2025年，农业基础设施和农村生活设施较大改善，农业生态环境持续提升，城乡基本公共服务均等化水平明显提高，农业农村现代化取得重要进展。

## 一、实现巩固拓展脱贫攻坚成果同乡村振兴有效衔接

（一）持续巩固拓展脱贫攻坚成果。在5年过渡期，保持现有主要帮扶政策总体稳定，实现巩固拓展脱贫攻坚成果和乡村振兴平稳过渡、有效衔接，做到工作不留空当、政策不留空白。坚持问题导向，健全防止返贫致贫动态监测和帮扶机制，并聚焦易返贫致贫人口收支变动、“两不愁三保障”和安全饮水巩固情况，坚决避免发生规模性返贫现象。做细做实易地搬迁后续帮扶工作，从稳定就业、产业发展和提升完善配套设施等方面加大扶持力度，进一步强化安置区社区管理服务。加强扶贫项目资产管理，及时跟进落实监管措施，全面摸清底数，形成分类管护。持续发力宣传脱贫攻坚成效。（责任单位：市乡村振兴局、市教育局、市卫生健康委、市医保局、市住房和城乡建设局、

市水利局、市发展改革委、市委宣传部,排第一的为牵头单位,下同)

(二)接续推进乡村振兴工作。开展“乡村振兴车间扩面提质增效三年行动”,促进扶贫车间全面转为乡村振兴车间,破解规范化管理和可持续发展等难点、堵点、关键点。实施“特色种养业三年提升行动计划”,加快补上技术、设施、营销等短板,深化消费帮扶、拓展扶贫产品益贫带贫属性。实施“农民工精准就业培训三年行动计划”,提高农民工就业组织化程度,统筹用好劳动力外出务工和就近就业的政策及资源,培育劳务品牌。根据实际精准安排生态护林员等公益性岗位。落细省内对口支援工作,完善社会力量参与帮扶机制。原则上按“三多三少一加强”条件,确定一批巩固拓展脱贫攻坚成果和乡村振兴任务重的村,予以重点帮扶。选择一批条件较好的乡镇、村和易地扶贫集中安置点,打造全面推进乡村振兴示范点。(责任单位:市乡村振兴局、市农业农村局、市人力资源社会保障局、市发展改革委、市林业局、市委组织部)

(三)健全农村低收入人口常态化帮扶机制。完善基层主动发现机制、实施分层分类精准帮扶。对有劳动能力的农村低收入人口,坚持开发式帮扶,引导发展产业和参与就业,在农业农村基础设施建设领域大力推广以工代赈,确保脱贫人口和低收入人口增收有保障。对丧失劳动能力且无法通过产业就业获得稳定收入的人口,以现有社会保障体系为基础,按规定纳入农村低保或特困人员救助供养范围,并按困难类型及时给予专项救助、临时救助。精准确定农村低保范围,稳步提升农村低保水平。(责任单位:市乡村振兴局、市农业农村局、市人力资源社会保障局、市民政局、市残联)

## 二、扛稳粮食安全责任,确保主要农产品供给

(四)突出抓好粮食生产。把粮食生产摆在“三农”工作首要位置,落实党政同责要求,确保全年粮食生产“两稳两增一清零”(稳面积、稳产量,增加优质稻、增加亩产效益,动态清零耕地抛荒现象)。推进双季稻示范片建设,实施专业化集中育秧,落实早稻集中育秧20万亩、早稻面积91万亩,发展高档优质稻65万亩。大力推进地力恢复提升三年行动,着重做好9.7万亩稻油、稻稻油、绿色种植,着力发展特色旱粮及其他粮食作物。开展粮食节约行动。加强与省杂交水稻研究中心的深度合作,建设1~2个水稻制种基地。坚决落实《娄底市治理耕地抛荒八条措施》,确保全市土地流转率提升10%以上。以生产实绩为主导,强化、优化、细化粮食安全考核。(责任单位:市农业农村局、市商务粮食局、市畜牧水产和农机事务中心)

(五)加快发展生猪生产。全面落实“菜篮子”市长负责制,强化生猪生产稳定恢复势头,继续将生猪生产纳入绩效考核和真抓实干督查激励范畴,确保全年出栏生猪370万头以上。加强全产业链建设,重点支持肉类深加工,实现引进国内生猪养殖加工龙头企业“零”的突破。定量开展优质二元母猪推广工程,推广本地黑猪优良品种,确保生猪品质全省领先,打造优质湘猪供应核心区。加大力度,抓实非洲猪瘟等重大疫病防控,确保继续保持全省领先。(责任单位:市农业农村局、市商务粮食局、市畜牧水产和农机事务中心)

(六)确保重要农产品供给。培育壮大牛羊、家禽产业,确保重要农产品供应充足。全力推进“地方鸡品种选育”认定工作,积极发展湘中黑牛等特色品种养殖,重点支持品种改良、集中育肥等关键环节,确保年出栏牛30万头以上,出栏羊80万头以上,出笼家禽4000万羽以上。大力发展蔬菜生产,主动对接“粤港澳”大湾区蔬菜平台,确保年种植面积100万亩,产量180万吨,产值50亿元,每个县(市、区)建设一批规模以上智能化蔬菜基地,本地蔬菜市场占有率达50%以上。(责任单位:市农业农村局、市商务粮食局、市畜牧水产和农机事务中心)

(七)严守耕地红线。开展“治理耕地抛荒和农村乱占耕地建房专项整治行动”,推动建立“田长制”,压实耕地保护属地监管责任,严格禁止耕地“非农化”“非粮化”。深入贯彻落实《娄底市农村住房建设管理条例》,推进农村乱占耕地建房专项整治行动。实施新一轮高标准农田建设规划,2021年度建设18.62万亩高标准农田,抓好受污染耕地的安全利用工作,严格管控区种植结构调整,确保安全利用率达到91%。抓好农田集中整治和水源配套工程建设,完成山塘清淤4000口。加快发展高效节水灌溉,实施5处中型灌区续建配套与节水改造。实施防汛抗旱水利提升工程,

推进中小河流、主要支流治理和重点集镇防洪排涝能力建设，完成城市防洪保护圈闭合2个，开展病险水库清零行动，完成小型病险水库除险加固20座以上。（责任单位：市自然资源和规划局、市农业农村局、市水利局）

## 三、大力发展精细农业，加快农业现代化

（八）实施“特色产业建设三年行动”。聚焦优势农产品，努力实现农机、生猪、粮食等全产业链产值达到100亿，蔬菜、肉牛、家禽、水果等全产业链产值达到50亿，茶叶、中药材、油茶、豆制品加工等全产业链产值达到30亿，加大国家、省级农业产业化龙头企业培育力度，培育1~2家产值过10亿元的企业，5~6家产值过5亿元的企业，10家以上产值过亿元的企业。对接全省优势特色千亿产业集群发展，打造一批产业核心区、辐射区。建设一批现代农业产业园、农业科技园、特色产业园。（责任单位：市农业农村局、市林业局、市畜牧水产和农机事务中心）

（九）着力推进品牌建设。加大对永丰辣酱、新化红茶、新化黄精等区域公共品牌的培育推广力度，全力打造市级湘中黑牛公共品牌，每个县（市、区）新增区域公共品牌1个以上，全市新增“两品一标”产品50个以上。大力支持企业争创国、省知名企业品牌和产品品牌。全面加强农产品质量安全监管，大力推行农产品“身份证”管理和溯源体系建设。支持开展农产品绿色生产，抓好农产品品种、品质、品牌、标准化生产，加强绿色农产品、有机农产品、地理标志农产品、农产品达标合格认证，打造一批企业标准“领跑者”。（责任单位：市农业农村局、市市场监管局、市林业局、市畜牧水产和农机事务中心）

（十）大力发展精深加工。实施农产品加工提升行动，着力培育龙头企业，不断提高农产品加工产值与农业总产值的比重，确保农产品加工产值增幅10%以上。重点扶持全产业链标杆型龙头企业。突出抓好农产品供应链基础设施、冷链物流仓储设施和产地预冷设施建设，加快区域性冷链物流基地建设。在市县两级建设食品工业园，吸引食品加工龙头企业落户。支持新型经营主体发展，培育10家以上农民合作社示范社、联合社，支持组建2家全产业链过5亿元的农业产业化联合体，支持农民合作社兴办公司，2021年新增兴办农业公司100家。（责任单位：市农业农村局、市工业和信息化局、市商务粮食局、市市场监管局、市畜牧水产和农机事务中心）

（十一）着力推进特色小镇建设和城乡融合发展。打造一批特色小镇。全力支持农机小镇、茶叶小镇、农旅小镇、康养小镇、竹林小镇、果蔬小镇、碳汇小镇、商贸小镇做大做强，成为乡村振兴的典型样板。深入挖掘红色文化资源，依托蔡和森纪念馆、红二军团长征司令部旧址等红色教育基地，打造一批“红色小镇”。大力实施休闲农业和乡村旅游精品工程，立足打造长株潭休闲旅游“后花园”，着力推进全域旅游，支持发展乡村民宿。深入推进电子商务进农村和“互联网+”农产品出村进城，大力发展智慧农业，推动区块链技术更大范围应用，扶持电商直播、休闲体验、观光旅游等新兴业态，畅通城乡消费联通渠道，加快工业品下乡和农产品进城，推动消费新业态新模式向农村市场拓展，促进农村消费。（责任单位：市农业农村局、市工业和信息化局、市住房和城乡建设局、市发展改革委、市文化旅游广电体育局、市商务粮食局、市林业局）

（十二）全力打造智能智慧农机制造业高地。紧扣省委、省政府“一中心两基地”战略布局，以适地适用科技研发为突破口，把双峰县打造成为中国中部地区最大的农机产业基地和全国农机工业强县。加快推进双峰农机全产业链发展，打造1个产值100亿元以上的省级农机产业园，新增1家产值过10亿元的龙头企业，新增5家以上产值过亿元的农机装备制造骨干企业。大力推广农机具，提高农业机械化水平，3年内全市水稻耕种收综合机械化水平达到80%，全市油菜生产综合机械化水平达到75%，鼓励争创水稻、油菜生产全程全面机械化示范县。深入落实农机推广服务“331”机制，缓解农户购机压力。加快农机“走出去”。对接“一带一路”，用好中非经贸博览会、湘博会等国家、省对外交流平台，推动农机产销对接和技术交流。（责任单位：市农业农村局、市工业和信息化局、市畜牧水产和农机事务中心、市商务粮食局）

（十三）大力推进种业发展。加强农业种质资源普查收集、开发利用。重点扶持国家级畜禽新品种“湘村黑猪”的持续改良和繁殖推广。加大“湘中黑牛”品系选育，继续扩大种群规模，力争用2年时间完成国家

级品种认定。加强柑橘、油茶等经济作物品种改良，支持建设5个高标准种苗基地，重点抓好无病毒种苗基地建设，争取打造国家级无病毒育苗基地。（责任单位：市农业农村局、市科技局、市林业局）

## 四、实施乡村建设行动，提升基础设施和公共服务水平

（十四）加快编制村庄规划。全面开展县乡级国土空间规划编制，全面推进全市市域行政村的“多规合一”实用性村庄规划编制，力争今年完成100家重点特色村庄规划编制。加强乡村风貌整体管控，保护传统村落、传统民居和历史文化名村名镇、少数民族特色村镇。有序开展农村建房，积极引导农民参与规划编制和科学合理建房，建设宜居绿色农房。培育专业规划建设和建筑工匠，组织动员社会力量开展乡村规划设计服务。落实县乡两级政府统筹推进乡村规划编制与实施的主体责任，严肃查处违规乱建行为。（责任单位：市自然资源和规划局、市农业农村局、市住房和城乡建设局、市委统战部）

（十五）加强乡村公共基础设施建设。深入开展“四好农村路”示范创建，完成农村公路提质改造307公里，农村公路安防设施建设900公里，推动乡乡通三级路建设，严格按要求落实农村公路管理养护资金。实施农村供水保障提升工程，推进农村供水“三化建设”，实施5个规模化供水工程建设和小型工程标准化改造，提高农村自来水普及率。巩固提升农村电力保障水平，推进燃气下乡，继续实施农村通信网络提升工程，完善农业气象综合监测网络，加强人工增雨抗旱能力建设，提升农业气象灾害防范能力。推进快递服务进村，实现县乡村三级物流配送全覆盖。统筹推进农村文化体育场所、公共照明通信等设施建设。（责任单位：市发展改革委、市工业和信息化局、市商务粮食局、市交通运输局、市水利局、国网娄底供电公司、市住房和城乡建设局、市气象局、市文化旅游广电体育局）

（十六）实施农村人居环境整治提升五年行动。开展禁捕退捕实效提升计划。着力抓好资江水域十年禁渔，持续推进小水电清理整改，纵深推进河长制。开展国土绿化行动，推进森林城市和生态廊道建设。加大农村厕所革命力度，全面推行“首厕过关制”，2021年改（新）建2万个农村户用卫生厕所和50座农村公共厕所。完成畜禽粪污无害化处理中心和收集体系建设，巩固推进农村生活垃圾分类、减量、无害化处理成果，严格考核奖惩。深入推进低值和有毒有害垃圾回收治理，确保有害垃圾回收和无害化处理率达到100%。深入推进绿色发展，治理农业面源污染，继续推进乡镇污水处理设施建设四年行动，打造美丽河流10条。大力推进“千村美丽、万村整治”工程，市县两级领导联点美丽乡村示范片建设，创建省级美丽乡村示范村20个、省级特色精品乡村6个，每个县（市、区）打造一批“美丽屋场”“五美庭院”。围绕移民人数在300人以上的146个重点移民村，推进移民美丽家园建设。（责任单位：市农业农村局、市住房和城乡建设局、市水利局、市林业局、市生态环境局、市供销合作联社、市库区移民事务中心）

（十七）提升农村基本公共服务水平。提高农村教育质量，多渠道增加农村普惠性学前教育资源供给，加快乡镇芙蓉学校建设，办好一批乡村小规模学校，新建、改扩建一批高中阶段学校，继续推进县域内义务教育学校校长教师交流轮岗，加强乡村教师培养培训。实施农村网络联校全覆盖攻坚行动，加快推进优质教学资源和教学工具下乡应用。全面推进健康乡村建设，提升村卫生室标准化建设和健康管理水平，推动乡村医生向执业（助理）医师转变。提升县级疾控机构应对重大疫情及突发公共卫生事件能力和乡镇卫生院医疗服务能力。完善统一的城乡居民医保政策和待遇，实现基本医疗保险全覆盖。发展农村互助养老服务，推进农村公益性殡葬设施建设，提高乡村公共文化设施现代化水平，实施基层文化队伍人才培训计划，高质量开展各类文艺文化下乡惠民活动。持续推进农村基层综合型文化服务中心建设，完善乡村文化设施，丰富群众业余文化生活。深化基层一门式公共服务建设。健全完善“湘融湘爱”农民工服务保障监测预警社会协作机制。（责任单位：市委组织部、市委宣传部、市教育局、市卫生健康委、市民政局、市文化旅游广电体育局、市医保局、市行政审批服务局）

## 五、加强党对农村工作的全面领导，确保乡村振兴顺利推进

（十八）强化乡村振兴的组织领导。深入贯彻《中

国共产党农村工作条例》和《湖南省贯彻〈中国共产党农村工作条例〉实施办法》，落实“五级书记抓乡村振兴”要求，市县级党委常委会、政府常务会要定期研究乡村振兴工作，县委书记作为乡村振兴第一责任人，应当把主要精力放在农村工作上。市县党委和政府及人大、政协负责同志要确定联系点，在全市创建30～40个乡村振兴示范点。加强党委农村工作领导小组和工作机构建设。实行重大涉农政策、文件征求同级党委农村工作领导小组意见并进行备案。围绕“五大振兴”，设立由党委和政府负责同志领导的专项小组或工作专班，压实工作责任。强化党委农村工作领导小组办公室决策参谋、统筹协调、政策指导、推动落实、督促检查等职能，加强各级党委农村工作领导小组办公室机构设置和人员配置，配优配强工作力量。（责任单位：市委组织部、市委农办、市委编办）

（十九）提升农村基层建设和乡村治理水平。开展党建引领乡村振兴专项行动，全面加强基层建设，持续整顿软弱涣散村党组织，选优配强乡镇领导班子、村“两委”成员特别是党组织书记。向重点乡村选派驻村第一书记和工作队，推广“油溪桥积分制治理”和“涟源市屋场会工作法”，完善拓展“互联网+网格化”服务管理模式。积极完善村规民约，发挥村规民约的约束作用，加强乡村法治宣传教育，开展民主法治示范村创建。打击农村非法宗教活动和境外利用宗教渗透活动，依法制止利用宗教干预农村公共事务和向未成年人传教。建立健全农村地区扫黑除恶常态化机制，深入推进“一村一辅警”工程。广泛开展“听党话、感党恩、跟党走”宣讲。深化群众性精神文明创建，开展农民丰收节等活动。深入开展党史学习教育和红色教育。持续推进农村移风易俗，推动形成文明乡风、良好家风、淳朴民风。（责任单位：市委组织部、市委宣传部、市委统战部、市委政法委、市委农办、市委党史研究室、市司法局、市民政局）

（二十）强化农业农村优先发展投入保障。加大财政投入，市县一般公共预算支出每年用于三农投入的资金确保只增不减，市县一般债券优先安排乡村振兴“特色产业三年行动计划”。2021年土地出让收益计提用于乡村振兴的资金占比达到30%，且计提数不低于土地出让收入的4%，确保到“十四五”期末分别达到50%以上、不低于8%。每年组织对专项资金进行专项审计。健全完善涉农资金统筹整合长效机制。支持符合条件的现代农业设施建设和乡村建设行动项目优先申报发行政府债券，加强高质量项目开发储备。发挥财政投入的引领作用。持续深化农村金融改革，增强为农服务能力。市农业农村局安排专门机构人员常态化深入开展市县两级政银企三方定期对接磋商工作，2021年以市场化方式设立乡村振兴基金，提高市县两级农业担保风险补偿份额，加强农业保险缴费赔付力度，开发切合娄底实际的各类信贷产品，全力支持湘村黑猪、农友等龙头企业上市工作。鼓励银行业金融机构建立服务乡村振兴的内设机构，保持农村商业银行等县域金融机构法人地位和数量总体稳定。推进银行保险等金融基础服务“村村通”试点。大力开展农户小额信用贷款。鼓励开发专属金融产品支持新型农业经营主体和农村新产业新业态，增加首贷、信用贷。推进保单质押、农机具和大棚设施抵押、活畜禽抵押等贷款业务。加大对农业农村基础设施投融资的中长期信贷支持。因地制宜推动涉农信用信息数据库建设，用3年时间基本建成比较完善的新型农业经营主体信用体系。加强农业信贷担保政策支持。支持发展地方优势特色农产品保险。健全农业再保险制度。发挥“保险+期货”在服务乡村产业发展中的作用。（责任单位：市财政局、市农业农村局、市审计局、市政府金融办、中国人民银行娄底市中心支行、娄底银保监分局）

（二十一）着力强化科技和人才支撑。大力开展新型职业农民等系列培训，2021年培训农民600名。推进产教融合，依托湖南人文科技学院、娄底职业技术学院等院校的资源和人才优势，办好“乡村振兴学院”。改革创新科技特派员制度，激励科技人员主动服务农业农村发展。依托产教融合，扎实推进高素质农民培育，培养壮大“土专家”“田秀才”队伍，引导农村创新创业，培育发展“农村青年致富带头人”“巾帼致富带头人”。加大农村定向大学生公费培养力度，2021年依托省内高校培养师范生1100名、医学生16名、农技特岗人员50名、水利特岗人员40名。（责任单位：市科技局、市委组织部、市农业农村局、市人力资源社会保障局、市教育局、市卫生健康委、市水利局、市委编

办、团市委、市妇联）

（二十二）深入推进农村改革。保持农村土地承包关系稳定并长久不变，探索完善农村集体经营性建设用地入市制度，优先保障乡村产业发展、乡村建设用地。探索灵活多样的供地新方式，满足乡村休闲观光、农产品加工等产业分散布局的实际需要。加强农村产权流转交易和管理信息网络平台建设，保障进城落户农民土地承包权、宅基地使用权、集体收益分配权。开展村级集体经济发展三年提升行动，着力开发资源、盘活资产，确保集体经济收入“空壳村”清零，收入5万元以上的村达到1000个，收入10万元以上的村500个。深化农业领域综合行政执法改革，加强基层农业执法队伍建设，加大对农资、生猪屠宰、乱占耕地、禁捕退捕等的执法力度。持续推进供销合作社综合改革，实施供销合作社培育壮大工程，开展生产、供销、信用“三位一体”综合合作试点，健全服务农民生产生活综合平台。深入推进农业水价综合改革、农田水利设施产权制度和运行管护机制改革、集体林权制度等改革。（责任单位：市农业农村局、市委组织部、市自然资源和规划局、市供销合作联社、市水利局、市林业局）

（二十三）健全乡村振兴考核落实机制。市县党委和政府实行乡村振兴战略常态化调度机制。强化乡村振兴战略督查，各县（市、区）党委和政府每年向市委、市政府报告实施乡村振兴战略进展情况，每年对县（市、区）党政领导班子和领导干部开展乡村振兴实绩考核，考核结果作为绩效评估和党政领导班子、领导干部综合考核的重要内容。注重提拔使用乡村振兴实绩突出的党政领导干部，对工作推进不力、履职不力、考核排名全省靠后的县（市、区）和有关责任部门主要负责同志进行约谈。对受到上级通报批评，造成不良影响的，对有关责任人依法依规进行追责问责。总结推广各地乡村振兴经验，在全市上下营造共同推进乡村振兴的良好氛围。（责任单位：市委组织部、市纪委监委、市委农办、市人力资源社会保障局）

全市各级各部门要更加紧密地团结在以习近平同志为核心的党中央周围，高举中国特色社会主义思想伟大旗帜，锐意进取、奋发有为，全面推进乡村振兴，加快推进农业农村现代化，确保实现“十四五”良好开局，以优异成绩庆祝建党100周年。

# 中共娄底市委办公室文件

娄办发〔2021〕4号

## 中共娄底市委办公室<br>娄底市人民政府办公室<br>关于加快钢铁新材和工程机械“双引擎”建设<br>打造先进制造业强市的实施意见

（2021年4月25日）

为加快推进娄底市钢铁新材和工程机械“双引擎”（以下简称“双引擎”）建设，着力推进先进制造业强市建设，为湖南打造国家重要先进制造业高地贡献娄底力量，经市委、市政府同意，结合娄底实际，制定如下实施意见。

### 一、总体要求

以习近平新时代中国特色社会主义思想为指导，坚定不移贯彻新发展理念，大力实施“三高四新”战略，以推动高质量发展为目标，以项目建设为抓手，以产业链、创新链、资金链、人才链、政策链“五链融合”为支撑，集中配置要素资源，完善协作配套体系，打造公共服务平台，着力优化发展环境，培育发展一批能够参与国内外竞争的钢铁新材和工程机械核心企业，引进落地一批上下游产业链配套企业和产业项目，逐步构建以“双引擎”产业为引领的娄底先进制造产业体系。

### 二、产业定位及发展目标

（一）产业定位。立足娄底产业基础、区位优势和资源优势，以涟钢、VAMA、三一为龙头，加快延伸“双引擎”产业链条、增强创新能力、提升智能化水平、做大产业规模，建成世界最先进的汽车板生产供应基地、最大的液压油缸和高强钢生产基地，全国最大的路机生产基地，把娄底打造成湖南先进制造业协作引领区。

（二）发展目标。以促进“双引擎”全产业链和产品全生命周期绿色发展为目标，积极推进绿色工厂、绿色园区建设，努力提高全产业链生产能力，逐步形成技术水平高、市场竞争力强、产业链条比较完整的“双引擎”产业体系。到2025年，实现“双引擎”产业工业总产值2000亿元以上，年均增长10%以上，新增规模企业300户以上；全市钢铁新材和工程机械产业研发投入占主营业务收入比重力争达到5%以上，新增30个以上省级以上研发创新平台，力争建设2个以上国家级研发创新平台；钢铁新材产业万元规模工业增加值能耗比2020年下降20%以上，本地深加工率达到70%以上；工程机械龙头企业本地配套率达到50%以上，企业智能化、信息化建设取得明显成效，达到全国同行业先进水平。

## 三、推进措施

（一）强化产业规划引领。按照“一核一廊”的产业空间布局，以娄底大道为中轴联通娄底经开区、娄星工业集中区、娄底高新区、冷水江经开区等产业园区，聚焦“双引擎”产业链价值链高端环节，着力打造娄底大道先进制造产业走廊；进一步明确各园区“双引擎”产业发展目标、发展重点及路线图，积极引导园区间优势互补、错位发展。依托涟钢、冷钢、VAMA等龙头企业，重点发展汽车板、高强钢、高性能电工钢、镀锌板（家电板）、高强度紧固件、高品质特种钢等为代表的钢铁新材产品，全面推进全市钢铁产业向“高精尖”转型；依托中兴液压、三一中源、三一路机、石牛汽车等龙头企业，重点发展液压油缸、路面机械、泵车臂架、矿山机械、商用车、通用航空整机及零部件制造等为代表的工程机械产业，全力打造娄底高效经济体。（责任单位：市工业和信息化局、市发展改革委、市科技局、市自然资源和规划局、市生态环境局，娄底经开区、娄底高新区、娄星工业集中区、冷水江经开区管委会，排第一的为牵头单位，下同）

（二）加大财政金融支持。市里已设立的华菱产业投资基金，重点用于参股支持“双引擎”产业优质龙头企业和企业创新、公共服务平台建设等；增设“双引擎”产业发展专项资金并纳入财政预算，首期规模1亿元，重点用于支持“双引擎”产业重大项目建设贷款贴息、税收奖补和招商引资等，按年度实际发生额度一定比例拨付；对“双引擎”重点企业，符合现行税收政策规定的享受研发经费加计扣除、固定资产加速折旧等税收优惠政策；加强国家、省级重大战略规划、专项资金对接力度，全力争取“双引擎”重大产业项目纳入国家和省级笼子，争取国家、省对口部门加大对娄底市“双引擎”产业项目的支持；认真做好专项债券项目储备申报工作，积极争取国家专项债券和新增中央预算内资金对“双引擎”产业项目的支持力度；全力做好一批符合条件的“双引擎”企业上市的指导、服务和申报工作；鼓励兴娄担保加大对“双引擎”重点企业的担保力度，担保费率控制在1%以内，切实降低企业融资成本。（责任单位：市财政局、市发展改革委、市政府金融办、市税务局、市工业和信息化局、市科技局、市国资委，娄底经开区、娄底高新区、娄星工业集中区、冷水江经开区管委会）

（三）提升企业创新水平。加快完善以企业为主体、市场为导向、产学研用深度融合的技术创新体系，依托先进钢铁材料技术国家工程研究中心华中分中心、涟钢博士后工作站、校企合作基地、联合实验室等创新平台集中力量在钢铁新材和工程机械应用领域突破一批技术瓶颈，催生一批新的产业链企业；鼓励“双引擎”上下游企业联合建立工业设计中心、技术研究中心和国家重点实验室，对获得国家自然科学奖、国家技术发明奖、国家科技进步奖类的特等奖、一等奖、二等奖的团队或个人分别给予一次性奖励300万元、200万元、100万元；对获得省级科技进步奖一等奖、二等奖的牵头团队或个人，分别给予一次性奖励50万元、10万元。加快研发创新、工业设计、检验检测、成果评价及转化等核心领域产业公共服务平台建设，鼓励支持涟钢、三一、VAMA等骨干龙头企业以及各类科研院所、社会团体、中介组织等参与投资运营“双引擎”产业公共服务平台建设，全力为“双引擎”产业创新提供技术转移、科技金融、科技咨询、资源共享、人才服务、知识产权等公共服务，构建充满活力的“双引擎”产业生态。（责任单位：市科技局、市财政局、市发展改革委、市工业和信息化局）

（四）实施产业精准招商。加强“双引擎”产业开放发展的战略谋划，编制发布“双引擎”产业全景图和招商指南，推进精准靶向链式招商；积极对接粤港澳大湾区，重点瞄准行业领军企业、三类500强企业及上市公司，有针对性地引资、引智、引技，补齐产业短板；鼓励“以商引商”“以企引企”，围绕涟钢、三一等核心龙头企业，谋划引进一批“双引擎”产业链上下游关联配套企业；主动加强与宝武钢铁、山河智能、徐工机械等产业龙头企业的对接力度，力争“十四五”期间引进3~5家“双引擎”龙头企业，争取涟钢、三一每年的供应商大会在娄底举行，吸引更多的上下游关联配套企业入驻娄底，共同发力“双引擎”建设；对引入工程机械整机生产企业的园区予以重点支持，对引进总投资10亿元以上的重大项目实行“一事一议”，给予最优政策。（责任单位：市商务粮食局、市财政局、市发展改革委、市工业和信息化局，娄底经开区、娄底高新区、娄星工业集中区、冷水江经开区管委会）

（五）实施绿色智能制造赋能工程。全面推进智能制造，引导“双引擎”产业拓展“智能+”，全力支持“双引擎”企业建设智能工位、智能车间、智能工厂，发展一批省内智能制造系统解决方案供应商，研发生产一批智能制造装备和产品，拓展应用广度深度。着力打造一批“5G+工业互联网”示范工厂，引导企业以加快数字化改造、网络化协同、智能化升级为路径，在研发设计、生产制造、运营管理等环节广泛应用新一代信息技术，加快生产方式和企业形态根本性变革，实现安全提质降本增效，提升先进制造能力和经营管理水平。（责任单位：市工业和信息化局、市发展改革委、市生态环境局、市科技局，娄底经开区、娄底高新区、娄星工业集中区、冷水江经开区管委会）

（六）支持人才队伍建设。加大“双引擎”企业的人才引进和支持力度，鼓励、支持企业引进领军人才、高端人才和急需人才，形成高中低多层次合理搭配的“双引擎”产业金字塔形人才架构。对于“双引擎”产业链上的重点企业引进的高层次人才，在生活补助和住房保障上给予优先支持和重点保障，所需资金按60%、40%的比例分别由财政补助和企业承担，对“双引擎”产业链上的重点企业为引进人才支付的一次性住房补贴、安家费、科研启动经费等支出，符合政策规定的可在企业缴纳所得税前加计扣除。加强“双引擎”产业人才培育力度，以人才培育、技术创新需求为导向，搭建企业与市内外高等院校产教研融合平台，鼓励支持企业积极对接高职院校，从专业设置、课程体系和实习实训等方面开展技能人才培育，通过设立产业学院、搭建实习实训基地、开展“订单式”培养等方式，培养一批企业急需的技能型人才。加大对“双引擎”企业招工、用工、稳工的支持力度，落实促进就业的各项补贴政策。（责任单位：市委组织部、市人力资源社会保障局、市财政局、市教育局、市税务局、市工业和信息化局）

（七）强化生产要素保障。进一步加快“双引擎”产业链企业土地供应及报批报建等项目前期工作，确保土地、电力、天然气、标准厂房优先优价保障供应；支持“双引擎”企业积极参与电力市场化交易，在享受相应的用电优惠差价的同时支持企业继续享受外省入湘电量电价优惠政策；支持以天然气为主要能源且符合条件的“双引擎”重点企业改转供为直供，减少供应中间环节，降低企业生产成本；统筹协调铁路、公路运力，保障运力供给，加快推进涟水复航重大项目建设，有效降低运输成本；进一步发挥涟钢、冷钢等钢铁企业原材料优势，通过政府引导、产业协会或联盟运作，引导供需双方建立互利共赢的原材料供应和定价机制，最大限度降低企业原材料成本。（责任单位：市发展改革委、市自然资源和规划局、市生态环境局、市工业和信息化局、市国资委、市交通运输局，娄底经开区、娄底高新区、娄星工业集中区、冷水江经开区管委会）

（八）优化产业发展环境。各级各部门要围绕钢铁新材和工程机械产业发展，强化服务意识，完善服务手段，提升服务效能；深入推进“放管服”改革，切实转变政府职能，简化项目审批程序，提高行政审批效率，落实“一件事一次办”。严格落实已出台的减税降费等各项惠企政策，降低实体企业成本，助推“双引擎”产业高质量发展；依法维护企业和企业家的合法权益，大力弘扬新时代“企业家精神”和“工匠精神”，加大优秀企业家推介力度，树立先进典型，加强舆论引导，营造助推钢铁新材和工程机械产业高质量发展的良好氛围。（责任单位：市发展改革委、市工业和信息化局、市委督查室、市政府督查室，娄底经开区、娄底高新区、娄星工业集中区、冷水江经开区管委会）

## 四、组织领导

建立“双引擎”建设综合协调推进工作机制，成立“双引擎”建设综合协调推进工作专班，由市委书记、市长任总召集人，分管工业的副市长任召集人，市工业和信息化局、市发展改革委、市科技局、市自然资源和规划局、市生态环境局、市财政局、市商务粮食局、娄星区政府、冷水江市政府、涟源市政府、娄底经开区管委会、娄底高新区管委会、娄星工业集中区管委会等单位负责人为主要成员，全方位协调对接服务钢铁新材和工程机械产业发展。建立“双引擎”产业发展联席会议制度，定期研究解决产业发展重大事项，对重大项目实行清单式管理并纳入全市真抓实干考核范围。各地各有关部门要开辟“双引擎”产业发展“绿色通道”，对全市“双引擎”产业重点企业和重大项目纳入市重点支持对象，全力支持钢铁新材和工程机械产业做大做强。

# 先进集体(个人)

## 娄底市部分先进单位(集体)一览表

表28

| 获奖单位(集体) | 奖励名称 | 颁奖单位 | 颁奖时间 |
|---|---|---|---|
| 市委宣传部 | 全国节约型机关 | 国管局、中直管理局<br>国家发展改革委、财政部 | 2021年8月23日 |
| | “百团百角唱百年”湖南省文艺院团竞演活动组织工作奖 | 省委宣传部 | 2021年6月26日 |
| | 2021年度《湖南日报》发行工作先进单位 | 湖南省委宣传部、湖南日报社 | 2021年9月22日 |
| | “百舸争流　千帆竞发”百年千题党史知识竞赛突出贡献奖 | 中共湖南省委党史学习教育领导小组办公室 | 2021年11月 |
| | 2021年度《新湘评论》发行工作先进集体 | 湖南省委宣传部、湖南省委《新湘评论》杂志社 | 2021年11月26日 |
| 市委统战部 | 全省统战信息工作先进单位、<br>全省统战工作实践创新成果奖 | 中共湖南省委统战部 | 2022年1月25日 |
| 市委网信办 | “2021年度湖湘好网民新风大典”评选活动优秀组织奖 | 湖南省委网信办、<br>湖南省红网新媒体集团 | 2021年6月 |
| | “解读三湘红色密码　推动湖南网信事业专题调研优秀组织奖” | 湖南省委网信办 | 2021年6月 |
| | 全省网民留言办理先进单位 | 湖南省委网信办 | 2021年8月 |
| | “潇湘巾帼心向党”大型群众性朗读比赛活动优秀组织奖 | 湖南省委网信办、<br>湖南省妇联 | 2021年12月 |
| 市直机关工委 | 2021年度湖南机关党建网宣传报道工作先进集体 | 湖南省直机关工委 | 2022年1月6日 |
| 市委保密委员会办公室 | “十三五”时期保密工作成绩突出单位 | 中共湖南省委保密委员会 | 2021年4月26日 |
| | 庆祝中国共产党成立100周年保密宣传教育作品征集评选湖南省优秀组织奖 | 中共湖南省委保密委员会(湖南省国家保密局) | 2021年8月25日 |

续表28

| 获奖单位(集体) | 奖励名称 | 颁奖单位 | 颁奖时间 |
| --- | --- | --- | --- |
| 市委党校 | 湖南省党校(行政学院)系统第十届科研工作组织奖 | 中共湖南省委党校(湖南行政学院) | 2021年11月8日 |
| 市人大常委会办公室 | 湖南省2020届文明标兵单位 | 湖南省精神文明建设指导委员会 | 2021年2月8日 |
| 市人大常委会机关驻新化县大熊山国有林场金龙区驻村帮扶工作队 | 湖南省脱贫攻坚先进集体 | 中共湖南省委、湖南省人民政府 | 2021年4月28日 |
| 市人民政府办公室 | 2021年建议提案办理工作目标管理优秀单位 | 湖南省人民政府办公厅 | 2022年2月8日 |
| 市退役军人事务局 | 全国节约型机关 | 国管局、中直管理局国家发展改革委、财政部 | 2021年8月 |
| | 国防教育工作先进单位 | 湖南省全民国防教育委员会 | 2022年1月 |
| 市军用供应站 | 全国重点军供站 | 退役军人事务部、中央军委后勤保障部 | 2021年12月 |
| 市机关事务管理局 | 公共机构水效领跑者 | 国家机关事务管理局、国家发展和改革委员会、水利部 | 2021年8月16日 |
| 市信访局 | 全省信访工作先进集体 | 湖南省人社厅、省信访局 | 2021年12月30日 |
| 市人民政府驻北京联络处 | 2021年度湖南省驻京招商引资先进集体 | 湖南省人民政府驻北京办事处 | 2022年1月6日 |
| 市驻京维稳劝返办 | 2021年度驻京维稳劝返工作先进集体 | 中共湖南省委、湖南省人民政府驻京维稳劝返办公室 | 2022年1月11日 |
| | 全国“两会”特护期驻京维稳劝返工作先进集体 | 中共湖南省委、湖南省人民政府驻京维稳劝返办公室 | 2021年3月12日 |
| | 建党100周年特护期驻京维稳劝返工作先进集体 | 中共湖南省委、湖南省人民政府驻京维稳劝返办公室 | 2021年7月13日 |

续表28

| 获奖单位(集体) | 奖励名称 | 颁奖单位 | 颁奖时间 |
|---|---|---|---|
| 市政协委员工作室(芸理工作室) | 全国20个人民政协“杰出委员工作室”之一 | 人民政协报社 | 2021年7月 |
| 市纪委监委 | 全国节约型机关 | 国管局、中直管理局、国家发展改革委、财政部 | 2021年8月 |
| | 湖南省扫黑除恶专项斗争先进集体 | 省扫黑除恶专项斗争领导小组 | 2021年6月 |
| 市委巡察办 | 全国节约型机关 | 国管局、中直管理局、国家发展改革委、财政部 | 2021年8月 |
| 民盟娄底市委会 | 中共党史学习教育先进集体 | 民盟中央 | 2021年12月 |
| | 《群言》发行工作突出贡献奖 | 民盟中央 | 2021年12月 |
| | 思想宣传工作先进集体 | 民盟湖南省委会 | 2021年12月 |
| 民建娄底市委会 | 先进集体、参政议政工作先进集体一等奖、组织管理信息系统建设工作先进集体一等奖、社会服务工作先进集体二等奖、新闻宣传工作先进集体二等奖 | 民建湖南省委会 | 2022年1月14日 |
| 农工党娄底市委会 | 脱贫攻坚工作先进集体 | 农工党中央 | 2021年6月 |
| | 先进市级组织 | 农工党湖南省委会 | 2021年12月 |
| | 组织工作先进单位 | 农工党湖南省委会 | 2021年12月 |
| | “庆祝中国共产党成立100周年”中共党史知识竞赛优秀组织奖 | 农工党湖南省委会 | 2021年8月 |
| 九三学社娄底市会 | 九三学社脱贫攻坚民主监督先进集体 | 九三学社中央委员会 | 2021年11月26日 |
| | 九三学社组织信息系统数据维护工作先进集体 | 九三学社中央委员会 | 2021年12月30日 |
| | 参政议政工作先进集体 | 九三学社湖南省委员会 | 2021年12月1日 |

续表28

| 获奖单位(集体) | 奖励名称 | 颁奖单位 | 颁奖时间 |
|---|---|---|---|
| 市总工会 | 2021年度市州省直工会主要工作考核优秀单位 | 湖南省总工会 | 2022年2月28日 |
| 市妇联 | “潇湘巾帼心向党”大型群众性朗读比赛优秀组织奖 | 省妇联 | 2021年12月14日 |
| | 湖南省妇联系统宣传舆论阵地建设表现突出单位 | 省妇联 | 2021年12月24日 |
| | 湖南省“两癌”免费检查重点民生实事项目先进集体 | 省妇联、省卫健委、省财政厅 | 2021年12月31日 |
| 市科学技术协会 | 2021年科普中国信息员队伍建设优秀组织单位 | 中国科协 | 2022年2月24日 |
| | 第13届湖南省青少年机器人竞赛暨第3届湖南省青少年创意编程与智能设计竞赛优秀组织单位 | 湖南省关心下一代工作委员会、湖南省科学技术协会、湖南省科学技术厅 | 2021年6月29日 |
| | 2021年全国青少年无人机大赛(湖南站)暨湖南省青少年人工智能创新挑战赛优秀组织奖 | 湖南省体育局、湖南省教育厅、湖南省科学技术协会 | 2021年9月7日 |
| | 湖南省参加2021年全国科普中国信息员科学素质网络竞赛排名全国前三十 | 湖南省科学技术协会 | 2021年12月6日 |
| | 2021年湖南省科普中国信息传播优秀单位 | 湖南省科学技术协会 | 2021年12月6日 |
| | 2021年湖南省全国科普日优秀组织单位 | 湖南省科学技术协会 | 2021年12月21日 |
| | 2021年度湖南省市州科协绩效评估工作“优秀”等次 | 湖南省科学技术协会 | 2022年1月10日 |
| 市归国华侨侨眷联合会 | 全国侨联系统助力脱贫攻坚先进集体 | 中华全国归国华侨联合会 | 2021年1月21日 |

续表28

| 获奖单位(集体) | 奖励名称 | 颁奖单位 | 颁奖时间 |
| --- | --- | --- | --- |
| 市工商联 | 2021年度全省工商联系统优秀调研成果二等奖 | 湖南省工商联 | 2021年2月15日 |
| | 2021年度市州工商联目标管理工作优秀单位 | 湖南省工商联 | 2022年1月6日 |
| 市文联 | 先进市州文联 | 湖南省文学艺术界联合会 | 2022年2月2日 |
| 市计划生育协会 | 全省计生协重点工作优秀单位 | 湖南省计划生育协会 | 2022年1月 |
| 市委政法委 | 全国节约型机关 | 国管局、中直管理局、国家发展改革委、财政部 | 2021年8月23日 |
| 市扫黑除恶专项斗争领导小组及其办公室 | 全省扫黑除恶专项斗争先进单位一等奖 | 湖南省扫黑除恶专项斗争领导小组 | 2021年6月1日 |
| 市公安局巡特警支队巡逻处警大队 | 全国公安机关庆祝建党100周年安保维稳工作成绩突出集体 | 公安部 | 2021年7月26日 |
| 市公安局刑事侦查支队 | 全省十佳公安基层单位 | 湖南省人力资源和社会保障厅、湖南省公安厅 | 2021年1月28日 |
| 市公安局刑科所 | 集体二等功 | 湖南省公安厅 | 2021年11月11日 |
| 市公安局交警支队 | 2021年全省公安机关春运交通安保工作成绩突出集体 | 湖南省公安厅 | 2021年3月11日 |
| 市公安局交警支队直属一大队一中队 | 2019—2020年度全国“青少年维权岗” | 全国创建“青少年维权岗”活动领导小组 | 2021年7月27日 |
| 市公安局交警支队 | 全省公安交通系统建党百年大庆交通安保工作成绩突出集体 | 湖南省公安厅 | 2021年7月8日 |
| 市公安局交警支队直属二大队 | 2021年度优秀练兵单位 | 湖南省交警总队 | 2022年2月10日 |

续表28

| 获奖单位(集体) | 奖励名称 | 颁奖单位 | 颁奖时间 |
| --- | --- | --- | --- |
| 市人民检察院 | 娄底市院“4·17”涉案专案组获评全省检察机关扫黑除恶专项斗争集体二等功 | 湖南省人民检察院 | 2021年2月 |
| | 2020年度省直非税收执收工作先进单位 | 湖南省财政厅 | 2021年2月 |
| | 湖南省脱贫攻坚先进集体 | 中共湖南省委<br>湖南省人民政府 | 2021年4月 |
| | 湖南省扫黑除恶专项斗(2018—2020)先进集体 | 湖南省扫黑除恶专项斗争领导小组 | 2021年6月 |
| | 全省禁毒工作先进集体 | 湖南省人力资源和社会保障厅、湖南省禁毒委员会办公室 | 2021年6月 |
| | 第一届全省控告申诉业务竞赛优秀组织奖 | 湖南省人民检察院 | 2021年6月 |
| | 全省“深入学习党史检史，做好新时代检察官”主题演讲比赛优秀组织奖 | 湖南省人民检察院 | 2021年7月 |
| 市中级人民法院少年庭 | 2019—2020年度全国“青少年维权岗” | 共青团中央 | 2021年7月27日 |
| 市中级人民法院刑二庭 | 人民法院扫黑除恶专项斗争先进集体 | 最高人民法院 | 2021年5月18日 |
| 市中级人民法院办公室 | 人民法院保密工作先进集体 | 最高人民法院 | 2021年6月24日 |
| | 全国法院先进集体 | 最高人民法院 | 2021年12月 |
| 市中级人民法院刑二庭 | 扫黑除恶专项斗争集体二等功 | 湖南省高级人民法院 | 2021年1月18日 |
| 市中级人民法院立案信访局 | 全省法院一站式建设成绩突出的集体 | 湖南省高级人民法院 | 2021年2月8日 |

续表28

| 获奖单位(集体) | 奖励名称 | 颁奖单位 | 颁奖时间 |
| --- | --- | --- | --- |
| 市中级人民法院 | 2020年度省直非税收执收工作先进单位 | 湖南省财政厅 | 2021年2月8日 |
| | 全省禁毒工作先进集体 | 湖南省人力资源和社会保障厅<br>湖南省禁毒委员会办公室 | 2021年6月1日 |
| | 全省扫黑除恶专项斗争先进集体 | 湖南省扫黑除恶专项斗争领导小组 | 2021年6月 |
| | 湖南省第一届审判业务(家事审判)技能竞赛优秀组织奖 | 省高院、省人社厅、省总工会、共青团湖南省委员会、省妇联 | 2021年9月29日 |
| | 湖南省首届财会知识竞赛省法院代表队选拔赛组织奖 | 省高级人民法院 | 2021年11月5日 |
| | 2021年度司法宣传和通联工作先进单位 | 人民法院新闻传媒总社 | 2021年12月20日 |
| 市司法局 | 湖南省第一批法治政府建设示范项目 | 省委依法治省办 | 2021年5月 |
| | 省司法厅平安建设考评第一名和湘潭大学第三方测评第一名 | 省司法厅 | 2021年9月 |
| | 2016—2020年湖南省普法工作先进单位 | 省委宣传部、省司法厅、省普法办 | 2021年11月 |
| 武警娄底支队 | 安全工作“六无”先进单位 | 武警湖南总队 | 2022年1月 |
| 武警娄底支队党委 | “好”班子 | 武警湖南总队 | 2022年1月 |
| 武警娄底支队参谋部 | 先进参谋部 | 武警湖南总队 | 2022年1月 |
| 市住房和城乡建设局(市人民防空办公室) | 全国节约型机关 | 国管局、中直管理局、国家发展改革委、财政部 | 2021年8月23日 |

续表28

| 获奖单位（集体） | 奖励名称 | 颁奖单位 | 颁奖时间 |
| --- | --- | --- | --- |
| 市住房和城乡建设局 | 2020届湖南省文明单位 | 湖南省精神文明建设指导委员会 | 2021年2月8日 |
| | 庆祝中国共产党成立100周年全省住房城乡建设系统歌咏比赛三等奖 | 湖南省住房和城乡建设厅 | 2021年6月 |
| | 全省城建档案职业技能竞赛“三等奖” | 湖南省住房和城乡建设厅、湖南省档案局 | 2021年6月18日 |
| 市住房和城乡建设局（市人民防空办公室）机关离退休干部党支部 | 全省示范离退休干部党支部 | 中共湖南省离退休干部工作委员会 | 2021年10月 |
| 市城市基本建设档案馆 | 全省档案系统微视频征集展播活动“二等奖” | 湖南省档案局 | 2021年12月6日 |
| | 2021年度全省经济科技档案资源开发利用三类案例 | 湖南省档案局 | 2021年12月27日 |
| 市人防指挥信息保障中心 | 全省人民防空先进集体 | 湖南省人力资源和社会保障厅、湖南省人民防空办公室 | 2021年12月8日 |
| 市建设工程质量检测试验室 | 热轧带肋钢筋拉伸试验能力验证满意、混凝土外加剂试验能力验证满意 | 湖南省市场监督管理局 | 2021年12月21日 |
| 市建设工程质量安全监督站（市人防工程质量监督站） | 2021年度人防质量监督工作先进单位 | 湖南省人防工程质量监督站 | 2021年12月31日 |
| 市发改委 | 全国节约型机关 | 国管局、中直管理局、国家发改委、财政部 | 2021年8月23日 |
| | 2020、2021年度“五好”园区创建表彰园区 | 湖南省产业园区建设领导小组 | 2022年1月28日 |
| 市价格监测中心 | 全国价格监测工作先进单位 | 国家发改委价格监测中心 | 2022年2月28日 |
| 市发改委固定资产投资科 | 湖南省重点建设先进集体 | 湖南省人社厅、湖南省发改委 | 2021年11月12日 |

续表28

| 获奖单位(集体) | 奖励名称 | 颁奖单位 | 颁奖时间 |
|---|---|---|---|
| 市财政局 | 全国节约型机关 | 国管局、中直管理局、发改委、财政部 | 2021年8月23日 |
| | 2020年度隐性债务化解成效突出 | 湖南省政府性债务管理工作领导小组办公室 | 2021年5月13日 |
| | 2020年度财政系统人事(人才)统计报表获一等奖 | 湖南省财政厅 | 2021年5月13日 |
| | 2020年度市县财政部门预算绩效管理工作先进单位 | 湖南省财政厅 | 2021年6月2日 |
| | 2020年度财政总决算工作表现突出市州 | 湖南省财政厅 | 2021年11月29日 |
| | 2020年度部门决算工作表现突出市州 | 湖南省财政厅 | 2021年11月29日 |
| | 2021年度全省财政资环综合性工作先进市州 | 湖南省财政厅 | 2021年12月24日 |
| | 2021年度全省财政外经系统业务工作先进单位 | 湖南省财政厅 | 2021年12月27日 |
| | 2020年度行政事业性国有资产报表编报工作通报表扬 | 湖南省财政厅 | 2021年12月28日 |
| | 2021年行政事业性国有资产盘活工作通报表扬 | 湖南省财政厅 | 2021年12月28日 |
| | 2021年度湖南省乡镇财政管理工作先进单位 | 湖南省财政厅 | 2021年12月29日 |
| | 2021年度全省财政行政系统业务工作优秀单位 | 湖南省财政厅 | 2022年1月14日 |
| | 2021年度湖南省财政政法工作先进单位 | 湖南省财政厅 | 2022年1月17日 |
| 市财政局农业农村科 | 湖南省脱贫攻坚先进集体 | 湖南省委、省政府 | 2021年4月 |
| 市财政局社保科 | 湖南省“两癌”免费检查重点民生实事项目先进集体 | 湖南省妇联 | 2021年12月31日 |

续表28

| 获奖单位(集体) | 奖励名称 | 颁奖单位 | 颁奖时间 |
|---|---|---|---|
| 市人民政府国有资产监督管理委员会 | 省级文明单位 | 湖南省文明办 | 2021年2月8日 |
| | 财务快报工作先进单位 | 湖南省人民政府国有资产监督管理委员会 | 2022年1月20日 |
| 市市场监督管理局食品药品审评认证与不良反应监测中心 | 2020年全国药品不良反应监测评价优秀单位 | 国家药品监督管理局药品评价中心、国家药品不良反应监测中心 | 2021年3月11日 |
| 市市场监督管理局 | 娄底市2020年度食品安全工作获评全省先进市州 | 湖南省食品安全委员会 | 2021年2月7日 |
| | 全省液化石油气瓶安全专项整治工作优秀单位 | 湖南省市场监督管理局 | 2021年9月1日 |
| 市统计局 | 国家第七次全国人口普查先进集体 | 国务院第七次全国人口普查领导小组 | 2021年9月16日 |
| 市税务局 | 全国巾帼建功先进集体 | 全国妇联 | 2021年3月1日 |
| | 依法治理创建活动先进单位 | 中央宣传部、司法部、全国普法办 | 2021年11月17日 |
| 市税务局机关党委 | 湖南省先进基层党组织 | 中共湖南省委 | 2021年6月 |
| 国家统计局娄底调查队 | 国家贫困地区重大专项普查先进集体 | 国家脱贫攻坚普查领导小组 | 2021年8月 |
| 经开区社会事务局 | 全省脱贫攻坚工作先进集体 | 湖南省委、省政府 | 2021年4月28日 |
| 经开区来信来访中心 | 2021年度全省信访工作“三无”县市区 | 湖南省信访局 | 2021年12月30日 |
| 经开区产业环保局 | 湖南省第七次全国人口普查先进集体 | 湖南省人力资源和社会保障厅办公室 | 2022年1月28日 |
| 万宝新区互联网企业联合党支部 | 湖南省互联网行业先进基层党组织 | 中共湖南省互联网行业委员会 | 2021年8月18日 |
| 市农业农村局 | 全国粮食生产先进集体 | 农业农村部 | 2021年12月30日 |
| 市水利局 | 全面推行河长制湖长制先进集体 | 水利部办公厅 | 2021年1月23日 |
| | 全国节约型机关 | 国管局、中直管理局、国家发改委、财政部 | 2021年8月23日 |
| | 2021年度全省水利建设考核先进单位 | 省水利厅 | 2022年1月24日 |

续表28

| 获奖单位（集体） | 奖励名称 | 颁奖单位 | 颁奖时间 |
|---|---|---|---|
| 市水利水电勘测设计院 | 全国水利扶贫先进集体 | 水利部 | 2021年7月9日 |
| 市林业局 | 全省森林火灾风险普查工作优秀单位 | 湖南省林业局 | 2021年12月24日 |
| 市扶贫开发办公室 | 全国脱贫攻坚先进集体 | 中共中央、国务院 | 2021年2月25日 |
| 市畜牧水产和农机事务中心 | 2021年湖南省动物疫病防控绩效考核先进单位 | 湖南省防治重大动物疫病指挥部 | 2022年1月25日 |
| 湖南华菱涟源钢铁有限公司 | 全国钢铁行业质量领先企业、全国质量诚信先进企业、全国质量信得过产品、全国质量信用优秀企业、全国质量信誉保障产品 | 中国质量检验协会 | 2021年08月27日 |
| | 全国质量诚信标杆企业 | 中国质量检验协会 | 2021年09月16日 |
| | 2021年度湖南省节水型企业 | 省工业和信息化厅、省水利厅 | 2022年2月 |
| 湖南省煤业集团金竹山矿业有限公司 | 安全生产红旗单位 | 湖南省煤业集团有限公司 | 2021年12月 |
| 大唐华银金竹山火力发电分公司 | 2020年度文明单位 | 中国大唐集团有限公司 | 2021年1月 |
| | 2020年度火电技术监督管理先进单位 | 湖南省电力技术中心 | 2021年1月 |
| | 2020年度湖南省环保诚信单位 | 湖南省生态环境厅 | 2021年11月 |
| 大唐华银金竹山火力发电分公司检修部热机三班 | 2020年度湖南省工人先锋号 | 湖南省总工会 | 2021年4月 |
| | 全国电力行业发电设备维护检修标杆班组 | 中国电力设备管理协会 | 2021年10月 |
| 大唐华银金竹山火力发电分公司能源开发部 | 2020年度先进基层党组织 | 中国大唐集团有限公司 | 2021年7月 |
| 国网娄底供电公司电力调度控制中心地区调度班 | 全国工人先锋号 | 中华全国总工会 | 2021年4月 |
| 国网娄底供电公司 | 湖南省脱贫攻坚先进集体 | 湖南省人民政府 | 2021年4月 |

续表28

| 获奖单位(集体) | 奖励名称 | 颁奖单位 | 颁奖时间 |
|---|---|---|---|
| 市环卫处 | 2021年湖南省住建行业(机动清扫工)职业技能大赛团体二等奖 | 湖南省住房和城乡建设厅、湖南省人力资源和社会保障厅、湖南省总工会 | 2021年11月 |
| 湖南安保集团有限公司 | 第五届全国先进保安服务公司 | 中华人民共和国公安部、中华全国总工会、中国共产主义青年团中央委员会 | 2022年1月 |
| | 全省保安服务行业2021年度先进单位、全省保安服务行业2021年度防疫抗疫先进单位 | 湖南省公安厅治安总队、湖南省保安协会 | 2022年1月 |
| 市生态环境局 | 全省人民满意的公务员集体 | 湖南省委、省政府 | 2021年12月13日 |
| 市交通运输局 | 2021年全省春运工作先进单位 | 湖南省春运领导小组 | 2021年4月14日 |
| 市公路建设养护中心 | 2020届省级文明单位 | 湖南省精神文明建设指导委员会办公室 | 2021年2月 |
| | 2021年度全省国省干线公路养护先进单位、2021年度全省公路工作红旗单位 | 湖南省公路事务中心 | 2022年2月28日 |
| 娄底移动公司网络部建设中心 | 湖南省工人先锋号 | 湖南省总工会 | 2021年4月 |
| 娄底联通 | 2021年度湖南联通数字化专业技能比武团体二等奖 | 中国联合网络通信有限公司湖南省分公司 | 2021年9月 |
| | 2021年度财务技能竞赛三等奖 | 中国联合网络通信有限公司湖南省分公司 | 2022年1月 |
| | 湖南省先进市州分公司 | 中国联合网络通信有限公司湖南省分公司 | 2022年2月 |
| 中国银行娄底市钢城东街支行 | 中国银行“模范职工小家” | 中国银行(总行) | 2021年10月 |
| 中国银行娄底市分行 | 中国银行安全保卫工作先进集体 | 中国银行(总行) | 2021年12月 |
| 中国银行娄底市分行团委 | 2021年中国银行湖南省分行青年突击队(手)活动优秀组织奖 | 中国银行湖南省分行 | 2021年5月 |

续表28

| 获奖单位（集体） | 奖励名称 | 颁奖单位 | 颁奖时间 |
|---|---|---|---|
| 中国银行娄底市钢城东街支行 | 2021年中国银行湖南省分行优秀青年突击队 | 中国银行湖南省分行 | 2021年5月 |
| 中国银行娄底市钢城东街支行党支部 | 2021年中国银行湖南省分行先进基层党组织 | 中国银行湖南省分行 | 2021年6月 |
| 中国银行娄底市娄星支行 | 2021年度中国银行湖南省分行服务达标示范网点 | 中国银行湖南省分行 | 2021年10月 |
| 工商银行娄底分行 | 2021年度“年金受托业务”先进基层行 | 中国工商银行总行 | 2022年1月 |
| 中国农业发展银行娄底市分行 | “合规管理”真抓实干成效突出单位 | 中国农业发展银行湖南省分行 | 2022年2月11日 |
| 湖南省农村信用社联合社娄底办事处 | 综合考核优胜奖 | 湖南省农村信用社联合社 | 2022年2月23日 |
| 中国邮政储蓄银行娄底市分行 | 脱贫攻坚先进单位 | 中国邮政储蓄银行湖南省分行 | 2021年1月11日 |
| | 2020年度运营管理工作先进集体 | | 2021年3月8日 |
| | 2020—2021跨年度营销活动转型攻坚最佳二级分行、2020—2021跨年度营销活动最佳二级分行 | | 2021年4月5日 |
| | 2021年柜员技能竞赛团队二等奖、2021年邮储银行湖南省分行理财经理大赛最佳组织奖 | | 2021年7月8日 |
| | 2021年度服务质量提升教育系列活动优秀组织奖 | | 2021年12月25日 |
| | 2021年度邮政储蓄银行湖南省先进二级分行 | | 2022年1月19日 |
| 市保险行业协会 | 湖南省示范社会组织 | 湖南省民政厅 | 2021年7月 |
| 市兴娄融资担保有限公司 | 优秀融资担保机构、融资担保机构创新奖 | 湖南省融资担保协会 | 2021年10月20日 |
| | 中部地区优秀融资担保机构 | 中部地区六省融资担保协会 | 2021年12月2日 |

续表28

| 获奖单位(集体) | 奖励名称 | 颁奖单位 | 颁奖时间 |
|---|---|---|---|
| 市商务粮食局 | 湖南电子商务师(跨境电子商务师)职业技能大赛优秀组织单位 | 湖南省电子商务师职业技能大赛组委会 | 2021年11月2日 |
| | 2021(第六届)中国国际食品餐饮博览会筹办优秀单位 | 湖南省商务厅 | 2021年11月4日 |
| | 2021年湖南省直播带货暨短视频大赛优秀组织单位 | 湖南省商务厅 | 2021年12月10日 |
| | 2021年全省商务工作先进单位 | 湖南省商务厅 | 2022年1月12日 |
| 市供销社 | 2021年湖南省供销合作社系统综合业绩考核一等奖 | 湖南省供销社 | 2022年1月19日 |
| | 全省供销合作社系统综合改革工作突出单位 | 湖南省供销社 | 2022年1月21日 |
| 市烟草专卖局 | 2016—2020年湖南省依法治理创建活动先进单位 | 中共湖南省委宣传部、湖南省司法厅、湖南省守法普法工作办公室 | 2021年11月17日 |
| 市科学技术局 | 2021年全国科技活动周优秀单位 | 全国科技活动周组委会办公室 | 2021年11月 |
| | 2021年全国科普讲解大赛预选赛暨2021年湖南省科普讲解大赛优秀组织奖 | 湖南省科学技术厅、中共湖南省委宣传部、湖南省科学技术协会 | 2021年5月27日 |
| | 2021年全国科学实验展演会演预选赛暨湖南省科学实验展演会演决赛优秀组织奖 | 湖南省科学技术厅、湖南省科学技术协会 | 2021年11月9日 |
| 市气象台 | 2021年度重大气象服务先进集体 | 湖南省气象局 | 2022年1月13日 |
| 市教育局 | 全国节约型机关 | 国管局、中直管理局、国家发改委、财政部 | 2021年8月 |
| 市教育局关工委 | “新时代好少年·红心向党”主题教育先进单位 | 教育部 | 2021年8月 |
| 娄底技师学院 | 湖南省第一届职业技能大赛·第四届全国智能制造应用技术技能大赛湖南选拔赛优秀参赛单位、冠军单位、突出贡献单位 | 湖南省人力资源和社会保障厅、湖南省总工会 | 2021年9月8日 |

续表28

| 获奖单位(集体) | 奖励名称 | 颁奖单位 | 颁奖时间 |
| --- | --- | --- | --- |
| 娄底第一职业中学 | 2021年全国首届校园排舞大课间网络展示大赛高中组D组三等奖 | 国家体育总局体操运动管理中心 | 2021年7月 |
| | 2021年湖南省“三下乡”社会实践活动优秀单位、湖南省职业院校思想政治教育教学能力比赛省一等奖、湖南省教师职业能力竞赛教学能力比赛省二等奖 | 湖南省教育厅 | 2021年7月 |
| | 湖南省职业院校技能竞赛一等奖 | 湖南省职业院校技能竞赛组织委员会 | 2021年7月 |
| 湖南人文科技学院“青春向党、红色筑梦”调研团 | 全国优秀实践团队 | 共青团中央 | 2021年12月 |
| 湖南人文科技学院 | 2021—2023年创建全国文明校园先进学校 | 湖南省文明办 | 2021年6月 |
| | 湖南省节水型高校 | 湖南省水利厅、省教育厅 | 2021年11月 |
| | 湖南省平安建设先进单位、湖南省平安单位 | 湖南省委、省政府 | 2021年12月 |
| | 2021年度湖南省数学建模竞赛优秀组织奖 | 湖南省教育厅 | 2022年1月 |
| | 2021年度直属基层工会工作目标管理先进单位 | 湖南省教育工会 | 2022年3月 |
| 娄底职业技术学院 | 首届易班学习活动全国十强高校优秀组织奖 | 高校易班发展中心 | 2021年2月 |
| | 中国高职高专教育网2020年度信息报送工作先进单位 | 全国职业高等院校校长联席会议 | 2021年3月5日 |
| | 全国乡村振兴人才培养优质校 | 农业农村部办公厅、教育部办公厅 | 2021年5月24日 |
| | 第二批湖南省社会主义核心价值观建设示范点 | 中共湖南省委宣传部 | 2021年3月25日 |
| | 湖南省职业教育教师技艺技能传承创新平台 | 湖南省教育厅 | 2021年4月27日 |

续表28

| 获奖单位(集体) | 奖励名称 | 颁奖单位 | 颁奖时间 |
|---|---|---|---|
| 娄底职业技术学院 | 湖南省虚拟仿真实训基地 | 湖南省教育厅 | 2021年6月15日 |
| | 湖南省特殊工种实操培训考试示范基地 | 湖南省应急管理局 | 2021年7月 |
| | 2021年度湖南省红十字无偿献血爱心单位 | 湖南省红十字会 | 2021年12月 |
| | 湖南省平安建设示范校 | 湖南省教育厅 | 2021年8月13日 |
| | 湖南省节水型高校 | 湖南省水利厅、湖南省教育厅 | 2021年12月 |
| | 2020—2021年度大学生心理健康先进单位 | 湖南省心理卫生协会大学生心理咨询专业委员 | 2021年12月 |
| | 湖南省高校易班建设先进单位 | 高校易班发展中心 | 2021年12月 |
| 娄底潇湘职业学院 | 湖南省文明高校 | 湖南省教育工委 | 2021年12月21日 |
| | 湖南省高校心理健康教育先进单位 | 湖南省心理卫生协会、大学生心理咨询专业委员会 | 2021年12月 |
| | 中国产学研合作创新与促进奖 | 中国产学研促进会 | 2022年1月 |
| | 湖南省征兵工作先进单位 | 湖南省征兵工作领导小组 | 2022年1月20日 |
| | 湖南省军训工作先进单位 | 湖南省军区战备建设局、湖南省教育局 | 2022年1月24日 |
| 市委党史研究(市地方志编纂室) | “发扬红色传统、传承红色基因”学刊用刊活动先进单位 | 湖南省委党史研究院 | 2021年6月 |
| | 全省红色故事征集大赛优秀组织奖 | 湖南省委党史研究院 | 2021年6月 |
| | 湖南地方志系统2021年度先进集体 | 湖南省地方志编纂院 | 2021年12月 |
| | 全省党史宣传教育工作先进单位 | 湖南省委党史研究院 | 2022年1月 |

续表28

| 获奖单位(集体) | 奖励名称 | 颁奖单位 | 颁奖时间 |
|---|---|---|---|
| 市社科联 | “建党百年.光辉历程”湖南省社会科学普及网上竞答活动“优秀组织单位” | 湖南省社科联 | 2021年12月 |
| 市体育学校 | 全国群众体育先进单位 | 国家体育总局 | 2021年9月2日 |
| 市全民健身服务中心 | 全国群众体育先进单位 | 国家体育总局 | 2021年10月 |
| 市卫健委 | 湖南省“两癌”免费检查重点民生实事项目先进集体 | 湖南省妇联、省卫健委、省财政厅 | 2021年12月 |
| 市中心医院 | 在2021年全国科技活动周及重大示范活动中表现优异 | 全国科技活动周组委办公室科技部科技人才与科学普及司 | 2021年 |
| | 2020年中国医院竞争力地级城市医院300强 | 广州艾力彼管理顾问有限公司艾力彼医院管理研究中心 | 2021年4月17日 |
| | 2020年度医疗机构法治建设工作先进集体 | 湖南省卫健康委 | 2021年1月12日 |
| | 2020年度医疗机构法治建设工作先进集体 | 湖南省卫生健康委员会 | 2021年1月 |
| | “现场救护公益主播暨科普宣讲团选拔赛”一等奖 | 湖南省护理学会 | 2021年3月19日 |
| | 2021年度湖南省红十字无偿献血爱心单位 | 湖南省红十字会 | 2021年12月20日 |
| | 2021年湖南省医疗卫生机构普法微视频征集活动三等奖 | 湖南省卫生健康委员会 | 2021年12月 |
| 市中医医院 | 湖南省中医医院青年护士中医护理“三基”知识竞赛(三级中医医院组)团体一等奖、<br>湖南省第二届中医药科普大赛三等奖 | 湖南省中医药管理局 | 2021年12月 |

续表28

| 获奖单位（集体） | 奖励名称 | 颁奖单位 | 颁奖时间 |
|---|---|---|---|
| 市卫生计生综合监督执法局 | "七五"普法先进集体 | 湖南省卫生健康委 | 2021年11月25日 |
| 市疾控中心 | 2020年度尘肺病农民工基本医疗救治救助项目工作先进单位、2020年度全省质量控制考核（重点职业病监测项目）先进单位 | 湖南省卫生健康委员会 | 2021年7月 |
| | "十三五"期间艾滋病防治工作先进单位 | 湖南省疾病预防控制中心 | 2021年2月24日 |
| | 2020年湖南省学校卫生工作先进单位 | 湖南省疾病预防控制中心 | 2021年3月4日 |
| | 2020年度全市食品安全工作优秀单位 | 娄底市食品安全委员会办公室 | 2021年4月7日 |
| | 实施《湖南省"十三五"结核病防治规划》先进集体 | 湖南省卫生健康委疾控处 | 2021年4月22日 |
| | 2021年湖南省寄生虫病防治技术竞赛二等奖 | 湖南省卫生健康委疾控处 | 2021年8月6日 |
| 市民政局 | 全省民政系统优秀单位 | 湖南省民政厅 | 2022年1月4日 |
| 市人社局 | 全国根治拖欠农民工工资工作先进集体 | 国务院根治拖欠农民工资工作领导小组 | 2021年12月2日 |
| | 全国节约型机关 | 国管局、中直管理局、国家发改委、财政部 | 2021年8月23日 |
| | 湖南省脱贫攻坚先进集体 | 湖南省委、省政府 | 2021年4月 |
| | 2021年度"五型双一流"机关建设工作先进单位 | 湖南省人社厅 | 2022年1月24日 |
| | 2021年人力资源和社会保障重点工作优秀单位 | 湖南省人社厅 | 2022年3月7日 |
| 市社会保险服务中心 | 全国人力资源社会保障系统优质服务窗口 | 人社部 | 2022年1月21日 |

续表28

| 获奖单位(集体) | 奖励名称 | 颁奖单位 | 颁奖时间 |
| --- | --- | --- | --- |
| 市应急管理局 | 全国节约型机关 | 国家机关事务管理局、国家发改委、财政部 | 2021年8月23日 |
| | 湖南省“七五”普法先进单位 | 省宣传部、省司法厅、省普法办 | 2021年11月17日 |
| | 湖南省应急管理优秀单位 | 湖南省应急管理厅 | 2022年1月1日 |
| 市消防救援支队 | 2021年度工作目标任务考评先进单位 | 湖南省消防救援总队 | 2022年2月16日 |
| 冷水江市 | 湖南省平安县市区 | 中共湖南省委、湖南省人民政府 | 2021年12月21日 |
| | 2021年度湖南省安全生产和消防工作优秀县市 | 中共湖南省委办公厅、湖南省人民政府办公厅 | 2021年12月21日 |
| | 湖南省2021年度粮食生产先进县市 | 中共湖南省委农村工作领导小组 | 2022年1月14日 |
| | 湖南省养老服务体系建设成效明显的市、县市区 | 湖南省人民政府办公厅 | 2022年1月20日 |
| | 湖南省推进河长制湖长制工作、水利项目建设和最严格水资源管理工作成效明显的市、县市区 | 湖南省人民政府办公厅 | 2022年1月20日 |
| 涟源市 | “2016—2020年度全国科普示范县(市、区)”优秀单位。 | 中国科学技术协会 | 2021年3月29日 |
| | “2021—2025年度第二批全国科普示范县(市、区)”创建单位 | 中国科学技术协会 | 2021年11月22日 |
| | 湖南省社会治安综合治理先进县市区 | 中共湖南省委、湖南省人民政府 | 2021年12月 |
| | 湖南省平安县市区 | 中共湖南省委、湖南省人民政府 | 2021年12月 |
| | 2021年度全省安全生产和消防工作优秀县市 | 中共湖南省委办公厅、湖南省人民政府办公厅 | 2021年12月21日 |
| | 湖南省卫生城市 | 湖南省爱卫会 | 2022年1月28日 |

续表28

| 获奖单位(集体) | 奖励名称 | 颁奖单位 | 颁奖时间 |
|---|---|---|---|
| 涟源市 | 推进"一件事一次办"改革、政府职能转变和深化"放管服"改革成效明显的市州、县市区 | 湖南省人民政府办公厅 | 2022年1月20日 |
| | 2020—2021年度湖南省科技特派员工作先进单位 | 中共湖南省委人才工作领导小组办公室 | 2022年1月26日 |
| 新化县 | 全省数商兴农专项行动助力乡村振兴优秀县 | 湖南省商务厅 | 2021年12月 |
| | 省政府2021年重点工作综合大督查发现的典型经验做法 | 湖南省人民政府办公厅 | 2021年12月 |
| | 2021年度真抓实干成效明显地区 | 湖南省人民政府办公厅 | 2022年1月 |

## 娄底市部分先进个人一览表

表29

| 所属单位名称 | 姓名 | 奖励名称 | 颁奖单位 | 颁奖时间 |
|---|---|---|---|---|
| 市委宣传部 | 李常飞 | 2021年全国"扫黄打非"先进个人 | 全国"扫黄打非"工作小组 | 2022年1月14日 |
| | 曾　峰 | 全省扫黑除恶专项斗争先进工作者 | 湖南省扫黑办 | 2021年6月9日 |
| | 吴建平　王　澍<br>曾　峰　邓缤鹏 | 2021年度《湖南日报》发行工作先进个人 | 湖南省委宣传部、湖南日报社 | 2021年9月22日 |
| | | 2021年度《新湘评论》发行工作先进个人 | 湖南省委宣传部、湖南省委《新湘评论》杂志社 | 2021年11月26日 |
| | 刘楚雄 | 全省普法工作先进个人 | 湖南省普法办 | 2021年12月 |
| 市委统战部 | 梁琼娟 | 全省优秀统战信息员 | 中共湖南省委统战部 | 2022年1月25日 |
| 市委网信办 | 刘昭霞 | 2021年度全省网络舆情信息工作先进个人 | 湖南省委网信办 | 2021年10月 |
| | 谭江波 | 2021年网络综合治理体系建设突出个人 | 湖南省委网信办 | 2021年12月 |
| | 谭建平 | 2021年度"一刊一号"信息报送工作先进个人 | 湖南省委网信办 | 2022年3月 |

续表29

| 所属单位名称 | 姓名 | 奖励名称 | 颁奖单位 | 颁奖时间 |
|---|---|---|---|---|
| 市直机关工委 | 彭奇文 | 湖南省2021年优秀党务工作者 | 中共湖南省委 | 2021年6月25日 |
| 市委保密委员会办公室 | 易志军 | “十三五”时期保密工作成绩突出个人 | 中共湖南省委保密委员会 | 2021年4月26日 |
| 市人民政府办公室 | 周铁军 | 2021年政务信息工作目标管理考核优秀个人 | 湖南省人民政府办公厅 | 2022年1月29日 |
| | 杨 洁 龙红霞 | 2021年建议提案办理工作目标管理先进个人 | 湖南省人民政府办公厅 | 2022年2月8日 |
| 市退役军人事务局 | 刘期亮 | 退役军人服务保障先进个人 | 退役军人事务部、中央军委政治工作部 | 2021年11月 |
| 市信访局 | 邵文良 | 全省扫黑除恶专项斗争先进工作者 | 湖南省扫黑除恶专项斗争领导小组 | 2021年6月 |
| | 易静远 | 全省“最美信访干部” | 湖南省信访局 | 2021年10月 |
| | 李 洪 | 全省信访工作先进个人 | 湖南省人社厅、省信访局 | 2021年12月30日 |
| 市人民政府驻北京联络处 | 李旭峰 | 湖南省驻京单位优秀党务工作者 | 湖南省人民政府驻北京办事处机关党委 | 2021年6月 |
| 市政协 | 刘卫华 | 湖南省政协工作先进个人 | 湖南省人社厅 | 2022年1月15日 |
| 市纪委监委 | 欧庆平 | 湖南省扫黑除恶专项斗争先进工作者 | 湖南省扫黑除恶专项斗争领导小组 | 2021年6月 |
| | 夏朋辉 | 一等功 | 湖南省委、省政府 | 2021年12月 |
| | 邹志远 | 见义勇为“湖南好人” | 湖南省文明办 | 2021年12月 |
| 民盟娄底市委会 | 邵 瑛 | 思想政治建设和宣传工作先进个人 | 民盟中央 | 2021年12月 |
| | 王姣妮 | 2021年度思想宣传工作优秀通讯员 | 民盟湖南省委会 | 2022年1月 |
| 农工党娄底市委会 | 郭超兵 | 脱贫攻坚工作先进个人 | 农工党中央 | 2021年6月 |

续表29

| 所属单位名称 | 姓名 | 奖励名称 | 颁奖单位 | 颁奖时间 |
| --- | --- | --- | --- | --- |
| 市总工会 | 封　喋 | 全国“尊法守法·携手筑梦”服务农民工公益法律服务行动成绩突出个人 | 中华全国总工会、司法部、中华全国律师协会 | 2022年1月4日 |
| 市妇联 | 赵巧燕 | 湖南省妇联系统宣传舆论阵地建设表现突出个人 | 省妇联 | 2021年12月24日 |
|  | 曹　俊 | 湖南省“两癌”免费检查重点民生实事项目先进个人 | 省妇联、省卫健委、省财政厅 | 2021年12月31日 |
| 市归国华侨侨眷联合会 | 刘　超 | 湖南省脱贫攻坚先进个人 | 中共湖南省委、湖南省人民政府 | 2021年4月 |
| 市委政法委 | 彭　晗 | 全国维护妇女儿童权益先进个人 | 全国妇女联合会 | 2021年12月1日 |
|  |  | 《长安》杂志宣传通联工作先进个人 | 中共湖南省委政法委员会办公室 | 2021年11月1日 |
|  | 彭　啸 | 湖南省脱贫攻坚先进个人 | 中共湖南省委、湖南省人民政府 | 2021年4月28日 |
|  | 马晓慧 | 全省扫黑除恶专项斗争先进工作者 | 湖南省扫黑除恶专项斗争领导小组 | 2021年6月1日 |
| 市公安局 | 钟兴华 | 二级英雄模范 | 公安部 | 2021年4月28日 |
|  | 周加和 | 全国公安机关成绩突出个人 | 公安部 | 2021年4月28日 |
|  | 左卫强 | 二等功 | 湖南省公安厅 | 2021年5月4日 |
|  | 刘金辉 | 二等功 | 湖南省公安厅 | 2021年7月5日 |
|  | 谢中文　赵勇波　肖　斌 | 三等功 | 湖南省公安厅 | 2021年8月3日 |
|  | 周立新 | 一等功 | 湖南省公安厅 | 2021年9月29日 |
| 市公安局交警支队 | 刘　亮 | 全省百佳民警优秀公安民警 | 湖南省人力资源和社会保障厅、湖南省公安厅 | 2021年1月28日 |
|  |  | 湖南省“人民满意的公务员”称号 | 湖南省人民政府 | 2021年12月29日 |

续表29

| 所属单位名称 | 姓名 | 奖励名称 | 颁奖单位 | 颁奖时间 |
|---|---|---|---|---|
| 市公安局交警支队 | 刘健康 邹敦辉 刘谋舜 张 旭 | 2021年全省公安机关春运交通安保工作成绩突出个人 | 湖南省公安厅 | 2021年3月11日 |
| | 成谷仁 谢宇涛 周学娟 刘志定 严雄杰 杨经营 刘思佳 | 全省公安交通系统建党百年大庆交通安保工作成绩突出个人 | 湖南省公安厅 | 2021年7月8日 |
| | 李红艳 | 2020年度全省公安交警系统思想政治工作成绩突出个人 | 湖南省交警总队 | 2021年3月25日 |
| | 张阔如 | 2021年优秀教官 | 湖南省交警总队 | 2022年1月19日 |
| 市人民检察院 | 吴浪平 | 全国扫黑除恶专项斗争优秀个人 | 最高人民检察院 | 2021年4月 |
| | 谢特波 | 2021年度全国检察宣传先进个人 | 检察日报社 | 2021年11月 |
| | | 2020年全省优秀网评员 | 中共湖南省网络安全和信息化委员办公室 | 2021年1月 |
| | 颜 雯 | 2020年全省信息工作表现突出个人 | 湖南省人民检察院 | 2021年2月 |
| | 谢文知 | 2020年度省直非税收执收工作先进个人 | 湖南省财政厅 | 2021年2月 |
| | 刘素英 曾旷男 贺志宏 | 全省检察机关扫黑除恶专项斗争先进个人 | 湖南省人民检察院 | 2021年2月 |
| | 康镇泓 | 第六届湖南省优秀公诉人 | 湖南省人民检察院 | 2021年3月 |
| | 陶元军 | “十三五”时期全省保密工作成绩突出个人 | 中共湖南省保密委员会 | 2021年4月 |
| | 刘曙光 | “湖南省首届公益诉讼检察业务技能竞赛优秀办案能手” | 湖南省人民检察院 | 2021年5月 |
| | 朱纪文 | 湖南省扫黑除恶专项斗争先进工作者 | 湖南省扫黑除恶专项斗争领导小组 | 2021年6月 |
| 市中级人民法院 | 严文郁 | 人民法院党建工作先进个人 | 最高人民法院 | 2021年6月21日 |

续表29

| 所属单位名称 | 姓名 | 奖励名称 | 颁奖单位 | 颁奖时间 |
|---|---|---|---|---|
| 市中级人民法院 | 陈友红 | 全国维护妇女儿童权益先进个人 | 全国妇联 | 2021年12月14日 |
| | 陈建新 | 全省扫黑除恶专项斗争先进工作者 | 湖南省扫黑除恶专项斗争领导小组 | 2021年6月 |
| | 苏 璞 | 2019—2020年度湖南省青年岗位能手 | 共青团湖南省委 | 2021年6月16日 |
| 市司法局 | 晏科成 | 湖南省优秀党务工作者 | 湖南省委组织部 | 2021年6月 |
| | 曹泰安 | 湖南省扫黑除恶专项斗争先进工作者 | 湖南省扫黑除恶专项斗争领导小组 | 2021年6月 |
| 市住房和城乡建设局（市人民防空办公室） | 杨笃璋 | 全省人民防空先进个人 | 湖南省人力资源和社会保障厅、湖南省人民防空办公室 | 2021年12月8日 |
| 市发改委 | 熊志军 | 社会信用体系建设优秀个人 | 湖南省社会信用体系建设协调小组办公室 | 2022年1月14日 |
| | 刘卫华 | 2021年度全省工程建设项目制度审批改革工作突出个人 | 湖南省工程建设项目审批制度改革工作领导小组办公室 | 2022年1月25日 |
| 市财政局 | 彭诗祥 陈 巧 刘姣波 龙喜娥 | 2021年度部办报刊宣传先进个人 | 财政部中国财政杂志社、中国财经报社 | 2021年10月 |
| 市市场监督管理局 | 秦国栋 | 国家市场监管总局“小个专”党建工作表现突出先进个人 | 国家市场监督管理总局 | 2021年6月28日 |
| | 陈丽娟 | 2020—2021年度消费维权先进个人 | 中国消费者协会 | 2021年12月15日 |
| | 康菊华 | 湖南省优秀党务工作者 | 中共湖南省委组织部 | 2021年6月25日 |
| | 罗达意 | 湖南省扫黑除恶专项斗争先进工作者 | 湖南扫黑除恶专项斗争领导小组 | 2021年6月 |
| | 谭向东 李海清 | 湖南省消费维权先进个人 | 湖南省人力资源和社会保障厅、湖南省市场监督管理局 | 2021年12月21日 |

续表29

| 所属单位名称 | 姓名 | 奖励名称 | 颁奖单位 | 颁奖时间 |
|---|---|---|---|---|
| 市统计局 | 肖　锷 | 国家第七次全国人口普查先进个人 | 国务院第七次全国人口普查领导小组 | 2021年9月16日 |
| 市乡村振兴局 | 周云华 | 湖南省脱贫攻坚先进个人名单 | 中共湖南省委、湖南省人民政府 | 2021年4月28日 |
| 大唐华银金竹山火力发电分公司 | 虞　明 | 2021年湖湘工匠年度人物提名奖 | 湖南省总工会 | 2021年4月 |
| | | 第十五届全国技术能手 | 人力资源和社会保障部 | 2021年6月 |
| | | 电力行业百名“电力工匠” | 中国电力企业联合会 | 2021年8月 |
| | 程金民 | 2021年度创新发展先进工作者 | 中国大唐集团有限公司 | 2022年1月 |
| | 曾　琳 | 2021年度安全生产先进个人 | 中国大唐集团有限公司 | 2022年1月 |
| | 饶　鹏 | 2021年度先进工作者 | 中国大唐集团有限公司 | 2022年1月 |
| 市城市管理综合行政执法支队 | 刘　雄 | 湖南省扫黑除恶专项斗争先进工作者 | 湖南省扫黑除恶专项斗争领导小组 | 2021年6月 |
| 市水业有限责任公司 | 刘向群 | 湖南省岗位学雷锋标兵(首批) | 省委宣传部 | 2021年3月17日 |
| 湖南安保集团有限公司 | 张秋野 | 第五届全国优秀保安员 | 公安部、中华全国总工会、中国共产主义青年团中央委员会 | 2022年1月 |
| | 郭金芳 | 全省保安服务行业2021年度优秀管理者 | 湖南省公安厅治安总队、湖南省保安协会 | 2022年1月 |
| | 胡重阳 | 全省保安服务行业2021年度防疫抗疫优秀个人 | 湖南省公安厅治安总队、湖南省保安协会 | 2022年1月 |
| | 刘湘光 | 全省保安服务行业2021年度优秀保安员 | 湖南省公安厅治安总队、湖南省保安协会 | 2022年1月 |

续表29

| 所属单位名称 | 姓名 | 奖励名称 | 颁奖单位 | 颁奖时间 |
| --- | --- | --- | --- | --- |
| 市生态环境局 | 谢建军 | 中央生态环境保护督察表现突出个人 | 中央督察办 | 2021年11月10日 |
| | 刘　兵 | 重点行业企业用地土壤污染状况调查表现突出个人 | 生态环境部 | 2021年12月6日 |
| | 周庶琦 | 全国三线一单表现突出个人 | 生态环境部 | 2022年1月24日 |
| | 朱春晖 | 碳排放报告质量专项监督帮扶表现突出个人 | 生态环境部 | 2022年1月28日 |
| | 朱卫新 | 省生态环境保护督察表现突出个人 | 湖南省督察办 | 2021年11月10日 |
| | 陈炜东 | 市州优秀领导干部 | 湖南省生态环境厅 | 2022年1月24日 |
| 市交通运输局 | 李铁雄　邱林海 | 2021年全省春运工作先进个人 | 湖南省春运领导小组 | 2021年4月14日 |
| 娄底移动公司 | 龚　丝 | 湖南移动劳动模范 | 中国移动通信集团工会湖南省委员会 | 2021年6月 |
| | 贺　博 | 湖南移动工匠 | 中国移动通信集团工会湖南省委员会 | 2021年6月 |
| 中国人民银行娄底市中心支行 | 陈勇敏 | 总行优秀党务工作者 | 中国人民银行 | 2021年6月23日 |
| | 吴旻阳 | 总行脱贫攻坚先进个人 | 中国人民银行 | 2021年8月6日 |
| 中国银行娄底市分行 | 欧文胜 | 2021年中国银行优秀共产党员 | 中国银行(总行) | 2021年6月 |
| | | 中国银行2021年个人数字金融业务中银优秀奖 | 中国银行(总行) | 2021年10月 |
| | 王　浩 | 2021年中国银行湖南省分行青年突击队(手)活动优秀组织者奖 | 中国银行湖南省分行 | 2021年5月 |
| | 汪鱼飞　席文浩　罗　浩 | 2021年中国银行湖南省分行优秀青年突击手 | 中国银行湖南省分行 | 2021年5月 |

续表29

| 所属单位名称 | 姓名 | 奖励名称 | 颁奖单位 | 颁奖时间 |
|---|---|---|---|---|
| 中国银行娄底市分行 | 邓辉跃　吴　孜 | 2021年中国银行湖南省分行优秀党务工作者 | 中国银行湖南省分行 | 2021年6月 |
| | 欧文胜　宋　智<br>王　洁　黄毅楠<br>周学文 | 2021年中国银行湖南省分行优秀共产党员 | 中国银行湖南省分行 | 2021年6月 |
| | 胡　娟 | 2021年中国银行湖南省青年理论学习标兵 | 中国银行湖南省分行 | 2021年10月 |
| | 胡文志　杨晚容<br>廖青姣　王琼瑶 | 2021年度中国银行湖南省分行服务标兵 | 中国银行湖南省分行 | 2021年10月 |
| 工商银行娄底分行 | 曾长贵 | 脱贫攻坚优秀个人 | 中国工商银行总行 | 2022年1月 |
| 中国农业银行娄底市分行 | 李　芳 | 五一巾帼标兵 | 中国农业银行总行 | 2021年10月 |
| | 王志明 | 金融宣传工作先进个人 | 金融时报社、人行长沙中支 | 2021年12月 |
| 中国农业发展银行娄底市分行 | 王玉圭 | 全国五一巾帼标兵 | 中华全国总工会 | 2021年4月 |
| | | 全国金融五一劳动奖章 | 中国金融工会全国委员会 | 2021年5月17日 |
| | | 2020年脱贫攻坚贡献奖先进个人 | 中国农业发展银行 | 2021年1月12日 |
| | | 2020年脱贫攻坚贡献奖先进个人 | 中国农业发展银行湖南省分行 | 2021年2月1日 |
| | 刘敬涛　李拥军 | 优秀共产党员 | 中国农业发展银行湖南省分行 | 2021年7月2日 |
| | 吴　茜 | 优秀党务工作者 | 中国农业发展银行湖南省分行 | 2021年7月2日 |
| 湖南省农村信用社联合社娄底办事处 | 彭胜兰　王源奇<br>梁　晖　曾文祥<br>李再民 | 2021年度先进个人 | 湖南省农村信用社联合社 | 2022年2月23日 |

续表29

| 所属单位名称 | 姓名 | 奖励名称 | 颁奖单位 | 颁奖时间 |
| --- | --- | --- | --- | --- |
| 中国人民财产保险股份有限公司娄底市分公司 | 吴德辉　葛　婧　刘　雄　闵　红　陈　戎 | 2020年度先进个人 | 中国人民财产保险股份有限公司湖南省分公司 | 2021年4月 |
| 市保险行业协会 | 杨　巧 | 优秀党务工作者 | 中共湖南省委非公有制经济组织和社会组织工作委员会 | 2021年7月 |
| 市烟草专卖局 | 李国富 | 全省脱贫攻坚先进个人 | 中共湖南省委<br>湖南省人民政府 | 2021年4月28日 |
| 市科学技术局 | 彭金春 | 2021年全国科技活动周先进个人 | 全国科技活动周组委会办公室 | 2021年11月 |
| | 李力国 | 2021年度全省科技统计工作先进个人 | 湖南省科技厅 | 2022年1月19日 |
| 市气象局 | 蔡海朝 | 2021年全国气象工作先进个人 | 中国气象局 | 2021年12月30日 |
| | 蒋　源 | 湖南省气象部门优秀青年 | 中共湖南省气象局党组 | 2021年5月10日 |
| | 谢友文　黄跃辉 | 2021年度全省气象部门优秀共产党员 | 中共湖南省气象局党组 | 2021年6月25日 |
| | 邓　梅 | 2021年度湖南省气象部门优秀党务工作者 | 中共湖南省气象局党组 | 2021年6月25日 |
| 市教育局 | 谢　璐 | 全省脱贫攻坚先进个人 | 中共湖南省委、湖南省人民政府 | 2021年4月 |
| 市第一中学 | 黄显秋 | 湖南省教育系统优秀共产党员 | 中共湖南省委教育工委 | 2021年7月 |
| 娄底潇湘职业学院 | 吴　熙 | 湖南省高校心理健康教育先进个人 | 湖南省心理卫生协会、大学生心理咨询专业委员会 | 2021年12月 |
| | 宋青鹏 | 湖南省征兵工作先进个人 | 湖南省征兵工作领导小组 | 2022年1月20日 |
| | 蒋伟民 | 湖南军训工作先进个人 | 湖南省军区战备建设局、湖南省教育局 | 2022年1月24日 |

续表29

| 所属单位名称 | 姓名 | 奖励名称 | 颁奖单位 | 颁奖时间 |
| --- | --- | --- | --- | --- |
| 市委党史研究（市地方志编纂室） | 谭春辉 | 湖南省地方志系统2021年度先进个人 | 湖南省地方志编纂院 | 2021年12月 |
| 市广播电视台 | 黄黎明 | 全国道德模范提名奖 | 中央宣传部 | 2021年11月 |
| | | 湖南省见义勇为模范 | 湖南省精神文明建设指导委员会 | 2021年9月 |
| | 梁　艺 | 全国第八届好记者讲好故事优秀选手 | 全国三教办 | 2021年10月 |
| 市中心医院 | 吴　睿 | 2020年度医疗机构法治建设工作先进个人 | 湖南省卫健委 | 2021年1月12日 |
| | 颜晓艳 | 全省卫生健康系统“七五”普法先进个人 | 湖南省卫生健康委员会 | 2021年11月25日 |
| | 杨建玲 | 学会工作积极分子 | 湖南省卫生经济与信息学会 | 2021年12月25日 |
| | 戴芳英 | 2021年度湖南省红十字无偿献血爱心大使 | 湖南省红十字会 | 2021年12月20日 |
| | 丁爱平　杜　鸣 | 2021年度湖南省无偿献血优秀志愿者 | 湖南省红十字会 | 2021年12月20日 |
| 市中医医院 | 谢湘雄 | 湖南省百优药师 | 湖南省药师协会 | 2021年8月 |
| 市卫生计生综合监督执法局 | 曾琼阳 | 蓝盾新闻奖 | 湖南省卫生计生综合监督局 | 2021年12月13日 |
| | 谢　宁　刘　妮 | 全省卫生健康行政案例评查三等奖 | 湖南省卫生健康委 | 2022年1月25日 |
| | 谢　宁　吴大海 | 全省卫生健康综合监督执法工作表现突出个人 | 湖南省卫生健康委 | 2022年2月15日 |
| 市民政局 | 邱琼芳 | 全省脱贫攻坚工作先进个人 | 湖南省委、省政府 | 2021年4月 |
| 市消防救援支队 | 熊孝坤 | 优秀指挥员 | 中共湖南省消防救援总队委员会 | 2022年2月17日 |

# 索引

**说明：**

一、本索引分主题索引和表格索引。

二、主题索引把年鉴的条目(统计资料、表格、概况、综述、彩页除外)用主题分析方法,按汉语拼音字母顺序排列。

三、类目标题用大黑体标明,分目、子分目标题用黑体标明。

四、索引名称后的阿拉伯数字表示内容所在页码,数字后的英文字母a、b分别表示该页码的左、右栏。

五、表格索引,以表格题目为标题,仅标注所在页码,不标注分栏。按照表格在全书中的先后顺序排列。

## 主题索引

### 字母与数字


1月 18a
2月 18a
3月 18b
4月 19a
5月 19b
6月 20b
7月 21a
8月 21a
9月 22a
10月 23a
11月 23b
12月 24b
2021互联网岳麓峰会·万宝区块链论坛 163b
“2021全民健身挑战日　健康湖南e起来”娄底站 268a
5G通信基站规划编制完成 190a
VAMA铁路专用线通车 160a


### A


安保维稳 127a
安全保卫 90b
安全发展 163a
安全监督 209b
安全监管执法 297a
安全管控 217a
**安全生产** 296b
安全生产宣教 296b
安全生产管理 296b
安全生产专项整治三年行动 297b


### B


**保密工作** 73b
保密宣传 73b
保密教育 74a
保密管理 74a
保密技术 74a

保密检查 74a
保 险 226b
保障工作 136b
办公用房管理 89a
办事服务创新升级 93a
便民服务 127b
不动产登记 146a
殡葬管理 285b
表格索引 382a

C

财经工作 65b
财 政 144a
财政管理 144b
财政改革 145a
财政预算资金绩效审计 148b
参政议政 102a 105a 103b 106a 116b
参与社会建设 116a
参与“智慧娄底”建设 216b
残疾人就业创业 121b
残疾人康复 121b
残疾人融合发展 122a
产品质量安全监管 151b
产业发展 161a 177a
产业和就业帮扶 173a
产业转型 206b
城建项目 190b
城建档案管理 191b
城市建设 190b
**城市建设投资** 192a
城市管理 197b
**城市管理综合执法** 198b
城市生活垃圾焚烧发电项目试运营 200a
城乡建设 189
城乡规划 190a
城乡公交 208b
城乡建设 308a 310b
城乡基础建设 313a 315b
**成品油经营** 234b
成人教育 246b
陈 萍 318b
陈梦林 320a
承办湖南省第四届中学生运动会 266b
创文管卫 192b 194a 197b
创新创业大赛 237b
创业带动就业 288b
采石场整治 146a
材料工业 180a
车驾管理服务 128b
车险综合改革 227a
畜牧水产业 166a
畜禽遗传资源普查 166b
传统文化 29b
长江经济带发展 141a
测绘地理信息管理 146b
储能材料 180a
村庄规划 190a
春节运输 208a
从业人员权益保障 218a
慈善公益 288b

D

党的建设 46a
党的建设改革 67b
党史编研 257b
党史宣传 257b
党史学习教育 46b
党史学习教育 324
党史学习教育刊播 262a
党对网信工作的领导 68a
党外知识分子和新的社会阶层人士统战工作 65a
党刊编办 65b
党建办工作 65b
党管武装 136b
党校教育 74b
档 案 258a
档案查阅利用 258a
档案接收征集 258b
档案信息化建设 258b
搭建就业平台 289a
打击犯罪 127a
打虚打骗 156a

打造娄底“材料谷” 53a
“打非治违”专项行动 297b
**大事记** 17
大唐华银金竹山火力发电分公司 187a
大气污染防治 205a
大中专毕业生就业创业服务 245a
代表工作 77b
代表大会 102b
代建项目建设 143b
**电力工业** 185b
电力供应 185b
电子商务 231b
电子信息制造业 187b
电视发射 260b
**电　信** 215a
第六届纪律检查委员会第一次全体会议 99b
第六届职业技能大赛 162a
第十二届湘博会·娄底第二届电商节 163b
地理位置 27a
地形地貌 27a
地质灾害防治 296a
地质灾害应急演练 296a
地方志工作 258a
**地方金融组织** 228b
对台宣传和涉台教育 59b
对台文化交流 59b
对台经济工作 60a
对外宣传 120a
对外“云交流” 58b
队伍建设 60b
队伍教育整顿 134b
道路运输服务 210b
道路运输安全 210b
**督查工作** 58a
动物质量安全监测 166a
动物疫病防控 166b
短缺药品保障 278b

F

**法　院** 131a
**法　治** 124
法治建设 132b
法律援助 133b
**发展和改革** 139a
发展校园足球 266a
**房地产业** 195b
房地产业发展 195b
房地产业管理 196a
房屋征收安置 191a
防火监督 299b
防范化解重大风险 92a
防返贫监测与帮扶 173a
防汛抗旱 172b 295a
防疫物资保障 277a
**防灾减灾** 295a
服务业 37b
服务企业 58b
服务发展 158b
服务业发展 140b
服务大局 96a 129a
服务中心大局 112a
服务中心大局工作 64a
服务民生 193b 227a
服务社会 194a
服务管理 209a
服务科技人才 113a
服务创新驱动发展 115a
服务经济发展 115a 125b
服务党史学习教育 257b
服务保障体系建设 292a
**妇幼保健** 281b
妇幼健康服务 281b
妇幼公益服务 282a
妇幼医疗服务 281b
**附　录** 323
反诈行动 216b
反腐倡廉 99b
反不正当竞争 150a
非税收入管理 145a
非税收入划转征收 156b
非物质文化遗产 256b
分级诊疗 277b
风险监测预警 295b

"枫桥经验"娄底化 91b

G

公　安 127a
公　路 210b
公路建设养护 211b
公路建设 211b
公路养护 211b
公共法律服务 133a
公共交通 194a
公共资源 154b
公共机构节能管理 89b
公务用车管理与公务出行保障 90a
公益诉讼检察工作 129b
公交线路调整 194b
公园建设 200b
公立医院改革 277b
公租房管理 291b
工　业 175
工业和建筑业 36a
工程机械工业 182a
工伤保险 290a
工会组织建设 109a
供　水 193a
供　气 194b
供销合作 232b
共青团娄底市委 110a
干部队伍建设 92b
高等教育 250b
高标准农田建设 166a
高新技术产业 177a 237b
高新科技产业园投入使用 307a
钢城分局 127b
钢铁新材工业 180b
港澳工作 59a
港澳基础数据库 59a
港澳捐赠 59a
港澳台、海外统战工作和侨务工作 64b
国防动员 136a
国家园林城市建设 198a
国家产业转型示范区建设 139b
国有资产管理 147a
国储中心建设 212a
国家统计调查 156b
国土空间规划编制 190a
国企改革 192a 193b
广告监管 151b
广播电视 258b
固定资产投资 37b
固体废弃物污染防治 205b
管理工作 262b
管理与服务工作 72b
关心下一代工作 73a
关注重点青少年群体 111b
规范执法 127b
规范劳动仲裁调解 289b
孤残儿童和残疾人救助 286a
耕地保护 145b

H

湖南安保集团有限公司 147b
"湖湘工匠"培育和竞赛基地挂牌 249b
湖南神斧集团一六九化工有限责任公司 183a
湖南人文科技学院 251a
湖南省煤业集团金竹山矿业有限公司 185a
湖南省农村信用社联合社娄底办事处 226a
化学工业 182b
化解信访积案 91b
行业改革 211b
行业治理 212a
行业发展 217b
华达汽车空调(湖南)有限公司 182a
海　关 157b
换届工作 64a 78a
河湖管理 169b
核心技术攻关 237a
环境卫生 199a
弘扬劳模精神 109b
厚植思想基础 111b
后勤保障 137a 300b
婚姻家庭 285b

## J


机构编制 69b
机构改革后续工作 69b
机构编制资源使用效益提升 69b
机构编制督查 70a
机构编制规范管理 70a
机构编制法制化建设 70a
机构改革 149b
机关党建 70b
机关党建“双高”工程 329a
机关党组织和党员队伍情况 70b
机关党风廉政建设 71a
机关政治建设 71a
机关意识形态工作 71a
机关统战工作 71b
机关事务 89a
机关大院管理与维护 90a
基本药物制度 278b
基本社会服务 285a
基本生活救助 285b
基层医疗卫生 278b
基层队伍建设 278b
基层诊疗能力提升 278b
基层社会治理 287a
基层政权建设 287a
基层系统治理 60b
基层党建 71b
基层建设 137a
基础平台建设 121b
基础设施建设 140b
基础业务 239a
基金监管 290b
疾病预防控制 280a
疾病防控 280a
集中采购 290b
纪律检查体制改革 67b
技改投资 176b
价格调控 142b
价格监管 150a
家庭健康 123a
加强青少年思想政治引领 110a
交　通 207
交通运输信息化 208b
交通安全 208b
交通安全管理 128a
交通安全宣传 128b
交通建设质量安全监管 209a
交警工作 128a
交流合作 59a
交易平台建设 155a
教学工作 75a
教学研究 243b
教学仪器 244a
教　育 241
教育发展规划 242a
教育经费 242b
教育信息化 244a
教育考试 244b
教育扶贫 245b
教育督导 245b
教育宣传 246a
教育和科学技术 39b
教育整顿 132b
教育部书画等级考试娄底市考试中心授牌 261a
教师队伍 242b
检　察 129a
检察队伍建设 131a
检验检测 281a
检验检疫 157b
建置・区划 32a
建置沿革 32a
建党百年宣传 62a
建筑业 196b
建筑业管理 196b
建筑业质量安全监管 196b
建筑工程消防监管 196b
建筑业考试培训 197a
建设家庭文明 112b
监管执法 206a
监管能力建设 206b
监督工作 77b
监督执法 279a

监理检测 210a
健全议事协调机构工作机制 53a
健康娄星建设 305a
健康乡村建设 279a
接受外部监督 130b
接受监督 132b
节能减排 197a
节能环保 177b
**经济社会发展** 34a
经济体制改革 66a
经济运行 176b
经济发展 82a
经济交流 120a
**经济综合管理** 138
经贸交流 120b
经营发展 192b
经办服务 291a
禁捕退捕 165b
“进企业、优服务、提质效”统计大调研 154b
金融 38b
**金　融** 219
金融监管 220a
金融稳定 220b
金融支持经济 221a
金融风险防控 221a
**竞技体育** 266b
“锦绣潇湘·茶旅新化”活动 271b
**纪检监察** 98
姜泗元 320b
**军　事** 135
军事训练 136b
军休工作 293a
**就业创业** 288b
就业创业 292b
**九三学社娄底市委员会** 106a
救灾保障 295b
决策督查 58a
决策部署研究 91a
举办外事工作培训班 58b

K

开发区管理机构清理规范 69b
开发投资建设 162b
开展青年人才培养 111a
科研工作 75b
科普宣传 113b
**科　技** 236
科技创新平台 237a
科技服务 237b
科普活动和科技馆建设 237b
科研攻关 262b
客户服务 215a 216b
客户满意度 215b
勘察设计 191b
矿山生态修复 146a
矿山修复工程第四标段项目完成 205b
矿山监管 297b
空气环境质量 204a
控制扬尘 199b
控告申诉检察工作 130b
会计管理 145a

L

垃圾综合治理 199b
垃圾分类 199b
**老干部工作** 72a
老工业城市工业遗产保护利用典型经验在全国推广 178a
老区建设 287b
老旧小区改造 291a
劳动力调查 156b
**劳动关系** 289a
劳动关系治理 289a
劳动监察执法 289a
路产保护 212a
李雄武 319b
两不愁三保障 173a
“两个到户” 232b
“两高”项目高质量发展 161b

"两类档案"归集 258b
联络服务 116b
**联合通信** 216a
"娄底本土作家作品展示专柜"揭牌 261b
**娄底概览** 26
《娄底非遗》公开出版 97a
娄底华润燃气有限公司 195b
娄底开放大学 253b
娄底技师学院 249b
**娄底经济技术开发区** 160b
**娄底日报社** 262a
娄底市安全生产检察联络室挂牌成立 298a
娄底市部分先进单位(集体)一览表 339
娄底市部分先进个人一览表 358
娄底市参加2021年中国红色旅游博览会 272b
娄底市城市发展控股集团有限公司成立 147b
**娄底市残联** 121a
娄底市第一人民医院 275b
娄底市第一职业中学 250a
娄底市第一中学 247b
娄底市第二人民医院 276a
娄底市第二届"全国青少年校园足球特色学校"足球联赛 266b
娄底市第四届市直机关趣味运动会 267a
娄底市第五中学 248b
娄底市第10届市直机关男子篮球赛 268b
**娄底市妇女联合会** 111b
**娄底市归国华侨侨眷联合会** 115a
**娄底市工商业联合会** 116a
**娄底市科学技术协会** 113a
**娄底市红十字会** 122a
**娄底市计划生育协会** 123a
娄底市健身气功功法展示活动 268a
娄底市梅山武术入选2021年中华体育文化优秀项目 265b
**娄底市人民代表大会** 76
**娄底市人民对外友好协会** 119b
**娄底市人民政府** 81
娄底市人民政府驻中国(湖南)自由贸易试验区商务联络处成立 232a
娄底生态治理光伏项目 187a
娄底市统计执法监督局正式组建 154a
娄底市特殊教育学校 254b
娄底市书画指导老师首期公益培训开讲 261a
**娄底市文学艺术界联合会** 117b
《娄底市文明行为促进条例》出台 125a
娄底市幼儿师范高等专科学校 253a
娄底市中小学生乒乓球、羽毛球比赛 267a
娄底市中医医院 274b 282b
娄底外宣片全网首发仪式 59a
娄底文旅"十一"假期升温 272a
娄底潇湘职业学院 252b
娄底职业技术学院 251a
**娄星区** 303a
娄商返娄 116b
**旅　游** 269
旅游市场管理 270a
**旅游资源** 270b
旅游品牌 271a
**旅游动态** 271b
**立法工作** 125a
**历史文化** 29b
理论学习 91a
理论研究 96b
**涟源市** 308a
涟源钢铁集团有限公司 181a
涟邵实业有限公司 196a
"涟钢杯"2021年贺龙湖南省篮球联赛 267b
练兵备战 136a
**冷水江市** 306a
冷水江工业中等专业学校 250b
履职能力建设 78a
绿色矿山建设 146a
卢森堡驻华大使俞博生一行访问经开区 161b
领导接访和领办包案工作 91b
领导干部经济责任审计 148b
**林　业** 168a
林地管理 168b
林业产业 168b
林长制工作 168b
粮食生产 165b
粮油管理 231b
离退休干部党建工作 72b
流浪乞讨人员救助管理 285b

## M


贸促宣传 120b
贸易外经 38b
矛盾调处 133b
民族 34a
民族宗教工作 64b
**民主党派** 101
民主法治领域改革 66b
民生福祉 47b 313b
民生保障 144b
民生项目资金审计 149a
民生实事 161a 198a 274a
民主政治和法治建设 47a
民营经济统战工作 64b
民事行政检察工作 129b
民商事审判 131b
民办教育 246b
美术书法摄影 118a
**美丽乡村建设** 201a
美丽乡村示范村创建 201b
**煤炭工业** 184a
煤矿监管 184a
煤矿飞行安全检查 184b
湄江旅游风景区重新开园 271b


## N


农业 35b
农业农村改革 66b
农业农村经济 139b
**农业・农村** 164
农村改革 165a
农村人居环境整治提升五年行动 53a
农村危房改造 201b
农村人居环境整治 201b
农村生活垃圾分类回收处理 202b
农村留守妇女关爱 286b
**农机管理** 167a
农机推广服务 167b
农机产业发展 168a
农技推广 165a
农饮监测 172b
能源发展 141a
能源保供 141b
纳税服务 156a
年度重点项目 143a
凝聚共识 96a


## P


普法工作 133a
普通公路突发事件应急演练 212b
**普通中小学教育** 247a
普通中小学教育管理 247a
品牌建设 232a
瓶装液化气非法经营行为专项整治 194b
贫困人口医疗保障 290b


## Q


气候 27b
“气化湖南” 195a
**气　象** 239a
气象服务 239a
气象现代化建设 239b
气象依法行政 240a
气象宣传工作 240b
“区块链+不动产交易纳税登记”平台试点运行 156a
区块链产业 188b
区划地名管理 287b
企业管理 234a
企业信用监管 149b
企业减费降税 177a
**“全国五一劳动奖章”获得者** 318a
**全国脱贫攻坚先进个人** 319b
全业务运营 215a
**全面深化改革** 66a
全民所有制企业公司制改革 147b
全省首座集“光储充”于一体的充电服务站投运 186a
群众信访县级“终点站”建设 91b
**群众团体** 107
**群众体育** 267a

青少年科技教育活动 114a
侨界庆祝中国共产党成立100周年系列活动 116a
强化保障 127b
千名书记讲党史 329a

## R

燃气餐饮用户隐患排查 194b
燃气安全宣传教育 195a
燃气泄漏事故应急演练 195a
人才引进 61a
人才评价服务 61a
人防工程建设 137b
人防行业整改 137b
人防宣传教育 137b
人防实战能力 137b
**人口·民族** 33a
人口 33a
人民生活和社会保障 40b
**人民生活和社会保障** 284
人民医院整体搬迁 307a
**人民武装** 136a
**人民防空** 137b
**人　物** 317
人行道违停首张电子罚单 198b
融媒体阵地建设 68b
融资化债 193a

## S

三大攻坚战 82b
“三化”并举关爱保护农村未成年人 83a
三一液压油缸智能生态工业城项目投产 160b
三一中源路机灯塔工厂竣工投产 309b
“三品”专项行动 184a
“三个高地”建设 304b 310a
“三个十佳”评选 329b
扫黑除恶专项斗争 126a
商事制度改革 149b
**商　贸** 230
**商贸流通** 231a
散文创作 118a
“双引擎” 176a
双重预防机制信息化 184b
双拥共建 293a
**双峰县** 311a
蔬菜生产 165b
数字经济 188b
**索　引** 368
“手”说党史 329b
首届军事体育运动会 137a
首次水产养殖种质资源普查 167a
首届消防行业职业技能竞赛 300b
失业保险 289b
食品安全监管 150a
“十四五”规划 139a
史迹遗存 29b
**史　志** 257a
视频采集系统安装 143a
世界技能大赛工业4.0项目国家集训基地成立 249b
市保险业协会 227a
市场运行 231b
市场秩序维护 152b
市场监管执法 153a
**市场监督管理** 149a
市创业发展集团有限公司 229a
市内首座预制舱变电站竣工投运 186b
市人大常委会会议 78b
市人民政府驻北京联络处 83b
市人民政府驻广州办事处 83b
市人民政府驻长沙办事处 84a
市容市貌管理 197b
市委常委会向市委六届二次全体会议的工作报告 2
市委全会 48b
市委常委会会议（含扩大会议） 49a
市委编委会议 70b
市五届人大五次会议 78b
市兴娄融资担保有限公司 228b
市政府常务会议 84a
市长办公会议 86b
市重点民生实事 87b
市政协全体会议 97a
市政协常委会会议 97b
市政维护管理 191a

事业单位人事管理　61a
事业单位登记管理　70a
诗歌创作　118a
司法体制改革　67a　126a　132a
司法体制改革工作　130b
司法行政　132b
司法公证　133b
司法鉴定　133b
司法仲裁　134a
实施财源建设工程　144a
思想理论建设　61b
思想政治引领工作　63b
思想政治建设　125b　136a
思想建设　103b　104b　106a
思想教育　116a
社保基金监管　290a
社会保险　289b
社会服务　103a　104a　106b
社会工作　288a
社会体制改革　67b
社会救助　285b
社会救助制度改革　286a
社会科学　262b
社会事业　140b
社会稳定　313b
社会信用　142a
社会责任　216a
社会治理创新　126b
社会组织管理　288a
社科工作会议　262b
社科普及　263a
社科阵地监管　263b
社情民意信息工作　96b
社区矫正　133b
设计审查　190a
设施管理　199b
省重点民生实事　87a
生态建设　204a
生态建设　305a　307b　310b
生态文明体制改革　66b
生命健康安全教育　122b
生态廊道建设　168a
生育关怀　123b
生育保险　290a
生物多样性保护　169a
生活垃圾填埋场环保问题整改　200a
**生态环境**　203
生态环境状况　204a
生态环境　313b
生态环境齐抓共管　204a
生态环境问题整改　204b
生态环境保护宣传　204b
生态环境政务服务　204b
生态环境监管　206a
深化志愿服务　110b
深化维权关爱　112b
深化改革　123a
神童湾 PPP 项目　143b
审　计　148a
审计发现问题整改　149a
税　务　155b
税收征管改革　155b
水环境质量　204a
水产绿色生态健康养殖　167a
水污染防治　205a
水　利　169b
水旱灾害防御　169b
水利规划　170a
水资源管理　170b
水行政审批改革　171a
水行政执法　171a
**水库移民事务**　171b
水　文　172b
水　运　212b
水运安全管理　212b
水运环境保护　213a
水运行业治理　213b
森林防火　168b
森林防灭火　295b


## T


谭朝延　322b
台湾工作　59b

台胞权益保护 60a
提升调查数据质量 157a
**体　育** 264
体育人才队伍建设 265b
体育教学 266a
土地储备 145b
**土地矿产资源管理** 145b
土壤环境质量 204a
土壤污染防治 205a
土坪村成为全国乡村治理示范村 316b
突发事件应急救援 298b
**图书发行** 260b
**特殊教育** 254a
**特　载** 1
特种设备安全监管 151a
推进社会治理 129b
推动红色文化进青少年 110b
拓展联络联谊 115b
**退役军人事务** 292a
投资管理 139b
统筹推进信息化发展 69a
**统　计** 153b
统计业务 154a
统计服务 154a
通信产业 187b
**通信·邮政** 214
**统战工作** 63a
统战品牌创建工作 63b

W

**外事工作** 58b
“外事红色教育年”活动 58b
外经外贸 231a
**万宝新区** 162b
**网信工作** 68a
网络宣传和舆论引导 68a
网络评论工作 68b
网络问政 68b
网络综合治理 69a
网络安全防护 69a
网络建设 215b 262b
**文　化** 255
文化改革发展 63a
文化体制改革 67a
文化、卫生和体育 40a
文化交流 120a
文化公共设施建设 256a
文化市场管理 256b
文明创建 211a
文明城市创建 62b
文明实践工作 305b
文稿服务 65a
文旅产业 257a
文物 29a
文物保护 257a
文艺活动 119a 256a
稳定群体就业 289a
**污染防治** 205a
污染防治 315a
污染防治攻坚 309b
**无线电管理** 93b
无线电机构改革 93b
无线电监管 94b
**武警娄底支队** 136b
夯实基层基础 111a
夯实基层人才队伍 61a
物业管理 196a
“我为群众办实事”实践活动 122a 154b
维护社会稳定 125b
未成年人保护 286b
未成年人检察工作 130a
卫生监测 280b
卫星应用中心建设 146b
为农服务 232b

X

**先进集体（个人）** 339
**县（市、区）概况** 302
消费者权益保护 152b
小说创作 117b
校园安全 243a
校园建设 247b

**消防救援** 299a
**消费品工业** 183b
乡村振兴“三机制两清单” 83a
乡村产业 165a
乡村建设 173b
乡村旅游 202a
乡村治理 173b
**乡村振兴** 172b
乡村振兴 304b 313a
乡风文明 201b
乡镇财政管理 145a
乡镇污水设施建设 201a
湘西开发工作 140a
“湘军故里·传奇娄底”高铁直达城市2021年娄底攀岩邀请赛 267b
向 杰 318a
“向阳生长”系列活动 111a
项目建设 139a 161a 163a 170b 192b 193a 274a
项目集中调度 143a
项目资金监管 174b
现场见证监督管理 155b
宣传报道 62b
宣传思想文化 47a
**宣传工作** 61b
宣传教育 123a
学会服务工作 114b
**学前教育** 246b
学前教育管理 247a
学科建设 274a
学校德育工作 243a
**学校体育** 266a
学校艺术 245a
学员管理 75a
**新化县** 313b
新化县油溪桥村入选全国乡村旅游重点村 271a
新化红茶被确认为“湖红之源” 316b
**新冠肺炎疫情防控** 277a
新型墙体材料 180b
新闻宣传 259a
新闻事业 259b
新闻采编 262a
行政区划 33b
行政审判 132a
行政审批服务 142a
行政审批制度改革 92b
行政效能监管和政务服务“好差评” 93b
**信 访** 91a
信访工作法治化规范化 92a
**信息产业** 187b
信息化建设 153a
信息分析服务 157a
刑事检察工作 129b
刑事审判 131b
幸福南路建成通车 310a
协商议政 96a
协调联动机制 100b
协同共治 128a
**巡察工作** 99b
巡察“全覆盖” 100a
巡察“后半篇文章” 100b
戏剧音乐舞蹈民间文艺 119a
锡矿山闪星锑业有限责任公司 183b
血液安全 278a


## Y


药品安全监管 150b
药品采购管理 278b
**药政管理** 278a
**烟草专卖** 233a
养老服务 285a
养老保险 289b
依法统计 153b
依法维护侨益 115b
移动互联网产业 188a
**移动通信** 215a
移动网络 216a
移交安置 292b
移民民生改善 171b
移民资金项目监管 172a
一网通办 291b
“一件事一次办”改革 305b
医疗保险 290a

医疗保障 290a
医药服务 290b
医政管理 277b
医疗救治 277a
医疗机构行业监管 278a
**医疗卫生** 273
医疗卫生监督执法 279a
医疗卫生资源 278a
医疗卫生体制改革 277b
医疗质量与安全 278a
易地扶贫搬迁后续扶持 140a
易地搬迁后续帮扶 173b
疫情防控 48a 153a 211a
意识形态工作 62a
银　行 221a
营商环境 161a
营商环境优化 142a
营销服务 233b
营销管理 235a
饮水安全 170a
**应急管理** 294
应急救援 298a
应急能力提升 298b
**园　区** 159
园区改革 160a
**园林绿化** 200b
友好城市 119b
友好组织 119b
优化营商环境 83a
优生优育 123b
优待抚恤 292b
油料生产 165b
油溪桥村走出人才振兴新路子 316a
邮　政 217a
冶金工业 183a
语言文字工作 244b
用地保障 145b

Z

在全市党史学习教育总结会议上的讲话 324
债务风险防控 144b
招商引资 121a 231a
召开党的十九届六中全会精神座谈会 263b
造林绿化 168a
造价管理 209b
噪声污染防治 205b
站点建设 235b
知识产权保护 238b
执法检查 77a
执法规范化 128a
执行工作 132a
执法监督 146b
执勤训练 299b
职务犯罪检察工作 130a
职工思想引领 108a
职工素质提升 108b
职工普惠服务 108b
职能拓展 121a
职业病防治与职业卫生技术服务 281a
职业教育管理 249a
质量强市战略 151b
质量技术基础 152a
质量监督 209a
智慧娄底 188a
智慧应急 298b
治理修复锡矿山区域环境 53b
组织工作 60a
组织建设 104a 106b 113a 117a
组织百人师生现场书画大赛 261b
“足球+汉语”线上直播 265b
朱鹏涛 318a
主导产业 163a
主题索引 368
助力乡村振兴 117a 143b 192a
助力实体经济发展 144a
助人为乐类“中国好人” 318a
住房保障 291a
住房公积金管理 291b
装维服务 216a
专卖专营 233a
专卖监管 234a
专项整治 198b 279b
专项查办 58a

专项巡察制度化 100a
专项调查 157a
转型升级 235b
增绿提质 200b
增花添彩 200b
曾尔辉 321a
整改落实省委巡察指导督导反馈意见 100a
政府工作报告(摘要)——在娄底市第六届人民代表大会第一次会议上 8
政治建设 60a 102b 136b
**政策研究** 65a 90b
政治建校 74b
**政务服务** 92b
政务数据共享 93a
政务公开和政府网站及新媒体监管 93a
政治监督 99a
**政法委与综治** 125a
政法队伍建设 126b
政策措施落实情况跟踪审计 148a
政府投资审计 149a
政策法规宣传 292b
政治工作 299a
正能量活动 73a
资本市场 220b
资产管理 89b
资源、环境和应急管理 40a
资源节约和环境保护 141a
**自然地理** 27a
自然资源 28a
自然资源调查监测 146b
自然资源资产离任审计 148b
自然保护地管理 169a
自然灾害综合风险普查 295b
自身建设 97a 105b
周转房管理与机关健康服务 90b
综合调研 90b
综合治税 158a
综合管理 215b
综合改革 233a
综合监督管理 277b
总量减排 204a
**中等职业教育** 249a
**中国共产党娄底市委员会** 45
中国共产党娄底市第六次代表大会 48a
**中国人民政治协商会议娄底市委员会** 95
中国人寿保险股份有限公司娄底分公司 228b
中国人民财产保险股份有限公司娄底市分公司 228a
中国人民银行娄底市中心支行 221b
**中国国际贸易促进委员会娄底支会** 120
中国工商银行娄底分行 224a
**中国民主同盟娄底市委员会** 102a
**中国民主建国会娄底市委员会** 103a
**中国农工民主党娄底市委员会** 104b
中国农业银行娄底分行 224b
中国农业发展银行娄底市分行 225a
中国建设银行娄底市分行 223a
中国体育彩票2021年娄底首届公益跑山地半程马拉松赛 267b
中国银行娄底分行 222b
中国邮政储蓄银行娄底市分行 226b
中国·中阳生态电力科技谷一期主体完工 162a
中共娄底市委　娄底市人民政府关于全面推进乡村振兴加快农业农村现代化的实施意见 330
中共娄底市委办公室　娄底市人民政府办公室关于加快钢铁新材和工程机械“双引擎”建设打造先进制造业强市的实施意见 336
中小企业培育 177b
**中医药事业** 282a
中医药防治疫情 282b
中医政策 282a
中医进基层 282a
**重大决策** 53a
重大事项决定 77b
重大项目集中开(竣)工活动 143a
**重点民生实事** 87a
重点民生实事 121a
重点场所管控 134a
重点领域改革 141b
**重点建设项目事务管理** 142b
重点项目督查督办 143a
**重要会议** 48a 78b 84a 97a
**重要文件选登** 330
**种植业** 165b

# 表格索引

表1　2021年娄底市全国重点文物保护单位一览表　29
表2　2021年娄底市各级非物质文化遗产代表性项目一览表　29
表3　2021年娄底市行政区划一览表　33
表4　2021年末娄底市常住人口数及构成一览表　33
表5　2021年娄底市财政收入和支出一览表　34
表6　2021年娄底市农林牧渔业产值及增速一览表　35
表7　2021年娄底市主要农产品产量及增速一览表　36
表8　2021年娄底市规模工业增加值增速一览表　37
表9　2021年娄底市分行业固定资产投资增速一览表　38
表10　2021年娄底市金融机构本外币存贷款余额及增速一览表　39
表11　2021年娄底市各县(市、区)主要经济指标一览表　41
表12　2021年娄底市委重要文件(娄发)一览表　54
表13　2021年娄底市委重要文件(娄发电)一览表　54
表14　2021年娄底市委重要文件(娄办)一览表　55
表15　2021年娄底市委重要文件(娄办发)一览表　57
表16　2021年娄底市人民政府重要文件一览表　88
表17　2021年娄底市政府办重要文件一览表　88
表18　2021年娄底市获“五一劳动奖”“工人先锋号”的先进集体和先进个人一览表　109
表19　2021年娄底市规模工业增加值增速情况一览表　176
表20　2021年娄底市主要经济指标完成情况一览表　178
表21　2021年娄底市规模工业主要指标完成情况表　179
表22　2021年湖南华菱涟源钢铁有限公司科学技术奖一览表　182
表23　2021年娄底市科技成果一览表　238
表24　2021年度娄底市直广电系统新闻作品省级及以上获奖情况一览表　259
表25　2021年娄底市等级景区一览表　270
表26　娄底革命老根据地基本情况一览表　287
表27　2021年度娄底市各县(市、区)火灾信息一览表　301
表28　娄底市部分先进单位(集体)一览表　339
表29　娄底市部分先进个人一览表　358